SAS v.8.2
를 이용한 통계분석의 이해

김종섭 저

한올출판사

머 리 말

현대는 정보화 시대이다. 이는 그만큼 정보가 우리 생활과 밀접한 관계를 갖고 있음을 의미한다. 특히 최근 인터넷 보급이 확대되면서 회사는 물론이고 개별 가정에 PC가 빠른 속도로 보급되고 있다. 이러한 정보기술의 발전은 복잡하고 다양하게 흩어진 자료를 수집하여 이를 정리・분석・예측하기 위한 과학적 방법으로 발전하게 되었다. 인구, 소득, 물가, 후생, 경기 등 각종 정보에 관련된 통계분석은 매우 중요한 역할을 수행하게 되었다. 학문분야에서도 정보통계의 사용이 일반화되면서 경제학, 경영학, 심리학, 사회학, 보건학, 의학, 화학 등을 중심으로 많은 학문분야에서 자료분석을 위한 통계처리기법이 활용되고 있다.

현재 자료처리를 위해 사용되고 있는 프로그램은 SAS를 비롯하여 SPSS/PC, MINITAB, TSP, RATS, STATGRAPHIC 등이 있다. SAS는 다양한 자료분석의 기법을 제공해줌은 물론 Version6.11부터 윈도우즈(Windows) 환경이 출시됨으로써 프로그램작성에 의해 정보를 얻지 않고도 메뉴방식에 의해 동일한 결과를 쉽게 얻을 수 있는 바탕이 마련되어 앞으로 SAS의 사용이 더욱 보편화될 전망이다. 특히 버전 8이후 초보자들도 쉽게 접근할 수 있게 소프트웨어가 개발됨으로써 SAS는 사용방법을 잘 알지 못하는 초보자들에게도 메뉴방식과 자료입력과정을 구분시켜주는 다양한 색을 제공하게 됨으로써 더욱 편리한 통계기법으로 평가받게 되었다.

본서는 이러한 다양한 분석기법들의 도입으로 전 세계적으로 광범위하게 사용되고 있는 SAS(Statistical Analysis System) 프로그램을 이용하여 수집된 정보자료를 정리하고 분석하여 결론을 추출하는 방법을 설명하고 있다.

필자가 여러 해 동안 실무를 하면서 자료의 수집・정리・분석 그리고 결과해석에 어려움을 겪었고 지금도 많은 실무자들이 필자와 같은 어려운 환경에 직면할 가능성이 있을 것으로 판단되기 때문에 이들에게 조금이나마 자료분석에 도움을 줌은 물론 대학에서 강의를 하면서 현재의 대학교육이 이론교육에 높은 비중이 주어짐으로써 학생들이 졸업 후 실무교육을 다시 받아야 하는 재교육과정이 필요한 것이 현실이므로 실무능력을 배양시키기 위해 이론교육과 실무교육을 병행시킴으로써 이를 조금이나마 개선시켜야 한다는 차원에서 본서를 집필하게 되었다. 또한 통계학을 공부한 사람뿐만 아니라 공부하지 않는 사람이라도 P/C에 대한 기본소양만 있으면 누구나 각종 다양한 자료를 쉽게 분석할 수 있도록 노력하였다.

본서의 구성은 다음과 같다.

첫째, 본서는 3편 18장으로 구성되어 있다. 제1편에서는 SAS 초보자에게 도움이 될 수 있도록 SAS 프로그램을 사용하기 위한 기초단계로 기초통계 지식과 SAS 사용환경을 설명하였다.

둘째, 제2편은 기초통계자료의 분석을 위한 단계로, 자료의 정리 및 요약, 평균·표준편차·분산 등 기술통계량의 계산방법, 각종 보고서 및 도표 작성방법, 각종 분포에 대한 확률과 임계치 계산 및 가설검정의 방법에 대해 사례를 갖고 설명하고 있다. 특히 SAS/ASSIST, INSIGHT 등에 대한 메뉴방식의 사용법을 설명함으로써 여기서 얻어진 결과를 같은 자료파일로 작성된 프로그램 방식에 의한 결과와 비교해 볼 수 있도록 하였다.

마지막 편은 분산분석, 상관분석, 범주형 자료의 분석, 회귀분석, 주성분분석, 인자분석, 군집분석, 경로분석 등 다변량분석 방법을 설명하고 있다.

방대한 정보자료분석의 제기법을 제한된 지면에 자세하게 기술하는 것은 어려움이 있다. 따라서 SAS에서 공통적으로 많이 사용되는 분야에 국한시켜 설명하려고 노력하였다. 필자의 경험부족으로 본서의 내용이나 방법에서 많은 문제가 있다. 앞으로 이들 부문에 대한 수정·보완을 위해 계속 노력할 것이다.

본서가 나오기까지 많은 도움을 주신 여러분께 깊이 감사 드리며, 기꺼이 본서의 출판을 맡아 주신 한올출판사 임순재 사장님과 편집과정에 도움을 주신 최혜숙 실장님과 편집부 직원 여러분께도 감사 드린다.

언장골 연구실에서 저자

Contents

부 록

PART 1

통계와 SAS환경

CHAPTER 1

통계 기초

제1장

통계 기초

제1절 통계적 분석의 기초

1. 통계란

(1) 통계는 집단의 관찰결과에서 얻은 수량적 자료를 의미한다.

예 2001년 경기종합지수, 농가소득, '80-01년간 인구증가율, 남·녀 성비의 구성비율 등

(2) 통계는 유용한 정보를 제공해 준다.

① 국가 및 지역개방계획의 수립에 필요한 정보제공
② 국가 및 지역경제계획에 필요한 정보 제공
③ 기업의 제품생산 계획의 수립에 필요한 정보 등

(3) 통계의 장점에도 불구하고 통계분석에 의한 결과를 해석하는 데는 한계가 있다.

특히 특정목적을 갖고 통계자료를 수집, 정리하면 악용될 소지가 있기 때문에 주의해야 한다.

제2절 통계학의 개념과 분류

1. 통계학의 의미

① 연구대상이 되는 집단에 관한 자료를 수집·정리·분석하는 과학적 방법인 동시에 추출된 표본의 통계량에 의거하여 모집단의 모수에 대한 추론방법과 이를 근거로 의사를 결

정하는 방법에 관한 체계적 지식.
② 과학적인 이론에 근거하여 관심대상에 대한 정확한 대상이 선정
③ 분석목적에 필요한 자료와 정보가 경제성과 정밀도를 고려할 때 최적방법으로 수집
④ 수집된 자료는 과학적인 이론에 의하여 정리·분석되어야 함.

2. 통계학의 분류

(1) 기술통계학

분석목적에 필요한 자료를 수집·정리하거나 그림 및 표를 이용하여 자료를 요약, 설명하는 통계적 방법.

예 어느 회사 직원들의 월 임금, 월 소비액 등
⇨ 평균, 중위수, 분포도, 그래프, 줄기와 잎, 상자그림 등

(2) 추측통계학

자료에 어떤 가설을 설정하고, 자료가 그 가설에 적합한가를 판단하거나 자료의 분포를 추정하는 통계적 방법.

예 과거의 기업 직원들의 임금상승률을 기준으로 미래의 임금상승률을 추정
⇨ 확률이론이다.

[그림 1-1] 자료분석의 순서

문제정의, 확인 ⇨ 가설설정 ⇨ 통계적 검정 ⇨ 가설검정 ⇨ 결 론

제3절 변수(variable)와 측정(measurement)

측정은 변수에 특정한 값을 부여한 것을 의미한다. 그러므로 변수가 없으면 측정은 있을 수 없다. 따라서 측정이 없으면 통계분석은 불가능하다.

변수는 여러 가지의 상이한 값을 취할 수 있는 특성을 가진 것이다. 변수의 종류에는 양

적 변수와 질적 변수가 있다.

변수가 단 한 개의 값을 갖는 경우 이를 상수(constant)라 하는데, 엄밀히 말하면 상수는 변수라 할 수 없다. 그러나 통계학에서 상수도 변수로 취급하고 있다.

1. 문자변수와 숫자변수

① 문자변수(character variable)는 변수가 문자 값을 갖는 변수를 말한다.

예 "학력"이란 변수가 있을 때, 이 변수가 초등학교, 중학교, 고등학교, 대학교, 대학원 등의 값을 가지고 있다면, 이때 "학력"이란 변수는 문자변수이다.

② 숫자변수(numeric variables)는 변수가 숫자 값을 갖는 변수를 말한다.

예 "인구수"란 변수가 있고, 이 변수에 대한 값이 10,000명, 25,000명, 30,000명 일 경우 "인구수"란 변수는 숫자변수이다.

2. 양적 변수와 질적 변수

① 양적 변수는 자료의 값을 숫자로 나타낼 수 있는 변수로, 이산변수와 연속변수로 분류된다.

㉠ 이산변수는 자료 값이 정수로 표현되는 변수이다(예 인구수, 주택수 등).

㉡ 연속변수는 자료 값이 정수가 아닌 연속적인 값을 갖는 변수이다(예 몸무게, 키 등).

② 질적 변수는 자료의 값을 숫자로 나타낼 수 없는 변수이다. 질적 변수도 양적 변수로 변환시켜 분석에 활용할 수 있다. 예로 더미변수를 이용하여 질적 변수를 분석에 활용할 수 있다(예 소비자의 기호).

3. 구간변수, 비율변수, 명목변수, 서열변수

① 구간변수(interval variable)는 측정대상이 갖고 있는 속성의 양적인 정도의 차이에 따라 구간수준으로 수치를 부여한 변수로 절대적 원점이 존재하지 않는다. 구간수준의 측정은 상대 0점을 갖고 동일한 간격으로 변수 값을 측정한다. 예로 경제학과 학생들의 성적을 0점에서 100점까지 있는 어떤 점수(값)를 부여할 때 이는 구간수준의 측정에 해당된다. 여기서 주의할 것은 0점이 경제과 모든 교수들의 학급의 0점과 동일하지 않으며, 이는 교과목마다 비중이 상이하기 때문이다. 만약 A학생의 성적이 90점이고 B학생의 성적이 30

점이라면 A학생의 성적이 B학생보다 높은 점수이지만 반드시 3배 더 공부를 잘 한다고 말 할 수 없다. 0점의 기준이 절대적이지 않은 것을 상대 0점이라 한다.

② 비율변수(ratio variable)는 구간자료에 추가로 절대적 원점이 존재하고, 비율수준으로 측정이 가능한 변수를 말한다. 비율수준의 측정은 절대 0점을 갖고 변수 값을 측정한다. 절대 0점이란 누구에게나 동일한 0점임을 의미한다. 예로 A농민의 포도 1상자 무게가 20kg이고, B농가는 1상자가 40kg이라면 B농가의 상자가 A농가보다 2배 더 무겁다고 한다.

예 신장, 체중, 연령, 가격, 소득 등

수학적 의미 : $A=KB$이고 $B=LC$이면 $A=KLC$(단, $K, L \neq 0$)

③ 명목변수(nominal variable)는 측정대상의 특성을 분류하거나 확인할 목적으로 숫자를 부여할 수 있는 변수를 말한다. 가감승제 등 수학적 계산이 불가능하고, 자료 값을 서로 바꾸어도 된다.

명목수준의 측정은 다음 예가 있다.

예 성별 : 남자=0, 여자=1 → 남자=1, 여자=0 : 분석결과에서 부호가 반대가 됨.
직업별 : 공무원=1, 회사원=2, 은행원=3, 학생=4, 무직=5
지역별 : 서울=1, 경기=2, 충남=3, 강원=4
지역별 : 학력별: 대졸=1, 고졸=2, 중졸=3 등

④ 서열변수(ordinal variable)는 측정대상의 순서관계를 나타내는 변수를 말한다. 서열수준의 측정의 예는 다음과 같다.

예 아름다움의 정도: 진=1, 선=2, 미=3
학점: A=1, B=2, C=3, D=4
건강상대: 양호=1, 보통=2, 나쁨=3 등

4. 분류변수와 비분류변수

① 분류변수(classfication variable)는 변수의 자료가 분할표(contingency table)의 작성에 사용가능하게 분류되어 있거나 집단화 될 수 있는 변수를 말한다. 분류변수에는 명목변수와 서열변수가 사용된다. 구간변수도 분류변수로 사용은 가능하나 이때는 구간변수의 성질을 명목변수나 서열변수로 전환하여야 한다.

② 비분류변수(non-classification variable)는 분류되거나 집단화될 수 없는 변수를 말한다.

5. 독립변수와 종속변수

① 독립변수(independent variable)는 종속변수에 영향을 미치는 변수를 말한다.

② 종속변수(dependent variable)는 설명변수의 영향을 받아 변하는 변수를 말한다.
이들 변수간의 관계를 함수를 통하여 보면, $D=f(Y, P, T, P_r)$일 때 독립변수는 Y, P, T, P_r이며, 종속변수가 D이다.

제4절 자료의 형태, 수집 및 분류

1. 자료의 형태

(1) 모집단과 표본

① 자료(data)란 어떤 과학적인 결론을 내리는데 근거가 될 수 있는 모든 사실이나 수치, 수량, 시간, 금액, 비율, 이름, 장소 등을 포함하는 기본적인 사실들의 집합을 의미한다.

② 자료는 숫자, 문자, 화상, 소리 등의 형태로 표현된다.

③ 모집단(population) : 관심대상이 되는 전체 집합.

예 A회사 전체직원의 월 평균임금, 전국 농가의 년간 농가소득 등
무한모집단 : 관측이 불가능한 모집단(몸무게, 키, 동전을 무한히 던져서 앞면이 나올 회수 등)
유한모집단 : 관측이 가능한 모집단(인구, 주택, 소득, 소비 등)

④ 표본(sample) : 모집단에서 추출된 일부

예 A회사 전체직원 중 100명의 월 평균임금, 각종 여론(의식)조사 등
임의표본: 임의로 모집단에서 추출된 일부
편의표본: 특정목적을 갖고 추출한 일부→ 바람직한 표본이 아님

(2) 모수(母數)와 통계량(統計量)

① 모수 : 모집단에 관한 정보를 요약하여 제시할 수 있는 특성치

② 통계량 : 모집단에서 추출한 표본의 특성치

예 A회사 전체직원들의 월임금: 모집단 → 평균 μ, 분산 σ^2, 비율 p
A회사 직원 100명의 월임금: 표본 → 평균 $\overline{X}$, 분산 S^2, 비율 $\overline{p}$

(3) 자료의 수집

① 1차 자료(primary data)란 조사자가 직접 구한 자료를 말한다.

㉠ 자료수집의 단계

ⓐ 1단계 : 현황 및 잠재력 자료의 선정

ⓑ 2단계 : 계량화가 가능한 자료의 선정

ⓒ 3단계 : 수집이 용이한 자료의 선정

㉡ 수집형태

ⓐ 관찰법(observation) : 조사대상 자료의 관찰을 통해 얻은 자료수집의 방법

ⓑ 질문법(questioning) : 설문지나 기타 조사표에 의해 얻는 자료수집의 방법

② 2차 자료(secondary data)는 타인에 의해 이미 만들어진 자료를 다시 이용하는 것을 말한다.

(4) 자료의 장단점

구간자료	장점 : 정보량이 완전 필요에 따라 서열자료로 변환가능 단점 : 조사단위(천원, 원 등)가 불명확 여러 숫자를 입력해야 함 답변회피로 정확한 조사가 불가능
서열자료	장점 : 조사비용 절약 입력비용 절감, 오차방지, 작업이 편리 단점 : 범위 분류가 임의적 정보가 불완전하여 분석시 문제가 발생

2. 자료분석법과 통계기법

(1) 모수통계와 비모수통계

① 모수통계는 자료가 어느 특정 분포모양(예 정규분포, 이항분포 등)을 갖는 모집단으로부터 추출한 표본을 가지고 이루어진 통계이다. 일반적으로 모수통계는 모집단의 모수(parameter)를 비교한다.

표본으로 모집단을 추정방법에는 통계량으로 모수를 추정하는 법과 통계적 가설검정 방법이 있다.
- 평균, 표준편차, 분산, 범위, 중위수, 최빈치, 회귀분석, t검정, F검정 등

② 비모수통계분석는 자료가 특정분포를 따른다고 가정할 수 없는 경우나 모집단의 실체를 모르는 경우에 사용되는 통계이다. 그러므로 모수를 갖고 비교가 불가능하여 표본집단의 분포를 이용하여 비교한다. 일반적으로 명목자료나 서열자료에 많이 사용된다.

비모수통계를 위해서 카이제곱(x^2)검증, 부호검정, 윌콕스검정, 윌콕스 부호순위검정, 중위수검정, 크루스칼-왈라스검정 등이 사용된다.

(2) 통계분석법

① 1개 변수의 분석

종 류	명목, 서열자료(질적분석)	구간, 비율자료(양적분석)
통계량	비율, 최빈치, 4분위, 범위, 왜도, 첨도 등	평균, 표준편차, 분산, 중위수 최빈치, 첨도, 왜도 등

② 변수들간 분석

구 분	설명변수	종속변수	적용 통계기법
단변량	명목자료	명목자료	카이자승, 빈도분석
	명목자료	구간자료	t-검정, 분산분석, 회귀분석(더미변수이용)
	구간자료	명목자료	Logit모형, Probit모형
	구간자료	구간자료	상관분석, 회귀분석, 편상관계수
다변량	명목자료	명목자료	Loglinear Model(로그선형모형)
	명목자료	구간자료	다변량분산분석(MANOVA)
	구간자료	명목자료	로지스틱 회귀모형, 판별분석
	구간자료	구간자료	중회귀모형
	설명변수, 종속변수의 구분이 없는 경우		주성분분석, 요인분석, 군집분석

CHAPTER 2

SAS 기초와 윈도우즈 시작

제2장

SAS 기초와 윈도우즈 시작

제1절 SAS 시스템과 구성

1. SAS란

① SAS는 1996년 미국의 North Carolina 주립대학에서 개발한 각종 통계분석용 패키지 프로그램이다.

② SAS는 1980년 중반까지 Statistical Analysis System의 약자로 사용 되었으나, 현재는 SAS Institute 소프트웨어 제품의 등록상표로 사용되는 고유명사이다.

2. SAS의 장점

① 자료(Data)의 입력과 편집이 쉽고, 프로그램의 변경을 자유롭게 할 수 있다.

② 단순 통계, 다변량 통계 등 거의 모든 통계분석을 포함하는 통합 시스템이다.

③ 다른 패키지들과 자료 호환성을 가진다.

- Excell, dBASE, Lotus 등에서 작업한 자료의 이용이 가능하다.

④ 뛰어난 그래픽 기능과 매크로 기능이 있다.

⑤ 윈도우 환경에서 다양한 편집기능을 갖고 있고, 메뉴방식을 이용해 통계분석을 할 수 있다.

3. SAS 시스템

① 그 동안 SAS 시스템은 많은 발전을 하였다. SAS 6.0 이전의 단순패키지로부터 6.08버전부터는 윈도우즈용으로 개발되어 자료처리와 어플리케이션 개발과 인터넷이 강화되었으며, 각종 솔루션 개발을 위한 응용소프트웨어를 포함하는 통합패키지로 이용되고 있다.

② 이 책은 최근에 출시된 SAS 8.02 버전을 중심으로 기술하였다.

(1) SAS 시스템의 기능

① SAS는 Windows, Linux, Unix 등 운영체제에 맞게 개발되어 활용되고 있다(작동을 위한 라이센스는 상이). SAS의 원활한 사용을 위하여 Pc의 Ram Memory는 적어도 128M 이상을 권한다.

SAS는 전략적인 정보전달시스템(IDS: Information Delivery System)을 구축하기 위한 패키지로 다음과 같은 요소들을 갖추고 있다.

㉠ Data Access
- ⓐ 각종 데이터베이스와 직접적 접근 가능
- ⓑ 원시 데이터 파일의 접근 가능
- ⓒ 상이한 운영체제간 파일 전송 가능

㉡ Data Management
- ⓐ 데이터의 결합, 정렬, 분할 등
- ⓑ 데이터 파일 생성과 데이터 조정
- ⓒ 데이터의 수정, 추가, 삭제, 검색 등
- ⓓ SQL(Structured Query Language) 지원

㉢ Data Analysis
- ⓐ 모든 통계분석이 가능하고, 수학적 모형의 해를 구할 수 있다.
- ⓑ 평균·표준편차·분산 등 기술통계, 분산분석, 회귀분석, 범주형 자료분석, 다변량분석, 주성분분석, 요인분석, 군집분석, 생존분석, 비모수통계분석, 경로분석 등 가능
- ⓒ 다변량 모형화와 모형의 예측 가능
- ⓓ 연립방정식 시뮬레이션 및 예측 가능
- ⓔ 시계열분석 가능
- ⓕ 행렬(IML)을 이용한 수치해석이나 수학적 모델 해석 가능

㉣ 데이터 표현(Data Presentation)
- ⓐ 다양한 리스트 및 테이블 작성 가능
- ⓑ 수직막대, 수평막대, 원형 차트 등 다양한 차트, MAP, 3차원 그래픽 작성 가능

㉤ 어플리케이션 개발(Application Development)
- ⓐ 실시간 프로그램의 실행 및 결과를 제공받을 수 있음
- ⓑ 응용프로그램의 작성과 모듈화
- ⓒ 경영시스템 작성 가능
- ⓓ CRM 구현 등

(2) SAS 시스템의 소프트웨어

① SAS 시스템은 다양한 소프트웨어를 포함하고 있는데 그 내용은 다음 <표 2.1>과 같다.

② SAS 소프트웨어에 대한 자세한 설명은 SAS 매뉴얼 또는 인테넷(http://www.sas.com /product/index.html)을 통하여 구체적인 정보를 얻을 수 있다.

[표 2-1] SAS 시스템의 소프트웨어

작업구분	제품명	제품별 기능
데이터 관리	Base SAS	SAS 시스템의 핵심제품으로 기본적 데이터분석과 다른 SAS 제품을 하나로 통합하는 역할을 하는 기본 소프트웨어
	SAS/FSP	대화형 데이터 관리 소프트웨어로 데이터 입력, 검색, 편집할 수 있는 도구로, 원하는 데로 화면상에 자유롭게 디자인할 수 있을 뿐만 아니라 외부파일, DBMS 등의 데이터를 자유롭게 액세스하여 데이터를 추가, 수정, 확인 가능
그래픽	SAS/GRAPH	꺾은선, 막대, 파이(pie), 별(star), 도우넛, 3차원 그래프, 등고선, 지도 그래프 등 다양한 그래프를 지원하는 그래픽 소프트웨어
데이터 액세스	SAS/ACCESS	데이터 저장 소스나 포맷에 관계없이 데이터 액세스가 가능하며, 애플리케이션 변경 없이도 다른 데이터베이스의 내용을 처리할 수 있는 소프트웨어
각종 통계분석	SAS/STAT	분산분석, 회귀분석, 다변량분석, 판별분석, 범주형자료, 생존분석 등이 가능한 통계해석 소프트웨어
	SAS/ETS	시계열 분석, 예측 및 계량경제 모델화를 위한 소프트웨어
	SAS/IML	대화형 행렬연산을 가능하게 하는 소프트웨어
	SAS/INSIGHT	대화형 통계분석 및 그래픽 구현 소프트웨어로 시각적인 데이터 분석
	SAS/OR	Operations research 및 프로젝트 관리 소프트웨어
	SAS/CALC	통합화 스프레드 시트 소프트웨어로, 업무부문에서 스프레드시트 데이터의 처리와 분석 기능, 정보시스템 혹은 애플리케이션 개발부문에서는 스프레드시트 프로그래밍 언어로 애플리케이션 구축을 위한 프로그램 스크린을 제공
	SAS/QC	통계적 품질관리를 위한 소프트웨어
애플리케이션 구축	SAS/AF	모든 형태의 응용프로그램을 GUI 환경에서 포인트애클릭 방식으로 개발할 수 있는 애플리케이션 개발 소프트웨어
	SAS/EIS	메뉴방식의 EIS 개발 소프트웨어

사용자 지향 응용애플리케이션	SAS/ASSIST	마우스와 풀다운 메뉴 작동만으로 SAS 시스테의 제기능을 이용할 수 있는 메뉴방식의 인터페이스 소프트웨어
	SAS/PH-CLINICAL	메뉴방식의 임상실험 정보를 분석할 수 있는 소프트웨어
	SAS/CPE	컴퓨터 성능 평가 소프트웨어
분산처리	SAS/CONNECT	분산처리를 위한 복수 시스템 연결 소프트웨어
	SAS/SHARE	분산컴퓨터환경을 지원해 주는 소프트웨어
기타	SAS/GIS	지리적 데이터의 시각적 분석이 가능한 지리정보시스템 지원 소프트웨어
	SAS/TOOLKIT	SAS 모듈작성을 위한 소프트웨어

제2절 SAS 설치와 시작

1. SAS의 시동

SAS 시동이란 SAS 시스템을 운영하고 작업하기 위한 준비과정이다. 윈도우용 SAS 시스템은 다른 윈도우용 소프트웨어 시스템과 거의 같은 절차를 거쳐서 시작이 된다.

2. SAS 시스템의 설치

SAS 시스템(SAS V8.2)을 설치하는 과정은 다음과 같다.

① CD 드라이브에 SAS 시스템 CD Solution Disk 1을 넣으면 SAS 인스톨 프로그램이 자동으로 실행된다.

② 설치할 언어를 선택한다. SAS V8.2는 한글지원이 비교적 양호하므로 "한국어"를 선택하여 설치한다.

③ 시스템의 완전한 설치를 위해 재부팅이 이루어진다.

④ SAS 시스템을 설치할 드렉토리를 설정한다. 디폴트이면 다음 디렉토리에 SAS가 설치된다.

```
C:\program Files\SAS Institute\SAS\V8\sas.exe
C:\program Files\SAS Institute\SAS\V8\dbcs\sas.exe
```

⑤ Enterprise Miner의 설치는 디폴트로 이루어지지 않으므로 사용자가 설치하여야 한다.

윈도우즈용 SAS 라이센스 갱신방법

1. V8.1라이센스 갱신방법

① 갱신용 SAS 라이센스를 "SETINIT.SAS"로 변경한 다음 폴더나 디스켓에 복사함.

② 윈도우에서 [시작], [프로그램], [The SAS System], [SAS V8인증 코드 갱신]순으로 클릭하여 갱신을 위한 대화상자를 기동시킴.

③ SAS V8.CFG 즉 SAS 루트 디렉토리 위치를 확인한다. 다음 단추 클릭함.

④ CORE SAS가 있는 SAS 루트 디렉토리 위치를 확인한다. 다음 단추 클릭함.

⑤ 실제로 SAS 실행파일의 위치를 확인한다. 다음 단추 클릭함.

⑥ "페이퍼(인쇄물)로 갱신된 setinit을 제공 받으셨습니까?에 "아니오"단추 클릭함.

⑦ SETINIT.SAS가 있는 경로를 결정(예 A:\SETINIT.SAS)함.

⑧ "Setinit 정보를 갱신하였습니다."라는 메시지가 출력되면, 확인 단추를 클릭하면 됨.

2. V8.2 라이센스 갱신방법 : 3가지 방법을 통하여 SAS V8.2의 라이센스를 갱신할 수 있다.

① 마우스 우측으로 SETINIT.SSS 파일을 클릭하는 방법

SETINIT.SSS이 저장되어 있는 드라이브나 폴더에서 마우스 우측을 클릭하면 "Apply Authorization Code to SAS V8"이 나타나는데 이것을 선택하면 SETINIT가 갱신되면서 SAS system이 실행된다.

② SAS system 인스톨 과정을 통한 방법

SAS system 인스톨하는 과정에 SETINIT.SSS가 !SASROOT\CORE\SASINST directory에 복사된다. 만약 SETINIT.SSS 파일이 SAS 인스톨 프로그램에 있으면 갱신이 인스톨 과정에 자동적으로 실행된다. 그러나 SETINIT.SSS이 만기가 되었거나 정확하지 못하면 갱신된 새로운 SETINIT.SSS를 갖고 명령에 따라 실행하면 된다.

③ 명령선(command line)을 이용하는 방법

SAS system을 실행한 다음 첫째 방법은 편집기 창에 명령선(command line)이 없는 경우 마우스 우측을 클릭한 후 파일[File], 열기[Open]를 선택한 다음 SETINIT.SSS이 저장된 루트를 지정(예, C:\SAS Institute\SAS\V8\CORE\SASINST\SETINIT.SSS: SAS system이 C:\SAS Institute에 있는 경우)한 다음 열기[Open]를 클릭한다. 둘째 방법으로는 편집기 창에 명령선(command line)이 있는 경우는 명령선에 inc 'C:\SAS Institute\SAS\V8\CORE\SASINST\SETINIT.SSS' 입력한 다음 Enter↵키를 누른다.

그런 다음 페이퍼로 받는 SETINIT을 참고로 하여 기존의 SETINIT를 수정한 후 F8키, Submit 버턴, 또는 명령선에 Submit를 입력한 다음 Enter↵키를 누르면 갱신된다. 만약 수정되어 실행한 SETINIT와 페이퍼 SETINIT에 차이가 있으면 다음 메시지가 나타난다.

Error: Incorrect information was entered for the password.

이 경우 수정을 하기 위해 F4키나 명령선상에 Recall을 입력한 다음 Enter↵키를 눌러 호출한 다음 내용을 수정하고 실행하면 된다.

3. SAS 윈도우의 시작

윈도우즈용 SAS시스템은 Windows, Unix 환경 등에서 사용할 수 있다.

Windows 환경에서 SAS 시스템 작동과정은 다음과 같다.

SAS 시스템과 Windows가 하드디스크에 install되어 있다면(만약 install되어 있지 않으면 각각의 방법에 의해 이들을 하드디스크에 install하면 됨)

① 시작 메뉴를 사용하는 방법 : 사용자가 원하는 SAS 소프트웨어를 운영하기 위해서는 창 작업표시줄의 [시작] 단추를 마우스로 눌러서 SAS 프로그램이 인스톨되어 있는 메뉴를 찾아 실행메뉴를 마우스로 클릭하면 된다.

② 실행아이콘 또는 단축아이콘을 사용하는 방법 : SAS 프로그램의 실행아이콘이나 단축아이콘을 사용하여 시작할 수 있다. 즉 실행아이콘을 마우스로 더블 클릭하여 실행하거나, 단축아이콘을 창 바탕화면에 만들고 이 단축아이콘()을 마우스로 더블 클릭하면 된다.

4. SAS의 운영방식

SAS의 운영방식은 일반적으로 대화형과 비대화형으로 구분된다. 대화형에는 화면표시방식(display manager mode)과 행방식(interactive line mode)이 있으며, 비대화형에는 비상호작용방식(non-interactive mode)과 일괄방식(batch mode)이 있다.

(1) 대화형 운영방식

대화형은 사용자가 해당 명령어를 입력하면 컴퓨터 소프트웨어는 입력된 명령어들에 즉각 반응하여 데이터를 처리하는 방식으로

① 전체화면(full screen)을 필요로 하는 방식이 화면표시방식이며, 이 방식은 SAS 화면표시 관리자 시스템(display manager system)이란 프로그램에 의해 운영되며 다양한 창이 화면에 표시될 수 있고 도스(dos)에서 사용하는 기능 및 문서편집기의 기능이 사용될 수 있다. Windows용 SAS는 주로 이 방식으로 운영된다.

② 반면에 전체화면이 필요치 않은 방식을 행방식이라 하는데, 이는 사용자와 컴퓨터가 상호자극을 주고 이에 대해 반응을 계속하면서 작업을 수행하는 방식이다. 이 방식은 각 단계마다 각 행(line)에서 자료 및 명령어를 입력하면 SAS소프트웨어는 이에 반응하여 결과를 산출하며, 사용자는 결과를 보고 다음 단계 작업을 하는 방식이다.

(2) 비대화형 운영방식

비대화형은 사용자와 컴퓨터가 상호 즉각적인 반응을 하지 못하고 작업을 수행하는 방식으로 이는 자료시스템과 이 데이터를 운영하기 위한 운영시스템이 위치적으로나 논리적으로 분리되어 있는 경우에 발생하는 방식이다. 이 방식은 메인프레임에 접속되어 있는 단말기와 메인프레임사이에서 발생하게 된다.

① 비상호작용방식은 조직이 갖고 있는 컴퓨터 운영시스템의 방식에 따라 차이가 있다. 일반적으로 이 방식은 사용자 자신이 준비한 SAS 프로그램이 내장된 파일을 운영할 명령문들을 갖고 있지 않기 때문에 사용자 자신의 파일을 운영할 구체적인 명령문들을 메인프레임 등에 있는 SAS 소프트웨어로부터 불러와서 작업을 해야 한다.
즉 자신의 SAS 프로그램이 메인프레임 등의 운영시스템의 힘을 빌어 자신의 파일을 운영하고 운영시스템이 결과를 산출한다.

② 일괄방식은 데이터를 하나하나 즉시 처리하는 것이 아니라 일정기간 수집하여 한꺼번에 처리하는 방식으로, 이 방식도 단말기와 메인프레임의 운영방식에 따라 차이가 있다. 일반적으로 배치프로그램(batch program)이 내장된 파일을 단말기에 입력해서 배치 프로그램을 운영하고 그 결과를 자신의 단말기 프린터나 메인프레임 프린터로 산출하는 방식이다.

5. SAS 시스템의 종료

SAS 시스템을 종료하는 방법은 다음과 같다.

① 메뉴바 이용 : 창에서 메뉴바의 [파일 File] 메뉴에서 [종료 Exit]를 마우스로 클릭하면 된다.

② 편집기창 이용 : 편집기(Edit)창의 명령어(Command) =====> 라인에서 ENDSAS 또는 BYE를 입력한 후 Enter↵키를 누르면 SAS 시스템 작업이 종료된다.

③ 명령어 입력상자 이용 : 명령어 입력상자에 ENDSAS 또는 BYE를 입력한 후 Enter↵키를 누르면 SAS 시스템이 종료된다.

제3절 SAS 윈도우의 화면과 창

1. SAS 기본 창

윈도우용 SAS V8.2 시스템은 화면표시형 SAS 소프트웨어 운영방식을 채택하고 있다. SAS 시스템을 열면 작업을 위한 [화면 2.1]이 호출된다. SAS 시스템을 통한 모든 작업은 화면(screen)을 통하여 표시되며, 이런 활동을 지원하는 시스템이 '화면관리자 시스템[display manager system(DMS)]'이라 하며, 이를 '화면관리 시스템'이라고도 한다. 이를 이용하여 SAS시스템을 사용하게 된다.

(1) SAS 응용 작업영역(AWS)

SAS 응용작업영역은 SAS 작업을 위해 개방된 모든 창들을 포함하는 것으로 모든 SAS 응용창들의 틀을 제공한다.

(2) 창(child windows)

SAS 응용작업영역내에 포함된 편집기(Editor) 창, 로그(Log) 창, 탐색기(Explorer) 창, 결과(Results) 창 그리고 출력(Output) 창 등과 같이 5개의 주요 SAS 창들을 나타낸다. 이들은 확대, 축소 그리고 화면 재배열 등과 같은 기능을 수행한다. SAS V8.2는 이전 버전에는 없었던 확장 편집기창이 활성화되도록 한 것이 특징이다. 이 창은 초보자들이 SAS를 사용하는데 편리하도록 되어있다.

(3) 대화상자(dialog box)

대화상자는 SAS 시스템이 작업 완료를 위해 추가정보가 필요할 때 나타나게 된다. 대화상자의 질문내용에 따라 응답하면 된다.

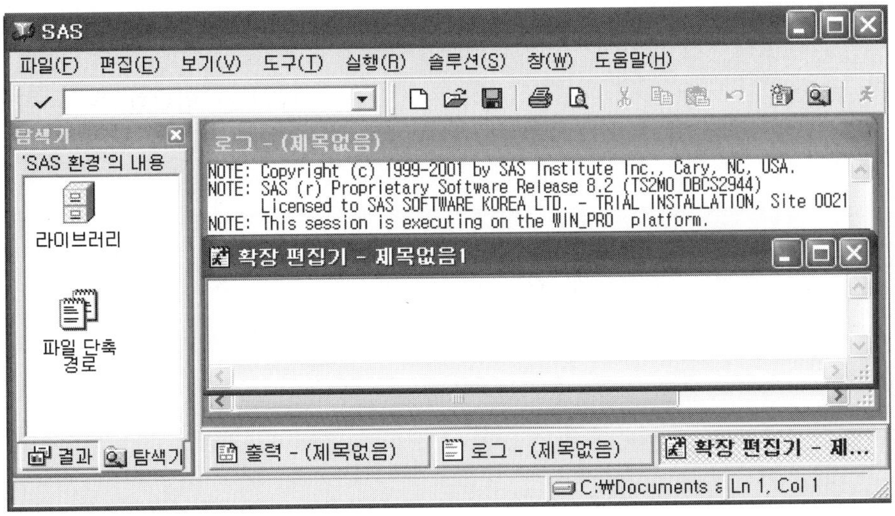

[화면 2-1] 윈도우용 SAS V8.2 기본창

2. SAS 시스템의 명칭

SAS 시스템의 명칭은 [화면 2.2]와 같다. SAS V8.2도 이전의 윈도우즈 SAS 화면과 큰 차이는 없다고 할 수 있다.

'명령어입력상자'는 명령어를 직접 입력하여 실행할 때 사용하는 상자인데, 이를 '명령어 상자(box)' 또는 '명령어 바(bar)'라고 부르기도 한다.

'명령어입력상자'란에 명령어를 입력한 후 '✓'를 클릭하면 명령어가 실행된다.

SAS 프로그램을 실행시키면 제목표시줄에 해당 제목이 나타난다. 도구상자는 실행에 필요한 단추를 선택하여 사용하면 된다.

아래 우측의 현재 작업중인 파일의 경로가 나타나며, 현재 커서는 작업하고 있는 해당 창에 커서가 위치하고 있는 좌표를 알려준다.

'작업창표시줄'은 현재 활동중인 창들에 직접적으로 간편하게 빨리 접근할 수 있게 해주는 각종 바들이 단추형식으로 나타나게 된다. 이를 '윈도우 바'라고도 하는데, 해당 단추를 클릭하면 원하는 창으로 바로 이동할 수 있다.

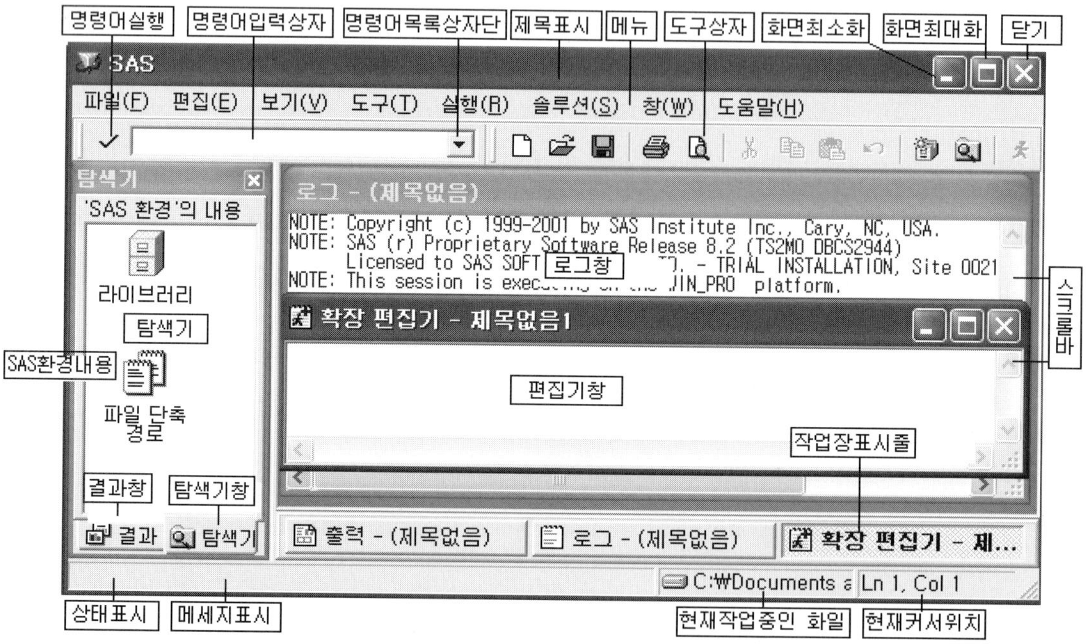

[화면 2.2] SAS 화면관리 시스템의 각 부 명칭

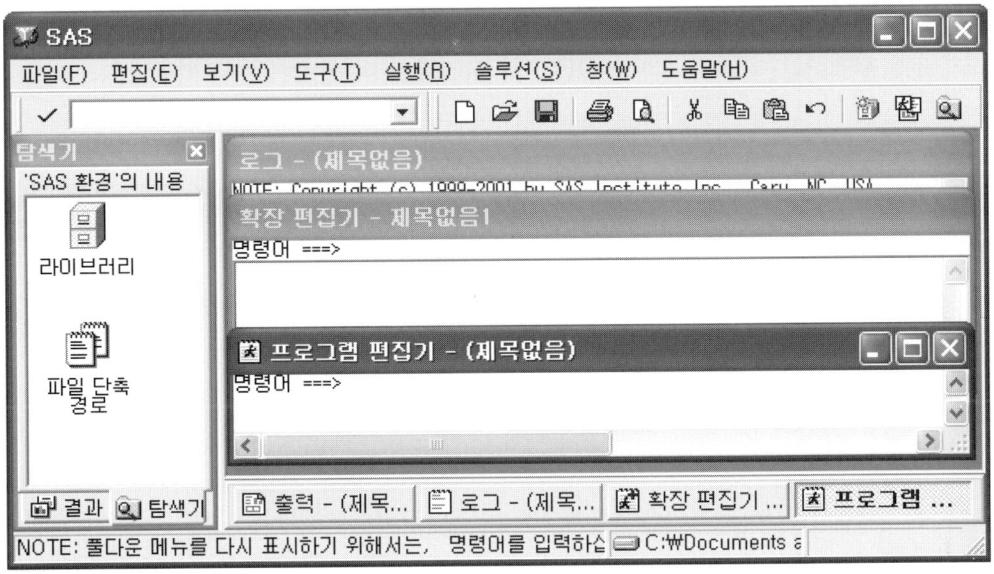

[화면 2.3] 편집기창에 '명령어입력선'이 나타난 예

'명령어입력선'을 이용하면 편리한 경우도 있다. 이를 '명령어 선' 또는 '명령어 행'이라고도 한다. 이는 명령어를 이 명령어입력선 상에 입력하여 실행하는 곳이다. 이를 이용하여 프로그램의 종료, 저장 등이 가능하고 '명령어입력선'은 로그창, 출력창, 편집기창에 '명령어입력선'을 만들 수 있고, 실행할 수도 있다.

'명령어입력선' 즉 '명령어===>' 혹은 'Command===>'이 원하는 창에 나타나게 하는 방법은 다음과 같다.

① '명령어입력선'을 나타내고자 하는 창(예, 편집기창)에 커서를 위치시킨다.

② 커서를 해당 창에 위치시킨 다음에 커서를 명령어 입력상자에 위치시켜야 한다. 그리고 다음 방법 중 하나를 선택한다.

  ㉠ 마우스 포인터를 명령어 입력상자 안으로 이동시키고 커서가 상자내에 위치하도록 한다.

  ㉡ F11 단축키가 명령바에 연결되어 있으면 F11 단축키를 누른다.

  ㉢ 명령어목록단을 마우스로 누르면 지금까지 사용자 자신이 사용하였던 명령어들이 명령어목록상자에 나타나는데, 목록 중에 COM 또는 COMMAND이 있으면 이를 선택하면 된다.

③ 명령어입력상자 내에 COM 또는 COMMAND를 입력한 후 Enter↵ 키를 누르거나 명령어 실행단추를 누르면 된다. 그러면 '명령어===>'부호가 [화면 2.3]과 같이 해당 창에 나타난다. COMMAND 명령어가 작동되지 않으면 COMMAND ON을 직접 입력해야 한다.

④ 창에 나타난 '명령어===>'부호를 지우려면 다시 한번 COM 또는 COMMAND를 명령어입

력상자나 명령어입력선 상에 입력한 후 Enter↵키를 누르면 된다. COM 또는 COMMAND를 두 번째 입력하면 COOMAND OFF 기능을 하게 되어 창에서 지워진다.

3. SAS 화면관리 시스템의 주요 창의 기능

(1) 프로그램 편집기 창(Program Editor Window: PGM창)

① 이 창은 프로그램 편집기의 다양한 기능을 수행한다. 자료, 텍스트, 프로그램 명령어의 입력, 편집, 저장, 열기, 되부름(recall) 등을 위해 사용된다.

② 이 창에서 각종 프로그램 명령어를 실행(Run)한다. 예를 들면, PROC MEANS, PROC UNIVARIATE, PROC FREQ, PROC CHART, PROC REG, PROC LOGISTIC 등의 프로그램을 실행시키기 위하여 이 창을 사용한다. 또한 NUMBERS, SUBMIT, RECALL, CLEAR, COMMAND 등의 명령어가 이 창에서 사용되는 경우가 있다.

㉠ 각종 프로그램을 작성하는 과정에서 행 번호가 필요한 경우가 있다. 행 번호가 창에 나타나게 하기 위해서는 '명령어입력상자'나 '명령어입력선 상'에 NUMBERS를 입력하고 Enter↵키를 누르면 [화면 2.4]와 같이 행 번호가 표시된 화면이 호출된다. 이 행 번호가 창에 나타나면 행 명령어(line commands)등을 사용하여 프로그램의 행들을 편집할 수 있다. 행 명령어의 사용방법은 SAS 작업 절차에서 설명하기로 한다.
행 번호가 표시된 상태에서 행 번호를 지우려면 '명령어 입력선' 상에 NUMBERS를 입력한 다음 Enter↵키를 누르면 행 번호가 지워진다.

㉡ 프로그램을 실행하기 위해서는 '명령어입력상자'나 '명령어입력선'상에 SUBMIT 를 입력한 후 Enter↵키를 누르거나 또는 F8키를 누르면 된다. 또한 쉽게 도구상자에 있는 ''을 클릭하거나 메뉴바의 [실행]을 선택한 후 [실행(S)]을 클릭하면 프로그램이 실행되고 분석결과가 출력창에 나타난다.

㉢ 창에 있는 내용의 일부나 전부를 지우기를 원할 때 메뉴의 편집을 선택한 다음 지우기나 모두 지우기를 클릭하면 된다. 만약 내용의 일부를 지우기를 원하면 원하는 내용을 마우스로 설정한 다음 메뉴의 편집에서 지우기를 클릭하면 된다.

③ 프로그램 편집기 창을 열려면 메뉴의 [보기]에 있는 [프로그램 편집기] 메뉴를 선택하거나 '명령어입력상자' 또는 '명령어 입력선'상에서 PGM 명령어를 입력한 다음 Enter↵키를 누르면 된다.

④ 프로그램 편집기 창은 99,999행 이내의 내용들을 화면에 표시할 수 있게 되어 있다. 만약 이 보다 더 큰 파일의 행들을 열려면 편집기 창을 확장해야 하며, 이 경우 확장된 행

들에 대해서는 스크롤(scrolling)이 작동되지 않고 행 번호도 사용할 수 없다.

⑤ 프로그램에 따라 프로그램 편집기 창이나 확장 편집기 창을 기본 편집기 창으로 사용하는 경우가 있을 수 있다. 그리고 경우에 따라서 프로그램 편집기 창에서 작동되는 일부 명령어들이 확장 편집기 창에서 자동되지 않을 수 있다.

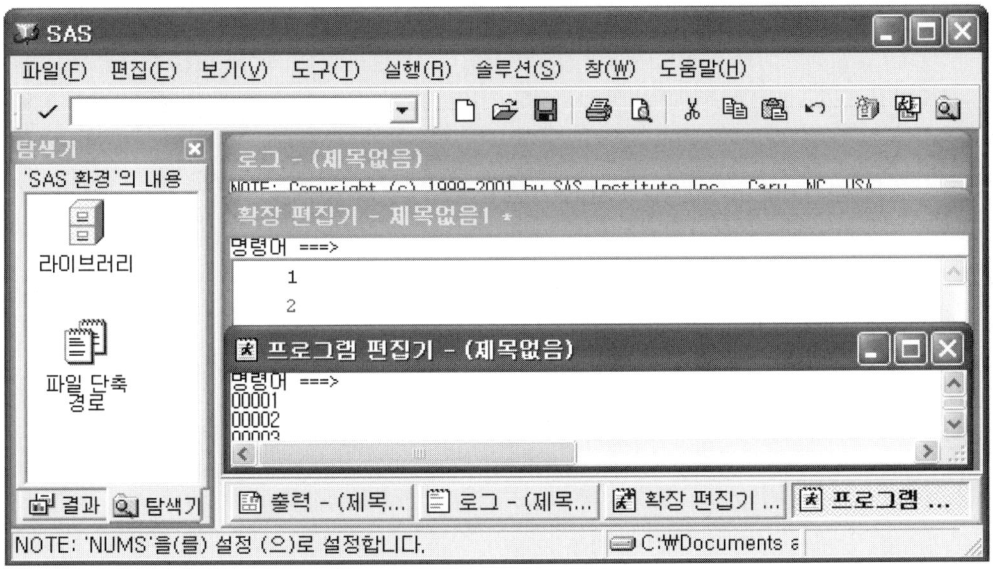

[화면 2.4] 프로그램 편집기창과 확장 편집기창의 명령어 입력선과 행번호

(2) 확장 편집기 창(Enhanced Editor Window)

이 창은 기존의 SAS 버전의 프로그램 편집기 창의 기능을 보완한 것이다. 확장 편집기는 프로그램을 작성하거나 오류를 수정하는데 도움을 주기 위해서 색깔로 구분되는 코딩을 하는 일종의 아스키(ASCII) 편집기이다. 초보 사용자는 이 창을 이용하면 쉽게 SAS에 접근할 수 있는 장점이 있다.

확장 편집기 창의 특징을 요약하면 다음과 같다.

① 입력 상태를 구분해 주기 위해 분야별로 컬러코팅으로 시각적인 효과를 보여줌으로써 SAS 프로그램 내용을 쉽게 확인 수정할 수 있다. 프로그램 편집기 창은 검정색 단색으로 화면에 표시되나 이 창은 검정색, 파란색, 군청색, 노란색 등으로 표시해 줌으로써 프로그램을 작성하는데 많은 도움을 준다.

② 변수, 명령문 등에서 사용자가 원하는 자신의 키워드(keywords)를 만들고 포맷할 수 있다. 즉 사용자는 프로그램 절차 명령어, 변수, 포맷 등을 자신이 정의하여 사용할 수 있

는 장점이 있다.

③ Enter↵키를 누르면 다음 줄에 자동적으로 들여쓰기가 가능하다.

④ 키보드 매크로 기록기를 이용하여 프로그램 편집 명령을 기록하거나 재생할 수 있는 매크로를 작성할 수 있다.

⑤ 약어를 사용하여 텍스트에 직접 접근할 수 있는 단축키를 만들 수 있다.

⑥ SAS 진행절차, 자료처리 단계, 매크로 등의 섹션들을 확장 또는 축소하여 그 프로그램의 흐름이나 구체적인 명령문을 볼 수 있는 장점이 있다.

⑦ 프로그램 또는 문서의 다른 섹션들에 쉽게 접근할 수 있도록 하는 단일 명령어의 일종인 코드선(code lines)을 갈피표(bookmark)할 수 있는 것이 특징이다.

⑧ 확장 편집기 명령어들을 키보드 단축키(keyboard shortcuts)로 작동할 수 있는 장점이 있다. 키보드 단축키를 사용하기 위한 절차는 다음과 같다.

㉠ 메뉴바의 [보기], [옵션]순으로 선택하여 서브메뉴에 있는 [확장 편집기 단축키]메뉴를 선택하면 확장편집기 단축키(Enhanced Editor Keys)창이 [화면 2.5]와 같이 호출된다. 이 단축키 창은 카테고리(Category), 명령어 목록(Commands [이름(Name)과 이름에 해당되는 단축키(Keys)]) 그리고 단축키에 대한 설명(Description)으로 구성된다.

㉡ 확장 편집기 창의 카테고리 목록 상자에서 원하는 카테고리를 선택하면 된다. All 카테고리를 선택하면 모든 명령어 이름과 단축키를 볼 수 있다.

예로 카테고리에서 Editor를 선택하여 '다음 시작 지우기[Delete to next word start]'를 선택하면 단축키(Ctrl+Delete)가 정의되어 있음을 알 수 있다.

㉢ 새로운 단축키를 만들려면 [화면 2.5]의 우측에 있는 '할당키[Assign keys...]' 단추를 클릭하면 '현재 단축키[Current keys]' 상자와 '새 단축키[Press new shortcut key]' 상자가 호출되는데 현재 단축키상자에는 현재 할당되어 있는 단축키 이름이 있고, 새로운 단축키를 만들려면 새 단축키 상자에 원하는 단축키를 정의하면 된다. 만약 '디스크에 서류를 저장[Save the document to disk]'하기 위한 새 단축키를 만들려면 할당키를 클릭한 다음 명령어 상자에서 이를 선택하면 현재 단축키가 보이지 않는다. 이때 새 단축키를 Ctrl+S로 만들고 싶으면 새 단축키 상자에 커서를 위치시키고 Ctrl와 S를 동시에 누른 후 [할당(Assign)]을 선택한 다음 확인을 클릭하면 새 단축키가 생성되고 이를 사용할 수 있다. 현재의 단축키를 새 단축키로 변경하는 경우도 같은 과정을 따르면 된다.

㉣ 현재 단축키를 제거하려면 현재 단축키 상자에서 지우기를 원하는 단축키를 선택한 다음 우측의 [제거(Remove)] 단추를 누르면 된다.

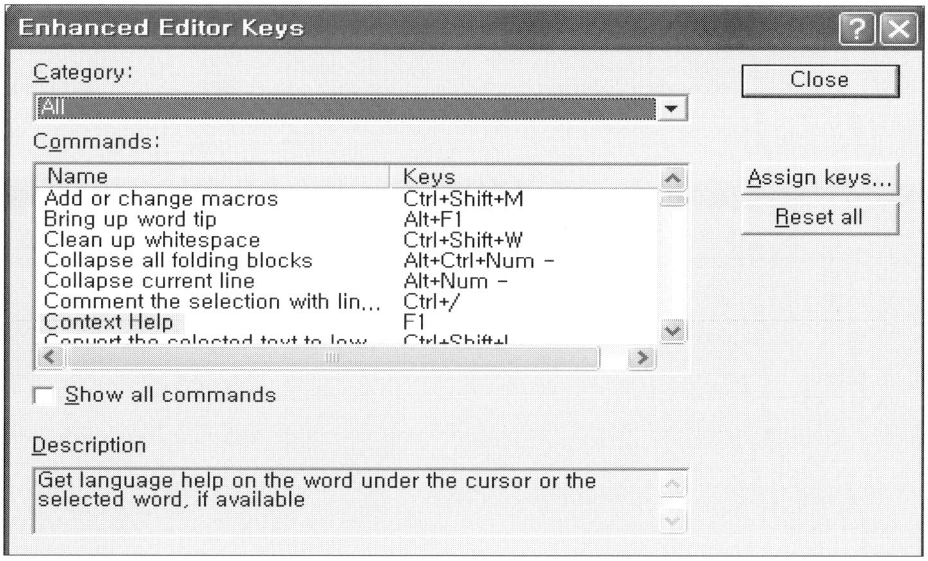

[화면 2.5] 확장 편집기 단축키 호출화면

⑨ 이 창에서도 기능 키를 사용할 수 있다.

⑩ 여러 개의 확장 편집기 창을 한번에 열 수 있다. 이 경우 열린 창은 순서대로 제목 표시줄에 각 창의 이름이 '확장편집기-제목·번호'의 형태로 붙여진다.

⑪ 각 창은 3가지 방법에 의해 열 수 있다. 즉 메뉴바의 메뉴를 이용하는 방법, 도구바를 이용하는 방법 그리고 명령어를 이용하는 방법이다. 일반적으로 가장 많이 이용되는 방법이 메뉴바의 메뉴를 이용하는 방법이다.

㉠ **메뉴바의 메뉴를 이용하는 방법** : 메뉴바의 [보기]메뉴에 있는 메뉴 중에서 자신이 원하는 메뉴를 선택하면 된다.

㉡ **도구바를 이용하는 방법** : 도구바에 진열되어 있는 아이콘 중에서 자신이 원하는 아이콘을 선택하면 된다.

㉢ **명령어를 이용하는 방법** : '명령어입력상자'나 '명령어입력선'에 사용자가 원하는 명령어를 입력한 다음 Enter↵키를 누르면 된다. 각 창을 열기 위한 명령어는 다음과 같다.

- 프로그램 편집기 창 : PGM
- 확장 편집기 창 : WNEXTEDIT
- 로그 창 : LOG
- 출력 창 : OUT 또는 OUTPUT
- 탐색기 창 : EXPLORER
- 결과 창 : ODSRESULTS

(3) 결과 창(Results window)

결과 창은 SAS 시스템에 의해서 산출된 산출물들의 목록을 갖고 있다. 초기 화면에서는 결과 창은 탐색기 창의 뒷면에 위치하고 있으나, 프로그램을 실행시킨 후 결과를 보고 싶으면 결과 창을 마우스로 누르면 결과 창이 전면에 나타나면서 목록을 볼 수 있다. 이 창을 이용하여 출력된 SAS 산출물의 개별 목록을 볼 수 있고, 저장할 수 있으며, 프린트할 수 있다. [화면 2.6]은 소비함수-1이란 파일의 회귀분석의 산출결과를 보여주는 결과 창이다. 결과 창에 만들어진 목록을 통하여 Reg 명령어가 편집기 창에서 실행되었음을 알 수 있다. 편집기 창에서 PROC MEANS, PROC PRINT 등이 실행되면 결과 창에 Means, Print 목록이 보이게 된다.

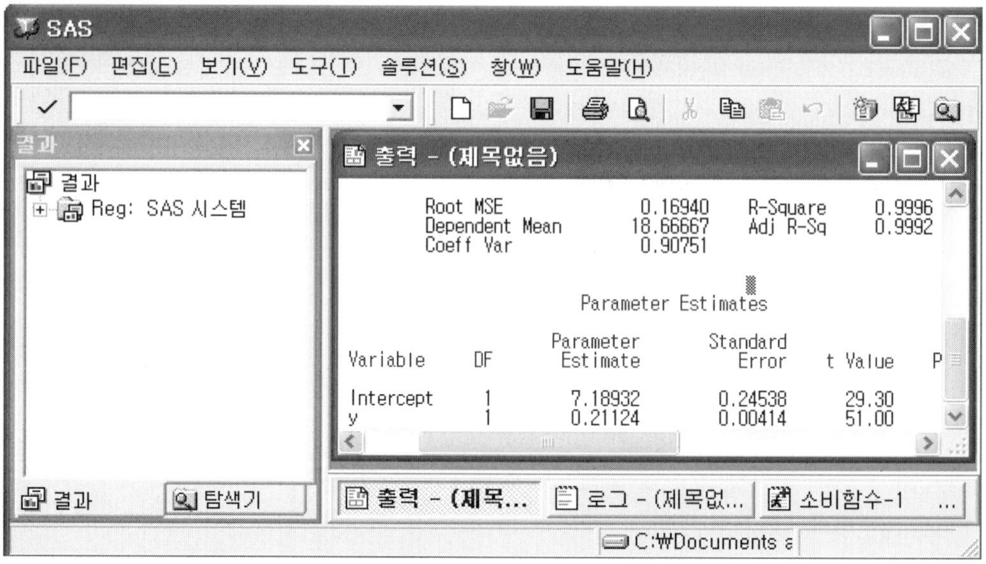

[화면 2.6] 소비함수-1을 실행시킨 결과 창의 예

[화면 2.6]에서 결과 창의 하위 폴더를 보기 위해서는 마우스로 누르면 된다. [화면 2.7]은 [화면 2.6]의 결과 창에서 Reg를 눌러서 하위 폴더를 보이고 있는 예이다. 폴더 C는 회귀분석에서 선정된 종속변수를 의미하며, 분산분석(Analysis of Variance)를 선택하면 분산분석 결과가 우측 화면에 나타나며, Fit Statistics를 선택하면 각종 통계치가, Parameter Estimates를 선택하면 회귀계수 추정치가 화면 우측에 나타나며 이를 프린트할 수 있다. [화면 2.7]은 Parameter Estimates를 선택한 예이다.

결과 창을 열기 위한 방법은 다음과 같다.

① 작업표시줄에 있는 [결과] 단추를 마우스로 누른다.

② 메뉴바의 [보기]메뉴의 [결과]메뉴를 마우스로 클릭한다.

③ 각 창의 '명령어 입력선' 상에 ODSRESULTS를 입력 한 후 Enter↵키를 누른다.

④ 명령어입력상자에 ODSRESULTS를 입력한 다음 Enter↵키를 누른다.

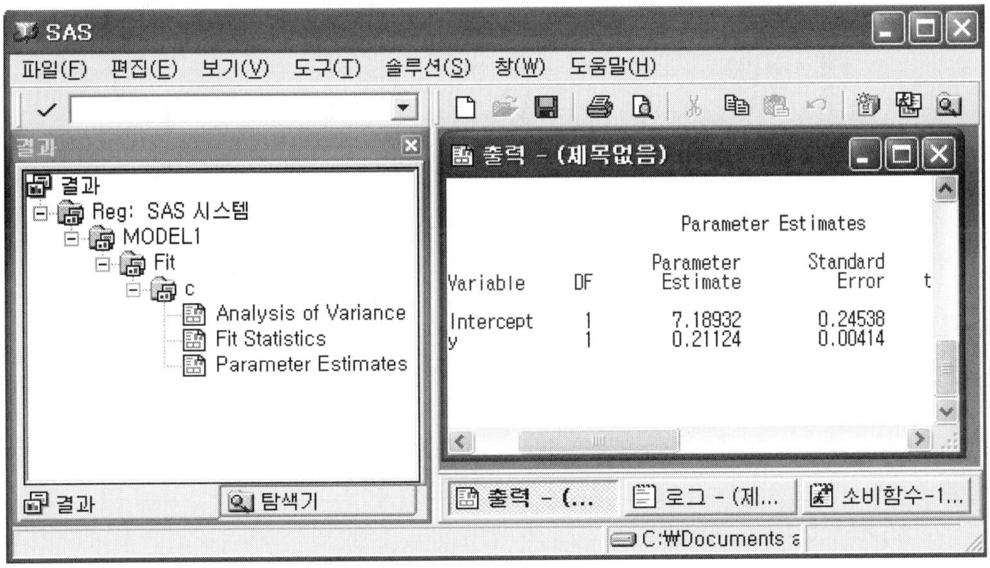

[화면 2.7] 소비함수-1을 실행시킨 후 결과 창의 하위 폴더의 예

(4) 탐색기 창(Explorer window)

탐색기 창은 라이브러리(Libraries), 호스트 파일, 카탈로그(catalogs), 데이터 세트(data set), 표(table) 등에 접근하기 위한 하나의 중앙 접근 지점을 제공한다. 새로운 라이브러리를 만들거나 SAS 파일을 만들 때 사용할 수 있다. 즉 이 창을 이용하여 SAS 파일을 열 수 있으며, 편집, 이동, 지움, 복사할 수 있다. 그리고 새로운 라이브러리를 만들거나 새로운 라이브러리 구성원들을 만들거나 카탈로그 엔트리(entries)를 새로 만들 때 사용할 수 있으며, 새로운 파일 단축키를 만들 때도 사용이 가능하다.

[화면 2.8]은 탐색기 창으로, 이는 2개의 판(pane)으로 구성된다. 왼쪽에 있는 판은 폴더 뷰(folder-view) 창이다. 이는 폴더와 그 하위폴더들로 열거나 닫는 작업을 쉽게 해준다. 오른쪽에 있는 판은 콘텐츠 뷰(contents-view) 창으로 이는 왼쪽에 있는 판에서 선택된 항목들의 내용을 구체적으로 보여주는 창이다.

[화면 2.8] 탐색기 창의 폴더 뷰(folder view)와 내용

탐색기 창을 여는 방법은 다음과 같다.

① 작업표시줄에 있는 [탐색기] 단추를 마우스로 클릭한다.

② 메뉴바의 [보기]메뉴의 [탐색기] 메뉴를 마우스로 클릭한다.

③ 도구바에 있는 탐색기 도구아이콘을 마우스로 클릭한다.

④ 각 '명령어 입력선' 상에 EXPORER를 입력한 다음 Enter↵키를 누른다.

⑤ '명령어입력상자'에 EXPORER를 입력한 다음 Enter↵키를 누른다.

(5) 로그 창(Log window)

로그 창은 다양한 정보를 사용자에게 제공해 준다.

① 로그 창을 통하여 사용자는 편집기 창에서 작성한 프로그램의 내용에 오류가 있는지 확인할 수 있다.

② SAS 시스템에 입력한 프로그램 명령어를 확인할 수 있다. 만약 오류가 있으면 어느 부분에서 오류가 있는지를 지적하여 준다.

③ SAS 프로그램을 실행한 경우 실행 소요 시간을 확인할 수 있다.

④ SAS 프로그램을 실행할 때 사용된 각종 자원사용의 형태를 알려준다.

(6) 출력 창(Output window)

출력 창은 프로그램을 실행한 경우 그 산출물을 화면으로 출력해 주는 창이다. 즉 [화면

2.7]의 우측화면이다. 산출물을 저장하거나 프린트할 수 있다. 저장하기 위해서는 마우스를 출력 창에 위치시키고 메뉴바의 [파일]메뉴에 있는 '저장'이나 '다른 이름으로 저장'을 이용하면 된다. 산출물을 프린트하기 위해서는 메뉴바의 [파일]메뉴에서 [인쇄]메뉴를 선택하면 프린트 할 수 있다.

4. 각 창 호출 명령어

SAS에서 사용자가 사용할 수 있는 창 열기 명령어는 다양하다. 창 호출 명령어를 '명령어입력상자'나 '명령어입력선'상에 입력한 다음 Enter↵키를 누르면 해당 창이 화면으로 호출된다. 호출된 창에서 나오기 위해서는 호출된 창의 '명령어입력선'상에 END를 입력 한 다음 Enter↵키를 누르면 된다.

<표 2.2>은 각종 창을 호출하기 위하여 사용되는 명령어들이다. 프로그램에 따라서 이들 명령어 중 일부가 작동되지 않을 수도 있다.

[표 2.2] 창 호출 명령어

구 분	SAS 명령어	명령어에 의해 호출된 창의 역할
기능키	KEYS	SAS 시스템에서 사용되는 기능키를 보여준다. 각 키의 기능을 사용자가 수정할 수 있다.
도움말	HELP	SAS에 관한 도움말을 보여준다.
노트패드	NOTEPAD 또는 NOTE	서류에 첨가할 메모를 생성하고 저장할 수 있다.
라이브러리	LIB 또는 LIBNAME	현재 할당된 모든 라이브러리의 이름을 보여준다.
메뉴	MENU	SAS 시스템의 절차를 사용자에게 안내하기 위하여 SAS 절차 메뉴 시스템을 보여준다.
변수	VAR	현재 작업 중인 SAS 자료의 결과 세트에 있는 모든 변수를 보여준다.
목록	CATALOG	SAS 카탈로그의 디렉토리를 보여주고, 새로운 카탈로그를 생성시킬 수 있다.
옵션	OPTION 또는 OPTIONS	현재 SAS 옵션들의 집합을 보여주며, 내용을 수정할 수 있다.
자료세트 디렉토리	DIR	SAS 자료 라이브러리에 저장되어 있는 SAS 자료 세트에 관한 정보를 보여준다.

애플리케이션	AF	현재 SAS 소프트웨어의 유틸리티 애플리케이션들을 보여준다.
제목	TITLE 또는 TITLES	산출물에 나타날 제목을 보여준다. 제목은 10개 행까지 입력할 수 있다.
주석	FOOTNOTE 또는 FOOTNOTES	산출물에 나타날 주석을 보여주며, 10개 행까지 주석을 입력할 수 있다.
파일명	FILENAME	현재 파일참조(filerefs)에 할당된 파일이름을 보여준다.
만기일	SETINIT	현재 사용하고 있는 SAS 시스템의 계약기간을 보여준다.

제4절 SAS 메뉴의 기능

1. SAS 기본메뉴

SAS 소프트웨어가 버전이 높아지면서 한글사용이 점차 확대되고 있어 한글판 SAS 소프트웨어가 많이 개선되고 있어 사용자들이 쉽게 접할 수 있는 기회를 제공하고 있다. 물론 한글판이 영문판 SAS 소프트웨어와 사용절차와 내용이 거의 차이가 없다고 할 수 있다.

한글판에서는 아래 메뉴들이 기본메뉴로 사용되고 있다. 이들 메뉴를 주메뉴라고 하고 주메뉴는 각각 부메뉴를 가지고 있다.

2. 파일(File) 메뉴

파일의 생성, 저장, 불러오기, 프린트 및 프로그램을 종료할 수 있는 기능을 갖고 있는 메뉴이다.

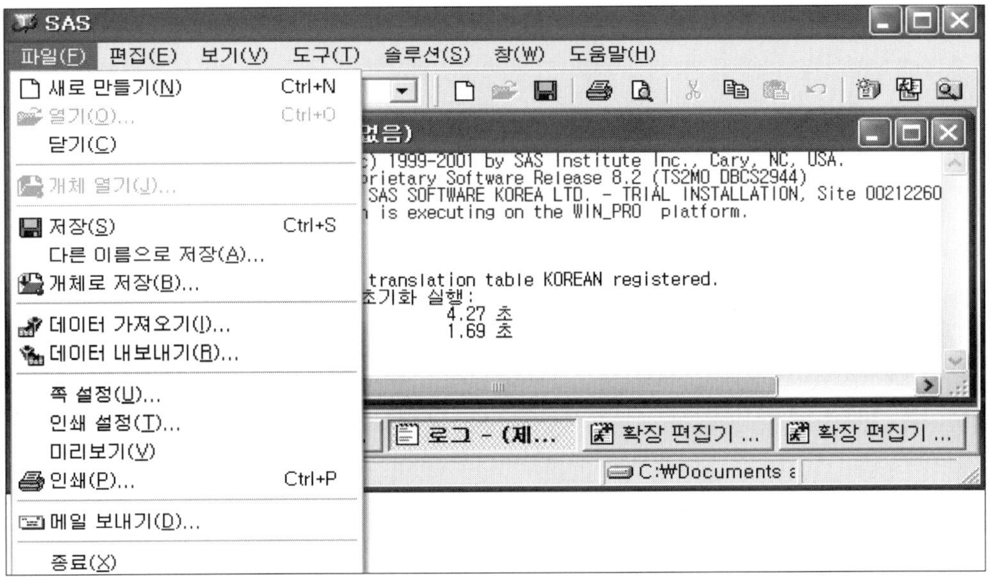

[화면 2.9] [파일] 메뉴의 부메뉴와 기능

[새로 만들기]

- 편집기 창에서 새로운 파일을 만들기 위해 사용된다. 단축키: Ctrl+N

[열기]

- 외부 파일을 불러올 때 사용한다. 단축키: Ctrl+O

[추가]

- 현재 열려 있는 파일에 다른 파일을 추가할 때 사용한다.

[개체열기]

- 엔트리(entry)를 열 때 사용한다.

> 엔트리(entry)란 일반적으로 하나의 단위로 취급되는 자료파일 안에 구성하는 여러 개의 다른 요소들이 저장되어 있는 테이블, 리스트, 개체항목을 의미한다.

[저장]

- 편집된 것이나 출력내용을 저장할 때 사용한다. 단축키: Ctrl+S

[다른 이름으로 저장]

- 저장을 원하는 내용물을 새로운 파일명으로 저장할 때 사용한다.

[개체로 저장]

- 개체 내용물을 엔트리로 저장할 때 사용한다.

[데이터 가져오기]

- Excel, dBASE 등 다양한 형태로 저장되어 있는 외부파일 불러올 때 사용한다.

[데이터 내보내기]

- 데이터 가져오기와 반대이다. 즉 SAS 시스템에서 작성한 내용물을 다른 형태로 보낼 때 사용한다.

[쪽 설정]

- 인쇄용지의 종류, 크기, 인쇄방향, 용지여백 등 용지의 쪽 형태를 설정할 때 사용한다.

[인쇄설정]

- 인쇄를 위한 프린트 선택, 쪽 설정, 글꼴 설정 등이 가능하다.

[미리보기]

- 인쇄하기 전에 내용물의 형태가 바람직한 가를 확인할 때 사용한다. 이는 모니터상에 나타난다.

[인쇄]

- 내용물을 프린터로 인쇄한다. 단축키 : Ctrl+P

[종료]

- SAS 프로램을 종료할 때 사용한다.

3. 편집(Edit)메뉴

SAS 자료를 편집, 관리하는데 필요한 명령어가 들어있는 메뉴이다.

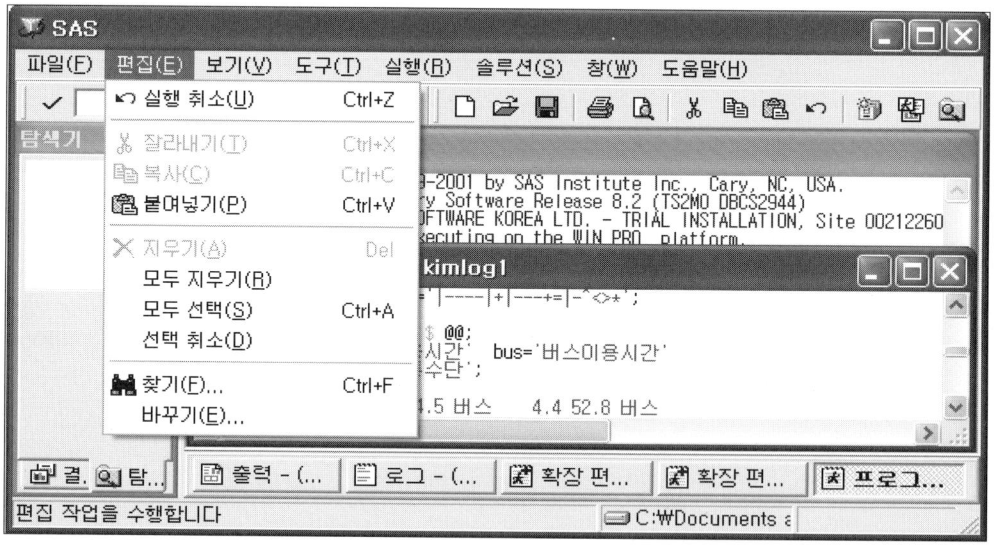

[화면 2.10] [편집]메뉴의 부메뉴와 기능

[실행취소]

- 작업한 내용을 취소하고 그 이전으로 돌아가고자 할 때 사용한다. 단축키: Ctrl+Z

[재실행]

- [실행취소]에 의해 취소된 내용을 다시 불러올 때 사용한다.

[잘라내기]

- 블록으로 선택된 일부 부위의 내용을 오려낼 때 사용한다. 단축키: Ctrl+X 잘라낸 것을 이전 상태로 환원하기 위해서는 [실행취소]를 누른다.

[복사]

- 동일한 내용을 복사할 때 사용한다. 단축키: Ctrl+C

[붙여 넣기]

- 복사한 내용을 일정 지점에 붙여 넣을 때 사용한다. 단축키: Ctrl+V

[지우기]

- 블록으로 선전된 내용을 지울 때 사용한다.

[모두 지우기]

- 커서가 있는 창의 내용을 모두 지울 때 사용한다. 지워진 내용을 복구하려면 [실행취소]를 누르면 된다.

[모두선택]

- 커서가 있는 창의 모든 내용을 단 한번의 명령으로 선택하고자 할 때 사용한다. 단축키: Ctrl+A

[모두 접기]

- 입력된 내용을 머리부분만 남기고 모두 숨길 때 사용한다.

[모두 펼치기]

- 모두 접기에 의해 숨겨진 내용을 다시 나타내 보일 때 사용한다.

[찾기]

- 글자, 단어 등 필요한 정보를 찾고자 할 때 사용한다. 단축키: Ctrl+F

[바꾸기]

- 찾아낸 글자, 단어 등을 다른 것으로 변경할 때 사용한다.

4. 보기(View) 메뉴

각 창을 열거나 편집환경을 변경하고자 할 때 사용하는 메뉴이다.

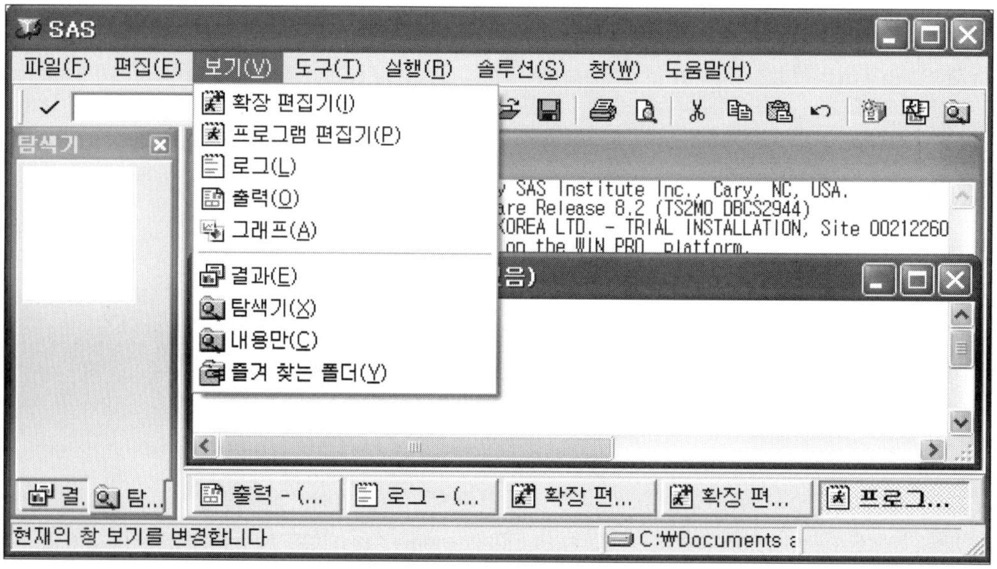

[화면 2.11] [보기]메뉴의 부메뉴와 기능

[확장 편집기]

- 확창 편집기를 열 때 사용한다.

[프로그램 편집기]

- 프로그램 편집기를 열 때 사용한다. V8.0이상에서는 확장 편집기가 색으로 구분하여 줌으로써 이전 버전을 사용하는 것보다 더 용이할 수 있다.

[로그]

- 편집기 창에서 작성한 프로그램에 오류가 있는지 확인할 수 있다.

[출력]

- 프로그램을 실행시킨 결과를 볼 수 있다.

[그래프]

- 편집기 창의 자료를 갖고 그래프를 출력할 때 사용하는 창이다. 그래프 창이 열리면 [보기] 메뉴에 그래프 창에 접근할 수 있는 부메뉴들이 자동으로 생성된다. 그래프가 여러 개 만들어져 있으면 다음 그래프, 이전 그래프, 처음 그래프, 마지막 그래프 등을 선택하여 그래프에 접근할 수 있다.

[결과]

- 결과 창에 접근할 때 사용한다.

[탐색기]

- 탐색기 창의 모든 내용을 확인할 때 사용한다. 이때 라이브러리와 활성라이브러리 창도

동시에 열린다.

[내용만]

- 탐색기의 경로나 구조, 활성라이브러리 창을 열지 않고 단순히 내용물만 확인하고자 할 때 사용한다.

[즐겨 찾는 폴더]

- 즐겨 찾는 폴더에 접근할 때 사용한다.

5. 도구(Tools)메뉴

[도구]메뉴는 다양한 정보를 제공해준다.

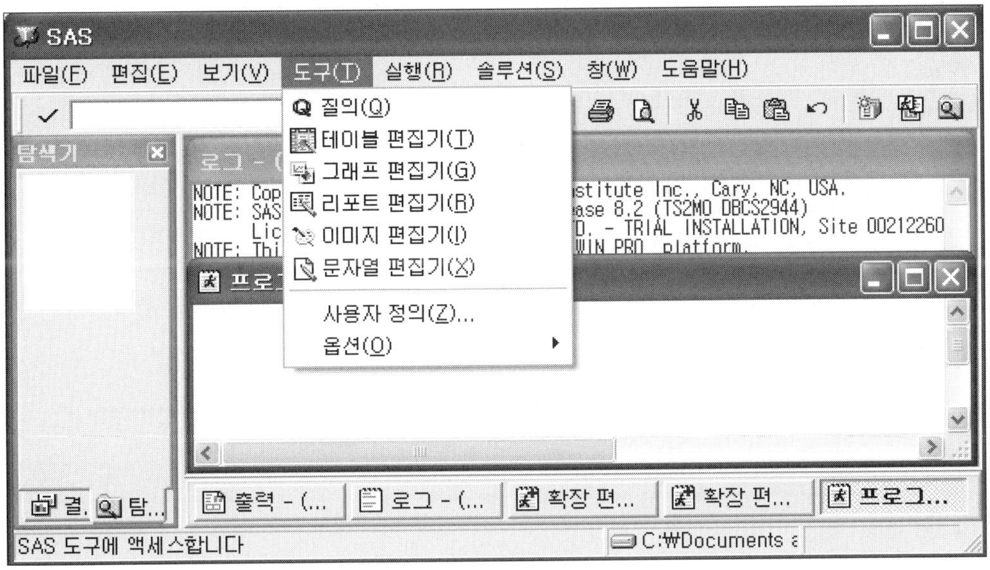

[화면 2.12] [도구]메뉴의 부메뉴와 기능

[질의 편집기]

- SQL(Structured Query Language) 질의(query) 테이블을 편집하기 위한 도구이다.

[테이블 편집기]

- 표를 편집하기 위한 도구이다.

[그래프 편집기]

- 그림, 그래프를 편집하기 위한 도구이다.

[리포트 편집기]

- 라이브러리 내에 있는 특정 자료세트에 내재해 있는 자료의 리포트(proc report)를 편집하기 위한 도구이다.

[이미지 편집기]

- 영상(image)을 편집하기 위한 도구이다.

[옵션]

- 편집기, 시스템, 기능 키 등의 환경을 조정하기 위한 옵션들이다.

6. 실행(Run)메뉴

편집기 창에서 편집된 자료를 실행할 때 사용되는 메뉴이다.

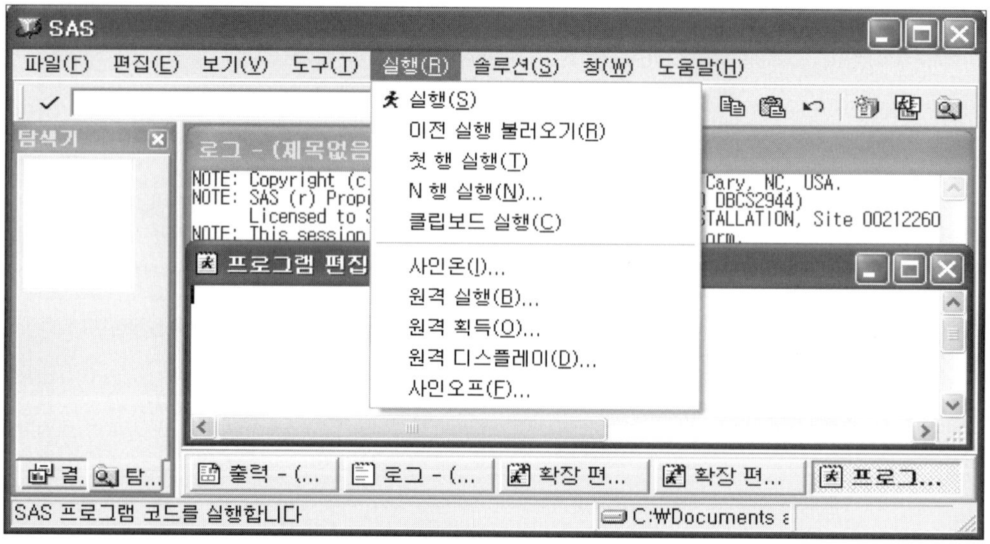

[화면 2.13] [실행]메뉴의 부메뉴와 기능

[실행]

- 편집기 창에 입력된 자료 및 명령문을 실행하여 결과를 출력창에 출력하고자 할 때 사용한다. 단축키: 🏃 또는 F3

[이전 실행 불러오기]

- 편집기 창에서 작성된 자료나 프로그램을 실행시키면 이들이 편집기 창에서 사라지는 경우가 있다. 이때 이를 불러올 때 사용한다. 단축키: F4

[첫 행 실행]

- 편집기 창(특히 프로그램 편집기 창)에 입력된 내용의 첫번째 행의 내용만을 실행하고

자 할 때 사용한다.

[N행 실행]

- 편집기 창에 있는 내용 모두를 실행하지 않고 내용의 일부만 실행하고자 할 때 사용한다. 예로 입력된 자료 중 3개의 행만 실행하고자 한다면 [N행 실행]메뉴를 선택하여 '3'을 입력한 다음 확인을 클릭하면 첫 행부터 3번째 행까지만 실행된다.

[클립보드 실행]

- 클립보드에 있는 내용을 실행할 때 사용한다. 이를 위해서는 텍스트가 클립보드에 복사되어 있어야 한다.

> 클립보드는 일반적으로 윈도우간에 자료를 옮기기 위하여 그 내용을 복사하여 임시로 기억하는 윈도우 및 주기억장치의 부분을 의미한다.

⚠ 일정 내용을 지정하여 클립보드에 복사하는 방법

- 클립보드에 복사할 내용을 선택한 다음 [편집] 메뉴의 복사를 선택한다.
- 클립보드에 복사할 내용을 선택한 다음 도구바의 [복사] 단추를 클릭한다.
- 클립보드에 복사할 내용을 선택한 다음 Ctrl+C를 누른다.

⚠ 복사된 내용을 클립보드에 저장하는 방법

먼저 편집지역의 필요한 지점에 커서를 위치시킨 다음, 아래 방법 중 하나를 선택하여 붙여 넣기를 하면 된다.

- [편집]메뉴의 붙여 넣기 선택
- 도구바의 [붙여 넣기 단추]를 클릭
- Ctrl+V를 누른다.

[사인온]

- 지역 SAS 세션과 원격 SAS 세션을 연결하고자 할 때 사용한다. 사이온창이 나타나면 창의 각 개체항목(entry)의 필드에 필요한 내용을 입력하여 작업을 수행한다.

스크립트 파일명(Script file name)항목 필드에는 사용자의 통신 접속방법이 스크립트 파일을 요구할 시만 전체 도정(道程) 및 경로이름과 스크립트 파일명을 입력하고, 스크립트 파일을 요구하지 않으면 그 필드를 공백으로 둔다. 원격세션이름(Remote session name)항목 필드에는 사용자가 접속하길 원하는 원격노드 이름을 입력하면 된다.

> 지역(local)이란 네트워크 통신시스템에서 상대방이 아니고 SAS 시스템을 운영하고 있는 자신의 컴퓨터를 말한다.

[원격실행]

- 원격방법을 이용하여 자료를 전송하는 작업을 실행할 때 사용한다. 이를 위해서는 원격 실행 이전에 [실행]메뉴에 있는 사이온을 선택하여 원격시스템에 로그 온(log on)하여 전송하고자 하는 자료에 관한 정보와 기록될 장소에 관한 정보를 보내야 한다. 이때 원격실행이 동시적으로(synchronously) 진행되게 하기 위해서는 YES 또는 Y를 입력해야 하며, 비동시적으로(asynchronously) 실행되게 하기 위해서는 NO 또는 N을 입력하여야 한다.

[원격획득]

- 원격으로부터 자료를 획득할 때 사용하며, 원격세션 이름을 입력하여야 한다.

[원격디스플레이]

- 원격 통신 네트워크 시스템을 이용하여 원하는 자료를 디스플레이할 때 사용하며, 원격 세션 이름을 입력하여야 한다.

[사인오프]

- 사인온하여 사용자가 원하였던 필요한 작업을 마치고 난 후 지역 SAS 세션과 원격 SAS 세션을 종료할 때 사용한다. 사인오프 창이 나타나면 필요한 작업을 수행하면 된다.

7. 솔루션(Solutions)메뉴

SAS에서 이용 가능한 애플리케이션 솔루션을 프로그램 그룹별로 구분해 놓고 있는 메뉴로 가장 중요한 부분 중의 하나이다. 각 메뉴 그룹에 다양한 솔루션 프로그램이 포함되어 있다.

[분석]

- 데이터분석, 실험계획법, 대화형 데이터분석, 투자분석, 지리정보시스템 등 다양한 분석방법이 있다.

[개발과 프로그래밍]

- 기업의 정보시스템 메뉴방식으로 개발, 운영, 관리하기 위한 소프트웨어인 EIS(Enterprise Information System), OLAP 테이블이나 데이터베이스에 저장되어 있는 관련 자료들을 조직하는 기능을 수행하는 OLAP(Online Analytical Processing Group) 등이 있다.

[ASSIST]

- 사용자가 SAS 시스템과 상호적으로 작용하면서 작업을 수행할 수 있는 소프트웨어이다.

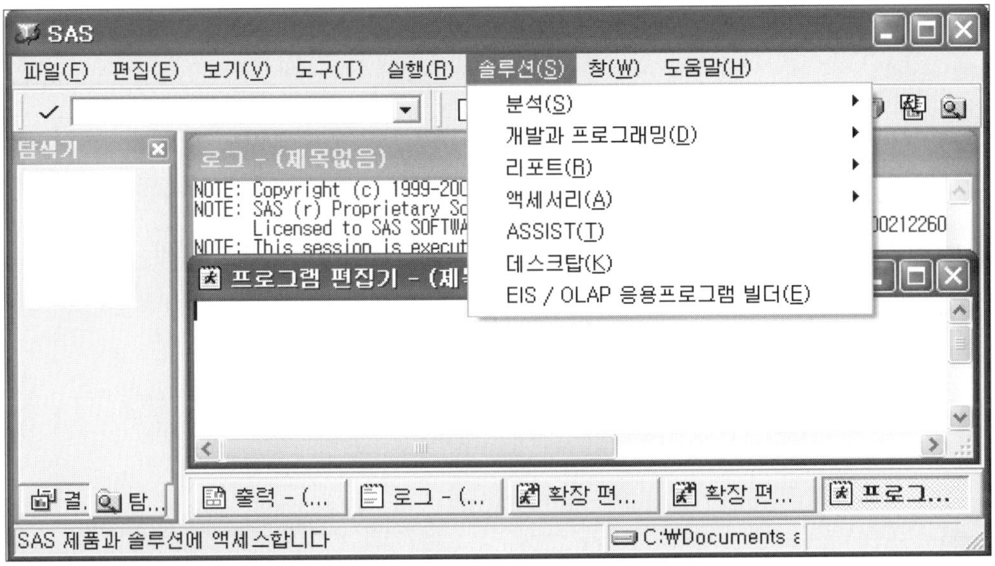

[화면 2.14] [솔루션]메뉴의 부메뉴와 기능

8. 창(Windows)메뉴

창 아이콘 표시 및 창의 배열방식, 크기 변경 등에 관한 기능을 수행하는 메뉴이다.

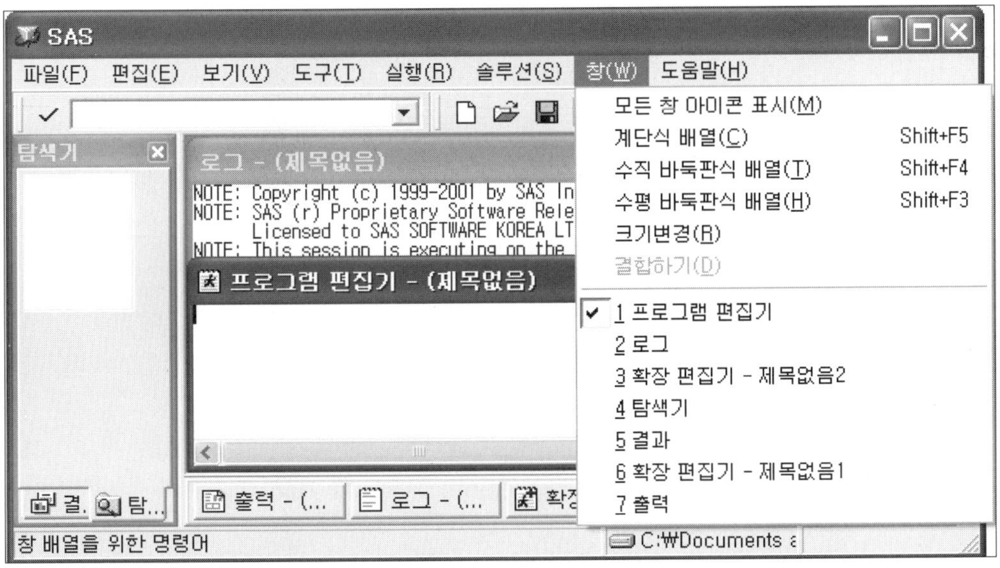

[화면 2.15] [창]메뉴의 부메뉴와 기능

9. 도움말(Help)메뉴

SAS 작업에 필요한 정보를 제공해 준다. 웹을 통해서 도움말 정보를 얻을 수도 있다. 그러나 이때 반드시 인터넷으로 연결되어 있어야 한다.

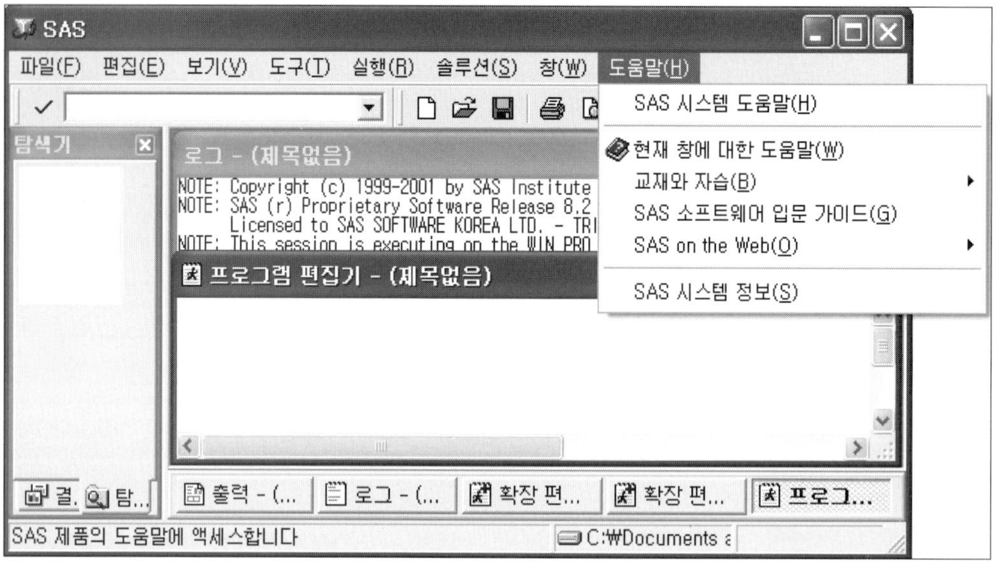

[화면 2.16] [도움말]메뉴의 부메뉴와 기능

PART 2

기초통계와 SAS 활용

CHAPTER 3

SAS 자료작성과 변환

제3장

SAS 자료작성과 변환

제1절 SAS 작업의 절차

사용자는 경제현상이나 사회현상을 분석하기 위해서 각종 자료를 수집하게 되는데 여기서 수집된 자료를 사용자가 원하는 정보(예, 분산분석, 회귀분석, 요인분석 등)를 얻기 위해서는

첫째 : 수집된 자료를 SAS data로 작성하는 과정

둘째 : 자료를 정리하는 자료관리 과정

셋째 : Procedure를 이용하여 필요한 정보를 얻는 자료분석 과정

[표 3.1] SAS 작업의 절차

절 차	내 용	단 계
자료 입력 단계	훈글과 같은 워드프로세서, Dos editot, SAS의 PGM 창을 이용 원자료(raw data)를 입력한다.	원자료 (raw data)
SAS자료작성	PGM 창을 편집기를 이용하여 입력된 자료를 SAS 자료로 작성한다. 예 OPTITONS PS=60 nodata; DATA KIM001; INPUT id X1 X2 X3; CARDS; . . . . RUN;	SAS자료단계
PROCEDURE사용	사용자가 원하는 정보를 얻기 위해 분석에 필요한 Procedure를 사용한다. 예 PROC MEANS DATA=kim1; PROC SORT DATA=aa;	PROC단계
분석 결과 출력	앞단계에서 사용된 Procedure에 의해 분석결과가 OUTPUT 윈도우에 출력된다.	REPORT단계

넷째 : 출력결과를 사용자의 표현에 맞게 바꾸는 과정 등이 순서대로 이루어져야만 바람직한 성과를 얻을 수 있다. <표 3.1>은 이러한 과정을 표현한 것이다.

제2절 SAS 프로그램 편집

SAS자료 작성단계에서 <표 3.2>의 편집기를 이용하여 프로그램을 작성하면 작업을 간편하게 할 수 있다. 또한 확장 편집기 창을 사용하여 프로그램을 작성할 수도 있다.

편집기 명령은 <화면 3.1>의 PGM 창의 숫자로 되어 있는 '줄 번호'상에 해당 편집기 명령어를 입력한 후 Enter↵키를 누르면 된다.

[표 3.2] SAS 프로그램 편집기 명령어

구분	명령어	사용방법
복사	C	복사를 원하는 줄(source)에 C를 입력한 후 Enter키를 누르고 난 다음 복사를 원하는 줄(target)에 커서를 이동시킨 후 A(줄뒤) 또는 B(줄앞)를 입력한 뒤 Enter키를 누르면 된다.
	Cn	n개의 줄을 복사할 때 이용된다. C4를 입력하고 Enter키를 누르면 C입력 줄을 포함해서 4개의 줄이 복사된다. 다음 절차는 앞의 C 명령어와 같다.
	CC-CC	블록으로 복사할 때 이용되는 명령어로 블록의 첫째줄에 CC를 입력하고난 다음 블록의 끝줄에 CC를 입력하고 나서 사용자가 원하는 줄에 가서 A 또는 B를 입력한 후 Enter키를 누르면 된다.
	R	R을 입력한 줄의 내용이 그 아래에 복사된다.
	Rn	R을 입력한 줄을 포함 n개 줄의 내용이 그 아래로 복사된다.
	RR-RR	블록으로 정해진 내용이 그 아래로 복사된다.
이동	M	사용자가 이동을 원하는 줄(source)에 M을 입력한후 Enter키를 누른 다음 원하는 줄(target)에 커서를 위치시키고 A 또는 B 입력후 Enter키를 누르면 된다.
	Mn	M입력줄을 포함하여 n개의 줄을 이동할 때 사용된다. 방법은 Cn과 같다.
	MM-MM	블록으로 줄을 이동할 때 사용된다. 방법은 CC-CC와 같다.
삭제	D	사용자가 삭제를 원하는 줄에 D를 입력한후 Enter키를 누르면 된다.
	Dn	D가 입력된 줄을 포함 n개 줄이 삭제된다.
	DD-DD	블록으로 삭제할 때 이동된다. 명령방법은 CC-CC와 같다.
추가	I	사용자가 추가·삽입 하고자 하는 줄에 I 를 입력하고 Enter키를 누르면 된다. IA : I입력줄 앞에 공백라인이 추가, IB: I입력줄 다음 줄에 공백라인이 추가된다.
	In	I입력줄을 포함 n개의 공백라인이 추가된다. I3A: 3개줄이 I전 줄에 추가된다.

줄내용 이동	>n, <n ≫n, ≪n	해당 줄의 내용이 n칸 오른쪽(>n), 왼쪽(<n)으로 이동된다. 블록으로 설정(>>−>>, <<−<<)된 내용이 n개 만큼 오른쪽 또는 왼쪽으로 내용이 이동된다.
확인	COLS	행에 입력된 내용이 차지하는 열의 위치를 확인하고자 할 때 사용되는 명령어로 원하는 행에 COLS를 입력한 후 Enter키를 누르면 된다. 이를 지우기 위해서는 *COLS위에 D를 입력한 후 Enter키를 누르거나 명령어 선에 reset를 입력하고 수행하면 된다.

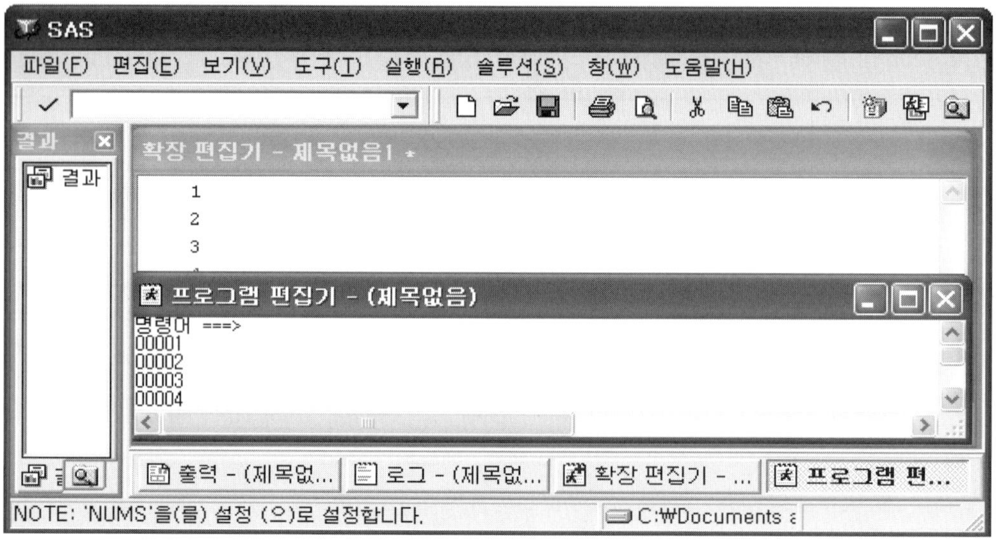

[화면 3.1] 줄 번호가 있는 프로그램 편집기(PGM) 창

1. SAS 명령문의 형식

① SAS의 모든 문장은 중심어(예 DATA, INPUT, DO, IF, PROC 등)로 시작된다.

② SAS의 모든 문장은 ; (Semicolon)으로 끝난다.

③ 한 줄(Line)의 어느 열(Column)에서 시작되며, 한 줄에 여러 개의 명령문을 사용할 수 있다.

④ 각 item들은 1개 이상의 공백에 의해 구분되어야 한다.

예 $Y=X+4;$와 $Y = X + 4;$

⑤ 모든 실행문은 RUN; 에 의해 프로그램 수행 후 종료된다.

⑥ SAS 명령문내에 사용자가 원할 경우 코멘트내용(예 /* * * SAS자료분석결과 * * * /)을 사용할 수 있다.

⑦ 각 실행 절차는 사용자의 분석 목적에 맞게 절차명을 갖게 된다.

예 DATA Kim001; DATA kimps001;

⑧ 각 이름(변수, SAS dataset, Options 등)은 영문과(A부터 Z까지) 혹은 — (밑줄)로 시작되는 8자 이내이어야 한다. 숫자(0~9)는 사용가능하나 특수문자(공백, ·, #, $, ?, + 등)는 사용할 수 없다.

⑨ 기타 더 자세한 내용은 SAS 매뉴얼을 참조하기 바란다.

제3절 SAS 프로그램 작성

SAS 자료를 만드는 방법은 2가지가 있는데, 하나는 PGM 창에서 직접 SAS 프로그램에 자료를 입력하여 만드는 방법이고, 다른 하나는 훈글, D-BASE, LOTUS, EXCEL 등 외부에서 작성된 자료파일을 SAS가 제공하는 Procedure를 이용하여 SAS 자료를 만드는 방법이다.

1. PGM 창에서 직접 SAS 프로그램의 작성법

SAS 프로그램내에 자료를 직접 입력하여 창출하기 위해서는 반드시 PGM 창에 자료를 입력해야 한다. 일반적 형식은 다음과 같다.

① DATA Kim001(DROP=ID);

② INPUT id name $ mid final homework presence @@;

③ CARDS;

④
```
1 n1  29 25 17  9  9 n9  25 37 17  9
2 n2  22 22 17  9 10 n10 23 20 16  9
3 n3  24 24 16  7 11 n11 27 34 18 10
4 n4  30 40 17 10 12 n12 24 21 20  9
5 n5  27 31 17 10 13 n13 28 27 17 10
6 n6  24 31 17 10 14 n14 25 32 18  9
7 n7  20 20 17 10 15 n15 24 25 16  8
8 n8  27 39 17 10
```

⑤ RUN;

SAS/ASSIST를 이용해도 SAS 자료세트의 작성, 수정, 조회 그리고 자료결합 등을 할 수도 있다. 이에 대한 설명은 뒷장에서 하겠다.

① DATA Kim001 (DROP=id);
　　　㉠　　　㉡　　　㉢

㉠ DATA문 : 자료처리단계의 시작을 알리고 SAS 자료세트(Kim001)형성을 지시한다.

㉡ kim001(SAS자료세트명) : SAS 시스템에서 사용할 SAS 자료 파일명이다. 첫자가 반드시 문자나 —(밑줄)로 시작되어야 하고 8자 이내이어야 하며 특수문자는 사용이 불가능하다.

DATA문 뒤에 SAS 자료세트명(Kim001)을 지정하지 않으면 자료처리단계에서 순서에 의해 data 1, data 2...의 이름으로 자료세트가 생긴다.

㉢ DROP=id(선택사양) : DATA문에 사용되는 선택사양에는 DROP, KEEP, LABEL, RENAME 등이 있다.

· CDROP : SAS 자료세트에 포함된 변수 중 필요없는 변수를 제거시키고 나머지 변수로 자료세트를 만들 때 사용된다.

예 DATA kim001(DROP=mid);
mid가 제외된 새로운 SAS 자료세트가 만들어진다.

· KEEP : SAS 자료세트에 포함된 변수중 KEEP문에 의해 지정된 변수들로 새로운 SAS 자료세트가 만들어진다.

예 DATA Kim001(KEEP=id mid final) ;
id, mid, final의 3변수로 구성된 SAS 자료세트 kim001이 만들어짐을 의미한다.

· LABEL : SAS자료세트에 포함된 변수에 이름을 부여할 때 사용된다.

예 DATA Kim001 (LABEL=(mid='중간고사성적' final='기말고사성적')) ;
LABEL은 인용부호(' ')에 의해 표시되며, 빈칸포함 40자 이내이어야 한다.

· RENAME: 변수명을 변경할 때 사용된다.

예 DATA Kim001 (RENAME(mid=x final=y));
RENAME문에 의해 mid는 x로, final은 y로 변수명이 변경된다.

· DROP, KEEP, LABEL 그리고 RENAME은 상기와 같이 DATA문의 선택사양으로 사용하기도 하지만 자료처리단계에서 하나의 문장으로 사용할 수도 있다.

예
```
DATA Kim001;
  INPUT id name $ mid final homework presence;
  LABEL mid='중간고사성적' final='기말고사성적';
              :
              :
              :
```

② INPUT id name $ mid final homework presence;
㉠ ㉡

㉠ INPUT문 : 원자료를 읽어 해당 변수에 그 자료를 입력시키라는 지시문이다. 이때 지정된 변수형식(문자, 정수, 실수 등)에 의해 자료가 읽혀진다. 변수명은 반드시 문자로 시작되어야 하며 8자 이내이어야 한다.

㉡ name 뒤의 $표시는 변수가 문자변수임을 의미한다. 변수는 공백에 의해 구분되기도 하고 위치를 지정해서 구분하기도 한다.

【자료 입력 방법】

(ⅰ) 열 입력방법

ⓐ 열 위치 지정방식(fixed format) : 각 변수의 자료가 차지하는 열의 위치와 변수형식을 지정해주는 방식이다.

예

```
DATA aa;
    INPUT id 1-2 name $ 3-5 mid 8-9;
CARDS;
01No1  80
02No2  70
03No3  90
RUN;
```

변수 id의 자료는 1열과 2열 사이에, 변수 name은 문자변수로 4열과 5열 사이에, 변수 mid는 8열과 9열 사이에 관측치를 가지고 있음을 의미한다.

ⓑ 변수명 지정방식(free format) : 입력할 자료의 변수형식(문자변수, 숫자변수)을 지정하는 방식으로 변수 사이는 반드시 공백(brank)이 1개 이상 있어야 한다.

예

```
DATA aa;
   INPUT id name $ mid;
    01 No1 80
    02 No2 70
    03 No3 90
    RUN;
```

ⓒ 열의 크기 지정방식 : 변수가 차지하는 열의 크기를 지정하는 방식이다.

예

```
DATA aa;
  INPUT (name mid final) ($ CHAR3. +22. +13.);
CARDS;
   No1  80 145
   No2  70 120
   No3  90 135
  RUN;
```

변수 name은 문자형 변수로 3자리를 차지하고($ CHAR3.), 2칸을 뛰우고(+2) mid를 두자리 읽고(2.), 다시 1칸을 띄우고(+1) final을 3자리 읽으라(3.)는 의미이다.

ⓓ 변수의 시작위치 지정방식 : 변수가 시작되는 열의 위치를 지정하는 방식이다.

예

```
  DATA aa;
  INPUT name $ 1-3. ㉠ 4 mid 2. ㉠ 7 final 3.;
CARDS;
No1 80 145
No2 70 120
No3 90 135
RUN;
```

㉠ 4 mid2.은 변수 mid는 4열에서 시작하여 2자리를 차지한다는 의미이며, 7final 3.은 변수 final이 7열에서 시작하여 3자리를 차지한다는 뜻이다.

(ii) 행입력방법

자료가 각 변수의 관측시기의 순서에 따라 행으로 입력하는 방식이다. ⓐⓐ 입력연산자를 이용한다.

예

```
DATA aa;
  INPUT name $ mid ⓐⓐ ;
CARDS;
  No1 80 No2 70 No3 90
RUN;
```

변수 name, mid의 자료가 행으로 입력되어 있음을 보여준다.

(iii) 입력연산자(input operator)

ⓐ $: 문자형 변수를 나타낸다.

ⓑ ⓐ : 입력할 변수의 자료가 시작되는 열을 지정한다.

ⓒ @@ : 자료가 행입력 방식으로 입력됨을 나타낸다. 즉 한 행의 변수들의 관찰치를 모두 읽은 후 다음행을 읽으라는 기호이다.

ⓓ /(slash): "/ 다음 변수"의 관찰치를 다음 줄의 첫번째 값부터 읽으라는 의미이다.

예
```
INPUT name $ mid / final ;
```

변수 name과 mid를 읽고 다음 중 첫 열부터 final을 읽는다.

ⓔ #n : 변수값이 나타내는 줄을 지정한다.

예
```
INPUT #2 name $ mid #3 final ;
```

변수 name과 mid의 변수값은 두 번째 줄의 값을, final 변수값은 세 번째 줄의 값을 읽으라는 뜻이다.

ⓕ fn : n개 만큼 열을 띄우라는 의미이다.

ⓖ n. : 변수의 자리수를 지정하는 연산자이다.

(iv) 변수의 생략

ⓐ $X_1 - X_N$: X_1부터 X_N까지의 모든 변수.

예 X_1 X_2 X_3 X_4 : $X_1 - X_4$

ⓑ X - Y : X와 Y 사이의 모든 변수

ⓒ X - NUMERIC_Y : X와 Y 사이의 모든 숫자변수

ⓓ X_CHARACTER_Y : X와 Y 사이의 모든 문자변수

ⓔ _NUMERIC_ : 모든 숫자변수

ⓕ _CHARACTER_ : 모든 문자변수

ⓖ _ALL_ : 모든 변수

(v) 숫자변수의 입력방식

ⓐ 음수입력 : 음수(-)와 숫자 사이에는 공백이 생기면 안된다. 공백이 있으면 결측치로 처리된다.

예
```
DATA aa;
   INPUT id name $ x1;
CARDS;
1 No1  24
2 No2 -12
3 No3 -0.4
RUN;
```

ⓑ 소수입력 방식 : 소수는 자료 입력할 때 직접 입력해도 되고 FORMAT문을 이용해도 된다.

㉠ 아무 지정이 없는 경우(열만 지정) : 관측치 중 소수가 있으면 그 관측치의 소수점을 기준으로 나머지 관측치도 소수점이 찍히게 된다.

소수로 입력된 관측치는 FORMAT문의 영향을 받지 않는다.

예

```
DATA aa ;
  INPUT X1 1-4 ;
CARDS ;
  14
  0.4
  0.15
RUN;
```

⇒

출력결과

OBS	X1
1	14.00
2	0.40
3	0.15

㉡ FORMAT문 사용(입력의 경우) : FORMAT문을 사용하는 경우 지정한 수만큼 소수점이 표시된다.

예

```
DATA aa;
  INPUT x1 1-3 .1;
CARDS;
145
12
134
RUN;
```

⇒

출력결과

OBS	X1
1	14.5
2	1.2
3	13.4

㉢ FORMAT문 사용(출력의 경우) : FORMAT문에 <표 3.3>의 명령어에 의해 소수점을 표시할 수 있다.

예

```
DATA aa;
  INPUT x1;
CARDS;
345
12
13.42
RUN;
PROC PRINT DATA=aa;
  FORMAT X1 BEST6.;
RUN;
```

⇒

출력결과

OBS	X1
1	345.00
2	12.00
3	13.42

[표 3.3] FORMAT문에서 이용되는 문장

문 장	출 력 형 태
Zw.d	출력할 때 숫자가 없는 칸을 모두 0으로 출력시킨다. 예 FORMAT x1 Z7.3; 7칼럼 중에서 소수 3자리까지 표시됨(012.245)
BESTw.	SAS에서 가장 최적의 상태를 자동으로 선택하여 출력한다.
COMMAw.	3자리마다 ,(comma)를 표시하여 준다.(예 456, 123.02)
DOLLARw.	앞에 $(달러)를 표시하고 3자리 마다 ,를 표시한다.(예 $451, 342.05)
ROMANw.	로마문자로 숫자를 표시한다.(예 XⅣⅢ…)
WORSw.	문자로 표시한다.
FRACTw.	분수로 표시한다.(예 24/78)

(vi) 결측치(missing value)의 처리

SAS에서 결측치는 공백대신 ·(소수점)으로 입력해야 한다. INPUT문이 Fixed format인 경우는 공백이 있으면 이를 결측치로 처리한다. 결측치의 형태를 선택사양에서 지정해도 된다.

㉰ CARDS(혹은 DATALINES)문 : PGM 창에 프로그램 작성시 자료를 직접 입력할 때 필요한 명령어로 CARDS(혹은 DATALINES)는 바로 다음에 자료를 입력하라는 선언문이다.

㉱ 원자료(raw data) : INPUT문에서 지정한 변수의 관찰치로 INPUT문의 지정형식에 맞게 입력하면 된다. 일반적으로 (ii)의 ⓑ방식이 가장 많이 사용된다.

㉲ RUN문 : 각 단계를 종료하는 명령이며, RUN문 이전의 내용을 실행시키라는 명령이다.

2. 외부파일에 의한 SAS프로그램 작성법

SAS 시스템에 의해 자료가 입력되어 있지 않고 EXCELL, 호글, LOTUS, DBASE 등 외부에서 작성된 자료파일을 SAS 프로그램에 호출할 수 있다.

외부파일은 아스키파일(ASCⅡ)로 되어 있어야 하며, LOTUS는 PROC DIF 그리고 DBASE는 PROC DBF에 의해 SAS 시스템으로 호출할 수 있다.

외부파일에 의한 자료입력의 기본형식은 다음과 같다.

```
㉮ DATA SAS 자료세트명(선택사양);
㉯ INFILE '디렉토리명\파일명' 선택사양;
㉰ INPUT 변수명
㉱ RUN;
```

㉮, ㉯, ㉰, ㉱는 앞에서 설명한 직접입력방식에 의한 설명과 같다.

㉯ INFILE문 : 외부에서 작성된 파일을 호출하기 위해 자료파일명을 지정해 주는 문장으로, 파일이 존재하는 경로명과 파일명을 지정해야 한다.

예 INFILE 'C:\SAS611\KJS001' ; , INFILE 'B:\KJS001';
INFILE 'C:\DAT\ST\KJS001';

- INFILE문은 반드시 ㉰ 앞에 위치해야 한다.
- INFILE문에 사용되는 선택사양은 여러개가 있으나 여기서는 2개만 소개하겠다. 더 자세한 것은 SAS매뉴얼을 참조하기 바란다.
- INFILE문을 이용하는 경우에는 CARDS문과 원자료가 필요없다.

① INFILE 'C:\KJS001.dat' ㉠ OBS=200; ㉡ FIRSTOBS=7;

㉠ 자료파일(Kim001.dat)을 호출할 때 관측치의 수가 200까지 읽어오라는 의미이다.

㉡ 관측치를 7번째 행부터 읽으라는 의미이다.

② INFILE 'C:\KJS001.dat' LRECL=170;

SAS 시스템에서는 디폴트이면 136열까지 자료만 읽을 수 있고 그 이상은 읽을 수 없다. 이때 136열이상의 열의 자료를 읽을 필요가 있을 때 LRECL(logical record length)란 선택사양을 이용한다.

LRECL=170은 파일을 호출할 때 170열에 있는 자료까지 읽으라는 의미이다.

㉠ 만약 KJS001.dat 파일이 C:\에 존재할 때 이를 SAS 시스템에 불러와서 프로그램을 작성한 예는 다음과 같다.

```
DATA Kim001 ;
  INFILE 'C:\KJS001.dat' LRECL=140;
  INPUT id name $ mid final homework presence ;
RUN;

PROC PRINT;
RUN;
```

3. 작성된 SAS 프로그램 및 자료의 영구보관

(1) FILE명령어 이용 외부파일로 보관

자료처리단계에 의해 얻어진 정보는 SASWORK 디렉토리에 SAS 종료시까지 보관되며

SAS가 종료되면 없어진다. 그러므로 FILE 명령어에 의해 프로그램이나 출력결과를 외부 파일로 보관할 수 있다.

① PGM 창의 명령어선에

명령어 = = = > FILE 'C:\KJS.SAS'

명령어 = = = > FILE 'B:\KJS.SAS'

를 입력하고 Enter↵키를 누르면 KJS.SAS란 파일명으로 저장된다.

② KJS.SAS 파일을 SAS 시스템에서 다시 이용하기 위해서는 PGM 창의 명령어선에

명령어 = = = > include (or 1nc) 'C:\KJS.SAS'

명령어 = = = > include (or 1nc) 'B:\KJS.SAS'

을 입력하고 Enter↵키를 누르면 PGM 창에 KJS.SAS가 호출된다. 이때 사용자가 원하는 작업을 하면 된다.

③ 작성된 프로그램이나 출력결과를 프린트하기 위해서는 해당 창의 명령어선에

명령어 = = = > FILE 'prn' ;

를 입력한 후 Enter↵키를 누르면 된다.

④ 이상의 방법은 앞에서 각종 윈도우를 설명할 때 논의되었고 나중에 설명될 SAS/ASSIST에서도 언급되니 이를 참조하기 바란다.

(2) LIBNAME문에 의한 영구보관법

FILE명령어에 의한 방법은 SAS가 종료되면 작업결과가 유실되기 때문에 외부파일로 보관했다가 필요한 경우 이를 SAS 시스템으로 호출하여 다시 사용하기 위해서는 같은 자료처리단계를 반복 실행해야 하는 문제가 있다. 이런 문제를 해결하기 위해서 자료파일을 영구보관하는 방법이 있다. 앞 장에서 언급한 바 있는 LIBNAME문을 이용하여 보관하는 절차는 다음과 같다.

```
㉮ LIBNAME 참고명 'SAS 자료보관 경로명';
㉯ DATA 참고명.자료명;
     INFILE '파일명';
     INPUT 변수명;
     LABEL '내용';
   RUN;
```

㉮ LIBNAME문 : SAS 파일을 영구 보관하기 위해 사용되는 명령문으로 참고명과 '드라이브, 디렉토리명'을 차례로 지정한다.

예 LIBNAME ttt 'C:\SAS611\Chap2';
위의 예에서 참고명 ttt는 C드라이브의 서브디렉토리 Chap2를 대표하며 이것은

예 DATA ttt.kim001;
과 같은 자료처리의 시작을 나타낸다. 여기서 얻어진 모든 정보는 서브디렉토리 Chap2에 Kim001.SSD(SAS에서 사용되는 확장자는 <표 3.4>참조)란 이름의 SAS 자료파일로 저장된다. 이렇게 해서 생성된 SAS 자료파일은 SAS가 종료되어도 유실되지 않는다. ttt를 지정하지 않고 디폴트이면 SAS에 의해 WORK란 참고명이 생성된다. 여기서 얻어진 자료파일을 다시 이용하기 위해서는

```
LIBNAME ttt 'C:\SAS611\Kim001';
```

를 실행시키고 난 후 다음 예와 같이 자료처리 단계가 필요없이 바로 자료분석 단계로 가서 작업을 하면 된다.

```
PROC PRINT DATA=ttt.kim001;
RUN;

PRO MEANS DATA=ttt.kim001;
RUN;
```

이상과 같은 방법외에 SAS/ASSIST를 이용해도 자료나 프로그램을 영구 보관할 수 있다.

[표 3.4] SAS에 의한 확장자

확장자	확 장 자 의 의 미
*.sas	SAS 프로그램을 의미하며 이는 아스키파일로 되어 있다.
*.log	LOG 창의 메시지를 아스키파일로 저장할 때 사용한다.
*.out	OUTPUT 창의 출력결과를 아스키파일로 저장할 때 사용한다.
*.sdd	영구 SAS 자료의 확장자이며, 이는 SAS에 의해 자동적으로 부여된다. (window V6.08 이상에서는 sd2가 사용됨)
*.sct	그래프 Catalog의 확장자이며, 이것 역시 SAS에 의해 자동적으로 부여된다. (window V6.08 이상에서 SC2가 사용됨)

제4절 자료의 변환

사용자의 분석목적에 따라 원자료를 가공하여 새로운 변수를 생성하거나 변환 그리고 변수별로 또는 자료세트 단위로 결합 등 자료변환이 필요한 경우가 있는데 SAS에서는 SAS 언어를 통해 이런 작업을 할 수 있다.

자료의 변환작업은 자료처리 단계에서 기존의 변수를 이용하여 새로운 변수를 생성, 수정 그리고 함수를 전환하는 방법과 기존의 SAS 자료세트를 변형시켜 새로운 SAS 자료세트를 만드는 방법이 있다.

1. 자료처리 단계의 새로운 변수 생성, 전환

기존의 변수를 수정하거나 새로운 변수를 생성시키기 위해서는 수정이나 생성변수를 먼저 정의하고 기존변수를 함수형태로 표현하면 된다. 이는 반드시 INPUT문 뒤에 위치해야 한다.

```
   DATA Kim001;
   INPUT id name $ mid final homework presence;
㉮ total=mid+final+homework+presence;
   CARDS;
   자료(data)
   RUN;

   PROC PRINT;
   VAR total average;
   RUN;
```

① 새로운 변수의 생성

새 변수명=표현식;

② 변수의 수정

id=id+952700;

id는 6자리의 새로운 값을 가지게 된다.

㉮ 새로운 변수 total은 mid, final, homework, presense 성적을 모두 합계한 것을 의미한다.

③ SAS에서 자료전환에 사용되는 산술연산자(arithmatic operator), 비교연산자(comparison operator) 그리고 함수는 다음 [표 3.5], [표 3.6], [표 3.7]과 같다.

[표 3.5] 산술연산자의 표현방법

종 류	기 능	수 식	SAS의 표현 예
**	제곱	$Y=A^2$, $\sqrt[3]{A}$	Y=A**2, A**(1/3)
*	곱	C=A×B	C=A*B
/	나누기	C=A÷B	C=A/B
+	더하기	C=A+B	C=A+B
−	빼기	C=A−B	C=A−B

[표 3.6] 비교연산자의 표현방법

종류	예약어	기 능	SAS의 표현 예
=	EQ	같다	IF A=B THEN Z=3; ELSE Z=5;
^= ~=	NE	같지 않다	IF A NE B THEN Z=3; ELSE Z=4;
<	LT	작다	IF A<B THEN C=A;
<=	LE	작거나 같다	IF A<=B THEN C=A-1;
>	GT	크다	IF A>B THEN C=B;
>=	GE	크거나 같다	IF A GE B THEN C=B+1;

[표 3.7] 함수의 표현방법

종 류		기 능	SAS의 표현 예
기초함수	ABS	절대치 산출	ABS(5)=5,ABS(-4)=4
	MAX	최대치 산출	MAX(A1,A2,A3)
	MIN	최소치 산출	MAN(B1,B2,B3)
	SQRT	제곱근 산출	SQRT(16)=4
	EXP	지수함수의 값 산출	EXP(-3)=e-3
	INT	정수값 계산	INT(3.4)=3
	MOD	MOD(A,B) : A를 B로 나누었을 때 나머지 값 계산	MOD(10,1.6)=0.4 MOD(5,3)=2 MOD(10,5)=0

		ROUND	반올림	ROUND(5,3)=2,ROUND(10.4,5)=2
		LOG	자연대수 값 계산	LOG(4)=1.38629...
		LOG_{10}	상용대수 값 계산	LOG10(4)=0.60205...
		LAG	시차를 계산	$LAG(X)=X_{t-1}$, $Y=X_{t-4}$는 $Y=LAG_4(X)$로 표현
		LAGn(X)	X변수의 n번째 시차 계산	LAG4(X)=X_{t-4}
		COS	코사인(cosize)값 계산	cos(2)=-0.41614...
		SIN	사인(sin)값 계산	sin(2)=0.90929..
		TAN	탄젠트(TANGENT)값 계산	tan(2)=-2.18503...
누적분포함수	표준정규분포	ERF(x) PROBNORM(x)	표준정규분포함수 값 계산	ERF(2)=0.97725,PROBNORM(1)=0.84134
	x^2분포	PROBCHI(x,df)	x^2분포함수 값 계산	PROBCHT(19.68,11)=0.950
	t분포	PROBT(x,df)	t분포함수 값 계산	PROBT(2.12,16)=0.975
	F분포	PROBF(x,df1,df2)	F분포함수 값 계산	PROBF(4.49,1.16)=0.975
	포아송	POISSON(λ,n)	포아송분포함수 값 계산	POISSON(1,2)=0.9197
사분위수	x^2분포	CINV(p,df)	x^2분포의 사분위수 (임계치) 계산	CINV(0.95,10)=18.31
	t분포	TINV(p,df)	t분포의 사분위수 계산	TINV(0.875,20)=2.086
	F분포	FINV(p,df1,df2)	F분포의 사분위수 계산	FINV(0.975,5,10)=3.33

2. 기존의 SAS 자료세트에 의한 새로운 SAS 자료세트의 생성과 변환

SAS 자료세트가 작성되어 있는 상태에서 사용자가 이를 이용하여 새로운 변수를 추가시키거나 삭제할 때 또는 자료세트를 결합하여 새로운 SAS 자료세트를 만들 수 있다.

(1) 자료세트 변수 중 변수의 추가, 삭제

① SET문 : 기존에 생성된 SAS 자료세트의 관측치를 이용하여 자료파일을 조정, 결합시키기 위해 이용되는 명령어이다. 일반적인 형식은 다음과 같다.

```
㉮ DATA 자료세트명2(선택사양);
㉯    SET 자료세트명1;
        .
        .
        .
      새로운 변수명=표현식;
      DROP 변수명;
      KEEP 변수명;
   RUN;
```

㉯ 기존에 생성된 SAS 자료세트(자료세트명1)를 호출하여 변수 삭제, 추가, 변환과 새로운 자료세트를 만들 필요가 있는 경우 등 사용자가 원하는 작업을 완성한 후 이를 ㉮ DATA문에 의해 자료세트명2로 새로운 자료세트를 생성한다. 예를 보면 다음과 같다.

```
㉮ DATA kim001;
      INFILE 'd:\jaryo\kim001.dat';
      INPUT id names mid final homework presence;
   RUN;
㉯ DATA kim0011;
㉰   SET kim001;
㉱   total=mid+final+homework+presence;
     RUN;
```

㉰ ㉮의 DATA문에서 입력된 자료세트 kim001을 SET문에 의해 SAS 시스템 자료파일 WORK.kim001를 호출해서 kim001에 있는 변수의 수정, 삭제, 변환 등 자료변환을 한 결과가 ㉯의 DATA kim0011에 의해 새로운 자료세트명으로 정해지므로 kim0011(WORK.kim0011)이란 새로운 자료세트가 생성된다.

㉱ 총계를 구하는 SAS 표현식이다.

② DROP, KEEP문에 의한 방법 : SAS 자료세트 중에 존재하는 변수 중 일부 변수를 삭제하거나 추가시킬 때 사용되는 명령어로 제3장의 3.1을 참조하기 바란다.

(2) 자료세트의 결합

① SET문을 이용하는 방법 : SET문은 앞에서 설명한 자료세트의 전체 혹은 일부분을 읽어오는 것 외에 2개 이상의 SAS 자료세트를 서로 끼워 넣거나 연결하는데에 이용되는 것으로 이는 반드시 자료를 종으로 결합시킨다.

㉠ 자료세트의 연결(결합) : 2개 이상의 SAS 자료세트를 SET문의 순서대로 나타낸다.

```
㉮ DATA aa;
     INPUT x1;
   CARDS;
   10
   20
   13
   RUN;
㉯ DATA bb;
     INPUT x1
   CARDS;
   15
   12
   14
   RUN;
```

```
   DATA cc;
    INPUT x1 x2;
   CARDS;
    15  5
    12  6
    14  7
    RUN;
㉰ DATA dd;
㉱   SET aa bb;
㉲ PROC PRINT DATA=dd;
   RUN;
㉳ DATA ee;
㉴ SET aa cc;
㉵ PROC PRINT DATA=ee;
   RUN;
```

DATA=dd의 출력결과

㉶

OBS	X1
1	10
2	20
3	13
4	15
5	12
6	14

DATA=ee의 출력결과

㉷

OBC	X1	X2
1	10	·
2	20	·
3	13	·
4	15	5
5	12	6
6	14	7

㉱ SET aa bb는 ㉮와 ㉯에서 생성된 자료세트 aa와 bb를 종으로 결합시킨다.

㉶와 같이 SET문에 의해 결합된 자료세트(WORK.dd)가 같은 변수로 되어 있으면 결측치(·)가 나타나지 않으나 ㉷와 같이 결합된 자료세트(WORK.ee)에 서로 다른 변수가 존재하면 결측치(·)가 생긴다.

만약 결측치를 다른 값으로 나타내고자 할 때는 OPTIONS문에서 지정할 수 있다.

ⓛ 끼워넣기(interleaving) : 2개 이상의 SAS 자료세트들 중에 같은 변수가 있고, 이들 변수를 기준변수(BY변수)로 하여 자료세트의 관측치들이 기준변수의 값에 의해 분류(sorting)되어 있으면 그 변수의 값이 순위에 따라 관측치들을 서로 끼워 넣을 수 있다.

```
㉮ DATA aaa;
     INPUT sex $ rank x1;
   CARDS;
     M 14 10
     M 13 11
   RUN;
㉯ DATA bbb;
     INPUT sex $ rank x2;
   CARDS;
     M 11  7
     F  12  8
   RUN;
```

```
㉰ PROC SORT DATA=aaa;
㉱     BY rank;
㉲ PROC SORT DATA=bbb;
㉳    BY rank;
㉴ DATA ccc;
㉵    SET aaa bbb;
㉶    BY rank;
㉷ PROC PRINT DATA=ccc;
   RUN;
```

DATA=CCC의 출력결과

OBS	SEX	RANK	X1	X2
1	M	11	.	7
2	F	12	.	8
3	M	13	11	.
4	M	14	10	.

㉰, ㉲ 자료세트 aa와 bb가 rank에 의해 분류(BY rank)된다.
분류(SORT)방법에는 올림차순(ascending)과 내림차순(descending)방법이 있다
(예 By ascending rank).
㉷ 변수(rank) 값의 순위에 따라 출력결과가 보여진다.

② MERGE문의 이용방법

2개 이상의 SAS 자료세트를 새로운 1개의 자료세트에 해당 관측치를 횡으로 배치시킬 때 이용된다.

```
㉮ DATA ddd;
㉯ MERGE aaa bbb;
   RUN;
㉰ PROC PRINT DATA=ddd;
   RUN;
```

```
㉱ DATA eee;
㉲ MERGE aaa bbb;
㉳ By rank;
㉴ RUN;
   PROC PRINT DATA=eee;
   RUN;
```

SET문의 예에서 이용된 자료세트명(aaa, bbb)를 MERGE문에 의해 두 자료세트를 결합하여 보자.

DATA=ddd의 출력결과

OBS	SEX	RANK	X1	X2
1	M	14	10	·
2	M	13	11	·
3	M	11	·	7
4	F	12	·	8

DATA=eee의 출력결과

OBS	SEX	RANK	X1	X2
1	M	11	·	7
2	F	12	·	8
3	M	13	11	·
4	M	14	10	·

㉯, ㉱ 기존의 SAS 자료세트 aaa와 bbb를 호출하여 결합시킨 후 새로운 자료세트(ddd, eee)를 생성한다. 결합하고자 하는 자료세트의 변수명과 관측치의 수가 같으면 결측치(·)가 발생하지 않으나 다른 경우에는 위의 예와 같이 결측치가 나타난다.

(3) 자료세트의 전환

기초자료세트의 행(관측치)과 열(변수)을 바꾸기를 원할 때 사용된다. 이 방법은 먼저 SAS 자료세트를 생성한 뒤 PROC TRANSPOSE에 의해 자료의 행과 열을 전환시키면 된다.

(4) 행(관측치)을 열(변수)로 전환

프로그램명 : KIMSP041.SAS

```
   OPTIONS nodate;
   DATA aa;
     INPUT x1 $ x2 x3;
   CARDS;
   a1 70 45
   a2 40 30
   a3 60 50
   RUN;
㉮ PROC TRANSPOSE DATA=aa OUT=bb;
   PROC PRINT DATA=bb;
   RUN;
```

㉮ 자료세트 aa를 전치시킨 자료세트 bb를 창출하는 과정인데, bb에는 aa의 관측치의 수 만큼 변수들이 생성된다.

분석결과 : KIMSP041.OUT

```
㉯ OBS NAME COL1 COL2 COL3
㉰  1   x2   70   40   60
㉱  2   x3   45   30   50
```

㉯~㉱ KIMSP04-1.SAS을 실행시킨 결과로 자료세트 aa의 x1의 관측치 a1, a2, a3는 COL1, COL2, COL3로 전치되어 있음을 보이고 있다.

이 방법외에 아래와 같이 SET문과 KEEP문 등에 의해서도 자료세트의 전환이 가능하다.

프로그램명 : KIMSP042.SAS

```
    OTIONS nodate;
   DATA aa;
     INPUT x1 $ x2 x3;
   CARDS;
   a1 70 45
   a2 40 30
   a3 60 50
   RUN;
㉮ DATA cc;
     SET aa;
       aa=x2;
       score='x2';
     OUTPUT;
       aa=x3;
       score='x3';
     OUTPUT;
㉯ KEEP x1 aa score;
   RUN;
   PROC PRINT DATA=cc;
   RUN;
```

㉮, ㉯ SET문과 KEEP문을 이용한 자료세트의 변환을 위한 프로그램이다.

분석결과 : KIMSP042.OUT

㉮	OBS	X1	AA	SCORE
	1	a1	70	x2
	2	a1	45	x3
	3	a2	40	x2
	4	a2	30	x3
	5	a3	60	x2
	6	a3	50	x3

㉮ SET문과 KEEP문에 의한 자료세트의 변환결과이다.

3. 문자열(Character string 혹은 string) 편집에 의한 자료 변환

자료는 문자열 편집에 의해서도 변경이 가능하다. 문자열은 모든 유효문자로써 만들어진 1차원적인 문자의 배열을 의미한다. 여기서 유효문자란 구두점, 공백, 특수문자 등을 포함하여 SAS 시스템의 운영에 위배되지 않게 기록된 단어나 문장을 의미한다.

문자열을 변경하거나 찾을 때 이용하는 명령어는 FIND, CHANGE이다. FIND는 문자열을 찾을 때 이용되는 명령어이며, CHANGE는 하나의 문자열을 다른 문자열로 변경할 때 사용한다.

명령어 입력 방법은 다음과 같다.

'명령어 입력선' 상에 사용자가 원하는 명령어를 입력한 다음 [Enter↵]키를 누르면 된다.

예 기존의 문자열인 어떤 변수 B를 새로운 문자열인 변수 C로 대체하고자 한다면
명령어===> find [Q] [Enter↵]
명령어===> change [변수 B] [변수 C] [Enter↵]
명령어===> change 3 9 [Enter↵]면 숫자 3이 9로 변경된다.

한번 사용한 CHANGE 또는 FIND 명령어를 반복하여 실행하기를 원하면 RCHANGE 또는 RFIND를 '명령어 입력선' 상에 입력한 다음 [Enter↵]키를 누르면 된다.

예 명령어===> rfind [Enter↵] 또는 기능키([Ctrl]+[R])
명령어===> rchange [Enter↵]

CHANGE 또는 FIND 명령어와 함께 '추가선택(options)'을 사용하면 구체적인 명령이 실행된다.

추가선택 명령어: WORD, PREFIX, SUFFIX, FIRST, LAST, NEXT, PREV, ALL 등

아래 좌측 '명령어 입력선'상에 change 2 9 all을 입력한 후 Enter↵키를 누르면 좌표에 있는 모든 2가 우측과 같이 9로 변경된다.

```
명령어===> change 2 9 all
DATA S;
   INPUT x1 x2;
CARDS;
12 32
22 34
21 43
23 53
RUN;
```

```
명령어===>
DATA S;
   INPUT x1 x2;
CARDS;
19 39
99 34
91 43
93 53
RUN;
```

주의사항

- 문자열 사이에는 반드시 공백이 있어야 한다.
- 구분문자(delimiter)는 문자열에 포함되지 않는다. 구분문자는 단어 또는 자료의 항목을 구분하여 편성하기 위하여 사용되는 부호문자 또는 표시문자로, $, &, * 등이며 대문자, 소문자, 숫자는 아니다. 구분문자의 앞뒤에 있는 것은 접두사와 접미사가 아니고 각각 하나의 단어 다시말해 하나의 문자열이다.
- 작은 따옴표(''), 큰 따옴표("")로 묶어진 문자열의 경우는
  - 공백이 있는 여러 개의 문자열들을 하나의 문자열로 생각하고 찾거나 변경할 때는 작은 따옴표를 사용하여 이들을 하나로 묶어야 한다.
  - 작은 따옴표가 포함된 문자열이나 아포스트로피(')가 포함된 문자열들을 하나로 묶기 위해서는 큰 따옴표를 사용해야 한다.

예 ① find y prefix 여기서 y는 접두사이다.
com&inn이 있을 때: find com word(맞은 표현), find com prefix(잘못된 표현)
왜냐하면 &전후에 있는 것은 하나의 단어이지 접두사가 아님.

② find 'Arg 521 Kim Lee'
find "Kim 321 'hi' Lee"
find "'Lee' Kang 321"
find "Kim's or Park's 432"

CHANGE와 FIND 명령어와 함께 사용 가능한 추가옵션들

추가옵션	명령어의 의미	SAS 사용 예
ALL	작업중인 모든 문자열	change 3 6 all find A all
WORD	지정한 단어를 갖는 문자열	change 3 2 word find B word
PREFIX	지정한 접두사를 갖는 문자열	change A1 C prefix find 4 prefix
SUFFIX	지정한 접미사를 갖는 문자열	change 2 5 suffix all find A3 suffix all
FIRST	자료 파일의 첫번째 문자열(커서 위치와는 무관)	change 3A 2 first find 9 first
LAST	자료 파일의 끝 문자열(커서 위치와는 무관)	change A1 C last find 3 last
NEXT	커서가 있는 바로 직후 문자열	change 3 2 next find 8 next
PREV	커서가 있는 바로 직전 문자열	change A T prev find 3 prev

제5절 조건문

전체 관측치 중에서 일부의 관측치를 사용할 때나 자료의 일부를 변형시키고자 할 때 IF 문을 사용한다.

1. 단일 조건문

IF문의 일반형식은

```
IF 조건 THEN SAS 표현식;
```

조건이 참이면 THEN 이하가 실행된다.

조건에 사용되는 논리연산자(logic operator)는 다음 [표 3.8]과 같다.

프로그램명 : KIMSP051.SAS

```
      OPTIONS nodate;
      DATA kimsp051;
        INFILE 'd:\jaryo\kim001.dat';
        INPUT id name $ mid final homework presence;
㉮       IF 25 <= mid <= 30 THEN DELETE;
      RUN;

      PROC PRINT;
      RUN;
```

㉮ mid가 25이상이고 30이하인 관측치를 삭제하고 그 이외의 자료만을 갖고 프로그램을 수행한다.

분석결과: KIMSP051.OUT

```
㉮  OBS  ID  NAME  MID  FINAL  HOMEWORK  PRESENCE
     1    2   n2    22    22      17         9
     2    3   n3    24    24      16         7
     3    6   n6    24    31      17        10
     4    7   n7    20    20      17        10
     5   10   n10   23    20      16         9
     6   12   n12   24    21      20         9
     7   15   n15   24    25      16         8
```

㉮ 프로그램 KIMSP051.SAS의 수행결과이다.

[표 3.8] 논리연산자의 표현방법

종류	예약어	기능	예
&	AND	그리고	&의 좌우식이 모두 참이면 1 그 외는 0
|	OR	또는	|의 좌우식이 모두 거짓이면 0 그 외는 1
^ ~	NOT	반대	^다음의 식이 참이면 1 거짓이면 0

2. 이중 조건문

IF문의 일반형식은

```
IF 조건 THEN SAS 표현식;
   ELSE SAS 표현식;
```

IF의 조건이 참이면 THEN문의 SAS 표현식을 실행하고, 거짓이면 ELSE문의 SAS 표현식을 실행한다.

프로그램명: KIMSP052.SAS

```
    OPTIONS nodate;
    DATA kimsp052;
      INFILE 'd:\jaryo\kim001.dat';
      INPUT id name $ mid final homework presence;
      total=mid+final+homework+presence;
㉮    IF 90 <= total <= 100 THEN score='A';
㉯          ELSE score='B';
    RUN;

㉰  PROC PRINT;
      VAR total score;
    RUN;
```

㉮, ㉯ total이 90이상이고 100이하인 경우는 score가 A가 되고 그렇지 않으면 score가 B가 된다.
㉰ 새로 생성된 변수 total과 score가 변수로 지정되어 출력된다.

분석결과: KIMSP052.OUT

OBS	TOTAL	SCORE
1	80	B
2	70	B
3	71	B
4	97	A
5	85	B
6	82	B
7	67	B
8	93	A
9	88	B
10	68	B
11	89	B
12	74	B
13	82	B
14	84	B
15	73	B

3. 다중 조건문

IF문과 ELSE문 사이에 ELSE IF문이 존재하는 형식의 조건문이다. IF문과 ELSE IF문의 조건이 참인 경우는 THEN문의 SAS 표현식이 실행되며, 조건이 거짓이면 ELSE문의 SAS 표현식이 실행되는 형식으로 일반식은 다음과 같다.

```
IF 조건 THEN SAS 표현식;
    ELSE IF 조건 THEN SAS 표현식;
        ⋮
    ELSE SAS 표현식;
```

프로그램명: KIMSP053.SAS

```
    OPTIONS nodate;
    DATA kimsp053;
      INFILE 'd:\jaryo\kim001.dat';
      INPUT id name $ mid final homework presence;
      total=mid+final+homework+presence;
㉮    IF 90 <= total <= 100 THEN score='A';
㉯      ELSE IF 80 <=total < 90 THEN score='B';
㉰        ELSE IF 70 <=total < 80 THEN score='C';
㉱          ELSE IF 60 <=total < 70 THEN score='D';
㉲    ELSE score='F';
    RUN;

    PROC PRINT;
      VAR total score;
    RUN;
```

㉮ total이 90이상이고 100이하이면 score의 값은 A가 되고, ㉯~㉱ 80이상 90미만이면 score의 값이 B, 70이상 80미만이면 score의 값이 C, 60이상 70미만이면 D가 되고 ㉲ 그렇지 않으면 score의 값이 F가 된다.

분석결과: KIMSP053.OUT

```
OBS  TOTAL  SCORE
 1    80      B
 2    70      C
 3    71      C
 4    97      A
```

```
5     85     B
6     82     B
7     67     D
8     93     A
9     88     B
10    68     D
11    89     B
12    74     C
13    82     B
14    84     B
15    73     C
```

제6절 반복문

DO문은 여러 SAS 표현식(문장)을 일괄적으로 처리하거나 반복 수행을 위해 사용되는 제어문의 일종으로 일반식은 다음과 같다.

```
DATA kimsp06;
  DO 변수명 = 초기값 TO 최종값 BY 증가폭;
    SAS 표현식 1;
    SAS 표현식 2;
         ⋮
    OUTPUT;
  END;
CARDS;
자료세트
RUN;
```

1. 실행문으로서의 DO문

```
IF 70 <= X1 <= 80 THEN D0;
  Y = A;
  Z = B;
END;
```

X1이 70이상 80이하이면 DO와 END 사이의 문장들을 실행하고, 그렇지 않으면 DO문은 무시된다.

2. 반복문으로서의 DO문

```
DO 변수명 = 초기값 TO 최종값 BY 증가폭;
```

여기서 변수명 : 반복수를 나타내는 변수
초기값 : 변수의 시작 값
최종값 : 변수의 마지막 값
증가폭 : 초기값에서 최종값까지 증가되는 값 (디폴트이면 1씩 증가됨)

예제 A, B 백화점(Z)을 이용한 시간대별 고객수(X)를 조사한 결과가 다음과 같을 때 이를 SAS자료로 만들어 보자.

구	분	시간대별 고객수(X)				
		2	4	6	8	10
백화점 (Z)	A	12	14	20	·	15
	B	13	7	8	6	11

프로그램명 : KIMSP62.SAS

```
    OPTIONS nodate;
    DATA kimsp62;
㉮   DO X=2 TO 10 BY 2;
㉯       DO Z='A', 'B';
      INPUT d @@;
㉰    OUTPUT;
㉱       END;
㉲   END;
    CARDS;
    12 13 14 7 20 8 . 6 15 11
    RUN;

    PROC PRINT;
    RUN;
```

㉮ 변수X가 2부터 10까지 2씩 증가하는 값을 갖는 동안 ㉮와 ㉱의 DO-END 사이의 명령문을 실행하게 된다.
㉯ ㉮의 DO-END명령문이 실행될 때 ㉯, ㉱의 DO-END문을 만나서 백화점 Z가 A, B일때 2번 반복하게 된다. 2개의 DO문에 의해 10번(5*2)의 반복이 이루어진다.
㉰ 반복을 통해 작성된 값들이 새로운 SAS 자료를 저장한다. 이를 지정하지 않으면 맨 마지막 관측치만이 새로운 SAS 자료 값으로 만들어진다. 따라서 DO문에 의해 생성된 자료를 자료세트에 포함시키기 위해서는 반드시 OUTPUT문이 있어야 한다.

OUTPUT문은 DO문이 끝나는 END문 바로 앞에 반드시 위치해야 한다.

분석결과: KIMSP62.OUT

OBS	X	Z	D
1	2	A	12
2	2	B	13
3	4	A	14
4	4	B	7
5	6	A	20
6	6	B	8
7	8	A	.
8	8	B	6
9	10	A	15
10	10	B	11

3. DO WHILE문

DO WHILE문의 일반식은 다음과 같다.

```
DO WHILE (조건문);
   SAS 표현식 1;
   SAS 표현식 2;
        ⋮
END;
```

조건문이 거짓이면 DO-END문은 실행되지 않고 조건문이 참인 경우만 DO-END사이의 명령문이 반복 실행된다.

프로그램명: KIMSP63.SAS

```
      OPTIONS nodate;
      DATA kimsp63;
        n=0;
  ㉮    DO WHILE(n<=6);
          n=n+1;
          OUTPUT;
        END;
      RUN;

      PROC PRINT;
      RUN;
```

㉮ n이 7이 될 때 까지 반복 수행한다.

분석결과: KIMSP63.OUT

```
OBS   N
 1    1
 2    2
 3    3
 4    4
 5    5
 6    6
 7    7
```

4. DO UNTIL문

DO UNTIL문은 DO-END문 사이의 명령을 수행한 후 조건을 검색하여 조건이 거짓이면 반복수행 하는데 일반식은 다음과 같다.

```
DO UNTIL (조건문);
   SAS 표현식 1;
   SAS 표현식 2;
        ⋮
   OUTPUT;
END;
```

프로그램명 : KIMSP64.SAS

```
  OPTIONS nodate;
DATA kimsp64;
   n=0;
㉮  DO UNTIL(n>=6);
     n=n+1;
     OUTPUT;
  END;
RUN;

PROC PRINT;
RUN;
```

㉮ n이 6이 될 때까지 반복 수행한다.

분석결과 : KIMSP64.OUT

```
OBS   N
  1   1
  2   2
  3   3
  4   4
  5   5
  6   6
```

제7절 자료 프린트 방법

각종 작업을 구해진 산출물을 효과적으로 사용하기 위하여 프린트를 하게 된다. 일반적으로 SAS 시스템에서 프린트하는 방법은 몇 가지가 있다. 즉,

1. 화면상으로 출력하는 방법

① 메뉴바의 [실행]메뉴의 실행을 클릭하면 된다.

② 도구상자의 [실행 아이콘]를 클릭한다.

③ 편집기 창의 '명령어 입력선' 상에 END, SUB, SUNMIT를 입력한 후 Enter↵키를 누르면 된다.

명령어===> END Enter↵

명령어===> SUB 또는 SUBMIT Enter↵

이를 위해서 proc print;

run;

이 출력 실행 명령 전에 작성되어 있어야 한다.

2. 프린트로 출력하는 방법

① 메뉴바의 [파일]메뉴의 인쇄를 선택한다.

② 명령어 입력선을 이용하는 방법

명령어===> print Enter↵

3. OBS(일렬번호) 없이 출력하는 방법

SAS 시스템은 프로그램을 실행시키면 OBS(일렬번호)가 자동적으로 출력된다. 그러나 이는 때론 불필요한 경우가 있다. OBS를 제거하기 위해서는 ID 명령어를 사용하며, ID 명령어 우측에 가장 먼저 나오는 특정변수가 가장 앞에 지정되어 출력된다.

분석프로그램 : OBS001.SAS

```
DATA jo;
  INPUT sex $ inco cons @@;
CARDS;
lee 234 125 kim 324 234 kim 231 210 lee 212 156
kim 212 198 lee 231 200 lee 201 178 kim 200 167
;
RUN;

PROC PRINT;
TITLE1 'OBS 출력되는 경우';
RUN;
```

```
PROC PRINT;
TITLE1 'OBS 제거 후 출력된 경우';
① ID sex;
RUN;
```

① OBS가 출력되지 않고 변수 sex부터 먼저 출력된다는 의미이다.

분석결과: OBS001.OUT

```
OBS 출력되는 경우                          OBS 제거 후 출력된 경우
Obs   sex   inco   cons                   sex   inco   cons
 1    lee   234    125                    lee   234    125
 2    kim   324    234                    kim   324    234
 3    kim   231    210                    kim   231    210
 4    lee   212    156                    lee   212    156
 5    kim   212    198                    kim   212    198
 6    lee   231    200                    lee   231    200
 7    lee   201    178                    lee   201    178
 8    kim   200    167                    kim   200    167
```

왼쪽은 OBS가 출력된 결과를 보이고 있는 반면, 우측은 OBS가 제거 된 후 결과를 보이고 있다.

4. 합계를 출력하는 방법

때때로 특정변수에 대하여 합계(SUM)를 산출할 필요가 있다. 이때 SUM 명령어를 사용하여 결과를 얻을 수 있다.

SUM 명령어가 사용되기 위해서는 먼저 자료가 분석프로그램처럼 SORT되어 있어야 한다.

분석 프로그램: SUM001.SAS

```
DATA jo;
  INPUT sex $ inco cons @@;
CARDS;
lee 234 125 kim 324 234 kim 231 210 lee 212 156
kim 212 198 lee 231 200 lee 201 178 kim 200 167
;
RUN;
```

```
PROC SORT;
  BY SEX;
RUN;

PROC PRINT;
   BY inco;
   ID inco;
   SUM cons;
RUN;
```

이 프로그램은 성별로 소계를 계산하고 총합을 계산하는 예를 보이고 있다. 즉, kim과 lee에 대해 소계를 계산하고 kim과 lee를 합한 총계를 계산한다.

분석결과: SUM001.OUT

```
sex    inco    cons              sex    inco    cons
kim    324     234               lee    234     125
       231     210                      212     156
       212     198                      231     200
       200     167                      201     178
---            ----              ---            ----
kim            809               lee            659
                                                ====
                                                1468
```

kim의 소계는 809이고, lee의 소계는 659이며, 총합은 1,468이 됨을 보이고 있다.

제8절 자료 작성 및 수정 등 자료관리

메뉴방식에 의해 SAS 자료세트의 작성, 수정 및 자료세트간의 결합 등 다양한 자료관리를 할 수 있어 사용자가 큰 경험 없이 SAS을 사용 할 수 있다.

1. 직접 입력방법

SAS 시스템은 외부파일이나 편집기 창에서 자료를 입력하지 않고도 쉽게 자료를 입력할 수 있게 발전하였다.

여기서는 "테이블 편집기"를 사용하여 자료를 입력하는 방법을 보겠다. 메뉴바의 [도구]메뉴의 '테이블 편집기'를 선택하면 자료 입력을 할 수 있는 스프레드시트가 나타난다. 이곳에서 자료를 보다 쉽게 입력할 수 있는데, 입력 방식은 엑셀과 거의 동일하다.

변수명은 기본값으로 A, B, C, D, E, ...으로 되어 있는데, 사용자가 변수명이나 변수의 형태(문자형 또는 숫자형)를 변경시키기 위하여 해당 칼럼을 더블 클릭하여 원하는 변수명이나 자료를 직접 입려하면 된다. [화면 3.3]는 칼럼 B를 '이름'으로 수정하기 위한 내용을 보이고 있다. [화면 3.2]에서 마우스로 'B'를 클릭한 다음 마우스 우측을 누르면 Column attributes 창이 호출되고 이때 Name에 영문자 변수명(예 name)을 입력하고, Label에 변수명의 한글(예 이름)을 입력한 다음 길이(Length), 포맷형식, 자료형태(문자형, 숫자형) 등 필요한 사항을 선택한 다음 Apply를 선택한 후 Close을 클릭하면 자료입력을 위한 준비가 완료되고, 각 변수에 해당하는 자료를 입력하면 된다. [화면 3.4]는 자료 입력이 완료된 예를 보이고 있다.

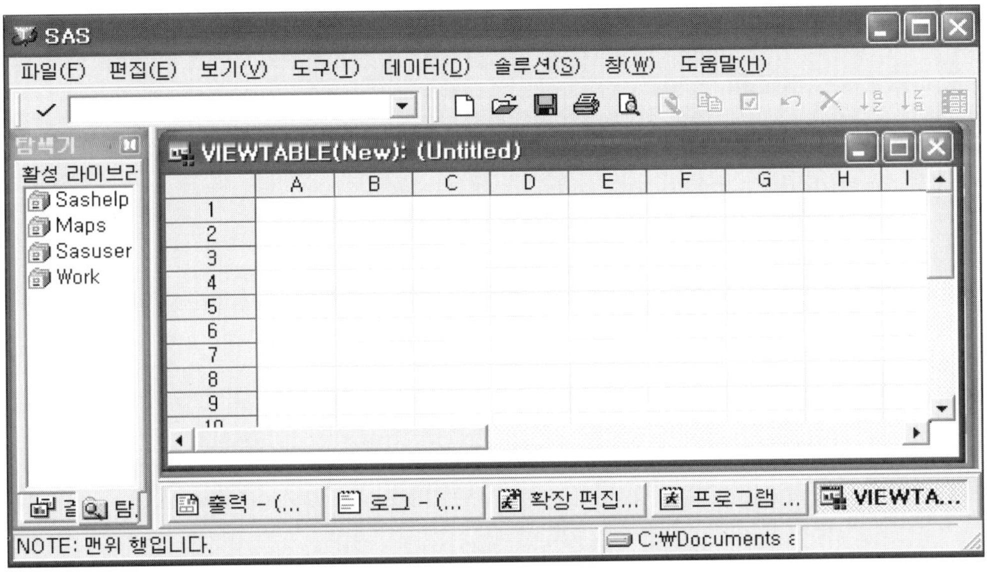

[화면 3.2] 테이블 편집기를 이용한 자료입력 방법

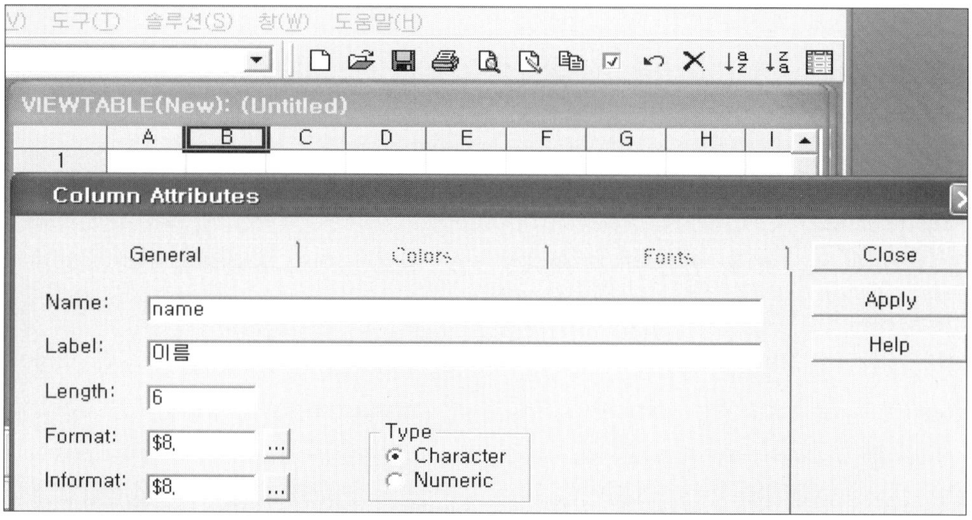

[화면 3.3] 변수명을 수정하기 위한 예

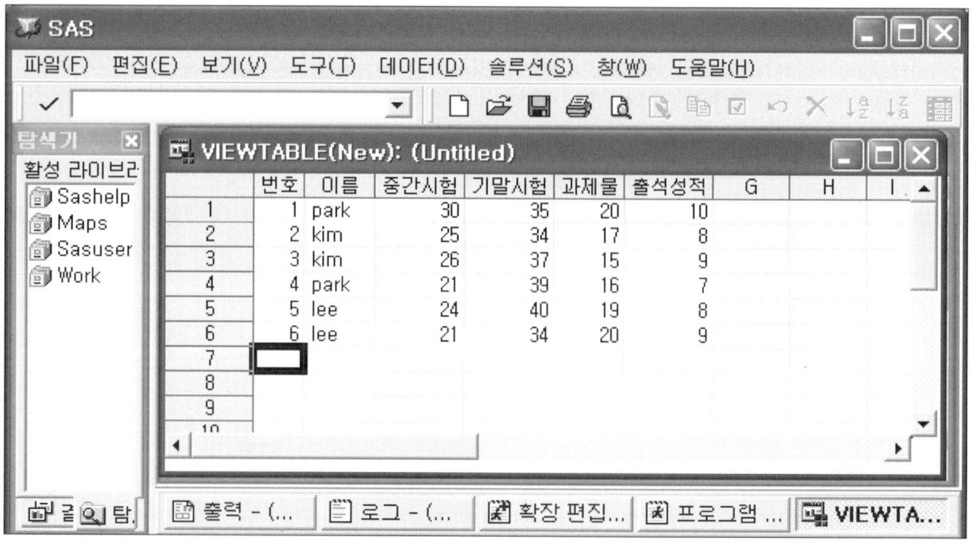

[화면 3.4] 테이블 편집기에 의한 자료입력 완성 예

2. 메뉴방식(SAS/ASSIST)에 의한 방법

SAS/ASSIST에서는 프로그램 방식에 의해 자료세트를 작성할 필요없이 메뉴방식에 의해 자료관리를 할 수 있는 기능을 제공하고 있다.

(1) 자료관리 메뉴(DATA MGMT)의 호출과 기능

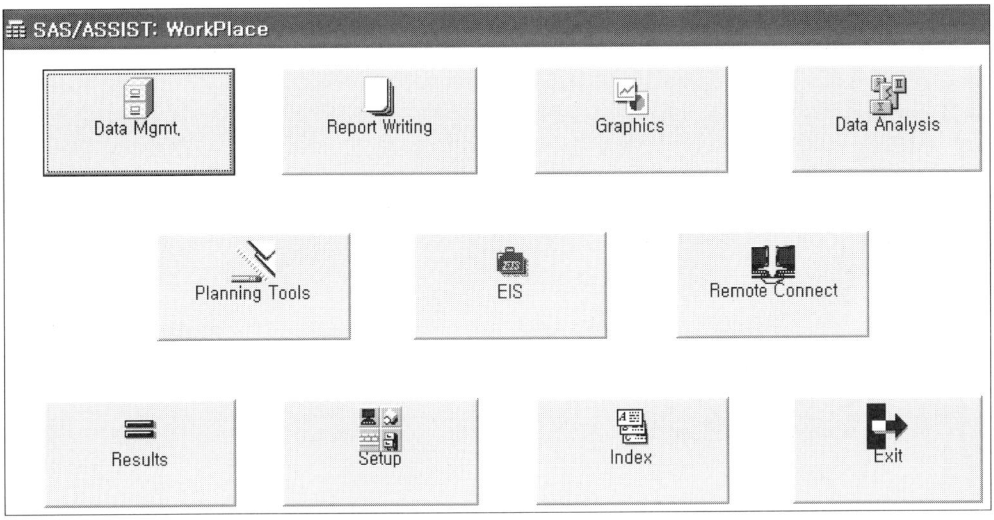

[화면3.5] SAS/ASSIST 화면

① DATA MGMT의 호출 : SAS 초기 화면에서 메뉴바의 [솔루션] 메뉴를 클릭한 후 부메뉴 중 [ASSIST]를 선택한 다음 [계속]단추를 클릭하면 [화면 3.5]가 호출된다.

② DATA MGMT의 기능

㉠ [화면 3.5]의 DATA MGMT를 클릭하면 [화면 3.6]이 호출된다.

㉡ 자료관리(DATA MGMT) 메뉴가 수행하는 기능은 다음과 같다.

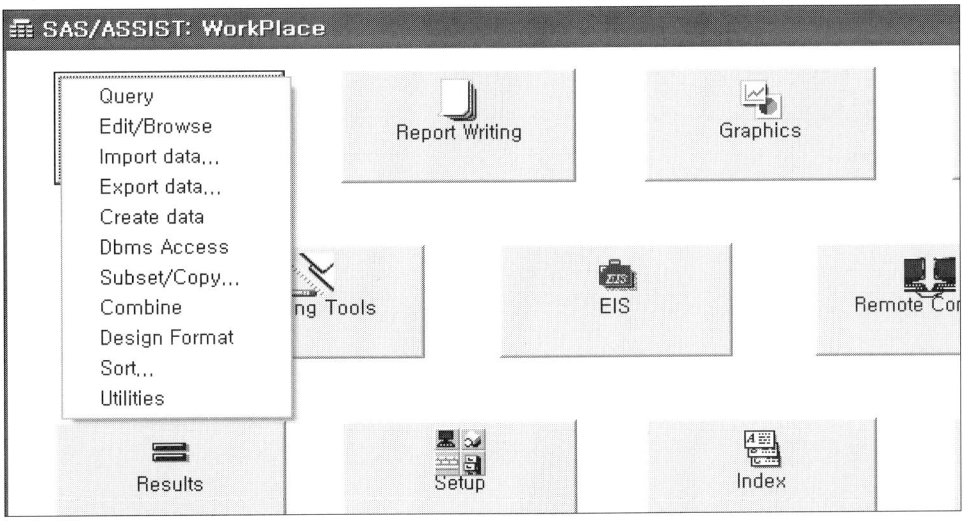

[화면 3.6] DATA MGMT(자료관리) 메뉴의 부메뉴

ⓐ Query : 이를 선택하면 SQL query..., Query and Reporting 기능을 수행한다.

ⓑ Edit/Browse : 이를 선택하면 SAS 자료세트의 수정(Edit) 및 Browse가 가능하다.

ⓒ Import data... : 이를 선택하면 외부자료 파일을 SAS 자료세트로 변환할 수 있다.

ⓓ Export data.. : 이를 선택하면 SAS 파일을 외부 자료형태로 만들 수 있다.

ⓔ Create data : 이를 선택하면 자료를 만들 수 있다.

ⓕ Dbms Access : 이를 선택하면 LOTUS 계열 및 dBASE 계열의 파일들을 SAS 자료세트로 변환할 수 있다.

ⓖ Subset/Copy : 이를 선택하면 자료파일을 복사하는 기능을 한다.

ⓗ Combine : 이를 선택하면 2개 이상의 SAS 자료세트를 결합하여 하나의 새로운 SAS 자료세트를 만들 수 있다.

ⓘ Design/Formats : 이를 선택하면 출력 포멧과 입력 포멧을 만들 수 있다.

ⓙ Sort : 이를 선택하면 자료파일을 배열(정렬)할 수 있다.

ⓚ Utilities : 이를 선택하면 자료관리와 관련된 유틸리트를 이용한다.

(2) SAS 자료세트의 작성

① DATA MGMT에 의한 SAS 자료세트의 작성

㉠ 자료관리에 의해 SAS 자료세트를 작성하기 위해서는 [화면 3.6]의 Create data를 이용하면 된다.

㉡ 이를 클릭하여 수행할 수 있는 기능은 아래와 같다.

ⓐ Interactively... : 이를 선택하면 자료를 직접 입력하여 SAS 자료세트를 만들 수 있다.

ⓑ For X - Y plots... : 이를 선택하면 산점도(scatter plot)를 그릴 수 있는 SAS 자료세트를 만든다.

ⓒ For charts... : 이를 선택하면 도표를 그릴 수 있는 SAS 자료세트를 만든다.

ⓓ For mapping... : 지도(maps)를 그릴 수 있는 SAS 자료세트를 만든다.

ⓔ Calendar...: 이를 선택하면 카렌다를 위한 SAS 자료세트를 만든다.

ⓕ Time series... : 이를 선택하면 시계열분석에 필요한 SAS 자료세트를 만든다.

ⓖ Using SQL... : 이를 선택하면 SQL을 이용하기 위한 테이블을 만든다.

㉢ SAS 자료세트를 만들기 위해서는 Interectively...를 선택해야 한다. 이때 자료입력을 레코드 단위로 하려면 Enter data one record at a time을 선택하고, 테이블 형태로 자료를 입력하려면 Enter data in tabular form을 선택하면 된다.

㉣ 이들 중 원하는 것(예 테이블형식)을 선택하여

ⓐ Table : 에는 작성할 SAS 자료세트명(예 KKJA001)을 입력한다.

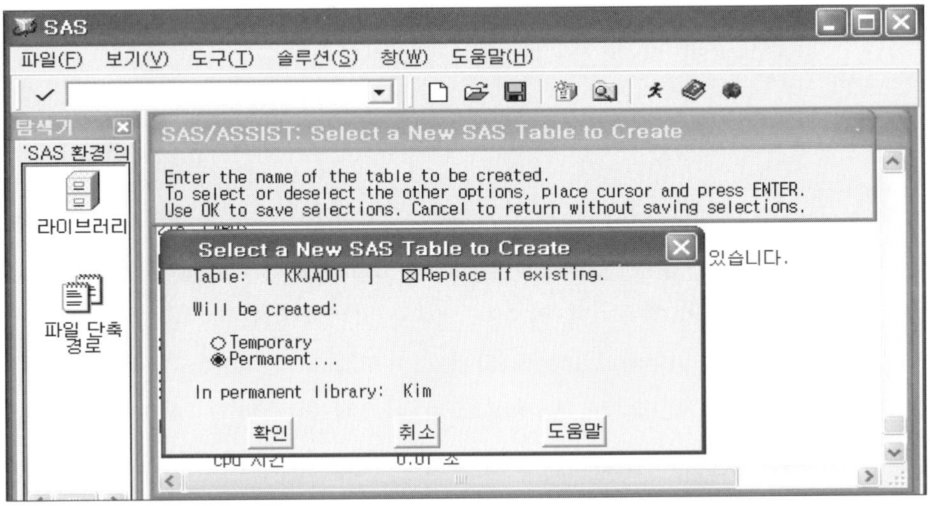

[화면 3.7] 새로운 SAS 자료세트 작성 메뉴

ⓑ 입력된 파일이 존재하면 대체할 것 인지의 유무를 결정한다. 대체하려면 Replace if existing의 ☒를 클릭한다.

ⓒ 작성할 SAS 자료세트를 영구파일(Permanent), 임시파일(Temporary)로 할 것 인지를 결정하고 이중 하나를 선택하면 [화면 3.7]이 호출된다.

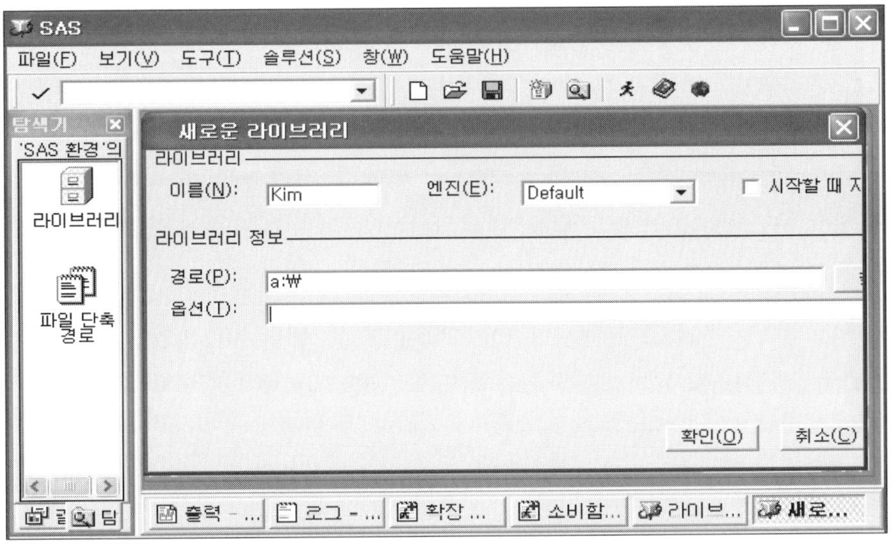

[화면 3.8] 라이브러리명(Kim)과 경로명(a:\) 지정

만약 영구파일로 저장하기를 원한다면, 먼저 라이브러리를 만들어야 한다. [화면 3.7]의 Permanent를 클릭한 다음 호출된 화면의 우측 상단에 있는 를 클릭한 다음 [화면 3.8]과 같이 라이브러리명(예 Kim)과 경로명(예 a:\)을 입력한 후 확인을 클릭한 다음 [화면 3.7]로 복귀하면 In permanent library에 Kim이 나타난다.

지정이 완료되었으면 확인을 클릭하면 입력할 자료의 변수명, 변수형태, 길이, 테이블, 포맷을 지정할 수 있는 화면이 호출되는데 이때 번호(id), 이름(name), 중간시험 성적(mid), 기말시험 성적(final), 과제물 성적(homework), 출석성적 (Presence)을 입력한 후 메뉴바의 [파일]메뉴의 닫기를 클릭하면 '변경내용을 저장하시겠습니까?'라는 메시지가 나온다. 이때 예를 선택하면 [화면 3.10]이 호출되며 이곳에 자료를 입력하면 된다.

한편 명령어===>에 end를 입력하고 Enter↵키를 눌러서 자료를 입력할 수도 있다. 자료 입력중 오류가 있으면 메뉴바의 [편집]메뉴의 갱신을 클릭한 다음 '멤버'나 '레코드' 중에서 선택하여 자료를 수정할 수 있다.

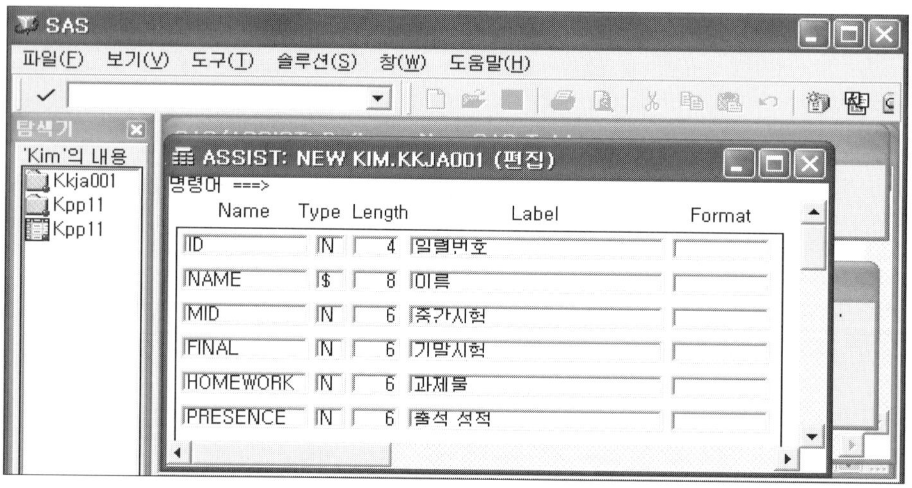

[화면 3.9] 변수 지정 메뉴

② 외부 자료파일(ASCⅡ)을 SAS 자료세트로 만드는 방법

㉠ **호글**(HWP), 워드 등 워드프로세서나 Q-Editor 등을 이용하여 파일이 만들어져 하드디스크나 플로피 디스켓에 저장되어 있는 파일을 SAS 자료세트로 만드는 방법이다.

㉡ DATA MGMT 메뉴의 Import data를 선택하면 창이 호출되고 이때 Data file to Import를 클릭하여 파일이 저장된 드라이브와 디렉토리(예 c:\inform) 그리고 파일(예 kimpp121.txt)을 지정한 후 이것이 filename 인지 fileref 인지를 선택(예 filename)한 다음 확인을 클릭한다.

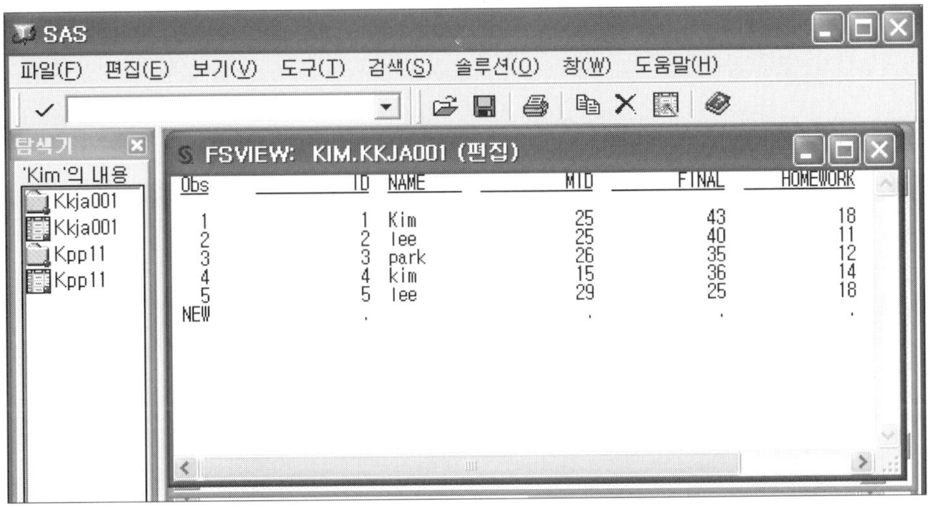

[화면 3.10] 자료 입력이 완성된 예

다음에 Output table을 클릭하여 자료세트에 저장할 SAS 자료세트명(예 kpp11)을 입력하고 파일 저장방법을 선택한다. 이때 파일을 영구저장하기를 원하면 Permanent을 클릭하면 라이브러리를 선택할 수 있는 라이브러리 창이 호출되는데 이때 원하는 라이브러리를 선택한 후 확인을 클릭하면 Output table에 Jong.kpp11(Jong는 라이브러리 명이고, kpp11은 파일명임)이 입력된 화면이 [화면 3.11]과 같이 나타난다. 만약 원하는 라이브러리가 없으면 우측 상단의 라이브러리 아이콘을 클릭하여 [화면 3.8]과 같이 지정하면 된다. 이외는 라이브러리 설정방법을 참조하여 만들면 된다.

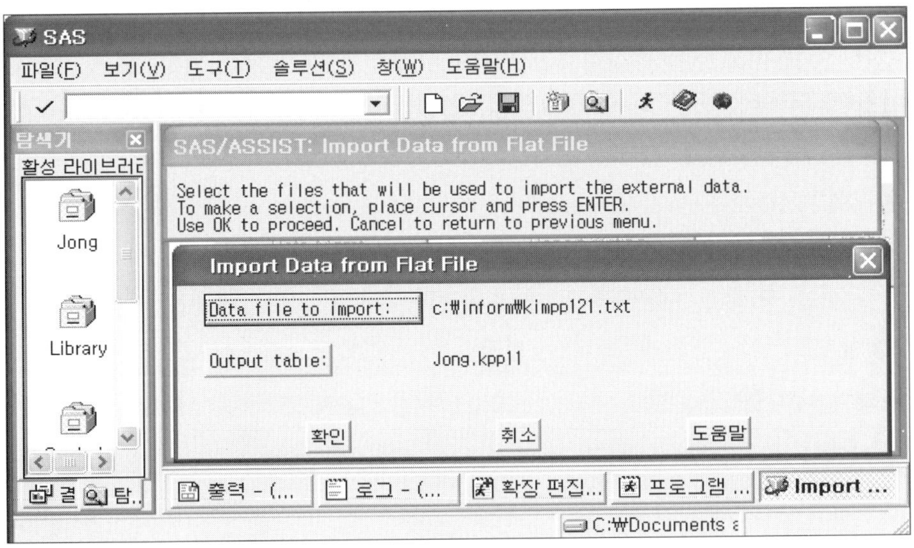

[화면3.11] Data file to import와 Output table 지정 메뉴

Data file to import와 Output table의 지정이 완료되었으면 확인을 클릭하면 [화면 3.12]가 호출된다.

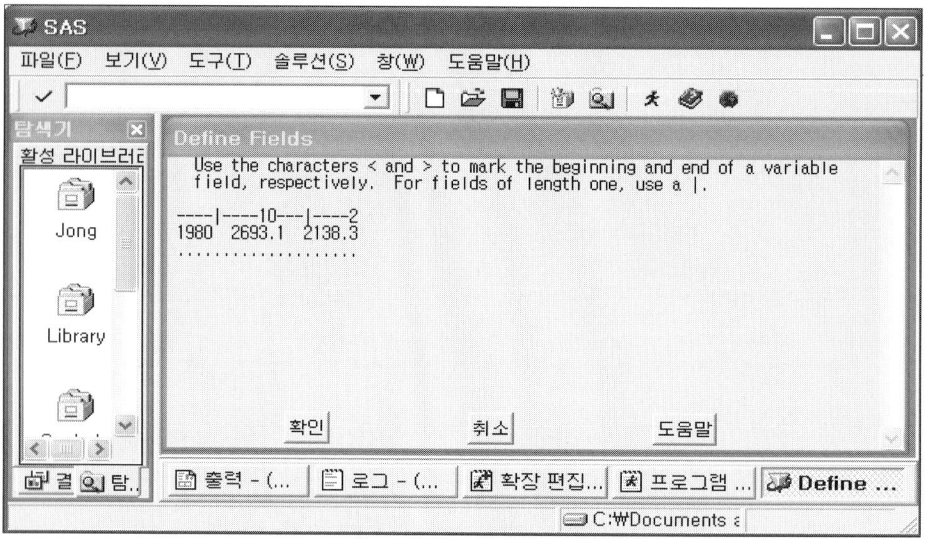

[화면 3.12] 자료필드의 범위지정

ⓐ 자료필드의 지정 : [화면 3.12]에서 자료필드의 범위를 지정할 수 있다. 자료필드의 범위를 지정할 때는 부호 '|', '<', '>'을 이용한다.

- '|' : 자료필드가 1칼럼일 때 사용한다.
- '<', '>' : 자료필드가 여러 개일 때 사용되는 기호로 시작점은 '<'로, 끝지점은 '>'의 부호로 사용한다.

  단, 이는 자료 입력방식이 Fixed Format인 경우만 해당되고, Free Format인 경우는 자료필드, 데이터의 위치, 입력포멧(Informat), 출력포멧(Format)을 지정할 필요가 없다.

ⓑ 변수 속성지정

- 자료필드의 지정을 완료한 후 [화면 3.12]에서 확인을 클릭하면 각 변수의 속성을 지정할 수 있는 [화면 3.13]이 호출된다. 이때 지정할 내용은
- Name(변수명) : 여기에 원하는 변수명을 지정한다. 지정을 생략하면 V1, V2, V3 . . .등으로 지정된다.

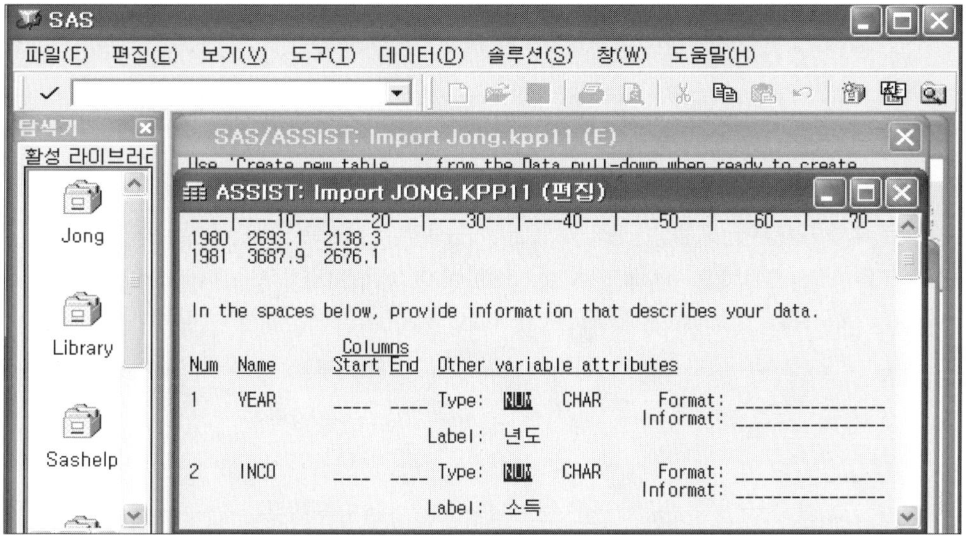

[화면 3.13] 변수의 속성 지정 예

- Start Columns – End Columns(자료위치) : 자료가 위치하고 있는 열(Column)의 위치를 지정한다. [화면 3.9]에서 지정한 자료필드에 따라 디폴트로 지정된다.
- Type(변수형태) : 자료에 사용된 변수가 문자변수(CHAR)인지 숫자변수(NUM)인지를 구분해 주어야 한다.
- Label(레벨) : 변수명에 부가되는 설명을 지정한다.
- Informat(입력포멧) : 각 변수를 호출하는 형식을 지정한다. 포맷방법은 다음과 같다.

  i) 숫자형 자료인 경우는

  ω.d ; 숫자형 자료를 읽어올 때 사용된다. ω는 전체자릿수, d는 소수점이하 자릿수, '.'은 자릿수 사이에 띄우지 말고 붙여쓴다.(예 56.74 → 입력포멧 5.2 → 저장되는 값 56.74

  COMMA ω.d : Comma(,), 사인부호, 소수점이 포함된 숫자형 자료를 읽어올 때 사용된다.

  (예 5,246.14 → 입력포멧 COMMA 8.2 저장되는 값 → 5246.14)

  ii) 문자형 자료인 경우

  $\omega. : 앞에 있는 공백을 무시하고 문자형 자료를 읽을 때 사용된다. (ω는 전체자릿수, 예 ○○msp → 입력포멧 $5. → 저장되는 값 msp)

  $CHAR ω. : 앞에 있는 공백을 유효한 자료자리로 간주하고 문자형 자료를 읽는다.(예 ○○msp → 입력포멧 $CHAR5. → 저장되는 값 ○○msp)

• Format(출력포멧) : 각 변수를 SAS 자료세트에 저장하는 형식을 지정한다.

예를 들면 [화면 3.13]과 같이 선택사항을 지정하려면 먼저 Name에 'year'를 입력, Type에서 NUM을 선택, Label에 '년도'를 입력한 후 마우스로 화면 우측의 ▼을 밑으로 늘어서 두 번째 변수, 세 번째 변수 등을 차례로 입력하면 된다.

변수속성에 대한 지정이 모두 완료되었으면 메뉴바의 [데이터]메뉴의 데이터셋 생성을 클릭한 후 '오류확인 대화상자를 보기를 원하면' 확인을 선택하고, '상세 리포트를 Log'에 보내기를 원하면 리포트를 선택한 다음(예 확인선택) 확인을 클릭하면 [화면 3.14]가 나타난다. 이때 화면아래 오류 대화 확인상자에서 오류가 있는지 없는지를 보여준다. 여기서는 오류가 없음을 보이고 있다. Enter↵를 누르면 오류확인 상자가 사라진다.

생선된 자료세트를 추가, 삭제 등 수정하기 위해서는 메뉴바의 [데이터]메뉴의 '생성된 데이터셋 편집'을 선택한 다음 마우스 우측을 클릭하여 [편집]메뉴의 '새로운 레코드 추가'를 선택하여 새로운 데이터를 입력한 다음 [편집]메뉴의 '닫기'를 선택하면 된다. 만약 특정 레코드를 삭제하고 싶으면 마우스 우측을 클릭하여 [편집]메뉴의 커서를 삭제하고자 하는 레코드 상에 위치(예 1994년)시키고 '레코드삭제'를 선택한 다음 [편집]메뉴의 '닫기'를 선택하면 된다.

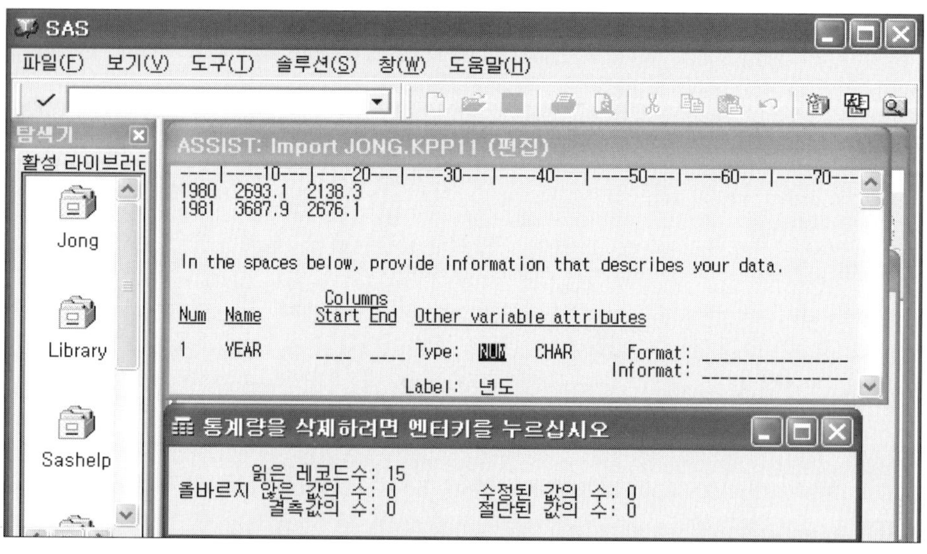

[화면 3.14] 새로운 SAS 자료세트 생성 메뉴

완성된 자료세트 kpp121를 확인하려면 kpp121이 저장된 [화면 3.14]의 왼쪽에 있는 라이브러리(예 Jong)를 클릭하여 파일을 선택하면 결과가 [화면 3.15]와 같이 호출된다.

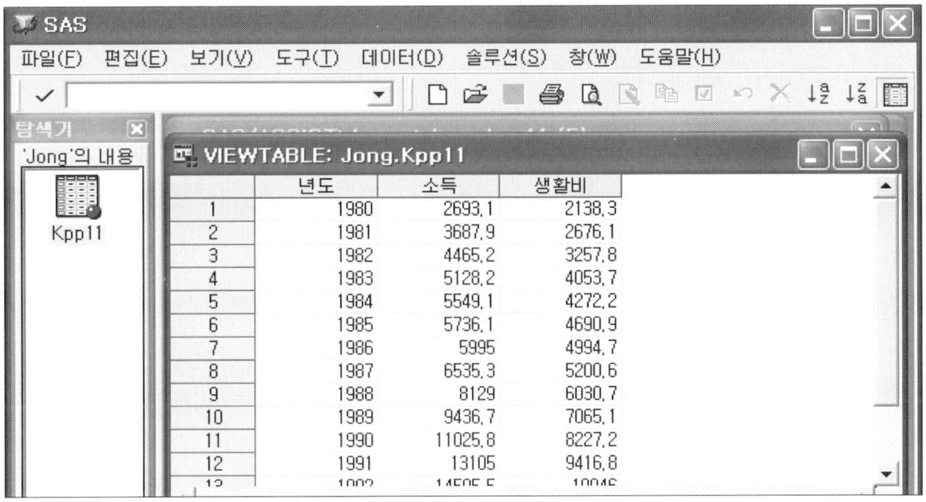

[화면 3.15] 완성된 테이블 예

③ Excel, SPSS/PC+, Lotus 1-2-3, QPRO 그리고 dBASE 소프트웨어로 만들어진 파일을 SAS 자료세트로 만드는 방법.

㉠ SAS 이외의 소프트웨어에서 만들어진 파일(xls, wk1, dbf, dif 등)을 SAS 자료세트로 변환할 수 있다.

㉡ 드라이브 c:\inform에 Excel에서 만들어진 ta1.xls란 파일을 SAS 자료세트로 변환시키는 과정을 보자.

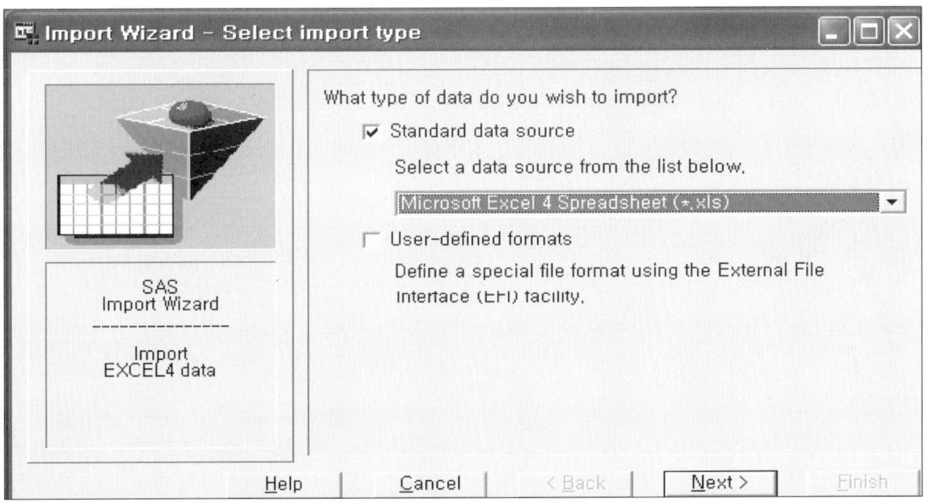

[화면 3.16] Excell 파일을 SAS 파일로 열기 위한 초기화면

㉢ 메뉴바의 [파일]메뉴에서 '데이터 가져오기'를 클릭하면 [화면 3.16]이 호출된다. 이때

엑셀의 워크시트를 읽기 위하여 화면 우측 중앙의 ▼를 끌어서 파일형식을 "Microsoft Excel Spreadsheet"로 선택한 다음 화면 아래의 Next >을 클릭하면 [화면 3.17]이 호출된다.

㉣ 여기서 Excel 파일(예, ta1.xls)의 위치를 지정하기 위하여 화면 우측의 Browse를 클릭한 다음 이 파일이 있는 디렉토리(예 c:\inform)와 파일(ta1.cls)를 선택한 후 Options을 클릭하여 Worksheet/Range에 ta1$을 입력한 다음 OK를 클릭한 다음 Next >을 클릭하면 [화면 3.18]이 호출된다.

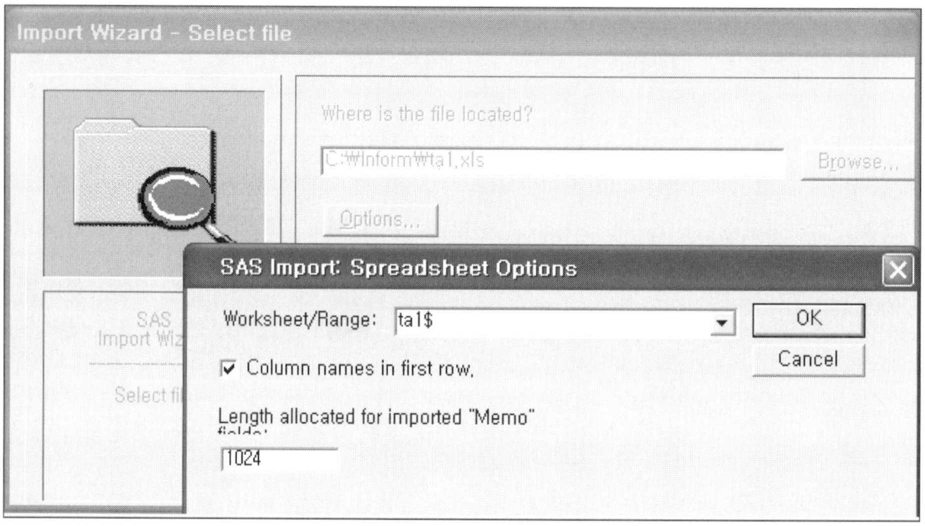

[화면 3.17] Excel 파일 위치 결정화면

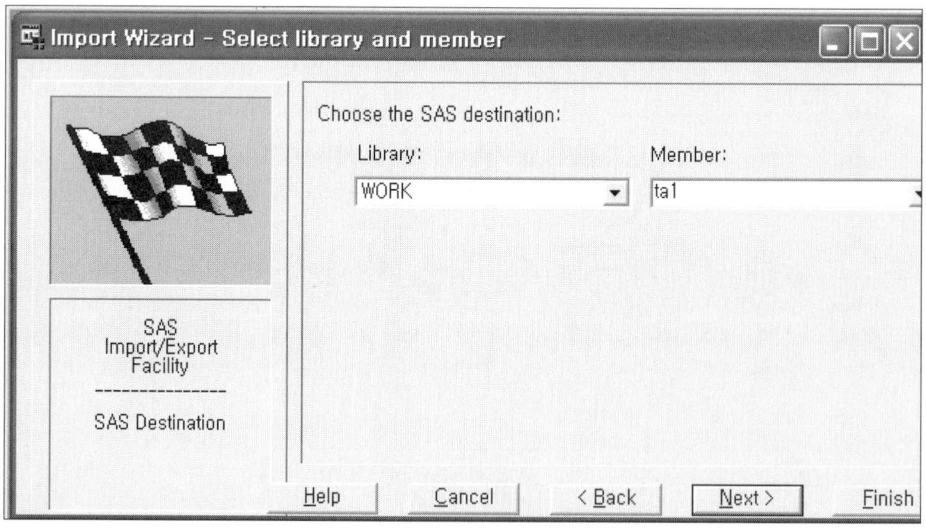

[화면 3.18] SAS 자료세트로 변경을 위한 Library와 Member 입력 창

㉤ [화면 3.18]에서 라이브러리(예, 임시라이브러리 선택)와 파일명(예 ta1)을 입력한 다음 [Next >]을 클릭하면 탐색기 창의 임시 라이브러리(예 Work)에 SAS 파일(예 Ta1)이 만들어지고, 이를 클릭하면 [화면 3.19]와 같이 SAS 파일로 만들어진 자료세트의 내용을 볼 수 있다.

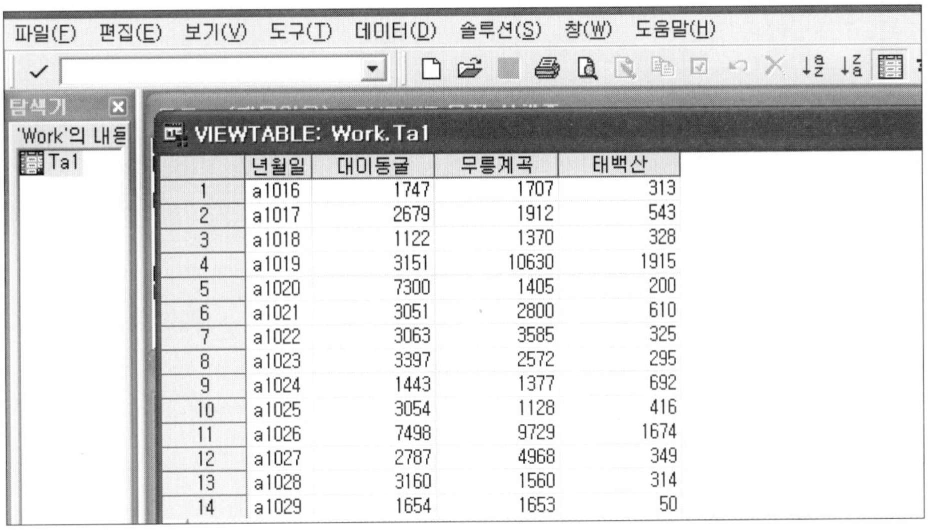

	년월일	대이동굴	무릉계곡	태백산
1	a1016	1747	1707	313
2	a1017	2679	1912	543
3	a1018	1122	1370	328
4	a1019	3151	10630	1915
5	a1020	7300	1405	200
6	a1021	3051	2800	610
7	a1022	3063	3585	325
8	a1023	3397	2572	295
9	a1024	1443	1377	692
10	a1025	3054	1128	416
11	a1026	7498	9729	1674
12	a1027	2787	4968	349
13	a1028	3160	1560	314
14	a1029	1654	1653	50

[화면 3.19] SAS 자료세트로 변경된 예

(3) SAS 자료세트의 수정

작성된 SAS 자료세트의 관찰개체(observation value)를 수정, 추가, 삭제 또는 조회 할 필요가 있을 때 그 방법에 대해 보자.

Jong로 지정된 라이브러리(libref)의 SAS 자료세트 jong.kpp11(c:\inform\kpp11에 있음)의 내용을 수정해 보자.

라이브러리(Library)가 jong로 지정되어 있지 않으면 새로운 라이브러리 jong를 만든 후 아래 방법과 같이 진행시키면 된다.

이를 위해서 메뉴바의 [솔루션]메뉴의 ASSIST를 선택한 다음 Data Mgmt, Edie/Browse을 차례로 클릭하면 Edit data... 와 Browse data... 메뉴가 호출되는데 이때 Edit data를 선택하여 클릭하면 Edit Data 창이 나타나는데 이때 수정 방법으로는 아래와 같이 2가지 형태가 있다.

① Tabular format : 이를 선택하면 관찰개체들을 테이블 형식으로 보여주게 된다.

② Single row : 이를 선택하면 관찰개체들을 한 개씩 순서대로 보여주게 된다.

㉠ Tabular format을 선택하기로 하자. 이를 선택한 후 Table:에 수정을 원하는 SAS 자료세트(㉠ jong.kpp11)를 지정하고, Libref를 클릭하여 수정할 SAS 자료세트가 저장된 라이브러리(㉠ jong)를 클릭하면 [화면 3.21]과 같이 지정이 완료된다. 이 곳에 사용할 라이브러리가 없으면 앞의 설명처럼 라이브러리 아이콘을 클릭하여 등록한 후 호출하면 된다.

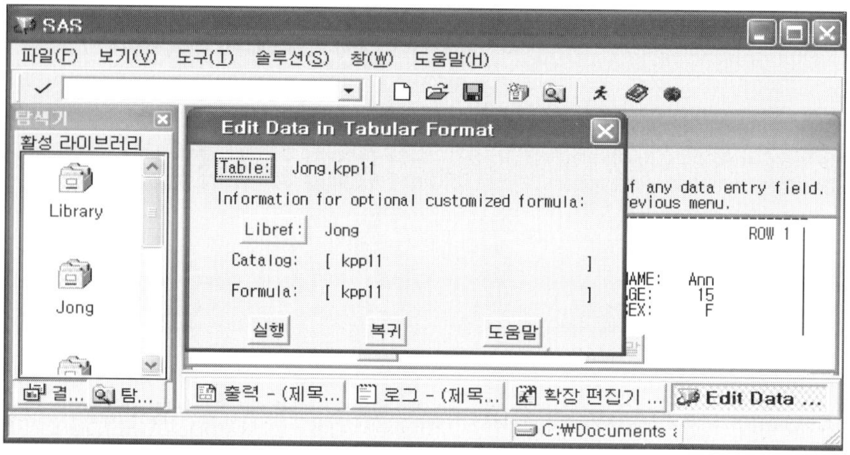

[화면 3.20] 수정 SAS 자료세트의 라이브러리와 이름지정

여기서 Catalog는 Formula엔트리가 저장될 카탈로그를 지정하며, Formula는 Formula 엔트리를 지정한다. 이때 Formula는 기존의 SAS 자료세트에서 산술식을 사용하여 새로운 변수의 창조를 원할 때의 산술식이다. 그러므로 Formula 엔트리 지정은 입력된 산술식을 보관하기 위한 것이다.

지정이 완료되었으면 [화면 3.20]의 왼쪽 아래의 실행을 클릭하면 [화면 3.21]과 같이 SAS 자료세트의 내용보기(Fsview) 창이 호출되어 SAS 자료세트를 볼 수 있다.

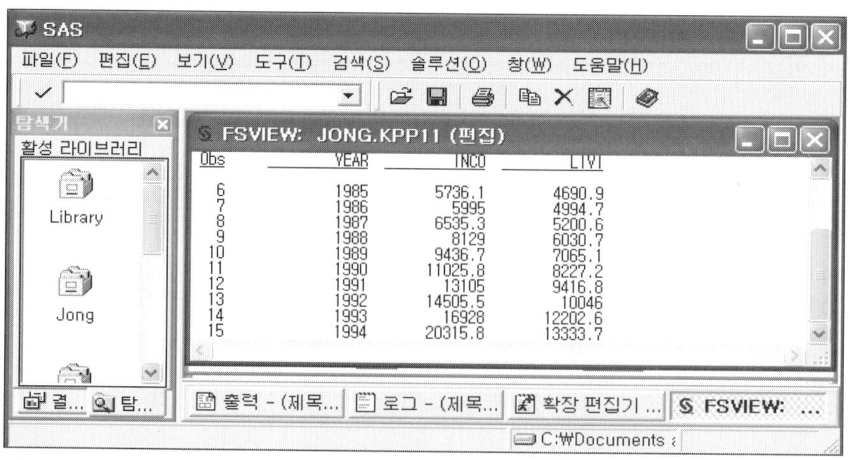

[화면 3.21] SAS 자료세트의 FSVIEW(내용보기) 창

④ SAS 자료세트의 수정 : 메뉴바의 [편집]메뉴의 갱신을 클릭하면 수정 형태를 나타내는 갱신 창이 호출되는데 이때 수정 및 삭제를 관찰개체 단위로 하려면 레코드를 선택하고, 여러 개의 관찰개체 단위로 하려면 멤버를 선택하면 된다.

만약 레코드로 선택하는 경우는 반드시 수정할 관찰개체에 커서를 위치시키고 Enter↵키를 눌러 블록을 지정한 후 수정해야 한다.

예로 멤버를 선택한 후 확인을 클릭한다.

㉠ 조건식을 이용한 SAS 자료세트의 수정

ⓐ 기존의 SAS 자료세트 중 특정 조건식에 해당되는 것만 선택하여 새로운 SAS 자료세트를 만들 수 있다.

ⓑ 이를 위해서 메뉴바의 검색을 클릭하면 [화면 3.22]가 호출된다.

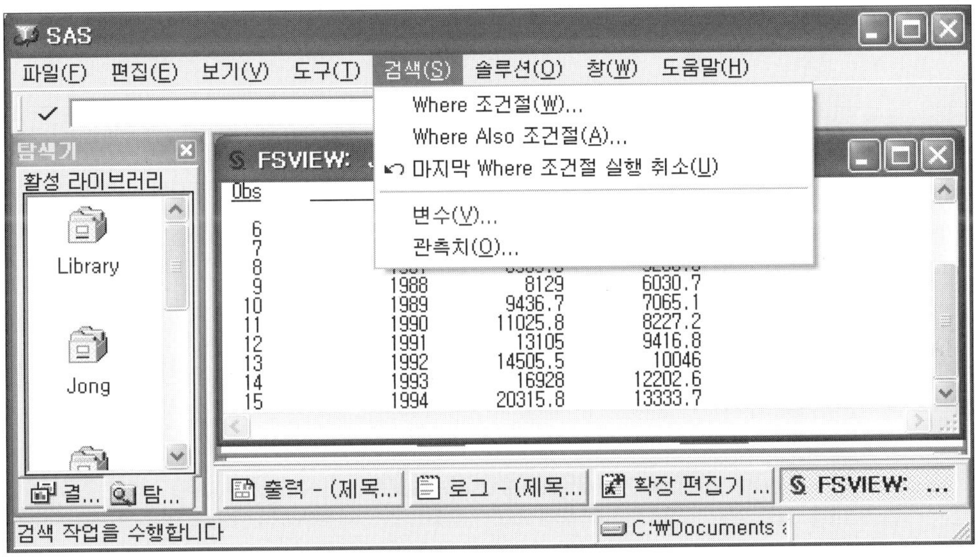

[화면3.22] 자료 수정을 위한 검색 지정 메뉴

이때 원하는 조건식을 입력하는 방법은 다음과 같다.

㉮ Where : 조건식을 입력할 때 사용

㉯ Where also : 현재 상태에서 조건을 추가할 때 사용

㉰ Undo last where : 추가된 조건 중에서 마지막 조건을 해제할 때 사용

예 kim.kpp11에서 year(연도)를 1985부터 1994 까지만 선택해 새로운 SAS 자료세트를 만들어 보자. 이를 위해서 [화면 3.22]에서 [검색], Where순으로 클릭한 후 Where 조건절 창의 Where 조건절란에 원하는 조건식을 입력(예, 1985<=year<=1994)한 것이 [화면 3.23]이며, 아래의 확인을 클릭하

면 수정된 결과가 [화면 3.24]와 같이 출력된다. 이때 사용되는 비교연산자<표 3.5>와 논리연산자<표 3.6>는 앞에서 설명한 것을 참조하기 바란다.

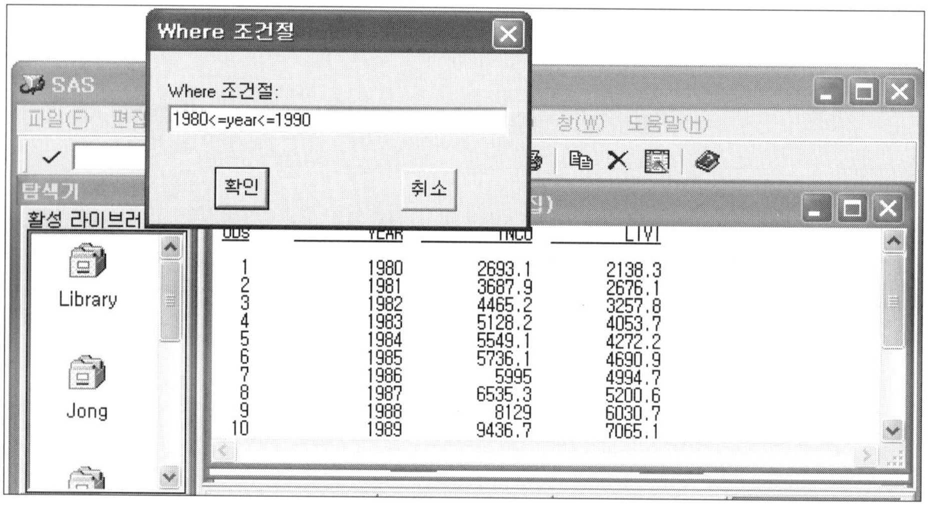

[화면 3.23] Where 조건절 입력 예

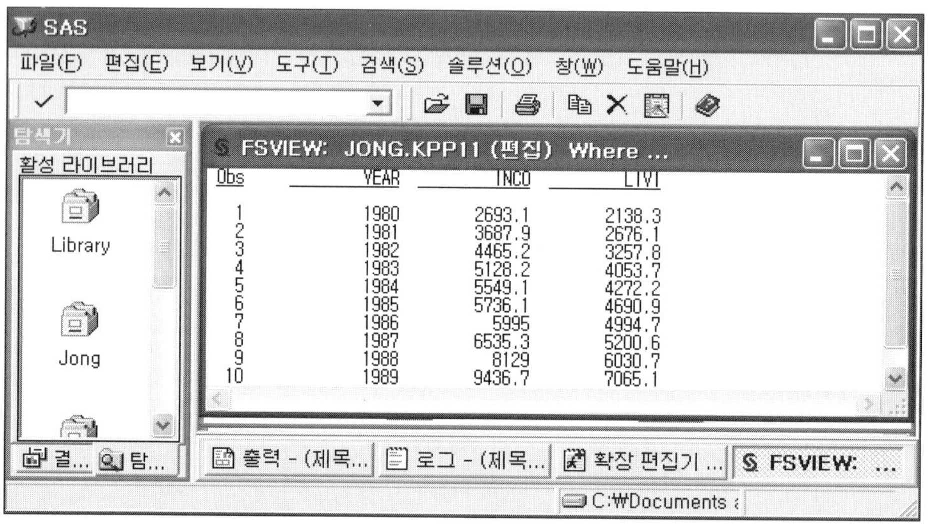

[화면 3.24] 조건식 지정 후 생성된 새로운 SAS 자료세트 내용

㉡ SAS 자료세트를 수정한 다음 수정한 내용을 저장하기 위해서는 다음 방법을 선택하면 된다.

ⓐ 메뉴바의 [파일]메뉴, [다른 이름으로 저장]순으로 클릭하여 새로운 SAS 자료세트명(예 kk11)을 입력하면 된다.

ⓑ 기존의 SAS 자료세트명을 그대로 저장하고 싶으면 메뉴바의 [파일]메뉴, [저장]순

으로 클릭하면 된다.

이상의 과정을 통하여 수정된 새로운 SAS 자료세트를 얻을 수 있다.

㉢ 저장된 자료세트(예, kim.kpp11)를 이용하여 자료를 분석하는 방법을 보자.

예 ASSIST를 이용하여 그림(예, Bar Charts...)을 그리는 순서는 다음과 같다.
메뉴바의 [솔루션]메뉴, [ASSIST], [Graphics], Bar Charts...순으로 클릭하면 [화면 6.30]이 호출되며, 작성과정은 제6장과 같다.

⑤ 관찰개체의 추가

㉠ Kim.kpp11의 예에 새로운 관찰개체를 추가하는 방법을 보자.

㉡ 이를 위해 [화면 3.18]에서 메뉴바의 [편집]메뉴, [자동행 추가]순으로 클릭하면 [화면 3.25]가 호출되는데 이때 NEW란에 원하는 자료를 입력한 후 앞의 방법과 같이 저장하면 된다.

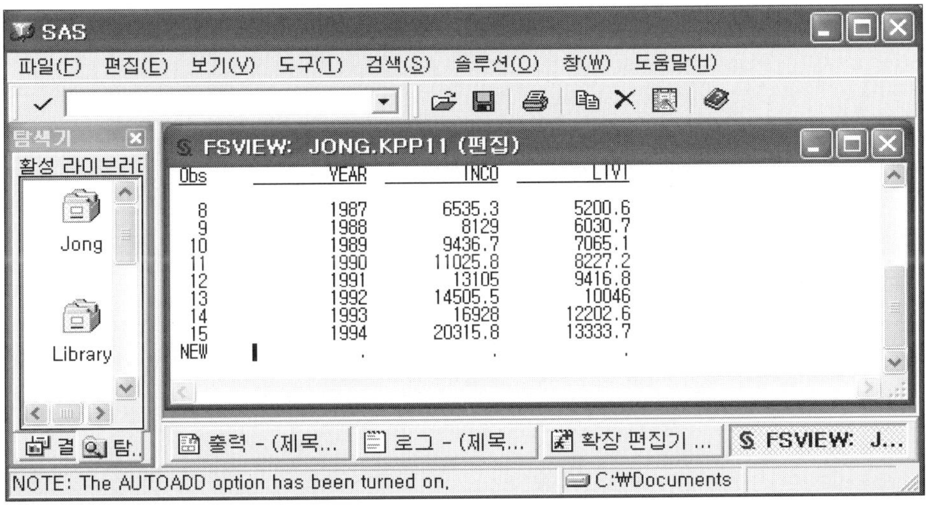

[화면 3.25] 관찰개체의 추가 메뉴

⑥ 새로운 변수의 생성

㉠ Kim.kpp11을 이용하여 새로운 변수를 만드는 과정을 보자.

이를 위해서는 산술식을 이용하여야 한다. **예** pro=inco/livi, 즉 소득과 생활비 비율인 변수 pro를 생성시켜 보자.

㉡ 이를 위해 [화면 3.21]에서 메뉴바의 [도구]메뉴를 선택하면 3가지 형태의 산술식 입력 방법이 호출된다.

ⓐ 계산식 정의 : 이는 산술식을 입력할 때 이용된다.

ⓑ 계산식 지우기 : 이는 산술식을 취소할 때 이용된다.

ⓒ 계산식 재확인 : 이는 산술식이 제대로 입력된 것인지 확인할 때 이용된다.

- '계산식 정의'를 클릭하면 [화면 3.26]이 호출되는데 이때 Name란에 새로운 변수(예 pro)를 입력한다.

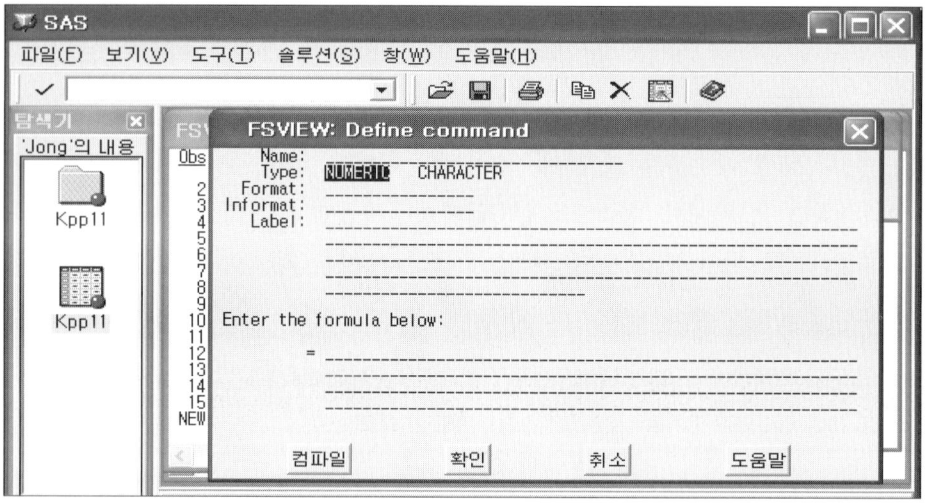

[화면 3.26] 새로운 변수, 형태, 산술식 입력 메뉴

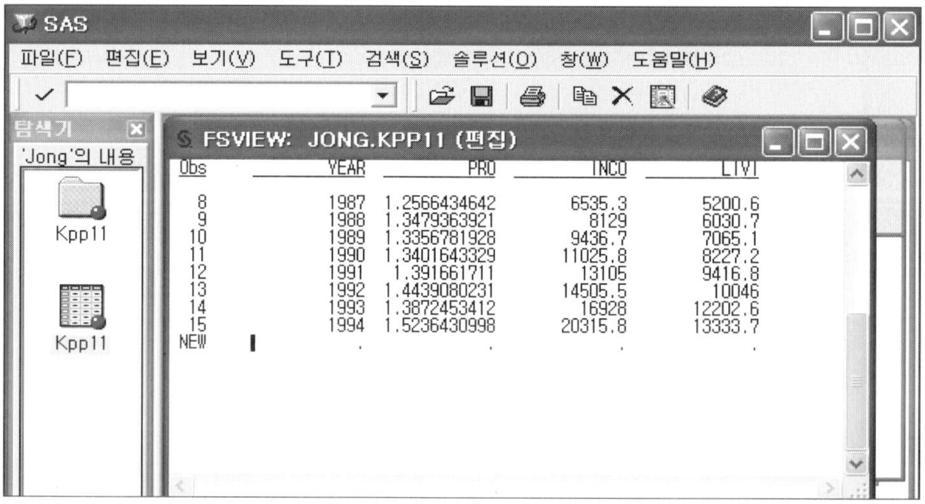

[화면3.27] 새로운 변수 Pro 생성 후 결과 화면

- Type란에는 자료의 형태를 지정(예 NUMERIC), 컴파일을 클릭하면 Enter the formula below 아래의 '='왼쪽에 pro가 나타나고 우측에 수식(예 inco/livi)을 입력한 후 확인을 클릭하면 결과가 [화면 3.27]과 같이 출력된다.
- 이를 저장하는 방법은 앞에 설명한 것과 같다.

⑦ 관찰개체의 삭제

㉠ 작성된 SAS 자료세트 중 필요없는 관찰개체가 존재하는 경우 이를 삭제할 수 있다.

㉡ 이를 위해서는 [화면 3.21, 23, 25, 27] 등을 화면으로 호출한 상태에서 삭제를 원하는 레코드를 선택한 후 메뉴바의 [편집]메뉴, 삭제순으로 클릭하면 삭제할 관측치를 입력할 수 있는 창이 호출되고 이 곳에 원하는 번호를 입력(예 Obs아래의 11)한 다음 확인을 클릭하면 Obs의 11번이 삭제된 결과인 [화면 3.25]를 얻게된다(수정 형태가 레코드일 때).

㉢ 불필요한 내용을 삭제한 후 새로운 SAS 자료세트를 저장하는 방법은 앞의 방법과 같다.

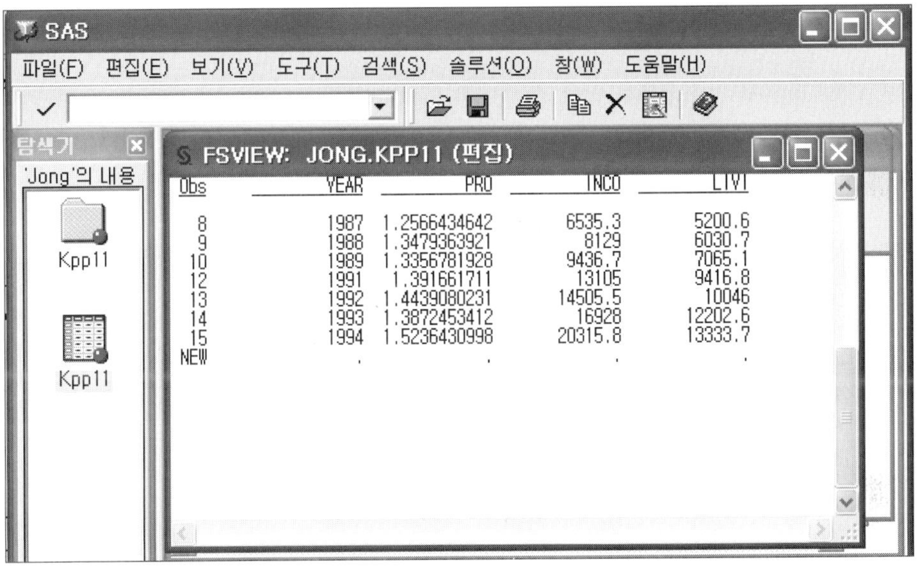

[화면 3.28] 관찰개체 11번 삭제 후 창

(4) SAS 자료세트의 결합

기존에 만들어진 2개 이상의 SAS 자료세트을 결합하여 새로운 SAS 자료세트를 만들 필요가 있을 수 있다. 이는 앞에서 설명한 프로그램 방식에 의해서도 가능하고 여기서 설명되는 메뉴방식에 의해서도 가능하다.

이를 위해서는 [솔루션]메뉴, [ASSIST], Data Mgmt순으로 클릭한 후 Combine메뉴를 클릭하면 결합형태의 지정을 위한 창이 호출되는데 이때 가능한 결합형태는 다음과 같다.

① All Methods... : 이를 선택하면 아래 4가지 방법을 한 화면에 동시에 보여준다.

② Concatenate... : 이를 선택하면 2개 이상의 SAS 자료세트를 세로로 결합할 수 있다.

③ Merge... : 이를 선택하면 2개 이상의 SAS 자료세트를 가로로 결합할 수 있다.

④ Interleave... : 이를 선택하면 공통변수를 기준으로 2개 이상의 SAS 자료세트를 결합할 수 있다.

⑤ Match merge : 이를 선택하면 같은 관찰개체들을 짝을 지어 가로로 결합한다.

먼저 결합시키고자 하는 SAS 자료세트(예 a1.sas, a2.sas)를 편십기 장으로 불러와서 실행시킨다. [화면 3.6]에서 Combine을 클릭한 후 원하는 결합형태를 지정(예 Concatenate)하면 Concatenate SAS Tables 창이 호출되는데 이때 [화면 3.29]에서 First table을 클릭한 후 'a1'을 선택하고 Second table을 클릭하여 'a2'을 선택한다.

여기서 SAS 자료세트 4개까지 결합할 수 있다.

㉠ Output table을 클릭하여 2개의 자료세트를 결함하여 하나로 만들려고 하는 자료세트를 입력(예 a3)하고 라이브러리를 선택(예 Temporary)한다.

㉡ Select existing columns를 클릭하여 변수를 차례로 선택(예 id, x1, x2)한다. 단 모든 변수를 선택할 때는 'a11' 선택한 다음 확인을 클릭하면 [화면 3.29]가 호출된다.

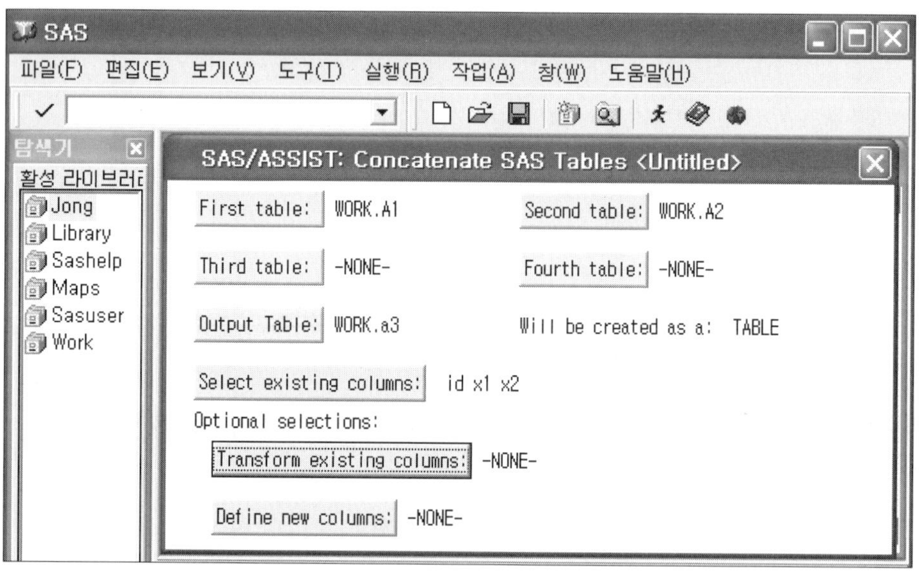

[화면 3.29] Concatenate SAS 자료세트 메뉴

㉢ [화면 3.29]상태에서 메뉴바의 [실행]메뉴, 실행순으로 클릭하면 새로운 자료세트를 디스플레이 하기를 원하는가 라고 질문을 한다. 이때 원하면 OK를 선택한 후 복귀를 클릭하면 [화면 3.30]과 같이 결합이 완성된 새로운 SAS 자료세트(예 a3)가 만들어진다.

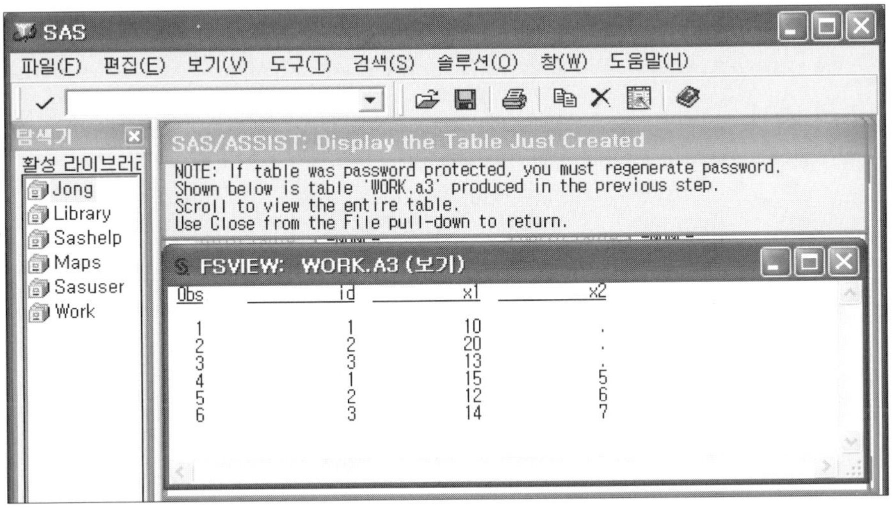

[화면 3.31] SAS 자료세트 a1.sas와 a2.sas의 세로 결합 완성

㉣ SAS 자료세트를 결합한 새로운 자료세트를 저장하는 방법 및 저장된 SAS 자료세트를 이용하여 자료를 분석하는 방법은 앞의 내용과 같다.

㉤ 기존의 변수를 변환시키기 위해서는 Transform existing variables를 클릭한 후 Transform Existing Columnss 창에서 원하는 변수를 선택(예 id)하면 Enter Numeric Expression 창이 나타난다. Select에서 하나를 선택(예 column)하면 Select Table Variables 창이 호출되는데 이때 앞에서 선택한 변수(예 id)를 선택한 다음 우측 아래의 Edit the expression을 클릭하여 수정(예 id → num)한 후 확인을 클릭한다.

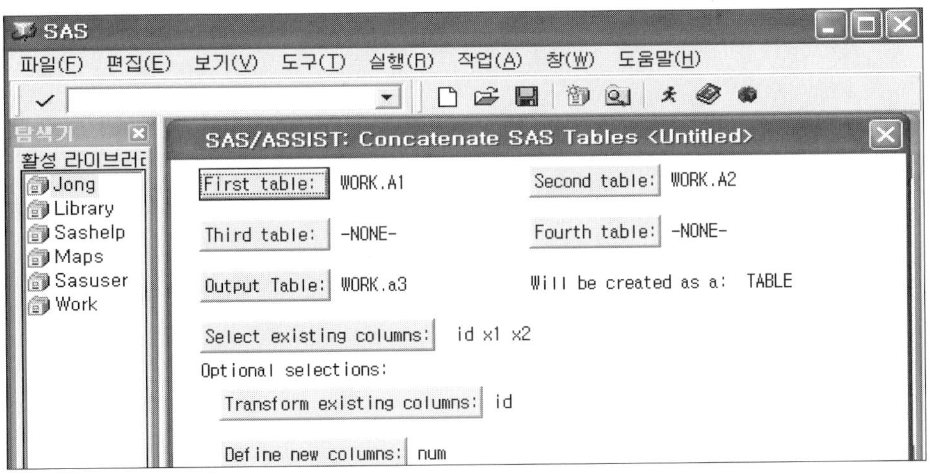

[화면 3.32] 기존의 변수(id)를 새로운 변수(num)로 변경시킨 예

ⓑ Define new columns를 클릭하여 Define New Variables 창에서 Variables에 새로운 변수(예 num)을 입력한 후 확인을 클릭하면 된다. 이런 과정을 거쳐 얻어진 것이 [화면 3.32]이다.

ⓢ 기타 유형별 결합 형태를 실습해 보기 바란다.

CHAPTER 4

자료의 정리 및 요약

제1절 도수분포표를 이용한 자료의 정리
제2절 그림에 의한 자료의 설명

제4장 자료의 정리 및 요약

제1절 도수분포표를 이용한 자료의 정리

① 경제현상을 설명하기 위해 자료를 수집하는데 이때 수집된 자료를 원자료(raw data)라 하고, 이 원자료에 의해 수집된 자료의 성격을 파악하기 어렵기 때문에 원자료의 성격을 파악하기 쉽게 정리해야 한다. 이때 사용되는 한 방법이 도수분포표(frequency table)이다.

② 자료에는 범주적 자료와 수량적 자료가 있다.

1. 범주적 자료의 도수분포표(비계층도수분포표)

이는 정성자료의 정리에 적합하다.

[표 4.1] 비계층도수분포표

변량값(X)	도수(f)	상대도수(rf)	누적도수(F)	누적상대도수(RF)
X_1	f_1	$rf_1 = f_1/N$	$F_1 = f_1$	$RF_1 = F_1/N$
X_2	f_2	$rf_2 = f_2/N$	$F_2 = f_1 + f_2$	$RF_2 = F_2/N$
X_3	f_3	$rf_3 = f_3/N$	$F_3 = f_1 + f_2 + f_3$	$RF_3 = F_3/N$
·	·	·	·	·
·	·	·	·	·
·	·	·	·	·
X_n	f_n	$f_n = f_n/N$	$F_n = f_1 + f_2 + f_3 + \ldots + f_n$	$RF_n = F_n/N$

단, $N = f_1 + f_2 + f_3 + \ldots + f_n$

예제 **다음 〈표4.2〉은 2002년 한국의 산업별 취업자 현황이다. SAS를 이용하여 도수분포표를 작성하여라.**

[표 4 · 2] 한국의 산업별 취업자수 (단위 : 천명)

산업 X	농림어업	광공업	SOC 및 기타	계
취업자수 pop	2,699	4,735	12,403	19,837

① SAS의 PROC FREQ를 이용한다.
② X는 농림어업, 광공업, SOC및 기타 산업을 표시한다.
③ POP는 총취업자 중 각 산업의 취업자수를 표시한다.

프로그램명 : KIMSA511.SAS

```
    OPTIONS nodate;
㉮  DATA kimsa511;
㉯     LENGTH x $ 10;
㉰     INPUT x $ pop;
㉱  CARDS;
㉲  Agr.,Fore.,Fish.    2699
    Mining,Manufact. 4735
    Soc_&_Others   12403
㉳  RUN;
㉴  PROC FREQ;
㉵     TABLES x;
㉶     WEIGHT pop;
㉷  RUN;
```

㉮ DATA문 : 자료처리 단계의 시작을 알리는 명령문이다.
㉯ LENGTH문 : INPUT문에서 지정된 문자형 변수(x)가 갖는 값의 크기(**x값의 크기는 10자까지 가능**)를 지정하는 문장이다.
㉰ INPUT문 : 자료세트에 포함된 변수명을 지정하는 명령문 (반드시 자료입력 순서대로 지정)이다.
x : 문자형 변수, pop : 각 산업의 도수표시
㉱ CARDS문 : 프로그램에 자료를 직접 입력할 때 사용되는 명령문(자료를 외부에서 가져올 때는 필요 없음)이다.
㉲ 자료세트 : INPUT문에서 지정된 변수에 해당하는 자료를 입력하는 장소이다.
㉳ RUN문 : 자료처리 단계의 종료를 알리는 문장이다.
㉴ PROC FREQ : FREQ 작업의 수행을 지시하는 명령문이다.
㉵ TABLES문: 도수분포표 작성을 위해 변수를 지정하는 문장이다. 여기서 x에 대한 도수분포표가 작성된다.
㉶ WEIGHT문 : 변수의 관측치로 사용되는 변수를 지정하는 문장이다. x의 도수를 관측치인 변수 pop로 지정한다.

분석결과 : KIMSA511.OUT

X	㉮ Frequency	㉯ Percent	㉰ Cumulative Frequency	㉱ Cumulative Percent
Agr.,Fore.	2699	13.6	2699	13.6
Mining,Man	4735	23.9	7434	37.5
Soc_&_Others	12403	62.5	19837	100.0

㉮ x의 도수이다.
㉯ x의 상대도수 백분율이다.
㉰ x의 누적도수이다.
㉱ x의 누적도수 백분율이다.

2. 수량적 자료의 도수분포표(계층도수분포표)

이산적 자료, 연속적 자료의 정리에 적합하다.

[표 4.3] 계층도수분포표

계급경계	급심(c)	도수(f)	상대도수(rf)	누적도수(F)	누적상대도수(RF)
$c_1 \pm i/2$	c_1	f_1	$rf_1 = f_1/N$	$F_1 = f_1$	$RF_1 = F_1/N$
$c_2 \pm i/2$	c_2	f_2	$rf_2 = f_2/N$	$F_2 = f_1 + f_2$	$RF_2 = F_2/N$
$c_3 \pm i/2$	c_3	f_3	$rf_3 = f_3/N$	$F_3 = f_1 + f_2 + f_3$	$RF_3 = F_3/N$
⋮	⋮	⋮	⋮	⋮	⋮
$c_n \pm i/2$	c_n	f_n	$rf_n = f_n/N$	$F_n = f_1 + f_2 + f_3 + f_n$	$RF_n = F_n/N$

단 i : 계급간격

【도수분포표의 작성단계】

① 자료의 범위 결정

② 계급수 결정

③ 계급구간의 결정

④ 첫계급의 출발점 결정

⑤ 각 계급의 하한계 결정(첫계급의 출발점+계급구간)

⑥ 각 계급의 상한계 결정

예제 **다음 〈표4.4〉 자료는 모대학 경제학과 40명의 1달 용돈을 조사한 결과이다. 이 자료를 이용하여 도수분포표를 작성하여라.**

[표 4.4] 경제학과 학생의 1달 용돈 (단위 : 천원)

355 51 102 255 125 399 70 110 260 210 205 195 153 130 240 280
152 220 160 245 154 232 190 242 204 185 215 174 270 90 140 95
165 235 120 380 290 192 191 181

【도수분포 작성에 필요한 기본 개념】

① 계급수 : sturges′ formula 공식

$n= 1+(3.32)\log_{10}N= 1+(3.32)\log 40 ≒ 6.3= 7$

② 계급간격 : (최대관측치-최소관측치)/계급수= (399-51)/7≒ 49.7= 50

③ 첫계급의 출발점 : 50

④ 급중치 : (계급하한 + 계급상한)/2=(50+100)/2= 75

⑤ 첫계급의 계급경계 : 급중치±(1/2·계급간격)= 75±(1/2·50)=75±25= 50~100

⑥ x : 학생의 1달 용돈이다.

프로그램명:KIMSA512.SAS

```
    OPTIONS nodate;
    DATA kimsa512;
       INPUT x @@;
㉮     IF 50<=x<100 THEN class='x1';
       IF 100<=x<150 THEN class='x2';
       IF 150<=x<200 THEN class='x3';
       IF 200<=x<250 THEN class='x4';
       IF 250<=x<300 THEN class='x5';
       IF 300<=x<350 THEN class='x6';
       IF 350<=x<400 THEN class='x7';

    CARDS;
    355  51 102 255 125 399  70 110 260 210 205 195 290 192
    152 220 160 245 154 232 190 242 204 185 215 174 191 181
    165 235 120 380 270  90 140  95 153 130 240 280
    RUN;

㉯  PROC FREQ;
       TABLES class;
    RUN;
```

㉮ 구간이 필요한 범주적 변수 class를 생성하는 과정이다. IF문, ELSE, IF문, SELECT문 등을 이용하면 된다.

㉯ 자료처리 단계에서 각 구간에 해당되는 도수가 결정된다. 이때 TABLE문에서 범주적 변수명(class)만 설정하면 된다.

분석결과: KIMSA512.OUT

㉮ CLASS	㉯ Frequency	㉰ Percent	㉱ Cumulative Frequency	㉲ Cumulative Percent
x1	4	10.0	4	10.0
x2	6	15.0	10	25.0
x3	12	30.0	22	55.0
x4	10	25.0	32	80.0
x5	5	12.5	37	92.5
x7	3	7.5	40	100.0

㉮ 자료처리단계에서 생성된 범주적 변수 class의 범주 값이다.
㉯ 변수 class의 도수이다.
㉰ 변수 class의 상대도수 백분율이다.
㉱ 변수 class의 누적도수이다.
㉲ 변수 class의 누적상대도수 백분율이다.

제2절 그림에 의한 자료의 설명

자료의 특성을 쉽게 이해할 수 있는 방법 중의 하나가 도표에 의한 방법이다. SAS에서는 PROC CHART와 PROC PLOT를 이용하여 도표를 그릴 수 있다. SAS/ASSIST를 이용하면 더 좋은 그림을 그릴 수 있다.

1. PROC CHART에 의한 방법

(1) 원형 도표(pie chart)

자료의 특성에 따라 원을 몇 개 부분으로 분할하고 구분된 각 범주가 차지하는 비중에 따라 면적을 상이하게 나타낼 때 사용한다.

프로그램명: KIMSA521.SAS

```
OPTIONS  ls=80 ps=60 nodate;
DATA kimsa521;
  INFILE 'a:\jaryo\kimsa511.dat';
  INPUT x $ pop;
```

```
    RUN;

㉮ PROC CHART LPI=4;
㉯    PIE x / SUMVAR=pop;
    RUN;
```

㉮ PROC CHART문 : CHART 작업을 수행시키는 문장이며, LPI= 는 그림을 나타낼 때 행과 열의 비율을 지정한다.

㉯ PIE문 : 자료 pop을 범주적 자료 x를 기준으로 원형도표를 작성하라는 명령어이다.

분석결과: KIMSA521.OUT

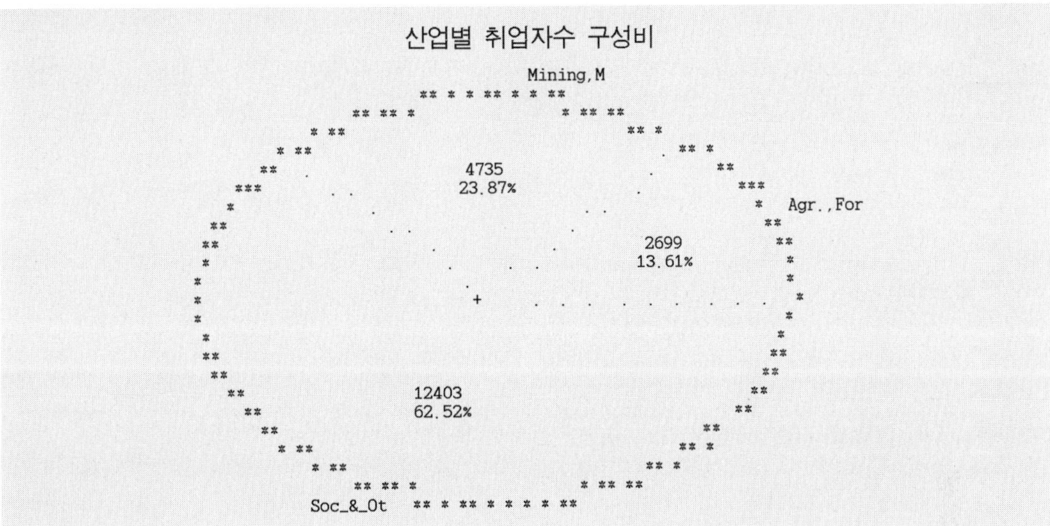

(2) 스타(Star) 차트 작성 방법

최근 스타차트의 사용이 확대되고 있다. 이는 상품의 상대적 경쟁력 비교, 농업의 경영성과 평가, 기업의 마케팅 유형의 장・단점 비교 등에서 사용되고 있다.

"/"다음에 사용되는 옵션은 AXIS, DISCRETE, FREQ, LEVELS,MIDPOINTS, MISSING, SUMVAR, TYPE 등이 있다.

가로축과 세로축을 설정하기 위해서는 AXIS=[최소값] [최대값]을 주면 된다.

Star 차트는 중앙에서 외곽으로 뻗어나가는 모습을 보인다.

예제 **다음은 어떤 회사의 제품에 대한 소비자들의 평가를 수집한 자료이다. 이를 이용하여 스타차트를 작성해보자.**

프로그램명: STAR001.SAS

```
DATA star;
 INPUT con $ x1 x2 x3 x4 x5 @@;
 LABEL con='소비자' x1='안정성' x2='가격성' x3='신뢰성' x4='서비스' x5='제품성';
 x=(x1+x2+x3+x4+x5)/5;
CARDS;
e 90 87 89 90 100 g 70 80 97 67 90 b 90 87 65 90 86 e 90 89 70 90 100 f 90 87 90 90 70
g 98 89 99 97 90 b 80 88 98 77 90 a 70 97 85 95 86 c 80 99 80 99 100 e 94 82 70 40 60
c 50 77 99 90 90 c 75 86 97 77 90 g 92 57 75 60 86 c 97 99 90 90 90 g 91 77 70 80 70
b 68 69 89 97 80 c 80 98 98 87 90 c 67 87 85 85 86 f 88 90 90 79 80 g 94 82 90 90 98
g 90 87 89 90 100 b 70 80 97 67 90 b 90 87 65 90 86 f 90 89 70 90 100 a 90 87 90 90 70
(중간생략)
D 90 87 89 90 100 b 70 80 97 67 90 F 90 87 65 90 86 E 90 89 70 90 100 e 90 87 90 90 70
b 98 89 99 97 90 F 80 88 98 77 90 F 70 97 85 95 86 G 80 99 80 99 100 F 94 82 70 40 60
D 50 77 99 90 90 c 75 86 97 77 90 D 92 57 75 60 86 G 97 99 90 90 90 G 91 77 70 80 70
b 68 69 89 97 80 E 80 98 98 87 90 G 67 87 85 85 86 G 88 90 90 79 80 G 94 82 90 90 98
;
RUN;
PROC CHART;
  STAR con/SUMVAR=x DISCRETE;
RUN;
```

분석결과: STAR001.OUT

가운데 = 0 통계량: 합계, 분석:x, 분류:con 외부 = 1301

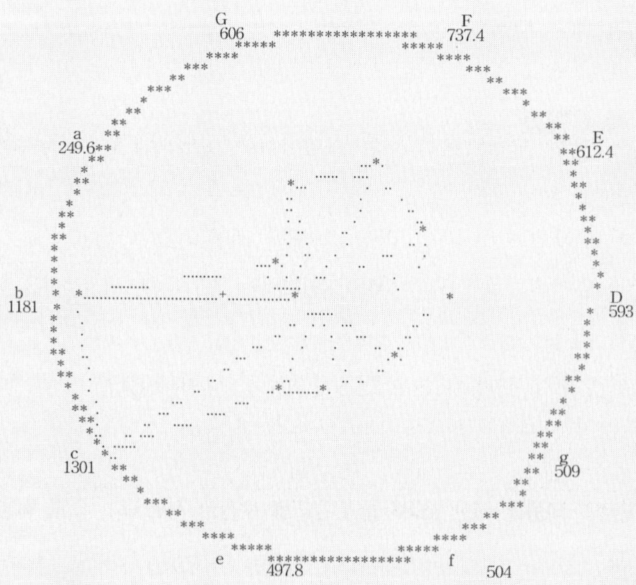

소비자 A, G, D, E 등이 비교적 낮게 그리고 B, C, F가 상대적으로 높게 평가하고 있음을 알 수 있다.

(3) 막대도표(bar chart, histogram)

자료의 도수, 상대도수, 누적상대도수 등을 직사각형 막대로 나타내는 유형으로 수직막대도표(vertical bar chart)와 수평막대도표(horizontal bar chart), 블록형 도표(block chart) 등이 있다.

프로그램명: KIMSA522.SAS

```
    OPTIONS nodate;
    DATA kimsa522;
       INFILE 'a:\jaryo\kimsa511.dat';
       INPUT x $ pop;
    RUN;

    PROC CHART;
㉮      VBAR x / FREQ=pop TYPE=PCT;
㉯      VBAR x / FREQ=pop TYPE=CPCT;
㉰      HBAR x / FREQ=pop TYPE=PCT;
㉱      HBAR x / FREQ=pop TYPE=CPCT;
    RUN;
```

㉮ VBAR문 : 변수x에 대한 수직막대 도표를 작성하라는 명령어이며, FREQ는 막대도표를 그릴 도수 값을 갖는 변수를 지정하며 TYPE는 막대의 높이를 표시하는 기준을 지정한다. ㉮에서는 백분율로 ㉯는 누적백분율로 표시된다.

㉰, ㉱ HBAR문 : 변수x에 대한 수평막대 도표를 작성하라는 명령어이며, 선택사양은 VBAR문에서와 같은 의미를 갖는다.

【그래프 조정 옵션】

① 막대 그래프에서 각 막대의 중점(midpoints)을 지정하는 방법

VBAR 변수명/ MIDPOINTS=각 막대의 중점 숫자;

예 VBAR y / MIDPOINTS=50 100 150 200 250;

② 등분하여 축을 조정하는 방법

VBAR 변수명/ MIDPOINTS=[최소값] TO [최대값] BY [등분값];

예 VBAR y / MIDPOINTS=50 TO 300 BY 50;

③ 차트표시 부호 변경하는 방법
VBAR 변수명/ SYMBOL='기호';
예 VBAR y / SYMBOL='H';
④ 스타차트에서 가로축 및 새로축 변경하는 방법
STAR 변수명/SUMVAR=변수명 DISCRETE AXIS=[최소값] [최대값];
예 STAR y /SUMVAR=x DISCRETE AXIS=1000 2000;

분석결과 : KIMSA522.OUT

```
      Percentage
                                         *****
   60 |                                  *****
      |                                  *****
      |                                  *****
   50 |                                  *****
      |                                  *****
      |                                  *****
   40 |                                  *****
      |                                  *****
      |                                  *****
   30 |                                  *****
      |                                  *****
      |                      *****       *****
   20 |                      *****       *****
      |                      *****       *****
      |        *****         *****       *****
   10 |        *****         *****       *****
      |        *****         *****       *****
      |        *****         *****       *****
      +--------------------------------------------
            Agr.,For     Mining,M     Soc_&_Ot
                             X
```

```
      Cumulative Percentage
  100 |                                  *****
      |                                  *****
      |                                  *****
   80 |                                  *****
      |                                  *****
      |                                  *****
   60 |                                  *****
      |                                  *****
      |                                  *****
   40 |                                  *****
      |                      *****       *****
      |                      *****       *****
   20 |                      *****       *****
      |                      *****       *****
      |        *****         *****       *****
      +--------------------------------------------
            Agr.,For     Mining,M     Soc_&_Ot
                             X
```

(수평 막대도표는 생략)

프로그램명: KIMSA524.SAS

```
   OPTIONS nodate;
㉮ PROC CHART DATA=kimsa512;
㉯    VBAR x / TYPE=FREQ;
㉰    VBAR x / TYPE=CFREQ;
㉱    HBAR x / TYPE=FREQ;
㉲    HBAR x / TYPE=CFREQ;
   RUN;
```

㉮ DATA=kimsa512 : kimsa512.SAS에서 사용된 자료를 PROC CHART에서 사용하라는 명령어이다.

㉯, ㉰ : 막대의 높이를 도수(FREQ), 누적도수(CFREQ)로 표시하라는 의미이다.

㉱, ㉲ : ㉯ 및 ㉰와 차이점은 수평막대도표를 그린다는 것이다.

분석결과: KIMSA524.OUT

```
                                                                  Freq Freq Percent Percent
  X    |
  60   | *                                                             2    2    5.00    5.00
       |
 120   | *************************                                     8   10   20.00   25.00
       |
 180   | ******************************************                   14   24   35.00   60.00
       |
 240   | *********************************                            10   34   25.0    85.00
       |
 300   | *****                                                         3   37    7.50   92.50
       |
 360   | *                                                             2   39    5.00   97.50
       |
 420   | *                                                             1   40    2.50  100.00
       |
       ---+---+---+---+---+---+---+---+---+---+---+---+---+---+
          1   2   3   4   5   6   7   8   9  10  11  12  13  14
                             Frequency
```

(수직막대도표 결과는 생략)

(4) 블록형 도표(block chart)

프로그램명: KIMSA523.SAS

```
OPTIONS nonumber ls=75 nodate;
DATA kimsa523;
   INPUT sex $ major $ mid final exp @@;
CARDS;
f eco  30 60 100 m  eco  50  80 100
f eco  60 68  55 m  eco  90  68  55
f eco  80 56  90 m  eco  40  76  90
f eco  45 39  85 m  eco  65  39  85
f eco  98 68  80 m  eco  86  74  80
f man 70 80 100 m  man  90  80 100
f man 30 68  55 m  man  40  68  55
f man 80 86  90 m  man  60  56  90
f man 75 39  85 m  man  75  39  85
f man 96 89  95 m  man  95  69  95
RUN;

PROC CHART;
㉮   BLOCK major/SUMVAR=exp GROUP=sex DISCRETE;
RUN;
```

㉮ BLOCK문 : 블록형도표를 작성하라는 명령어이다. 여기서는 1달 지출액(천원)에 대한 블록형 도표를 그려준다.

분석결과: KIMSA523.OUT

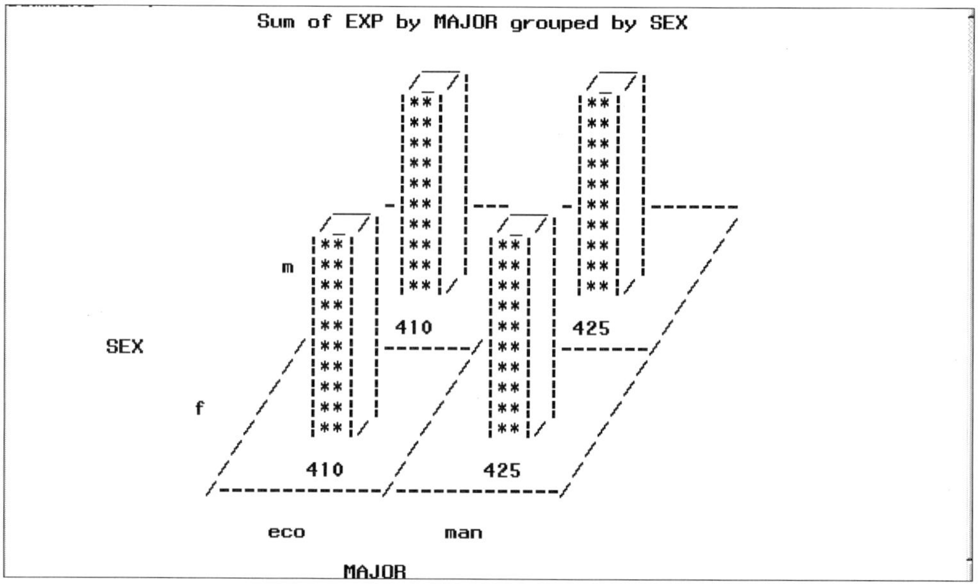

(5) PROC CHART문의 일반형식

```
㉮ PROC CHART 선택사양;
㉯   BY 변수명;
㉰   VBAR 변수명/㉷선택사양;
㉱   HBAR 변수명/ 선택사양;
㉲   BLOCK변수명/ 선택사양;
㉳   PIE 변수명/ 선택사양;
㉴   STAR 변수명/ 선택사양;
   RUN;
```

㉮ PROC CHART문 : 도표를 작성하라는 명령어이다.
선택사양 : DATA=SAS 자료세트명 : 이미 작성된 프로그램을 이용할 때 사용한다.
LPI=n: PIE 도표와 STAR 도표의 행과 열의 비율을 지정한다.
이는 (인치당 행의 수 ÷ 인치당 열의 수)*10 이다.

㉯ BY문 : BY 다음에 지정된 변수별로 PROC CHART 명령이 실행된다.

㉰ VBAR문 : 지정된 변수에 대한 수직막대도표를 작성할 변수를 지정한다. 선택사양에 의해 막대의 높이는 도수, 누적도수, 백분율, 누적백분율 등으로 나타낼 수 있다.

㉱ HBAR문 : 지정된 변수에 대한 수평막대도표를 작성하라는 명령어이다.

㉲ BLOCK문 : BLOCK 도표를 작성할 변수를 지정하는 명령어이다.

㉳ PIE문 : 지정된 변수에 대한 원형도표를 작성하라는 명령어이다.

㉴ STAR문 : 지정된 변수에 대한 스타차트(star chart)를 작성하라는 명령어이다.

㉷ 선택사양

㉠ VBAR, HBAR, BLOCK, PIE, STAR문에서 사용되는 선택사양

- MISSING : 도표작성 때 결측치도 하나의 수준으로 간주하라는 것이다.
- DISCRETE : 도표작성 때 변수가 이산적일 때 사용된다. 디폴트이면 변수들을 연속적인 것으로 간주한다.
- TYPE= : 도표작성 때 막대의 높이를 나타내는 것으로 아래와 같다.

  FREQ : 도수
  PCT : 백분율
  CFREQ : 누적도수
  CPCT : 누적백분율
  SUM : 합
  MEAN : 평균
- SUMBAR=변수 : 평균, 합, 도수 들에 대한 정리된 변수들의 이름을 지정한다. 디폴트이면 SUM으로 처리된다.
- FREQ= 값 : 변수가 각 관측치에 대한 도수를 나타낼 때 사용한다.
- AXIS= 값 : FREQ, CFREQ, PCT, CPCT, SUM, MEAN 축의 최대값을 명시한다.

㉡ HBAR, VBAR문에서만 사용되는 선택사양

- ASCENDING : 막대를 오름차순으로 표시한다.

- DESCENDING : 막대를 내림차순으로 표시한다.
- REF= 값 : 응답축(Y축)에 지정한 값에서 수평선이 표시된다.

㉢ VBAR, HBAR, BLOCK문에서만 사용되는 선택사양
- GROUP= 변수 : 지정된 변수에 대한 도표가 횡으로 나타난다.
- SUBGROUP= 변수 : 막대도표의 각 막대를 구성하는 변수들을 지정한다.
- ZOZEROS : 0 값을 가진 막대도표가 삭제된다.

㉣ HBAR문에서만 사용되는 선택사양
- NOSTAT : 통계량들이 인쇄되지 않게 한다.

2. PROC PLOT에 의한 방법

(1) 도수다각형 I(polygon)

도수다각형은 서로 다른 집단의 도수다각형을 한 도표에 그릴 수 있는 유형으로 SAS /GRAPH, PROC PLOT, PROC GCHART 및 PROC GPLOT 등을 이용하면 가능하다.

프로그램명: KIMSA525.SAS

```
   OPTIONS nodate;
㉮ PROC FREQ DATA=kimsa512;
㉯   TABLES class / OUT=xx NOPRINT;
   RUN;
㉰ PROC PLOT VPCT=60 HPCT=75 DATA=xx;
㉱     PLOT count*class;
   RUN;
```

㉮ PROC FREQ문 : FREQ 작업을 지시하는 명령문인데, 여기서는 kimsa512.SAS에서 사용한 SAS 자료를 분석자료로 이용하라는 선택사양이다.

㉯ TABLES문 : OUT=xx는 FREQ 작업으로 생성된 정보를 파일 xx에 저장시키며, NOPRINT는 결과를 출력하지 말라는 것이다.

㉰ PROC PLOT문 : PLOT 작업을 명령하는 문장이며, PLOT는 2차원 분포표를 그린다. DATA=xx는 앞의 out=xx에 저장된 자료를 이용하라는 의미이다.

㉱ PLOT문 : X축과 Y축에 사용되는 변수명을 지정한다. *표 앞의 변수는 Y축, 뒤의 변수는 X축으로 지정된다.

분석결과: KIMSA525.OUT

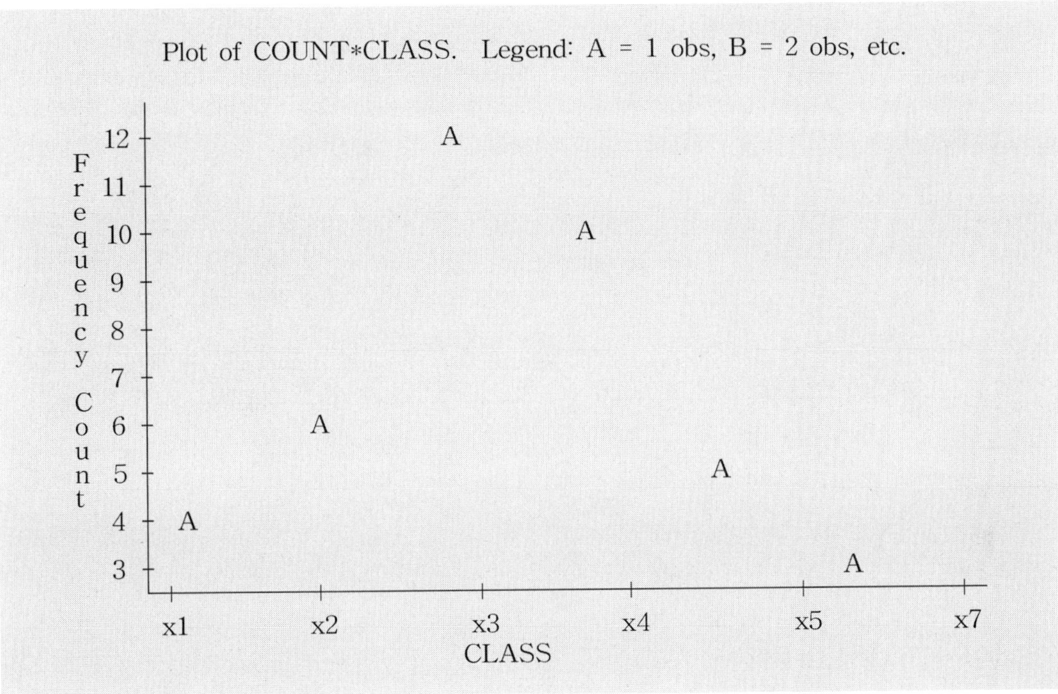

(2) 도수다각형 II

프로그램명: KIMSA526.SAS

```
    OPTIONS nodate;
    DATA kimsa526;
    PROC PLOT DATA=kimsa523;
㉮     PLOT first*sido='.' second*sido='+' third*sido='*'/OVERLAY;
    RUN;
```

㉮ 시・도 변수 sido를 X축으로 하고 Y축은 1차산업 first, 2차산업 second, 3차산업 third 등 3가지 그림을 겹쳐 (overlay) 그리게 된다.

분석결과: KIMSA526.OUT

Plot of FIRST*SIDO. Symbol used is '.'.
Plot of SECOND*SIDO. Symbol used is '+'.
Plot of THIRD*SIDO. Symbol used is '*'.

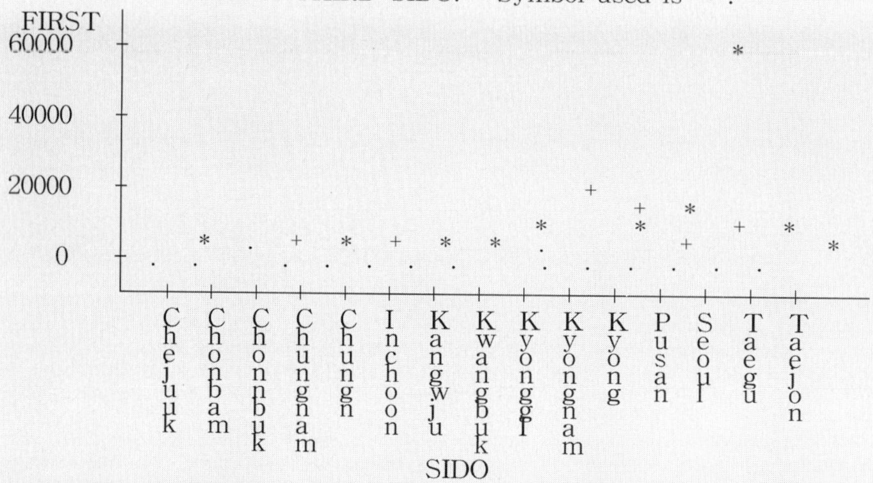

NOTE: 14 obs hidden.

(3) PROC PLOT문의 일반형식

```
㉮ PROC PLOT 선택사양;
㉯    PLOT 좌표축/선택사양;
㉰    BY 변수명;
   RUN;
```

㉮ PROC PLOT문 : 도표를 작성하라는 명령문으로 다음과 같은 선택사양을 갖는다.

【선택사양】

- DATA= SAS자료세트명 : 도표작성에 사용될 SAS 자료세트명이다. 디폴트이면 가장 최근에 생성된 자료를 이용한다.
- NOLEGEND : PLOT의 가장 윗부분에 기재된 변수에 대한 설명이 생략된다.
- VPERCENT= 값 : 도표의 길이가 수직백분율로 결정된다.
- HPERCENT= 값 : 도표의 폭이 수평백분율로 결정된다.

㉯ PLOT문 : PROC PLOT의 실행명령으로 수평축(X축)과 수직축(Y축)의 2차원 도표를 그린다.

예 Y축 변수*X축 변수;, Y축변수*X축변수= '문자' ;

【선택사양】

- VAXIS= 값 : Y축이 지정된 값의 크기에 맞게 표시
- HAXIS= 값 : X축이 지정된 값의 크기에 맞게 표시

- VZERO : Y좌표가 0부터 시작
- HZERO : X좌표가 0부터 시작
- VREF=값 : Y좌표상에 지정한 값에서 수평으로 참고선을 그린다.
- HREF=값 : X좌표상에 지정한 값에서 수직으로 참고선을 그린다.
- BOX : 도표를 둘러싼 상자를 그린다.
- OVERLAY : 지정한 2개 이상의 좌표축에 그림들이 중복되어 그려진다.

CHAPTER 5

PROC MEANS, UNIVARIATE이용 자료 분석

제5장

PROC MEANS, UNIVARIATE이용 자료 분석

제1절 MEANS, UNIVARIATE 이용의 장점

도수분포표는 원자료(raw data)를 몇 개의 계급이나 항목으로 축소하여 자료의 특성을 파악한다.

CHART 및 PLOT에 의한 방법은 자료를 도표로 표현해 줌으로써 시각적 효과를 제공한다.

위 두 방법은 자료의 특성을 수량적으로 나타낼 수 없다.

MEANS 및 UNIVARIATE는 자료의 특성을 1개의 수치로 나타낼 수 있어 특성을 파악하는데 중요한 의미를 갖는다.

자료의 특성을 파악하기 위해서 SAS에서는 PROC MEANS, PROC UNIVARIATE가 이용되고 있는데 PROC UNIVARIATE가 더 다양한 정보를 제공해 준다.

SAS/ASSIST, SAS/INSIGHT를 이용해서도 각종 도표를 작성할 수 있고, 기술통계량의 계산이 가능하다.

제2절 대표치(central tendency)

전체자료의 중심을 나타내는 측정치로 특정 분포의 위치를 나타내는 것이 대표치(=중심치)로 여기에는 평균, 중앙치(중위수), 최빈치(최빈수), 기하평균, 조화평균, 사분위수 등이 있다.

1. 평균(mean)

대표치 중에서 가장 많이 이용되며, 이는 수량적 자료의 분석에 주로 이용된다.

자료전체의 관측치를 합한 다음 이를 관측치의 개수로 나누어 준 값이다.

(1) 계급으로 되어 있지 않을 때

$$\mu = \frac{X_1 + X_2 + \cdots + X_N}{N} = \frac{\Sigma X_i}{N}$$

여기서 X_i: i 번째 자료의 관측치, N: 관측치의 개수

(2) 계급으로 되어 있을 때

$$\mu = \frac{X_1^a f_1 + X_2^a f_2 + \cdots + X_N^a f_N}{N} = \frac{\Sigma X_i^a f_i}{N}$$

여기서 X_i^a : i 번째 계급의 대표치, f_i : i 번째 계급의 도수

(3) 가중평균

$$\mu = \frac{W_1 X_1 + W_2 X_2 + \cdots + W_N X_N}{W_1 + W_2 + \cdots + W_N} = \frac{\Sigma W_i X_i}{\Sigma W_i}$$

여기서 W_i : i 번째 자료의 가중치

(4) 통합평균

$$\mu = \frac{n_1 \overline{x_1} + n_2 \overline{x_2} + \cdots + n_k \overline{x_n}}{n_1 + n_2 + \cdots + n_k} = \frac{\Sigma n_i \cdot \overline{x_i}}{\Sigma n_i}$$

여기서 $\overline{x}$: i 번째 집단의 관측치 평균, n_i : i 번째 집단의 관측치의 개수

2. 기하평균(geometric mean)

인구증감률, 경제성장률, 물가상승률 등과 같이 변화율을 분석할 때 이용되는 것이 기하평균이다.

$$M_g = \sqrt[N]{X_1 \cdot X_2 \cdot \cdots \cdot X_N} = \sqrt[N]{\prod_{i=1}^{N} X_i}$$

여기서: $\prod_{i=1}^{N} X_i = X_1$부터 X_N까지 차례로 곱함

3. 조화평균(harmonic mean)

어떤 변수의 역수(逆數)를 취해 산술평균을 구한 후 이 산술평균의 역수를 구하는 방법이 조화평균이다.

$$M_n = \frac{1}{\frac{1}{N}\left(\frac{1}{X_1} + \frac{1}{X_2} + \cdots + \frac{1}{X_N}\right)} = \frac{1}{\frac{1}{N}\Sigma\frac{1}{X_i}}$$

4. 최빈수(mode)

분석하고자 하는 자료 중에서 빈도수가 가장 많은 수치나 명칭을 최빈수(최빈치)라 하는데, 이는 주로 명목적 자료의 분석에 이용된다.

5. 중위수(median)

수집된 자료를 크기 순으로 나열한 뒤 관측치의 수가 홀수이면 가운데 값, 짝수이면 가운데 2개 값을 평균한 값이 중위수(=중앙치)라 한다.

$$\text{짝수}: \ \mathrm{Me} = \frac{\mathrm{X}_{\frac{n}{2}} + \mathrm{X}_{(\frac{n}{2}+1)}}{2} \text{번째 수},\ \text{홀수}: \ \mathrm{Me} = \mathrm{X}_{\frac{n+1}{2}} \text{번째 수}$$

6. MEANS에 의한 대표치 분석

MEANS는 수량변수에 대한 관측치의 수, 평균, 최소값, 최대값, 범위 등의 기본 기술통계량을 계산할 때 이용한다.

(1) PROC MEANS문의 일반 형식

```
㉮ PROC MEANS 선택사양;
㉯     BY 변수명;
㉰     VAR 변수명;
㉱     CLASS 변수명;
㉲     FREQ 변수명;
㉳     WEIGHT 변수;
㉴     ID변수;
㉵     OUTPUT 선택사양;
```

㉮ PRO MEANS문 : 자료에 대한 관측치의 개수, 평균, 표준편차, 최소값, 최대값 등을 계산하라고 지시하는 명령문이다.

【선택사양】

- DATA= SAS 자료세트명: 분석에 이용할 SAS 자료세트명이다.
- NOPRINT : 분석결과를 프린트 하지 않는다. 새로 생성된 SAS 자료세트를 얻고자 할 때 사용한다.
- FW= 값 : 각 통계량을 프린트할 때 영역의 넓이를 지정한다. 디폴트이며 12이다
- MISSING : CLASS 변수에서 지정한 변수가 missing일 때 별도의 그림을 작성한다.
- N : 자료의 개수, NMISS : 결측치의 개수, MEAN : 평균값, STD : 표준편차, MIN : 최소값, MAX : 최대값, RANGE : 범위, SUM : 합계, VAR : 분산, USS : 자승합(ΣX_i^2), CSS : 수정된 자승법 ($\Sigma(X_i - \overline{X})^2$), CV : 변동변수, STDERR : 평균의 표준오차, T : H_0 : μ= 0란 가설검정에 필요한 t 검정통계량의 값, PRT : t통계량의 절대값보다 클 확률(p-값), SUM WGT : Weight에서 지정한 변수의 합계

㉯ BY문 : BY 변수로 구분된 집단별로 원하는 통계량이 계산된다. BY를 사용하기 위해서는 SAS자료세트는 BY위의 변수명으로 정렬(Sorting)되어 있어야 한다. 정렬되어 있지 않으면 BY문 앞에 PROC SORT문으로 정렬해야 한다.

㉰ VAR문 : VAR문에서 지정한 변수에 대한 통계량을 계산한다.

㉱ CLASS : 부(sub)그룹별로 통계량을 얻고자 할 때 사용한다.
BY, ID, FREQ, WEIGHT문에서 사용되는 변수는 제외된다.

㉲ FREQ문 : VAR 변수의 각 관측치들의 도수가 대응하는 FREQ 변수의 값으로 나타난다. FREQ 변수의 값이 Missing 혹은 1보다 적으면 계산에서 제외되고, 소수인 경우는 정수부분만 사용된다.

㉳ WEIGHT문 : 각 관측치의 가중치를 지정할 때 사용되며, 가중평균과 가중분산을 계산할 때 이용된다.

㉴ ID문 : ID 변수의 값들이 출력결과에만 나타난다.

㉵ OUTPUT 선택사양;
OUT=SAS 자료세트명 ; 분석에서 출력될 SAS 자료세트명을 지정한다. 디폴트이면 DATAn식의 이름으로 보관된다.

(2) PROC MEANS에 의한 기술통계량의 계산

예제 다음은 모대학 경제학과 2학년 학생10명의 경제통계(ms), 미시경제(mi) 등 2개 과목의 성적이다. 이를 이용하여 학생 개인의 과목별 평균, 가중평균, 그리고 경제학과 전체의 통합평균을 구하여 보자(단 중간고사는 40%, 기말고사는 60%를 성적에 반영한다고 하자).

프로그램명: KIMSA621.SAS

```
OPTIONS nodate;
DATA kimsa621;
  INPUT name $ ms1 ms2 mi1 mi2 @@;
  LABEL ms1='경제통계중간성적' ms2='경제통계기말성적'
        mi1='미시경제중간성적' mi2='미시경제기말성적'
        w1='중간고사 가중치' w2='기말고사 가중치';
㉮  w1=0.4; w2=0.6;
   wms1=ms1*w1; wms2=ms2*w2; wmi1=mi1*w1; wmi2=mi2*w2;
   tms=(ms1+ms2)/2; tmi=(mi1+mi2)/2;
   wms=wms1+wms2; wmi=wmi1+wmi2;
   score=(ms1+ms2+mi1+mi2)/4;
 CARDS;
 Kim 80 40 80 60   Yee 90 85 90 80
 Kim 50 70 80 50   Kim 80 70 80 90
 Yee 80 50 40 90   Yee 84 92 95 80
 Yee 90 80 70 90   Yee 80 50 60 70
 Kim 70 80 90 90   Yee 70 80 90 70

 RUN;

 ㉯ PROC MEANS MAXDEC=1 FW=10 N MEAN MAX MIN;
 ㉰ VAR tms tmi wms wmi score;
  LABEL tms='계량경제 산술평균' tmi='미시경제 산술평균'
        wms='계량경제 가중평균' wmi='미시경제 가중평균'
        score='통합평균';
RUN;

PROC MEANS MAXDEC=1 FW=10;
  VAR tms tmi wms wmi score;
 ㉱ CLASS name;
 ㉲ OUTPUT OUT=xx MEAN=mtms mtmi mwms mwmi mscore;
 RUN;
```

㉮ W1, W2 : 중간 및 기말고사의 가중치이다. tms, wms, tmi, wmi 등은 새롭게 생성된 변수를 나타낸다.
㉯ PRO MEANS문 : MEANS 작업을 명령하는 명령문이다.
MAXDEC : 통계량의 결과가 소수점 첫째자리까지 나타난다.
FW : 변수간의 영역의 폭으로 디폴트일 때 보다 좁혀진다.
㉰ VAR문 : VAR 다음의 변수에 대해서만 결과가 출력된다.
㉱ CLASS : CLASS 다음의 변수별로 VAR에서 지정한 변수에 대해 결과가 출력된다.
㉲ OUTPUT=xx : CLASS에 지정한 변수로 계산된 값이 xx에 저장된다.
MEAN문 : VAR문에서 지정한 변수별로 평균이 출력된다.

분석결과: KIMSA621.OUT

㉮ NAME	㉯ N	㉰ Obs	㉱ Variable Label	N	㉲ Mean	Std Dev	㉳ Min	㉴ Max
Kim	4	TMS	계량경제 산술평균	4	67.5	8.7	60.0	75.0
		TMI	미시경제 산술평균	4	77.5	11.9	65.0	90.0
		WMS	계량경제 가중평균	4	67.0	9.6	56.0	76.0
		WMI	미시경제 가중평균	4	76.5	13.6	62.0	90.0
		SCORE	통합평균	4	72.5	10.2	62.5	82.5
Yee	6	TMS	계량경제 산술평균	6	77.6	10.8	65.0	88.0
		TMI	미시경제 산술평균	6	77.1	9.8	65.0	87.5
		WMS	계량경제 가중평균	6	76.6	12.2	62.0	88.8
		WMI	미시경제 가중평균	6	77.7	8.0	66.0	86.0
		SCORE	통합평균	6	77.3	10.2	65.0	87.8

㉮ CLASS문에서 지정한 변수 : Kim, Yee
㉯ CLASS문의 변수별 관측치의 수 : Kim=4, Yee=6
㉰ VAR문에서 지정한 변수 : tms, tmi, wms, wmi, score
㉱ LABEL문에서 지정한 레벨명
㉲ CLASS 변수별 평균
㉳ CLASS 변수별 최소값
㉴ CLASS 변수별 최대값

Variable	Labe	㉮ N	㉯ Mean	㉰ Max	㉱ Min
TMS	계량경제 산술평균	10	73.6	88.0	60.0
TMI	미시경제 산술평균	10	77.3	90.0	65.0
WMS	계량경제 가중평균	10	72.8	88.8	56.0
WMI	미시경제 가중평균	10	77.2	90.0	62.0
SCORE	통합평균	10	75.4	87.8	62.5

㉮ 변수별 총관측치의 수 : 10
㉯ 변수별 평균
㉰ 변수별 최대값
㉱ 변수별 소값

제3절 분포도(산포도)

자료전체의 관측치들이 중앙치를 중심으로 흩어져 있는 정도 즉 분포의 모양을 나타내는 개념으로 이용되는 것이 분포도로, 이를 측정하는 방법으로 범위, 평균편차, 분산 및 표준편차 등이 있다.

1. 범위(range)

자료의 최대값과 자료의 최소값의 차이를 범위라 한다. 즉 범위=자료의 최대값 − 자료의 최소값

사분위범위[IQR: Interquartile Range]는 제3사분위($Q_3 - Q_1$)에서 제1사분위를 감한 것이다. 사분위 범위를 2로 나누면 사분편차(四分偏差)가 된다. 범위가 양극단 값에 영향을 받는데 비해 사분편차는 그렇지 않다.

제1사분위(the 1st quartile)란 제25백분위(25th percentile)를 말하며, 관측치 값들을 크기 순서로 배열했을 때 가장 작은 값을 가지는 자료로부터 25%에 해당하는 위치에 있는 자료의 값을 말한다. 제2사분위(50th percentile)를 중위수(median)라 하며, 제3사분위는 가장 작은 값으로부터 75%에 해당하는 위치에 있는 자료의 값을 말한다.

2. 평균편차(mean deviation)

자료값과 평균의 차인 편차의 절대값의 평균을 평균편차라 한다.

$$M_d = \frac{|X_1 - \mu| + |X_2 - \mu| + \cdots + |X_N - \mu|}{N} = \frac{\Sigma|X_i - \mu|}{N}$$

3. 표준편차(standard deviation), 분산(variance)

자료의 분포도를 측정하는데 가장 많이 이용된다.

표준편차는 관측치와 평균간의 거리의 제곱을 평균하여 제곱근한 것이며, 분산은 표준편차를 제곱하면 된다. 표준편차나 분산은 변수 값들의 평균에 대한 분산의 정도를 측정하는데 사용된다.

> 모집단 : 분산 $\sigma^2 = \frac{1}{N}\Sigma(X_i - \mu)^2$, 표준편차 : $\sigma = \sqrt{\frac{1}{N}\Sigma(X_i - \mu)^2}$
>
> 표준 : 분산 $S^2 = \frac{1}{n-1}\Sigma(x_i - \bar{x})^2$, 표준편차 : $S = \sqrt{\frac{1}{n-1}\Sigma(x_i - \bar{x})^2}$

4. 변이계수(=변동계수, coefficient of variation)

표준편차를 평균값으로 나눈 백분율, 즉 평균에 대한 표준편차의 비율이 변이계수(CV)이다. 표준편차가 절대적 분산도를 측정하는 것에 비해 변이계수는 측정단위가 다른 집단간의 상대적인 분산도를 측정하는데 유용하게 사용된다.

이 값이 클수록 계층간, 지역간 격차가 큰 것을 의미하고 작을수록 격차가 좁혀짐을 나타낸다.

> 모집단 : $C.V = (\frac{\sigma}{\mu}) \times 100$ 표본 : $C.V = (\frac{S}{\bar{x}}) \times 100$

제4절 왜도와 첨도

1. 왜도(비대칭도)

왜도(skewness)는 분포의 모양이 좌우대칭인가 아니면 분포가 한쪽으로 기울어져 있는가를 측정하는 분석도구로 양의 비대칭도와 음의 비대칭도가 있다. 양의 비대칭도는 평균의 오른쪽에 위치한 값들이 평균의 왼쪽에 위치한 값들보다 더 평평하게 퍼져있는 것을 의미하며 즉 오른쪽으로 기울어져 있는 것을 말한다. 반면 음의 비대칭도는 그 반대의 성향을 갖는 것을 의미한다.

양의 비대칭도는 분포의 오른쪽에 긴 꼬리가 있고, 음의 비대칭도는 왼쪽에 긴 꼬리가 있다.

S_k의 값이 클수록 비대칭도는 커져서 자료의 분포는 한쪽으로 치우치게 된다.

$$S_k = 3(\mu - M_d) \cong \frac{\mu - M_o}{\sigma}$$

여기서 M_d : 중앙치, Mo : 최빈수

2. 첨도(Kurtosis)

분포의 모양이 편편한가 아니면 뾰족한가를 측정하는 분석도구가 첨도이며, 이 값이 클수록 분포의 모양이 뾰족하게 된다. 즉, 이 값이 클수록 측정값의 분포가 평균 가까이에 뾰족한 봉우리를 가지며, 경사가 급하고, 긴 꼬리를 갖게 된다. 이는 일부 특정 값들이 평균으로부터 멀리 떨어져 있다는 것을 의미한다.

ku값이 3이면 정규분포, 3보다 크면 고봉분포, 그리고 3보다 작으면 저봉분포가 된다.

$$Ku = \frac{\frac{1}{N}\Sigma(X_i - \mu)^4}{\sigma^4}$$

제5절 UNIVARIATE에 의한 분포도, 왜도 및 첨도 분석

백분위수, 정규성검정, 도수분포표, 중앙값, 극한값 등 여러 가지 일변량 기술통계량의 값을 얻고자 할 때 사용되며, MEANS보다 다양하고 정교한 정보를 제공한다.

1. PROC UNIVARIATE문의 일반형식

```
㉮ PROC  UNIVARIATE 선택사양;
㉯   VAR 변수명;
㉰   FREQ 변수명;
㉱   WEIGHT 변수명;
㉲   BY 변수명;
㉳   ID변수명;
㉴   OUTPUT OUT = 'SAS자료세트명' 선택사양;
   RUN;
```

㉮ PROC UNIVARIATE문 : UNIVARIATE 작업을 지시하는 명령문이다.

【선택사양】

- DATA= SAS자료세트명 : PROC UNIVARIATE를 실행하기 위한 SAS 자료세트명을 지정한다. 디폴트면 가장 최근에 생성된 SAS 자료세트명이 이용된다.
- NOPRINT : 분석결과를 출력시키지 않는다.
- PLOT : 줄기와 잎 그림표(stem-and leaf), 상자그림표(box-plot) 그리고 정규확률그림표를 그린다.
- FREQ : 도수분포, 빈도, 백분율, 누적백분율을 표시한다.
- NORMAL : 정규확률 그림표를 그려주는데, 정규분포에 가까운 자료는 그림이 거의 직선에 가깝게 나타난다

㉯ VAR문 : VAR 변수에 대한 기술통계량을 계산한다.

㉰ FREQ문 : FREQ문에서 지정된 변수의 값을 가중치(weight value)로 사용하여 가중평균, 가중분산을 계산한다.

㉱ WEIGHT문: 각 관측치에 가중치를 지정하고자 할 때 사용한다.

㉲ BY문: BY문에서 지정한 변수별로 집단이 구분되어 통계량이 계산된다. BY문을 이용하기 위해서는 BY문의 변수들에 의하여 배열(sorting)되어 있어야 한다.

㉳ ID문: 결과에 극단값들(Extremes)을 출력해 주는데 극단값들에 대응하는 또 다른 변수의 값을 알고 싶을 때 사용한다. 디폴트이면 관측번호 OBS가 주어진다.

㉴ OUTPUT OUT= 'SAS 자료세트명' : UNIVARTE의 실행결과 얻어진 통계량들로 구성된 새로운 SAS 자료세트가 OUT= 에 저장된다.

2. PROC UNIVARIATE에 의한 기술통계량의 계산

예제 모대학 경제학과 40명의 한달 용돈에 관한 자료인 앞의 예(kimsa512)를 UNIVARIATE을 이용하여 각종 기술통계량을 계산해 보자.

프로그램명: kimsa622.SAS

```
OPTIONS nodate;
DATA kimsa622;
  INFILE 'a:\jaryo\kimsa512.dat';
  INPUT x @@;
  LABEL x='개인별 1달 용돈(천원)';
                              ㉮         ㉯      ㉰
PROC UNIVARIATE NORMAL PLOT FREQ;
  VAR x;
  OUTPUT OUT=yy;
RUN;

PROC PRINT;
RUN;
```

㉮ 입력된 자료가 정규분포를 따르는지에 대한 검정통계량이 얻어진다.
㉯ 줄기와 잎 그림표, 상자그림표, 정규확률 그림표를 그린다.
㉰ 빈도수, 백분율, 누적도수, 누적백분율이 얻어진다.

① PROC UNIVARIATE의 NORMAL옵션에 의해 얻어진 결과는 다음과 같다.

분석결과: KIMSA622.OUT

```
                          Univariate Procedure
Variable=X            개인별 1달 용돈(천원)
                                  Moments
            N                    40      Sum Wgts          40    ㉮
            Mean             196.55      Sum             7862
            Std Dev        78.67817      Variance    6190.254
      ㉯    Skewness       0.588269      Kurtosis    0.518958    ㉰
            USS             1786696      CSS         241419.9
            CV             40.02959      Std Mean    12.44011
      ㉱    T:Mean=0        15.7997      Pr>|T|        0.0001
      ㉲    Num ^= 0             40      Num > 0           40
            M(Sign)              20      Pr>=|M|       0.0001
      ㉳    Sgn Rank            410      Pr>=|S|       0.0001
      ㉴    W:Normal       0.966424      Pr<W          0.3724

                 ㉵              Quantiles(Def=5)
                 100% Max          399          99%          399
```

```
75% Q3          241        95%      367.5
50% Med         191.5      90%      285
25% Q1          146        10%      98.5
0% Min          51          5%      80
                            1 %     51

Range           348
Q3-Q1           95
Mode            51

㉶               Extremes
Lowest   Obs    Highest  Obs
 51(      2)    280(      36)
 70(      7)    290(      37)
 90(     30)    355(       1)
 95(     32)    380(      28)
102(      3)    399(       6)
```

㉮ N : 관측치 수를 말하며, 만약 총 30개 관측치에서 부재값을 가진 자료가 3이면 N은 27이 된다. Sum Wgts는 각 관측치의 가중치의 합계이다. 여기서는 가중치를 고려하지 않아서 관측치의 개수 40에 해당된다.

㉯ S_k=0.588269로 자료의 모양은 약간 오른쪽으로 긴꼬리를 갖는 것으로 나타났다. 이 값이 0에 가까우면 정규분포를 따른다.

㉰ K_U=0.518958로 분포의 높이가 정규분포보다 낮은 저봉분포를 하고 있다는 것을 보여준다.

㉱ "모평균이 0이다"라는 가설검정에 필요한 t값이다. t값이 15.7997로 "모평균이 0이다"라는 가설은 유의수준 0.01수준에서 기각된다. 자세한 설명은 t검정을 참조하기 바란다.

㉲ Num ^= 0 은 비부재값의 개수가 0이 아니라는 뜻이다. 즉, 변수 x의 값이 0이 아닌 관측치의 개수이다. Num > 0은 비부재값의 수가 0보다 크다는 의미이다. 비부재값의 수란 부재값을 포함하고 있지 않은 자료들의 개수를 말한다.

㉳ 모집단의 분포가 정규분포를 따르는가를 검정하는 부호순위검정(signed rank test)에 필요한 통계량으로, 여기서는 유의수준 0.01수준에서 모평균 0이라는 가설은 기각된다.

㉴ NORMAL 옵션에 의해 얻어진 통계량인데, 이 옵션을 PROC 단계에서 사용하지 않으면 이 부분은 나타나지 않는다. 관측치 수가 50이하이므로 shapire-wilk 검증결과로 대응되는 $p-$값이 $p_r < W$=0.3724로 ㉯, ㉰에서 제시된 문제에도 불구하고 귀무가설을 기각할 수 없으므로 자료가 정규분포를 따른다는 가설이 채택된다. 이는 Normal Probability Plot에서도 증명할 수 있다.

㉵ Quantiles : 관측치의 값을 큰 값에서 작은 값 순으로 배열한 경우에 구하는 순서 통계량을 나타낸다. Max: 최대값, Q_3 : 제3사분위수(상위25%)에 해당하는 값, Q_1 : 제1사분위수(하위25%)에 해당하는 값, Med : 중위수, Min : 최소값, 99% ~ 1%는 해당 비율을 갖는 백분위수를 나타낸다. 즉 총관측치의 99%에 해당하는 변수의 값은 399이하이다.

Range : 최대값(100%) - 최소값(0%), Q_3 - Q_1은 사분위 중간범위, Mode : 최빈수

㉶ Extremes : VAR문에서 지정한 변수 x의 관측치 중 이상치에 관한 정보를 제공한다. 여기서는 가장 큰 5개 관측치와 관측순서, 가장 작은 5개 관측치와 관측순서를 나타낸다.

② PROC UNIVARIATE의 PLOT옵션에 의해 얻어진 결과는 다음과 같은데, 이는 지정된 변수가 정규분포를 따르는지를 판단하는 개념이다.

```
                         Univariate Procedure
              Variable=X                개인별 1달 용돈(천원)

㉮            Stem Leaf                     #      ㉰       Boxplot
               38 09                        2                 0
               36                                             |
               34 5                         1                 |
               32                                             |
               30                                             |
               28 00                        2                 |
               26 00                        2                 |
               24 0255                      4              +-----+
               22 025                       3              |     |
               20 4505                      4              |     |
               18 150125                    6              *--+--*
               16 054                       3              |     |
               14 0234                      4              +-----+
               12 050                       3                 |
               10 20                        2                 |
                8 05                        2                 |
                6 0                         1                 |
                4 1                         1                 |
                 ----+----+----+----+
㉯                 Multiply Stem.Leaf by 10**+1
```

㉮ 줄기와 잎 그림표인데 이는 도수분포표와 유사하나 각 범주에 속하는 도수 대신에 실제 관측치를 이용하여 그림의 높이를 나타내 준다.
줄기(stem)는 변수의 앞 두 자릿수 계급이며, 잎(leaf)은 변수의 한 자릿수 계급으로 나타나고, # 아래에 줄기에 해당하는 관측치의 개수가 표시된다.

㉯ Multiply stem Leaf by 10**+1: 줄기와 잎에 표시된 자료에 10을 곱하면 원자료를 구할 수 있음을 나타낸다.

㉰ 상자그림(boxplot)으로 상자의 양끝이 그림과 같이 제1사분위와 제3사분위수이다.

```
                    ㉰ Normal Probability Plot
  390 +                                        *     * ++
      |                                                +++
      |                                      *    ++
      |                                         +++
      |                                       ++
      |                                    +**
      |                                  +**
      |                               ****
      |                            +***
      |                          +**
      |                       ****
      |                     **
      |                  ***
      |               ***
      |             **+
      |          *++
      |        *++
   50 +    *   ++
      +----+----+----+----+----+----+----+----+----+----+
          -2        -1         0        +1        +2
```

상자 속의 +가 있는 값이 평균이며, 수평선이 중위수이다. |는 중위수 ±1.5*(Q3 - Q1)범위내의 관측치를 표시하며, 이 범위를 벗어나는 극한값(이상치)들 중 3*(Q3 - Q1)범위내에 속하는 관측치들은 '0'으로 표시되고 그 외의 관측치들은 '*'로 표시되는데 이는 맨위나 아래쪽에 표시된다.

예의 분석에 나타난 결과를 보면 제3사분위수와 중위수 사이의 구간이 제1사분위와 중위수 사이의 구간보다 더 넓어 자료가 제3사분위수와 중위수 사이에 더 밀접되어 있음을 표시하고 있다. '0'으로 표시되는 2개의 이상치가 존재하고 있다.

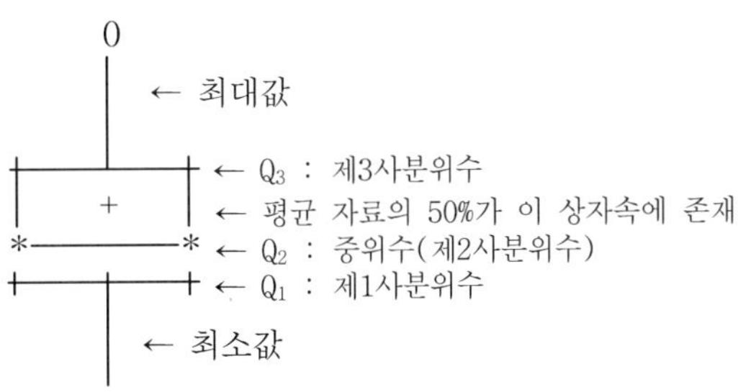

㉱ 정규확률 산점도(Normal probability plot)로 실제 자료에 해당되는 그림은 '*'로, 표준 정규분포에 해당하는 그림(기준선)은 '+'로 표시되는데, 이들이 많이 일치할수록 자료가 정규분포에 더 가까워진다. 예의 분석에서는 +와 *이 거의 일치하므로 자료가 정규분포를 따른다고 할 수 있다.

③ PROC UNIVARIATE의 FREQ옵션에 의한 결과는 다음과 같다.

㉮ Univariate Procedure

Variable=X 개인별 1달 용돈(천원)

Frequency Table

Value	Count	Percents Cel	Percents Cum	Value	Count	Percents Cell	Percents Cum
51	1	2.5	2.5	192	1	2.5	52.5
70	1	2.5	5.0	195	1	2.5	55.0
90	1	2.5	7.5	204	1	2.5	57.5
95	1	2.5	10.0	205	1	2.5	60.0
102	1	2.5	12.5	210	1	2.5	62.5
110	1	2.5	15.0	215	1	2.5	65.0
120	1	2.5	17.5	220	1	2.5	67.5
125	1	2.5	20.0	232	1	2.5	70.0
130	1	2.5	22.5	235	1	2.5	72.5
140	1	2.5	25.0	240	1	2.5	75.0
152	1	2.5	27.5	242	1	2.5	77.5
153	1	2.5	30.0	245	1	2.5	80.0
154	1	2.5	32.5	255	1	2.5	82.5
160	1	2.5	35.0	260	1	2.5	85.0
165	1	2.5	37.5	270	1	2.5	87.5
174	1	2.5	40.0	280	1	2.5	90.0
181	1	2.5	42.5	290	1	2.5	92.5
185	1	2.5	45.0	355	1	2.5	95.0
190	1	2.5	47.5	380	1	2.5	97.5
191	1	2.5	50.0	399	1	2.5	100.0

㉮ 이는 PROC FREQ문에 의한 결과와 같다. 여기에서는 관측치, 도수, 백분율, 누적백분율이 표시된다.

CHAPTER 6

SAS/ASSIST에 의한 자료분석

제6장

SAS/ASSIST에 의한 자료분석

제1절 SAS/ASSIST란

SAS/ASSIST는 메뉴방식의 대화형 소프트웨어이며, 메뉴방식으로 작업한 과정을 프로그램으로 얻을 수 있는 장점이 있다.

SAS/ASSIST를 사용하기 전에 분석에 사용할 SAS 자료세트를 먼저 만들어야 한다.

예
```
OPTIONS ls=70 nodate;
DATA kim001;
        INPUT id $ x1 x2 x3 x4 @@;
        CARDS;
        a 2 3 2 3 b 2 3 2 4 c 2 1 2 3
        b 2 3 4 2 a 1 2 1 2 c 1 2 2 2
        RUN;
```

이렇게 작성된 SAS 자료세트는 자료관리를 이용하거나 편집기 창에서 반드시 프로그램을 실행시킨 다음 SAS/ASSIST 작업을 시작해야 한다.

ASSIST 기능을 이용하기 위해서는 SAS/ASSIST, SAS/AF. SAS/FSP가 설치되어 있어야 한다.

제2절 SAS/ASSIST메뉴

SAS/ASSIST 메뉴에는

- 자료의 입력 및 출력, 배열, 결합 등 자료관리 기능
- 막대도표, 파이도표 등 그래프 작성 기능
- 회귀분석, 분산분석 등 통계분석
- 정보시스템 구축 등이 있다.

여러 가지 기능을 수행하는데 초기 화면은 [화면 6.1]과 같다.

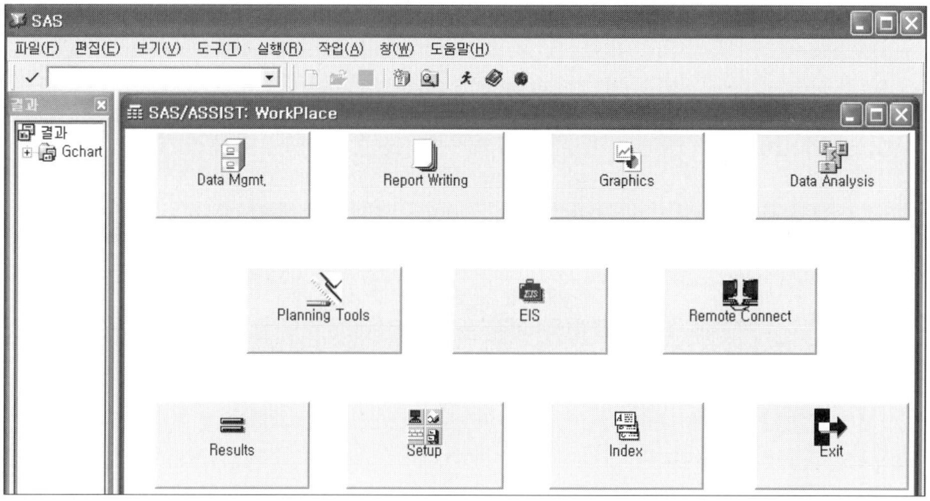

[화면 6.1] SAS/ASSIST 초기화면

SAS/ASSIST의 부메뉴는 [화면 6.1]과 같으며 여기서 수행 가능한 내용은 아래와 같다.

① Data Mgmt : 자료의 입력, 출력, 편집, 배열, 결합 등 자료관리 기능을 수행한다.
② Report Writing : 테이블, 도표 등 보고서를 작성하는 기능을 수행한다.
③ Graphics : 막대도표, 파이도표, 선도표 및 3차원 그래프를 작성한다.
④ Data Analysis : 회귀분석, 분산분석, 다변량분석 등 통계분석을 수행한다.
⑤ Planning Tools : 품질관리, 계량경제, 산업공학 등의 분야에 필요한 분석을 수행한다.
⑥ EIS : 정보시스템을 구축하는 기능을 수행한다.
⑦ Remote Connect : 객체들을 시스템적으로 연결하는 기능을 수행한다.
⑧ Results : Catalog 파일로 저장된 프로그램, 분석결과, 로그, 그래프 등 수행결과에 대한 추가 작업을 수행한다.
⑨ Setup : SAS 환경을 설명한다.
⑩ Index : SAS/ASSIST에서 제공되는 작업을 목록에서 찾아 수행한다.
⑪ Exit : SAS/ASSIST가 종료된다.

SAS/ASSIST를 시작하기 위해서는 메뉴바의 [솔루션]메뉴의 SAS/ASSIST를 마우스로 클릭하면 된다.

제3절 SAS/ASSIST에 의한 보고서 작성

[화면 6.1]에서 Report Writing을 선택하면 [화면 6.2]의 보고서 작성을 위한 메뉴(Report Writing Menu)가 호출되는데 여기서 할 수 있는 내용은 다음과 같다.

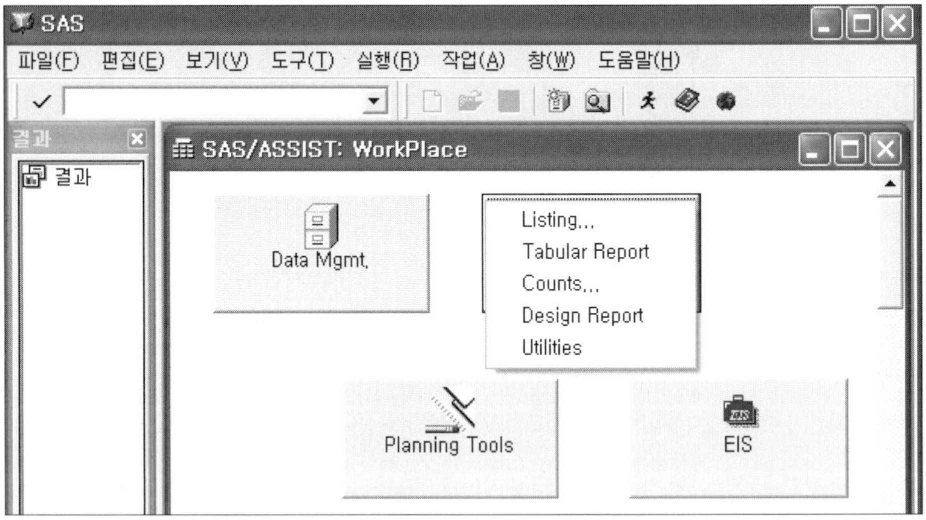

[화면 6.2] 보고성 작성 메뉴

① Listing... : 자료를 단순 출력하는 기능을 수행한다.

② Tabular Report : 다양한 형태의 테이블 작성 기능을 한다.

③ Counts... : 빈도와 퍼센트를 이용한 분할표를 작성하는 기능을 수행한다.

④ Design Report : 보고서 형식을 작성한다.

⑦ Utilities : 보고서 작성에 필요한 유틸리티를 이용하는 기능을 수행한다.

1. 분할표 작성

SAS/ASSIST에서 작성 가능한 분할표는 일차원 분할표(List)와 이차원 분할표(Crosstabulation)이다.

분할표를 작성하기 위해서는 [화면 6.2]의 Counts를 클릭하면 [화면 6.3]의 분할표 형식 지정을 위한 창이 호출된다.

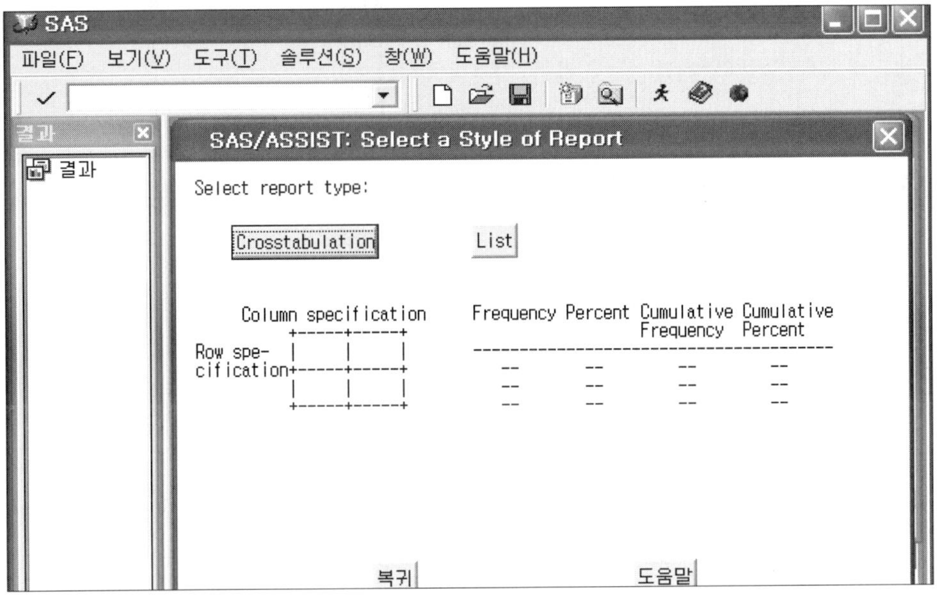

[화면 6.3] 분할표 형식지정 메뉴

여기서 사용자가 원하는 분할표 형식 지정(예 Crosstabulation)에 마우스를 위치시키고 클릭하면 [화면 6.4]의 SAS 자료세트와 변수지정을 위한 창이 호출된다. 이때

① Table를 클릭한 후 분석에 사용될 SAS 자료세트를 지정(예 kimsa621)한다.

② Row specification을 클릭하여 행변수를 지정(예 name)한 후 클릭한다.

③ Column specification을 클릭하여 열변수를 지정(예 ms1)한 후 클릭한다.

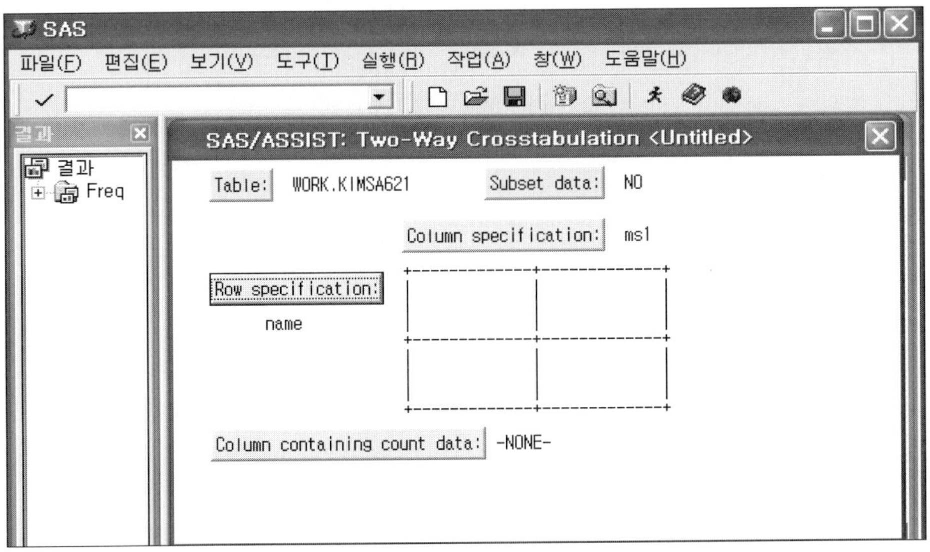

[화면 6.4] SAS 자료세트, 변수지정 메뉴

지정이 완료되면 메뉴바의 [실행]메뉴의 실행을 클릭하면 [화면 6.5]와 같은 결과화면이 호출된다. 이때 보고서 모양을 보다 좋게 하기 위하여 메뉴바의 [도구]메뉴의 [옵션]메뉴를 클릭하여 보고서를 수정할 수 있다. 여기서 가능한 작업은 다음과 같다.

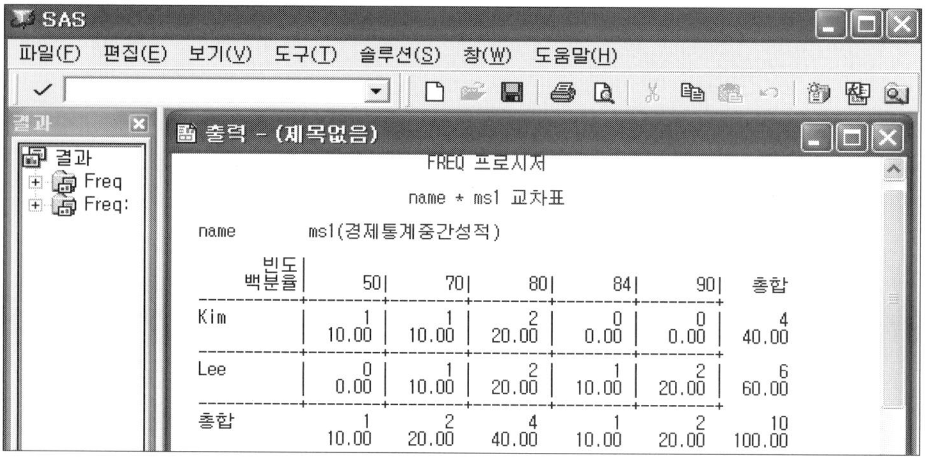

[화면 6.5] 분할표 분석 결과

① 제목 : 이를 선택하게 되면 출력결과의 위쪽에 제목을 붙일 수 있다.

② 주석 : 이를 선택하면 출력결과의 아래쪽에 주석을 붙일 수 있다.

【제목 붙이는 방법】

㉮ [화면 6.4]에서 메뉴바의 [편집]메뉴의 제목를 클릭하면 [화면6.6]이 호출된다.

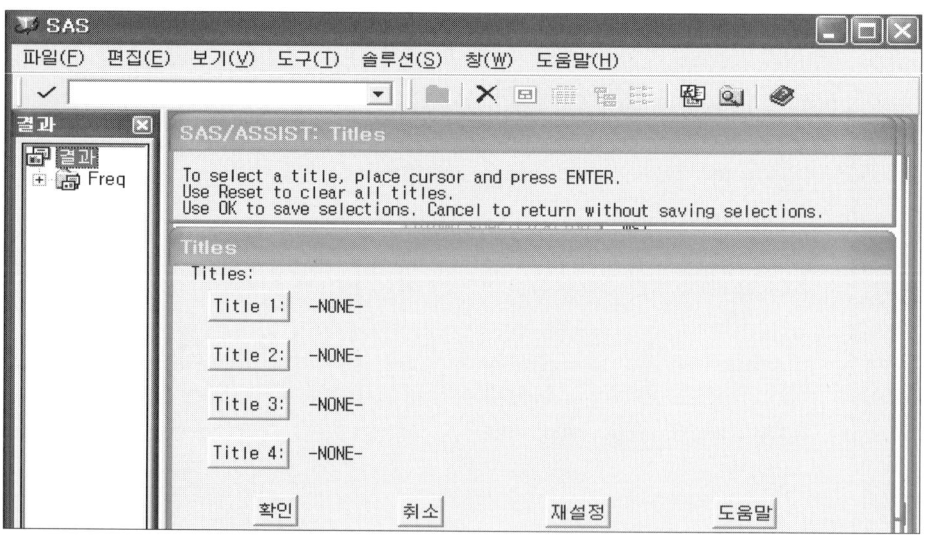

[화면 6.6] 제목지정 메뉴

여기서 원하는 Title1:을 클릭하여 제목(예 경제학과 2학년 학생의 성적)을 입력한 다음 확인을 클릭하면 제목이 붙여진 [화면 6.7]이 나타난다. 이때 확인을 클릭하면 [화면 6.7]이 사라지고 [화면 6.4]가 호출된다.

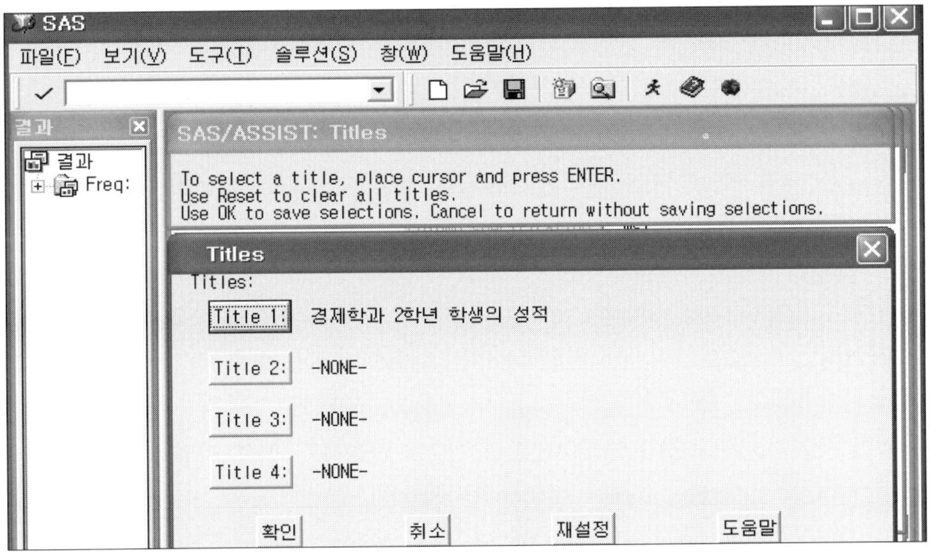

[화면 6.7] 제목(경제학과 2학년 학생의 성적)지정 상태

㉯ 메뉴바의 [실행]메뉴의 실행을 클릭하면 최종결과인 [화면 6.8]이 얻어진다.

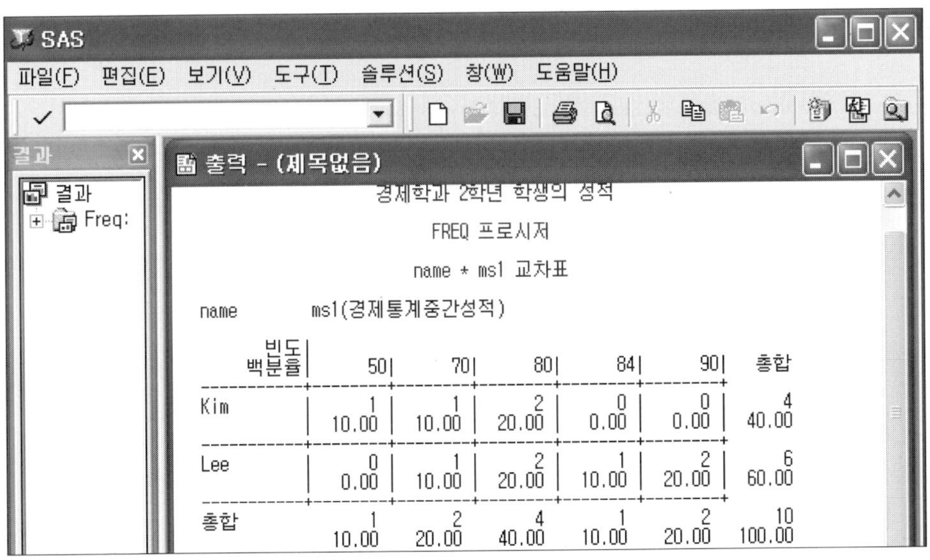

[화면 6.8] 완성된 이차원 분할표

㉰ 최종 결과를 파일로 저장하려면 메뉴바의 [파일]메뉴의 [저장]이나 [다른 이름으로 저장]을 이용하면 된다.

[화면6.4]에서 Subset data를 선택하면 다양한 분할표를 작성할 수 있다.

① By columns: By뒤에 지정한 변수별로 동일한 작업을 반복 시행한다.

② Where clause: 조건식을 지정하면 조건에 맞는 자료만으로 원하는 표를 작성할 수 있다. 생략하면 모든 자료가 이용된다.

③ Restrict rows: 자료의 몇 번째 관측개체까지만 작업에 사용할 것인지를 지정할 때 사용한다. 생략하면 모든 자료이다.

2. 테이블 작성

제5장에서 얻어진 기술통계량(예 KIMSA621.OUT)을 산출하기 위한 파일 kimsa621.sas를 갖고 SAS/ASSIST를 활용하여 구하는 방법을 설명한다.

[화면 6.2]의 보고서 작성 메뉴(Report Writing)에서 Tabular Report를 선택한 다음 All tabular Report...을 클릭하면 [화면 6.9]의 테이블 형식 지정을 위한 창이 호출된다.

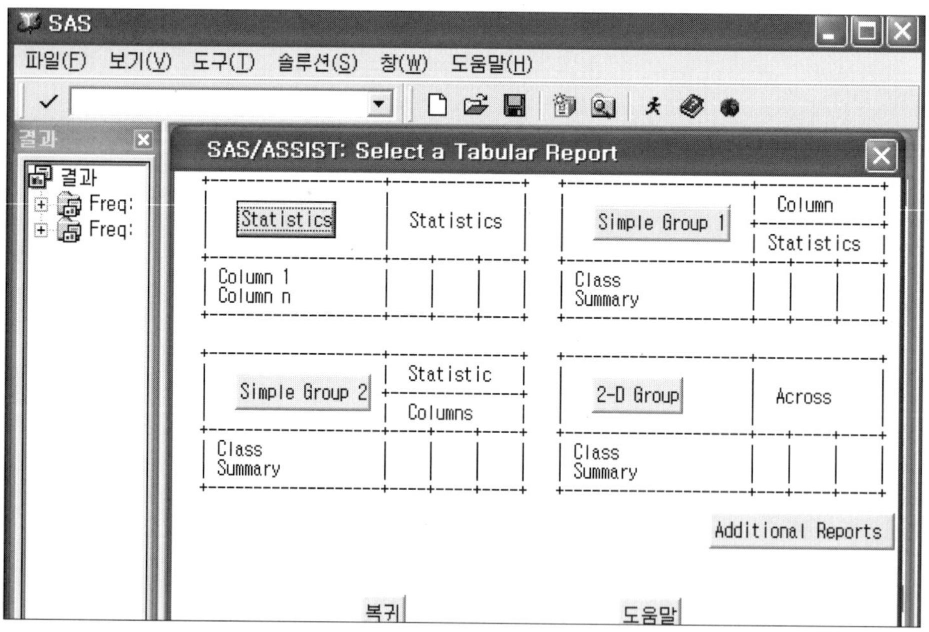

[화면 6.9] 테이블 형식 지정 메뉴1

이때 Additional Reports를 클릭하면 Multiple Group, Advanced 테이블이 [화면 6.10]처럼 호출된다.

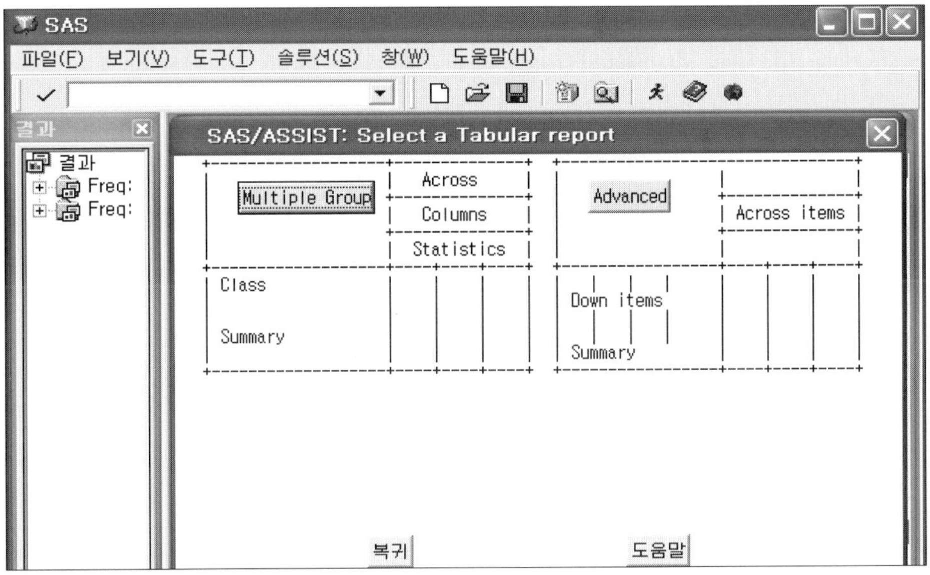

[화면 6.10] 테이블 형식 지정 메뉴2

[화면 6.9]에서 테이블 형식을 지정하기 위해 먼저 Statistics style을 클릭하면 [화면 6.11]이 호출되는데, 이는 SAS 자료세트(예 KIMSA621), 변수(예 tms, tmi, wms, wmi), 통계량(예 Mean, Min, Max, N, STD), 제목(예 경제학과 2학년 학생의 성적)을 지정한 예이다. 지정방법은 앞에서 설명한 방법과 같다.

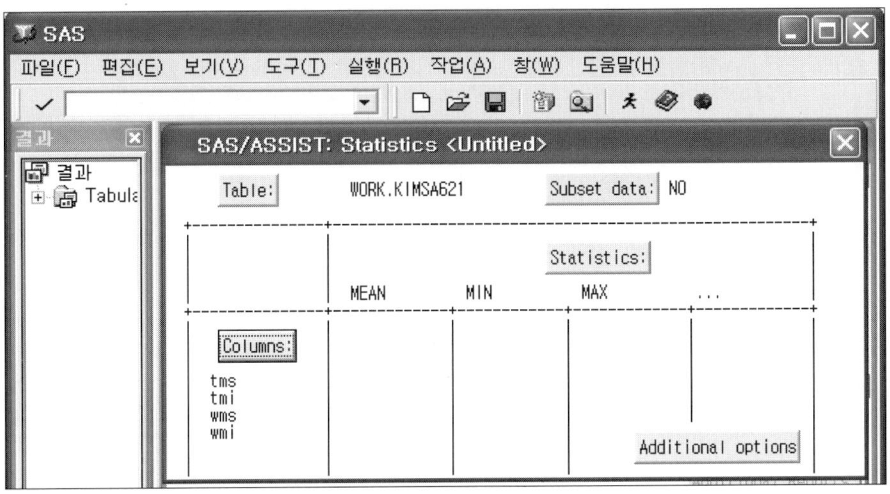

[화면 6.11] SAS 자료세트, 변수명, 통계량 지정 메뉴

지정을 완료한 후 메뉴바의 [실행]메뉴의 실행을 차례로 클릭하면 그 결과가 [화면 6.12]와 같이 나타난다.

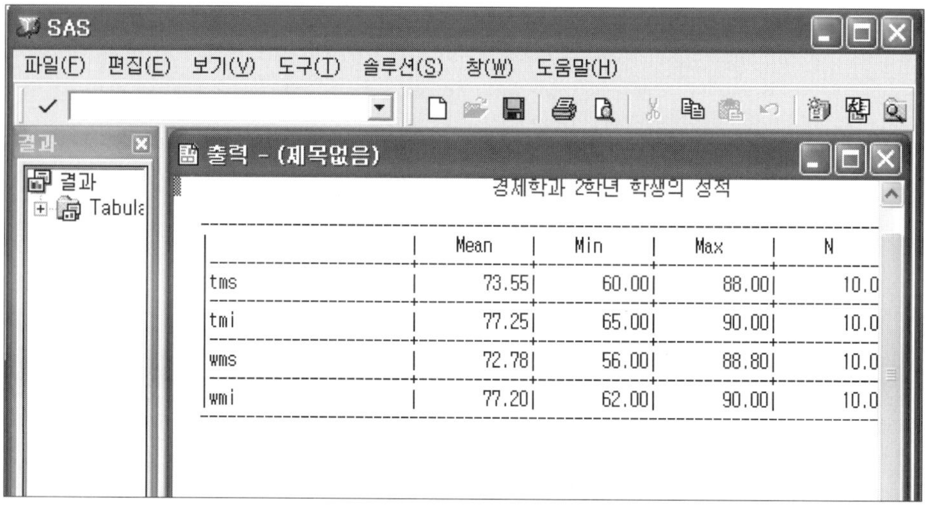

[화면 6.12] 지정완료 후의 메뉴

이번에는 Multiple group style 지정방법을 소개하면 [화면 6.10]에서 Multiple group을 선택하면 [화면 6.13]이 호출되는데, 여기에 SAS 자료세트(예 kimsa621), 변수명(예 tms, tmi, wms, wmi), 통계량(예 N, SUM, MEAN, MIN, MAX, STD)을 지정하면 된다. 방법은 Statistics style과 같다. 다만 Class(예 name)와 Summary의 지정이 필요하다.

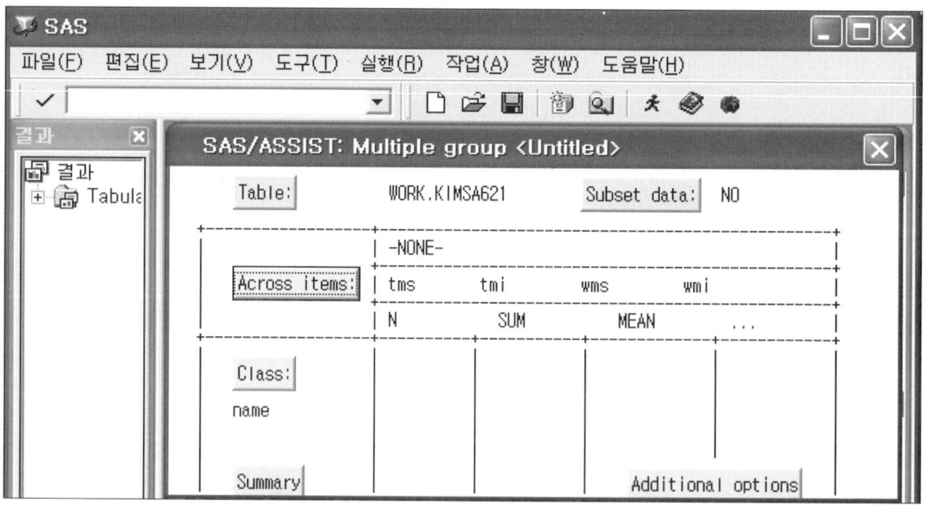

[화면 6.13] Multiple group style의 형식 지정 메뉴

이때 전체자료에 대한 결과가 필요한 경우에는 [화면 6.13]에서 Summarize를 클릭한후 □를 클릭한 다음 확인을 클릭하면 된다. Summarize 비지정과의 차이는 'Name'란에 All의 존재 여부이다. Summarize를 지정하면 All이 함께 산출된다.

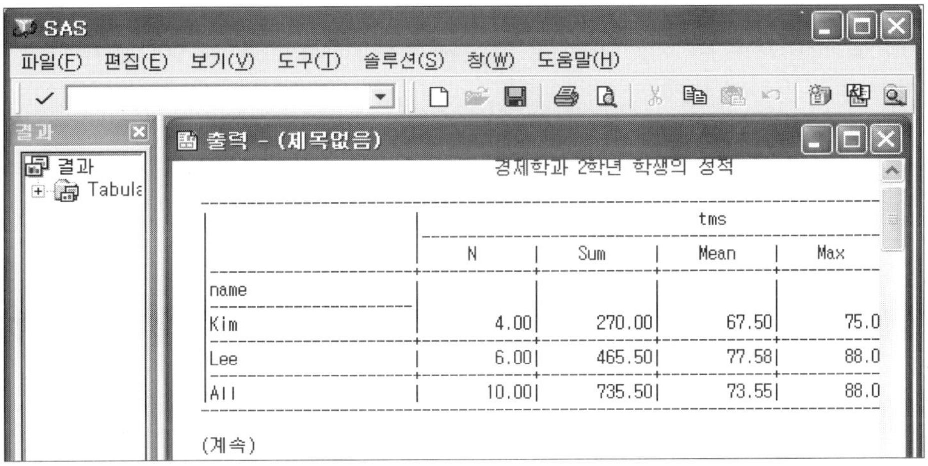

[화면 6.14] Summary 지정에 의한 분석결과

완성된 결과 화면을 출력하기 위해서는 앞에서 설명한 방법과 같이 하면 된다.

사용자가 추가사항을 선택하기 위해서는 [화면 6.13]에서 Additional options를 클릭하여 [화면 6.15]가 호출되면 필요한 사항을 지정하면 된다.

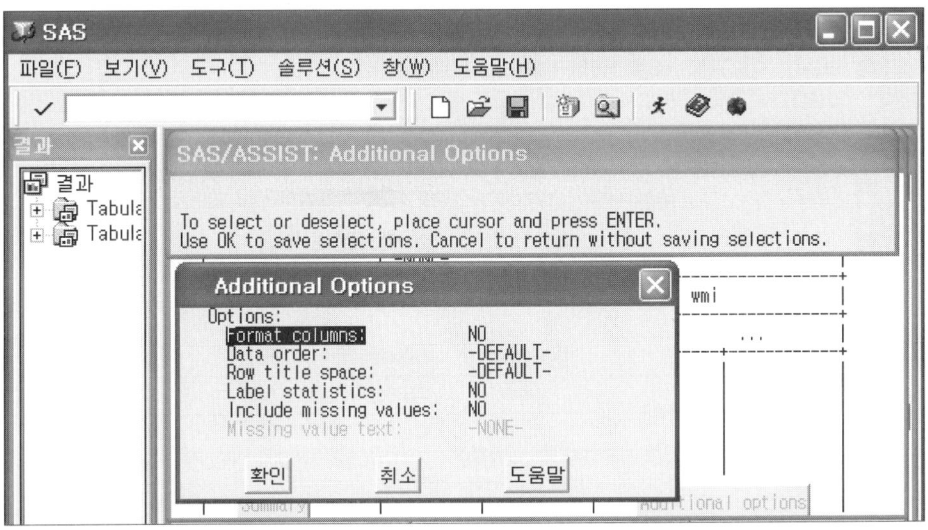

[화면 6.15] 추가사항 선택을 위한 메뉴

이때 작업이 가능한 내용은 아래와 같다.

① Format columns: 이를 선택하면 각 변수에 포맷을 지정([화면 6.2]의 Utility에서 지정)한다.
② Data order: 이를 선택하면 출력될 때 분류변수(Class)의 순서를 지정할 수 있다. 생략하면 알파벳 또는 숫자 순이다.
③ Row title space: 이를 선택하면 제목공간을 지정하게 된다.
④ Label statistics: 이를 선택하면 통계량에 레벨을 지정할 수 있다.
⑤ Include missing values: 이를 선택하면 결측치를 테이블 작성에 포함 여부를 지정한다.
⑥ Missing values text: 이것이 YES이면 결측치를 나타낼 텍스트를 지정한다.

여기서는 변수 포맷을 지정하기 위해 Format columns를 클릭한 후 지정한 통계량에 대한 포맷을 지정(예, average: 4.1, N: 3.0, sum: 4.1)한 후 확인을 클릭하면 된다. 이 때 4.1은 총 4자리 중 소수점 첫째자리를 의미한다.

그리고 통계량에 대한 레벨을 붙이기 위해서는 Label statistics를 클릭한 후 레벨을 입력하고 확인을 클릭한다. 추가 선택사항이 모두 완료되었으면 [화면 6.14]의 확인을 클릭한다.

Titles와 Footnotes 등을 지정하는 방법은 Statistics style과 같다. 여기서는 제목에 'Kim 과 Lee의 성적 비교'를 붙여보자. 이렇게 완성된 것을 수행시키기 위해서는 메뉴바의 [실행]메뉴의 실행을 클릭하면 분석결과가 [화면 6.16]과 같이 출력된다.

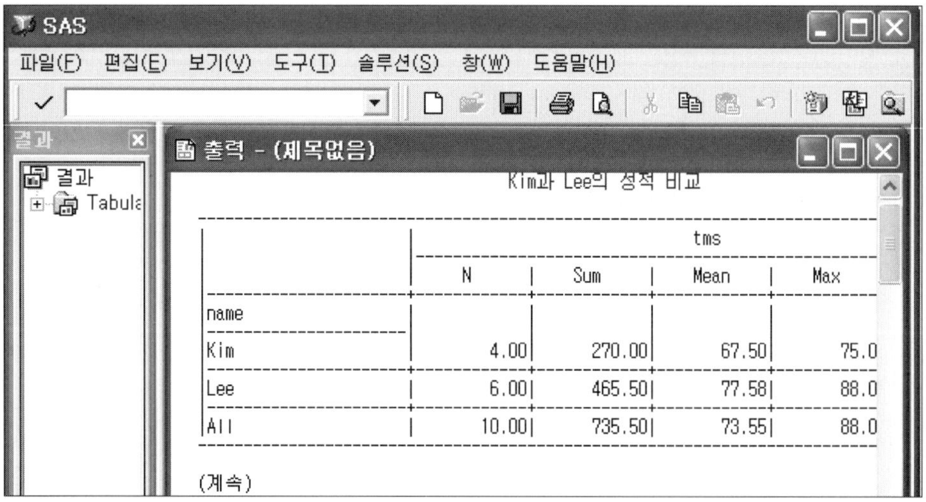

[화면 6.16] 최종분석결과

이를 텍스트 파일로 저장하려면 [파일]메뉴의 [다른 이름으로 저장]을 선택하여 저장하면 된다.

저장된 외부 파일을 **호글**, 훈민정음 등 워드프로세서로 호출하면 선의 일부가 깨지거나 표시되지 않은 경우가 있다. 이를 방지하기 위해서는 다음과 같이 하면 된다.

① 편집기 창에서 OPTIONS formchar='|----|+|---+=|-/\<>*'; 를 수행시킨 후 각종 작업을 수행한다.
② Options창에서 FORMCHAR을 |----|+|---+=|-/\<>*로 바꾸어주면 된다.
이들 두 방법은 임시적 방법으로 SAS를 시작할 때마다 수행해야 한다.
③ 영구적으로 바꾸어 주기 위해서는 Config.sas파일의 -FORMCHAR를
  |----|+|---+=|-/\<>*로 바꾸어 주면 된다.

제4절 SAS/ASSIST에 의한 자료분석

SAS/ASSIST의 DATA ANALYSIS를 이용하면 프로그램을 작성할 필요 없이 원하는 자료를 쉽게 분석할 수 있다.

[화면 6.1]의 SAS/ASSIST 초기화면(Primary Menu)에서 DATA ANALYSIS을 선택한 후 원하는 분석방법을 선택하면 된다. 여기서 선택 가능한 분석내용은 아래와 같다.

① Elementary : 이를 선택하면 평균, 표준편차 등 요약 통계량과 상관계수, 빈도표 등의 통계량을 계산한다.
② Regression : 이를 선택하면 선형회귀분석, 로지스틱회귀, 자기상관 회귀분석 등을 분석할 수 있다.
③ Anova : 이를 선택하면 분산분석, 비모수분산분석, T-검정을 수행한다.
④ Multivariate : 이를 선택하면 주성분분석, 정준상관분석을 수행한다.
⑤ Quality Ctrl... : Control Charts 등 품질관리와 관련된 분석을 수행한다.
⑥ Interactive : SAS/ASSIST, SAS/LAB에 의한 탐색적 자료분석을 수행한다.
⑦ Time Series : 시계열 분석을 수행한다.
⑧ Utilities : 자료분석과 관련된 유틸리티를 이용한다.

1. 기술통계량의 계산

분석에 사용될 자료세트(예 kimsa621)를 자료관리나 편집기 창에 호출하여 실행시킨 후 아래 과정을 진행시키면 된다.

[화면 6.1]의 SAS/ASSIST의 초기화면에서 Data Analysis를 클릭한 후 다시 Elementary를 선택하면 [화면 6.17]이 호출되는데 이때 원하는 통계량을 지정하면 된다.

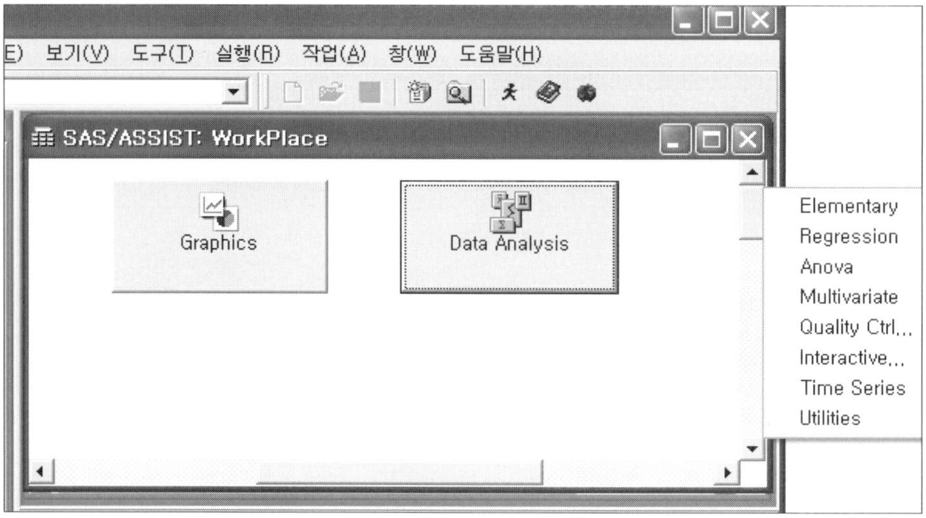

[화면 6.17] 기술통계량 선택 메뉴

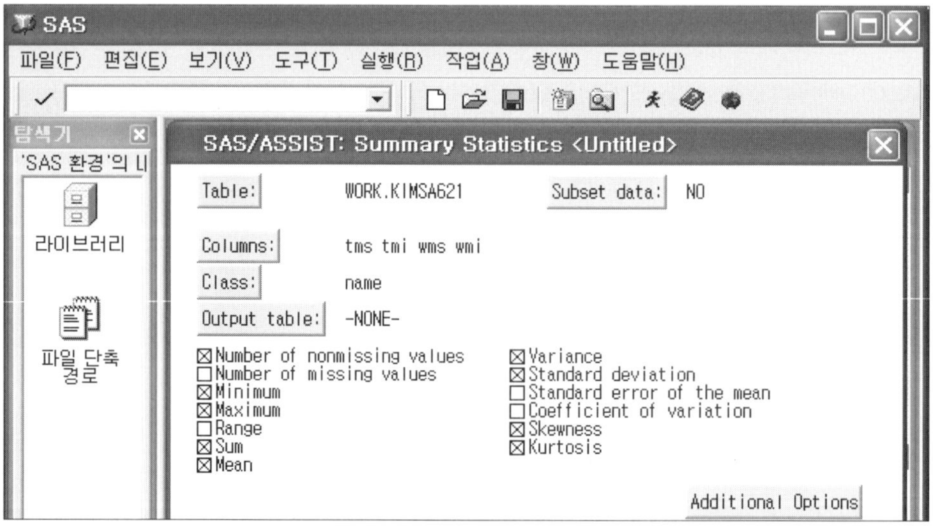

[화면 6.18] SAS자료세트, 변수, 요약 통계량 지정 메뉴

[화면 6.17]에서 Summary statistics를 선택하면 [화면 6.18]이 호출된다. 이때 제목(예 Kim와 Yee의 성적 비교), SAS 자료세트(예 kimsa 621), 변수(예 tms, tmi, wms, wmi), 분류변수(Class : 예 name) 등을 지정하고 하단에 나열된 통계량 중 원하는 것(예 N, Minimum, Maximum, Sum, Mean, Skewness, Kurtosis)을 선택하고 메뉴바의 [실행]메뉴의 실행을 클릭

하면 결과가 [화면 6.19]처럼 얻어진다. [화면 6.18]에서 KIMSA621앞의 WORK는 임시라이브러리이다. 제목을 붙이는 방법은 메뉴바의 [화면 6.18]과 같이 SAS/ASSIST가 호출된 상태에서 메뉴바의 [편집]메뉴의 제목을 클릭한 다음 Title에 원하는 제목을 입력하면 된다.

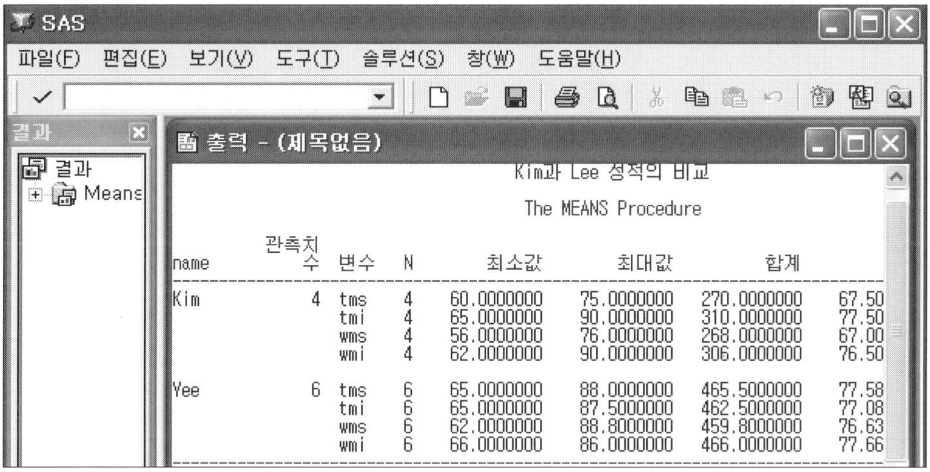

[화면 6.19] 요약 통계량의 출력 결과

만약 출력결과를 저장하고 싶으면 저장할 SAS 자료세트(Output data set : 예 kim621)를 선택한 후 저장 파일명을 입력한 다음 [화면 6.18]을 실행시킨다.

이 결과는 제5장에서 얻은 결과(KIMSA621.OUT)와 비교하면 동일하다는 것을 알 수 있다.

2. 회귀분석

분석에 사용될 자료(예 Kimpp121.sas)를 자료관리나 편집기 창에 호출하여 실행시킨다.

SAS/ASSIST의 Data Analysis Menu에서 Regression을 선택하면 Linear..., Logistic..., With correlation autocorrelation이 있는데 여기서 선형회귀분석인 Linear... 선택하여 분석하는 과정을 보자. Linear...를 선택하면 [화면 6.20]이 호출되고, 여기에 분석에 필요한 옵션을 지정한다.

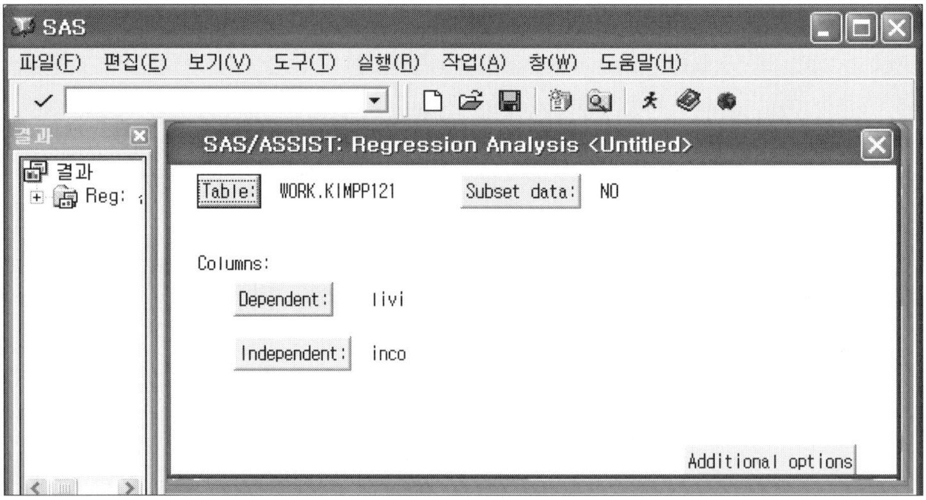

[화면 6.20] 회귀분석 지정 메뉴

Table에는 자료세트(kimpp121)를 지정해야 하며(반드시 분석을 원하는 프로그램을 먼저 실행시켜야 함), Dependent를 클릭하여 livi를 선택하고, Independent를 클릭하여 inco를 선택한다. 메뉴바의 [편집]메뉴의 제목을 클릭하여 Titles(예 선형회귀분석의 결과)를 앞의 방법과 같이 지정한다.

메뉴바의 [실행]메뉴의 실행을 클릭하면 선형회귀분석이 실행되어 그 결과가 [화면 6.21]처럼 나타난다.

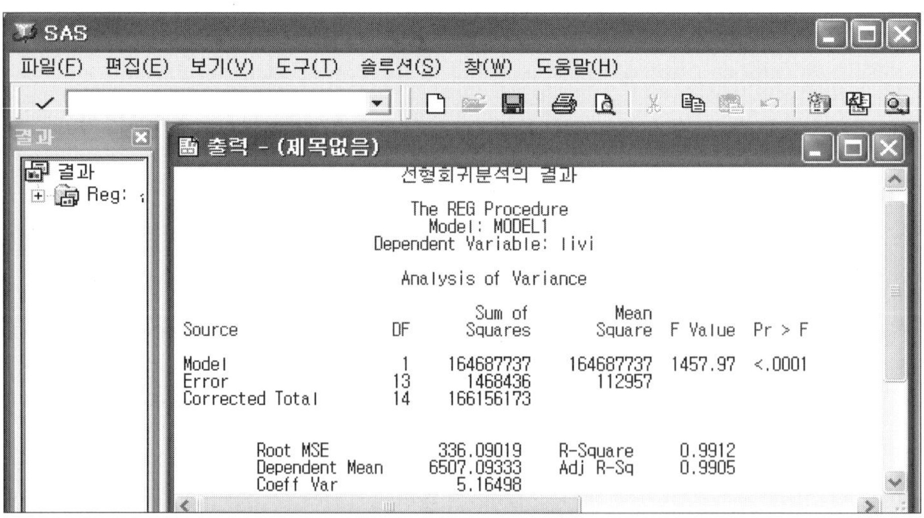

[화면 6.21] 회귀분석 결과

[화면 6.21]의 출력결과는 제13장의 KIMPP121.OUT 결과와 같음을 알 수 있다. 따라서 회귀분석을 위해서 SAS 이용의 초보자는 이를 이용하면 더 편리하게 결과를 얻을 수 있다.

회귀모형에 대한 더 다양한 결과를 얻기 위해서는 [화면 6.20]에서 Additional options를 선택하면 [화면 6.22]에서 원하는 선택사항을 선택하여 실행시키면 된다.

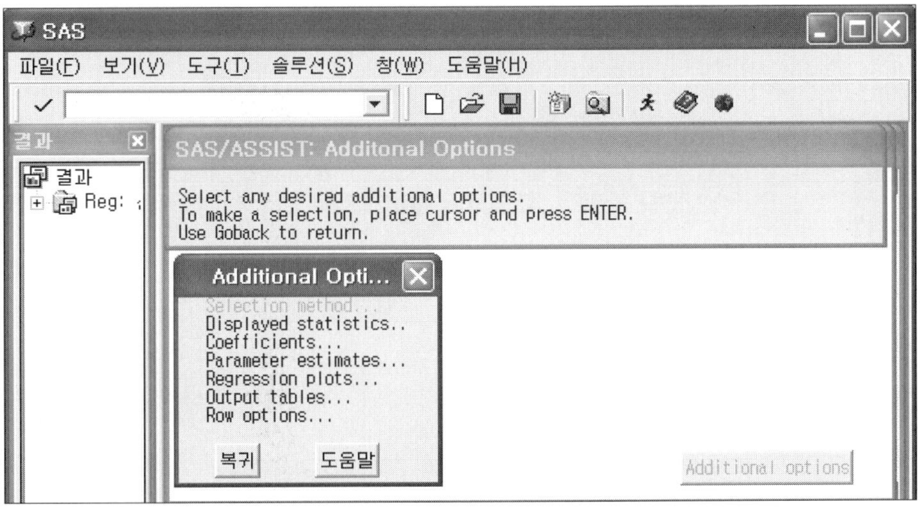

[화면 6.22] 회귀분석의 추가 선택사항 지정 메뉴 I

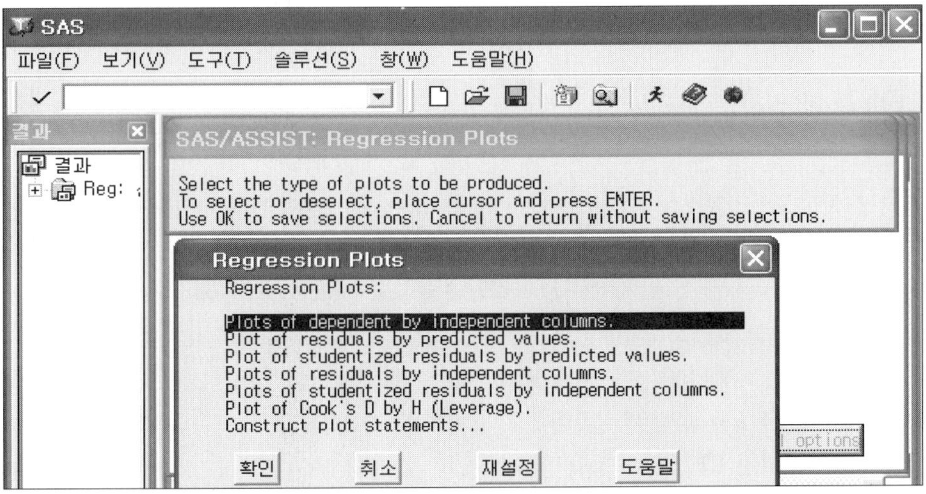

[화면 6.23] 회귀분석의 추가선택 사항 지정 메뉴II

Regression Plots를 선택하여 회귀분석에 그래프를 추가해 보자. Regression Plots를 클릭하면 [화면 6.23]과 같이 Plot를 위한 다양한 선택사항이 나타난다. 여기서 독립변수에 의한 종속변수의 Plot를 선택하기 위해 Plots of dependent by independent variables

를 클릭한 뒤 확인을 클릭하고 다시 복귀를 클릭한 후 메뉴바의 [편집] 메뉴에서 제목을 선택한 후 제목(Result of Linear regression)를 입력한 다음 확인을 클릭하고 난 후, 메뉴바의 [실행]메뉴의 실행을 클릭하면 [화면 6.24]와 같이 회귀분석 결과에 Plot가 추가된 결과를 얻을 수 있다.

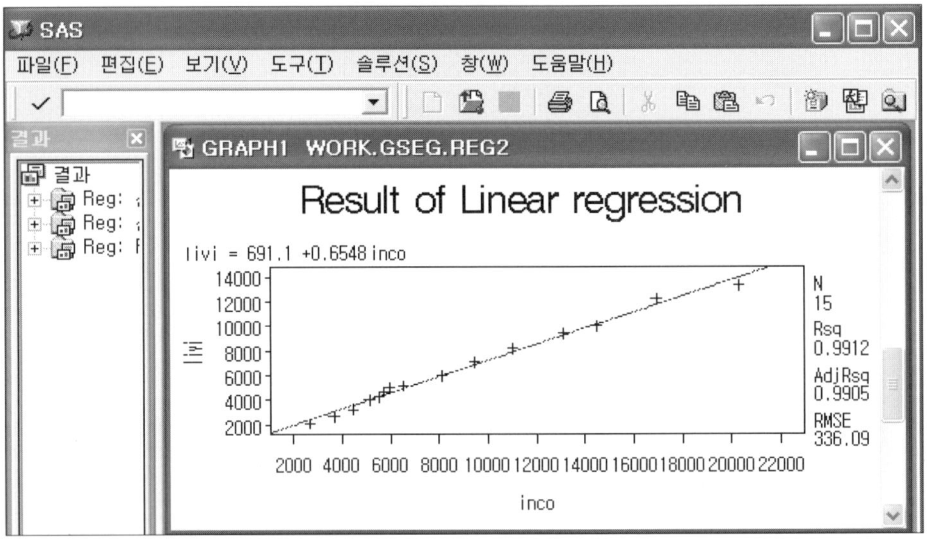

[화면 6.24] Plot가 추가된 회귀분석 결과

3. 로지스틱 회귀분석

분석자가 원하는 자료를 갖고 로지스틱 분석을 하기 위해서는 먼저 분석에 필요한 자료파일(예 kimlog1.sas)을 작성하여 편집기 창에서 실행시킨다.

메뉴바의 [솔루션]메뉴에서 SAS/ASSIST를 클릭하면 ASSIST 초기화면이 호출되며, 이때 Data Analysis, Regression순으로 클릭하면 [화면 6.20]이 나타난다. 여기서 Logistic...을 클릭하면 [화면 6.25]가 호출되고, 이때 자료세트를 지정하기 위하여 Table를 클릭하여 라이브러리(예 work)에서 찾아 지정(예 WORK.KIMLOG1)하고, Response form is(반응형태):를 지정(예 one variable)하고, Columns:에 Response(반응변수): (예 choice), independent(설명변수): (예 auto, bus)를 선택한다.

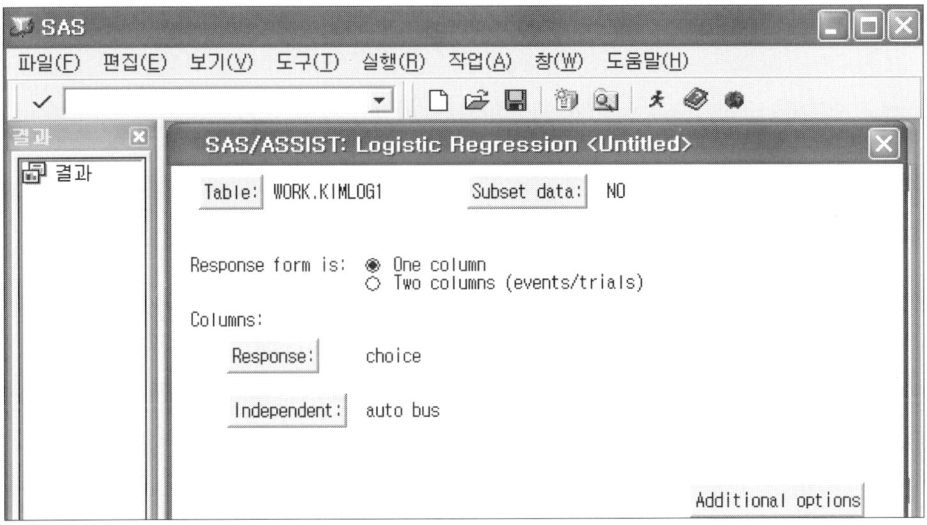

[화면 6.25] 로지스틱 회귀분석의 선택사양 지정메뉴

추가사항 Additional options 지정방법은 선형회귀분석 방법과 동일하다. 이렇게 지정이 완료되면 메뉴바의 [실행]메뉴의 실행을 클릭하면 로지스틱 회귀분석 결과가 [화면 6.26]과 같이 얻어진다.

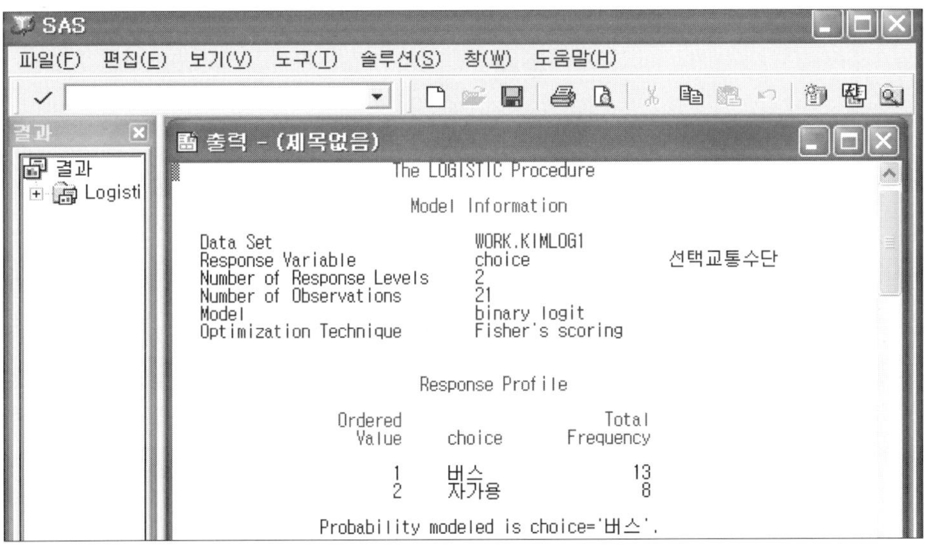

[화면 6.26] ASSIST를 이용한 로지스틱 회귀분석의 결과

이 결과를 제14장의 범주형 자료의 분석에서 프로그램 방법에 의한 로지스틱 회귀분석의 결과와 비교하면 같은 결과를 얻고 있음을 알 수 있다. 따라서 초보자는 ASSIST를 이용하는 것이 쉬울 것으로 생각된다.

4. 분산분석

분석에 사용될 자료(예 kimpc921.dat)를 자료관리나 편집기 창에서 호출하여 실행시킨다.

SAS/ASSIT의 Data Analysis에서 Anova를 선택하면 [화면 6.27]이 호출된다. 이때 분산분석방법을 선택하면 된다.

여기서는 일반적 분산분석(Analysis of variance)을 선택한다. 이를 선택하여 작업할 SAS 자료세트(예 kimpc921), 종속변수(예 wage), 분류변수 Classification(예 edua)를 지정한다.

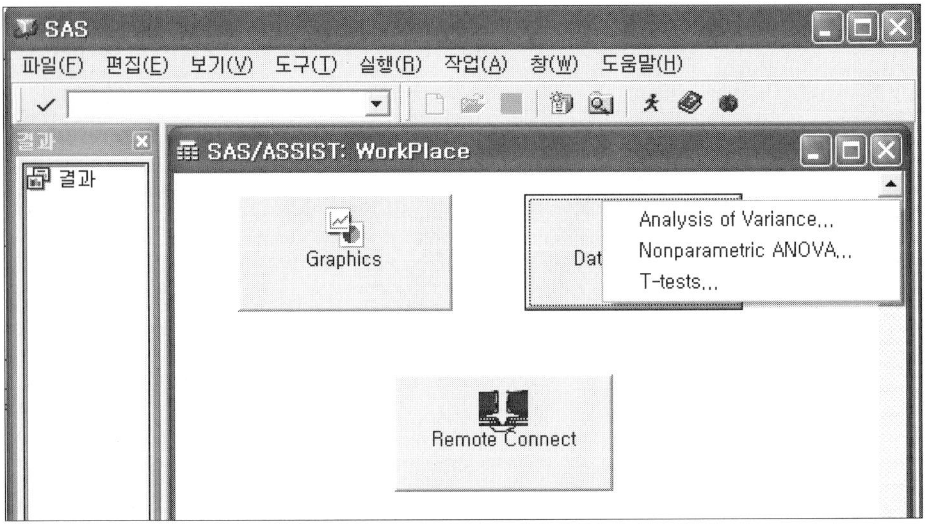

[화면 6.27] 분산분석 메뉴

메뉴바의 [실행]메뉴의 실행을 클릭하면 분산분석이 실행되어 결과가 [화면 6.28]과 같이 출력된다. 이는 제10장의 프로그램에 의한 결과(KIMPC921.OUT)와 같음을 알 수 있다.

더 다양한 결과를 얻기 위해서는 Additional options을 선택하면 된다.

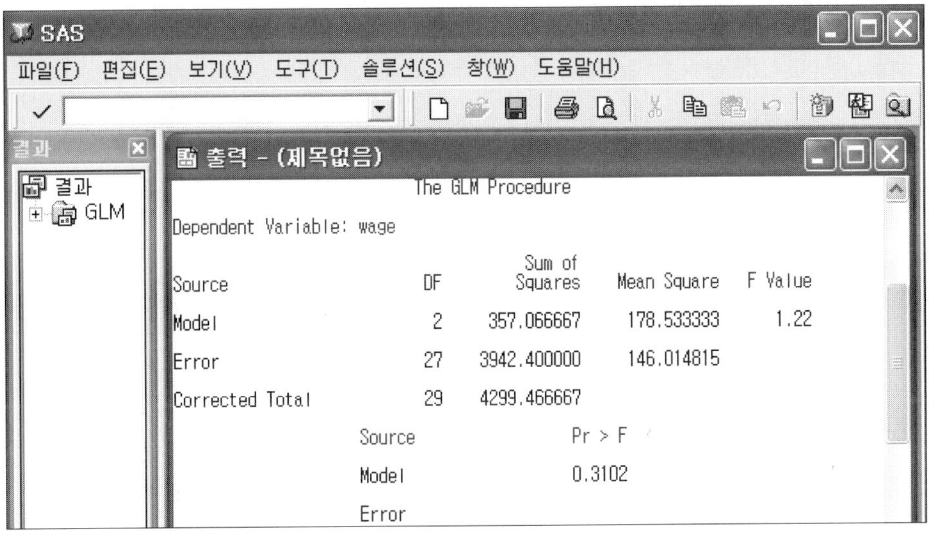

[화면 6.28] 분산분석 결과

제5절 SAS/ASSIST에 의한 그래프 작성

SAS/ASSIST를 이용하여 막대도표, 파이도표, 선 그래프를 만들 수 있다. 여기서는 GRAPHICS의 선택사항에 의해 세련된 그래프를 만들 수 있는 장점이 있다.

1. 그래프 작성

SAS/ASSIST의 초기화면에서 GRAPHICS를 선택하면 [화면 6.29]가 호출된다.

여기서 만들 수 있는 그래프 종류는 다음과 같다.

① Bar Charts : 이를 선택하면 막대도표를 그린다.
② Pie Chart... : 이를 선택하면 파이도표를 그린다.
③ Plots : 이를 선택하면 선그래프를 그린다.
④ Maps : 이를 선택하면 지도를 그린다.
⑤ Utilities : 이를 선택하면 프로그램과 그래프를 관리한다.

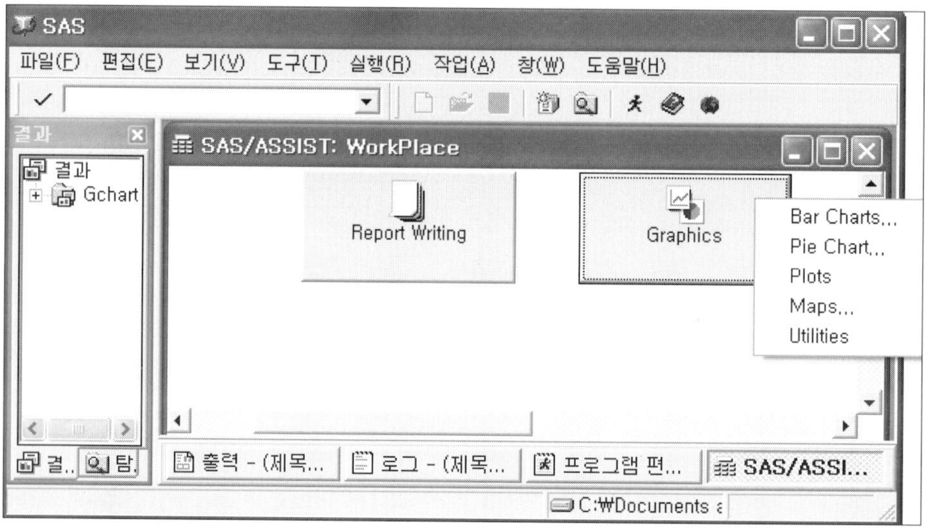

[화면 6.29] GRAPHICS 지정 메뉴

2. 막대도표 작성

[화면 6.29]에서 Bar Charts를 선택하면 [화면 6.30]이 호출된다. 이때 원하는 그래프 종류를 선택한다.

1) 수평막대도표(Horizontal)나 수직막대도표(Vertical)를 선택할 수 있다.

2) 원하는 막대도표의 종류를 아래에서 선택한다.

① Stacking: 이를 선택하면 한 변수의 수준별로 다른 변수의 수준별 막대를 계단식으로 표시하는 막대도표를 그린다.

② Grouping: 이를 선택하면 한 변수의 수준별로 다른 변수의 수준별 막대를 각각 그린 막대도표를 그린다.

[화면 6.30]은 SAS 자료세트 Kim5231.sas를 Table에 지정하고, Stacking을 선택하여 막대도표를 그리도록 한 경우이다. kim5231.sas를 자료관리나 편집기 창에서 실행시킨 후 [화면 6.30]에서 Stacking을 선택한 화면이다.

> SAS/ASSIST를 이용하기 위해서는 SAS/ASSIST 창을 호출하기 전에 반드시 분석을 원하는 자료세트(예 Kim5231.sas)를 먼저 편집기 창에서 실행시켜야 한다.

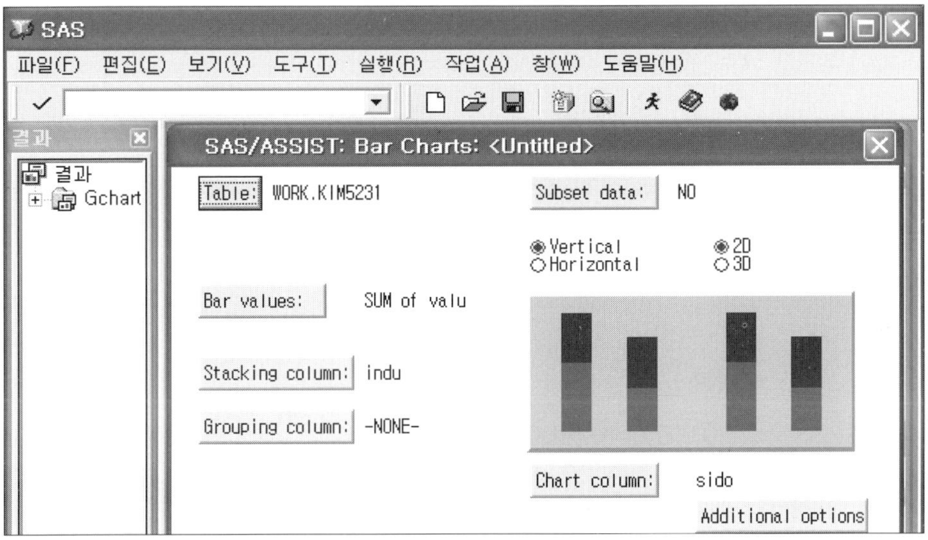

[화면 6.30] Bar Charts 메뉴

이 화면은 SAS 자료세트(예 kim5231.sas), Bar values는 Analysis variable: 에는 valu(산업별 생산액) 그리고 통계량으로 sum(합계)를 지정한 후 확인을 클릭하고 Chart column: 에는 sido(시도별)을 선택한 예이다.

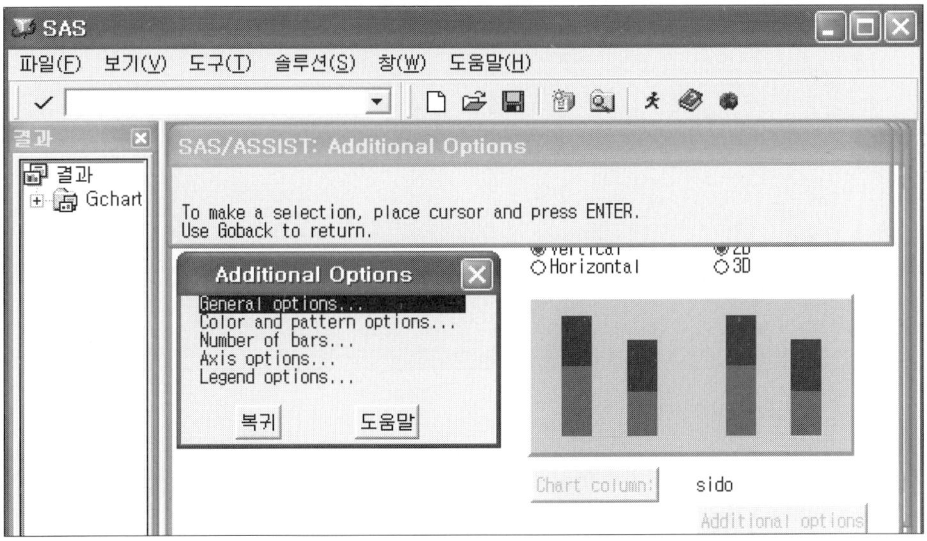

[화면 6.31] 일반적 선택사항 지정 메뉴

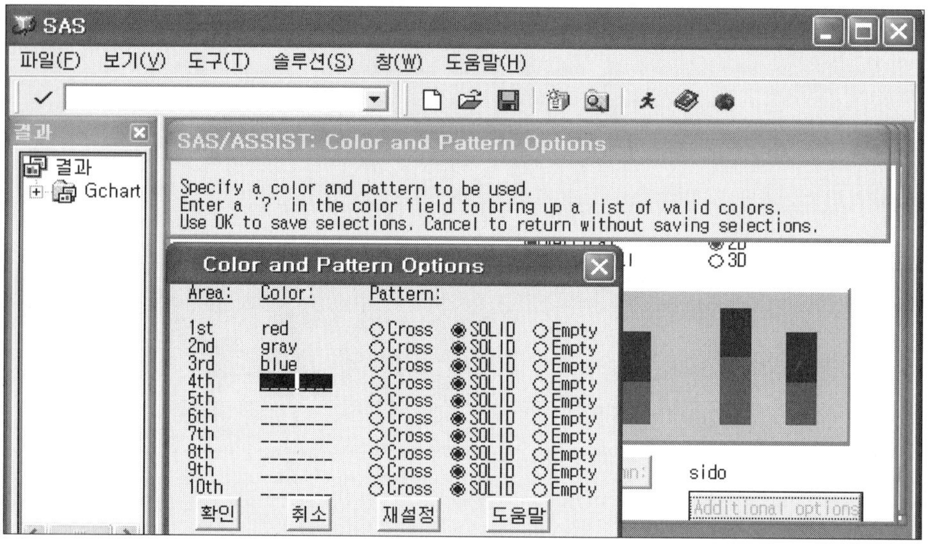

[화면 6.32] 막대의 색깔과 형태 지정

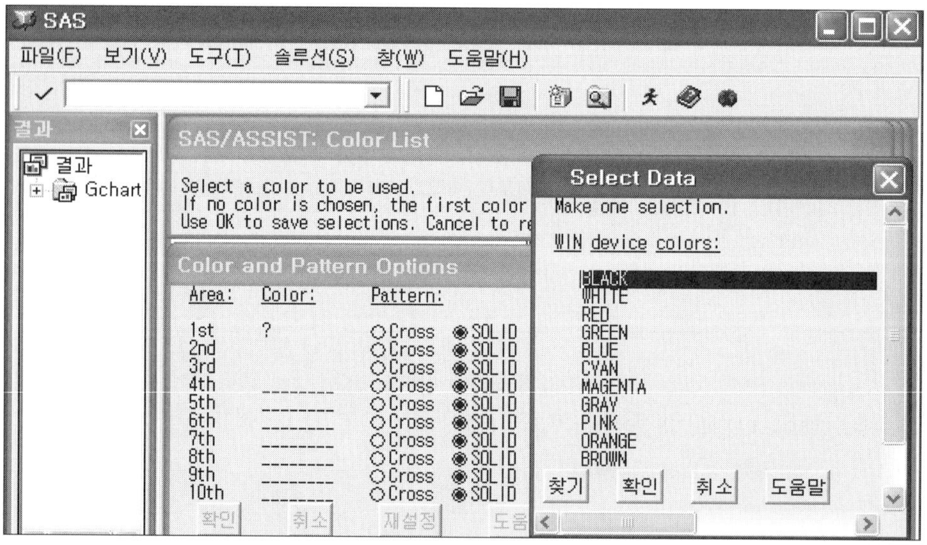

[화면 6.33] 색 선정을 위한 Select Data 창

추가 선택사항은 우측하단의 Additional options을 선택하면 된다. 이를 클릭하면 [화면 6.31]이 호출되는데 이 화면은 참고선을 각 막대의 뒤에 그리도록 Behind bars앞의 ○를 선택한 다음 확인을 클릭하고, 막대의 색깔과 형태를 지정하기 위해 Color and patterns options를 클릭하면 [화면 6.32]가 호출되는데, 이때 원하는 색을 Color밑의 원하는 곳에 커서를 위치시키고 키보드의 ?를 입력한 다음 Enter↵키를 누르면 [화면 6.33]과 같이 Select data창이 호출되는데 이때 원하는 색을 선택한 후 확인을 클릭하고, Pattern:에서 원하는

형태를 지정한다. Axis Options를 선택하여 수직축이나 수평축을 선택한 다음 Order of axis values을 선택하여 출발점, 끝점, 폭을 결정(예 수직축, 출발점 0, 끝점 70,000, 폭 10,000)한 후 지정이 완료되면 확인을 클릭하면 된다. 선택사항이 모두 지정되었으면 Additional options 메뉴에서 복귀를 클릭한다.

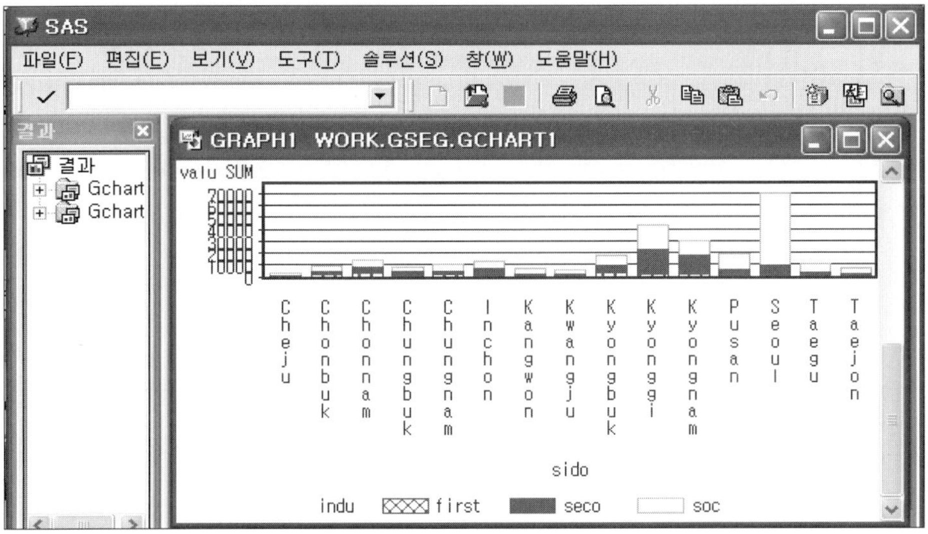

[화면 6.34] Stacking Bar Charts에 의한 분석결과

지금까지의 결과를 화면으로 출력하기 위해서는 메뉴바의 [실행]메뉴의 실행을 클릭하면 [화면 6.34]가 호출된다.

그림에 제목을 붙이기 위해서는 [화면 6.5~7]과 같이 하면 된다.

만약 프로그램을 얻기 위해서는 [화면 6.34]상태에서 [보기]메뉴의 [소스 보기]를 클릭하면 로그 창에 프로그램이 나타난다. 이를 저장하려면 편집기 창에서 메뉴바의 [실행], [이전 실행 불러오기]순으로 클릭하면 프로그램이 편집기 창에 호출된다. 이를 저장하면 된다.

위에서 설명한 이외의 선택사항으로는

① 막대의 개수를 지정하는 Number of bar: 2가지 방법이 있다.

② 테이블의 범례를 지정하는 Legend options: 여기서는 범례지정에 대한 X축과 Y축의 방향선택 등 위치선택이 가능하다.

예로 "범례"를 그래프 안쪽 상단에 표시하기 위해서는 Additional options, Legend options를 차례로 클릭한 후 On graph의 inside앞의 ○를 클릭하고 In Y direction의

Top앞의 ○를 클릭한 후 확인을 클릭한 다음 복귀를 클릭하면 된다. 조정된 결과를 보고

싶으면 메뉴바의 [실행]메뉴의 실행을 클릭하면 [화면 6.35]가 출력된다.

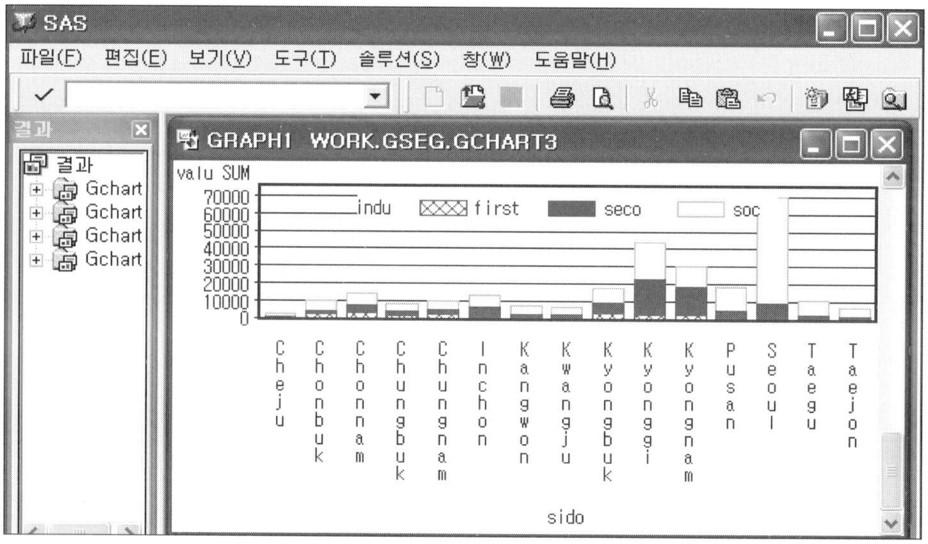

[화면 6.35] 범례지정 후의 출력결과

완성된 그림을 저장하기 위해서는 메뉴바의 [파일], [이미지 내보내기]순으로 클릭하여 저장을 원하는 드라이브(예 a:\)와 파일명(예 pp.gif)을 입력한 후 저장을 클릭하면 된다. 또는 메뉴바의 [파일], [다른 이미지로 저장]순으로 원하는 그림을 저장할 수 있다.

저장된 그림(예 pp.gif)을 확인하기 위해서는 일반적으로 그림을 불러오는 방식으로 호출하면 된다. 또한 도구상자의 열기 단추( )를 클릭하여 불러오면 된다.

3. 파이도표 작성

2002년 한국의 산업별 취업자수 자료인 kims511.sas를 갖고 파이도표를 그려보자. 먼저 [화면 6.30]에서 Pie charts를 클릭하여 자료세트(예 kims511)를 Table에 지정하고, 변수를 Charts column(예 X)에 지정하고, Number of slices를 선택하여 변수 X 수준의 수와 동일하게(Plot each discrete character value)조각의 수를 지정한다. Slice values (예 조각변수 pop) 그리고 통계량 (예 Sum)과 분석변수(예 pop)를 지정한 화면이 [화면 6.36]이다.

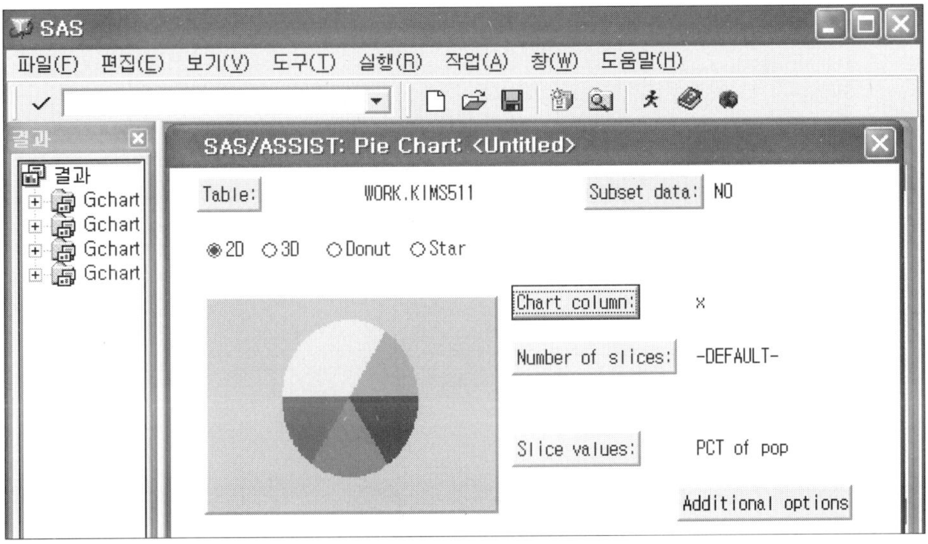

[화면 6.36] Pie Charts 메뉴

Pie cart를 더 정교하게 하기 위해서는 추가선택사항 Additional options를 클릭하면 [화면 6.37]이 호출된다. 이때 사용자가 원하는 선택사항을 지정하면 된다.

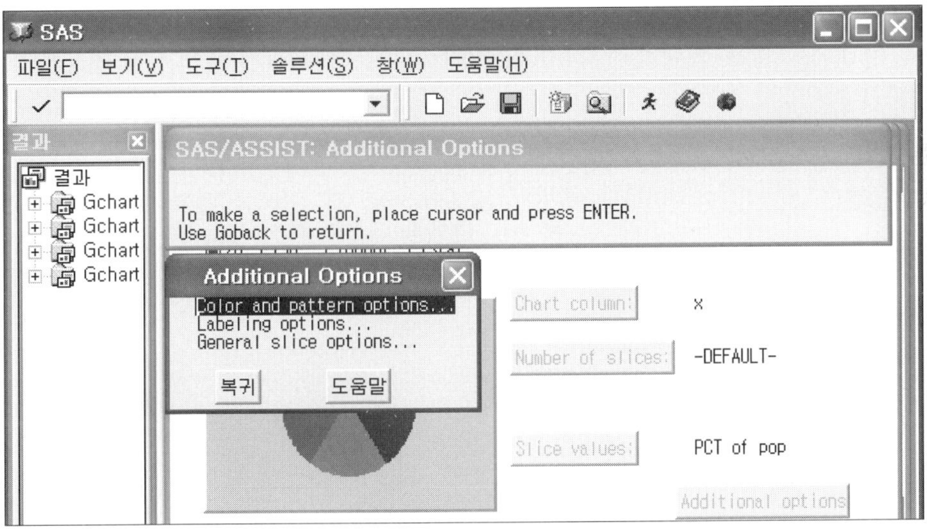

[화면 6.37] Additonal options 지정 메뉴

① Color and pattern options을 클릭하면 [화면 6.38]이 나타나는데, 색 지정은 [화면 6.32]를 참조하면 된다. 색깔을 지정하는 방법은 직접 입력하거나 ?를 타이프하고 Enter↵키를 누른 후 색깔목록에서 원하는 색깔을 선택한 다음 pattern을 지정한 후 확인을 클릭한다.

예 1st는 orange ◉ Cross

2nd는 gray ◉ Solid
3hd는 red ◉ empty

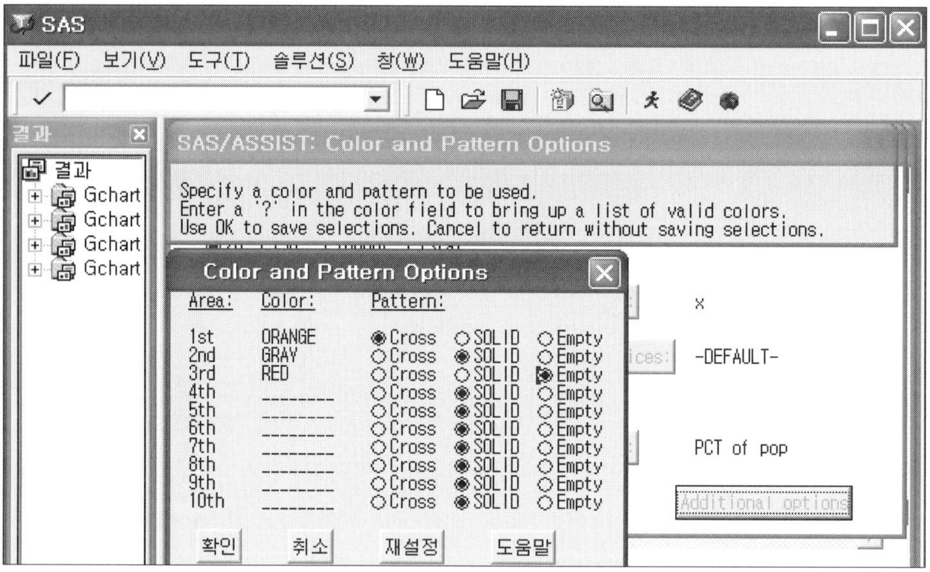

[화면 6.38] 조각의 색깔과 형태 지정 메뉴

② Labeling options: 이를 선택하면 [화면 6.39]가 호출되는데 여기서 도표에 표시될 레벨과 위치를 지정한다.

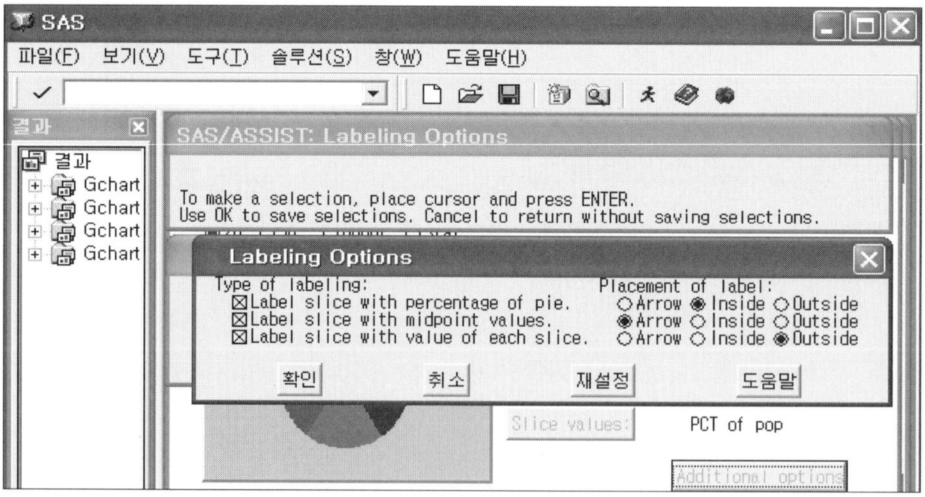

[화면 6.39] 레벨과 위치 지정 메뉴

예 ㉠ 각 조각의 Label slice with percentage of pie는 도표의 안쪽(◉ Inside)에 위치하도록 지정한다.
㉡ 각 조각의 수준(Label slice with midpoint value)은 화살표(◉ Arrow)로 연결하게 지정한다.
㉢ 조각의 통계량 값(Label slice with value of each slice)은 바깥쪽(◉ Outside)에 위치토록 지정한 후 확인을 클릭하면 된다.

③ General slice options: 이를 선택하면 [화면 6.40]이 호출된다.

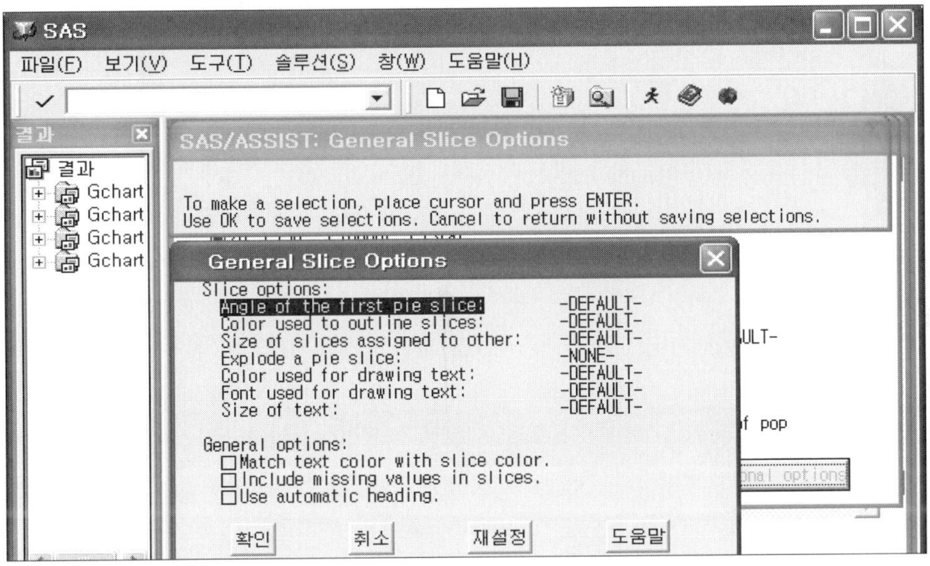

[화면 6.40] General Slice Options 지정 메뉴

㉠ Color used to outline slices: 이를 선택하면 각 조각의 외곽선 색깔을 지정할 수 있다.

㉡ Size of slices assigned to other: other로 나타날 조각의 %를 지정한다(**예** 0). 이는 모든 수준을 개별조각으로 표시하라는 의미이다. 생략하면 4이다. 즉 4보다 적은 %조각은 합쳐서 other로 표시된다.

㉢ Explode a pie slice: 이를 선택하면 [화면 6.41]이 호출된다. 이때 다른 조각들과 분리될 조각의 수준을 지정(**예** Agr.,Fore.)하고 확인을 클릭한다.

㉣ General options: ⓐ 조각 색깔과 텍스트 색을 배치시킬 때, ⓑ 조각에 결측치를 포함시킬 때 ⓒ 머리말을 자동으로 표시한 후(머리말 : 통계량 of 분석변수) 확인을 클릭한다. 선택사항이 모두 지정되었으면 메뉴바의 [실행]메뉴의 실행을 클릭하면 [화면 6.42]처럼 결과가 출력된다.

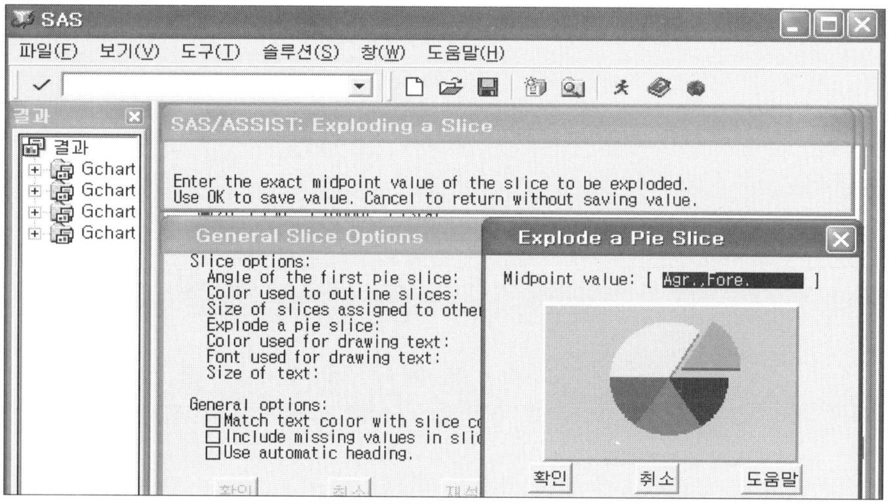

[화면 6.41] Explode a pie slice 지정 메뉴

완성된 그림의 저장방법은 막대도표에서 설명한 것처럼 하면 된다.

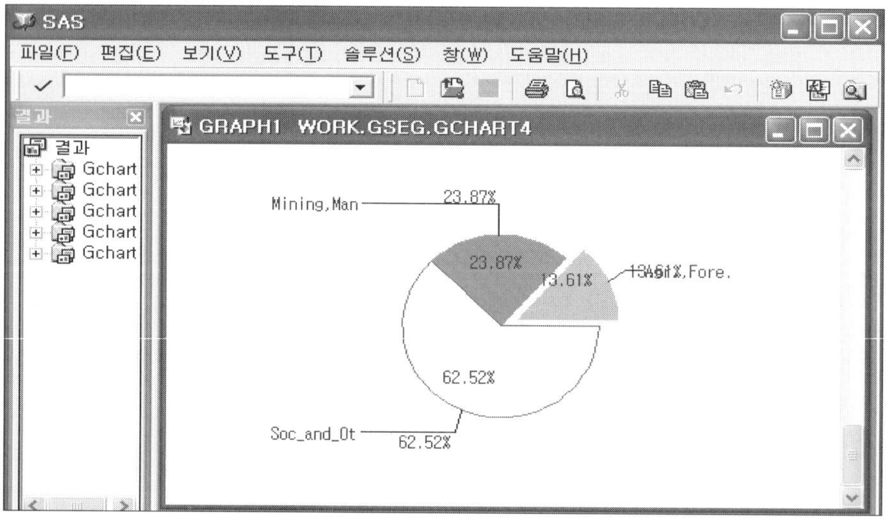

[화면 6.42] Pie Chart 분석 결과

4. 선 그래프 작성

1990년 1/4분기부터 1996년 2/4분기까지 한국의 근로자가구의 월 평균 가계소득증가율(inco)과 가계지출증가율(expe) 자료인 kims001.sas을 이용하여 선 그래프를 그려보자.

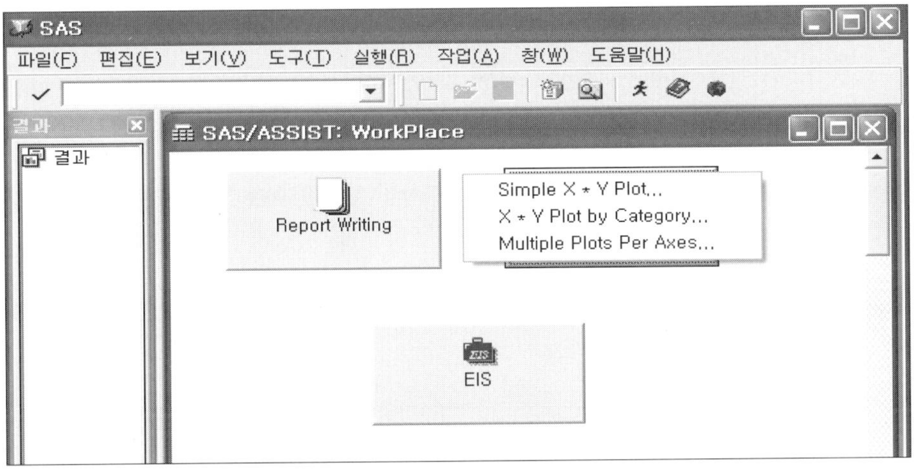

[화면 6.43] 선 그래프 지정 메뉴

① 먼저 선그래프 형태, SAS 자료세트, 변수 등을 지정한다.

[화면 6.30]에서 Plots를 선택하면 [화면 6.43]이 호출되는데, 여기서 선 그래프의 형태를 지정한다.

㉠ Simple X*Y plot: 이를 선택하면 X*Y축 상에 1개의 그래프를 그린다.

㉡ X*Y plots by category: 이를 선택하면 X*Y축 상에 다른 변수의 수준(category)별로 여러 개의 그래프를 겹쳐(overlay) 그린다.

㉢ Multiple Plot Per Axes: 이를 선택하면 서로 다른 변수들에 의해서 여러 개의 그래프를 겹쳐 그린다.

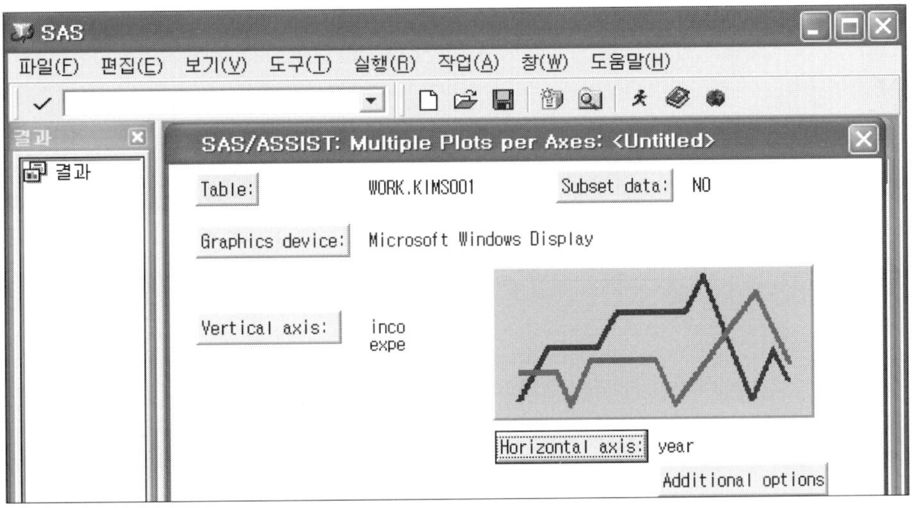

[화면 6.44] Multiple Plot Per Axes 지정 메뉴

여기서는 Multiple Plot Per Axes를 선택한다. 이를 선택하면 [화면 6.44]가 호출되는데 이때 그래프 분석에 사용될 SAS 자료세트(예 kims001)를 Table에 지정하고, 수직축 Vertical axis(예 inco, expe) 그리고 수평축 Horizontal axis(예 year)를 지정한다.

② 그래프를 정교하게 표현하기 위해 축에 대한 선택사항 Additional options를 지정한다. 이를 선택하면 [화면 6.45]가 호출되는데, 이때 선택사항을 지정하면 된다.

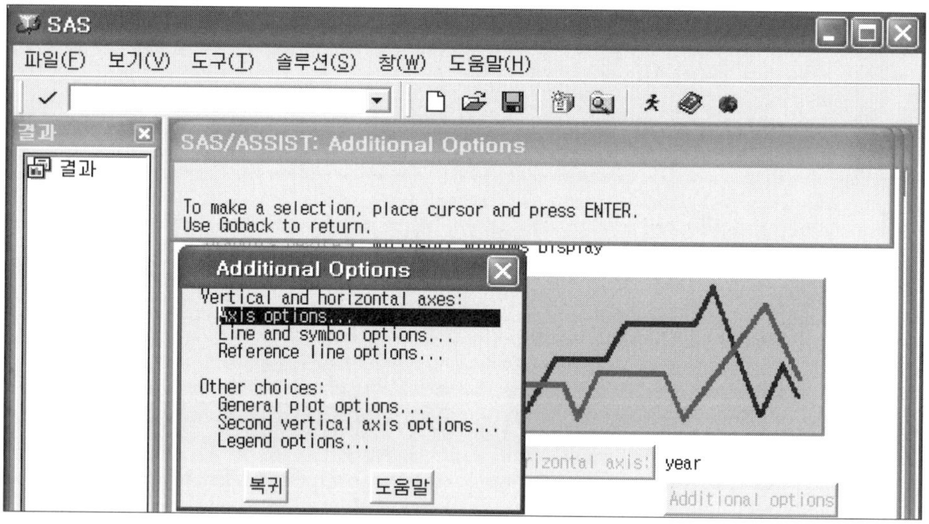

[화면 6.45] Additional options 지정 메뉴

㉠ [화면 6.44]에서 Axis options를 선택한 후

ⓐ Vertical axis: 이를 선택하면 수직축의 색깔, 길이, 굵기(width), 표시의 크기(Height), 줄 형태, 축 레벨과 지표값의 순서(Order of axis values) 등을 지정할 수 있다.

여기서는 Axis Label을 클릭하여 Text의 Customized 앞의 ○를 클릭하여 '증가율(%)'을 입력한 후 확인을 클릭한다. 지표값의 순서는 Order of axis values를 선택하여 [화면 6.46]에서 지정하면 된다. 지정방법으로는 지표값의 범위와 구간의 길이를 지정하거나 지표값을 직접 입력한다. 축 변수가 문자형 변수인 경우는 지표값을 직접 입력한다. 여기서는 지표값의 순서를 0에서부터 28까지 2간격으로 지정하기 위하여 Specify range of values에 [0] to [28] by [2]를 입력하고, 확인을 클릭한다.

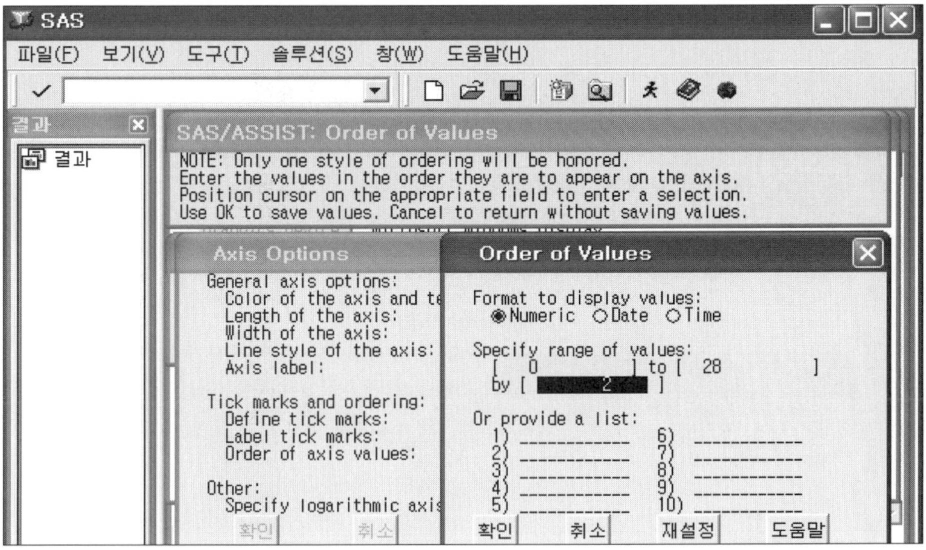

[화면 6.46] Vertical axis의 지표값 순서 지정

ⓑ Horizontal axis: 이를 선택하면 수평축에 대한 선택사항을 지정할 수 있다. 방법은 수직축과 같다.

여기서는 수평축의 길이를 전체화면의 80%로 지정해 보자. 이를 위해서 Length of the axis를 선택하여 [화면 6.47]의 Enter size에 80을 입력하고, 지표값의 순서는 [화면 6.46]의 Order of axis values를 클릭한 다음 Specify range of values에 [9014] to [9624] by [100]으로 지정 한 후 확인을 클릭한다.

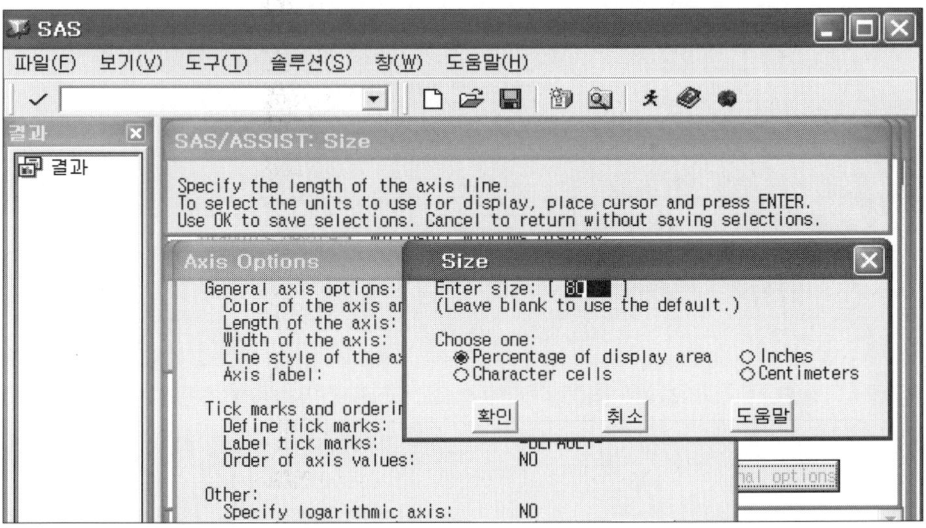

[화면 6.47] 수평축의 길이(size) 지정

③ 선과 표시 형태를 지정한다. 이를 위해 [화면 6.45]에서 Line and symbol options를 클릭하면 [화면 6.48]이 호출된다. 이때 각 선을 선택하여 선과 표시선택을 하면 된다.

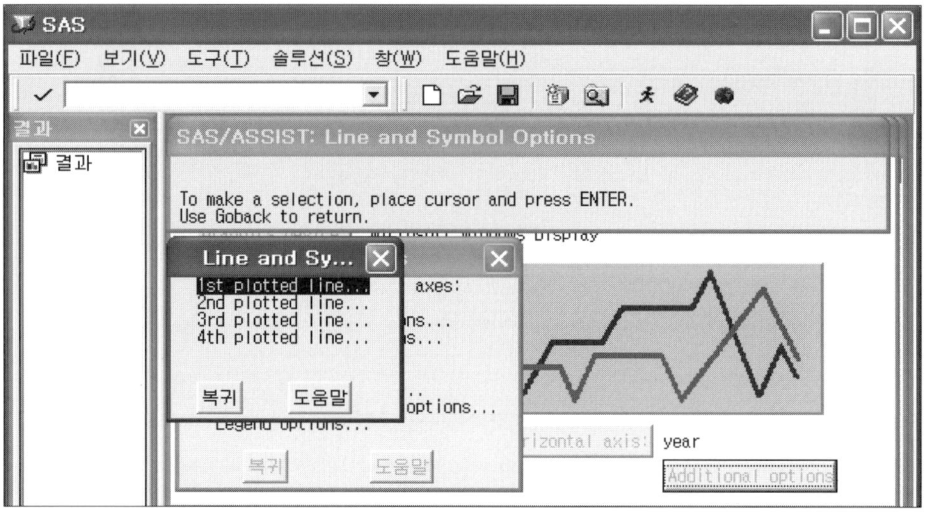

[화면 6.48] Line 선택 메뉴

여기서는 1st plotted line을 클릭하고 [화면 6.49]에서 Line style을 선택하여 'solid'로 지정하고 복귀한 다음 plot symbol을 선택하여 'star'를 지정한 후 확인, 확인을 클릭한다. 2nd plotted line...은 Line style을 '디폴트'로, plot symbol을 'plus'로 지정하고 확인을 클릭한다.

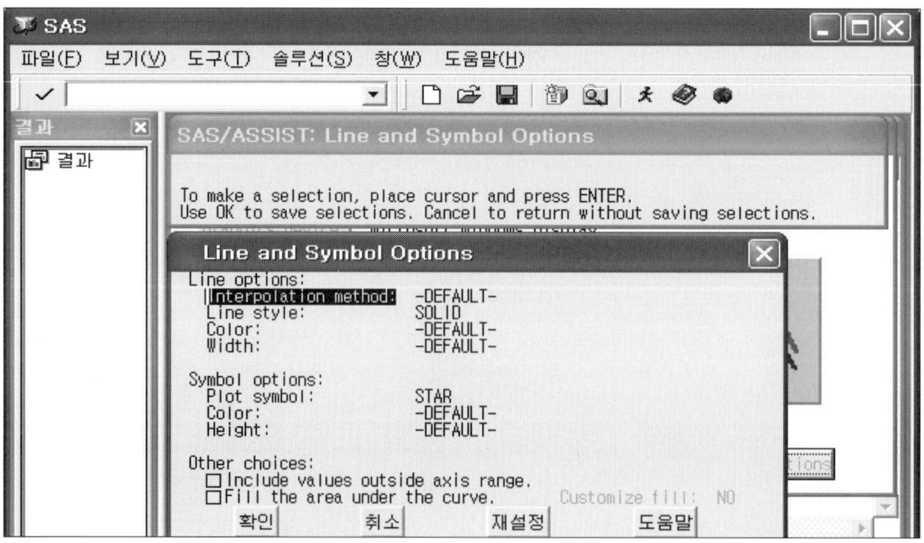

[화면 6.49] 선과 표시의 형태 지정 메뉴

2nd는 관측점을 연결하는 방법으로 여러 종류가 있는데 이를 위해서는 [화면 6.49]에서 Interpolation method를 선택한 후 원하는 종류를 [화면 6.50]에서 선택하면 된다.

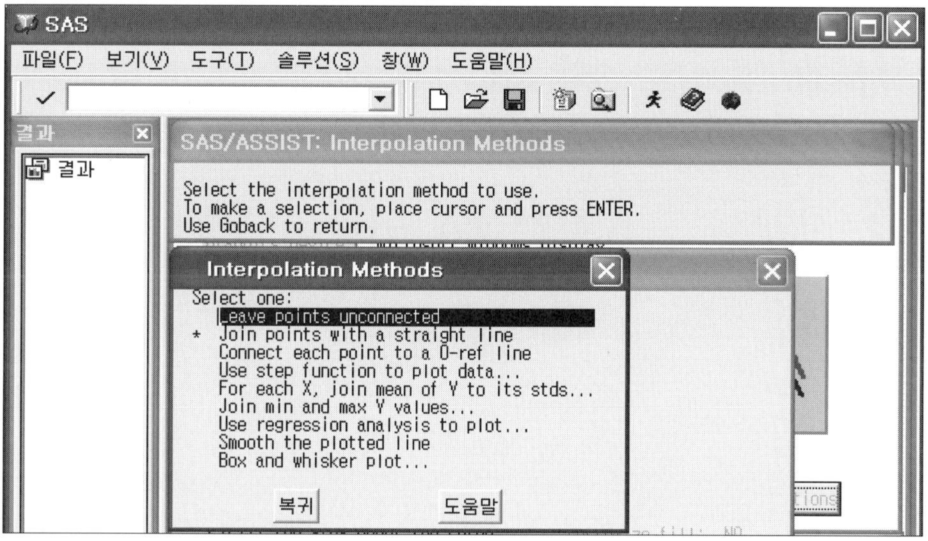

[화면 6.50] 관측점 연결방법 메뉴

연결방법으로는 다음과 같은 것이 있다.

- Leave points unconnected : 관측점들을 연결하지 않는다.
- Join points with a stright line : 관측점들을 직선으로 연결한다.
- Connect each point to a 0-ref line : 각 관측점들을 원점과 연결한다.
- Use step function to plot data : 계단함수로 연결한다.
- For each X, join mean of Y to its stds : 각 관측점의 X값에 대한 Y의 평균과 표준편차를 표시한다.
- Use regression analysis to plot : 회귀선을 그린다.
- Smooth the plotted line : 평활선을 그린다.
- Box and whisker plot : 상자-수염 그림을 그린다.

  생략하면 각 관측점들을 직선으로 연결한다.

④ 텍스트(Text) 및 외곽선 등에 대한 일반적 선택사항을 지정한다.

이를 위해서는 [화면 6.45]에서 General plot options을 선택하면 [화면 6.51]이 호출된다. 여기서 그림 텍스트 색, 폰트, 크기, 그림 외곽선 등을 지정하고 확인을 클릭하면 된다. 이 예에서는 외곽선(Draw a frame around the graph)을 그리고 Font를 'Italic체'로 지정한 다음 확인을 클릭한다.

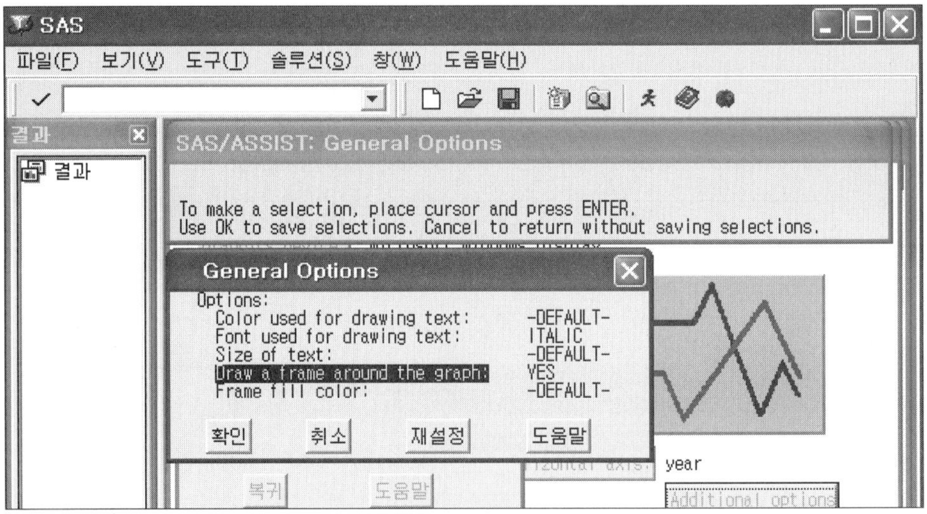

[화면 6.51] General plot options 지정 메뉴

⑤ 범례(Legend)를 선택한다. 이를 위해서 [화면 6.45]에서 Legend options을 선택하면 [화면 6.52]가 호출된다. 여기서 범례와 범례의 그래프 상 위치(예, inside), X축의 방향(예 right), Y축의 방향(예 top)을 지정한다.

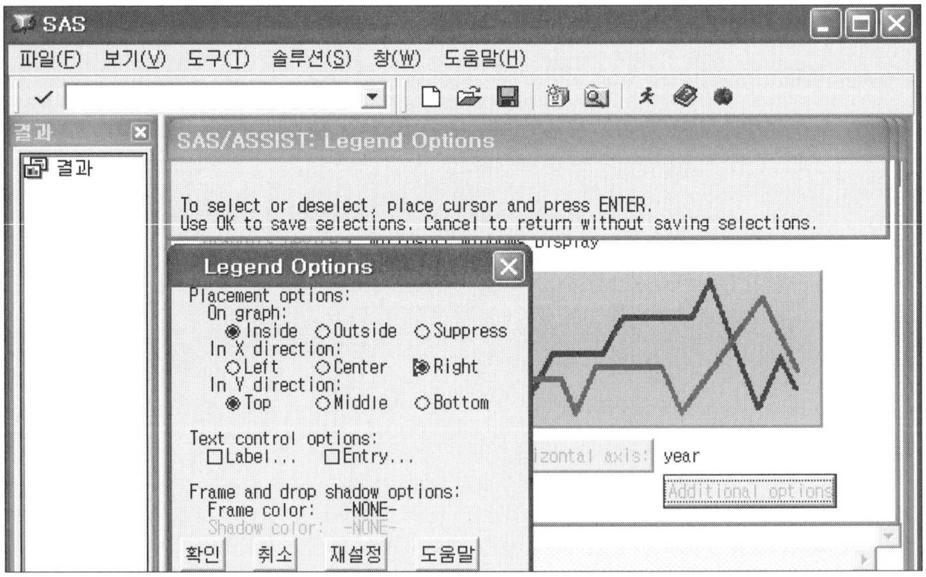

[화면 6.52] 범례지정 메뉴

또한 텍스트의 내용을 지정하기 위해 [화면 6.52]의 entry앞의 □를 선택하면 [화면6.53]이 호출된다. 이때 텍스트의 내용을 입력하기 위해 Customize앞의 ○을 선택한 후 원하는 내용을 입력(예 1)에 inco, 2)에 expe)한 후 확인, 확인을 클릭하여 복귀하면 모든 과정이 완료된다.

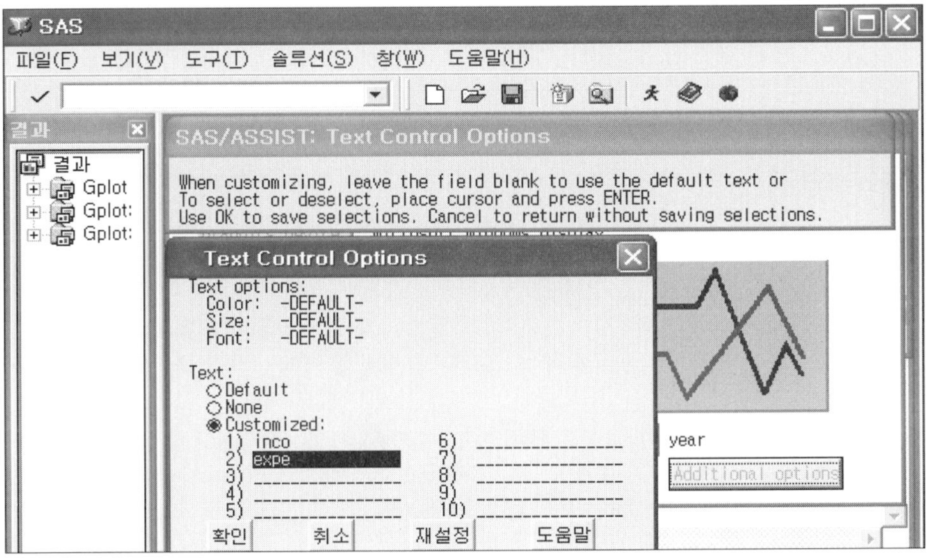

[화면 6.53] 범례 Entry 지정 메뉴

⑥ 이렇게 지정된 내용을 수행하려면 [화면 6.44]로 완전히 복귀한 다음 메뉴바의 [실행]메뉴의 실행을 클릭하면 [화면 6.54]와 같이 분석결과가 출력된다.

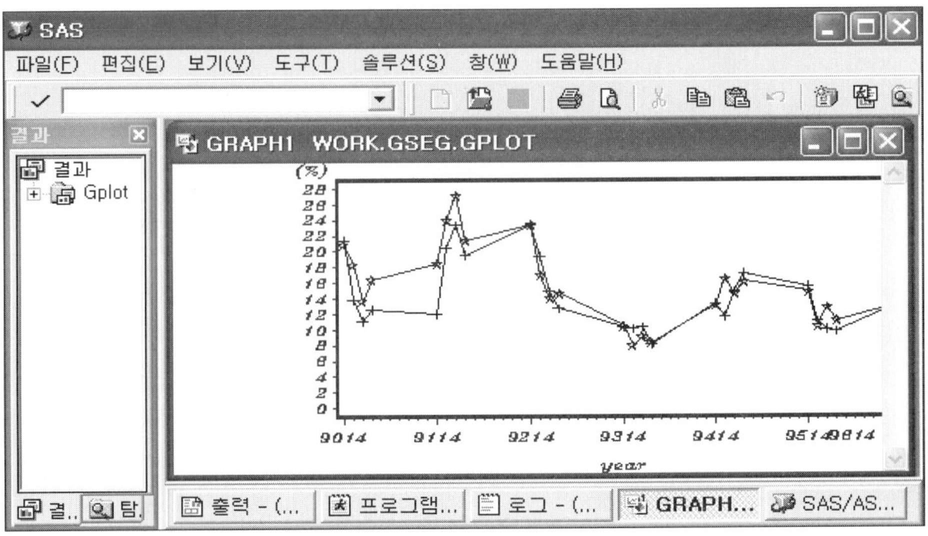

[화면 6.54] 지정 완료 후 출력결과

⑦ 얻어진 그래프를 그래픽 파일 또는 그래픽 카탈로그로 저장할 수 있다. 그리고 메뉴바의 [편집], [현재 그래프 편집] 메뉴를 통하여 완성된 그래프를 수정하여 새로운 그래프를 얻을 수 있다.

CHAPTER 7

SAS/INSIGHT에 의한 자료분석

제7장

SAS/INSIGHT에 의한 자료분석

제1절 SAS/INSIGHT란

프로그램방식으로 통계분석을 하지 않고 메뉴방식으로 통계분석을 할 수 있는 대화형 소프트웨어이다.

INSIGHT 기능을 이용하기 위해서는 SAS/INSIGHT가 설치되어 있어야 한다.

출력결과를 그래픽 형태로 저장할 수 있다.

제2절 SAS/INSIGHT에 의한 자료분석

1. SAS/INSIGHT호출방법

SAS 초기화면에서 메뉴바의 [솔루션] 메뉴를 선택한 후 [분석]메뉴 선택한 다음 부메뉴 중에서 [대화식 데이터 분석] 메뉴를 클릭한다.

또는 명령어===>에서 insight을 입력한 후 Enter↵키를 누린다. 이런 과정을 거치면 [화면 7.1]이 호출된다. 이때 작업을 원하는 라이브러리(Library)와 자료세트(Data set)를 지정한다.

예로 라이브러리는 'work', 자료세트는 'consum를 선택(consum.sas 파일이 자료관리나 편집기 창에서 실행되어 있어야 함)한다. 이들 선택이 완료되면 열기를 클릭한다. 그러면 [화면 7.2]와 같은 자료가 나타나고, SAS/INSIGHT에서 사용할 수 있는 창이 만들어진다.

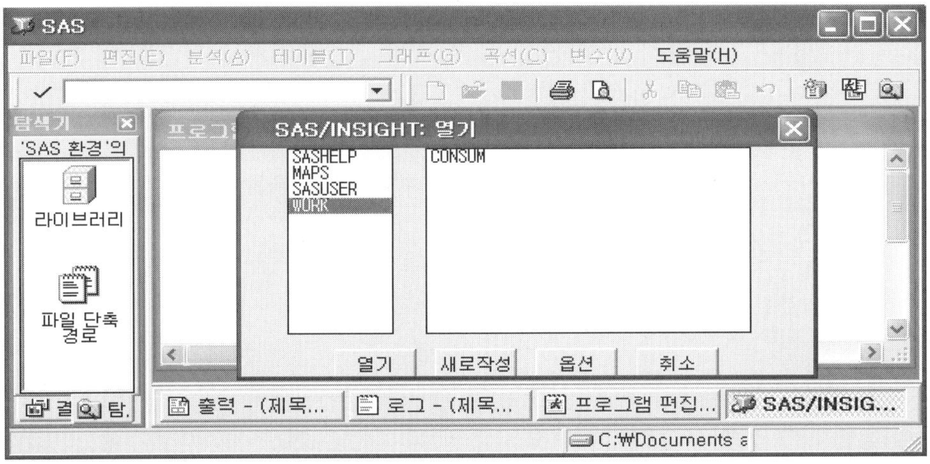

[화면 7.1] SAS/INSIGHT 자료열기(open) 메뉴

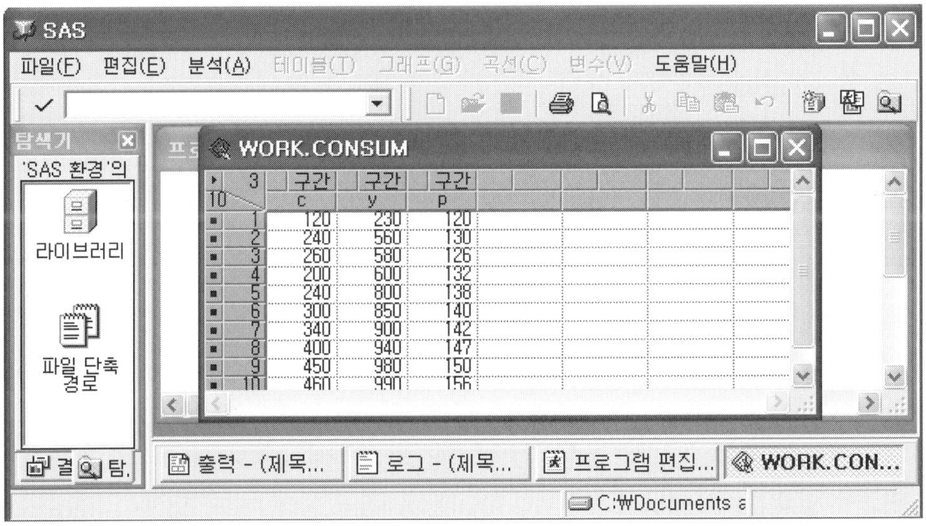

[화면 7.2] consum자료(WORK.CONSUM)

2. SAS/INSIGHT에 의한 자료분석

[화면 7.2]에서 분석방법을 선택하기 위해 메뉴바의 [분석]메뉴를 선택하면 [화면 7.3]과 같은 분석내용이 호출된다.

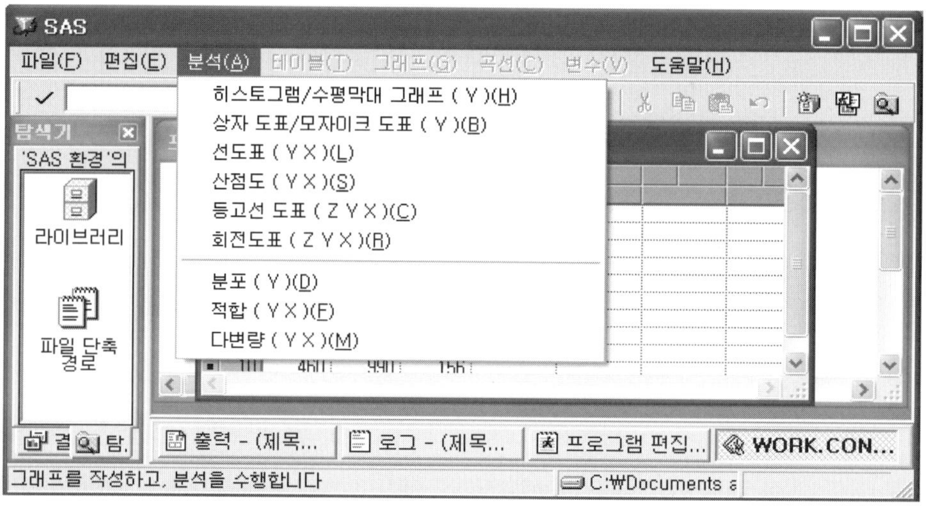

[화면 7.3] 분석방법의 종류 메뉴

① 히스토그램/수평막대 그래프(Y) : 이를 선택하면 막대도표를 그릴 수 있다.
② 상자도표/모자이크 도표(Y) : 이를 선택하면 상자그림을 그린다.
③ 선도표(Y X) : 이를 선택하면 선그래프를 그릴 수 있다.
④ 산점도(Y X) : 이를 선택하면 산점도를 그릴 수 있다.
⑤ 등고선도표(Z Y X) : 이를 선택하면 3차원 회전그림을 그릴 수 있다.
⑥ 분포(Y) : 이를 선택하면 분포함수의 추정, 기술통계량을 계산할 수 있다.
⑦ 적합(Y X) : 이를 선택하면 일반화 선형모형의 적합을 파악할 수 있다.
⑧ 다변량(Y X) : 이를 선택하면 상관계수, 주성분분석을 할 수 있다.

3. 막대도표의 작성

work란 라이브러리와 kims512.sas란 Data set를 이용하여 막대도표를 그리는 과정을 보자.

편집기 창에서 프로그램을 실행시킨 후 [화면 7.1]과 같이 해당 파일을 지정(예 라이브러리 : work와 자료세트 : kims512)하여 [열기]를 클릭하면 [화면 7.2]와 같은 자료가 호출되어 도표 작성을 위한 준비가 완료된다.

막대도표를 작성하기 위해서는 [화면 7.2]에서 메뉴바의 [분석] 메뉴를 선택한 다음 히스토그램/수평막대 그래프(Y)를 선택하면 [화면 7.4]가 호출되는데 이때 원하는 변수(예 X: 경제학과 학생 1달 용돈)를 선택한 후 Y를 클릭하여 X를 지정(단, 구간형(Interval)를 명목형(Normal)으로 바꿀 필요가 있을 때는 원하는 변수위의 [구간]을 클릭하여 [명목]으로 지정해야 한다) 하고 화면 아래의 [방법] 단추를 선택하여 막대의 %를 지정(예 0)한 후 확인을 클릭하면 결과가 얻어진다.

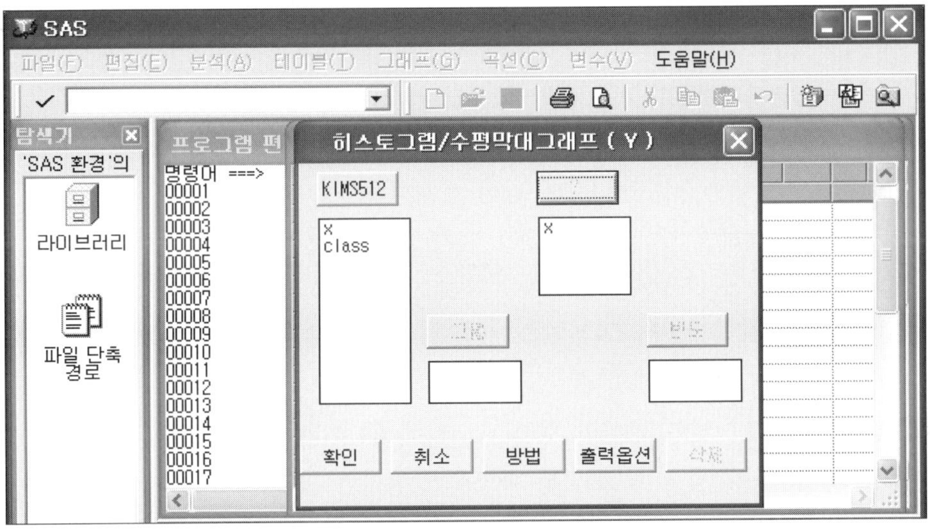

[화면 7.4] 막대도표 작성 메뉴

방법을 생략하면 4이다. 즉 4보다 작은 %는 합쳐저 기타(other)란 조각으로 표현된다. 다음 [출력옵션]을 선택하여 변수명과 레벨이 모두 표시되도록 [모두]앞의 ○을 선택한 후 확인을 클릭한 다음 다시 확인을 클릭하면 [화면 7.5]와 같은 결과가 출력된다.

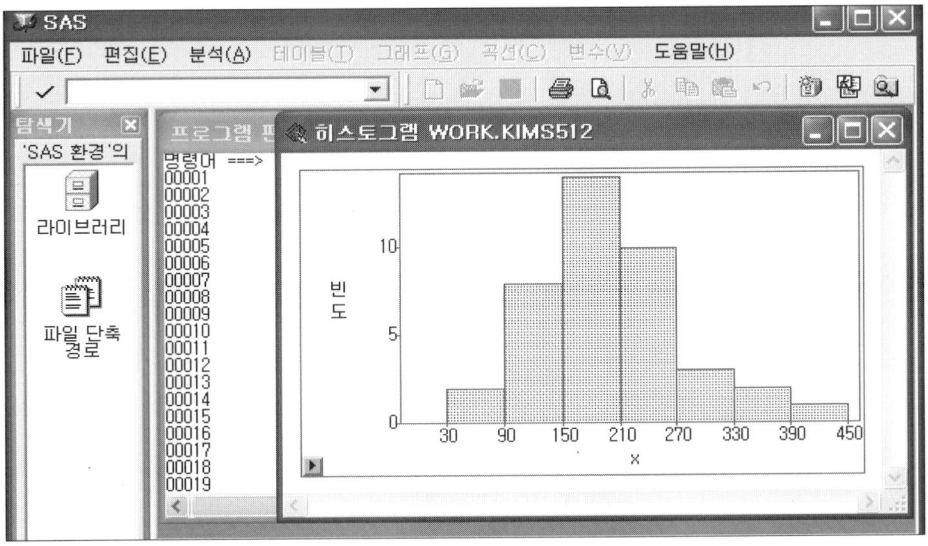

[화면 7.5] 완성된 막대도표

[화면 7.5]아래 왼쪽 ▶를 클릭하여 X축의 표시점의 크기(Ticks), 축의 유무(Axis), 관측점의 유무(Observations), 값(Values), 참조선 등을 지정할 수 있다.

① 크기 : 이를 선택하면 [화면 7.6]이 호출되는데 이때 시작눈금(X축의 시작점: 예 50), 끝 눈금(예 450)의 크기, 표시점의 간격 Tick increment(예 50)를 지정하고 확인을 클릭한다.

② 축(Axis) : 이를 선택하면 X, Y축과 레벨이 붙거나 사라진다.

③ 관측치(Observations) : 이를 선택하면 관측점의 위치 값을 표시할 수 있다. 이를 위해서는 마우스로 원하는 관측점을 클릭하면 값이 표시된다.

④ 값(Values) : 이를 선택하면 막대위에 도수를 표시해주거나 그렇지 않게 한다.

분석된 그림을 저장하기 위해서는 마우스로 그림의 외곽선을 클릭하여 굵게 변화시킨 후 메뉴바의 [파일], [저장], [그래픽 파일]순으로 선택하여 파일을 저장할 경로명(예 c:\)과 파일명(File: 예 kk512.gif), 그래프 파일의 형식(Format: 예 gif), 색깔(Color: 예 칼라 또는 그레이 스케일(grey scale)) 등을 지정한 후 확인을 클릭하면 된다.

이렇게 저장된 그래픽 파일은 호글, 워드, 훈민정음 등 워드프로세서나 페인트 등 그림편집에서 불러와 사용할 수 있다.

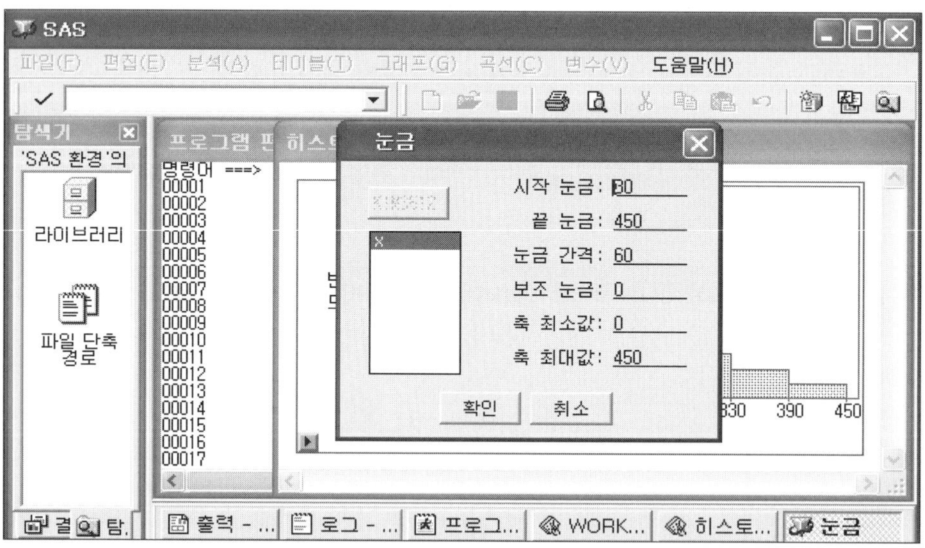

[화면 7.6] 눈금(Ticks) 지정 메뉴

4. 그림 편집 방법

앞에서 완성된 그림을 다양하게 편집할 수 있다.

그림의 크기조절 : [화면 7.5]를 이용하여 그림의 크기를 조절하는 과정은 다음과 같다.

① 그림의 외곽선을 마우스로 클릭하여 그림의 외곽선이 굵게 표시되게 한다.

② 이때 그림의 '코너'에 해당되는 부분 「 ˥ ˪ 」과 '변'에 해당되는 부분 ╷▁╷ 으로 구분된다.

③ 그림의 크기를 조절하기 위해서는 마우스를 원하는 '코너'에 대고 마우스 끌기로 이동하면 된다.

④ 그림을 회전시키기 위해서는 마우스를 원하는 '코너'에 대고 원하는 방향으로 마우스 끌기를 하면 된다.

⑤ 그림을 이동하려면 마우스를 '변'에 대고 마우스 끌기를 해서 이동시키면 된다.

그림 꾸미기와 레벨 부착방법 : 완성된 그림의 왼쪽 아래 코너에 있는 ▶를 이용하여 그림을 다양하게 나타낼 수 있다.

① 눈금(Ticks) : 이를 선택하면 X축의 좌표상 표시점을 붙이는 기능을 수행한다.

② 축(Axis) : 이를 선택하면 X, Y축의 유무를 지정하는 기능을 수행한다.

③ 관측치(Observations) : 이를 선택하면 관측점의 유무를 지정한다. 이를 위해서는 원하는 관측점을 마우스로 클릭하면 값이 표시된다.

④ 값(Values) : 이를 선택하면 막대위에 도수를 표시해주거나 그렇지 않게 한다.

5. 상자그림 작성

어느 대학의 경제학 전공 학생(E)과 수학전공 학생(M)의 1달 용돈(천원)을 조사하여 수집된 자료가 kim5121.sas이라 하자. 이를 이용하여 상자 그림을 그려보자.

그림 작성을 위한 일반적 과정은 막대도표 과정과 같다. [화면 7.1]에서 그림 작성을 위해 라이브러리(예 work)와 자료세트(예 kim5121)를 선택하고 열기를 클릭하면 [화면 7.7]이 호출된다.

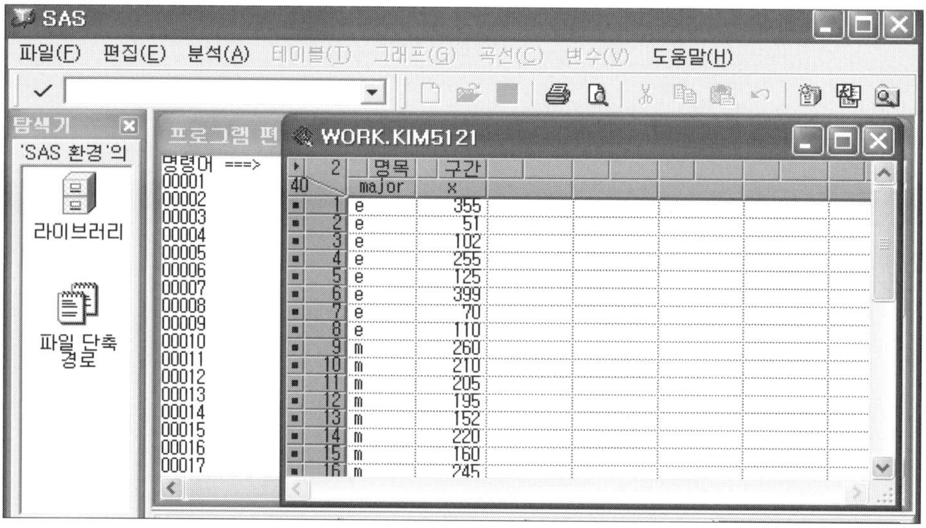

[화면 7.7] WORK.KIM5121 메뉴

메뉴바의 [분석] 메뉴, [상자도표]순으로 클릭하면 [화면 7.8]이 호출되고, 이 화면에 원하는 숫자형 변수를 선택(예 X)하여 Y에 지정하고 다시 문자형 변수(예 major)를 선택한 후 X에 지정한 다음 확인을 클릭하면 [화면 7.9]와 같은 결과 화면이 출력된다.

다른 선택사항을 지정하는 방법과 완성된 그림의 저장방법은 막대도표 작성방법과 같다.

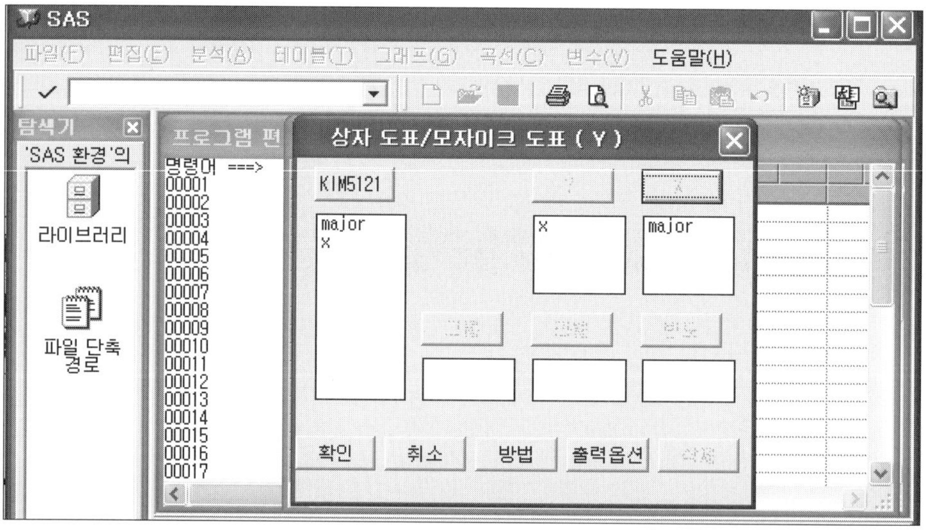

[화면 7.8] 상자그림 작성 메뉴

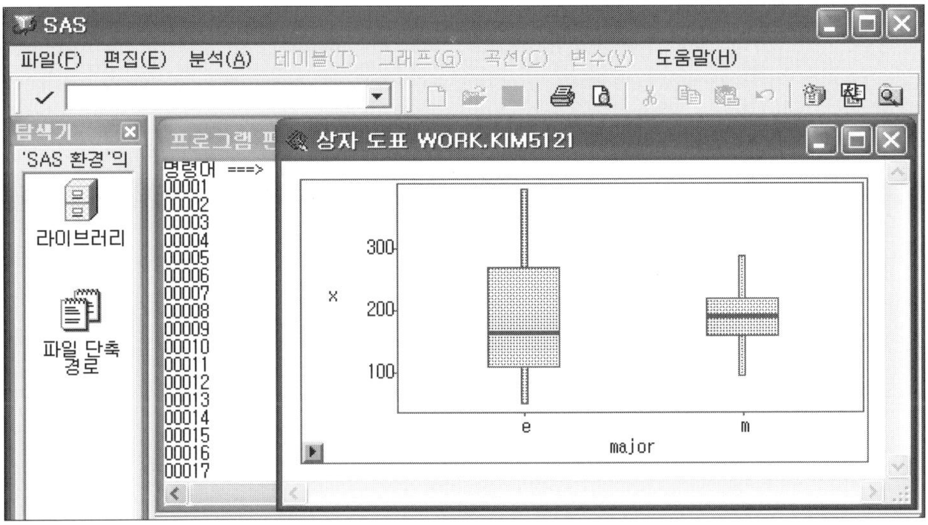

[화면 7.9] 완성된 상자그림

6. 선그래프 작성

1990년 1/4분기부터 1996년 2/4분기까지 근로자가구의 가계소득(inco)과 가계지출(expe) 자료인 kims001.sas를 이용하여 선 그래프를 그려보자.

메뉴바 [솔루션], [분석], [대화형 데이터 분석]순으로 클릭하여 라이브러리(예 work)와 자료세트(예 kims001)을 지정하면 [화면 7.10] 상태가 된다.

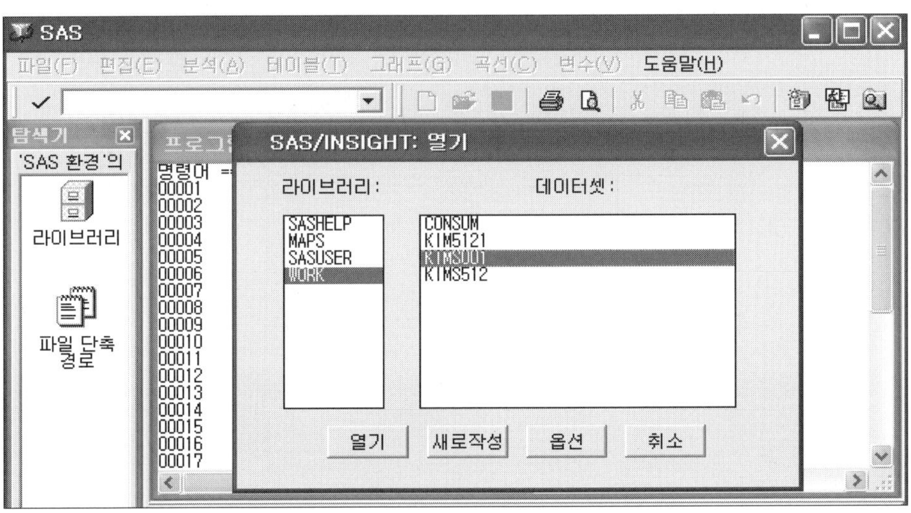

[화면 7.10] SAS/INSIGHT: 열기 메뉴

[화면 7.10]에서 열기를 클릭하면 [화면 7.11]과 같이 원시자료가 보여진다.

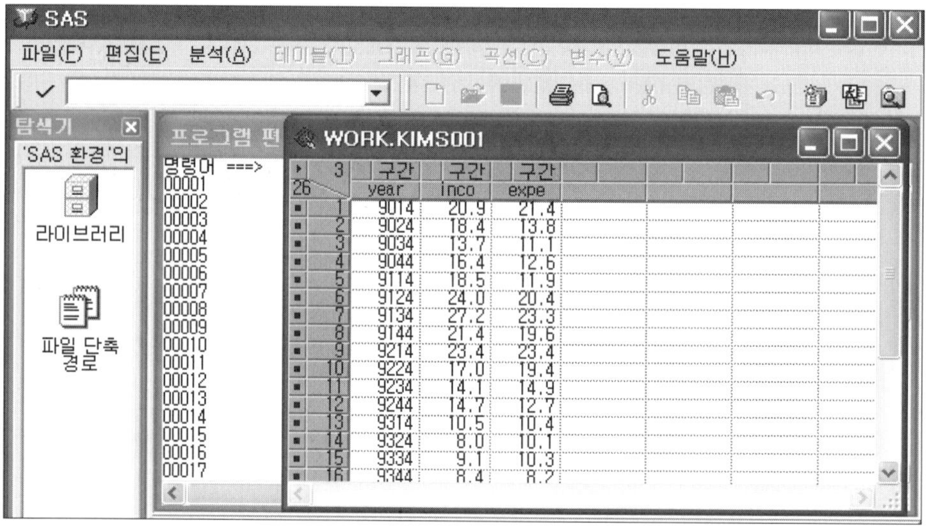

[화면 7.11] WORK.KIMS001메뉴

메뉴바의 [분석], [선 도표]순으로 클릭하여 호출한 다음 원하는 변수(예 inco, expe)를 Y에 선택한 다음, 다시 원하는 변수(예 YEAR)를 X에 선택하고 아래쪽의 출력옵션을 선택하여 원하는 선택사항을 지정(예 모두)한 후 확인을 클릭한 다음 다시 확인을 클릭하면 [화면 7.13]과 같은 결과가 출력된다.

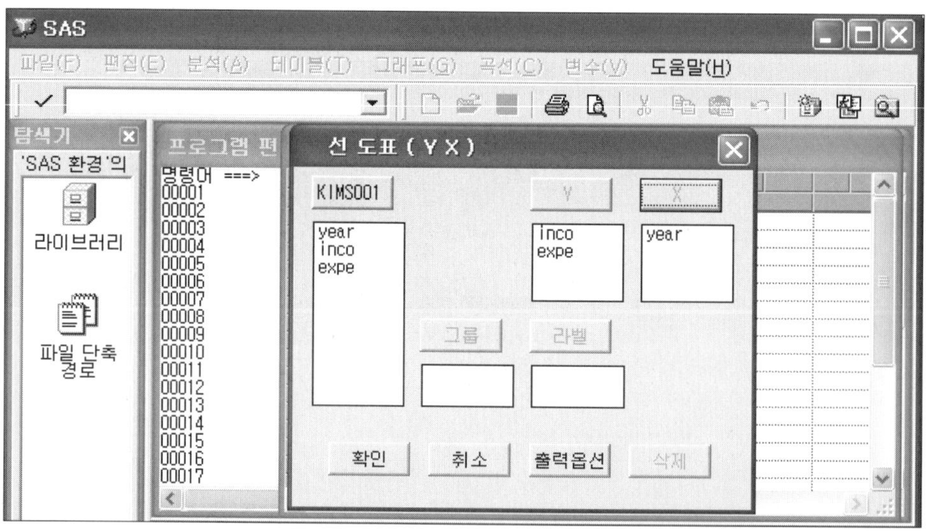

[화면 7.12] 선그래프 작성 지정 메뉴

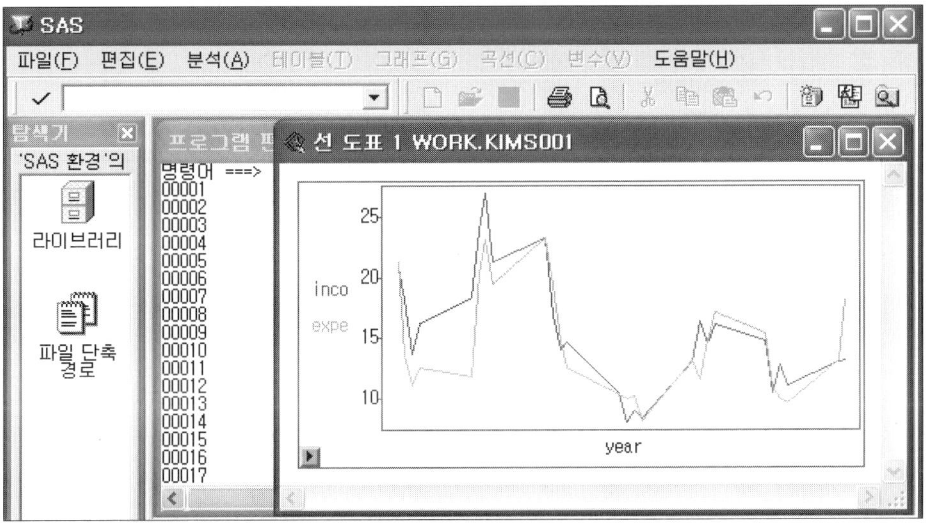

[화면 7.13] 완성된 선그래프

[화면 7.13]의 왼쪽 아래의 ▶를 선택하여 눈금을 선택하면 X축의 눈금을 조정할 수 있다(예 시작눈금: 9200, 끝 눈금: 9600, 눈금간격: 200). 또한 그래프상에 관측치의 점을 표시하기 위해서는 관측치나 값을 이용하면 된다.

7. 3차원회전 그림 작성

영동지역 어느 대학 경제학과 남녀 16명의 경제학 성적(eco)과 재정학 성적(fin)자료인 kim111.sas를 이용하여 3차원회전 그림을 그려보자.

앞의 절차와 같은 과정을 거쳐서 원하는 라이브러리(예 work)와 자료세트(예 kim111)을 선택한 다음 열기를 클릭하면 [화면 7.14]가 호출된다.

메뉴바의 [분석], [회전도표]순으로 클릭하면 [화면 7.15]가 호출되는데 이때 원하는 변수 중 sex를 Z에, eco를 Y에, fin을 X에 지정하고, 변수와 레벨을 모두(Both)를 선택한 다음 확인, 확인을 클릭하면 [화면 7.16]과 같이 완성된 그림이 출력된다.

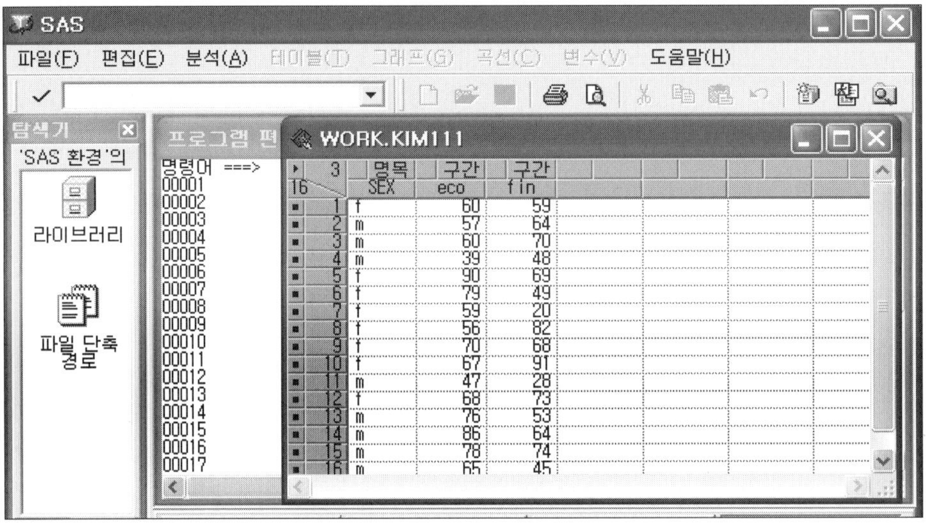

[화면 7.14] WORK.KIM111 메뉴

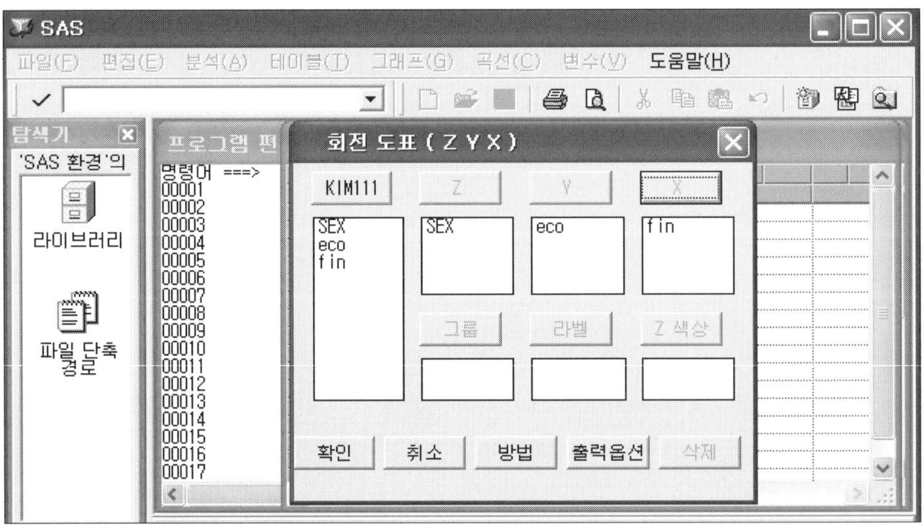

[화면 7.15] 3차원회전 그림 지정 메뉴

여기서 왼쪽 아래의 ▶를 클릭하여 그림 꾸미기를 할 수 있고, 그림의 왼쪽 '화살표'를 이용하여 완성된 그림을 회전시켜 자료를 탐색할 수 있고, 각 자료의 위치는 Shift키를 누른 상태에서 마우스로 찍으면 해당 자료 위치에 숫자(예 14, 7, 11 등)가 나타난다.

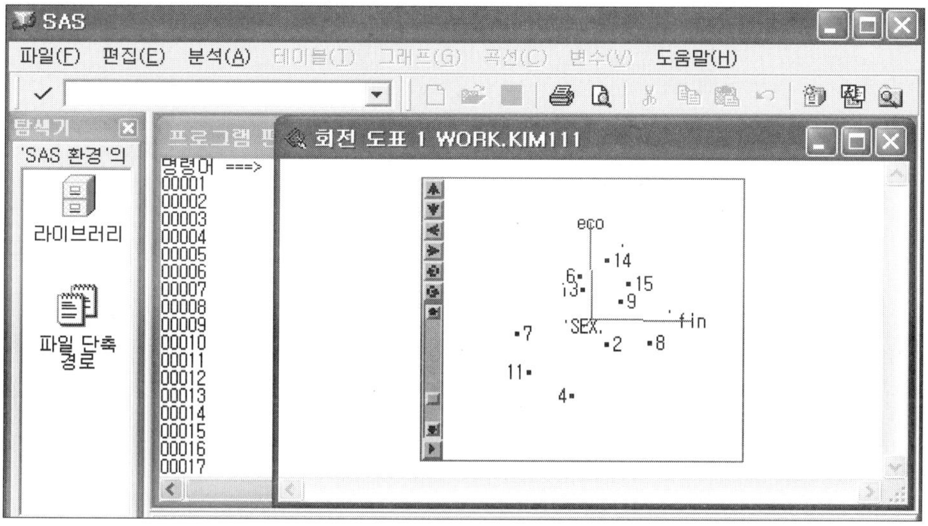

[화면 7.16] 완성된 3차원회전 그림

8. 산점도 작성

앞의 자료 수요함수.sas를 이용하여 산점도를 그려보자.

[화면 7.1]에서 원하는 라이브러리(예 work)와 자료세트(예 수요함수)를 선택하면 [화면 7.17]이 호출된다.

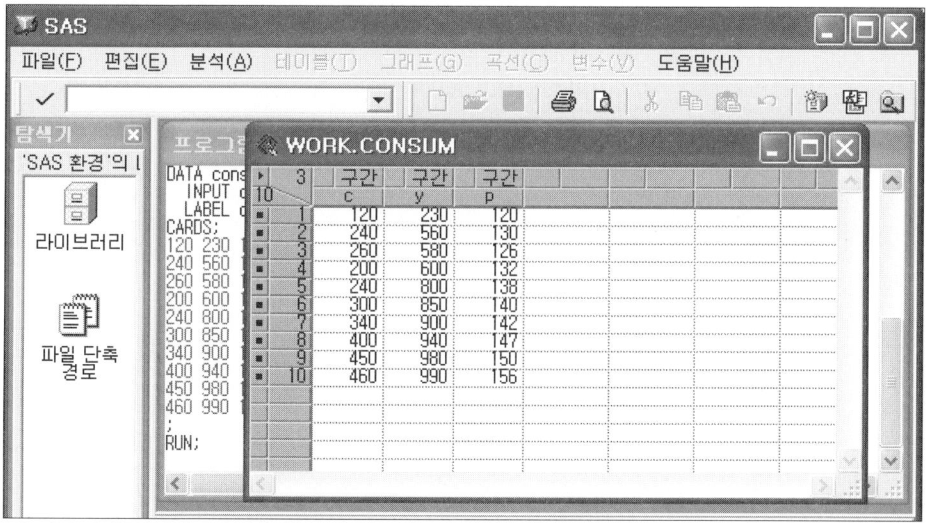

[화면 7.17] WORK.CONSUM 메뉴

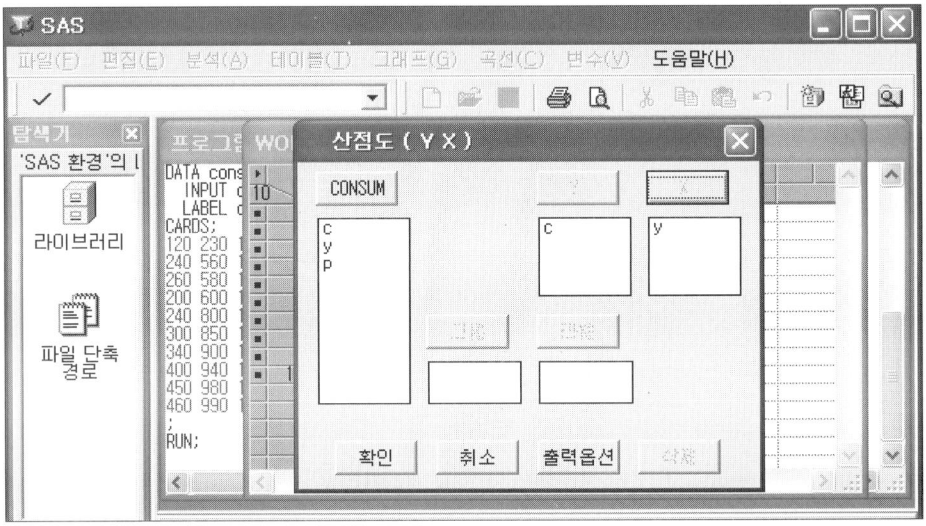

[화면 7.18] 산점도 지정 메뉴

메뉴바의 [분석], [산점도]순으로 클릭하면 [화면 7.18]이 나타나는데 이때 원하는 변수 c를 선택하여 Y에 지정하고, 변수 y를 선택하여 X에 지정하고 Group별 산점도를 그리기 위해 원하는 변수를 선택하여 Group에 지정한 후 출력옵션을 선택한 후 모두를 클릭하여 변수명과 레벨을 지정한 다음 확인, 확인을 클릭하면 산점도가 [화면 7.19]와 같이 그려진다.

[화면 7.19]에서 각 좌표의 숫자를 표시하기 위해서는 Ctrl키나 Shift키를 누른 상태에서 원하는 좌표를 마우스로 클릭하면 숫자가 표시되며, 표식크기 옵션을 이용하여 숫자의 크기를 변경할 수도 있다.

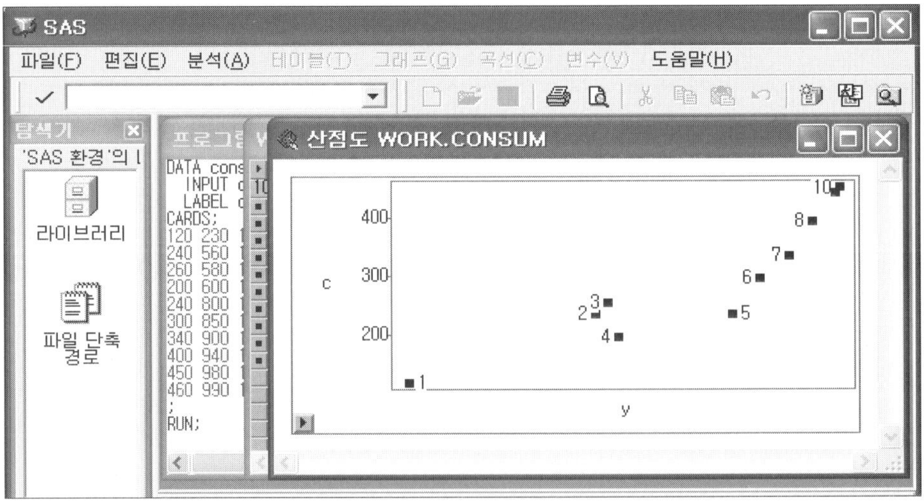

[화면 7.19] 완성된 산점도 그림

9. 그래픽 파일의 저장방법

지금까지 그려본 각종 그림을 저장하기 위해서는 마우스로 그림의 외곽선을 클릭하여 굵게 변화시킨 후 메뉴바의 [파일], [저장], [그래픽 파일]순으로 선택하면 [화면 7.20]이 호출된다.

이때 파일을 저장할 경로명(예 a:\)과 파일명(File : 예 jong.gif), 그래프 파일의 형식(Format : 예 gif), 색(예 칼라) 등을 지정한 후 확인을 클릭하면 그래픽이 지정 디렉토리에 저장된다. 이렇게 저장된 그래픽 파일은 한글, 워드, 훈민정음 등 워드프로세서나 페인트 등 그림편집기에서 불러 이용할 수 있다.

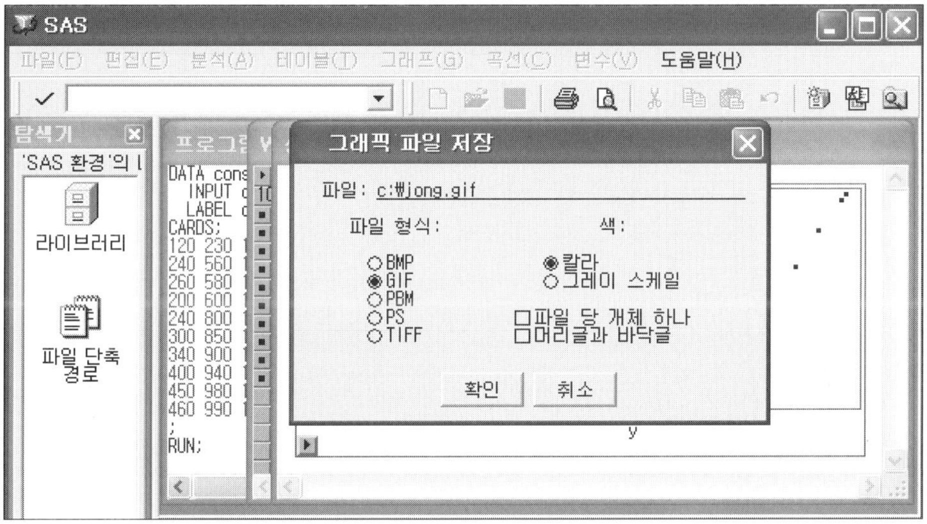

[화면 7.20] 그래픽 파일의 저장 형식과 파일명 지정

작성된 그림을 그래픽 카탈로그로 저장하려면 메뉴바의 [파일], [저장], [그래픽 카랄로그 저장]순으로 선택하여 라이브러리, 카탈로그, 엔트리, 유형 등을 선택한 뒤 확인을 클릭하면 된다. 이렇게 저장된 그림은 Graphic Manager 창에서 그래프를 편집할 수 있다.

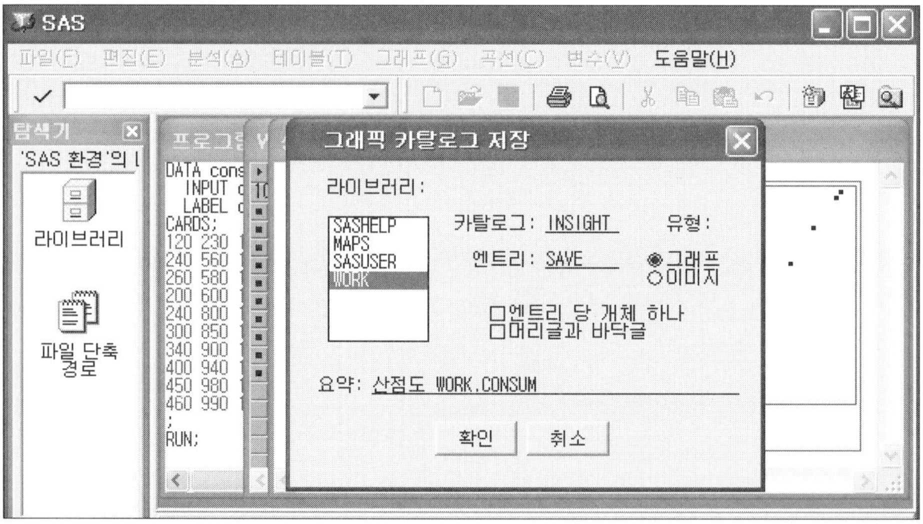

[화면 7.21] 그래픽 카탈로그 파일의 저장 형식과 파일명 지정

10. 분포함수의 추정과 기술통계량 계산

자료 kimsa512.sas를 kim512.sas로 바꾸어 기술통계량을 계산해 보자.

[화면7.1]에서 원하는 라이브러리(예 work)와 자료세트(예 kimsa512)을 선택하면 [화면 7.22]가 호출된다.

[화면 7.22] WORK.KIM512 메뉴

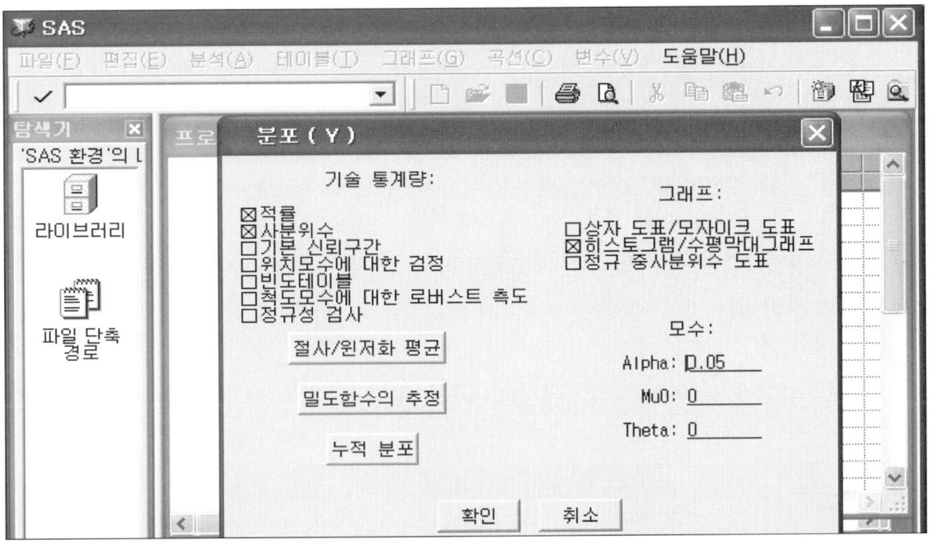

[화면 7.23] 기술통계량 지정 메뉴

메뉴바의 [분석], [분포]순으로 클릭하여 원하는 변수를 선택(예 x)하여 Y에 지정한 후 아래쪽의 방법을 선택하여 자유도를 선택한 후 확인을 클릭한 다음 다시 아래쪽의 출력옵션을 선택하면 [화면 7.23]이 호출된다. 이때 통계량의 종류(예 적률(Moments), 사분위수(Quantiles), 그래프 출력유무(예 히스토그램), T-검정 등)을 선택한 후 확인, 확인을 클릭하면 [화면 7.24]와 같은 결과가 호출된다. 이를 제5장의 KIMSA622.OUT와 비교하면 같다는 것을 알 수 있다.

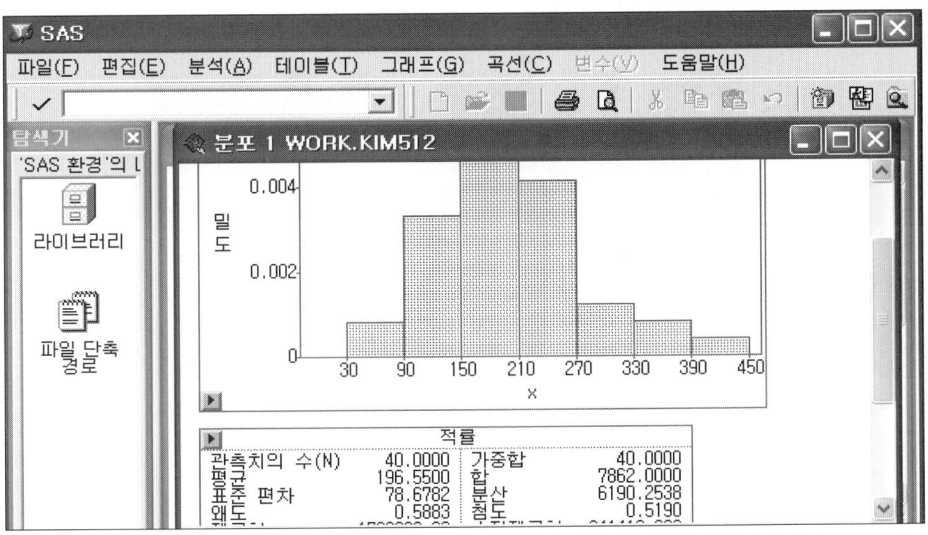

[화면 7.24] 완성된 기술통계량 계산 결과

11. 선형모형에 대한 적합

SAS/INSIGHT에서는 회귀분석, 분산분석, 공분산분석 등을 메뉴방식으로 분석할 수 있는 장점이 있다.

제13장에서 사용된 자료 kimpp121.sas을 kimp121.sas로 바꾸어 회귀분석을 수행해 이를 프로그램 방식에 의한 결과와 어떤 차이가 있는지를 보자.

[화면 7.1]에서 원하는 라이브러리(예, work)와 자료세트(예, kimp121)을 선택하면 [화면 7.25]가 호출된다.

메뉴바의 [분석], [적합]순으로 선택하면 [화면 7.26]이 나타난다.

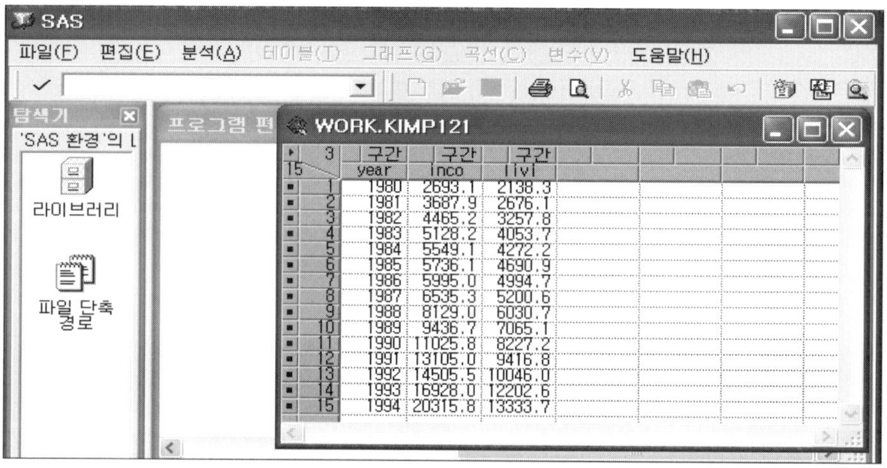

[화면 7.25] WORK.KIMP121 메뉴

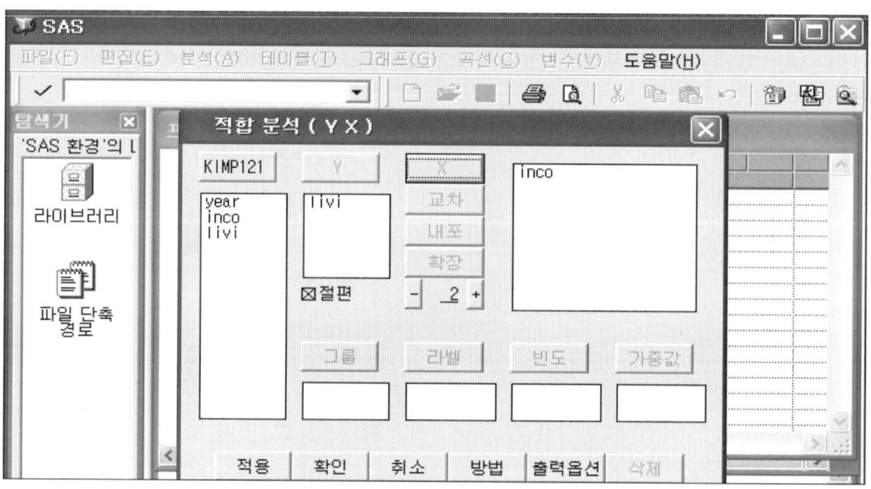

[화면 7.26] 회귀분석의 적합 지정 메뉴

여기서 종속변수 livi를 선택하여 Y에 지정하고, 독립변수 inco를 선택하여 X에 지정한다. 이때 독립변수가 여러 개이면 독립변수를 차례로 선택하여 X에 지정한 후 방법과 출력 옵션을 선택한 다음 확인, 확인을 클릭하면 [화면 7.27]과 같이 분석결과가 호출된다.

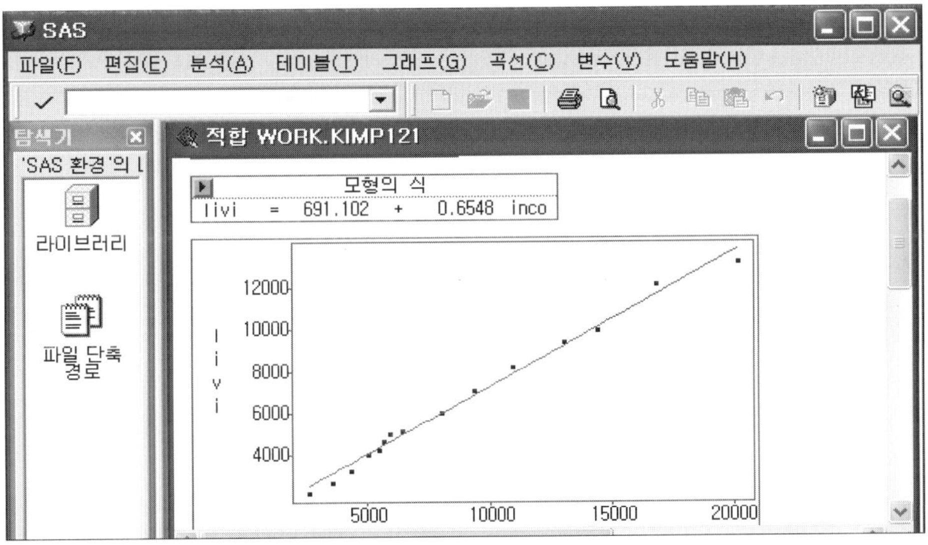

[화면 7.27] 회귀분석의 결과(추정회귀식, 분산분석표, 산점도 등)

[화면 7.26]에서 변수간 교호작용이 있는 경우 교호작용(Cross), 지분효과(Nest), 이차이상의 효과(Expand) 등을 모형에 추가하여 분석할 수 있다. 한편 절편항이 없는 모형도 분석이 가능한데, 이 경우는 [화면 7.26]에서 절편 앞의 □를 클릭하여 '×'를 없애고 확인을 클릭하면 된다.

출력된 그림은 각종 그림의 좌측 아래쪽에 있는 ▶을 클릭하여 그림 꾸미기를 할 수 있다.

테이블도 그림의 출력결과와 동일하게 [파일], [저장], [그래픽 파일 저장] 등을 이용하여 그래픽 파일로 저장할 수 있다.

각 테이블의 왼쪽 아래의 ▶를 이용하여 출력결과의 포맷을 조정할 수도 있고 ▶의 저장을 선택하여 출력결과 중 선택한 테이블을 출력 창으로 출력한 후 텍스트 파일로 저장할 수 있다.

12. 주성분분석과 상관계수 계산

예제 한국의 15개 시도별 취업증가율(gtem), 실업률(gune), 인구증감률(gtop), GRP증가율(ggrp), 전력증가율(gele), 저축률(gsave), 수출률(gexp), 재정증가율(gtfi) 등으로 수집된 자료 princo11.sas를 이용하여 주성분분석을 해 보자.

[화면 7.1]에서 원하는 라이브러리(예 work)와 자료세트(예 princo11)을 지정하여 열기를 클릭하면 [화면 7.28]이 호출된다.

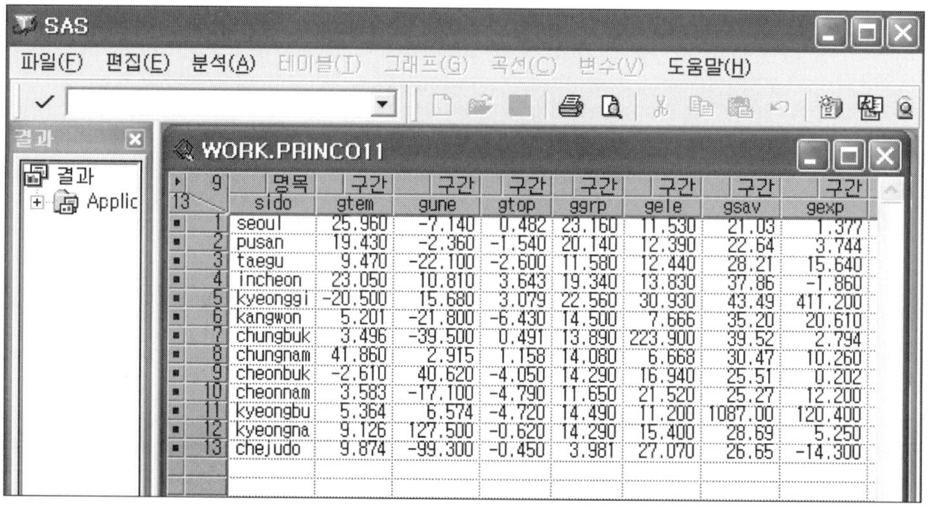

	명목 sido	구간 gtem	구간 gune	구간 gtop	구간 ggrp	구간 gele	구간 gsav	구간 gexp
1	seoul	25.960	-7.140	0.482	23.160	11.530	21.03	1.377
2	pusan	19.430	-2.360	-1.540	20.140	12.390	22.64	3.744
3	taegu	9.470	-22.100	-2.600	11.580	12.440	28.21	15.640
4	incheon	23.050	10.810	3.643	19.340	13.830	37.86	-1.860
5	kyeonggi	-20.500	15.680	3.079	22.560	30.930	43.49	411.200
6	kangwon	5.201	-21.800	-6.430	14.500	7.666	35.20	20.610
7	chungbuk	3.496	-39.500	0.491	13.890	223.900	39.52	2.794
8	chungnam	41.860	2.915	1.158	14.080	6.668	30.47	10.260
9	cheonbuk	-2.610	40.620	-4.050	14.290	16.940	25.51	0.202
10	cheonnam	3.583	-17.100	-4.790	11.650	21.520	25.27	12.200
11	kyeongbu	5.364	6.574	-4.720	14.490	11.200	1087.00	120.400
12	kyeongna	9.126	127.500	-0.620	14.290	15.400	28.69	5.250
13	chejudo	9.874	-99.300	-0.450	3.981	27.070	26.65	-14.300

[화면 7.28] WORK.PRINCO11 메뉴

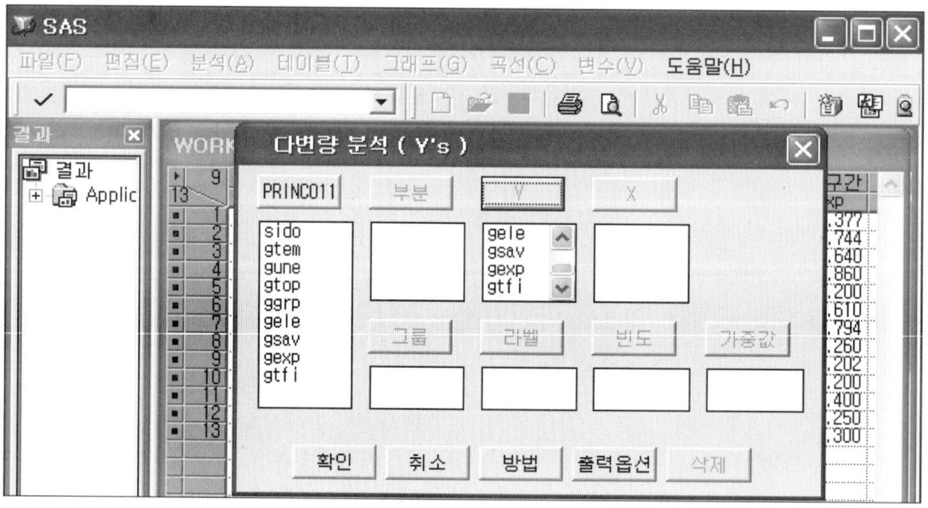

[화면 7.29] 주성분분석 지정 메뉴

주성분 분석을 수행하기 위하여 메뉴바의 [분석], [다변량]순으로 선택하여 분석에 필요한 변수들을 PRINCO11에서 선택하여 Y에 지정한 것이 [화면 7.29]이다.

자료세트 princo11에 포함된 변수 중 분석에 사용될 숫자변수를 차례로 선택(예 gtem, gune, gtop, ggrp, gele, gsave, gexp, gtfi)하여 Y에 지정하면 앞에서 선택된 변수가 모두 Y에 포함된다.

다음에 아래쪽의 방법을 선택하여 공분산행렬, 상관계수행렬, 분산, 회전옵션 등 필요한 사항을 선택한 후 확인을 클릭한다. 다시 출력옵션을 선택하여 원하는 통계량, Plot 그리고 주성분분석 앞의 □을 클릭한 후 주성분 옵션을 선택한다. 고유벡터가 자동이면 고유값이 1이상인 주성분만 출력된다. 그리고 행렬형태(예 0) 등을 선택한 후 확인, 확인, 확인을 클릭하면 [화면 7.30]처럼 결과가 출력된다. 여기서는 이밖에도 정준 상관분석, 정준 판별분석, 최대 연관성분석 등이 가능하다.

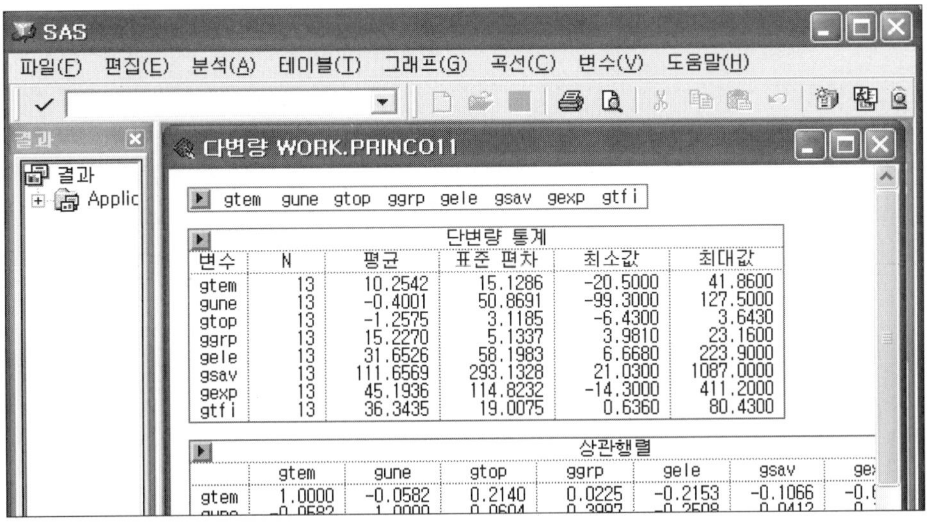

변수	N	평균	표준 편차	최소값	최대값
gtem	13	10.2542	15.1286	-20.5000	41.8600
gune	13	-0.4001	50.8691	-99.3000	127.5000
gtop	13	-1.2575	3.1185	-6.4300	3.6430
ggrp	13	15.2270	5.1337	3.9810	23.1600
gele	13	31.6526	58.1983	6.6680	223.9000
gsav	13	111.6569	293.1328	21.0300	1087.0000
gexp	13	45.1936	114.8232	-14.3000	411.2000
gtfi	13	36.3435	19.0075	0.6360	80.4300

	gtem	gune	gtop	ggrp	gele	gsav	ge
gtem	1.0000	-0.0582	0.2140	0.0225	-0.2153	-0.1066	-0.

[화면 7.30] 주성분분석의 결과(요약통계량, 상관행렬, 고유값, 고유벡터)

그 외 그림 꾸미기, 그래픽 파일로 저장하기, 각 테이블의 포맷, 텍스트 파일로 저장하기 등은 앞의 회귀분석을 참조하기 바란다.

이 분석결과를 제15장의 프로그램에 의한 결과와 비교하면 같은 결론을 얻고 있음을 알 수 있다. 따라서 메뉴방식이 얼마나 편리한지를 쉽게 이해할 수 있을 것이다.

CHAPTER 8

확률분포의 확률계산

제8장

확률분포의 확률계산

제1절 확률과 SAS 함수

1. 확률

(1) 확률이란

확률(probability)은 어떤 사상이 발생할 가능성의 정도를 말한다.

예로 A사상이 발생할 확률은 $P(A)$로 표시하며, 이는 0이상 1이하의 값을 갖는다.

$$0 \le P(A) \le 1$$

(2) 결합사상

A사상과 B사상이 있는 경우 이 사상들의 결합으로 합사상($A \cup B$), 곱사상($A \cap B$) 그리고 여사상(A')이 있다.

$$P(A \cup B) = P(A) + P(B) - P(A \cap B)$$

$$P(A \cap B) = P(A) + P(B) - P(A \cup B)$$

$$P(A') = 1 - P(A)$$

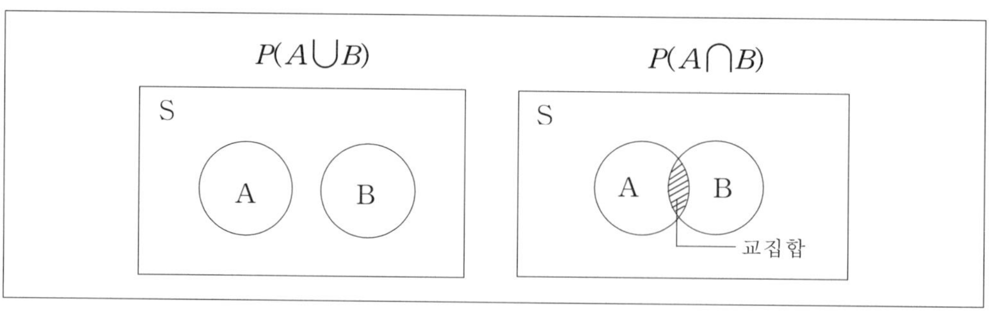

(3) 결합확률과 주변확률

결합확률 : 둘 이상의 사상이 동시에 결합하여 발생할 확률($A \cap B$)

주변확률 : 같은 성질을 지닌 결합확률의 합 $P(A)$

아래 선호도 조사에서 주변확률 값 : $P(A)=P(A \cap C)+P(A \cap D)=0.1+0.3=0.4$

예제 다음 표는 100명의 남자(A)와 여자(B)들을 대상으로 갑과 을농장에 대한 선호도를 조사한 결과이다.

구 분	갑농장(C)	을농장(D)	합 계
남자(A)	10	30	40
여자(B)	40	20	60
합 계	50	50	100

① 남자이면서 을농장을 선호할 확률: $P(A \cap D)$=0.3

② 갑농장을 선호할 확률: $P(C)=0.5$

③ 여자이거나 갑농장을 선호할 확률: $P(B \cup C)=P(B)+P(C)-P(B \cap C)=0.7$

(4) 조건부확률

하나의 사상이 발생한 상태에서 다른 사상이 발생할 확률

$$P(A/B)=\frac{P(A \cap B)}{P(B)}=\frac{P(A)P(B/A)}{P(B)}=\frac{P(B)P(A/B)}{P(B)}$$

농장선호 조사에서 여자인 조건하에서 갑농장을 선호할 확률은 다음과 같다.

$$P(C/B)=\frac{P(C \cap B)}{P(B)} \fallingdotseq 0.67$$

2. 이용 가능한 SAS 내장함수

SAS에서 계산 가능한 확률분포에는 이항분포, 포아송분포, 정규분포, t분포, F분포, x^2분포, 베타분포, 감마분포 등 여러 가지 분포가 있다. 이들 분포의 확률계산에 이용되는 SAS 내장 함수는 다음과 같은데, 이들 함수들은 모두 누적확률함수 값을 계산해 준다.

확률분포	SAS 함수	확률분포	SAS 함수
이항분포	PROBBNML(p,n,x)	t 분포	PROBT(X,df<,nc>)
포아송분포	POISSON(λ,x)	F 분포	PROBF(X,ndf,ddf<,nc>)
정규분포	PROBNORM(Z)	x^2 분포	PROBCHI(X,df<,nc>)
초기하분포	PROBHYPR(T,K,n,x)	베타분포	PROBBETA(X,a,b)
부의이항분포	PROBNEGB(p,n,x)	감마분포	PROBGAM(x,a)

제2절 이항분포의 확률계산

1. 개념

이항분포 : 이항실험에서 관찰되는 성공의 총횟수를 나타내는 확률변수 X가 갖는 확률분포로 모수는 n과 p이다.

$$X \sim b(n,\ p)$$

이항실험 : 성공(S), 실패(F) 중 하나의 결과만 실현되는 동일한 베르누이 시행을 n회 반복하고, 이것이 서로 독립적인 실험을 의미한다.

n<30 일 때 P=0.5이면 좌우대칭, P>0.5이면 왼쪽 꼬리분포, P<0.5 이면 오른쪽 꼬리분포를 하게 된다.

$$P(X;\ n, p) = \begin{cases} \binom{n}{X} p^X q^{n-X} & : X = 1, 2, \ldots,\ n, \quad n = 0,\ 1,\ 2, \ldots, \\ 0 : & : \text{기타} \end{cases}$$

여기서 n : 시행횟수, X : 확률변수, P : 성공확률, q : 실패확률(=1-p)

2. SAS에 의한 확률계산

SAS에서 이항분포의 확률값은 PROBBNML을 이용하면 되는데, 일반형식은 다음과 같다.

```
PROBBNML (P, n, 변수명);
```

n=10, P=0.1에서 0.01씩 증가하여 0.20까지의 이항분포의 확률값을 구해보자

프로그램명: KIMPA721.SAS

```
     OPTIONS nodate;
     DATA kimpa721;
㉮     n=10;
㉯     DO X=0 TO n;
㉰        DO p=0.01 TO 0.20 BY 0.01;
```

```
㉣        IF X=0 THEN prob=PROBBNML(p,n,X);
㉤        ELSE prob=PROBBNML(p,n,X)-PROBBNML(p,n,X-1);
㉥        OUTPUT;
       END;
     END;
   RUN;

㉦ PROC TABULATE;
㉧    CLASS X p;
㉨    VAR prob;
㉩    TABLE X,p*prob*SUM*F=6.4;
   RUN;
```

㉮ 시행횟수를 지정한다. 이항분포에서 n=1~30이다.

㉯ 확률변수 X의 값이 0부터 n번까지의 값으로 n+1회 반복 시행한다.

㉰ 변수 p가 0.01부터 시작하여 0.01씩 증가하여 0.2가 될 때까지 반복 시행된다.

㉱ 만약 X의 값이 0인 경우에만 THEN 뒤의 prob=PROBBNML(p, n, X)이 실행되고, X의 값이 0이 아닌 경우에는 ㉤가 실행된다.

㉤ prob= PROBBNML(p, n, X)-PRLBBNML(p, n, X-1) : 누적확률 값을 계산하게 되는데 이는 다음 관계 때문이다.
$P(X=x)= F(x)-F(x-1)= P(X\leq x)-P(X\leq(x-1))$

㉥ 자료세트 kimpa721에 DO문에서 지정하는 변수(X)와 생성된 변수(p)가 포함된다. OUTPUT를 지정하지 않으면 포함되지 않는다.

㉦ ㉮~㉥에서 실행된 결과를 계층구조의 보고서 형식으로 출력시키라는 명령문이다.
이것에 의해 작성된 것이 이항분포이다.

㉧ CLASS문 : 표를 작성하는데 필요한 분류변수를 지정하는 문장이다. 확률변수(X)와 성공확률(p)을 지정한다.

㉨ VAR문 : CLASS문에서 지정한 변수의 측정값을 나타내는 변수를 지정한다.

㉩ TABLE : 변수X에 해당되는 값을 행, 변수p에 해당되는 값을 열로 표시하고 이에 대응하는 확률값 PROB를 각 칸(cell)에 표시된다.
PROC TABULATE에서 각 칸의 값이 도수인데, prob의 값인 확률값을 각 칸 값으로 하기 위하여 prob*SUM으로 지정해야 한다. 이는 prob값을 합으로 인식하라는 명령이다.
F=6.4는 전체 6자리에서 소수점 4자리까지 표시하라는 의미이다.

분석결과: KIMPA721.OUT

㉮	P						
	0.01	0.02	0.03	0.04	0.05	0.06	0.07
	PROB	PROB	PROB	PROB	PROB	PROB	PROB
	SUM	SUM	SUM	SUM	SUM	SUM	SUM
X							
0	0.9044	0.7181	0.7374	0.6648	0.5987	0.5386	0.4840
1	0.0914	0.1667	0.2281	0.2770	0.3151	0.3438	0.3643
2	0.0042	0.0153	0.0317	0.0519	0.0746	0.0988	0.1234
중간생략							
7	0.0000	0.0000	0.0000	0.0000	0.0000	0.0000	0.0000
8	0.0000	0.0000	0.0000	0.0000	0.0000	0.0000	0.0000
9	0.0000	0.0000	0.0000	0.0000	0.0000	0.0000	0.0000
10	0.0000	0.0000	0.0000	0.0000	0.0000	0.0000	0.0000

(CONTINUED) : 생략

㉮ 계산된 확률 값은 X=0, P=0.01인 경우가 가장 크고 X가 클수록 확률값은 0에 가까워진다.

예제 자동차를 생산하는 A회사의 생산품 중 10%가 불량품일 때 임의로 10대를 추출할 때 불량자동차가 2대 이상일 확률은 얼마인가?

프로그램명: KIMPA722.SAS

```
    OPTIONS nodate;
    DATA kimpa722;
      n=10;
      DO X=2 TO n;
        DO p=0.1;
         prob=PROBBNML(p,n,X)-PROBBNML(p,n,X-1);
         OUTPUT;
        END;
      END;
    RUN;
㉮  PROC TABULATE;
       CLASS X p;
       VAR prob;
       TABLE X,p*prob*SUM*F=6.4;
    RUN;
㉯   PROC MEANS SUM DATA=kimpa722 MAXDEC=4;
        VAR prob;
    RUN;
```

㉮ 불량자동차가 2대이상 추출될 확률값이 보고서 형식으로 출력된다.
㉯ 불량자동차가 2대이상 10대까지 추출될 확률값 (P(X=2) + P(X=3) + P(X=4) + P(X=5) + P(X=6) + P(X=7) + P(X=8) + P(X=9) + P(X=10))이 출력된다.

분석결과: KIMPA722.OUT

	P
	0.1
	PROB
	SUM
X	
2	0.1937
3	0.0574
4	0.0112
5	0.0015
6	0.0001
7	0.0000
8	0.0000
9	0.0000
10	0.0000

Analysis Variable : PROB
㉮ Sum
0.2639

㉮ 불량자동차가 2대 이상일 확률이 0.2639임을 보여준다.

제3절 포아송분포의 확률계산

1. 개념

포아송분포 : 이항분포의 평균만 알고 있는 확률변수 X의 발생 확률 값을 구할 때 사용되는 분포로, 분포의 형태를 결정하는 모수는 람다(λ)이다. 이는 단위 시간당 사건의 평균발생 건수를 나타낸다.

λ값이 0에 가까울수록 오른쪽 꼬리분포를 하고 클수록 좌우대칭에 접근한다.

$$P(X;\ \lambda)= \begin{cases} \dfrac{e^{-\lambda}\lambda^{X}}{X!} : & X=0,\ 1,\ 2,\ \ldots,\ \lambda>0 \\ 0 & :\text{기타} \end{cases}$$

여기서 e : 자연로그(e=2.7183...), X : 확률변수

2. SAS에 의한 확률계산

SAS에서 포아송분포의 확률값은 함수 POISSON를 이용하며, 이의 일반형식은 다음과 같다.

POISSON (λ,X) ; 단 X : 변수명

예제 X = 0부터 10까지 이고 λ = 0.1에서 0.1씩 증가하여 2.0까지의 확률값을 구해보자.

프로그램명 : KIMPA731.SAS

```
    OPTIONS nodate;
    DATA kimpa731;
㉮    DO X=0 TO 10;
        DO lambda=0.10 TO 2.0 BY 0.1;
          IF X=0 THEN prob=POISSON(lambda,X);
          ELSE prob=POISSON(lambda,X)-POISSON(lambda,X-1);
          OUTPUT;
        END;
      END;
    RUN;

    PROC TABULATE;
        CLASS X lambda;
        VAR prob;
㉯  TABLE X,lambda*prob*SUM*F=6.4;
    RUN;
```

㉮ λ가 0.1부터 0.1씩 증가하여 2.0일 때까지 X=0부터 10이 될 때까지 반복 실행된다.
㉯ 그 외의 의미는 이항분포에서와 같다.

분석결과: KIMPA731.OUT

㉮	LAMBDA									
	0.1	0.2	0.3	0.4	0.5	0.6	0.7	0.8	0.9	1.0
	PROB	PROB	PROB	PROB	PROB	PROB	PROB	PROB	PROB	PROB
	SUM	SUM	SUM	SUM	SUM	SUM	SUM	SUM	SUM	SUM
X										
0	0.9048	0.8187	0.7408	0.6703	0.6065	0.5488	0.4966	0.4493	0.4066	0.3679
1	0.0905	0.1637	0.2222	0.2681	0.3033	0.3293	0.3476	0.3595	0.3659	0.3679
2	0.0045	0.0164	0.0333	0.0536	0.0758	0.0988	0.1217	0.1438	0.1647	0.1839
중간생략										
7	0.0000	0.0000	0.0000	0.0000	0.0000	0.0000	0.0000	0.0000	0.0000	0.0000
8	0.0000	0.0000	0.0000	0.0000	0.0000	0.0000	0.0000	0.0000	0.0000	0.0000
9	0.0000	0.0000	0.0000	0.0000	0.0000	0.0000	0.0000	0.0000	0.0000	0.0000
10	0.0000	0.0000	0.0000	0.0000	0.0000	0.0000	0.0000	0.0000	0.0000	0.0000
(CONTINUED) : 생략										

㉮ λ=0.1에서 2.0까지, X=0에서 10까지 이항분포의 확률값이다.

예제 동해항에 시간당 평균 3척의 배가 입항한다고 할 때 이 항구에서 1시간 동안 5척의 배가 입항할 확률은 얼마인가?

프로그램명 : KIMPA732.SAS

```
OPTIONS nodate;
DATA kimpa732;
  DO X=5;
    DO lambda=3;
      prob=POISSON(lambda,X)-POISSON(lambda,X-1);
      OUTPUT;
    END;
  END;
RUN;

㉮ PROC PRINT;
RUN;
```

㉮ λ가 3이고 X가 5일 때 포아송분포의 확률값이 출력된다.

분석결과: KIMPA732.OUT

```
                              ㉮
   OBS    X    LAMBDA    PROB
     1    5       3     0.10082
```

㉮ X=5, λ(lambda)=3 일 때 포아송분포의 확률값이 0.10082임을 보여주고 있다.

3. 포아송분포에 의한 이항분포의 근사화

이항분포에서 n이 아주 크거나 P가 매우 적으면 이항분포를 사용치 않고 포아송분포를 이용해도 두 분포의 확률값이 거의 같아진다는 것이다.

$$\lim_{n\to\infty}\binom{n}{x}p^{X}q^{n-X}=\frac{e^{-\lambda}\ \lambda^{X}}{X\,!}$$

예제 P = 0.02이고 n = 80인 경우 이항분포와 포아송분포의 확률값을 비교해 보자.

프로그램명 : KIMPA733.SAS

```
    OPTIONS nodate;
    DATA kimpa733;
㉮     n=80;
       p=0.02;
       lambda=1;
㉯     DO X=0 TO 10;
㉰       IF X=0 THEN X1=PROBBNML(p,n,X);
         ELSE X1=PROBBNML(p,n,X)-PROBBNML(p,n,X-1);

㉱         IF X=0 THEN X2=POISSON(lambda,X);
           ELSE  X2=POISSON(lambda,X)-POISSON(lambda,X-1);
           OUTPUT;
        END;
    RUN;
    PROC TABULATE;
       CLASS X;
```

```
    VAR X1 X2;
    TABLE X,(X1 X2)*SUM*F=14.4;
㉮     LABEL X1='이항확률값' X2='포아송확률값';
RUN;
```

㉮ 시행횟수(n=80), 성공확률(p=0.02), 사건의 평균발생건수(λ=1)를 의미한다.
㉯ DO문에 의해 n=80중 0부터 10일 때 까지만 실행된다.
㉰ 이항분포의 확률값이 계산된다.
㉱ 포아송분포의 확률값이 계산된다.
㉲ X1이 이항분포의 확률값이고 X2가 포아송분포의 확률값임을 표시하는 레벨문이다.

분석결과: KIMPA733.OUT

	㉮ 이항확률값	㉯ 포아송확률값
	SUM	SUM
X		
0	0.1986	0.3679
1	0.3243	0.3679
2	0.2614	0.1839
3	0.1387	0.0613
4	0.0545	0.0153
5	0.0169	0.0031
6	0.0043	0.0005
7	0.0009	0.0001
8	0.0002	0.0000
9	0.0000	0.0000
10	0.0000	0.0000

㉮ 이항분포의 확률값(X1)을 보여준다.
㉯ 포아송분포의 확률값(X2)를 보여준다.

제4절 정규분포의 확률계산

1. 개념

정규분포 : 확률변수 X의 밀도함수 $f(X)$가 $f(X)=\frac{1}{\sqrt{2\pi\sigma^2}}\cdot e^{-\frac{(X-\mu)^2}{2\sigma^2}}$ 인 확률분포로 $-\infty\le$

$X \le \infty$ 사이의 값을 취한다. 이 분포는 평균(μ)와 표준편차(σ)에 의해 모양이 결정된다.

$$X \sim N(\mu, \sigma^2)$$

표준정규분포 : 정규분포를 평균=0, 표준편차=1로 표준화시킨 분포를 말한다.

$X \sim N(\mu,\ \sigma^2)$ → 표준화 $\left(Z = \dfrac{X-\mu}{\sigma}\right)$하면 $Z \sim N(0,\ 1)$이 된다.

【정규분포의 특성】

① 종모양 : 평균을 중심으로 좌우대칭

② 평균을 중심으로 좌우 대칭이기 때문에 비대칭도는 0이다.

③ 동일 표본분포 내에서는 평균=중위수=최빈치이다.
X가 평균에서 멀수록 정규곡선은 X축에 접근(X축과 교차하지 않음) $-\infty < X < \infty$

④ 하나의 평균, 표준편차 결합으로 하나의 정규곡선이 완성된다.

⑤ 정규곡선과 X축사이의 면적은 1이다(∵ 확률의 합=1). 확률 p값의 범위는 $0 \le p$값≤ 1이다.

⑥ 측정값의 약 68%는 평균으로부터 ±1 표준편차 내에 있으며, 약 95%는 ±2 표준편차 내에, 약 99%는 거의 모든 측정값들이 ±3 표준편차 내에 있다. 이를 경험적 규칙이라 한다.

⑦ 모집단이 정규분포를 하고 있으면 추출된 표본은 크기에 관계없이 정규분포를 하게 된다.

⑧ 정규분포의 위치와 모양은 평균과 표준편차 그리고 표본의 크기에 따라 상이하다.
㉠ 평균 : 분포의 위치를 결정(클수록 우측에 위치)
㉡ 표준편차 : 분포의 모양을 결정(클수록 완만한 경사)

2. SAS에 의한 확률계산

SAS에서 정규분포의 확률값은 PROBNORM를 이용하며 일반형식은 다음과 같다.

```
PROBNORM (Z)
```

여기서 Z값은 소수점 2째자리까지 계산해야 한다. 소수 첫째자리(i)는 가로줄(행), 둘째자리(j)는 세로줄(열)을 의미한다.

예제 i=0.0부터 0.1씩 증가하여 4.0까지, j=0.00부터 0.01씩 증가하여 0.09까지의 확률값을 계산해 보자.

프로그램명: KIMPA741.SAS

```
     OPTIONS nodate;
     OPTIONS kimpa741;
         DO i=0.0 TO 4.0 BY 0.1;
           DO j=0.00 TO 0.09 BY 0.01;
㉮           Z=i+j;
㉯           prob=PROBNORM(Z);
             OUTPUT;
          END;
        END;
     RUN;

     PROC TABULATE;
        CLASS i j;
        VAR prob;
㉰      TABLE i,j*prob*SUM*F=6.4;
     RUN;
```

㉮ DO문에서 만들어진 변수 i, j를 이용하여 표준정규확률분포 Z가 생성된다.
㉯ PROBNORM에 의해 표준정규분포의 확률 prob가 계산된다.
㉰ 표준정규분포의 확률값이 보고서 형식으로 출력된다.

분석결과: KIMPA741.OUT

㉮	J						
	0	0.01	0.02	0.03	0.04	0.05	0.06
	PROB	PROB	PROB	PROB	PROB	PROB	PROB
	SUM	SUM	SUM	SUM	SUM	SUM	SUM
I							
0.0	0.5000	0.5040	0.5080	0.5120	0.5160	0.5199	0.5239
0.1	0.5398	0.5438	0.5478	0.5517	0.5557	0.5596	0.5636
0.2	0.5793	0.5832	0.5871	0.5910	0.5948	0.5987	0.6026
0.3	0.6179	0.6217	0.6255	0.6293	0.6331	0.6368	0.6406

			중간생략				
1.5	0.9332	0.9345	0.9357	0.9370	0.9382	0.9394	0.9406
1.6	0.9452	0.9463	0.9474	0.9484	0.9495	0.9505	0.9515
1.7	0.9554	0.9564	0.9573	0.9582	0.9591	0.9599	0.9608
1.8	0.9641	0.9649	0.9656	0.9664	0.9671	0.9678	0.9686
1.9	0.9713	0.9719	0.9726	0.9732	0.9738	0.9744	0.9750

(이하 생략)

㉮ 표준정규분포의 확률값을 보여준다.

예제 **모회사에 근무하는 근로자의 월소득이 평균 800,000원이고 표준편차가 20,000원인 정규분포일 때 월소득이 723,600원에서 787,600원 사이에 속하는 근로자의 비율은 얼마인가?**

프로그램명: KIMPA742.SAS

```
    OPTIONS nodate;
    DATA kimpa742;
        X=800000; sigma=20000;
㉮      Z1=ABS((X-723600)/sigma);
        Z2=ABS((X-787600)/sigma);
㉯      prob1=PROBNORM(Z1);
        prob2=PROBNORM(Z2);
        prob=prob1-prob2;
        OUTPUT;
    RUN;

㉰  PROC PRINT NOOBS;
㉱  VAR Z1 Z2 prob1 prob2 prob;
    RUN;
```

㉮ 월소득이 723,600원인 경우 표준화 변수 Z1과 787,600원인 경우 표준화 변수 Z2가 생성된다.
㉯ Z1인 경우 확률값 $prob_1$과 Z2인 경우 확률값 $prob_2$가 계산되고 이들의 차이가 최종확률로 계산된다. 절대값 ABS( )를 취한 것은 평균 왼쪽(-)에서는 확률값을 구할 수 없기 때문이다.
㉰ NOOBS : 관측치들의 번호가 출력되지 않게 한다.
㉱ 출력할 변수명을 지정한다. 지정하지 않으면 kimpa742에서 생성된 모든 변수가 출력된다.

분석결과: KIMPA742.OUT

㉮ Z1	㉯ Z2	PROB1	PROB2	㉰ PROB
3.82	0.62	0.99993	0.73237	0.26756

㉮, ㉯ 소득 723,600원에 해당되는 표준정규변수 값과 787,600원에 해당되는 표준정규변수 값이다.
㉰ 723,600~787,600원 사이에 속하는 근로자의 비율이 전체의 0.26756 즉 26.76%임을 보여주고 있다.

3. 정규분포에 의한 이항분포의 근사화

p값이 매우 작거나 1에 가깝지 않은 경우 n(시행횟수)이 이항분포에 의해 확률을 구할 수 없을 정도로 크면 정규분포를 이용하여 이항분포의 확률을 구하는 방법을 의미한다.

$$Z = \frac{X-\mu}{\sigma} = \frac{X \pm \frac{1}{2} - n \cdot p}{\sqrt{n \cdot p \cdot q}}$$

여기서 $\pm \frac{1}{2}$: 연속 변수화 조정계수, q= 1-p

예제 대통령 입후보자 A의 지지확률을 구하는 예를 보자. 만약 A 입후보자의 지지율이 0.91일 때 이 모집단으로부터 1,000명을 임의 추출하여 그 중 900명 이상이 A 입후보자를 지지할 확률은 어떻게 구하는가?

프로그램명: KIMPA743.SAS

```
    OPTIONS nodate;
    DATA kimpa743;
       n=1000;
       p=0.91;
㉮     Z=(900-0.5-n*p)/SQRT(n*p*(1-p));
㉯     X1=1-PROBBNML(p,n,899);
㉰     X2=1-PROBNORM(Z);
       LABEL X1='이항분포확률값' X2='정규분포확률값';
     OUTPUT;
    RUN;

    PROC PRINT NOOBS;
    RUN;
```

㉮ 표준화에 의해 얻어진 정규확률변수 Z가 얻어진다.
㉯ 이항분포의 확률값으로 이것이 누적확률로 표시되므로 1-PROBBNML(p, n, X-1/2)이 된다.
㉰ PROBNORM을 이용한 정규분포에 의한 근사치가 계산된다.

분석결과: KIMPA743.OUT

N	P	Z	㉮ X1	㉯ X2
1000	0.91	-1.16024	0.87609	0.87702

㉮, ㉯ 정규분포에 의한 근사치 계산 결과 그 차이가 0.00093으로 거의 유사한 값을 갖는다는 것을 알 수 있다.

제5절 지수분포의 확률계산

1. 개념

지수분포는 포아송분포와 직결되는 형태로 OR 분야에서 많이 사용된다. 이는 사건들이 발생하는 사이에 경과되는 시간이 지수분포를 따른다는 것으로 λ(사건의 평균발생률)에 의해 결정된다.

지수분포는 감마계수가 1인 감마분포의 특수한 형태이다.

$$f(X) = \begin{cases} \lambda e^{-\lambda x} & : \ 0 < X < \infty, \ \lambda > 0 \\ 0 & : \ \text{기타} \end{cases}$$

2. SAS에 의한 확률계산

SAS에서 지수분포의 확률값은 함수 PROBGAM를 이용하면 되는데 일반식은 다음과 같다.

PROBGAM(λ*X, a)

여기서 : 지수분포는 a=1인 경우이다.

예제 λ =1이고 X가 0.0부터 0.1씩 증가하여 1.5일 때까지의 지수분포의 확률값을 구해보자.

프로그램명: JIMPA751.SAS

```
    OPTIONS nodate;
    DATA kimpa751;
㉮     lambda=1;
      DO X=0 TO 1.5 BY 0.1;
㉯       alpha=PROBGAM(lambda*X,1);
        OUTPUT;
      END;
    RUN;

    PROC PRINT;
    RUN;
```

㉮ 람다(λ)값이 1인 경우이다. λ=값에 맞는 확률값을 구할 수 있다.
㉯ 감마계수(a)가 1인 지수분포의 확률값이 계산된다.

분석결과: KIMPA751.OUT

OBS	LAMBDA	X	㉮ ALPHA
1	1	0.0	0.00000
2	1	0.1	0.09516
3	1	0.2	0.18127
(중간생략)			
15	1	1.4	0.75340
16	1	1.5	0.77687

㉮ λ=1 및 a=1인 지수분포의 확률값이 나타나 있다.

예제 어느 시청의 민원인이 1분당 평균 4명이 도착한다고 하자. 이 때 2명의 고객이 도착하는 사이의 시간이 2분보다 작을 확률은 얼마인가?

프로그램명: KIMPA752.SAS

```
OPTIONS nodate;
DATA kimpa752;
  lambda=4;
  DO X=2;
```

```
㉮        alpha=PROBGAM(lambda*X,1);
          OUTPUT;
        END;
      RUN;

      PROC PRINT;
      RUN;
```

㉮ λ=4, X=2로 λ·X = 4·2 = 8.0에 해당되는 지수분포의 확률이 얻어진다.

분석결과: KIMPA752.OUT

OBS	LAMBDA	X	ALPHA ㉮
1	4	2	0.99966

㉮ λ=4, X=2로 $\lambda \cdot X = 4 \cdot 2 = 8.0$에 해당하는 지수분포의 확률이 얻어진다.

제6절 초기하분포의 확률계산

1. 개념

모집단의 총개수는 T개이고 이 중에는 K개의 불량품이 포함되어 있을 때 모집단에서 표본 n개를 추출할 때 표본 중 X개의 불량품이 포함되어 있을 확률을 구할 때 이용되는 분포이다.

$$\binom{K}{X}\binom{T-K}{n-X} \Big/ \binom{T}{n}$$

2. SAS에 의한 확률계산

초기하분포의 확률을 계산하기 위해서 SAS에서는 함수 PROBHYPR을 사용한다.

PROBHYPR (T, K, n, X)

예제 어느 회사에서 생산된 제품의 모집단의 총개수 T가 200이고 불량품 K가 50일 때 이 모집단에서 표본 20개를 임의추출할 때 불량품이 있을 확률을 구하면 다음과 같다.

프로그램명 : KIMPA761.SAS

```
OPTIONS nodate;
DATA kimpa761;
  T=200; K=50; n=20;
㉮  DO X=0 TO 20;
㉯  IF X=0 THEN prob=PROBHYPR(T,K,n,X);
    ELSE prob=PROBHYPR(T,K,n,X)-PROBHYPR(T,K,n,X-1);
    OUTPUT;
  END;
RUN;
PROC PRINT;
RUN;
```

㉮ 불량품이 전혀 추출되지 않는 경우(X=0)와 불량품이 1개부터 20개(반드시 n=값과 같아야 함)까지 나올 확률이 계산된다.

㉯ X=0와 X=0 이외의 초기하분포의 확률값이 계산된다.

분석결과: KIMPA761.OUT

OBS	T	K	N	㉮ X	㉯ PROB
1	200	50	20	0	0.00225
2	200	50	20	1	0.01718
3	200	50	20	2	0.06058
4	200	50	20	3	0.13119
5	200	50	20	4	0.19556
6	200	50	20	5	0.21323
7	200	50	20	6	0.17639
		중간생략			
16	200	50	20	15	0.00000
17	200	50	20	16	0.00000
18	200	50	20	17	0.00000
19	200	50	20	18	0.00000
20	200	50	20	19	0.00000
21	200	50	20	20	0.00000

㉮ 불량품의 수를 나타낸다.
㉯ 불량품이 전혀 추출되지 않는 경우의 확률 값과 개수별 불량품의 확률값을 보여주고 있다.

예제 10명의 공무원중 농산물 수입자유화에 반대하는 공무원은 5명이고 5명은 찬성한다고 가정할 때 이들 중 5명을 임의추출하여 토론을 한다고 하자.

① 5명 모두가 찬성하는 공무원일 확률을 구하라?

② 적어도 1명 이상은 찬성 공무원일 확률은 ?

프로그램명: KIMPA762.SAS

```
   OPTIONS nodate;
   DATA kimpa762;
㉮    prob1=PROBHYPR(10,5,5,0);
㉯    prob2=PROBHYPR(10,5,5,4);
     OUTPUT;
   RUN;

   PROC PRINT;
   RUN;
```

㉮ 5명 모두 찬성 공무원일 확률이 계산된다.
㉯ 적어도 1명 이상이 찬성하는 공무원일 확률이 계산된다.

분석결과: KIMPA762.OUT

```
              ㉮          ㉯
   OBS      PROB1       PROB2
     1    0.0039683    0.99603
```

㉮ 5명 모두 찬성공무원일 확률이다.
㉯ 적어도 1명 이상 찬성공무원일 확률이다.

제7절 분포확률의 임계치(변수값) 계산

지금까지는 각종 확률분포의 임계치에 대응하는 누적확률을 계산하는 SAS 이용 방법을 보았으나 여기서는 반대로 누적확률이 얻어진 상태에서 이에 대응하는 임계치를 얻는 SAS 이용방법을 살펴 보겠다. 이를 위한 SAS 함수는 다음과 같다.

분 포	SAS 내장함수	비 고
표준정규분포	PROBIT (P)	P: 누적확률
x^2분포	CINV (P, df)	P: 누적확률, df: 자유도
t 분포	TINV (P, df)	P: 누적확률, df: 자유도
F 분포	FINV (P, df1, df2)	P: 누적확률, df1: 분자자유도, df2: 분모자유도
베타분포	BETAINV (P, a, b)	P: 누적확률, a,b: 베타계수
감마분포	GAMING (P, a)	P: 누적확률, a: 감마계수

1. x^2분포의 임계치

(1) x^2분포의 개념

x^2분포는 정규분포와 밀접한 관계를 갖고 있는데 확률변수를 표준화 과정을 거쳐 계산한 뒤 이를 제곱하여 합한 ν(nu)개의 값에 의해 정의되는 분포로 이는 자유도에 의해 모양이 결정된다.

$$f(x^2) = \frac{(x^2)^{(\nu-2)/2} \cdot e^{-x^2/2}}{2^{(\nu-2)}[(\nu-2)/2]!}$$

여기서 ν: 파생변수의 개수(서로 독립적인 변수의 개수)

(2) SAS에 의한 x^2분포의 임계치 계산

SAS에서 x^2분포의 임계치는 함수 CINV(P, df)에 의해 구할 수 있다. 이의 일반 형식은 다음과 같다.

```
CINV (P, df)
```

예제 **α 값이 0.005, 0.010, 0.0025, 0.100, 0.900, 0.950, 0.975, 0.990, 0.995이고 df가 1부터 10까지 그리고 20, 30, 40, 50, 60, 70, 80, 90, 100일 때 x^2분포의 임계치를 구하면 다음과 같다.**

프로그램명: KIMPA771.SAS

```
     OPTIONS nodate;
     DATA kimpa771;
㉮     DO df=1 TO 10,20,30,40,50,60,70,80,90,100;
㉯     DO alpha=0.995,0.990,0.975,0.950,0.900,0.100,0.050,0.025,0.010,0.005;
㉰         chi=CINV(1-alpha,df);
           OUTPUT;
         END;
       END;
     RUN;

     PROC TABULATE;
       CLASS df alpha;
       VAR chi;
       TABLE df,alpha*chi*SUM*F=6.2;
     RUN;
```

㉮ 자유도를 지정한다.

㉯ α값을 지정한다.

㉰ x^2분포의 누적확률에 대한 x^2분포의 임계치가 계산된다.

분석결과: KIMPA771.OUT

㉮	ALPHA									
	0.005	0.01	0.025	0.05	0.1	0.9	0.95	0.975	0.99	0.995
	CHI	CHI	CHI	CHI	CHI	CHI	CHI	CHI	CHI	CHI
	SUM	SUM	SUM	SUM	SUM	SUM	SUM	SUM	SUM	SUM
DF										
1	7.88	6.63	5.02	3.84	2.71	0.02	0.00	0.00	0.00	0.00
2	10.60	9.21	7.38	5.99	4.61	0.21	0.10	0.05	0.02	0.01
중간생략										
9	23.59	21.67	19.02	16.92	14.68	4.17	3.33	2.70	2.09	1.73
10	25.19	23.21	20.48	18.31	15.99	4.87	3.94	3.25	2.56	2.16
20	40.00	37.57	34.17	31.41	28.41	12.44	10.85	9.59	8.26	7.43
30	53.67	50.89	46.98	43.77	40.26	20.60	18.49	16.79	14.95	13.79
40	66.77	63.69	59.34	55.76	51.81	29.05	26.51	24.43	22.16	20.71
50	79.49	76.15	71.42	67.50	63.17	37.69	34.76	32.36	29.71	27.99
60	91.95	88.38	83.30	79.08	74.40	46.46	43.19	40.48	37.48	35.53
70	104.21	100.43	95.02	90.53	85.53	55.33	51.74	48.76	45.44	43.28
80	116.32	112.33	106.63	101.88	96.58	64.28	60.39	57.15	53.54	51.17
90	128.30	124.12	118.14	113.15	107.57	73.29	69.13	65.65	61.75	59.20
100	140.17	135.81	129.56	124.34	118.50	82.36	77.93	74.22	70.06	67.33

㉮ 자유도와 α 에 대응하는 x^2분포의 임계치를 보여준다.

2. 정규분포의 임계치 계산

예제 표준정규분포 Z~N(0, 1)일 때 P(-0.15<Z<b)=0.54를 만족시키는 b값을 구하라.

프로그램명: kimpa772.SAS

```
     OPTIONS nodate;
     DATA kimpa772;
㉮        prob=PROBNORM(-0.15);
㉯        Zb=PROBIT(prob+0.54);
          OUTPUT;
     RUN;

     PROC PRINT NOOBS;
     RUN;
```

㉮ Z =-0.15인 정규분포 확률값이 계산된다.
㉯ 정규분포의 임계치가 계산된다.

분석결과: KIMPA772.OUT

```
                 ㉮
   PROB          ZB
 0.44038     2.06171
```

㉮ 표준정규분포의 확률이 0.54일 때 정규분포의 임계치를 보여준다.

예제 표준정규분포 Z~N(0, 1)일 때 P(Z<a)=0.204를 만족하는 a값을 구하라.

프로그램명: KIMPA773.SAS

```
     OPTIONS nodate;
     DATA kimpa773;
㉮        Za=PROBIT(1-0.204/2);
          OUTPUT;
     RUN;
```

```
PROC PRINT NOOBS;
RUN;
```

㉮ 표준정규분포의 확률 0.204에 대응되는 임계치가 계산된다.

분석결과: KIMPA773.OUT

```
         ㉮
         ZA
      1.27024
```

㉮ 표준정규분포의 확률 0.204에 대응하는 임계치(1.27024)를 보여준다.

예제 X~N(80, 120)일 때 P(X<a)=0.90를 만족하는 a값을 구하라.

프로그램명: KIMPA774.SAS

```
    OPTIONS nodate;
    DATA kimpa774;
㉮      Z=PROBIT(0.90);
㉯      Zs=Z*SQRT(120)+80;
        OUTPUT;
    RUN;

    PROC PRINT NOOBS;
    RUN;
```

㉮ 정규분포의 누적확률이 0.90일 때 Z값 이다.
㉯ 모평균이 80이고 분산이 120인 경우 Zs값을 계산한다.

분석결과: KIMPA774.OUT

```
      ㉮          ㉯
      Z           ZS
   1.28155     94.0387
```

㉮ 확률이 0.90일 때 Z값이다.
㉯ ZS 값을 보여준다.

제8절 표본분포의 확률계산

모집단에서 추출된 표본의 특성치를 통계량이라 하며 가장 대표적인 것이 표본평균($\overline{X}$), 표본분산(S^2) 그리고 표본비율($\overline{P}$)이 있다.

1. 표본평균($\overline{X}$)의 확률분포

(1) 개념

표본평균

$$\overline{X}=\frac{1}{n}\Sigma X_{i},\ E(\overline{X})=\mu=\mu_{\overline{X}},\ \ Var(\overline{X})=\sigma_{\overline{X}}^{2}=\frac{\sigma_{X}^{2}}{n},\ \ Std(\overline{X})=\frac{\sigma}{\sqrt{n}}$$

표본평균($\overline{X}$)의 확률분포 : 분산 σ^2을 알고 있는 경우는 Z분포를 사용하나 σ^2을 모르는 경우는 소표본일 때 t분포, 대표본이면 Z분포를 사용한다.

$$Z=\frac{\overline{X}-\mu_{\overline{X}}}{\sigma_{\overline{X}}/\sqrt{n}}\sim N(0,1)\ \ \Rightarrow\ \ Z\sim N(0,1)$$

(2) SAS에 의한 확률계산

SAS에서는 $\overline{X}$분포의 확률을 구하기 위해서는 PROBNORM를 이용한다.

(가) 모분산 σ^2을 알고 있는 경우

예제 A회사의 근로자의 주당 노동시간이 평균 48시간이고 분산이 20인 정규분포를 하는 모집단에서 24명의 표본을 임의로 추출하였다고 하자.

① P(45〈 $\overline{X}$〈50)의 확률(prob₁)은 ?

② P(47〈 $\overline{X}$〈60)의 확률(prob₂)은 ?

프로그램명: KIMPA781.SAS

```
    OPTIONS nodate;
    DATA kimpa781;
㉮    n=24; sigma=SQRT(20); mu=48;
㉯    prob1=PROBNORM((50-mu)/(sigma/SQRT(n)))-PROBNORM
          ((45-mu)/(sigma/SQRT(n)));
㉰    prob2=PROBNORM((60-mu)/(sigma/SQRT(n)))-PROBNORM
          ((47-mu)/(sigma/SQRT(n)));
    RUN;

    PROC PRINT;
    RUN;
```

㉮ 표본n, 시그마 sigma (= σ), 평균 mu(= μ)를 지정한다.

㉯ P (45< $\overline{X}$ <50)의 확률값 $prob_1$을 계산한다.

$$prob_1 = P(\frac{45-\mu}{\sigma/\sqrt{n}}) \le \frac{\overline{X}-\mu}{\sigma/\sqrt{n}} \le \frac{50-\mu}{\sigma/\sqrt{n}})$$

㉰ P(47< $\overline{X}$<60)의 확률값 $prob_2$가 계산된다.

$$prob_2 = P(\frac{47-\mu}{\sigma/\sqrt{n}}) \le \frac{\overline{X}-\mu}{\sigma/\sqrt{n}} \le \frac{60-\mu}{\sigma/\sqrt{n}})$$

분석결과: KIMPA781.OUT

				㉮	㉯
OBS	N	SIGMA	MU	PROB1	PROB2
1	24	4.47214	48	0.98526	0.86334

㉮, ㉯ prob1과 prob2의 값을 보여주고 있다.

(나) 모분산 σ^2을 모르는 경우(t분포 이용)

① t분포의 확률계산

㉠ SAS에서 t분포의 확률을 계산하기 위해 PROBT를 이용한다.

PROBT (X, df)

㉡ Z=($\overline{X}$- μ)/ $\sigma/\sqrt{n}$에서 표준편차 σ가 미지의 수이기 때문에 직접 Z값을 구할 수 없다. 이때 n<30인 경우 모집단 표준편차 σ대신에 표본 표준편차 S로 대체한 분포를 t분포라 한다.

$$t=\frac{\overline{X}-\mu}{S/\sqrt{n}}$$

㉢ t분포는 자유도에 의해 모양이 결정된다.

㉣ E(t)=0, Var(t)= $\frac{\nu}{\nu-2}$ (단 ν: 자유도)

예제 어느 시청에 근무하는 공무원의 봉급이 평균 800천원이고 모분산은 모를 때 시청공무원 중 20명을 임의추출하여 그들의 봉급수준을 알아보았더니 820, 700, 900, 920, 890, 650, 1,200, 920, 870, 950, 705, 765, 895, 932, 965, 875, 899, 914, 824, 945 천원 이었다. 이때

㉠ 20명의 평균과 분산은 얼마인가?

㉡ 20명의 봉급이 750천원 보다 클 확률(prob)은 얼마인가?

프로그램명 : KIMPA782.SAS

```
OPTIONS nodate;
DATA kimpa782;
 INPUT money @@;
CARDS;
820 700 900 920 890 650 1200 920 870 950
705 765 895 932 965 875  899 914 824 945
RUN;

㉮ PROC MEANS NOPRINT;
    VAR money;
㉯   OUTPUT OUT=mo MEAN=sx VAR=s2 N=n;
  RUN;

㉰ DATA kimpa01;
    SET mo;
    mu=800;
㉱    prob=1-PROBT((750-mu)/SQRT(s2/n),n-1);
  RUN;

  PROC PRINT;
  RUN;
```

㉮ PROC MEANS문 : 기술통계량의 계산을 지시하는 명령문이다.
NOPRINT : 계산결과를 프린트하지 말라는 것이다.

㉯ PROC MEANS의 실행 결과를 자료파일 mo에 출력하며 평균은 sx, 분산은 s2, 관측치수는 n으로 출력된다.

㉰ 새로운 자료처리단계로 ㉯에서 얻어진 자료세트 mo에 새로운 변수를 추가시켜 새로운 자료세트 kimpa01이 만들어진다.

㉱ $P\ (750 < \overline{X})$을 계산하고 그 결과를 확률 prob로 표시한다.

분석결과: KIMPA782.OUT

			㉮	㉯			㉰
OBS	_TYPE_	_FREQ_	SX	S2	N	MU	PROB
1	0	20	876.75	13827.42	2	800	0.96375

㉮, ㉯ 평균과 분산을 보여준다.
㉰ 평균이 750천원 이상일 확률이 0.96375임을 보여준다.

② t분포의 임계치(ta) 계산 : SAS에서 임계치를 계산하기 위해서는 TINV를 이용한다.

TINV (P, df)

예제 자유도 df가 1부터 10까지, α 값이 0.10, 0.05, 0.025, 0.02, 0.01, 0.005, 0.0005인 경우 $P(t > ta) = \alpha$ 를 만족시키는 ta값을 구해보자.

프로그램명: KIMPA783.SAS

```
   OPTIONS nodate;
   DATA kimpa783;
㉮   DO df=1 TO 10 BY 1;
㉯    DO alpha=0.10,0.05,0.025,0.02,0.01,0.005,0.0005;
㉰       ta=TINV(1-alpha,df);
        OUTPUT;
      END;
     END;
```

```
    RUN;
    PROC TABULATE;
      CLASS alpha df;
      VAR ta;
㉣      TABLE df,alpha*ta*SUM*F=7.3;
    RUN;
```

㉮ 계산하고자 하는 자유도 값을 지정한다.
㉯ 확률값을 지정한다.
㉰ 자유도(df)와 확률(α)의 조합에 대한 임계치 ta값이 계산된다.
㉣ t분포표가 작성된다.

분석결과: KIMPA783.OUT

㉮	ALPHA						
	0.0005	0.005	0.01	0.02	0.025	0.05	0.1
	TA	TA	TA	TA	TA	TA	TA
	SUM	SUM	SUM	SUM	SUM	SUM	SUM
DF							
1	636.619	63.657	31.821	15.895	12.706	6.314	3.078
2	31.599	9.925	6.965	4.849	4.303	2.920	1.886
3	12.924	5.841	4.541	3.482	3.182	2.353	1.638
중간생략							
7	5.408	3.499	2.998	2.517	2.365	1.895	1.415
8	5.041	3.355	2.896	2.449	2.306	1.860	1.397
9	4.781	3.250	2.821	2.398	2.262	1.833	1.383
10	4.587	3.169	2.764	2.359	2.228	1.812	1.372

㉮ 각각의 자유도와 α의 조합에 대한 임계치를 보여준다.

예제 α =0.01, 자유도 df=30일 때 P(t>ta)=α 를 만족시키는 ta값은 ?

프로그램명: KIMPA784.SAS

```
    OPTIONS nodate;
    DATA kimpa784;
㉮     ta=TINV(1-0.01,30);
```

```
RUN;

PROC PRINT;
RUN;
```

㉮ α=0.01, df=30 일 때 $t_{0.01}$의 값이 계산되고 이것이 ta로 이름 붙여진다.

분석결과: KIMPA784.OUT

OBS	TA
1	2.45726

2. 표본분산(S^2)의 확률분포

(1) 개념

표본분산

$$S^2 = \frac{1}{n-1}\Sigma(X_i - \overline{X})^2 = \frac{1}{n-1}[\Sigma X_i^2 - n\cdot\overline{X^2}],\ E(S^2) = \sigma^2,\ Var(S^2) = \frac{2\sigma^4}{n-1}$$

표본분산 S^2의 확률분포

$$S^2 = \frac{\sigma^2}{\nu^2}x^2 = \frac{\sigma^2}{n-1}x^2$$

S^2분포는 x^2분포를 이용하여 각종 확률을 계산하면 된다. S^2분포를 x^2분포로 정의하면 다음과 같다.

$$x_\nu^2 = \frac{\nu}{\sigma^2}\cdot S^2 \text{ 또는 } \frac{(n-1)S^2}{\sigma^2}$$

여기서 ν=n-1

(2) SAS에 의한 확률계산

SAS에서 S^2분포의 확률을 계산하기 위해서는 PROBCHI 및 PROBF를 이용한다.

PROBCHI (X, df), PROBF (X, df_1, df_2)

① PROBCHI의 이용

예제 **모분산이 10.24인 정규모집단에서 표본으로 14개를 임의로 추출했을 때 표본분산 S^2이 12.43 이상일 확률($S^2 \geq 12.43$)은 얼마인가?**

프로그램명: KIMPA785.SAS

```
    OPTIONS nodate;
    DATA kimpa785;
㉮     n=14; sigma2=10.24;
㉯     prob=1-PROBCHI((n-1)*12.43/sigma2,(n-1));
    RUN;

    PROC PRINT;
    RUN;
```

㉮ 표본의 크기는 n, sigma2는 표본분산 S^2을 의미한다.
㉯ $P(S^2 \geq 12.43)$을 계산한다.

$P=P(S^2 \geq 12.43)=1-P(S^2 \leq 12.43)=1-P(x^2 \leq 15.78)$

왜냐하면 $x^2 = \frac{\nu}{\sigma^2} \cdot S^2 = \frac{14-1}{10.24} * 12.43 \fallingdotseq 15.78$이기 때문이다.

이 계산 결과는 $P(x^2 \geq 15.78)$의 값이다.

분석결과: KIMPA785.OUT

		㉮	㉯
OBS	N	SIGMA2	PROB
1	14	10.24	0.26120

㉮ 표본분산이다.
㉯ $P(x^2 \geq 15.78)$일 확률을 보여준다.

② PROBF의 이용(F분포의 확률계산) : F분포는 2개의 서로 독립적인 x^2변수를 각각의 자유도로 나눈 값의 비율로 정의되는 분포로, 분산간의 동등 여부나 평균간의 동등 여부를 검정하는데 사용되는 확률분포이다.

$$F = \frac{S_1^2/\sigma_1^2}{S_2^2/\sigma_2^2} = \frac{x_1^2/\nu_1}{x_2^2/\nu_2} = \frac{S_1^2}{S_2^2}$$

여기서 x_1^2는 $S_1{}^2$에 대응, x_2^2는 S_2^2에 대응된다.

【F분포의 확률계산】

$F(\nu_1, \nu_2, \alpha) = P$이면 확률식은 prob=PROBF(F, df1, df2)가 되고,

$F(\nu_1,\ \nu_2,\ 1-\alpha) = \dfrac{1}{P}$ 이면 확률식은 prob=PROBF(1/F, df1, df2)가 된다.

예제 2개의 정규모집단에서 124, 30개 표본을 추출하여 각각의 분산을 계산했더니 $S_1^2=20$, $S_2^2=12$ 이었다. 두 모집단의 분산이 차이가 있을 확률은?

프로그램명: KIMPA786.SAS

```
OPTIONS nodate;
DATA kimpa786;
   n1=24; n2=30;
   s1=20; s2=12;
㉮  F=s1/s2;
㉯  prob=1-PROBF(F,n1-1,n2-1);
RUN;

PROC PRINT;
RUN;
```

㉮ F값이 계산된다.

㉯ $P(S_1^2/S_2^2 > 20/12) = P(F_{23,29} > 20/12)$이 계산되며 이것이 변수 prob로 생성된다.

분석결과: KIMPA786.OUT

OBS	N1	N2	S1	S2	F	㉮ PROB
1	24	30	20	12	1.66667	0.096428

㉮ 두 표본분산 $S_1{}^2$, $S_2{}^2$가 차이가 나타날 확률이 약 9.6%이다.

예제 F분포의 임계치 계산 : df_1이 1부터 10까지, df_2가 1부터 15까지이고 $\alpha=0.05$인 경우 P(F〉Fa)를 만족시키는 임계치 F값을 구하라.

프로그램명: KIMPA787.SAS

```
    OPTIONS nodate;
    DATA kimpa787;
㉮    DO df1=1 TO 10 BY 1;
        DO df2=1 TO 15 BY 1;
         alpha=0.05;
㉯       F=FINV(1-alpha,df1,df2);
         OUTPUT;
        END;
      END;
    RUN;

    PROC TABULATE;
      CLASS df1 df2;
      VAR F;
      TABLE df2,df1*F*SUM*F=6.2;
    RUN;
```

㉮ 각 표본분산의 자유도를 지정한다. 그리고 확률 p도 지정한다.

㉯ 각 조건에 만족되는 F분포의 임계치 F가 계산된다.

분석결과: KIMPA787.OUT

㉮	DFI									
	1	2	3	4	5	6	7	8	9	10
	F	F	F	F	F	F	F	F	F	F
	SUM	SUM	SUM	SUM	SUM	SUM	SUM	SUM	SUM	SUM
DF2										
1	161.45	199.50	215.71	224.58	230.16	233.99	236.77	238.88	240.54	241.88
2	18.51	19.00	19.16	19.25	19.30	19.33	19.35	19.37	19.38	19.40
3	10.13	9.55	9.28	9.12	9.01	8.94	8.89	8.85	8.81	8.79
	7.71	6.94	6.59	6.39	6.26	6.16	6.09	6.04	6.00	5.96
중간생략										
7	4.75	3.89	3.49	3.26	3.11	3.00	2.91	2.85	2.80	2.75
8	4.67	3.81	3.41	3.18	3.03	2.92	2.83	2.77	2.71	2.67
9	4.60	3.74	3.34	3.11	2.96	2.85	2.76	2.70	2.65	2.60
10	4.54	3.68	3.29	3.06	2.90	2.79	2.71	2.64	2.59	2.54

㉮ $\alpha=0.05$일 때 분자 및 분모자유도에 대응하는 임계치를 보여준다.

3. 표본비율 ($\hat{P}$)의 확률분포

(1) 개념

표본비율 $\hat{P}=\dfrac{X}{n}$는 표본의 크기 n이 무한대로 증가하면 정규분포에 접근하게 된다.
(단 X : 성공횟수, n : 시행횟수)

표본비율 ($\hat{P}$)을 표준화하면 표준정규분포를 따르게 된다.

$$Z = \frac{\hat{P}-E(\hat{P})}{\sqrt{Var(\hat{P})}} = \frac{\hat{P}-P}{\sqrt{\dfrac{p\cdot q}{n}}} \sim N(0,\ 1)$$

(2) SAS에 의한 확률계산

SAS에서는 표본비율 $\hat{P}$에 대한 확률값은 SAS 함수 PROBNORM에 의해 구해진다.

```
PROBNORM ( Z )
```

예제 **어느 회사에서 생산된 가공 농산물들 중 10%는 유통과정에서 변질된다고 하자. 이를 확인하기 위하여 120개를 임의 추출했을 때 22개 이상이 불량품일 확률을 구하라.**

프로그램명: KIMPA788.SAS

```
    OPTIONS nodate;
    DATA kimpa788;
㉮    phat=22/120; p=0.1; n=120;
㉯    s=SQRT(p*(1-p)/n);
㉰    prob=1-PROBNORM((phat-p)/s);
    RUN;

    PROC PRINT;
    RUN;
```

㉮ 표본비율 $\hat{P}$, 모비율 P, 표본크기 n 등의 변수가 생성된다.

㉯ 표본비율의 표준편차 $\sqrt{p\cdot q/n}$이 계산되어 변수 S가 된다.

㉰ P(X≥22)=1-P(X≤22)의 계산 결과가 prob로 만들어진다.

분석결과: KIMPA788.OUT

OBS	PHAT	P	N	S	㉮ PROB
1	0.18333	0.1	120	0.027386	.0011715

㉮ $P(X \geq 22)$의 계산 결과인데 모집단의 10%가 불량품일 때 표본 120개 중에서 30개 이상이 불량품으로 발견될 확률이 약 0.001715 즉 0.1%로 아주 희박하다.

CHAPTER 9

추정과 가설검정

제9장

추정과 가설검정

제1절 추정(estimation)

1. 추정이란

추정(estimation) : 모집단에서 추출한 표본에서 얻어진 통계량을 이용하여 모집단의 모수(모평균, 모분산, 모비율)를 추론하는 과정을 말한다.

추정량(estimator) : 모집단의 모수를 추정하는데 사용되는 표본통계량이다.

추정치(estimate) : 추정량에 실제 표본 관측값을 대입하여 계산한 표본통계량의 값이다.

2. 바람직한 추정량의 결정기준

(1) 소표본인 경우

① 불편성(unbiasedness)

- $E(\hat{\theta})=\theta$

단 θ : 모집단의 모수, $\hat{\theta}$: 모수θ의 추정량

$\hat{\theta}$는 θ의 불편추정량(unbiased estimator)이다.

예 $E(\bar{x}) = \mu$ 이면 $\bar{x}$ 는 μ의 불편추정량이다.

② 최소분산(minimum variance)

- $Var(\hat{\theta}) \le Var(\hat{\theta}_a)$

$\hat{\theta}_a$: $\hat{\theta}$ 이외의 모수의 추정량일 때 $\hat{\theta}$이 불편이거나 최소분산일 때 $\hat{\theta}$는 θ의 최량불편추정량(best unbiased estimator)이고 $\hat{\theta}$이 표본의 선형함수이면 $\hat{\theta}$는 θ의 최량선형불편추정량(BLUE)이다.

(2) 대표본의 경우

① 불편성

$\lim_{n \to \infty} E(\hat{\theta}) = \theta$ 만족하면 $\hat{\theta}$는 θ의 점근적 불편추정량이다.

② 일치성(consistency)

$\lim_{n \to \infty} E(\hat{\theta} - \theta)^2 = 0$ 만족하면 $\hat{\theta}$ 는 θ의 일치추정량이다.

③ 효율성(efficiency) : 추정량 $\hat{\theta}$의 분포가 n이 증가되면 모수θ를 평균으로 하는 정규분포에 접근하는 추정량 중에서 분산이 가장 작은 추정량을 효율추정량이라 한다.

(3) 바람직한 추정량의 결정방법

추정량의 결정방법으로 최소자승법(method of least squares), 최우법(method of maximum lilkehood) 그리고 적율법(method of moments) 등이 있다.

SAS를 이용한 각 방법에 대한 추정량의 도출방법은 앞에서 설명한 SAS 내장함수(예 PROBBNML)를 이용하면 된다.

3. 추정방법

점추정(point estimation) : 단일값으로 모수를 추정하는 방법으로 제6장에서 구해진 기술통계량의 값들이 점추정의 값이라 할 수 있다.

구간추정(interval estimation) : 신뢰구간으로 모수를 추정하는 방법으로 모수θ에 대한 구간추정의 기본식은 다음과 같다.

$$P(Q_l < Q < Q_u) = 1 - \alpha$$

여기서 $Q_l \sim Q_u$: 신뢰구간, Q_l : 신뢰구간의 하한, Q_u : 신뢰구간의 상한

$1 - \alpha$: 신뢰수준, α : 오차율

(1) 모평균μ 의 구간추정

① 모분산 σ^2을 알고 있는 경우

$$\text{신뢰구간} : \overline{X} - Z_{\alpha/2} \cdot \sigma/\sqrt{n} < \mu < \overline{X} + Z_{\alpha/2} \cdot \sigma/\sqrt{n}$$

SAS에서는 표준정규분포에 해당하는 함수 PROBIT에 의해 신뢰구간을 산출할 수 있는데 일반형식은 다음과 같다.

PROBIT(P)

여기서 P : 누적확률

예제 자동차 36대를 표본으로 임의추출하여 1대당 생산시간을 추정하였더니 평균 20분으로 나타났다. 이 모집단은 정규분포에 가까우며 분산이 4일 때 90%, 95% 및 99%의 신뢰구간을 설정하라?

프로그램명: KIMPB811.SAS

```
    OPTIONS nodate;
    DATA kimpb811;
㉮     n=36; Xbar=20; sigma=2;
       alpha1=0.10; alpha2=0.05; alpha3=0.01;
㉯     Z1=PROBIT(1-alpha1/2);
㉰     il1=Xbar-Z1*sigma/SQRT(n);
㉱     iu1=Xbar+Z1*sigma/SQRT(n);
㉲     Z2=PROBIT(1-alpha2/2);
㉳     il2=Xbar-Z2*sigma/SQRT(n);
㉴     iu2=Xbar+Z2*sigma/SQRT(n);
㉵     Z3=PROBIT(1-alpha3/2);
㉶     il3=Xbar-Z3*sigma/SQRT(n);
㉷     iu3=Xbar+Z3*sigma/SQRT(n);
    RUN;

    PROC PRINT;
    RUN;
```

㉠ 표본의 크기 n, 표본평균 $\overline{X}$, 표준편차 σ, 허용오차율 $\alpha=0.10$, $\alpha=0.05$, $\alpha=0.01$를 지정한다.

㉡ PROBIT는 90%누적확률에 대응하는 표준정규확률변수의 값(Z_1)을 계산한다.

Z_1=PROBIT(1-alpha/2)

여기서 alpha/2는 α가 평균을 중심으로 좌우측에 각각 1/2씩 존재하기 때문이다.

따라서 오른쪽 꼬리부분의 면적은 α=0.05가 되며 이에 대응하는 누적확률 0.90(90%)가 되는 Z값이 계산된다.

ⓒ 90% 신뢰구간의 하한(il1)이 계산된다. 즉 $il1 = \overline{X} - Z_{\alpha/2} \cdot \sigma/\sqrt{n}$ 값이 계산된다.

ⓓ 90% 신뢰구간의 상한(iu1)이 계산된다. 즉 $iu1 = \overline{X} + Z_{\alpha/2} \cdot \sigma/\sqrt{n}$ 값이 계산된다.

ⓔ 97.5% 누적확률에 대응하는 표준정규확률변수의 값(Z2)이 계산된다.

ⓕ, ⓖ 95% 신뢰구간의 하한과 상한이 계산된다.

ⓗ 99% 누적확률에 대응하는 표준정규확률변수의 값(Z3)이 계산된다.

ⓘ, ⓙ 99.5% 신뢰구간이 계산된다.

분석결과: KIMPB811.OUT

```
OBS  N  XBAR  SIGMA  ALPHA1  ALPHA2  ALPHA3     Z1       IL1       IU1
 1   36   20     2      0.1    0.05    0.01   1.64485  19.4517  20.5483

OBS      Z2       IL2       IU2       Z3       IL3       IU3
 1    1.95996  19.3467   20.653   2.57583  19.1414   20.8586
```

② 모분산 σ^2를 알지 못하고 소표본인 경우

신뢰구간 : $\overline{X} - t_{\alpha/2,\,\nu} \cdot s/\sqrt{n} < \mu < \overline{X} + t_{\alpha/2,\,\nu} \cdot s/\sqrt{n}$

여기서 ν : 자유도(n-1)

이 경우는 SAS에서 t분포의 SAS 함수 TINV를 이용하며 이의 일반형식은 다음과 같다.

TINV(p,df)

예제 **트랙터 20대를 표본으로 하여 트랙터 1대의 30분당 작업량을 추정하였더니 평균 1.5ha이었다. 이때 표본분산이 9일 때 95%의 신뢰구간을 설정하라.**

프로그램명: KIMPB812.SAS

```
OPTIONS nodate;
DATA kimpb812;
```

```
㉮      n=20; Xbar=1.5; s=SQRT(9); alpha=0.05;
㉯      t=TINV((1-alpha/2),n-1);
㉰      il=Xbar-t*s/SQRT(n);
㉱      iu=Xbar+t*s/SQRT(n);
     RUN;

     PROC PRINT;
     RUN;
```

㉮ 표본의 크기 n, 표본평균 $\overline{X}$, 표본표준편차 s, 오차율 α를 지정한다.

㉯ 자유도 ν=n-1=20-1=19인 t분포의 오른쪽 꼬리부분의 면적이 0.025인 t값이 TINV함수에 의해 산출된다.

$$\text{TINV}(\alpha/2, \nu) = -\text{TINV}(1-\alpha/2, \nu)$$

㉰, ㉱ 95%신뢰구간의 하한(il)과 상한(iu)이 계산된다.

분석결과: KIMPB812.OUT

OBS	N	XBAR	S	ALPHA	T	㉮ IL	㉯ IU
1	20	1.5	3	0.05	2.09302	0.095957	2.90404

㉮, ㉯ 95% 신뢰구간에 대한 하한과 상한값을 보여준다.

③ 모분산 σ^2를 모르고 대표본인 경우

모분산을 알지 못하더라도 표본이 대표본($n \geq 30$)인 경우에는 정규분포에 가까워지므로 Z분포를 이용하여 신뢰구간을 계산하면 된다.

$$\text{신뢰구간} : \overline{X} - Z_{\alpha/2} \cdot s/\sqrt{n} < \mu < \overline{X} + Z_{\alpha 2} \cdot s/\sqrt{n}$$

여기서 모표준편차 σ대신에 표본표준편차 s를 대체한 것이다.

SAS에서는 이 신뢰구간을 얻기 위하여 함수 PROBIT를 이용한다.

예제 KIMPB812.SAS에서 n=200대인 경우에 95% 신뢰구간을 함수 TINV, PROBIT를 이용하여 산출해서 비교해 보자.

프로그램명: KIMPB813.SAS

```
     OPTIONS nodate;
     DATA kimpb813;
㉮      n=200; Xbar=1.5; s=SQRT(9); alpha=0.05;
㉯      t=TINV((1-alpha/2),n-1);
㉰      il1=Xbar-t*s/SQRT(n);
㉱      iu1=Xbar+t*s/SQRT(n);
㉲      Z=PROBIT(1-alpha/2);
㉳      il2=Xbar-Z*s/SQRT(n);
㉴      iu2=Xbar+Z*s/SQRT(n);
     RUN;

     PROC PRINT;
     RUN;
```

㉮ 표본의 크기 200, 표본평균 1.5, 표본분산 SQRT(q), 오차율 5%를 지정한다.
㉯ 자유도가 199인 t분포의 오른쪽 꼬리부분의 면적이 0.025인 t값이 산출된다.
㉰, ㉱ t분포의 95%신뢰구간의 하한(il1)과 상한(iu1)이 산출된다.
㉲ 표본의 크기가 매우 큰 경우(n≥30) 표준정규분포함수 PROBIT에 의해 95%신뢰구간 계산을 위한 표준정규확률변수의 값(Z)이 계산된다.
㉳, ㉴ 대표본 n=200인 경우의 95% 신뢰구간의 하한(il2)과 상한(iu2)이 계산된다.

분석결과: KIMPB813.OUT

OBS	N	XBAR	S	ALPHA	T	㉮ IL1	㉯ IU1	Z	㉰ IL2	㉱ IU2
1	200	1.5	3	0.05	1.97196	1.08168	1.91832	1.95996	1.0842	1.91577

㉮, ㉯, ㉰, ㉱ 자유도가 커지면 t분포가 표준정규분포에 가까워짐을 알 수 있다.

(2) 모분산 σ^2의 구간추정

정규모집단에서 얻어진 표본의 분산 S^2을 이용하여 모분산 σ^2을 추정하는 방법으로 S^2분포를 이용하면 된다.

여기서 S^2분포에서 x^2분포값의 하한과 상한을 별도로 구해야 한다. 왜냐하면 x^2분포는 좌우

꼬리 부분의 x^2값이 서로 다르기 때문이다.

$$\text{신뢰구간} : \frac{(n-1)S^2}{x^2_{\alpha/2}} < \sigma^2 < \frac{(n-1)S^2}{x^2_{1-\alpha/2}}$$

이를 계산하기 위하여 SAS에서는 함수 CINV를 이용한다.

```
CINV(p,df)
```

예제 **어느 회사에서 생산된 농기계의 1시간당 작업량이 시간이 경과될수록 기계의 노후화로 인하여 작업량이 감소된다고 하자. 이 농기계의 1시간당 작업량을 조사하기 위하여 10개의 표본을 추출하여 다음과 같은 자료가 얻어졌을 때 모분산에 대한 99%의 신뢰구간을 구하여라.**

(단위: ha)

2.4	2.1	2.3	2.0	1.9	1.8	1.9	2.0	2.2	1.7

프로그램명: KIMPB814.SAS

```
    OPTIONS nodate;
    DATA kimpb814;
      INPUT w @@;
      LABEL w='시간당 작업량(Ha)';
    CARDS;
    2.4 2.1 2.3 2.0 1.9
    1.8 1.9 2.0 2.2 1.7
    RUN;

㉮  PROC MEANS NOPRINT;
      OUTPUT OUT=xx VAR=s2 N=n;
    RUN;

㉯  DATA kimpb08;
㉰     SET xx;
       alpha=0.01;
㉱     chi1=CINV(alpha/2,n-1);
㉲     chi2=CINV((1-alpha/2),n-1);
㉳     il=(n-1)*s2/chi2;
㉴     iu=(n-1)*s2/chi1;
    RUN;
    PROC PRINT;
    RUN;
```

㉮ 신뢰구간 계산에 필요한 분산 S^2과 표본의 수가 파일 xx에 생성된다.
㉯, ㉰ : ㉮ 단계에서 생성된 변수들을 포함해서 SET문에 의해 새로운 자료세트명 Kimpb48이 만들어진다.
㉱, ㉲ x^2분포의 왼쪽 꼬리부분의 확률을 계산한다. 이는 자유도 n-1과 99% 누적확률에 대응하는 ' x^2값이 CINV에 의해 계산된다.

chi1은 누적확률이 0.005가 되는 x^2값이며, chi2는 누적확률이 0.995(즉, 1-0.005)가 되는 x^2값인데 chi2가 chi1보다 큰 것은 x^2분포가 오른쪽 꼬리분포를 하기 때문이다.

분석결과 : KIMPB814.OUT

OBS	_TYPE_	_FREQ_	S2	N	ALPHA	CHI1	CHI2	㉮ IL	㉯ IU
1	0	10	0.049	10	0.01	1.73493	23.5894	0.018695	0.25419

㉮ 모분산에 대한 99%의 신뢰구간의 하한이다.
㉯ 모분산에 대한 99%의 신뢰구간의 상한이다.

(3) 모비율 P의 구간추정

표본비율 $\hat{p} = \frac{X}{n}$ (단, n : 시행횟수, X : 성공횟수)는 n이 무한대로 증가하면 정규분포에 접근하게 된다. 여기서 표본비율 $\hat{p}$ 을 표준화시키면 표준정규분포에 접근한다.

$$Z = \frac{\hat{p} - p}{\sqrt{p \cdot q / n}} \sim (0,\ 1)$$

모비율에 대한 신뢰구간을 설정할 때 유한모집단으로부터 표본을 비복원추출로 선정하면 유한모집단 조정계수 $\sqrt{\frac{N-n}{N-1}}$ 를 사용해야 한다.

$$\text{신뢰구간} : \hat{p} - Z_{\alpha/2} \cdot \sqrt{\hat{p} \cdot \hat{q}/n} < P < \hat{p} + Z_{\alpha/2} . \sqrt{\hat{p} \cdot \hat{q}/n}$$

여기서 $\hat{p}$는 P의 추정치, $\hat{q}$ 는 q의 추정치

예제 가락동 도매시장에서 판매되는 수박이 300개인 모집단에서 표본 40개를 임의로 추출하였는데 그 중 15개가 어느 한 범주에 속한다는 결과를 얻었다고 하자. 이때 모집단에서 이 범주에 속하는 원소들의 비율(모비율) P에 대한 95%신뢰구간을 설정하라.

프로그램명: KIMPB815.SAS

```
    OPTIONS nodate;
    DATA kimpb815;
㉮      n=40; phat=15/40; alpha=0.05;
㉯      Z=PROBIT(1-alpha/2);
㉰      il1=phat-Z*SQRT(phat*(1-phat)/n);
㉱      iu1=phat+Z*SQRT(phat*(1-phat)/n);
㉲      c=SQRT((300-n)/(300-1));
㉳      il2=phat-Z*SQRT(phat*(1-phat)/n)*c;
㉴      iu2=phat+Z*SQRT(phat*(1-phat)/n)*c;
    RUN;

     PROC PRINT;
    RUN;
```

㉮ 표본비율 $\hat{p}$, 오차율 α , 표본크기 n의 변수가 생성된다.
㉯ 95%누적확률에 대한 표준정규확률 변수값 Z가 만들어진다.
㉰, ㉱ 유한모집단 조정계수를 적용치 않는 경우 95%신뢰구간의 하한(il1)과 상한(iu1)이 계산된다.
㉲ 모집단이 유한모집단인 경우의 조정계수 $c = \sqrt{N-n/N-1}$이 생성된다.
㉳, ㉴ 유한모집단 조정계수가 적용될 경우 95%신뢰구간의 하한(il2)과 상한(iu2)이 계산된다.

분석결과: KIMPB815.OUT

					㉮	㉯		㉰	㉱
OBS	N	PHAT	ALPHA	Z	IL1	IU1	C	IL2	IU2
1	40	0.375	0.05	1.95996	0.22497	0.52503	0.93250	0.23510	0.51490

조정계수를 고려치 않은 경우(㉮, ㉯)와 고려한 경우(㉰, ㉱)의 확률이 약간 차이가 있음을 알 수 있다.

제2절 가설검정(hypothesis testing)

1. 가설검정이란

모집단에서 표본을 추출하여 모집단에 대한 가정의 타당성을 파악하는 통계적 방법으로, 서로 상반되는 가설을 설정하고 그 중에서 하나를 선택하는 방법 즉 가설의 채택과 기각을 결정하는 과정을 말한다.

가설이란 하나의 가정(assumption)으로서 증명되지 않은 이론을 말한다. 따라서 가설검정(가설검증이라고도 함)이란 어떤 현상을 구성하는 원칙들의 관계에 관한 가정적인 진술을 증명하기 위한 과정을 의미한다.

(1) 가설의 종류

① 귀무가설(null hypothesis)과 대립가설(alternative hypothesis) : 귀무가설은 검정대상이 되는 가설을 말하며, 대립가설은 귀무가설이 기각될 때 채택되는 가설로, 입증하고자 하는 모집단의 모수에 관한 가설을 말한다.

② 단순가설과 복합가설 : 단순가설은 모집단의 모수의 값이 단일 값으로 결정되는 가설(예, $\mu=0$)이며, 복합가설은 모수의 값이 일정 구간으로 결정되는 가설($\mu>0$ 혹은 $\mu<0$)을 말한다.

(2) 가설검정의 절차

① 귀무가설(H_0), 대립가설(H_1, H_A)의 설정

($H_0 : \mu = \mu_0$, $H_1 : \mu \neq \mu_0$)

② 적절한 검정통계량 선택 : $n \geq 30 \rightarrow$ Z통계량 사용, $n < 30 \rightarrow$ t통계량 사용

③ 검정통계량의 값 계산

④ 검정통계량의 값과 임계치를 비교하여 채택여부를 판정한다.

㉠ 검정통계의 값이 임계치 사이에 존재 : H_0채택

㉡ 검정통계량의 값이 임계치보다 작거나 크면 : H_0기각

유의수준과 임계치의 관계

유의정도	유의수준		100(1-α)	0.5-α	임 계 치 (Z값)	
	양측검정	단측검정			양측검정($\pm Z_{\alpha/2}$)	단측검정($+Z_{\alpha}, -Z_{\alpha}$)
적당히 유의	0.10	0.050	90%	0.450	±1.64	1.28 -1.28
유의	0.05	0.025	95%	0.475	±1.96	1.64 -1.64
매우 유의	0.01	0.005	99%	0.495	±2.58	2.33 -2.33

(3) 가설검정의 오류

① 제1종 오류(α) : 귀무가설이 옳음에도 불구하고 이를 기각시키는 오류

② 제2종 오류(β) : 귀무가설이 옳치 않음에도 불구하고 이를 기각시키지 않는 오류

③ 검정력=1-제2종 오류의 확률

2. 단일표본의 가설검정

모집단에서 얻은 표본이 1개인 경우 모평균, 모분산 및 모비율에 대한 가설검정을 말한다.

모평균과 모비율에 대한 검정은 Z분포나 t분포를 이용하나, 모분산에 대한 검정은 x^2분포를 이용하는데 x^2분포는 항상 +(양)의 값을 갖는다.

(1) 모평균(μ)의 가설검정

① 모분산 σ^2을 알고 있는 경우

㉠ 단순가설

- 가설의 설정

H_0 : $\mu = \mu_1$

H_1 : $\mu \neq \mu_1$

여기서 μ_1는 특정한 값을 나타낸다.

검정통계량 $$Z = \frac{\overline{X} - \mu_1}{\sigma / \sqrt{n}}$$

이 검정을 위해 표준정규분포 SAS 함수 PROBIT를 이용한다.

예제 어느 사과 과수원에서 사과를 20kg상자로 판매하는데, 1상자에 사과가 평균 40개 들어있고 분산이 4개인 정규분포를 따른다고 한다. 이를 확인하기 위해 과수원에서 판매되는 상자 150개를 표본으로 추출하여 조사했더니 평균 사과 개수가 36개이었다. 이 과수원에서 상자 1개에 평균적으로 사과 40개가 있다는 주장이 옳은지를 유의수준 α =5%에서 검정하라.

프로그램명: KIMPB821.SAS

```
        OPTIONS nodate;
        DATA kimpb821;
㉮          n=150; sigma2=4; mu1=40; Xbar=36; alpha=0.05;
㉯          Zv=(Xbar-mu1)/SQRT(sigma2/n);
㉰          Z=PROBIT(alpha/2);
㉱            IF ABS(Zv)>=ABS(Z) THEN test='REJECT';
              ELSE test='ACCEPT';
        RUN;

        PROC PRINT;
        RUN;
```

㉮ 검정에 필요한 변수들이 생성된다.

㉯ 검정 통계량의 값이 계산된다.($Zv=\overline{X}-\mu/\sqrt{\sigma^2/n}$)

㉰ Zv가 표준정규분포이므로 임계치는 PROBIT에 의해 얻게 된다.
PROBIF(alpha/2)=PROBIF(0.05/2)=PROBIF(0.025)로 왼쪽 꼬리부분의 면적이 0.025인 정규확률변수값 $-Z_{0.05/2}$가 계산된다.

㉱ 단순가설($H_0:\mu=36$, $H_1:\mu\neq36$)로써 양측검정이므로 임계치는 $\pm Z_{0.05/2}$가 된다.
Zv값이 Zv> $Z_{0.05/2}$, Zv<- $Z_{0.05/2}$이면 귀무가설은 기각되며 Zv> $Z_{0.05/2}$, Zv<- $Z_{0.05/2}$은 |Zv|> | $Z_{0.05/2}$|와 같으므로 SAS에서는 ABS(Zv)>ABS(Z)로 표현된다.

이 조건이 만족되면 THEN 이하의 명령이 수행되어 변수 test가 만들어지고 그 값이 reject가 된다. 그렇지 않으면 ELSE 이하가 수행되어 $-Z_{0.05/2}$<Zv< $Z_{0.05/2}$가 되어 귀무가설이 채택된다.

분석결과: KIMPB821.OUT

OBS	N	SIGMA2	MU1	XBAR	ALPHA	㉮ ZV	㉯ Z	TEST
1	150	4	40	36	0.05	-24.4949	-1.95996	REJECT

㉮ $Z_v= (\overline{X}-\mu_1)/\sigma/\sqrt{n}$의 값이다.

㉯ PROBIT에 의해 계산된 $Z_{0.05/2}= Z_{0.025}$의 값이다.

㉰ Zv= -24.49 < Z= -1.96이므로 귀무가설 Ho은 기각된다.

ⓛ 복합가설

ⓐ 가설의 검정.

$H_O: \mu \leq \mu_1$

$H_1: \mu > \mu_1$

ⓑ 검정통계량은 단순가설과 같다.

ⓒ 이것 역시 SAS 함수 PROBIT를 이용한다.

예제 **프로그램 Kimpb821.SAS의 예제를 이용하여 복합가설의 검정을 해보자.**

$H_0: \mu \leq 36$

$H_1: \mu > 36$

프로그램명: KIMPB822.SAS

```
     OPTIONS nodate;
     DATA kimpb822;
        n=150; sigma2=4; mu1=40; Xbar=36; alpha=0.05;
㉮      Zv=(Xbar-mu1)/SQRT(sigma2/n);
㉯      Za=PROBIT(1-alpha);
㉰        IF Zv>=Za THEN test='REJECT';
          ELSE test='ACCEPT';
     RUN;

     PROC PRINT;
     RUN;
```

㉮ 검정통계량의 값 $Z= (\overline{X}-\mu_1)/\sigma/\sqrt{n}$ 이 계산되어 Zv변수로 만들어진다.

㉯ 우측검정을 위한 임계치가 계산되어 변수 Za로 만들어진다.

㉰ 우측검정으로 Zv≥Za이면 H_0은 기각되고, Zv<Za이면 H_1은 채택된다.
단측검정인 경우는 검정통계량과 임계치에서 절대치 ABS는 필요없다.

분석결과: KIMPB822.OUT

OBS	N	SIGMA2	MU1	XBAR	ALPHA	ZV	㉮ ZA	TEST
1	150	4	40	36	0.05	-24.4949	1.64485	ACCEPT

㉮ 우측검정의 결과로 Zv<Za이므로 귀무가설 H_0는 채택된다. 따라서 과수원에서 판매하는 1상자에는 사과 40개가 들어 있다는 가설을 받아들이게 된다.

예제 유의수준 α =0.01, 0.05, 0.02, 0.03, 0.1에 대응하는 양측검정($\pm Z_{\alpha/2}$), 좌측검정($-Z_{\alpha}$), 우측검정(Z_{α})의 Z임계치를 계산해 보자.

프로그램명: KIMPB823.SAS

```
  OPTIONS nodate;
  DATA kimpb823;
㉮ DO hypoth='two-side test','one-side test';
     DO Z='-Za','Za';
       DO alpha=0.01 TO 0.08 BY 0.01,0.1,0.32;
㉯        IF hypoth='two-side test' AND Z='-Za' THEN
                prob=PROBIT(alpha/2);
㉰         ELSE IF hypoth='two-side test' AND Z='Za' THEN
                prob=PROBIT(1-alpha/2);
㉱         ELSE IF hypoth='one-side test' AND Z='-Za' THEN
                prob=PROBIT(alpha);
㉲         ELSE prob=PROBIT(1-alpha);
          OUTPUT;
       END;
     END;
    END;
  RUN;

  PROC TABULATE;
     CLASS alpha Z hypoth;
     VAR prob;
     TABLE alpha,hypoth*Z*prob*SUM*F=6.2;
  RUN;
```

㉮ DO문에서는 변수값이 ','에 의해 구분된다.

㉯, ㉰, ㉱, ㉲ 각 조건이 참일 때 PROBIT에 의해 정규확률변수 Prob의 값이 생성된다.

분석결과: KIMPB823.OUT

㉮	HYPOTH			
	one-side test		two-side test	
	Z		Z	
	-Za	Za	-Za	Za
	PROB	PROB	PROB	PROB
	SUM	SUM	SUM	SUM
ALPHA				
0.01	-2.33	2.33	-2.58	2.58
0.02	-2.05	2.05	-2.33	2.33
0.03	-1.88	1.88	-2.17	2.17
0.04	-1.75	1.75	-2.05	2.05
0.05	-1.64	1.64	-1.96	1.96
0.06	-1.55	1.55	-1.88	1.88
0.07	-1.48	1.48	-1.81	1.81
0.08	-1.41	1.41	-1.75	1.75
0.1	-1.28	1.28	-1.64	1.64
0.32	-0.47	0.47	-0.99	0.99

㉮ α=10%이고 양측검정일 때 임계치 $\pm Z_{\alpha/2}=\pm 1.04$, 좌측검정$-Z_{\alpha}=-1.28$, 우측검정 Z_{α}=1.28 등의 값이 출력되어 있다.

② 모분산 σ^2을 모르는 경우

㉠ 소표본인 경우 : 모분산을 모르는 경우 표본분산 S^2을 이용하게 된다. 이때 검정통계량으로 Z대신 t가 사용된다.

$$\text{검정통계량} \qquad t=\frac{\overline{X}-\mu_1}{s/\sqrt{n}}$$

㉡ 대표본인 경우 : 모분산을 알지 못해도 $n \geq 30$인 경우는 t분포가 거의 Z분포에 접근하므로 검정통계량으로 Z를 이용한다.

$$\text{검정통계량} \qquad Z=\frac{\overline{X}-\mu_1}{s/\sqrt{n}}$$

㉢ 표본이 유한모집단에서 비복원추출인 경우는 유한모집단 조정계수 $N-n/N-1$을 고려해야 한다.

③ 모분산을 모르고 소표본인 경우

예제 어느 자동차회사가 1년동안 자동차1,000천대를 생산했으며 생산된 자동차의 평균수명이 10년 이라고 한다. 이를 확인하기 위해 임의로 15대의 자동차 수명을 조사한 결과 평균이 8년, 표준편차가 0.3년이었다. 이 자동차회사의 주장이 너무 높은지를 $\alpha=5\%$로 검정하라.

프로그램명: KIMPB824.SAS

```
    OPTIONS nodate;
    DATA kimpb824;
      Xbar=8; n=15; alpha=0.05; sigma=0.3; mu1=10;
㉮    c=(1000-15)/(1000-1);
㉯    tv=(Xbar-mu1)/(sigma/SQRT(n))*c;
㉰    t=TINV(alpha,n-1);
㉱     IF tv<=t THEN test='REJECT';
       ELSE test='ACCEPT';
    RUN;

    PROC PRINT;
    RUN;
```

㉮ 모집단이 유한모집단이므로 유한모집단 조정계수 $C=(N-n)/(n-1)$를 생성시켜 ㉯ tv계산에 이용한다. 모집단의 크기가 없는 무한모집단에서는 필요 없다.

㉯ 검정통계량 t값을 변수 tv로 생성한다. 여기서 σ를 모르고 표본이 15개로 소표본이기 때문에 검정통계량은 t가 된다.

㉰ 좌측검정(H_0 : μ=10, H_1 : μ<8)을 수행하며, α=0.05 수준에 해당되는 임계치 $t_{0.05,\nu}$가 계산되어 변수 t로 생성된다.

㉱ 기각역이 $-t_{0.05,\nu}\geq$tv로 결정되므로 조건문에 의해 검정결과가 변수 test로 생성된다.

분석결과: KIMPB824.OUT

						㉮	㉯	㉰	㉱
OBS	XBAR	N	ALPHA	SIGMA	MU1	C	TV	T	TEST
1	8	15	0.05	0.3	10	0.98599	-25.4580	-1.76131	REJECT

㉮ 유한모집단 조정계수를 나타낸다.

㉯ 검정통계량 값이다.

㉰ 함수 TINV에 의해 계산된 임계치이다.

㉱ 변수 test가 REJECT로 귀무가설이 기각된다. 즉 자동차의 수명이 8년 미만이란 가설이 채택된다.

④ 모분산 σ^2를 모르나 대표본인 경우

예 Kimpb822와 같이 SAS함수 PROBIT를 이용하면 된다.

(3) PROC MEANS에 의한 검정

예제 전매공사에서 생산된 담배의 1개피당 니코틴 함유량을 조사하기 위하여 12개피를 임의 추출하여 조사한 결과 니코틴 함유량이 각각 20mg, 14mg, 21mg, 15mg, 17mg, 16mg, 18mg, 15mg, 14mg, 16mg, 18mg, 17mg이었다. 담배 1개피당 니코틴 함유량이 16mg이상 되는지를 $\alpha = 1\%$로 검정하라.

프로그램명: KIMPB825.SAS

```
     OPTIONS nodate;
     DATA kimpb825;
       INPUT c @@;
     CARDS;
     20 14 21 15 17 16 18
     15 14 16 18 17
     RUN;

㉮   PROC MEANS noprint;
㉯     VAR c;
㉰     OUTPUT OUT=yy N=n MEAN=Xbar VAR=s2;
     RUN;

㉱   DATA kimpb;
㉲     SET yy;
       alpha=0.01; mu1=16;
㉳     tv=(Xbar-mu1)/SQRT(s2/n);
㉴     t=TINV(1-alpha,n-1);
        IF tv>=t THEN test='REJECT';
        ELSE test='ACCEPT';
     RUN;

     PROC PRINT;
       VAR alpha tv t test;
     RUN;
```

㉮ 기술통계량의 산출을 지시하는 명령문으로 검정통계량의 계산에 필요한 평균(μ), 분산(S^2)를 구하기 위해 이용한 것이다.
㉯ MEANS의 작업대상이 되는 변수를 지정한다.
㉰ MEANS 과정에 의해 출력된 결과가 yy라는 자료세트명에 생성된다.
㉱ DATA문은 Kimpb라는 새로운 자료세트를 생성한다.
㉲ SET문은 MEANS에 의해 생성된 자료세트 yy를 변경하기 위해 준비하는 기능을 수행한다.
㉳ 검정통계량의 값이 계산되어 변수 tv로 생성된다.
㉴ 임계치 $t_{1-\alpha,n-1}$이 계산되어 변수 t로 생성된다. $tv \geq t$이면 귀무가설이 기각되고 그렇지 않으면 귀무가설이 채택된다.

분석결과: KIMPB825.OUT

```
                                    ㉮
OBS    ALPHA    TV         T        TEST
 1      0.01    1.16990    2.71808  ACCEPT
```

㉮ tv=1.1699<t=2.7180이므로 귀무가설 H_0가 채택된다. 즉 1개피당 니코틴 함유량이 17mg 이상이라는 가설이 받아 들어진다.

(4) PROC MEANS T PRT를 이용한 검정

확률변수 X를 $Y = a \pm bX$의 형태로 선형변환해서 검정하게 된다.

기대값 : E(Y)=a±bE(X), 분산 : Var(Y)=b^2Var(X) 단, q, b는 상수

따라서 ($H_0 : \mu_x = \mu_0$ 검정)=($H_0 : \mu_y = \mu_0$ 검정)이 된다.

T는 $H_0 : \mu = 0$ 검정을 위한 t통계량의 값

PRT는 $H_0 : \mu = 0$ 검정 때의 유의확률 또는 p-값

p-값< : H_0기각, p-값> : H_0채택

예제 Kimpb825.SAS의 예제를 이용하여 p-값을 기준으로 검정을 해 보자.

프로그램명: KIMPB826.SAS

```
     OPTIONS nonumber ls=70 nodate;
     DATA kimpb826;
       INPUT c @@;
㉮       y=c-16;
     CARDS;
     20 14 21 15 17 16 18
```

```
    15 14 16 18 17
    RUN;

㈏  PROC MEANS N MEAN VAR T PRT;
    VAR y;
    RUN;
```

㉮ 담배 니코틴의 함유량(c)를 선형변환한 예이다.
확률변수 c를 $y=a\pm bc$처럼 선형변환하면 $y=c-16$이 되어 $H_0:\mu_x=16$ 검정은 $H_0:\mu_y=16$ 검정하는 것과 같다.
㈏ MEANS에 의해 검정통계량 $t=(\overline{X}-\mu_1)/(s/\sqrt{n})$값이 생성되고, PRT는 자유도에 대응되는 t분포의 양쪽 꼬리부분의 면적을 나타낸다. 이 값을 p-값이라 한다.

분석결과: KIMPB826.OUT

Analysis Variable : Y

N	㉮ Mean	㈏ Variance	㈐ T	㈑ Prob>|T|
12	0.7500000	4.9318182	1.1698990	0.2668

㉮ 선형변환된 변수 y의 표본평균으로 E(y)=E(c)-16=0.75
㈏ y의 표본분산 S^2으로 Var(y)=Var(c-75)=Var(c)=4.93
㈐ p-값=0.2668> α=0.01 이므로 귀무가설은 Kimpb825.OUT에서와 같이 기각되지 않는다.

(2) 모분산 σ^2의 가설검정

모분산에 대한 가정은 x^2분포로 이용하며, x^2분포는 항상 +값을 갖기 때문에 x^2의 임계치 계산에 다소 차이가 있으며, 모분산에 대한 검정통계량은 다음과 같다.

$$\text{검정통계량}: X^2 = \frac{(n-1)s^2}{\sigma_0^2}$$

여기서 σ_0^2 : 귀무가설에서 가정한 특정한 모분산의 값

예제 어느 회사에 종사하는 근로자들의 임금이 표준편차가 40,000원 이내로 관리되고 있다고 한다. 이를 확인하기 위하여 24명을 표본으로 추출하여 조사한 결과 표본의 표준편차가 60,000원이었다. 이 회사의 임금이 40,000원의 관리수준에 있는지를 $\alpha=0.05$로 검정하라.

프로그램명: KIMPB827.SAS

```
   OPTIONS nodate;
   DATA kimpb827;
     n=24; sigma=40000; s=60000; alpha=0.05;
㉮   chiv=(n-1)*s**2/sigma**2;
㉯   chil=CINV(alpha/2,n-1);
㉰   chiu=CINV(1-alpha,n-1);
㉱     IF chil<=chiv<=chiu THEN test1='ACCEPT';
       ELSE test1='REJECT';
㉲   chi=CINV(1-alpha,n-1);
㉳     IF chiv>=chi THEN test2='REJECT';
       ELSE test2='ACCEPT';
   RUN;

   PROC PRINT;
      VAR alpha chiv chil chiu test1 chi test2;
   RUN;
```

㉮ 검정통계량 $x^2 = (n-1)s^2/\sigma_0^2$ 이 계산되어 변수 chiv로 생성된다.

㉯, ㉰ 양측검정 ($H_0 : \sigma = 40,000$)을 위한 임계치 (chil : 좌측 임계치, chiu : 우측 임계치)계산과정으로 x^2분포는 비대칭이어서 분포의 +(양)쪽 임계치가 계산된다.

㉱ 양측검정을 위한 조건문으로 chil ≤chi ≤chiu이면 H_0은 채택된다.

㉲ 우측검정($H_0 : \sigma < 40,000$)을 위한 임계치를 계산하여 변수 chi로 생성된다.

㉳ 우측검정을 위한 조건문으로 chiv ≥chi이면 H_0은 기각된다.

분석결과: KIMPB827.OUT

					㉮		㉯
OBS	ALPHA	CHIV	CHIL	CHIU	TEST1	CHI	TEST2
1	0.05	51.75	11.6886	35.1725	REJECT	35.1725	REJECT

㉮ chiv>chiu이므로 귀무가설이 채택되지 않는다.

㉯ chiv=51.75>chi=35.1725이므로 귀무가설이 기각된다. 따라서 임금의 표준편차가 40,000원에서 관리되고 있다는 주장은 인정할 수 없게 된다.

(3) 모비율(P)의 가설검정

이항분포나 n이 30이상(n ≥30)인 경우 등에 사용할 수 있다.

검정과정은 모평균에 대한 검정과 유사하므로 여기서는 n ≥30인 경우만 보자.

$$\text{검정통계량} \quad Z=\frac{\hat{p}-p_1}{\sqrt{p_1 q_1 / n}}$$

여기서 p_1 : 귀무가설($H_0 : p=p_1$)에서 가정한 p값인 p_1를 의미한다.

예제 한국에 취업하고 있는 남자 근로자중 50%가 대졸자라 한다. 이를 확인하기 위하여 800명의 남자 근로자를 임의추출하여 조사한 결과 45%만 대졸자였다. 50%라는 주장이 옳은지 $\alpha=1\%$ 수준에서 검정하라.

프로그램명: KIMPB828.SAS

```
    OPTIONS nodate;
    DATA kimpb828;
      n=800; phat=0.45; p1=0.50; alpha=0.01;
㉮    Zv=(phat-p1)/SQRT(p1*(1-p1)/n);
㉯    Z=PROBIT(alpha/2);
㉰     IF ABS(Zv)>=ABS(Z) THEN test='REJECT';
       ELSE test='ACCEPT';
    RUN;

    PROC PRINT;
       VAR n alpha phat Zv Z test;
    RUN;
```

㉮ 검정통계량이 계산되어 변수 Zv가 생성된다.

㉯ 표준정규분포의 임계치가 PROBIT에 의해 계산되어 변수 Z가 생성된다.

㉰ 양측검정(H_0 : P=0.5, H_1 : P≠0.5)으로 임계치는 $\pm Z_{0.01/2}$이며 $-Z_{\alpha/2}<Zv<Z_{\alpha/2}$ 이면 H_0은 기각되고 그렇지 않으면 H_0은 채택된다.

분석결과: KIMPB828.OUT

OBS	N	ALPHA	PHAT	ZV	Z	㉮ TEST
1	800	0.01	0.45	-2.82843	-2.57583	REJECT

㉮ Zv=-2.828<-2.575이므로 귀무가설 H_0은 기각된다. 즉 남자근로자의 50%가 대졸자라는 주장은 옳지 않다는 결론을 얻게 된다.

3. 두표본의 가설검정

(1) 두 모평균의 차에 관한 가설검정

① 두 모분산(σ_1^2, σ_2^2)을 알고 있는 경우

양측검정	$H_0 : \mu_1 = \mu_2$	또는 $\mu_1 - \mu_2 = 0$	$H_0 : \mu_1 - \mu_2 = k$ (단, k 특정값)
(단순가설)	$H_0 : \mu_1 \neq \mu_2$	또는 $\mu_1 - \mu_2 \neq 0$	$H_1 : \mu_1 - \mu_2 \neq k$
단측검정	$H_0 : \mu_1 \leq \mu_2$	$H_0 : \mu_1 \geq \mu_2$	$H_0 : \mu_1 - \mu_2 \leq k$
(복합가설)	$H_1 : \mu_1 > \mu_2$	$H_1 : \mu_1 < \mu_2$	$H_1 : \mu_1 - \mu_2 > k$

두 확률변수 X_1, X_2가 정규분포($\overline{X}_1 - \overline{X}_2) \sim N((\mu_1, \mu_2), (\frac{\sigma_1^2}{n_1} + \frac{\sigma_2^2}{n_2}))$일 때 이를 표준정규분포로 정리하면 검정통계량은 다음과 같다.

$$\text{검정통계량} \quad Z = \frac{(\overline{X}_1 - \overline{X}_2) - (\mu_1 - \mu_2)}{\sqrt{\frac{\sigma_1^2}{n_1} + \frac{\sigma_2^2}{n_2}}} \sim N(0, 1)$$

여기서 $\overline{X}$: 모집단1의 표본평균, $\overline{X}_2$: 모집단2의 표본평균

σ_1^2 : 모집단1의 분산, σ_2^2 : 모집단2의 분산

n1 : 모집단1의 표본관측치의 수, n2 : 모집단2의 표본관측치의 수

예제 **트랙터를 생산하는 A, B회사 제품의 평균수명을 비교하기 위하여 A회사 제품중에서 40대를 B회사 제품중에서 50개의 표본을 임의추출하여 평균수명을 조사한 결과 A회사 제품은 평균 8년이고 B회사 제품은 평균 7.5년이었다. 두 회사 제품의 평균수명이 차이가 있다고 할 수 있는지 α =5%로 검정하여라.(단, 표준편차는 각각 2.4년, 2.2년이다.)**

프로그램명: KIMPB831.SAS

```
    OPTIONS nodate;
    DATA kimpb831;
㉮    n1=40; n2=50; X1bar=8; X2bar=7.5; sigma1=2.4; sigma2=2.2;
      alpha=0.05;
㉯    Zv=(X1bar-X2bar)/SQRT(sigma1**2/n1+sigma2**2/n2);
㉰    Z=PROBIT(alpha/2);
㉱     IF ABS(Zv)>=ABS(Z) THEN test='REJECT';
       ELSE test='ACCEPT';
    RUN;

    PROC PRINT;
       VAR alpha sigma1 sigma2 Zv Z test;
    RUN;
```

㉮ 두 모집단의 표본크기, 평균, 표준편차, 유의수준에 해당되는 변수가 생성된다.
㉯ 검정통계량의 값이 계산되어 변수 Zv로 생성된다.
㉰ 양측검정을 해야하며 유의수준 α=5%에 해당되는 임계치 $\pm t_{\alpha/2}$가 PROBIT에 의해 계산되어 변수 Z로 생성된다.
㉱ $-Z_{\alpha/2} < Z_v < Z_{\alpha/2}$이면 Ho은 채택되고, $Z_v < -Z_{\alpha/2}$, $Z_v > Z_{\alpha/2}$이면 Ho은 기각된다.

분석결과: KIMPB831.OUT

OBS	ALPHA	SIGMA1	SIGMA2	ZV	Z	㉮ TEST
1	0.05	2.4	2.2	1.01892	-1.95996	ACCEPT

㉮ Zv=1.0189로 -1.96<Zv<1.96 사이에 있으므로 귀무가설은 채택된다. 따라서 두 회사 트랙터의 평균수명이 차이가 없다는 결론을 얻을 수 있다.

② 두 모분산(σ_1^2, σ_2^2)을 모르고 대표본인 경우

앞의 KIMPB831.SAS의 검정통계량에서 σ_1^2, σ_2^2 대신에 표본분산 S_1^2, S_2^2를 사용하면 된다.

$$\text{검정통계량} \quad Z = \frac{(\overline{X}_1 - \overline{X}_2) - (\mu_1 - \mu_2)}{\sqrt{\frac{s_1^2}{n_1} + \frac{s_2^2}{n_2}}}$$

예제 KIMPB831.SAS의 예제에서 모집단의 표준편차를 알지 못하고 표본분산이 각각 3.2, 3.8로 계측되었을 때 검정을 해 보자.

프로그램명: KIMPB832.SAS

```
OPTIONS nodate;
DATA kimpb832;
㉮  n1=40; n2=50; X1bar=8; X2bar=7.5; s1=3.2; s2=3.8;
    alpha=0.05;
   Zv=(X1bar-X2bar)/SQRT(s1/n1+s2/n2);
   Z=PROBIT(alpha/2);
    IF ABS(Zv)>=ABS(Z) THEN test='REJECT';
    ELSE test='ACCEPT';
RUN;

PROC PRINT;
   VAR alpha s1 s2 Zv Z test;
RUN;
```

㉮ KIMPB831.SAS의 설명과 같으나 여기서 S_1과 S_2가 표본분산을 의미한다.

분석결과: KIMPB832.OUT

OBS	ALPHA	S1	S2	ZV	Z	㉮ TEST
1	0.05	2.4	2.2	1.55043	-1.95996	ACCEPT

㉮ Zv값이 1.26592로 Z=-1.96~1.96 사이에 속하므로 귀무가설 $H_0: \mu_1 = \mu_2$가 채택된다. 따라서 앞의 KIMPB831.OUT의 결과와 같은 결론을 얻을 수 있다.

(3) 두 모분산(σ_1^2, σ_2^2)을 모르고 소표본인 경우

두 모집단의 분산을 알지 못하고 표본이 매우 작은 경우에 검정통계량은 t분포를 따른다. 이때 두 모집단이 정규분포이고 분산이 동일($\sigma_1^2 = \sigma_2^2$)해야 한다.

$$\text{검정통계량} \quad t_{n1+n2-2} = \frac{(\overline{X}_1 - \overline{X}_2) - (\mu_1 - \mu_2)}{\hat{s}\sqrt{1/n_1 + 1/n_2}}$$

여기서 $\hat{S}^2$: 가중평균 표본분산(결합분산)으로 $\frac{(n_1-1)s_1^2+(n_2-1)s_2^2}{n_1+n_2-2}$ 이다.

예제 **A, B 두 회사의 근무경력 10년인 중견직원들 중에서 A회사에서 12명, B회사에서 15명을 표본으로 추출하여 월평균 임금수준을 조사한 결과 A회사 120만원, B회사 130만원 그리고 표본분산은 각각 30만원, 35만원으로 나타났다. 이때 $\alpha=5\%$ 수준에서 두 회사의 중견직원의 임금이 동일하다고 할 수 있는지 검정하라.**

프로그램명: KIMPB833.SAS

```
OPTIONS nodate;
DATA kimpb833;
  n1=12; n2=15; X1bar=120; X2bar=130; s1=SQRT(30); s2=SQRT(35);
    alpha=0.05;
㉮   pc=((n1-1)*s1**2+(n2-1)*s2**2)/(n1+n2-2);
㉯   tv=(X1bar-X2bar)/SQRT(pc*(1/n1+1/n2));
㉰   t=TINV(alpha/2,n1+n2-2);
㉱   IF ABS(tv)>=ABS(t) THEN test='REJECT';
    ELSE test='ACCEPT';
RUN;

PROC PRINT;
    VAR alpha pc tv t test;
RUN;
```

㉮ 공통분산($\hat{S}_2$)의 값이 계산되어 변수 pc로 생성된다.

㉯ 검정통계량의 값이 계산되어 변수 tv로 생성된다. 여기서 σ^2모르고 n<30인 경우 두 모집단의 평균이 동일한 것으로 가정하므로 $\mu_1-\mu_2=0$이다.

㉰ 임계치가 계산($\pm t_{(12+15-2,\,0.05/2)}$)되어 변수 t로 생성된다.

㉱ $-t_{25,0.025}<\text{tv}<t_{25,0.025}$이면 귀무가설은 채택되고 그렇지 않으면 귀무가설은 기각된다.

분석결과 : KIMPB833.OUT

OBS	ALPHA	PC	TV	T	TEST ㉮
1	0.05	32.8	-4.50835	-2.05954	REJECT

㉮ Tv=-4.50835로 t=-2.059 보다 작으므로 귀무가설 $H_0:\mu_1=\mu_2$은 기각된다. 따라서 두 회사의 중견직원들의 임금이 차이가 있다고 할 수 있다.

(4) PROC TTEST 이용한 가설검정

SAS에서는 TTEST를 이용하여 간단히 어떤 가설에 대한 검정을 할 수도 있다.
PROC TTEST에 대한 일반형식은 다음과 같다.

```
㉮ PROC TTEST 선택사양:
㉯      CLASS 변수명:
㉰      VAR    변수명:
㉱      BY      변수명:
       RUN:
```

㉮ PROC TTEST문 : 두 집단의 평균차에 대한 t검정을 수행한다.

【선택사양】

DATA=SAS 자료세트명 : 분석에 사용할 자료세트를 지정한다. 이외의 선택사양은 없다.

㉯ CLASS문 : 범주형(집단)변수명을 명시한다. 반드시 이 변수는 2개 집단만 있어야 하며 이 값에 따라 두개 집단으로 나누어 t검정을 실행한다.

㉰ VAR문 : VAR 다음에 지정한 변수들의 평균차이의 검정이 수행된다.

㉱ BY문 : BY 다음의 지정변수별로 집단이 구분되며 각 집단마다 t검정이 수행된다.

예제 만 25세되는 근로자 중 남자는 6명, 여자는 7명을 표본으로 추출하여 그들의 I.Q를 조사한 결과가 다음 표와 같았다. 이들 남녀 근로자의 I.Q에 차이가 있는지를 TTEST를 이용하여 검정하라.

프로그램명: KIMPB841.SAS

```
OPTIONS nodate;
DATA kimpb841;
   INPUT SEX $ IQ @@;
CARDS;
male    130  male    124
male    140  female 130
female 130  male    120
male    110  male    135
female 140  female 135
female 125  female 136
RUN;

㉮ PROC TTEST;
㉯   CLASS SEX;
㉰   VAR IQ;
   RUN;
```

㉮ 남녀 두 집단의 평균차에 대한 t검정이 실행된다.

가설 $H_0 : \mu_1 = \mu_2$에 대한 검정통계량 $t_{n1+n2-2} = \dfrac{(\overline{X}_1 - \overline{X}_2) - (\mu_1 - \mu_2)}{\hat{s}\sqrt{1/n_1 + 1/n_2}}$ 을 이용하여 검정한다.

㉯ 집단을 SEX인 남자와 여자로 구분한다.
㉰ 분석대상 변수가 IQ이다.

분석결과: KIMPB841.OUT

```
                    TTEST PROCEDURE
    Variable: IQ                               ㉮
    SEX        N       Mean        Std Dev       Std Error
    ---------------------------------------------------------
    female     6   132.6666666    5.35412613   2.18581284
    male       6   126.5000000   10.83974169   4.42530602

 ㉯ Variances          T        DF      Prob>|T|
    ----------------------------------------
    Unequal        1.2494       7.3       0.2502
    Equal          1.2494  ㉰ 10.0  ㉱  0.2400

  ㉲ For H0: Variances are equal, F' = 4.10     DF = (5,5)
                                    Prob>F' = 0.1477
```

㉮ 각 집단의 표본평균의 표준편차 $s/\sqrt{n}$이다.
㉯ 검정통계량 $t_{n1+n2-2}$의 값이 Equal행에 1.2494로 표시되어 있다. 두 집단의 평균이 같으면 검정결과가 Equal행에 나타나고, 두 집단의 평균이 다른 경우에는 unequal행에 나타난다.
㉰ 검정통계량의 자유도 10을 나타낸다.
㉱ p-값=0.2400으로 귀무가설을 기각할 수 없다. 즉 남녀 근로자의 IQ에 차이가 없다고 할 수 있다.
㉲ 두 집단간의 평균의 차이에 대한 F검정의 결과로 p-값=0.1477로 두 집단의 평균이 같다는 귀무가설은 채택된다. 따라서 Equal행에서의 검정결과를 신뢰할 수 있게 된다.

(5) 대응표본인 경우

두 모분산을 모르고 표본의 크기가 매우 작은 경우 앞에서 설명한 방법을 이용하지 않고도 검정할 수 있는 방법이 있다. 이는 표본이 대응표본인 경우로 표본이 대응되는 쌍(pairs)을 이루고 있을 때 사용한다.

대응표본이란 남자와 여자, 봄과 가을, 시와 군 등과 같이 동일하거나 유사한 대상의 특성을 서로 다른 시점이나 지역에서 얻어진 표본을 말한다.

두 시점에서의 관측치들을 X_{1i}, X_{2i}라 할 때 두 관측치의 차이를 d_i라 하면 $d_i = X_{1i} - X_{2i}$가 된다.

$$\text{검정통계량} \qquad t_{n-1} = \frac{\overline{d}}{\sqrt{s_d^2/n}}$$

여기서 $\overline{b}$는 모집단에서의 d_i에 관한 검정을 위한 표본평균($\overline{d} = \frac{\Sigma d_i}{n}$)이며, s_d^2은 d의 표본분산으로 $S_d^2 = \Sigma(d_i - \overline{d})^2 / n-1$이다.

예제 **임금에 있어서 남녀간 성차별이 있을 것이란 주장을 확인하기 위해 10개 회사에 근무하는 경제학과 졸업생 30세 남·녀를 각 10명씩을 표본으로 추출하여 조사한 결과 다음과 같은 결과를 얻었다. 이때 $H_0 : E(\overline{d}) = 0$이란 가설을 $\alpha = 1\%$ 수준에서 검정하라.**

(단위 : 만원)

회 사	A	B	C	D	E	F	G	H	I	J
남 자	90	120	130	120	80	70	60	100	90	70
여 자	110	80	130	110	90	80	70	80	80	90

프로그램명 : KIMPB842.SAS

```
   OPTIONS nodate;
   DATA kimpb842;
      INPUT sa1 sa2 @@;
㉮       dif=sa1-sa2;
   CARDS;
    90 110  120  80 130 130 120 110 80 90
    70  80   60  70 100  80  90  80 70 90
    RUN;
㉯   PROC MEANS N MEAN VAR STD T PRT;
     VAR dif;
   RUN;
㉰   DATA kimpb01;
     SET kimpb842;
     SEX=1; wage=sa1;\
```

```
㉣  DATA kimpb02;
    SET kimpb842;
    SEX=2; wage=sa2;
㉤  DATA kimpb842;
㉥    SET kimpb01 kimpb02;
㉦    KEEP SEX wage;
   RUN;
㉧ PROC TTEST;
      CLASS SEX;
      VAR wage;
   RUN;
```

㉮ 남자의 임금(Sa1)와 여자의 임금(Sa2)의 차이를 변수 dif로 생성한다.

㉯ 귀무가설 H_0 : E(d)=0를 검정하기 위해 PROC MEANS문을 이용한 것이다.

㉰ 자료세트 Kimpb842를 받아서 성을 male, sal을 wage로 하는 변수를 생성하여 새로운 자료세트 Kimpb01이 생성된다.

㉱ ㉰ 와 같은 의미이다.

㉲, ㉳의 SET문에 의해 Kimpb01과 Kimpb02을 연결시켜 새로운 자료세트Kimpb03을 만든다.

㉴ 귀무가설 H_0 : $E(\overline{d})=0$를 검정하기 위해 TTEST 작업을 수행한다.

분석결과 : KIMPB842.OUT

```
   Analysis Variable : DIF                              ㉮      ㉯
    N        Mean        Variance       Std Dev            T    Prob>|T|
  ----------------------------------------------------------------------
   10     1.0000000   365.5555556    19.1195072  0.1653954     0.8723
  ----------------------------------------------------------------------

                          TTEST PROCEDURE
 Variable: WAGE
 SEX     N                Mean              Std Dev              Std Error
 ----------------------------------------------------------------------
   1    10          93.00000000         24.06010991          7.60847481
   2    10          92.00000000         18.73795910          5.92546294
Variances    ㉮    T          DF ㉯ Prob>|T|
----------------------------------------
Unequal      0.1037      17.0       0.9186
Equal        0.1037      18.0       0.9186

For H0: Variances are equal, F' = 1.65     DF = (9,9)
                                Prob>F' = 0.4679
```

㉮ 검정통계량 $\overline{d}-E(\overline{d})/\sqrt{Var(\overline{d})}=\overline{d}/\sqrt{S_d^2/n}$ 의 계산값이다.

㉯ 검정통계량 T의 값에 해당되는 p-값으로, p-값=0.8723> α=0.01이므로 귀무가설 Ho은 채택된다. 즉 남녀간 임금이 차이가 없다는 결론을 얻을 수 있다.

㉰, ㉱ 남녀별로 구분한 검정결과를 보여준다. 해석은 Kimpb841.OUT를 참조하기 바란다.

(2) 두 모분산(σ_1^2, σ_2^2)의 차에 관한 가설검정

서로 독립적인 두 x^2 분포의 비율은 F분포를 따르므로 이를 이용하여 가설검정을 한다.

양측검정	$H_0: \sigma_1^2=\sigma_2^2$ (또는 $\sigma_1^2-\sigma_2^2=0$)
	$H_1: \sigma_1^2\neq\sigma_2^2$ (또는 $\sigma_1^2-\sigma_2^2\neq 0$)
단측검정	$H_0: \sigma_1^2\leq\sigma_2^2$ $H_0: \sigma_1^2\geq\sigma_2^2$,
	$H_1: \sigma_1^2>\sigma_2^2$ $H_1: \sigma_1^2<\sigma_2^2$

이때 검정통계량은 다음과 같다.

$$\text{검정통계량} \quad F_{\nu 1,\nu 2}=\frac{s_1^2}{S_2^2}$$

여기서 ν_1은 분자의 자유도, ν_2는 분모의 자유도

$$S_i^2=\sum(X_i-\overline{X_i})^2/n-1$$

예제 **2002년 대기업과 중소기업의 임금분포를 비교하기 위하여 대기업 근로자 15명과 중소기업 근로자 20명을 무작위로 추출하여 임금을 조사한 결과 다음과 같은 자료를 얻었다. 대기업과 중소기업의 근로자 임금의 분산이 동일하다고 할 수 있는가? $\alpha=0.01$로 검정하라.**

대기업 : n_1=15, $\overline{X_1}$=130만원, S_1^2=20,000원

중소기업 : n_2=20, $\overline{X_2}$=120만원, S_2^2=24,000원

프로그램명: KIMPBb843.SAS

```
     OPTIONS nodate;
     DATA kimpb843;
        n1=15; n2=20; alpha=0.01; s12=20000; s22=24000;
㉮      fv=(s12/(n1-1))/(s22/(n2-1));
㉯      fil=FINV(alpha/2,n1-1,n2-1);
㉰      fiu=FINV(1-alpha/2,n1-1,n2-1);
```

```
㉣       IF fil<=fv<=fiu THEN test='ACCEPT';
         ELSE test='REJECT';
    RUN;

    PROC PRINT;
       VAR alpha fv fil fiu test;
    RUN;
```

㉮ 검정통계량의 값 $F_{\nu 1,\ \nu 2}=S_1^2/S_2^2$가 계산되어 변수 tv가 생성된다.

㉯, ㉰ F분포는 대칭이 아니므로 임계치를 각각 계산하기 위한 변수(fil, fiu)를 생성한다.

㉱ fil ≤fv≤fiu이면 귀무가설 $H_0 : \sigma_1^2 = \sigma_2^2$가 채택되고 그렇지 않으면 기각된다.

분석결과: KIMPB843.OUT

```
                      ㉮          ㉯          ㉰          ㉱
OBS    ALPHA         FV         FIL         FIU       TEST
  1     0.01    1.13095     0.24457     3.63776     ACCEPT
```

㉮ 검정통계량의 값이다.

㉯ 임계치 $F_{14,19,0.05}$의 계산값 0.24457이다.

㉰ 임계치 $F_{14,19,0.95}$의 계산값 3.63776이다.

㉱ fv값=1.1309이므로 0.244~3.637사이에 속하므로 귀무가설 $H_0 : \sigma_1^2 = \sigma_2^2$은 채택된다. 따라서 대기업과 중소기업 근로자의 임금수준은 동일한 분산을 갖는다고 할 수 있다.

(3) 두 모비율(p_1, p_2)의 차에 관한 가설검정

표본크기가 커지면 정규분포에 접근한다.

모비율에 대한 가설검정은 귀무가설 $H_0 : P_1=P_2$인 경우와 $H_0 : P_1>P_2$, $P_1<P_2$인 경우로 구분하여 검정하게 된다.

양측검정	$H_0 : p_1^2 = p_2^2$ (또는 $p_1^2 - p_2^2 = 0$)
	$H_1 : p_1^2 \neq p_2^2$ (또는 $p_1^2 - p_2^2 \neq 0$)
단측검정	$H_0 : p_1^2 \geq p_2^2 \quad H_0 : p_1^2 \leq p_2^2$,
	$H_0 : p_1^2 < p_2^2 \quad H_0 : p_1^2 > p_2^2$

이때 $H_0: p_1 = p_2$인 경우 검정통계량은 다음과 같다.

$$\text{검정통계량} \quad Z = \frac{(\hat{p}_1 - \hat{p}_2)}{\sqrt{\hat{p}\,\hat{q}(\frac{1}{n_1} + \frac{1}{n_2})}}$$

여기서 $\hat{p}$ 는 가중평균비율로 $(n_1 \hat{p}_1 + n_2 \hat{p}_2 / (n_1 + n_2))$이며, $\hat{q} = 1 - \hat{p}$이다.

이때 $H_0: p_1 \geq p_2$ 혹은 $H_0: p_1 \leq p_2$인 경우 검정통계량은 다음과 같다.

$$\text{검정통계량} \quad Z = \frac{(\hat{p}_1 - \hat{p}_2)(p_1 - p_2)}{\sqrt{\frac{\widehat{p_1}\widehat{q_1}}{n_1} + \frac{\widehat{p_2}\widehat{q_2}}{n_2}}}$$

예제 갑이란 국회의원 후보자가 자기의 지지율을 파악하기 위하여 관할구역 중 A, B 두 지역에서 유권자들을 조사하였다. 임의로 A지역에서는 200명중 80명이 지지자였으며, B지역에서는 100명 중 54명이 지지자였다. A, B 두 지역의 지지율에 차이가 있다고 할 수 있는지 $\alpha = 0.05$로 검정하라.(H_0 : P1=P2)

프로그램명: KIMPB844.SAS

```
    OPTIONS nodate;
    DATA kimpb844;
       n1=200; n2=100; p1hat=80/120; p2hat=54/100; alpha=0.05;
㉮     pc=(n1*p1hat+n2*p2hat)/(n1+n2);
㉯     Zv=(p1hat-p2hat)/SQRT((pc*(1-pc))*(1/n1+1/n2));
       Z=PROBIT(alpha/2);
㉰       IF ABS(Zv)>=ABS(Z) THEN test='REJECT';
         ELSE test='ACCEPT';
    RUN;

    PROC PRINT;
       VAR alpha pc Zv Z test;
~    RUN;
```

㉮ 검정통계량의 값 계산에 필요한 가중평균비율 $\hat{p}$ 이 계산되어 변수pc로 생성된다.

㉯ 검정통계량의 값이 계산되어 변수Zv가 생성된다.

㉰ $-Z_{\alpha/2} < Zv < Z_{\alpha/2}$이면 귀무가설 H_0 : P1=P2는 채택되고 그렇지 않으면 기각된다.

분석결과: KIMPB844.OUT

			㉮		㉯
OBS	ALPHA	PC	ZV	Z	TEST
1	0.05	0.62444	2.13566	-1.95996	REJECT

㉮ 검정통계량의 값이다.

㉯ Zv=2.135>Z=-1.96가 되어 귀무가설은 기각된다. 즉 두 지역에서 갑후보 지지율이 같다고 할 수 없다는 결론을 얻을 수 있다.

PART 3

다변량통계분석과 SAS 활용

CHAPTER 10

분산분석

제10장

분산분석(Analysis of Variance)

제1절 확률과 SAS 함수

1. 분산분석의 개념

① 분산분석은 각 집단간의 표준편차, 분산을 비교하여 집단간의 차이를 검증하고자 할 때 사용한다.

② 단일 모집단 또는 두 모집단의 평균에 관한 차이를 검정할 때 정규분포 및 t분포를 이용하게 된다.

③ 3개 이상의 모평균이 동일한지의 검정은 정규분포나 t분포를 이용하여 할 수 없고 이때는 분산분석을 이용하게 된다.

예 도시규모 : 대도시·중도시·소도시, 기업규모 : 대기업·중소기업·소기업, 연령층 : 청소년층·중년층·노년층 등

④ 분산분석이란 하나의 종속변수와 하나 혹은 여러 개의 독립변수 사이에 관계(3집단 이상의 모평균의 차이)가 있는지의 여부를 검정하는 기법으로, 한 개의 독립변수가 3개 이상의 집단을 갖는 경우와 두개 이상의 독립변수를 결합할 때 3개 이상의 집단을 갖게 된다.

⑤ 분산분석은 독립변수의 개수에 따라 독립변수가 1개인 경우를 일원분산분석(one-way ANOVA), 2개인 경우를 이원분산분석(two-way ANOVA)이라 한다.

분산분석과 분할표분석의 차이점은

㉠ 분할표분석 : 종속변수, 독립변수가 모두 범주형 자료이다.

㉡ 분산분석 : 종속변수가 연속형 자료이다.

⑥ 분산분석과 회귀분석의 차이점

㉠ 회귀분석 : 종속변수, 독립변수가 모두 연속형 자료이다. 범주형 변수도 더미변수를 이용하면 회귀분석이 가능하다.

㉡ 분산분석 : 독립변수로 범주형 자료를 사용할 수 있다.

⑦ 분산분석의 가정

㉠ 집단간에는 서로 독립적이다.

ⓛ 표본평균의 분포가 정규분포를 따라야 한다.
ⓒ 집단들은 거의 동일한 분산을 가져야 한다.

제2절 일원분산분석(One-way ANOVA)

일원분산분석은 학력별, 지역별, 성별, 경력별 등과 같이 분석하고자 하는 변수가 1개인 경우를 말한다.

① 관심있는 특성치에 대해 많은 요인이 영향을 주고 있는 것으로 인정되지만 특정한 하나의 요인만의 여향을 조사할 때 사용한다.
② 특성치에 영향을 주는 제 요인의 조사가 어느 정도 진척되고 이들 요인의 정해진 조건에서 특성치에 상당한 영향을 줄 것으로 예상되는 남은 하나의 요인의 영향을 조사 할 때 사용한다.

【모수인자와 변량인자의 비교】

인자란 특성치에 영향을 미친다고 생각하는 인자 중에서 분석에 채택된 인자를 말한다.

① 모수인자 : 수준이 기술적인 의미를 가지며 분석자에 의하여 미리 정해지며, 평균의 추론이 가능하다.(예 온도, 압력, 작업방볍 등)
② 변량인자 : 기술적인 의미를 갖지 못하며 수준이 랜덤으로 이루어지며, 산포의 추론이 가능하다.(예 실험날짜, 실험토양, 라디오시청 시간 등)

【모형의 분류】

① 모수모형 : 모수인자만으로 구성된 자료의 구조모형을 말한다.
② 변량모형 : 변량인자만으로 구성된 자료의 구조모형을 말한다.
③ 혼합모형 : 인자가 2개 이상인 경우 모수인자와 변량인자가 혼합되어 있는 자료의 구조모형을 말한다.

1. 기본모형

$$Y_{ij} = \mu + \alpha_i + \varepsilon_{ij} \quad \text{단,} \ i=1,2,3,\ldots,k, \quad j=1,2,3,\ldots,n$$

여기서 Y_{ij} : j번째 표본의 i번째 관측치, α_i : i번째 집단의 처리효과(i집단의 평균 μ_i− 전체평균 μ), ε_{ij} : j번째 표본의 i번째 관측치의 오차항으로 서로 독립인 $N(0, \sigma^2)$ 정규 확률변수, $i=1,2,\ldots,k \quad j=1,2,\ldots,n$

2. 검정

① 귀무가설

H_0 : $\tau_1=\tau_2=\tau_3=\ldots=\tau_k$(모집단의 평균이 동일하다)

또는 H_0 : $\tau_1=\tau_2=\tau_3=\ldots=\tau_k=0$(k개의 서로 다른 모집단으로 구분된 처리효과가 전혀 없다)

② 총변동(SST)은 집단내 변동(SSE)과 집단간 변동(SSR)로 분해된다.

$$\sum_i\sum_j(Y_{ij}-\overline{\overline{Y}})^2=\sum_j\sum_i(Y_{ij}-\overline{Y_j})^2+\sum_j n(\overline{Y_j}-\overline{\overline{Y}})^2$$

SST = SSE + SSR

이를 이용하여 분산분석표(ANOVA table)는 다음과 같이 작성된다.

분산분석표

변동요인	자승합(SS)	자유도(df)	평균자승합(MS)	F	$P_r>F$
처 리 오 차	SSR SSE	$k-1$ $k(n-1)$	$MSR=SSR/(k-1)$ $MSE=SSE/k(n-1)$	$F=\frac{MSR}{MSE}$	
합 계	SST	$kn-1$			

검정통계량 $F=\dfrac{MSR}{MSE}$

$F=\dfrac{MSR}{MSE}>F_{(k-1,\,k(n-1);\,\alpha)}$이면 유의수준 α에서 귀무가설 H_0은 기각되는데, F값이 클수록 처리효과가 유의함을 나타낸다.

3. 분석시 주요통계량

① 결정계수 $(R^2) = \frac{SSR}{SST}$: 전체변동 중에서 모형으로 설명되는 변동의 비율을 의미한다.

② 변이계수(C.V)=표준편차/평균

③ Root MSE : 평균오차자승합의 제곱근으로 $\sqrt{MSE}$이다.

4. 일원분산분석의 예

예제 어느 공장에 취업하고 있는 근무경력이 10년인 근로자들의 학력수준이 중졸, 고졸 및 대졸출신으로 구성되어 있다고 하자. 학력별로 근로자 10명씩을 임의추출하여 임금수준을 조사한 결과가 다음과 같다. 이 공장에서 근무하는 학력별 임금수준의 모평균이 동일하다고 할 수 있는지를 $\alpha = 5\%$로 검정하라.

(단위 : 만원)

표 본	중 졸	고 졸	대 졸	표 본	중 졸	고 졸	대 졸
1	80	82	90	6	95	105	120
2	70	65	80	7	100	110	105
3	90	80	85	8	85	90	95
4	100	90	100	9	90	80	94
5	98	100	95	10	70	82	90

프로그램명: KIMPC921.SAS

```
OPTIONS nonumber ls=70 nodate;
DATA kimpc921;
㉮ DO educa='mid','hig','uni';
㉯ DO i=1 TO 10;
㉰ INPUT wage @@;
   OUTPUT;
   END;
   END;
   CARDS;
㉱ 80  70  90 100  98  95 100  85  90  70
   82  65  80  90 100 105 110  90  80  82
   90  80  85 100  95 120 105  95  94  90
   RUN;
```

```
㉮ PROC ANOVA;
㉯ CLASS educa;
㉰ MODEL wage=educa;
㉱ MEANS educa/LSD TUKEY;
RUN;
```

㉮ DO문에 의해 문자 mid, hig, uni인 경우 반복 수행된다. 이것이 학력별(educa)형태이고 이 DO문 안에 학력별 표본의 크기를 나타내는 ㉯의 DO문이 반드시 지정되어야 한다.
㉰ 원자료 입력을 지시하는 문장이다. DO문을 이용하면 자료입력은 반드시 행입력방식으로 입력해야 한다. 그러므로 INPUT문에 행입력연산자 @@를 지정해야 한다.
㉱ 원자료를 행입력방식으로 입력한다.
㉲ 분산분석(ANOVA) 작업의 실행을 명령하는 문장이다.
㉳ CLASS문은 처리효과(τ_j)를 지정하는 문장이다. 이때 CLASS뒤의 변수 educa는 각 집단을 처리하는 기준변수이다.
㉴ MODEL문은 분산분석을 위한 기본모형을 지정하는 문장으로 여기서는 $Y_{ij} = \mu + \varepsilon_{ij}$이다. 따라서 MODEL educa=wage; 이다.
㉵ MEANS문은 분류변수에서 MEANS문 뒤에 지정한 변수의 평균을 출력할 것을 명령하며 '/'뒤의 선택사양은 다중비교방법을 나타낸다.

분석결과: KIMPC921.OUT

```
㉮              Analysis of Variance Procedure
                   Class Level Information
                 Class     Levels     Values
                 EDUCA       3     hig mid uni
           Number of observations in data set = 30

                 Analysis of Variance Procedure

Dependent Variable: WAGE
Source              DF    Sum of Squares      F Value     Pr > F
Model                2  ㉯  357.06666667    ㉲ 1.22    ㉳ 0.3102
Error               27  ㉰ 3942.40000000
Corrected Total     29  ㉱ 4299.46666667

   ㉴ R-Square     ㉵ C.V.        ㉶ WAGE Mean
      0.083049       13.34719         90.5333333

  ㉷ Source         DF      Anova SS       F Value     Pr > F
     EDUCA           2    357.06666667      1.22       0.3102
```

```
ⓐ              T tests (LSD) for variable: WAGE

NOTE: This test controls the type I comparisonwise error rate
      not the experimentwise error rate.

              Alpha= 0.05  df= 27  MSE= 146.0148
                  Critical Value of T= 2.05
             Least Significant Difference= 11.088

Means with the same letter are not significantly different.

       T Grouping              Mean      N  EDUCA
                A             95.400    10  uni
                A
                A             88.400    10  hig
                A
                A             87.800    10  mid
ⓑ Tukey's Studentized Range (HSD) Test for variable: WAGE

NOTE: This test controls the type I experimentwise error rate,
      but generally has a higher type II error rate than REGWQ

              Alpha= 0.05  df= 27  MSE= 146.0148
         Critical Value of Studentized Range= 3.506
           Minimum Significant Difference= 13.399

Means with the same letter are not significantly different.
     Tukey Grouping             Mean      N   EDUCA
                  A            95.400    10   uni
                  A
                  A            88.400    10   hig
                  A
                  A            87.800    10   mid
```

㉮ 처리효과에 해당하는 변수와 그 값, 관측치의 수를 보여준다.

㉯ 표본간 변동 SSR의 값이다.

㉰ 표본내 변동 SSE의 값이다.

㉱ 전체변동 SST의 값이다.

㉲ F검정통계량의 값이다.

㉳ F분포의 우측꼬리분포의 확률 P-값이다. P-값=0.3102이고, α=0.05로 P-값>α이기 때문에 귀무

가설은 채택된다. 따라서 학력별 임금의 평균간에는 차이가 없다는 결론을 얻을 수 있다.

㉳ 처리변동/총변동의 값 $R^2=0.083$으로 임금(wage)이 학력(educa)수준에 영향을 거의 받지 않은다는 것을 의미한다.

㉴ 변동계수로 종속변수 wage의 표준편차/평균 값이다.

㉵ 종속변수 wage의 평균값이다.

㉶ 분산분석에 사용된 독립변수 educa의 자유도, 자승합(SS), F값, 유의수준 p-값을 나타낸다. p-값=0.3102> α=0.05이므로 귀무가설은 채택된다.

ⓐ 최소유의차(LSD)방법에 의한 다중비교결과이다. 여기서 Grouping이 mid, hig, uni 모두 같은 문자(A)로 표시되어 학력별 차이가 없다는 것을 보여주고 있다.

ⓑ HSD방법에 의한 다중비교 결과인데 이것도 LSD방법과 같은 결과를 보여주고 있다.

제3절 다중비교(Multiple Comparison)

이는 사후분석(post hoc multiple comparisons)이라고도 하며, F값을 이용하여 k개의 모평균이 모두 동일하다는 귀무가설이 기각될 때 설정된 유의수준 α에서 어느 집단의 평균들이 서로 다른지를 파악하는 통계적 분석방법이다. 여기서 α는 실험별 오류율로 집단간의 평균이 같다는 귀무가설이 사실임에도 불구하고 기각시킬 위험을 말한다.

【다중비교의 절차】

① 두 인자간의 교호작용이 존재하는지 확인한다.

② 교호작용이 존재하지 않으면 요인효과를 따로 분리하여 각각의 요인에 대해 다중비교를 실시한다.

③ 교호작용이 존재하면 적절한 변수변환을 하여 교호작용을 제거할 수 있는지 시도한다.

④ 변수변환으로 교호작용이 제거되면 2번으로 돌아간다.

⑤ 변수변환으로 교호작용이 제거되지 않으면 두 요인의 효과를 동시에 고려한 처리평균에 대해 다중비교를 실시한다.

다중비교의 방법으로 SAS 에서는 여러 개를 제시하고 있으나 다음 4가지 경우만 설명하겠다.

1. 최소유의차(LSD : Least Significant Difference)

자유도 $k(n-1)$인 t분포에서 $100(1-\alpha/2)$ 백분위수에 대응되는 점을 $t\,(k(n-1),$

$1-\alpha/2)$라할 때 최소유의차는 $LSD = t\,(k(n-1), 1-\alpha/2)\sqrt{2MSE/n}$ 이 되며, 다중비교 방법은 다음과 같다.

$|\overline{Y_i} - \overline{Y_j}| \geq LSD$가 되면 $u_i \neq u_j$(즉 $\alpha_i \neq \alpha_j$)라고 판정한다. 이 방법은 집단간의 차이를 민감하게 구분하는 장점이 있으나 실험별 오류율 α를 관리하지 못한다.

2. 정직한 유의차(HSD)방법

자유도($k, k(n-1)$)인 q분포에서 $q(\alpha, k, k(n-1))$을 표준화 범위분포의 상위 100α 백분위수라고 할 때 $HSD = q(\alpha, k, (n-1))\sqrt{MSE/n}$이 되며, 다중비교방법은 다음과 같다.

$|\overline{Y_i} - \overline{Y_j}| \geq q(\alpha, k, k(n-1))\sqrt{MSE/n}$ 이면 $u_i \neq u_j$(즉 $\alpha_i = \alpha_j$)라 판정한다. 이 방법은 실험별 오류율α의 관리가 가능한 장점이 있다.

3. DUNCAN방법

이는 다중범위(multiple range) 검정이라고도 하는데 이는 평균의 각 부분집합들에 대하여 표준화 범위결정을 하는 것과 같다. Tukey 방법보다 평균의 차이를 검정하는데 민감한 장점이 있으나 실험별 오류율α을 관리하지 못하는 단점이 있다.

4. SCHEFFE방법

일반선형모형에서 유용한 방법이다. 이 방법은 대비(contrast)의 검정과 추정이 가능하고 실험별 오류율α을 관리할 수 있는 방법이다.

제4절 이원분산분석(Two-way ANOVA)

이원분산분석은 교호작용(inetraction)이 있는 경우와 없는 경우로 구분된다.

이원분산분석은 2개 이상의 요인이 있는 실험에서 각 요인의 조합에 의해 n개의 관측치를 관측하고 이들을 기초로 각 요인의 주효과와 교호작용에 대한 유의성을 검정하는 방법이다.

1. 기본모형

$$Y_{ijk} = \mu + \alpha_i + \beta_j + (\alpha\beta)_{ij} + \varepsilon_{ijk}$$
$$i = 1,2,3,\ldots,p;\ j = 1,2,3,\ldots,q;\ k = 1,2,3,\ldots,n,$$
$$\sum_i \alpha_i = 0,\ \sum_j \beta_j = 0,\ \sum_j \alpha_i\beta_j = 0$$

여기서 μ : 전체평균, α_i : 첫번째 요인의 i번째 처리효과

β_j : 두번째 요인의 j번째 처리효과, $(\alpha\beta)_{ij}$: 두 요인간의 교호작용효과

2. 검정

$$\sum_i\sum_j\sum_k (Y_{ijk} - \overline{\overline{Y}})^2 = \sum_i\sum_j\sum_k (Y_{ijk} - \overline{Y_{ij.}})^2 + \sum_i\sum_j n(\overline{Y_{ij.}} - \overline{Y_{i..}} + \overline{\overline{Y}})^2 +$$
$$\sum_i qn(\overline{Y_{i..}} - \overline{\overline{Y}})^2 + \sum_j pn(Y_{.j.} - \overline{\overline{Y}})^2$$

검정가설

$H_0 : \alpha_1 = \alpha_2 = \alpha_3 = \ldots = \alpha_p$: 인자 p의 유의성 검정

$H_0 : \beta_1 = \beta_2 = \beta_3 = \ldots = \beta_q$: 인자 q의 유의성 검정

$H_0 :$ $(\alpha\beta)_{ij} = 0,\ i = 1,2,3,\ldots,p,\ j = 1,2,3,\ldots q$: 교호작용의 유의성 검정

여기서 주효과는 인자수준의 차이에 따라 전체적 변화가 있는가를 나타내며, p와 q의 교호작용은 인자 p(또는 q)의 수준이 변화함에 따라 인자 q(또는 p)의 효과가 변화하는가를 나타낸다.

① 가설 : $\begin{pmatrix} H_0 : \alpha_1 = \alpha_2 = \alpha_3 = \ldots = \alpha_p \\ H_1 : \text{최소한 한 개의 } \alpha_i \neq 0 \end{pmatrix}$ 의 검정

H_0이 참이면 $E(MSp) = \sigma^2$이 되어 검정통계량은 다음과 같다.

$$F = \frac{MSp}{MSE}$$

② 가설 : $\begin{pmatrix} H_0 : \beta_1 = \beta_2 = \beta_3 = \ldots = \beta_q \\ H_1 : \text{최소한 한 개의 } \beta_j \neq 0 \end{pmatrix}$ 의 검정

H_0이 참이면 $E(MSq) = \sigma^2$이 되어 검정통계량은 다음과 같다.

$$F = \frac{MSq}{MSE}$$

③ 가설 : $\begin{pmatrix} H_0 : (\alpha\beta)_{ij} = 0 \\ H_1 : (\alpha\beta)_{ij} \neq 0 \text{ (적어도 한 개의 } i,\ j\text{결합에 대해)} \end{pmatrix}$ 의 검정

상호작용효과가 모두 0이면 검정통계량은 다음과 같다.

$$F = \frac{MSpq}{MSE}$$

이원분산분석표

변동요인	자승합(SS)	자유도(df)	평균자승합(MS)	F	$P_r > F$
처 리 A	SSA	$k-1$	MSA	MSA/MSE	
블 럭 B	SSB	$q-1$	MSB	MSB/MSE	
A*B	SSpq	$(p-1)(q-1)$	MSpq	MSpq/MSE	
오 차	SSE	$pq(n-1)$	MSE	–	
합 계	SST	$pqn-1$	MST		

3. 이원분산분석의 예

예제 TV가 남녀에 미치는 영향을 조사하기 위해 남녀 각각 12명씩 중졸자와 대졸자를 각각 6명씩 임의추출하여 1주당 TV시청시간을 조사한 결과 다음과 같은 자료를 얻었다.

(단위 : 시간)

구 분		학 력 별 (edu)	
		중 졸(mid)	고 졸(hig)
성 별 (sex)	남(male)	8, 10, 7, 8, 13, 11	7, 10, 8, 9, 12, 5
	여(female)	10, 12, 11, 8, 9, 7	9, 10, 7, 6, 8, 11

① 상기 조사 결과를 이용하여 이원분산분석표를 작성하라.

② 성별 TV시청 시간에 차이가 있는지를 $\alpha=5\%$로 검정하라.

③ 학력별로 TV시청 시간에 차이가 있는지를 $\alpha=5\%$로 검정하라.

④ 성별 및 학력별 결합상태에 따라 TV시청 시간에 차이가 있는지를 $\alpha=5\%$로 검정하라.

프로그램명: KIMPC923.SAS

```
     OPTIONS nonumber ls=70 nodate;
     DATA kimpc923;
      Do edu='mid', 'hig';
       Do sex='male', 'female';
        Do i=1 To 6;
     INPUT time @@;
         OUTPUT; END; END; END;
    CARDS;
     8 10  7 8 13 11
    10 12 11 8  9  7
     7 10  8 9 12  5
     9 10  7 6  8 11
     RUN;
     PROC ANOVA;
㉮      CLASS sex edu;
㉯      MODEL time=sex edu sex*edu;
㉰      MEANS sex edu sex*edu;
       TITLE 'Two-way with replication ANOVA';
     RUN;
     PROC ANOVA;
       CLASS sex edu;
㉱      MODEL time=sex edu;
㉲      MEANS sex edu/LSD;
       TITLE 'Two-way with no replication ANOVA';
    RUN;
```

㉮ 분석에 사용된 독립변수(요인)들이 성별(sex)과 학력별(edu)이며, 각각 6개의 처리집단이 있음을 지정한다.

㉯ 이원분산분석의 기본모형을 지정하는 문장으로 교호작용이 필요한 경우는 두변수(요인)를 '*'로 연결하고 교호작용이 필요 없는 경우는 '*'가 필요 없다. 이 경우는 교호작용이 있는 경우이며, '|'을 사용하여 교호작용을 표현할 때의 표현방식과 그 의미는 표와 같다. 이 프로그램에서 사용된 "sex edu sex*edu"은 '|'을 사용할 때 "sex | edu"와 같음을 의미한다.

Model 문에서 '* 혹은 |'의 의미

표현형식	의 미
X | Z	X Z X*Z
X Z | Y	X Z Y Z*Y
X | Z(Y)	X Z(Y) X*Z(Y)
X(Y) | Z(Y)	X(Y) Z(Y) X*Z(Y)
X(Y) | Y(P T)	X(Y) Y(P T)
X | Y(X) | Z	X Y(X) Z X*Z Y*Z(X)
X | Y(Z) | Z@2	X Y(Z) Z X*Z
X | Z | Y | P@2	X Z X*Z Z X*Z Y*Z P X*P Y*P Z*P
X*Y(Z*P)	X*Y(Z P)

【유의수준과 p-값의 관계】

- p-값 $> \alpha$이면 귀무가설을 기각할 수 없다. 즉 집단간 유의한 차이가 없다.
- p-값 $\leq \alpha$이면 귀무가설을 기각한다. 즉 집단간 유의한 차이가 있다.

㉰ MODEL문에서 지정한 독립변수(sex, edu, sex*edu)의 각 수준에서 평균과 표준편차를 얻게 된다.
㉱ 교호작용(sex*edu)이 없는 경우의 이원분산분석을 실행한다.
㉲ 분산분석 이외에 LSD 방법에 의한 다중비교가 수행된다.

분석결과 : KIMPC923.OUT

```
㉮      Analysis of Variance Procedure
          Class Level Information
         Class    Levels    Values
         SEX           2    fema male
         EDU           2    hig mid

     Number of observations in data set = 24
㉯      Analysis of Variance Procedure

Dependent Variable: TIME
                              Sum of
Source              DF       Squares    Mean square   F Value    Pr > F
Model                3    5.12500000     1.70833333      0.41    0.7492
```

Error	20	83.83333333	4.19166667
Corrected Total	23	88.95833333	

R-Square	Coeff Var	Root MSE	Mean Source
0.057611	22.85421	2.047356	8.958333

	DF	Anova SS	Mean Square	F Value	Pr > F
㉰ SEX	1	5.04166667	5.04166667	1.20	0.2858
㉱ EDU	1	0.04166667	0.04166667	0.01	0.9216
㉲ SEX*EDU	1	0.04166667	0.04166667	0.01	0.9216

Analysis of Variance Procedure

Level of SEX	N	TIME Mean	TIME SD
fema	12	8.50000000	2.06705764
male	12	9.41666667	1.83195541

Level of EDU	N	TIME Mean	TIME SD
hig	12	9.00000000	1.85864075
mid	12	8.91666667	2.15146180

Source	DF	Anova SS	F Value	Pr > F
SEX	1	5.04166667	1.26	0.2739
EDU	1	0.04166667	0.01	0.9196

Analysis of Variance Procedure

㉴ T tests (LSD) for variable: TIME

NOTE: This test controls the type I comparisonwise error rate not the experimentwise error rate.

Alpha= 0.05 df= 21 MSE= 3.994048
Critical Value of T= 2.08
Least Significant Difference= 1.6967

Means with the same letter are not significantly different.

T Grouping	Mean	N	SEX
A	9.4167	12	male
A			
A	8.5000	12	fema

Analysis of Variance Procedure

```
ⓐ                T tests (LSD) for variable: TIME

NOTE: This test controls the type I comparisonwise error rate
      not the experimentwise error rate.

              Alpha= 0.05   df= 21   MSE= 3.994048
                 Critical Value of T= 2.08
             Least Significant Difference= 1.6967

Means with the same letter are not significantly different.

              T Grouping      Mean        N      EDU
                   A         9.0000      12      hig
                   A
                   A         8.9167      12      mid
```

㉮ 독립변수 sex와 edu의 수준이 각각 2개란 의미이다.

㉯ 교호작용이 있는 경우의 분산분석 결과이다. 모형의 적합도 기준인 F-통계량 값이 0.41이고 이에 대응되는 p-값이 0.7492로 유의수준 0.05에서 유의하지 않다. 즉 TV 시청시간이 교육과 성에 따라 다르지 않다.

㉰ 성별차이에 따른 TV 시청시간에 관한 F검정의 결과로 F-통계량 값이 1.20이고 p-값이 0.2858로 유의수준 0.05보다 커서 귀무가설이 기각된다. 즉 성별에 따라 TV시청시간에 차이가 있다고 판단할 수 없다.

㉱ 교육수준(edu) 차이에 따른 TV 시청시간에 관한 F검정의 결과로 F-통계량 값은 0.01이고, 이에 대응하는 p-값이 0.9216으로 유의수준 0.05보다 크므로 귀무가설이 기각된다. 즉 교육정도에 따라 TV 시청시간에 차이가 없다고 할 수 있다.

㉲ 성별(sex)과 학력별(edu) 구분에 의한 교호작용의 효과에 대한 F값이 0.01이며 이에 대응한 p-값이 0.9216으로 유의수준 0.05보다 크므로 유의하지 않다. 즉 상호작용이 없다는 결론을 얻게 된다. 따라서 교호작용을 고려하지 않는 이원분산분석을 추가적으로 수행하여 결론을 내는 것이 좋다. 만약 교호작용에 대한 p-값이 유의수준보다 작으면 추가적으로 수행이 불필요하다.

㉳ sex와 eduo 변수들간에 교호작용이 없는 경우의 이원분산분석의 결과를 보여준다. 분산분석표에서 모형의 적합도 기준인 F-값이 0.64이며, 이에 대응하는 p-값이 0.5391로 교호작용을 고려한 경우와 비교할 때 약간 높게 나타나고 있다. 만약 여기서 p-값이 아주 작에 나타나면(예 p-값=0.04) 이 모형이 교호작용효과를 고려한 경우보다 더 적합함을 나타낸다.

㉴ 최소유의차(LSD) 방법을 적용하여 성별로 TV 시청시간을 다중비교한 결과이다. 이 검증 결과에서 문자 A가 동일하므로 남자와 여자는 차이가 없음을 보여주고 있다.

ⓐ 최소유의차(LSD) 방법을 적용한 결과로 교육수준(edu)별로 TV 시청시간을 다중비교한 결과로, 문자 A가 동일하므로 교육수준별로 TV 시청시간이 차이가 없음을 보여주고 있다.

만약 위 문서에서 학력에 따라서 TV 시청시간에 차이가 있다고 결론이 난다면, 어떤 학력계층이 시청시간에 더 많은 영향을 주는지 분석하여야 한다. 이를 위해 LSD, DUNCAN 등 다양한 방법이 적용되고 있다. 그 결과가 아래 표와 같다면, t Grouping에 상이한 부호가 나타나면 TV 시청시간에 차이가 있음을 의미한다. 예로 중학교, 고등학교, 대학교, 대학원 및 고등학교 졸업자 중 고등학교, 대학교, 대학원 및 고등학교 졸업자가 B그룹으로 동일그룹으로 분류되었다면 이들 그룹은 TV 시청시간에 차이가 없음을 나타내게 되고 대학교 졸업자의 평균(mean)이 12.32로 가장 크다면 대학 졸업생이 TV을 가장 오래 본다는 것을 의미한다. 또한 중학교 졸업자는 나머지 3요인(고교, 대학, 대학원 졸업자)에 비해 TV을 시청하는 것이 다르다는 것을 의미한다.

Means with the same letter are not significantly different.

t Grouping	Mean	N	edu
A	5.0000	12	중학교
A			
B	12.3400	12	대학교
B			
B	7.1234	12	대학원
B			
B	5.1230	12	고등학교

제5절 난괴법 분석(Randomized Block Design)

1. 기본모형

① 환경이 비슷한 실험대상들을 블럭화해서 처리효과를 정확하게 판별하는 실험이나 조사를 할 때 이용되는 분석방법을 말한다.

1인자는 모수인자이고 1인자는 변량인자인 반복없는 이원배치법을 말한다. 여기서는 변량인자와 모수인자의 구분을 명확히 해야 한다.

$$Y_{ij}=\mu+\alpha_i+\beta_j+\varepsilon_{ij} \quad \text{단, } i=1,2,3,\ldots,k,\quad j=1,2,3,\ldots,n$$

여기서 $\sum_{i=0}^{n}\tau_i=0$, $\sum_{i=0}^{n}\tau_i=0$, α_i는 i번째 처리집단의 효과로 i집단의 평균(μ_i)과 전체평균(μ)의 차이이며, β_j는 j번째 블럭의 효과이다.

$$\sum_i\sum_j(Y_{ij}-\overline{\overline{Y}})^2=\sum_i\sum_j(Y_{ij}-\overline{Y_{i.}}-\overline{Y_{.j}}-\overline{Y})^2+\sum_i n(\overline{Y_{i.}}-\overline{\overline{Y}})^2+\sum_j k(\overline{Y_{.j}}-\overline{\overline{Y}})^2$$

SST = SSE + SSTR + SSB

검정통계량 $F=\dfrac{SSR/(k-1)}{SSE/(k-1)(n-1)}$

② $F=\dfrac{MSR}{MSE}>F_{(n-1,(k-1)(n-1);\alpha)}$이면 유의수준 α에서 처리효과에 대한 귀무가설 $H_0:\mu_1=\mu_2=\mu_3=\ldots=\mu_k=0$이 기각된다.

③ $F=\dfrac{MSR}{MSE}>F_{(n-1,(k-1)(n-1);\alpha)}$ 이면 유의수준 α에서 블럭효과에 대한 귀무가설 $H_0:\beta_1=\beta_2=\beta_3=\ldots=\beta_k=0$이 기각된다.

난괴법 분산분석표

변동요인	자승합(SS)	자유도(df)	평균자승합(MS)	F	$P_r>F$
처 리	SSTR	k-1	MSTR	MSTR/MSE	
블 럭	SSB	n-1	MSB	MSB/MSE	
오 차	SSE	(k-1)(n-1)	MSE		
합 계	SST	$kn-1$	MST		

2. 난괴법 분석의 예

예제 사과재배를 하는 어느 농가에서 질소(N), 인산(P) 및 카리(K) 등 3종류의 비료의 효과를 비교하기 위해 토질조건이 상이한 4개의 과수원을 3등분하여 사과묘목을 각각 100 그루씩 식재하고 비료 P, N, K를 랜덤하게 추비했을 때 다음과 같이 사과가 생산되었다고 하자. 이 때 비료의 종류에 따라 사과생산량이 차이가 있는지를 검정하라. 이 경우 비료가 모수인자이고 과수원이 변량인자이다.

(단위 : M/T)

과수원	P	N	K
1	8	10	9
2	10	9	8
3	7	15	7
4	11	7	10

프로그램명: KIMPC922.SAS

```
OPTIONS nonumber ls=70 nodate;
DATA kimpc922;
    INPUT orchard manure $ yield @@;
CARDS;
1 P  8  3 P  7
1 N 10  3 N 15
1 K  9  3 K  7
2 P 10  4 P 11
2 N  9  4 N  7
2 K  8  4 K 10
RUN;

PROC ANOVA;
㉮    CLASS orchard manure;
㉯    MODEL yield=orchard manure;
RUN;
```

㉮ 과수원 효과(orchard), 비료효과(manure)를 분류변수로 지정한다. 여기서 독립변수는 orchard 그리고 블럭변수는 manure로 사용한 경우이다.
㉯ 생산량 yield를 종속변수로 하는 난괴법 분석을 실행한다.

분석결과: KIMPC922.OUT

```
            ㉮ Analysis of Variance Procedure
                Class Level Information
               Class     Levels    Values
               ORCHARD        4     1 2 3 4
               MANURE         3     K N P
         Number of observations in data set = 12

            ㉯ Analysis of Variance Procedure
Dependent Variable: YIELD
Source              DF    Sum of Squares    F Value    Pr > F
Model                5        7.41666667       0.18    0.9592
Error                6       48.83333333
Corrected Total     11       56.25000000
```

	R-Square	C.V.	YIELD Mean
	0.131852	30.84188	9.25000000

㉰

Source	DF	Anova SS	F Value	Pr > F
ORCHARD	3	0.91666667	0.04	0.9893
MANURE	2	6.50000000	0.40	0.6874

㉮ 난괴법 분산분석을 실행한 결과로 독립변수는 orchard 그리고 블럭변수로는 manure가 사용되었고, orchard는 4개 집단, manure는 3개 집단으로 구성되어 있음을 볼 수 있다.

㉯ 난괴법에 의한 분산분석표로 F 값은 0.18이며 이에 대응하는 P-값은 0.959로 0.959>0.05이므로 귀무가설이 채택되어 비료의 종류에 따라 사과생산량의 평균차이가 없는 것으로 판단된다.

㉰ F검정 결과에 의하면 모형이 유의하지 않은 것으로 나타났다. 여기서 독립변수 orchard, manure 중 어느 것이 모형의 적합성에 영향을 미치는지 파악할 수 있다.

비료의 종류(manure)가 블럭화할 만한 변수인지를 판단하기 위한 검정 결과로 F값=0.40, p-값=0.6784로 p-값> α 이므로 블럭효과가 동일하다는 가설을 기각할 수 없다. 따라서 비료의 블럭효과가 없기 때문에 이는 난괴법이 아닌 다른 분산분석방법에 의해 분석되어야만 한다.

이때 orchard나 manure가 유의성이 있는 것으로 나타나면 유의성있는 인자에 대해서는 사후비교(다중비교)를 수행해야 한다. 그리고 변량인자인 orchard가 유의한 것으로 판명되면 이 인자의 분산요소를 추정해 주어야 한다.

제6절 GLM을 이용한 분산분석

1. PROC GLM 및 GPLOT 이용 분석

균형자료(balanced data)를 분석할 때는 PROC ANOVA문이나 PROC GLM문을 사용하여 분석하면 같은 결과를 얻을 수 있다. 그러나 균형이 아닌 자료(unbalanced data)를 분석할 때는 PROC ANOVA문보다는 PROC GLM문을 사용하는 것이 바람직하다.

불균형자료(unbalanced data)는 각 집단의 표본의 크기가 동일하지 않은 경우, 특정 자료입력 칸(cell)이 결측치(missing data)나 다른 칸에 비하여 상이한 개수의 관측치를 가지고 있는 자료를 의미하며, 균형자료(balanced data)는 각 집단의 표본의 크기가 동일한 자료를 말한다.

① 앞의 프로그램 KIMPC923.SAS에서 아래 옵션을 PROC GLM문으로 고쳐 실행하면 같은 결과를 얻게 된다. KIMPC923.SAS의 결과에서 ANOVA SS의 값과

PROC GLM에 위한 TYPE I SS의 값이 동일함을 알 수 있다.

```
PROC GLM;
   CLASS sex edu;
   MODEL time=sex | edu; (혹은 sex edu sex*edu);
   RUN;
```

예 PROC GLM 분석결과에서

```
Source              DF      Type I SS      Mean Square     F Value
   sex               1      0.00000000      0.00000000       0.00
   edu               1      6.00000000      6.00000000       1.33
sex*edu              1      0.00000000      0.00000000       0.00
```

여기서는 균형되지 않은 자료가 있는 경우 PROC GLM문을 이용하는 방법을 소개한다.

예제 **18명의 소비자들이 동일한 금액 50,000원으로 구매행위를 한다고 하자. 이때 소비자 각자가 구매하는 상품의 종류가 많고 적음에 따라 소비자들이 갖는 효용의 크기를 확인하기 위한 조사를 시행한 자료가 다음과 같다. 이자료에는 결측치가 2개 포함되어 있다. 이 자료를 기초로 하여 GLM(general linear models의 약어)문을 이용하여 분산분석을 해보자.**

A		B		C		D		E		F		G	
종류	효용	종류	효용	종류	효용	종류	효용	종류	효용	종류	효용	종류	효용
12	20	12	16	17	55	13	55	16	49	17	.	19	98
H		I		J		K		L		M		N	
종류	효용	종류	효용	종류	효용	종류	효용	종류	효용	종류	효용	종류	효용
14	50	21	87	20	55	2	10	7	10	17	73	13	20
O		P		Q		R		S		T			
종류	효용	종류	효용	종류	효용	종류	효용	종류	효용	종류	효용		
34	60	23	70	23	70	.	90	30	75	15	65		

분석프로그램 : KIMGLM.SAS

```
    OPTIONS nonumber ls=84 nodate;
   DATA glm;
     INPUT con $ item util @@;
㉮ CARDS;
   A 12 20 B 12 16 C 17 55 D 13 55 E 16 49 F 17 .
   G 19 98 H 14 50 I 21 87 J 20 55
   K 2 10 L 7 10 M 17 73 N 13 20 O 34 60 P 32 60
   Q 23 70 R . 90 S 30 75 T 15 65
   RUN;
```

```
㉯ PROC GLM;
㉰    MODEL util=item | item /SS1 SS3 P CLM;
     TITLE 'Analysis of GLM : GLM OUTPUT and SS1 SS3 P CLM OUTPUT';
㉱    OUTPUT OUT=pp P=utilpred R=resid;
     AXIS1 minor=none major=(number=8);
     AXIS2 minor=none major=(number=10);
     SYMBOL1 c=blue i=spline v=plus;
     SYMBOL2 c=red i=join v=star;
㉲ PROC GPLOT;
    PLOT util*item=1 utilpred*item=2 / overlay
    HAXIS=AXIS1 VAXIS=AXIS2;
    TITLE 'Analysis of GLM : GPLOT OUTPUT';
  RUN;
```

㉮ 구매상품의 종류와 소비자 효용의 효과를 분석하기 위해 수집된 자료에 결측치가 2개 포함되어 있음을 보여주고 있다.

㉯ GLM 명령문을 실행하기 위함이다.

㉰ 상호작용을 분석하기 위한 것이다. item | item은 item, item*item(즉 item2)를 보여주게 된다. SS1은 Type I SS이고 SS3은 Type III SS을 산출하라는 의미이며, 생략하면 이들 값을 계산해 준다. P는 기대값, CLM은 신뢰구간, R은 잔차(residual)를 산출하기 위한 옵션이다.

㉱ 분석결과를 그림으로 생성하기 위한 내용이다. 여기서 AXIS1은 수평축(HAXIS), AXIS2는 수직축(VAXIS) 모양을 구성하기 위한 것이며, minor는 소눈금, major는 대눈금을 나타내는 것인데, number=숫자는 각 축에 출력될 눈금의 개수를 지정하는 옵션이다. 여기서는 major=8은 수평축이 8개 눈금으로, major=10은 수직축을 10개 눈금으로 나타내라는 것이다.
SYMBOL1은 첫 번째 자료의 표현부호를 지정하는 옵션으로, C=는 색상을 지정(blue), I=는 선연결의 형태(여기서 부드러운 곡선(spline)이며, V=는 자료 포인트 방식(여기서 plus)을 지정한다. SYMBOL2는 두 번째 자료의 표현방식(red, 직선(join), star 등)을 지정한다.

㉲ util*item=1 utilpred*item=2는 SYMBOL1과 SYMBOL2에 개별 해당 관측치를 갖고 그래프를 그린다는 것을 나타낸다. 그리고 overlay는 여러 개의 그림을 한 화면에 겹쳐 그리라는 의미이다.

분석결과 : KIMGLM.OUT

```
        Analysis of GLM : GLM OUTPUT and SS1 SS3 P CLM OUTPUT
                       The GLM Procedure
                  Number of observations    20

NOTE: Due to missing values, only 18 observations can be used in this analysis.

㉮                        The GLM Procedure
Dependent Variable: util
```

Source	DF	Sum of Squares	Mean Square	F Value	Pr > F
Model	2	7166.03519	3583.01759	11.50	0.0009
Error	15	4674.40926	311.62728		
Corrected Total	17	11840.44444			

㉯

R-Square	Coeff Var	Root MSE	Mean
0.605217	34.24067	17.65297	51.55556

Source	DF	Type1 I SS	Mean Square	F Value	Pr > F
item	1	4947.071374	4947.071374	15.87	0.0012
item*item	1	2218.963811	2218.963811	7.12	0.0175

Source	DF	Type III SS	Mean Square	F Value	Pr > F
item	1	4077.700972	4077.700972	13.09	0.0025
item*item	1	2218.963811	2218.963811	7.12	0.0175

Parameter	Estimate	Standard Error	t Value	Pr > |t|
Intercept	-25.03664882	18.11320057	-1.38	0.1871
item	7.16400349	1.98045892	3.62	0.0025
item*item	-0.13229495	0.04957764	-2.67	0.0175

㉮ 분산분석가 실행된 결과이다. F값의 p값이 0.0009로, 이는 유의수준 5%를 기준으로 할 때 이 기준보다 매우 작은 값이므로 전반적인 F 통계량은 매우 유의하다고 할 수 있다.

㉯ 모형의 적합도를 보여주는 값으로 0.6052로 분석결과로 추정된 모형은 적합하다고 할 수 있다. item을 위한 Type I sum of square(SS)나 Type III sum of square(SS)는 SAS 시스템이 모형의 적합도를 위해서 수행하는 검증방식으로, Type I SS는 일원분산분석 모형을 위한 산술평균을 사용하고, Type III SS는 공분산분석을 위한 최소자승평균을 사용한다. Type I SS의 item에 대한 p값이 0.0025로 그 유의성은 매우 높으며, item*item 검증의 2차 선형회귀의 p값은 0.0175로 유의성이 비교적 무난한 편이다. 이 분석결과를 이용하여 추정방정식을 다음과 같이 나타낼 수 있다.

$$util = -25.03648 + 7.1643item - 0.1322item^2$$

Analysis of GLM : GLM OUTPUT and SS1 SS3 P CLM OUTPUT
The GLM Procedure

㉰

Observation	Observed	Predicted	Residual
1	20.00000000	41.88092046	-21.88092046
2	16.00000000	41.88092046	-25.88092046
3	55.00000000	58.51817038	-3.51817038
4	55.00000000	45.73755023	9.26244977
5	49.00000000	55.71990019	-6.71990019
6 *	.	58.51817038	.
7	98.00000000	63.32094108	34.67905892
8	50.00000000	49.32959012	0.67040988
9	87.00000000	67.06535218	19.93464782
10	55.00000000	65.32544158	-10.32544158
11	10.00000000	-11.23782164	21.23782164
12	10.00000000	18.62892311	-8.62892311
13	73.00000000	58.51817038	14.48182962
14	20.00000000	45.73755023	-25.73755023
15	60.00000000	65.60650947	-5.60650947
16	60.00000000	68.74143567	-8.74143567
17	70.00000000	69.75140371	0.24859629
18 *			
19	75.00000000	70.81800229	4.18199771
20	65.00000000	52.65704010	12.34295990

㉱

Observation	95% Confidence Limits for Mean Predicted Value	
1	30.95798637	52.80385455
2	30.95798637	52.80385455
3	47.46135290	69.57498787
4	35.09501892	56.38008155
5	44.87598951	66.56381087
6 *	47.46135290	69.57498787
7	51.85186471	74.79001745
8	38.74900023	59.91018000
9	55.27822461	78.85247976
10	53.68593559	76.96494756
11	-42.42091368	19.94527039
12	1.49724307	35.76060316
13	47.46135290	69.57498787
14	35.09501892	56.38008155
15	40.01420824	91.19881070
16	47.99219609	89.49067526
17	57.66877190	81.83403551
18 *		
19	53.76197716	87.87402742
20	41.98848476	63.32559544

ⓜ * Observation was not used in this analysis

ⓑ

Sum of Residuals	0.000000
Sum of Squared Residuals	4674.409259
Sum of Squared Residuals - Error SS	0.000000
PRESS Statistic	9846.810063
First Order Autocorrelation	-0.106149
Durbin-Watson D	2.077282

ⓓ 개별 관측치에 대한 실제 관측치, 관측치의 기대값, 잔차를 보여주고 있다. *는 자료에서 응답이 없거나 자료가 없어 결측치로 처리되었기 때문에 나타난다.
ⓡ 개별 관측치에 대한 신뢰구간을 보여준다.
ⓜ *에 해당되는 자료는 분석에서 제외되었음을 나타낸다.
ⓑ 잔차합, 잔차자승합, 1차 자기상관, 더빈-왓트슨 검정통계량 등을 보여준다.

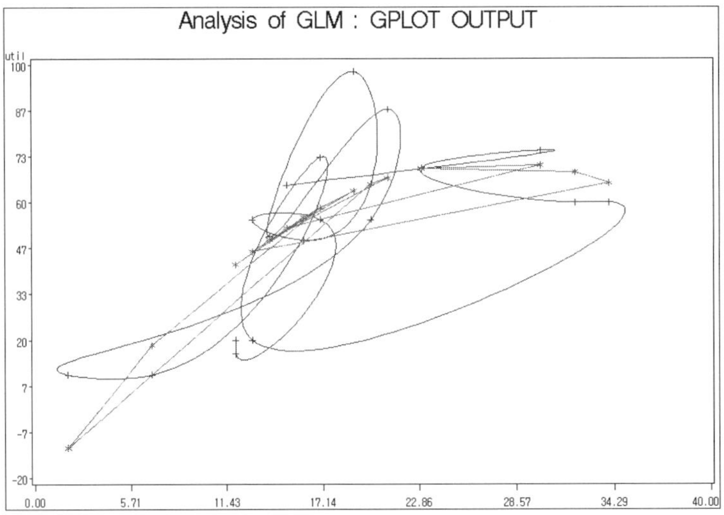

프로그램의 ⓑ의 PROC GPLOT문을 실행한 분석 결과를 보여주고 있다.

2. PROC GLM에 의한 랜덤요인을 이용한 혼합모형

예제 고정요인으로 생각되는 3대의 농기계와 랜덤요인으로 생각되는 6명의 종업원들이 각각 1번, 2번 혹은 3번 농기계를 작동하여 프로그램에서와 같은 평가액을 얻었다고 하자. 이때 농기계와 종업원에 따라서 평가액에 차이가 있는지를 검정하라(Milliken and Johnson(1984)의 예). 여기서 모수인자는 농기계(machine)이고 변량인자는 사람(person)이다.

프로그램명 : KIMMIXED-1.SAS

```
OPTIONS nodate ls=85;
DATA machine;
  INPUT machine person rating @@;
DATALINES;
1 1 52.0 1 2 51.8 1 2 52.8 1 3 60.0 1 4 51.1 1 4 52.3
1 5 50.9 1 5 51.8 1 5 51.4 1 6 46.4 1 6 44.8 1 6 49.2
2 1 64.0 2 2 59.7 2 2 60.0 2 2 59.0 2 3 68.6 2 3 65.8
2 4 63.2 2 4 62.8 2 4 62.2 2 5 64.8 2 5 65.0 2 6 43.7
2 6 44.2 2 6 43.0 3 1 67.5 3 1 67.2 3 1 66.9 3 2 61.5
3 2 61.7 3 2 62.3 3 3 70.8 3 3 70.6 3 3 71.0 3 4 64.1
3 4 66.2 3 4 64.0 3 5 72.1 3 5 72.0 3 5 71.1 3 6 62.0
3 6 61.4 3 6 60.5
;

㉮ PROC GLM DATA=machine;
    CLASS machine person;
    MODEL rating=machine person machine*person;
    RANDOM person machine*person / TEST;
  TITLE1 '랜덤인자를 이용한 혼합모형 분석';
  RUN;

  PROC MIXED DATA=machine METHOD=type3;
    CLASS machine person;
    MODEL rating=machine;
    RANDOM person machine*person;
  TITLE1 '랜덤인자를 이용한 혼합모형 분석';
  RUN;
```

㉮ 랜덤요인을 이용한 혼합모형을 계산하게 된다. machine*person는 농기계와 사람간의 교호작용을 확인하기 위한 것이다.

분석결과 : KIMMIXED-1.OUT

```
                        랜덤인자를 이용한 혼합모형 분석
                                The GLM Procedure
     ㉯                      Class Level Information
                       Class          Levels      Values
                       machine           3        1 2 3
                       person            6        1 2 3 4 5 6
                          Number of observations      44
```

랜덤인자를 이용한 혼합모형 분석

㉰ The GLM Procedure

Dependent Variable: rating

Source	DF	Sum of Squares	Mean Square	F Value	Pr > F
Model	17	3061.743333	180.102549	206.41	<.0001
Error	26	22.686667	0.872564		
Corrected Total	43	3084.430000			

R-Square	Coeff Var	Root MSE	rating Mean
0.992645	1.560754	0.934111	59.85000

Source	DF	Type I SS	Mean Square	F Value	Pr > F
machine	2	1648.664722	824.332361	944.72	<.0001
person	5	1008.763583	201.752717	231.22	<.0001
machine*person	10	404.315028	40.431503	46.34	<.0001

Source	DF	Type III SS	Mean Square	F Value	Pr > F
machine	2	1238.197626	619.098813	709.52	<.0001
person	5	1011.053834	202.210767	231.74	<.0001
machine*person	10	404.315028	40.431503	46.34	<.0001

㉯ 각 그룹에 대한 요약 정보를 보여준다.

㉰ 고정효과모형(Fixed-Effect Model Analysis of Variance)의 분석결과를 보여준다. SAS에서 GLM을 이용할 때 디폴트이면 자동적으로 고정효과모형을 산출한다. 왜냐하면 SAS는 기본적으로 디폴트로 모수인자로 간주하기 때문이다.

랜덤인자를 이용한 혼합모형 분석

㉱ The GLM Procedure

Source	Type III Expected Mean Square
machine	Var(Error) + 2.137 Var(machine*person) + Q(machine)
person	Var(Error) + 2.2408 Var(machine*person) + 6.7224 Var(person)
machine*person	Var(Error) + 2.3162 Var(machine*person)

랜덤인자를 이용한 혼합모형 분석

㉲ Tests of Hypotheses for Mixed Model Analysis of Variance

Dependent Variable: rating

Source	DF	Type III SS	Mean Square	F Value	Pr > F
machine	2	1238.197626	619.098813	16.57	0.0007
Error	10.036	375.057436	37.370384		

Error: 0.9226*MS(machine*person) + 0.0774*MS(Error)

Source	DF	Type III SS	Mean Square	F Value	Pr > F
person	5	1011.053834	202.210767	5.17	0.0133
Error	10.015	392.005726	39.143708		

Error: 0.9674*MS(machine*person) + 0.0326*MS(Error)

Source	DF	Type III SS	Mean Square	F Value	Pr > F
machine*person	10	404.315028	40.431503	46.34	<.0001
Error: MS(Error)	26	22.686667	0.872564		

㉣ Type III에 대한 평균자승의 기대치(Expected Values of Type III Mean Squares)를 보여주고 있다.

㉤ 혼합분산분석(Mixed Model Analysis of Variance)에 대한 각 변수 및 교호작용에 대한 가설검정의 결과를 보여주고 있다.

㉥

The Mixed Procedure

Model Information

Data Set	WORK.MACHINE
Dependent Variable	rating
Covariance Structure	Variance Components
Estimation Method	Type 3
Residual Variance Method	Factor
Fixed Effects SE Method	Model-Based
Degrees of Freedom Method	Containment

Class Level Information

Class	Levels	Values
machine	3	1 2 3
person	6	1 2 3 4 5 6

Dimensions

Covariance Parameters	3	Max Obs Per Subject	44
Columns in X	4	Observations Used	44
Columns in Z	24	Observations Not Used	0
Subjects	1	Total Observations	44

Type 3 Analysis of Variance

Source	DF	Sum of Squares	Mean Square
machine	2	1238.197626	619.098813
person	5	1011.053834	202.210767
machine*person	10	404.315028	40.431503
Residual	26	22.686667	0.872564

Type 3 Analysis of Variance

Source	Expected Mean Square	Error Term	Error DF	F Value	Pr > F
machine	Var(Residual)+2.137 Var (machine*person)+Q(machine)	0.9226 MS(machine*person) + 0.0774 MS(Residual)	10.036	16.57	0.0007
person	Var(Residual)+2.2408Var (machine*person)+6.7224Var (person)	0.9674 MS(machine*person) + 0.0326 MS(Residual)	10.015	5.17	0.0133
machine*person	Var(Residual)+2.3162Var (machine*person)	MS(Residual)	26	46.34	<.0001
Residual	Var(Residual)	.	.	.	.

The Mixed Procedure

Covariance Parameter Estimates

Cov Parm	Estimate
person	24.2571
machine*person	17.0791
Residual	0.8726

Fit Statistics

-2 Res Log Likelihood	182.0
AIC (smaller is better)	188.0
AICC (smaller is better)	188.7
BIC (smaller is better)	187.4

Type 3 Tests of Fixed Effects

Effect	Num DF	Den DF	F Value	Pr > F
machine	2	10	16.72	0.0006

㉶ 모형에 대한 정보, Dimensions, Type 3의 분석결과, 공분산 모수 값, 적합성 통계치 등에 대한 결과를 보이고 있다.

3. 불균형 자료의 PROC GLM 이용 분석

분석자가 특정한 목적을 갖고 자료를 수집하게 된다. 그러나 실제 자료를 수집하는 과정에서 모든 자료가 균형되어 있는 경우는 그리 많지 않고 불균형적 자료가 많이 있는 것이 현실이다. 이런 경우 PROC GLM문을 이용하여 분산분석하는 경우를 보자.

예제 **어느 대학의 학생 중 10명을 표본으로 추출하여 1개월간 맥주를 마시기 위하여 소비하는 금액(bee)과 1개월간 총용돈(con)을 조사하여 얻은 자료가 다음과 같다고 하자. 이 자료를 이용하여 분석해 보자(앞 숫자 맥주소비액, 뒤 숫자 총용돈).**

10 22, 14 34, 12 ., 10 24, 12 32, . 32, 17 31, 10 23, 14 32, 11 .

분석을 위한 프로그램 형태는 일반적인 것과 동일하다.

프로그램명 : KIMUBAL.SAS

```
DATA bee;
    INPUT bee con @@;
DATALINES;
10 22 14 34 12  . 10 24 12 32  . 32 17 31 10 23 14 32 11 .
;
RUN;

PROC GLM;
㉮  MODEL con=bee | bee;
    TITLE1 '불균형 자료의 분석 결과';
```

㉮ 맥주 소비액과 총용돈간의 관계를 파악하기 위한 프로그램이다. 교호작용을 위한 내용이다.

분석결과 : KIMUBAL.OUT

```
                    불균형 자료의 분석 결과
                     The GLM Procedure

    ㉮            Number of observations     10

㉯ NOTE: Due to missing values, only 7 observations can be used in this analysis.
```

㉰ The GLM Procedure

Dependent Variable: con

Source	DF	Sum of Squares	Mean Square	F Value	Pr > F
Model	2	146.0638328	73.0319164	39.67	0.0023
Error	4	7.3647386	1.8411847		
Corrected Total	6	153.4285714			

R-Square	Coeff Var	Root MSE	con Mean
0.951999	4.797130	1.356903	28.28571

㉱

Source	DF	Type I SS	Mean Square	F Value	Pr > F
bee	1	94.11811391	94.11811391	51.12	0.0020
bee*bee	1	51.94571890	51.94571890	28.21	0.0060

㉲

Source	DF	Type III SS	Mean Square	F Value	Pr > F
bee	1	63.47070794	63.47070794	34.47	0.0042
bee*bee	1	51.94571890	51.94571890	28.21	0.0060

㉳

Parameter	Estimate	Standard Error	t Value	Pr > |t|
Intercept	-74.79666070	16.18412213	-4.62	0.0099
bee	14.92913934	2.54270966	5.87	0.0042
bee*bee	-0.51311866	0.09660322	-5.31	0.0060

㉮ 분석에 사용된 총관측치 수를 나타낸다.

㉯ 3개 자료가 결측치이므로 7개 자료만 분석에 이용되었음을 보여준다.

㉰ 분산분석표를 보여준다. 여기서 F값의 p값이 0.0023이므로 유의수준 5%보다 작으므로 전반적인 F 통계량은 매우 유의하다고 말할 수 있다.

㉱와 ㉲ bee를 위한 Type I sum of square(SS)와 Type III sum of square(SS)는 SAS 시스템이 모형의 적합도를 위해 수행하는 검정방식으로, Type I SS는 일원분산분석 모형을 위한 산술평균을 사용하며, Type III SS는 공분산분석을 위한 최소자승평균을 사용한다.

Type I SS에 있는 bee 검증의 1차선형회귀의 p값이 0.0020으로 유의성이 높다. 그리고 bee*bee 검증의 2차 선형회귀의 p값은 0.0060으로 역시 유의성이 높은 편이다.

분석결과에 나타난 추정회귀방정식을 수식으로 표현하면

$$com = -74.7966 + 14.9291 bee - 0.5131 bee^2 \qquad R^2 = 0.9519$$

이 된다.

제7절 공분산분산분석(ANCOVA)

1. 공분산분석이란

① 공분산분석은 특정변수를 상수로 고정시키고 3개 또는 3개 이상의 집단들의 평균차이를 검증할 때, 또는 종속변수에 영향을 미치는 연속 독립변수를 통제하여 범주변수들의 상호작용이 연속종속변수에 미치는 영향을 분석할 때 사용하는 방법이다.

㉠ 연속 독립변수 : 독립변수가 연속성을 갖는 변수를 말한다.

㉡ 연속 종속변수 : 연속적인 변수의 성질을 갖고 있는 변수를 말한다.

② 공분산분석에서 통제변수인 공변량변수(the covariate)는 연속변수이어야 하며, 종속변수도 연속변수이어야 한다.

③ SAS 시스템에서 공분산분석은 일반적으로 PROC GLM 명령문을 사용한다.

2. 공분산분석의 목적

① 외생변수를 통제하기 위하여 ANCOVA를 사용할 수 있다. 종속변수에 대한 범주독립변수의 관계에 영향을 미치는 변수들의 효과를 제거하기 위해 공분산분석이 사용될 수 있다.

② 실험설계에서 종속변수에 영향을 미치는 무작위화 되어 있지 않은 요소를 통제하여 실험의 정확도를 높이기 위하여 공분산분석을 사용하게 된다.

③ 회귀모형에서 범주독립변수와 연속독립변수들이 있는 회귀들의 적합성을 높이기 위하여 공분산분석을 사용할 수 있다.

3. 공분산분석의 예

예제 1. 초, 중등 학생들에게 영어를 보다 더 빨리 그리고 정확하게 배우게 하기 위하여 원어민 영어교육 프로그램을 개설하고 이 과정이 이를 이수한 학생들에게 어떤 영향을 미쳤는지 알아보고자 한다.

2. 교육프로그램을 이수한 학생(edu)과 이수하지 못한 학생(unedu)을 각각 10명씩 무작위로 추출한 자료가 다음과 같다. 이 자료를 이용하여 학생들간에 영어교육의 성과에 차이가 있는지 확인해 보자.

㉠ 이 프로그램은 g1이 g2에 대한 공변량변수로 사용한 모델이다. 이는 원어민 영어교육

프로그램 실시 이전의 성적(g1)이 교육실시 이후에 실시한 성적(g2)에 영향을 줄 수 있기 때문에 g1을 공변량변수로 사용하였다.

㉡ 귀무가설 : 'g1에 대한 g2의 회귀선이 두 집단간에 차이가 없다'이다. 이를 검증하기 위하여 TYPE III 검정을 이용한다.

pro	g1	g2	pro	g1	g2	pro	g1	g2	pro	g1	g2	pro	g1	g2
edu	79	76	unedu	80	76	edu	70	89	unedu	80	76	edu	76	79
unedu	78	65	edu	65	89	edu	57	76	unedu	80	76	edu	56	87
edu	56	89	unedu	86	90	unedu	78	76	edu	56	80	unedu	78	65
edu	56	76	edu	67	65	unedu	76	56	unedu	80	76	unedu	80	76

단, pro : 교육프로그램, g1 : 교육이수 전 성적, g2 : 교육이수 후 성적

분석프로그램 : ANCOVA01.SAS

```
DATA an;
INPUT pro $ g1 g2 @@;
LABEL pro='교육프로그램' g1='교육이수전 성적' g2='교육이수후 성적';
CARDS;
edu     79 96 unedu 80 76 edu     70 89 unedu 80 86 edu     76 89
unedu   78 75 edu     65 89 edu     67 76 unedu 80 76 edu     76 70
edu     56 99 unedu 86 80 unedu 78 56 edu     56 80 unedu 98 65
edu     56 96 edu     97 75 unedu 76 60 unedu 90 76 unedu 95 76 ;
RUN;

PROC GLM;
CLASS pro;
MODEL g2=pro g1 / ㉮ SOLUTION ss1 ss3;
  ㉯ LSMEANS pro / ㉰ STDERR PDIFF;
RUN;
```

㉮ 모수추정치, 정규방정식에 대한 솔루션을 산출하기 위한 것이다. 분류변수가 모형에 없으면 PROC GLM이 자동적으로 솔루션을 산출한다. 그러므로 SOLUTION 옵션은 분류효과를 가지는 모형에 대한 솔루션을 산출할 때 사용한다. SOLUTION에는 SS1에서부터 SS4까지 있고, 이들은 TYPE I에서 TYPE IV까지 추정함수에 관련된 제곱합(sum of squares)에 대한 것이고, 실행된 가설검정들을 통제하기 위한 것이다.

TYPE I과 TYPE IV는 디폴트로 자동적으로 산출된다.

㉯ LSMEANS는 최소제곱평균를 나타내며, LSMEANS 명령문에 입력된 각 효과(effect)에 대해 계산된다.

㉰ STDERR 옵션은 LS-means의 표준오차와 귀무가설 H_0 : LS-means=0에 대한 확률수준을 산출한다.

PDIFF 옵션은 출력되는 LS-means의 차이에 대한 p값을 출력하라는 의미이다. 이는 H_0 : LS-means(i)=LS-means(j)라는 가설을 위한 모든 확률값이다. i와 j는 실험처리 수준을 의미한다. 이 분석에서 귀무가설은 H_0 : LS-means1=LS-means2가 된다.

분석결과 : ANCOVA01.OUT

```
                     The GLM Procedure
                  Class Level Information
               Class          Levels     Values
               pro               2     edu unedu
                Number of observations     20

                     The GLM Procedure
Dependent Variable: g2   교육이수후 성적
                                          Sum of
 Source                 DF         Squares     Mean Square    F Value    Pr > F
 Model                   2      920.946385      460.473193       4.74    0.0231
 Error                  17     1650.803615       97.106095
 Corrected Total        19     2571.750000
                 R-Square     Coeff Var      Root MSE      g2 Mean
                 0.358101      12.43438      9.854242     79.25000
 Source                 DF       Type I SS     Mean Square    F Value    Pr > F
 pro                     1   ㉮ 884.4500000    884.4500000      9.11 ㉰ 0.0078
 g1                      1     36.4963851     36.4963851      0.38     0.5480

 Source                 DF     Type III SS     Mean Square    F Value    Pr > F
 pro                     1   ㉯ 668.6619195    668.6619195      6.89 ㉱ 0.0178
 g1                      1     36.4963851     36.4963851      0.38     0.5480

                                             Standard
  ㉲ Parameter                 Estimate          Error    t Value    Pr > |t|
     Intercept              83.43528704    17.94676799      4.65      0.0002
     pro       edu          12.31251441     4.69209397      2.62      0.0178
     pro       unedu         0.00000000      .              .         .
     g1                     -0.13527200     0.22065116     -0.61      0.5480

 NOTE: The X'X matrix has been found to be singular, and a generalized inverse was
used to solve the normal equations.  Terms whose estimates are followed by the letter
'B' are not uniquely estimable.

                     The GLM Procedure
            ㉳     Least Squares Means
                                          H0:LSMean1=
                            Standard     H0:LSMEAN=0       LSMean2
     pro        g2 LSMEAN      Error       Pr > |t|       Pr > |t|
     edu       85.4062572   3.2185775        <.0001         0.0178
     unedu     73.0937428   3.2185775        <.0001
```

㉮ pro에 대한 TYPE I SS 값 884.45는 분산분석의 모형 g1=pro에 대해 얻어진 pro들, 즉 edu와 unedu사이의 제곱합이다. 이 의미는 공병량변수를 고려치 않고 각 pro, 즉 edu, unedu에 대한 g2 점수들의 산술평균간의 차이를 측정한 것이다.

㉯ pro에 대한 TYPE III SS 값 668.661은 공변량변수를 위해 조정된 pro 제곱합이다. 공변량변수에 대해 통제하면서 pro LS-means들 사이의 차이를 측정한다.

㉰, ㉱ pro에 대한 YPE I 검정과 TYPE III 검정의 p값이 각각 0.0078, 0.0178이므로 유의수준 α =0.05에서 모두 유의하다. 따라서 귀무가설을 기각할 수 있다. 이는 산술 pro 평균들 사이에 유의한 차이가 있고, 공변량분석에서도 유의한 차가 있음을 의미한다. 즉 'g1에 대한 g2의 회귀선이 두 집단들간에 차이가 없다'라는 귀무가설을 기각할 수 있음을 의미한다.

㉲ 모수추정 결과를 보여주는 테이블로 g1과 pro에 기초하여 g2점수를 추정하는 최소제곱예측모형을 다음과 같이 얻을 수 있다.

pro이 edu(원어민교육이수학생)이면 $\widehat{g2}=(83.4352+12.3125)-0.13527g1$

pro이 unedu(원어민미교육학생)이면 $\widehat{g2}=(83.4352+0.00000)-0.13527g1$

㉳ 공변량변수를 위한 조정된 평균들인 LS-means와 확률값이 나타나 있다.
STDERR 옵션에 의해 g1 LS-means, LS-means의 표준오차(Standard Error), 귀무가설 H_0 : LSMEAN=0에 대한 확률값 p들이 계산되어 있다.
PDIFF 옵션에 의해 H_0 : LSMean1=LSMean2라는 귀무가설 열의 p값이 계산되어 있다.

제8절 분산분석의 일반형식

1. PROC ANOUA문의 일반형식

```
㉮ PROC ANOVA 선택사양;
㉯   CLASS 변수명;
㉰   MODEL 종속변수=독립변수 /선택사양;
㉱   BY 변수명;
     FREQ 변수명;
     WEIGHT 변수명;
㉲   MEANS 효과명 /선택사양;
```

㉮ PROC ANOVA문 : 분산분석을 실시할 것을 명령하는 문장이다.

【선택사양】

- DATA=SAS 자료세트명 : 사용할 자료이름을 지정한다. 생략하면 가장 최근에 생성된 자료가 이용된다.
- OUTSTAT=SAS 자료세트명 : 자승합, 자유도, 유의수준 등을 보관한다.

㉯ CLASS문 : 집단구분을 나타내는 변수를 지정한다.

㉰ MODEL문 : 분석에 사용할 모형을 지정한다. 종속변수=독립변수1 독립변수2 독립변수3 ...순으로 배열

【선택사양】

- INTERCEP 및 INT : 모형의 절편(intercept)효과와 관련한 검정통계량을 출력한다. 이를 지정하지 않으면 절편이 없는 모형만 분석되고 검정통계량은 출력되지 않는다.
- NOUNI : 다변량 통계량을 출력하지 않을 때 이용된다.

㉱ BY문 : 특정변수의 각 수준별 분산분석을 원할 때 사용한다.

㉲ MEANS문 : 지정한 변수의 평균을 계산하고 선택사양에 의해 다중비교방법을 실행한다.

【선택사양】

- ALPHA=p : 유의수준을 지정한다. 생략하면 ALPHA=0.05이다.
- BON : Bonferroni t-test를 실행한다.
- DUNCAN : Duncan의 다중범위검정을 실행한다.
- LSD 또는 T : Fisher의 최소유의차검정에 해당되는 Pairwise t-test를 실행한다.
- TUKEY : Tukey의 Studentized rang test를 실행한다.
- SCHEFFE : Scheffe의 다중검정을 실행한다.

이외에도 DUNNETT, DUNNETTL, REGWF, GABRIEL, SIDAK, SNK 등의 방법이 있다.

2. PROC GLM문의 일반형식

```
㉮  PROC GLM 선택사양;
㉯    CLASS 변수들;
㉰    MODEL 종속변수들=독립변수들 / 선택사양;
㉱    ABSORB 변수들;
㉲    BY 변수들;
㉳    FREQ 변수들;
㉴    ID 변수들;
㉵    WEIGHT 변수;
㉶    CONTRAST '레벨' 효과변수들 / 선택사양;
㉷    ESTIMATE '레벨' 효과변수들 / 선택사양;
      LSMEANS 효과들 / 선택사양;
㉸    MANOVA H=요인들 E=요인들 M=식들 MINAMS=이름들 PREFIX=이름 / 선택사양;
㉹    MEANS 효과들 / 선택사양;
㉺    OUTPUT OUT=자료세트명 키워드=이름들 / 선택사양;
㉻    RANDOM 효과들 / 선택사양;
ⓐ    REPEATED factor-specification / 선택사양;
ⓑ    TEST H=효과들 E=효과 / 선택사양;
    RUN;
```

㉮ GLM문을 실행한다.

㉯ 분산분석을 하고자 하는 변수(요인)를 지정한다. 여기서 지정되지 않은 변수가 MODEL문에 사용되면 그 변수는 공변량(COVARIATE)으로 인식하게 되어 공분산분석을 수행한다.

㉰ 분석하고자하는 종속변수와 독립변수로 모형을 만든다.

【MODEL 문의 선택사양】

INT(또는 INTERCEPT) : 절편항을 모형에 포함하여 가설검정을 수행한다.
생략하면 절편항에 포함하여 분석하나 가설검정은 않는다.
NOINT : 절편항을 모형에 포함하지 않고 가설검정도 하지 않는다.
SOLUTION : CLASS문에 지정된 변수만 사용된 경우 모수를 추정한다.
TOLERANCE : 오차분석을 실행한다.
NOUNI : univariate tests와 output를 통제한다.

다음은 추정함수들을 나타낸다.
- E : 모든 예측 가능함수를 출력한다.
- E1 : 각 효과에 대한 Type I 예측 가능함수와 자승합을 계산한다.
- E2 : 각 효과에 대한 Type II 예측 가능함수와 자승합을 계산한다.
- E3 : 각 효과에 대한 Type III 예측 가능함수와 자승합을 계산한다.
- E4 : 각 효과에 대한 Type IV 예측 가능함수와 자승합을 계산한다.
- ALIASING : 추정함수들이 aliasing 구조로 정렬된다.

SS1, SS2, SS3, SS4 : 모형의 각 요인에 대한 Type I, II, III, IV 자승합을 출력한다. 각 요인 수준별 표본수가 상이할 때 사용해야 한다. SS3은 상호작용효과를 고려하지 않은 경우에, SS2는 상호작용효과를 고려한 경우에 지정해야 한다.
ALPHA= : 신뢰구간에 대한 유의수준을 지정한다.
CLI : 각 관측치의 예측치에 대한 신뢰구간을 출력한다. P옵션이 같이 지정되어야 한다.
CLM : 각 관측치의 평균예측치에 대한 신뢰구간을 출력하는데, P옵션이 같이 지정되어야 한다.
CLPARM : 모스추정치들에 대한 신뢰임계치를 보여준다.
P : 관측치, 기대치와 잔차값 및 Durbin-Watson 통계량을 출력한다.
INVERSE : XPX: 역 계산을 나타낸다.
SINGULAR=숫자 : 선형종속을 위한 회귀의 민감도를 변화시킨다.
ZETA=값 : Type III와 Type IV에 대한 추정치들의 민감도를 변화시킨다.

MODEL문의 효과형태(종속변수들과 독립변수 효과)

model y=x;	단순회귀
model y=x z;	다중회귀
model y=x x*x;	다항회귀
model y1 y2=x z;	다변량회귀
model y=a;	일변량 분산분석
model y=a b c;	주효과 모형
model y=a b a*b;	반복적 factorial model
model y=a b(a) c(b a);	nested model
model y1 y2=a b;	다변량 분산분석(MANOVA)
model y=a x;	공분산분석
model y=a x(a);	separate-slopes model
model y=a x x*a;	homogenity-of-slopes model

예 model y=a a*b ; 이면 b에 대한 주효과가 생략된 모형을 의미한다.
model y= a b(a) ; B nested within A임을 의미한다.

㉣ 모형에서 분류효과를 완화시킨다.
㉤ 분석에 사용할 하위그룹을 정의하기 위하여 변수를 지정한다.
㉥ 빈도변수를 지정한다.
㉦ 출력할 때 관측치를 확인하여 순서를 만든다.
㉧ 다중관측치를 지정한다.
㉨ 사용자가 자유로이 가설을 검정할 수 있게 하는 기능이다. 이는 MODEL문 뒤에 RANDOM, MANOVA, REPEATED문 앞에 위치해야 한다.

【선택사양】

① 레벨 : CONTRASTANS을 설명할 20자 이내의 레벨을 인용구안에 지정한다.
② 요인(효과변수) : MODEL문의 설명변수를 지정한다. 절편항이 필요하면 INT를 사용한다.
③ E요인 : 모형에서 잔차항으로 사용될 요인을 지정한다. 정의되면 단일변수분석에서는 F검정의 분모로, MANOVA, REPEATED문에서는 E행렬로 사용되며, 기본값은 MSE이다.
④ ETYPE=M : E=요인에서의 잔차의 Type에 대해 지정한다. 1, 2 3, 4 등이며, E=요인이 지정되고 ETPYE=이 미지정되면 ETPYE=는 4가 된다.

㉩ 선형함수의 모수를 추정한다.

LSMEANS문은 지정된 요인 수준들에 대한 최소자승평균들을 계산하며, 각 요인수준간의 차이에 대한 검정을 한다. CLASS형태의 변수에 사용된다.

【선택사양】

COV : 공분산 행렬을 OUT=자료세트에 저장한다.
E : LSMEANS에 사용된 추정함수를 출력한다.
OUT=자료세트: 수행결과가 저장될 자료세트명을 지정한다.
PDIFF : 귀무가설 LSM(i)=LSM(j)에 대한 확률을 출력한다.
STDERR : LSM=0에 대한 확률과 LSMDP에 대한 표준편차를 출력한다.
TDIFF : 귀무가설 LSM(i)=LSM(j)에 대한 t값과 확률을 출력한다.
ADJUST=BON; ADJUST=DUNNETT; ADJUST=SCHEFFE;
ADJUST=SIDAK; ADJUST=SIMUATE (simoptions);
ADJUST=SMM | GT2; ADJUST=TUKEY; ADJUST=T;

㉪ 반응변수가 여러 개 일 때 다변량분산분석을 실행한다.

H=요인들 : 가설 행렬로 사용될 요인을 지정한다. 절편항을 표시하려면 INT, 모형의 모든 변술르 지정하여면 _ALL_을 사용한다.

E=요인들 : 잔차에 대한 요인을 정의한다. 생략하면 SSCP(sum of squares and crossproduct) 행렬이 사용된다.

M=식들 : 반응변수에 대한 변환행렬을 아래 형태 중 하나를 서술한다.

- M=식1, 식2, 식3, ..., 식 k(예, M=X1-X2, X2-X3, X3-X4)
- M=(숫자의 나열) (예, M=(1 -1 0 0 0 , 1 -1 0 0 0, 0 0 1 -1 0)

MINAMES=이름들 : M식에서 각 식의 이름들을 기록한다.

PREFIX=이름 : MTLR에서 각 식의 이름에 대한 접두사로 사용될 이름을 지정한다.

【선택사양】

CANONICAL : 정준상관분석을 실행한다.

ETYPE=n : 요인에서의 잔차의 Type을 지정한다. 가능값은 1, 2, 3, 4이며, E=요인이 지정되고 ETYPE=이 지정되지 않으면 디폴트로 4가 지정된다.

HTYPE=n : H=요인에서의 잔차의 Type을 지정한다. 가능값은 1, 2, 3, 4이며, E=요인이 지정되고 ETYPE=이 지정되지 않으면 디폴트로 4가 지정된다.

ORTH : M 행렬을 분석하기 전에 줄단위로 직교표준화한다.

PRINE : E행렬을 출력한다.

PRINTH : H행렬 및 이와 관련된 요인들을 출력한다.

SUMMARY : 각 반응변수에 대한 ANOVA표를 출력한다. 집단변수만 가능하다.

여기서 선택사양은 다음과 같다.

【선택사양】

BON : Bonferroni-t 검정을 한다.

DUNCAN : Duncan의 양측 t 검정을 한다. 특정요인 수준에 대한 포맷값을 적어 그 수준과 타 수준을 비교한다. 이 경우 포맷은 PROC FORMAT으로 지정한다.

DUNNETTU : Dunnett의 통제그룹보다 큰지에 대한 단측 t검정을 한다.

DUNNETTL : Dunnett의 통제그룹보다 작은지에 대한 단측 t검정을 한다.

SCHEFF : Sheffe의 multiple-comparison 절차를 수행한다.

SIDAK : Sidak의 부등식에 의해 조정된 요인수준에 대한 pairwise t-test를 수행한다.

SMM | GT2 : 표준화된 최대 모듈과 Sidak의 비연관 t 부등식을 이용해서 pairwise t-test를 수행한다. 표본 크기가 서로 상이할 때의 Hochberg의 GT2방법과 같은 결과를 얻게 된다.

SNK : 표준화된 Newman-Keuls의 multiple-range test를 수행한다.

T | LSD : 표본 크기가 같은 경우에 Fisher의 최소유의차검정과 동일한 pairwise t-test를 수행한다.

TUKEY : Tukey의 표준화 범위 검정을 수행한다.

WALLER : Waller-Duncan의 k-ratio test를 수행한다.

【선택사양】

ALPHA=확률 : 기본값은 0.05이다.

CLDIFF : BON, GABRIEL, SCHEFFE, SIDAK, SMM, GT2, T, LSD, TUKEY에서 모든 평균간의 쌍체 차이에 대한 신뢰구간을 제공한다. 표본이 상이할 때는 생략한다.

ETYPE : 잔차요인을 계산하기 우한 평균자승 형태를 지정한다.

LINES : 평균을 내림차순으로 정리한다. 표본이 동일하면 생략한다.

㉸ 산술평균을 계산한다.

MEANS a b a*b; MEANS a b a*b / TUKEY; 등의 형으로 사용된다.

【선택사양】

DEPONLY : 산출량을 수정한다.

BON, DUNCAN, DUNNETT, DUNNETTL, DUNNETTU, GABRIEL, GT2;

LSD, REGWQ, SCHEFFE, SIDAK, SMM, SNK, T, TUKEY, WALLER : 다중비교 테스트를 수행한다.

㉹ 각 관측치의 특징(예 잔차 등)을 포함한 OUTPUT 자료세트를 만들어준다.

㉺ 모형에서 요인이 random 변수일 때 사용된다. 이것이 지정되면 GLM에서는 분석에 사용된 TYPE3, TYPE4 또는 CONTRAST문에서 기대치를 계산한다.

【선택사양】

Q : 평균자승 기대치에 나타난 고정효과에서 모든 가능한 2차방정식 형태(quadratic function)를 출력한다.

TEST : 기대평균자승에 의해 결정된 적절한 오차항을 이용하여 모형의 각 요인에 대한 가설을 검정한다.

만약 상호작용 효과가 랜덤하게 나타날 때 PROC GLM은 자동으로 랜덤된 상호작용들을 나타내지 않는다.

예 RANDOM a b / TEST;는 RANDOM a b a*b /TEST;와 같이 기대평균자승이나 테스트 값을 계산하지 않는다.

ⓐ 다변량 또는 유일한 되풀이 된 분산분석을 실행한다.

ⓑ 각 잔차항에 대한 잔차 평균자승을 통하여 모든 자승합에 대한 F 검정을 한다. 분할법과 같이 비 표준화된 잔차구조가 있을 때 지정하여야 한다.

H=요인들 : 가설(분자)요인으로서 사용할 요인을 지정한다.

E=요인들 : 잔차(분모)요인으로서 사용할 요인을 한 개만 지정한다.

【선택사양】

ETYPE=n : 잔차요인을 계산하기 위한 평균자승의 형태를 지정한다. 생략하면 4이다.
HTYPE=n : 가설요인을 계산하기 위한 평균자승의 형태를 지정한다. 생략하면 4이다.

3. PROC MIXED문의 일반형식

```
㉮ PROC MIXED 선택사양;
㉯    BY 변수들;
㉰    CLASS 변수들;
㉱    ID 변수들;
㉲    MODEL 종속변수=고정효과 / 선택사양;
㉳    RANDOM 랜덤효과들 / 선택사양;
㉴    REPEATED 되풀이효과들 / 선택사양;
㉵    PARMS 값 리스트 / 선택사양;
㉶    PRIOR 배분 / 선택사양;
㉷    CONTRAST '레벨' 고정효과 값들 | 랜덤효과 값들/ 선택사양;
㉸    ESTIMATE '레벨' 고정효과 값들 | 랜덤효과 값들/ 선택사양;
㉹    LSMEANS 고정효과들 / 선택사양;
㉺    MAKE '테이블' OUT=자료세트명;
㉻    WEIGH 변수;
     RUN;
```

㉮ 고정효과모형을 실행한다. METHOD=: 추정방법을 지정한다.
㉯ 다중고정효과를 실행한다.
㉰ 분류변수를 지정한다.
㉱ 기대치 테이블에 포함된 부가 변수들 리스트를 지정한다.
㉲ 종속변수와 고정효과들을 지정한다. 이 때 사용 가능한 선택사양은 다음과 같다.
㉳ 랜덤효과들을 지정한다.
㉵ 공분산 모수들에 대한 초기값의 그리드(grid)를 열거한다.
㉶ 분산구성모형들에 대한 샘플링 기본적 베이지안 분석을 실행한다.
㉷ 귀무가설 테스트들을 만든다.
㉸ 스칼라 추정들을 만든다.
㉹ 분류고정효과에 대한 최소자승평균들을 계산한다.
㉺ 배열된 테이블을 SAS 자료세트로 변환시킨다.
㉻ 가중변수를 지정한다.

CHAPTER 11

상관분석

제11장

상관분석(Correlation Analysis)

제1절 상관분석의 개념

상관분석(correlation analysis) : 2개 혹은 그 이상 변수간의 선형관계의 정도를 분석하는 기법으로 종속변수 및 독립변수가 사용되지 않고 변수들간의 관련 정도만 측정한다.

제2절 상관계수(correlation coefficient)와 검정

두 변수간의 선형관계의 정도를 측정하는 척도를 말한다.

1. 모상관계수(pearson 또는 product moment correlation)

① 다음 공식에 의해 (선형)상관관계가 표시되며 이때 얻어진 숫자가 상관계수이다.

$$\rho_{XY} = Cov(X, Y) / \sqrt{Var(X) \cdot Var(Y)} = Cov(X, Y) / \sigma_X \sigma_Y$$
$$= E(X-\mu_X)(Y-\mu_X) / \sqrt{E(X-\mu_X)^2 \cdot E(Y-\mu_Y)^2}$$

여기서 $(-1 \le \rho_{XY} \le 1)$

모상관계수 ρ_{XY}에 대한 검정통계량은 다음과 같고, 이는 자유도 $n-2$인 t분포를 따른다. t통계량의 절대값이 큰 경우 귀무가설은 기각된다.

$H_0 : \rho_{XY} = 0 \qquad H_1 : \rho_{XY} \neq 0$

$$t = r_{XY}\sqrt{n-2} / (1 - r_{XY}^2), \quad df = n-2$$

$-t_{\alpha/2} \leq t$값 $\leq t_{\alpha/2}$이면 귀무가설($\rho_{XY}=0$)은 채택되어 두 변수 X와 Y의 상관계수(선형관계)는 존재하지 않는다는 결론을 얻게 된다. 그렇지 않으면 H_0이 기각되어 X와 Y간에는 선형관계가 존재하게 된다.

② 모회귀계수에 대한 구간추정

R. A. Fisher는 n이 10보다 크다는 가정하에 표본상관계수 r_{XY}의 값을 변형시켜 정규분포를 따르는 새로운 변수를 Z_r이라 하였다.

$$Z_r = \frac{1}{2}\,\mathrm{Ln}\left(\frac{1+r_{XY}}{1-r_{XY}}\right)$$

Z_r를 표준화하면 평균=0, 분산=1인 표준정규분포가 된다.

Z_r에 대한 신뢰구간은 다음과 같다.

$$Z_r - Z_{\alpha/2}\cdot\frac{1}{\sqrt{n-3}} \leq E(Z_r) \leq Z_r + Z_{\alpha/2}\cdot\frac{1}{\sqrt{n-3}}$$

ρ_{XY}에 신뢰구간은 다음과 같다.

$$\frac{e^{2l}-1}{e^{2l}+1} \leq \rho_{XY} \leq \frac{e^{2u}-1}{e^{2u}+1}$$

여기서 $l=\frac{1}{2}\,\mathrm{Ln}\left(\frac{1+r_{XY}}{1-r_{XY}}\right) - Z_{\alpha/2}\cdot\frac{1}{\sqrt{n-3}}$

$$u=\frac{1}{2}\,\mathrm{Ln}\left(\frac{1+r_{XY}}{1-r_{XY}}\right) + Z_{\alpha/2}\cdot\frac{1}{\sqrt{n-3}}$$

③ 모상관계수에 대한 가설검정

모상관계수가 특정한 값과 같다는 가설을 검정할 때 사용된다.

$H_0 : \rho_{XY} = \rho = 0$

$H_1 : \rho_{XY} \neq \rho_0$ (단, ρ_0 = 특정한 값)

④ 표본상관계수(pearson상관계수)

$$r_{XY} = \frac{S_{XY}}{S_X . S_Y} = \Sigma(X_i - \overline{X})(Y_i - \overline{Y}) / \sqrt{\Sigma(X_i - \overline{X})^2 \Sigma(Y_i - \overline{Y})^2}$$

$$= \frac{\Sigma x_i y_i}{\sqrt{\Sigma x_i^2 \Sigma y_i^2}}$$ 단, $(X_i - \overline{X}) = x_i$, $(Y_i - \overline{Y}) = y_i$

여기서 ㉮ $-1 \le r_{XY} \le 1$, ㉯ r_{XY}는 측정단위가 없다. ㉰ X와 Y가 독립이면 $r_{XY}=0$이다. ㉱ r_{XY}가 1에 가까우면 X와 Y는 양의 상관관계가 있고, -1에 가까우면 음의 상관관계를 갖는다.

r_{XY}는 ρ_{XY}의 추정량이다.

㉠ 표본상관계수 r_{XY}에서 새로이 생성된 변수 Z_r이 정규분포를 따를 때 검정통계량은 다음과 같다.

$$Z = (Z_r - E(Z_r))/\sqrt{Var(Z_r)} = \frac{Z_r - \mu_{Z_r}}{\sigma_{Z_r}} \sim N(0,\ 1)$$

여기서 $Zr = \frac{1}{2}\,\mathrm{Ln}(\frac{1+r}{1-r})$, $E(Z_r) = \frac{1}{2}\,\mathrm{Ln}(\frac{1+\rho}{1-\rho})$, $Var(Z_r) = \frac{1}{n-3}$

$|Z| \ge |$임계치$|$이면 귀무가설은 기각되고 $|Z| < |$임계치$|$이면 귀무가설은 채택된다.

2. 스피어만의 순위상관계수(Speaman's rank correlation coefficient)

(1) 관측치 값을 이용하지 않고 관측치들의 순위(rank)를 이용하여 상관계수를 계산한다.

$$\theta_{XY} = \Sigma(R_i - \overline{R})(S_i - \overline{S})/\sqrt{\Sigma(R_i - \overline{R})^2(S_i - \overline{S})^2} \quad (-\le \theta_{XY} \le 1)$$

여기서 R_i : X_i의 순위, S_i : Y_i의 순위, $\overline{R}$: X의 순위평균,

$\overline{S}$: Y의 순위평균

(2) $n \ge 10$인 경우 검정통계량

$$t_{n-2} = \frac{\theta_{XY}\sqrt{n-2}}{\sqrt{1-\theta_{XY}^2}}$$

(3) 가설검정

① Ho : 두 변수(X, Y)의 순위는 무관하다(또는 독립적이다).

② t값<임계치 $\pm t_{\alpha/2}$이면 귀무가설은 채택되고, t값≥임계치 $\pm t_{\alpha/2}$이면 귀무가설은 기각된다.

3. 켄달의 순위상관계수(Kendall's rank correlation coefficient)

① 스피어만의 순위상관계수와 거의 차이가 없는 것으로 서수적 자료를 갖는 관측치들의 순위(rank)를 이용한다.

$$\tau = S/nC_2 = \frac{S}{n(n-1)/2} \qquad (-1 \le \tau_{XY} \le 1)$$

여기서 S : nC_2쌍에 부여된 값들의 합계로 두 변량의 순위를 한 변량의 순위의 크기순으로 배열한 후 표본의 가능한 전체 쌍의 조합의 서열을 비교하여 나머지 변량의 순위와 서열이 같으면 +1, 다르면 -1의 값을 비교하여 합한 값이다.

② Z값≥임계치이면 귀무가설은 기각되고, Z값<임계치이면 귀무가설은 채택된다.

③ n≥10인 경우 검정통계량

$$Z = \frac{Z-\mu_{\tau}}{\sigma_{\tau}} \sim N(0,1) \quad \text{단 } \mu_{\tau}=0, \quad \sigma_{\tau} = \sqrt{\frac{2(2n+5)}{9n(n-1)}}$$

④ 가설검정

$H_0 : \tau_{XY} = 0$

$H_1 : \tau_{XY} \neq 0$

p-값$\geq \alpha$이면 귀무가설은 채택되고, p-값$< \alpha$이면 귀무가설은 기각된다.

4. 편상관계수(partial correlation coefficient)

① 여러 확률변수 중에서 두 변수 X, Y만 가변적이고 다른 모든 변수는 고정되어 있다고 가정할 때 편상관계수가 이용된다.

예로 변수(X, Y, Z) 중 Z가 일정할 때 X, Y의 상관계수를 편상관계수 $\rho_{XY,Z}$라 한다.

$$\rho_{XY,Z} = (\rho_{XY} - \rho_{ZX} \cdot \rho_{ZY}) / \sqrt{(1-\rho_{ZX}^2)(1-\rho_{ZY}^2)}$$

$$\gamma_{XY,Z} = (\gamma_{XY} - \gamma_{ZX}\ \gamma_{ZY}) / \sqrt{(1-\gamma_{ZX}^2)(1-\gamma_{ZY}^2)}$$

② 편상관계수의 검정통계량

$$t_{n-k-1} = \gamma_{XY,Z} \cdot \sqrt{n-k-1} / \sqrt{1-r^2_{XY,Z}}$$

여기서 k : 변수의 수

자유도가 매우 커지면 (n≥30이상) Z분포를 이용한다.

③ 가설검정

$H_0 : \rho_{XY,Z} = 0$

$H_1 : \rho_{XY,Z} \neq 0$

t_{n-k-1}값 > $| \pm t_{\alpha/2} |$ 이면 귀무가설 Ho는 기각된다. 따라서 두 변수간의 선형상관계수는 유의하다고 할 수 있다.

제3절 상관분석의 예

예제 다음 자료(Kimpd12.dat)는 1993년도 15개 시·도별 GRP, 예금(saving), 총인구수(popul), 건축허가면적(build) 그리고 1인당 공원면적(park)를 나타낸다. 단 : GRP(10억원), 예금(10억원), 총인구수(천명), 건축허가면적(천m2), 공원면적(m2)

r1	69819.7	58975.7	10672	29641	8.7	r9	8360.5	1715.9	1374	6382	41.5
r2	18747.1	9055.6	3787	7064	7.9	r10	10275.0	1863.9	1905	7524	40.1
r3	10395.7	6158.1	2237	9533	19.5	r11	9639.4	2443.7	1949	4559	28.3
r4	13146.0	4320.9	2033	6596	14.4	r12	14063.8	1895.1	2303	5760	41.2
r5	6047.9	2505.1	1192	3342	10.8	r13	17423.9	3340.6	2771	12974	33.3
r6	6356.0	2541.0	1124	3516	33.4	r14	30100.6	6004.0	3751	12779	44.5
r7	43371.2	12070.1	6964	25571	17.3	r15	2565.7	833.4	515	3116	33.9
r8	7203.0	2008.8	1477	5625	37.0						

1. 예

예제 Kimpd12.dat를 이용하여 GRP와 saving 변수의 표준편차, 표본상관계수, 회귀계수 값을 계산하자.

프로그램명 : KIMPD201.SAS

```
   OPTIONS nonumber ls=70 nodate;
㉮ DATA kimpd201;
     INFILE 'a:\jaryo\kimpd12.dat';
     INPUT n $ grp saving popul build park;
     ID=1;
   PROC MEANS NOPRINT;
     VAR grp saving;
     OUTPUT OUT=kim MEAN=GRPbar SAVbar;
   RUN;

   DATA kimpd;
     SET kim;
     ID=1;
   RUN;

   DATA kimpd1;
     MERGE kimpd201 kimpd;
     BY ID;
      gr=grp-GRPbar; sa=saving-SAVbar;
      xy=gr*sa; x2=gr**2; y2=sa**2;
   RUN;

   PROC MEANS NOPRINT;
     VAR xy x2 y2;
     OUTPUT OUT=kim N=n SUM=xySUM x2SUM y2SUM;
   RUN;

   DATA kimpd2;
㉯   SET kim;
㉰    sx=SQRT(x2SUM/(n-1));
㉱    sy=SQRT(y2SUM/(n-1));
㉲    r=xySUM/SQRT(x2SUM*y2SUM);
㉳    BETAghat=xySUM/y2SUM;
㉴    BETAshat=xySUM/x2SUM;
   RUN;
   PROC PRINT;
     VAR sx sy r BETAghat BETAshat;
   RUN;
```

㉮~㉯ 변수생성과정 및 각종 명령어 문장인데 기술통계량 계산부문을 참조하기 바란다.

㉰ grp의 표준편차 $S_X = \sqrt{\Sigma x^2/(n-1)}$ 이 계산되어 변수 sx로 만들어진다.

㉱ saving의 표준편차 $S_Y = \sqrt{\Sigma y^2/(n-1)}$ 이 계산되어 변수 sy로 생성된다.

㉲ 표본상관계수 $\gamma = \Sigma x \cdot y/\sqrt{\Sigma x^2 \Sigma y^2}$ 이 계산되어 변수 r로 생성된다.

㉳ grp(설명변수)에 대한 saving(종속변수)의 계수 BETAghat($\hat{\beta} = \frac{\Sigma xy}{\Sigma x^2}$)이 계산되어 변수 BETAghat이 생성된다.

㉴ saving에 대한 grp의 계수 BETAshat($\hat{\beta} = \frac{\Sigma xy}{\Sigma y^2}$)이 계산되어 변수 BETAshat이 생성 된다.

분석결과: KIMPD201.OUT

	㉮	㉯	㉰	㉱	㉲
OBS	SX	SY	R	BETAGHAT	BETASHAT
1	17785.40	14516.35	0.89591	1.09767	0.73124

㉮ grp의 표준편차

㉯ saving의 표준편차

㉰ 표본상관계수 값 r=0.89591로 상관관계가 매우 높다.

㉱ 종속변수를 saving, 독립변수를 grp로 할 때의 회귀계수 $\hat{\beta}$=1.097로 grp를 1단위 증가하면 saving은 1.09단위 증가하는 것으로 나타나고 있다.

㉲ ㉱와 반대로 $\hat{\beta}$=0.731로 saving이 1단위 증가하면 grp가 0.73단위 증가하는 것으로 나타나고 있다.

2. 산포도의 형태

예제 1.의 예를 이용하여 두 변수의 분포도의 형태를 알아보자.

프로그램: KIMPD202.SAS

```
OPTIONS nonumber ls=70 nodate;
DATA kimpd202;
   INFILE 'a:\jaryo\kimpd12.dat';
   INPUT n $ grp saving popul build park;
㉮    sx=17785.40; sy=14516.35;
     GRPbar=17834.37; SAVbar=7715.46;
     gr=grp-GRPbar; sa=saving-SAVbar;
     sgr=gr/sx; ssa=sa/sy;
```

```
㉯   PROC PLOT HPERCENT=40 VPERCENT=40;
㉰      PLOT grp*saving;
㉱      PLOT gr*sa/VREF=0 HREF=0;
㉲      PLOT sgr*ssa/VREF=0 HREF=0;
     RUN;
```

㉮ KIMPB201.OUT에서 얻어진 결과로 새로운 변수를 생성한다.

㉯ PROC PLOT문은 분포도 작성을 지시하는 문장이다. 선택사양 HPERCENT와 LPERCENT는 산포도의 크기를 각각 수평과 수직으로 40%안에 작성하라는 명령어이다.

㉰ 원자료 grp와 saving를 기준으로 산포도를 그리라는 명령문이다.

㉱ grp와 saving 각 변수의 편차(gr, sa)를 기준으로 산포도를 그리라는 것이다. 선택사양 VREF와 HREF에 의해 원점을 중심으로 4개의 상한 구분된다.

㉲ 표준화된 표준편차($sgr=(grp-\overline{grp})/s_x$, $SSa=(saving-\overline{sau})/s_y$)를 축으로 하여 역시 4개의 상환으로 구분되어 산포도가 그려진다.

분석결과: KIMPD202.OUT

```
㉮      A=1, B=2 GRP*SAVING.
  GRP |
75000 +
      |         A
      |
      |
50000 +
      |  A
      |
      | A
25000 +
      | B
      |CB
      |D
    0 +A
      -+-------+------+-
      0    50000 100000
           SAVING
           SSA
```

```
㉯ A=1, B=2, etc. GR*SA.
     GR |       |
  50000 +       |       A
        |       |
        |       |
        |       |
  25000 +       |A
        |       |
        |       A
        |       |
      0 +------AA-------
        |      DA
        |      E|
        |       |
 -25000 +       |
    -+---+---+
   -50000    0   50000
                 SA
```

```
㉰ A=1, B=2, etc. SGR*SSA.
  SGR |     |
    4 +     |
      |     |
      |     |        A
      |     |
    2 +     |
      |     |A
      |     |
      |     A
    0 +----BA--------
      |    GA
      |    A|
      |     |
   -2 +     |
      -+----+----+----+-
      -2    0    2    4
```

㉮ 원자료 grp와 saving의 산포도를 보여준다.

㉯ 두 변수의 편차를 산포도로 보여준 것이다.

㉰ 표준화된 편차로 두 변수 sgr, ssa의 산포도를 보여준다. 위의 산포도에서 이들 변수간에는 양의 상관관계가 있음을 알 수 있다.

3. 상관계수에 대한 검정

(1) PROBIT 이용의 경우

① ρ가 특정한 값 ρ_o을 갖는다는 가정에 대한 가설이 있을 때 PROBIT이용하여 검정하

면 다음과 같다.

$H_0 : \rho = \rho_0$에 관한 검정

$H_1 : \rho \neq 0$

$$\text{검정통계량} \quad Z = \frac{Z_r - E(Z_r)}{\sqrt{Var(Z_r)}}$$

② KIMPD201.OUT의 결과로 얻어진 상관계수를 갖고 검정해 보자.

$H_0 : \rho = 0.9, \quad H_1 : \rho \neq 0.9$

프로그램명: KIMPD203.SAS

```
OPTIONS nonumber nodate;
DATA kimpd203;
㉮   n=15; alpha=0.05; r=0.90; rho=0.9;
㉯   EZr=1/2*LOG((1+rho)/(1-rho));
㉰   Zr=1/2*LOG((1+r)/(1-r));
㉱   Zv=(Zr-EZr)/SQRT(1/(n-3));
㉲   Z=PROBIT(1-alpha/2);
㉳    IF ABS(Zv)>=ABS(Z) THEN test='REJECT';
     ELSE test='ACCEPT';
RUN;

PROC PRINT;
RUN;
```

㉮ 앞의 예에서 얻어진 결과 r=0.90, n=15 그리고 ρ_0=0.9로 특정한 값을 지정한다.

㉯ 검정통계량 Z_v값 계산에 필요한 E(Zr)의 값을 계산하여 새로운 변수 EZ_r로 생성된다.

㉰ 검정통계량 Z_v값 계산에 필요한 Zr의 값을 계산하여 새로운 변수 Z_r로 생성된다.

㉱ 검정통계량 $Z = (Z_r - E(Z_r))/\sqrt{Var(Z_r)}$ 값을 계산하여 변수로 Z_v를 만든다.

㉲ PROBIT이용 임계치를 계산한다.

㉳ 조건문으로 $|Z_v| \geq |Z|$ 이면 귀무가설 ρ=0.9는 기각되고 그렇지 않으면 채택된다.

분석결과 : KIMPD203.OUT

```
                                          ㉮     ㉯         ㉰
OBS  N   ALPHA    R   RHO   EZR     ZR     ZV    Z        TEST
  1  15   0.05   0.9  0.9 1.47222 1.47222  0   1.95996  ACCEPT
```

㉮, ㉯, ㉰ Zv=0<Z=1.96이므로 귀무가설 $H_0 : \rho = 0.9$는 기각할 수 없다. 따라서 두 변수간에는 선형관계가 존재하지 않는다는 결론을 얻을 수 있다.

(2) TINV이용의 경우

① 두 변수사이에 상관관계가 없다는 가설을 검정할 때 즉 $H_0 : \rho = 0$ 검정할 때 간단하게 분석할 수 있는 경우다.

② 앞의 KIMPD201.OUT의 상관계수를 이용하여 TINV로 검정해 보자. 이때 검정통계량은 다음과 같다.

$$\text{검정통계량} \quad t_{n-2} = \frac{r\sqrt{n-2}}{\sqrt{1-r^2}}$$

③ 그러나 표본규모가 n≥30이면 Z분포를 따르게 된다.

프로그램명: KIMPD204.SAS

```
        OPTIONS nonumber nodate;
        DATA kimpd204;
          n=15; alpha=0.05; r=0.90;
   ㉮    tv=(r*SQRT(n-2))/SQRT(1-r**2);
   ㉯    t=TINV(1-alpha/2,n-2);
   ㉰     IF ABS(tv)>=ABS(t) THEN test='REJECT';
           ELSE test='ACCEPT';
        RUN;

        PROC PRINT;
          VAR alpha tv t test;
        RUN;
```

㉮ 검정통계량의 값을 계산하여 새로운 변수tv를 만든다.
㉯ TINV에 의해 임계치가 계산된다.
㉰ 조건이 참이면 귀무가설은 기각되고 그렇지 않으면 채택된다.

분석결과 : KIMPD204.OUT

```
             ㉮         ㉯         ㉰         ㉱
   OBS     ALPHA       TV          T        TEST
    1       0.05     7.44453    2.16037    REJECT
```

㉮, ㉯ $T_v = 7.44 > T = 2.16$ 로 귀무가설 $H_0 : \rho = 0$은 기각된다. 즉 두 변수 grp와 saving의 상관계수(선형관계)가 존재하게 된다.

(3) PROC CORR이용의 경우

① 상관계수의 검정을 위해 PROBIT나 TINV 함수를 이용하지 않고 SAS에서는 CORR 문을 이용하여 검정할 수 있다.

㉠ PROC CORR의 일반형식

```
㉮  PROC CORR 선택사양;
㉯    VAR 변수명;
㉰    WITH 변수명;
㉱    WEIGHT 변수명;
㉲    PARTIAL 변수명;
㉳    FREQ 변수명;
㉴    BY 변수명;
    RUN;
```

㉮ PROC CORR문 : 상관계수에 대한 유의성검정($H_0 : \rho = 0$)을 지시하는 명령이다.

【선택사양(자료세트명)】

- DATA=SAS 자료세트명 : 분석에 사용될 SAS 자료세트명을 지정한다. 생략하면 최근에 생성된 자료가 이용된다.
- OUTP=SAS 자료세트명 : Pearson 상관계수가 있는 새로운 SAS 자료세트를 만들 때 사용된다. 이 자료세트에는 TYPE=CORR이고 평균, 표준편차, 상관계수 등이 포함된다.
- OUTS=SAS 자료세트명 : Spearman의 상관계수를 갖고 있는 새로운 SAS 자료세트를 만들 때 사용된다.
- OUTH=SAS 자료세트명 : Hoeffding통계량을 갖는 새로운 SAS 자료세트를 만들 때 사용된다.
- 이외 Kendall의 상관계수를 갖는 OUTK=SAS 자료세트명 등이 있다.

【선택사양(상관계수)】

- PEARSON : person의 상관계수를 구한다. 상관계수 선택사양을 지정하지 않으면 pearson의 상관계수가 얻어진다.
- HOEFFAING : Hoeffding's D통계량을 구한다.
- KENDALL : 켄달의 상관계수가 구해진다.
- SPEARMAN : 스피어만의 상관계수가 구해진다.

【선택사양(프린트)】

- RANK : 절대값의 크기순으로 상관계수가 출력된다.
- BEST=n : n개까지만 절대값의 크기순으로 상관계수가 출력된다.
- COV : 공분산이 구해진다.

- CSSCP : 수정된 제곱합(SSCP)이 출력된다.
- NOCORR : OUTPUT 자료세트에 상관계수를 포함시키지 않을 때 사용된다.
  PROC CORR NOCORR COV OUT=A (TYPE=COV)
- NOSIMPLE : 기술통계량을 프린트하지 않을 때 사용한다.

㉯ VAR문 : 상관분석을 원하는 변수를 지정한다. 변수들간 상관계수가 구해진다.
PROC VAR X Y Z, X와Y, X와Z, Y와Z의 상관계수가 계산된다.

㉰ WITH문 : 특정조합의 변수에 대해서만 상관계수를 얻고자 할 때 사용한다.
PROC CORR ; VAR X Y ; WITH A B;
X와A, Y와A, X와B, Y와B의 상관계수가 계산된다. 이때 계수의 행은 WITH문 변수로 열은 VAR문 변수로 출력된다.

㉱ WEIGHT문 : 가중상관계수를 얻고자 할 때 사용될 가중값을 지정한다.

㉲ PARTIAL문 : 피어슨, 스피어만 및 켄달의 상관계수를 구할 때 PARTAL뒤에 효과를 제거할 필요가 있는 변수를 지정한다.
Y=f(X1, X2, X3)에서 X3이 일정하다면 X3를 PARTIAL뒤에 지정한다.

㉳ FREQ문 : VAR문의 변수값들의 빈도수는 대응하는 FREQ 변수의 값으로 표현된다.

㉴ BY문 : BY뒤의 지정변수에 의해 구분된 집단별로 분석이 수행된다.

예제 앞의 KIMPD12.DAT를 이용하여 CORR문으로 상관계수를 추론하여 보자.

프로그램명: KIMPD205.SAS

```
     OPTIONS nonumber ls=70 nodate;
     DATA kimpd205;
        INFILE 'a:\jaryo\kimpd12.dat';
        INPUT n $ grp saving popul build park;

㉮   PROC CORR PEARSON SPEARMAN KENDALL;
㉯       VAR saving popul build;
㉰       WITH grp park;
     RUN;

     PROC CORR PEARSON;
㉱       VAR saving popul build;
㉲       WITH grp;
㉳       PARTIAL park;
     RUN;
```

㉮ VAR문과 WITH문에서 지정된 변수에 대해 grp와 saving, grp와 popul, grp와 build, park와 saving, park와 popul, park와 build의 피어슨 상관계수, 스피어만 순위상관계수, 켄달의 Tau-b를 계산한다.

㉯ VAR문에는 상관계수를 계산하고자 하는 변수를 지정한다.

㉰ WITH문 : WITH문에서 지정된 변수와 VAR문에서 지정된 변수간의 상관계수가 계산된다.

㉱, ㉲ : ㉯ 및 ㉰와 같은 의미이다.

㉳ PARTIAL문 : PARTIAL에서 지정한 변수의 편상관계수가 계산된다. 여기서는 변수 saving, popul, build와 변수 grp간의 피어슨 상관계수를 계산하는데 변수 park를 일정하다고 전제한 뒤 편상관계수가 계산된다.

분석결과: KIMPD205.OUT

㉮ Correlation Analysis

2 'WITH' Variables: GRP PARK

3 'VAR' Variables: SAVING POPUL BUILD

Simple Statistics

Variable	N	Mean	Std Dev	Median	Minimum	Maximum
GRP	15	17834.4	17785.4	10395.7	2565.7	69819.7
PARK	15	27.4533	13.0599	33.3000	7.9000	44.5000
SAVING	15	7715.5	14516.4	2541.0	833.4	58975.7
POPUL	15	2936.9	2645.5	2033.0	515.0	10672.0
BUILD	15	9598.8	7939.5	6596.0	3116.0	29641.0

㉯ Pearson Correlation Coefficients/Prob>|R| under Ho: Rho=0/N=15

	SAVING	POPUL	BUILD
GRP	0.89591	0.99009	0.95421
	0.0001	0.0001	0.0001
PARK	-0.49559	-0.47162	-0.35474
	0.0603	0.0759	0.1945

㉰ Spearman Correlation Coefficients/Prob>|R| under Ho:Rho=0/N=15

	SAVING	POPUL	BUILD
GRP	0.75357	0.98214	0.89643
	0.0012	0.0001	0.0001
PARK	-0.65000	-0.33571	-0.16786
	0.0087	0.2212	0.5499

㉮ 변수 grp, park, saving, popul, build 등에 대한 기술통계량이다.

㉯ 피어슨의 상관계수가 p-값과 함께 나타나 있다.

grp와 saving, grp와 popul, grp와 build의 상관계수는 각각 0.89591, 0.99009, 0.95421이며, 유의수준(p-값)이 모두 0.0001로 0.05보다 작으므로 변수간 상당히 유의한 결론을 내릴 수 있는데, 이들은 각각 양의 상관관계가 있는 것으로, park와 savng, popul은 유의수준이 각각 0.0603, 0.0759로 0.10수준에서 변수들간에 음의 상관관계가 있는 것으로 나타났으나 park와 build는 유의수준이 0.1945로 0.05보다 커서 상관관계가 없다는 결론을 내릴 수 있다. 즉 공원면적(park)와 건축허가면적(build)은 서로 관계가 없다는 의미이다.

㉰ 스피어만의 상관계수와 유의수준 p-값이 출력되어 있다. 이것 역시 피어슨의 결과와 비슷하나 유의수준 p-값과 상관계수의 값에 있어서는 약간 차이가 있다. 다만 park와 popul의 검정에서 피어슨 결과에서는 유의수준 0.10수준에서 유의하였으나 스피어만 결과에서는 유의수준이 0.2212로 0.10보다 커서 유의하지 않게 나타나고 있다. 즉 변수간에 상관관계가 없는 것으로 분석되고 있다.

```
㉱ Kendall Tau b Correlation Coefficients/Prob>|R| under Ho: Rho=0
   /N=15
                      SAVING          POPUL          BUILD
    GRP              0.58095        0.90476        0.77143
                      0.0025         0.0001         0.0001
    PARK            -0.50476       -0.21905       -0.08571
                      0.0087         0.2550         0.6560

 ㉲              Correlation Analysis
           1 'PARTIAL' Variables: PARK
           1 'WITH'    Variables: GRP
           3 'VAR'     Variables: SAVING POPUL BUILD

        Simple Statistics after Partialling
   Variable   N        Mean      Std Dev         Sum
   PARK      15   27.453333     13.05991    411.8000
   GRP       15       17834        17785      267515
   SAVING    15  7715.46000        14516      115732
   POPUL     15   2936.9333     2645.516       44054
   BUILD     15   9598.8000     7939.536      143982
```


```
㉱ Kendall Tau b Correlation Coefficients/Prob>|R| under Ho: Rho=0
   /N=15
                      SAVING          POPUL          BUILD
    GRP              0.58095        0.90476        0.77143
                      0.0025         0.0001         0.0001
    PARK            -0.50476       -0.21905       -0.08571
                      0.0087         0.2550         0.6560
 ㉲              Correlation Analysis
           1 'PARTIAL' Variables: PARK
           1 'WITH'    Variables: GRP
           3 'VAR'     Variables: SAVING POPUL BUILD
```

Simple Statistics after Partialling

Variable	N	Mean	Std Dev	Sum
PARK	15	27.453333	13.05991	411.8000
GRP	15	17834	17785	267515
SAVING	15	7715.46000	14516	115732
POPUL	15	2936.9333	2645.516	44054
BUILD	15	9598.8000	7939.536	143982

Simple Statistics

Variable	Minimum	Maximum	Partial Variance	Partial Std Dev
PARK	7.900000	44.500000	.	.
GRP	2565.700000	69820	287516207	16956
SAVING	833.400000	58976	171196796	13084
POPUL	515.000000	10672	5860685	2420.885181
BUILD	3116.000000	29641	59342238	7703.391325

Pearson Partial Correlation Coefficients
/ Prob > |R| under Ho: Partial Rho=0 / N = 15

	SAVING	POPUL	BUILD
GRP	0.87748	0.99224	0.94779
	0.0001	0.0001	0.0001

㉣ 켄달의 상관계수와 $p-$값이 출력되어 있다. grp와 saving은 유의수준 $p-$값은 0.0025, 상관계수는 0.58095로 양의 상관관계가 있는 것으로, park와 saving은 $p-$값이 0.0087, 상관계수가 $-$0.50476으로 음의 상관관계가 있는 것으로 여겨진다. 다른 변수간 상관관계는 스피어만 방법과 비슷한 결과를 보여주고 있다.

㉤ park를 고려한 후 grp와 saving, popul, build의 편상관계수를 계산한 결과를 출력하고 있다. grp와 saving의 편상관계수가 0.87748로 ㉯의 피어슨 상관계수보다 작으며 t검정을 통한 유의수준은 0.0001로 0.05보다 작으므로 grp와 saving간에 상당히 유의한 관계가 있다는 결론을 내릴 수 있어 예금액은 grp가 클수록 증가함을 보여주고 있다. grp와 popul, grp와 build의 편상관계수도 약간 작게 나타나고 있다. 이것은 이들의 관계가 park에 의해 영향을 받고 있음을 의미한다.

CHAPTER 12

다변량 분산분석

제12장

다변량 분산분석(MANOVA)

제1절 다변량 분산분석의 개념

종속변수의 수가 2개 이상인 경우에 사용되는 통계방법으로, 독립변수는 회귀분석과 달리 범주형 자료이다.

다변량 분산분석은 도시규모(대도시·중도시·소도시)에 따른 환경오염정도가 차이가 있는지 또는 기업규모(대기업·중기업·소기업)에 따라 경영성과에 차이가 있는지 등을 분석할 때 유용하게 사용하는 방법이다.

제2절 기본모형

1. 일원 다변량 분산분석(one-way MANOVA)

$$Y_{ij} = \mu + \alpha_i + \varepsilon_{ij}$$

단, $i = 1, 2, 3, \ldots, k,\quad j = 1, 2, 3, \ldots, n$

여기서 Y_{ij} : i번째 집단에서 j번째 변수의 관찰 벡터

α_i : i번째 집단의 벡터효과

ε_{ij} : i번째 집단에서 j번째 변수의 오차벡터

가설 H_0 : $\alpha_1 = \alpha_2 = \alpha_3 = \ldots = \alpha_k = 0$

2. 이원 다변량 분산분석(two-way MANOVA)

$$Y_{ijk} = \mu + \alpha_i + \beta_j + (\alpha \cdot \beta)_{ij} + \varepsilon_{ijk}$$

단, $i = 1, 2, 3, \ldots, p$; $j = 1, 2, 3, \ldots, q$; $k = 1, 2, 3, \ldots, n$

여기서 Y_{ijk}, μ, α_i, β_j, γ_{ij}, ε_{ijk} : 벡터이다.

가설

H_0 : $\alpha_1 = \alpha_2 = \alpha_3 = \ldots = \alpha_p = 0$ H_0 : $\beta_1 = \beta_2 = \beta_3 = \ldots = \beta_q = 0$

H_0 : $(\alpha \cdot \beta)_{ij} = 0$

3. 검정통계량

① Wilks의 Lambda : $\Lambda = \prod_{i=1}^{n}(1+\lambda_i)^{-1}$ ② Pillai의 Trace : $\sum_1^k \lambda_i / (1+\lambda_i)$

③ Hotelling -Lawley의 Trace : $\sum_1^k \lambda_i$ ④ Roy의 최대근 : $\max_i \lambda_i$

이들 통계량은 F분포를 따르고 이를 이용하여 주효과에 대한 유의성 검정을 하게 된다.

제3절 다변량 분산분석의 예

다변량 분산분석을 위하여 SAS에서는 PROC ANOVA와 PROC GLM을 이용하면 된다.

MANOVA의 기본형식

```
       PROC ANOVA DATA=SAS 자료세트명 선택사양;
          CLASS  변수명;
    ㉮    MODEL  변수명;
    ㉯    MANOVA 선택사양;
          MEANS  변수명;
```

㉮ MODEL문 : 다변량 분산분석을 위한 모형을 지정한다. 이 경우 반드시 변수가 2개 이상이어야 한다.
㉯ MANOVA문 : MANOVA H=효과 E=효과 M=equation / 선택사양; 순이다.

【선택사양】

- H=효과 : MODEL문에서 처리효과를 비교하려는 변수를 지정한다.
  H matrix는 효과로 지정된 처리효과들의 SSC matrix를 나타내며 $E^{-1}H$의 고유값, 고유벡터와 4개의 F검정 결과를 출력시킨다.
- E=효과 : 오차항으로 처리할 효과(오차효과)를 지정한다. 생략하면 분산분석표에서 오차항의 자

승합이 사용된다.

- M=equation1, equation2, ... ; MODEL문에서 지정된 종속변수들을 변환시켜 분석할 때 이용되는데 변환된 변수들이 분석된다. 기본 형식은 ±*term* { ±*term* } 이다.

【선택사양】

- PRINTE : E=효과에서 지정된 효과의 행렬E를 출력한다(오차교적항 SSCP가 출력).
- PRINTH : H=효과에서 열거된 효과의 행렬 H를 출력한다(각 효과와 관련된 교적항을 출력).
- SUMMARY : 각 종속변수에 대한 분산분석표를 출력한다.
- PREFIX : M= 에서 열거된 변환된 변수의 이름을 지정(이름1, 이름2, ...)한다.
- HTYPE=n : H matrix의 검정 type를 지정한다. 생략하면 type I 과 type II를 실행한다.
- ETYPE=n : E matrix의 검정 type를 지정한다.
- SHORT : 다변량 검정통계량과 관련된 F검정의 결과를 요약 출력한다.

1. 일원다변량 분산분석

예제 **1993년 한국의 27개 도시의 규모별(대도시 l, 중도시 m, 소도시 s) 인구밀도(dens), 인구증가율(incr), 하수도보급율(sewe), 상수도보급율(wate), 인구100인당 전화대수(tele) 및 65세 이상 인구(age)을 조사한 결과가 다음과 같다. (단, 상수도와 하수도 보급율이 클수록 도시 환경시설의 보급상태가 양호한 도시이다)**

(단위 : 명/Km^2, %, 대, 천명)

지역	dens	incr	sewe	wate	tele	age	지역	dens	incr	sewe	wate	tele	age
서울	18046.68	-0.40	95.90	99.94	43.38	444.3	상주	477.68	0.60	39.82	75.24	40.01	4.2
부산	7284.35	-0.48	49.19	98.05	36.79	157.9	점촌	1043.66	-1.40	36.76	88.89	36.38	2.9
대구	5078.64	1.27	78.88	98.21	40.25	98.1	경산	1711.46	10.90	34.34	84.42	47.42	3.4
인천	6318.06	3.56	84.11	97.60	36.43	83.9	건천	157.56	-0.59	19.20	46.45	31.49	1.5
광주	2495.07	2.03	55.68	91.54	35.29	57.2	외동	186.12	5.67	38.28	17.14	33.02	1.9
대전	2218.80	4.80	68.79	92.77	36.30	72.9	금호	272.30	-0.15	12.74	73.51	31.08	1.2
구미	1649.91	6.80	43.79	95.48	41.39	5.5	하양	495.04	0.0	17.93	56.56	91.53	1.6
영주	1400.69	0.66	49.97	91.73	35.70	5.2	청도	178.66	-1.36	27.35	53.60	35.03	1.8
영천	670.86	4.50	44.78	83.21	36.44	3.2	고령	239.77	-1.42	45.31	71.35	38.80	1.0

프로그램명: KIMPE301.SAS

```
OPTIONS nonumber ls=70 nodate;
DATA kimpe301;
INPUT gumo $ sido $ dens incr sewe wate tele age @@;
CARDS;
1  서울 18046.68  -0.40  95.90  99.94  43.38  444.3   s  건천   157.56   -0.59   19.20   46.45   31.49  1.5
```

```
l  부산  7284.35  -0.48  49.19  98.05  36.79  157.9  s  외동   186.12   5.67  38.28  17.14  33.02  1.9
l  대구  5078.64   1.27  78.88  98.21  40.25   98.1  s  금호   272.30  -0.15  12.74  73.51  31.08  1.2
l  인천  6318.06   3.56  84.11  97.60  36.43   83.9  s  하양   495.04   0.0   17.93  56.56  91.53  1.6
l  광주  2495.07   2.03  55.68  91.54  35.29   57.2  s  청도   178.66  -1.36  27.35  53.60  35.03  1.8
l  대전  2218.80   4.80  68.79  92.77  36.30   72.9  s  고령   239.77  -1.42  45.31  71.35  38.80  1.0
m  구미  1649.91   6.80  43.79  95.48  41.39    5.5  m  상주   477.68   0.60  39.82  75.24  40.01  4.2
m  영주  1400.69   0.66  49.97  91.73  35.70    5.2  m  점촌  1043.66  -1.40  36.76  88.89  36.38  2.9
m  영천   670.86   4.50  44.78  83.21  36.44    3.2  m  경산  1711.46  10.90  34.34  84.42  47.42  3.4
RUN;

㉮ PROC ANOVA;
㉯     CLASS gumo;
㉰     MODEL sewe wate=gumo;
㉱     MANOVA H=gumo/PRINTE PRINTH;
㉲     MEANS gumo/SCHEFFE CLDIFF;
   RUN;

㉳ PROC GLM;
      CLASS gumo;
      MODEL sewe wate=gumo;
      MANOVA H=gumo;
      TITLE1 'ONE-WAY MANOVA: GLM';
  RUN;
```

㉮ PROC ANOVA문 : ANOVA작업을 명령하는 문장이다.

㉯ CLASS문 : 분석에 사용될 실험대상(독립변수) gumo를 지정한다. 반드시 MODEL문이나 MEANS문보다 앞에 위치해야 한다.

㉰ 적합될 선형모형을 지정한다. 여기서는 종속변수 sewe, wate을 이용하여 다변량 분산분석을 실행한다.

㉱ MANOVA문 : 다변량분석의 주효과를 검토하기 위한 평방합과 교적합 행렬을 설정하고 (MANOVA H=gumo), 주효과 및 오차의 SS & CP를 출력한다(PRINTE, PRINTH).

㉲ MEANS문 : 변수 gumo의 평균과 관련된 정보가 출력되고 SCFEFFE 방법에 의한 동시신뢰구간에 의한 다중비교가 수행된다.

㉳ PROC GLM : 일반선형모형(GLM) 작업을 지시하는 문장이다. 이는 앞에서 예로든 문제를 GLM 방법으로 분석하는 것으로 ANOVA보다 더 발전된 것이라 할 수 있는데, 결과를 앞에서 설명한 ㉮~㉲의 해석과 비교해 보기 바란다.

분석결과: KIMPE301.OUT

```
㉮          Analysis of Variance Procedure
                Class Level Information

               Class    Levels    Values
               GUMO   3          l m s
         Number of observations in data set = 18

㉯          Analysis of Variance Procedure
Dependent Variable: SEWE
Source              DF   Sum of Squares    F Value    Pr > F
Model                2    6401.29990000     18.94     0.0001
Error               15    2535.18590000
Corrected Total     17    8936.48580000
       R-Square          C.V.             SEWE Mean
       0.716311       27.76495            46.8233333

Source              DF       Anova SS      F Value    Pr > F
GUMO                 2    6401.29990000     18.94     0.0001

㉰          Analysis of Variance Procedure
Dependent Variable: WATE
Source              DF   Sum of Squares    F Value    Pr > F
Model                2    6165.66217778     19.18     0.0001
Error               15    2411.59231667
Corrected Total     17    8577.25449444
       R-Square          C.V.             WATE Mean
       0.718839       16.12169            78.6494444
Source              DF       Anova SS      F Value    Pr > F
GUMO                 2    6165.66217778     19.18     0.0001
㉱                E = Error SS&CP Matrix
                      SEWE            WATE
                       ㉠              ㉡
          SEWE      2535.1859      -100.3503333
          WATE   -100.3503333      2411.5923167
                                       ㉢
            Analysis of Variance Procedure
          Multivariate Analysis of Variance
  Partial Correlation Coefficients from the Error SS&CP Matrix /
                     Prob > |r|
```

DF = 15	SEWE	WATE
SEWE	1.000000	-0.040585
	0.0001	0.8814
WATE	-0.040585	1.000000
	0.8814	0.0001

㉤ H = Anova SS&CP Matrix for GUMO

	SEWE ㉠	WATE ㉡
SEWE	6401.2999	5505.9103667
WATE	5505.9103667	6165.6621778 ㉢

Characteristic Roots and Vectors of: E Inverse * H, where
H = Anova SS&CP Matrix for GUMO E = Error SS&CP Matrix

Characteristic Root	Percent	Characteristic Vector V'EV=1 SEWE	WATE
4.96931350	94.27	0.01429075	0.01474830
0.30177201	5.73	-0.01381571	0.01406540

Alpha= 0.05 Confidence= 0.95 df= 15 MSE= 160.7728
Critical Value of F= 3.68232
Minimum Significant Difference= 19.867
Comparisons significant at the 0.05 level are indicated by '***'.

GUMO Comparison	Simultaneous Lower Confidence Limit	Difference Between Means	Simultaneous Upper Confidence Limit	
l - m	-10.010	9.857	29.723	
l - s	23.383	43.250	63.117	***
m - l	-29.723	-9.857	10.010	
m - s	13.527	33.393	53.260	***
s - l	-63.117	-43.250	-23.383	***
s - m	-53.260	-33.393	-13.527	***

㉥ H = Anova SS&CP Matrix for GUMO E = Error SS&CP Matrix
S=2 M=-0.5 N=6

Statistic	Value	F	Num DF	Den DF	Pr>F
Wilks' Lambda	0.12868878	12.5132	4	28	0.0001
Pillai's Trace	1.06429288	8.53066	4	30	0.0001
Hotelling-Lawley Trace	5.2710855	17.131	4	26	0.0001

```
Roy's Greatest Root     4.9693135   37.2699      2        15   0.0001

   NOTE: F Statistic for Roy's Greatest Root is an upper bound.
         NOTE: F Statistic for Wilks' Lambda is exact.

        ㉳      Analysis of Variance Procedure

              Scheffe's test for variable: SEWE
  NOTE: This test controls the type I experimentwise error rate
      but generally has a higher type II error rate than Tukey's
      for all pairwise comparisons.

      Alpha= 0.05  Confidence= 0.95  df= 15  MSE= 169.0124
                Critical Value of F= 3.68232
            Minimum Significant Difference= 20.369

 Comparisons significant at the 0.05 level are indicated by '***'.

                  Simultaneous          Simultaneous
                     Lower       Difference     Upper
        GUMO       Confidence    Between      Confidence
     Comparison      Limit        Means         Limit
      l    - m      10.146       30.515        50.884    ***
      l    - s      24.921       45.290        65.659    ***

      m    - l     -50.884      -30.515       -10.146    ***
      m    - s      -5.594       14.775        35.144

      s    - l     -65.659      -45.290       -24.921    ***
      s    - m     -35.144      -14.775         5.594

              Scheffe's test for variable: WATE
  NOTE: This test controls the type I experimentwise error rate
      but generally has a higher type II error rate than Tukey's
      for all pairwise comparisons.
        ㉴     ONE-WAY MANOVA: GLM
             General Linear Models Procedure
                 Class Level Information
                Class     Levels     Values
                GUMO         3    l m   s
```

Number of observations in data set = 18

General Linear Models Procedure

Dependent Variable: SEWE

Source	DF	Sum of Squares	F Value	Pr > F
Model	2	6401.29990000	18.94	0.0001
Error	15	2535.18590000		
Corrected Total	17	8936.48580000		

R-Square	C.V.	SEWE Mean
0.716311	27.76495	46.8233333

Source	DF	Type I SS	F Value	Pr > F
GUMO	2	6401.29990000	18.94	0.0001

Source	DF	Type III SS	F Value	Pr > F
GUMO	2	6401.29990000	18.94	0.0001

Characteristic Root	Percent	Characteristic Vector V'EV=1 SEWE	WATE
4.96931350	94.27	0.01429075	0.01474830
0.30177201	5.73	-0.01381571	0.01406540

Manova Test Criteria and F Approximations for

the Hypothesis of no Overall GUMO Effect

H = Type III SS&CP Matrix for GUMO E = Error SS&CP Matrix

S=2 M=-0.5 N=6

Statistic	Value	F	Num DF	Den DF	Pr > F
Wilks' Lambda	0.12868878	12.5132	4	28	0.0001
Pillai's Trace	1.06429288	8.53066	4	30	0.0001
Hotelling-Lawley Trace	5.2710855	17.131	4	26	0.0001
Roy's Greatest Root	4.9693135	37.2699	2	15	0.0001

NOTE: F Statistic for Roy's Greatest Root is an upper bound.

NOTE: F Statistic for Wilks' Lambda is exact.

General Linear Models Procedure

Dependent Variable: WATE

Source	DF	Sum of Squares	F Value	Pr > F
Model	2	6165.66217778	19.18	0.0001

Error	15	2411.59231667		
Corrected Total	17	8577.25449444		
R-Square		C.V.	WATE Mean	
0.718839		16.12169	78.6494444	

Source	DF	Type I SS	F Value	Pr > F
GUMO	2	6165.66217778	19.18	0.0001
Source	DF	Type III SS	F Value	Pr > F
GUMO	2	6165.66217778	19.18	0.0001

㉮ 분석에 사용된 독립변수가 l, m, s의 3개 집단으로 구분되어 있으며 관측치의 수는 18개임을 보여주고 있다.

㉯ 종속변수 sewe에 대한 다변량 분산분석을 실행한 결과이다. F-값=18.94는 유의수준 0.0001에서 귀무가설이 기각된다. 즉 도시규모에 따라 도시의 환경시설(sewe)의 보급상태가 차이가 있다는 의미이다.

㉰ 종속변수 wate에 대한 다변량 분산분석을 실행한 결과로 wate로 측정된 도시의 환경시설의 보급상태가 도시규모에 따라 차이가 있다는 것을 나타낸다.

㉱ 집단내 오차의 교적행렬 E를 나타낸다. ㉠은 ㉮의 분산분석표의 오차항의 합이고 ㉡은 ㉯의 오차항의 합이며, ㉢은 교적항의 합을 의미한다.

㉲ 집단간의 모형의 교적행렬 H를 나타낸다. ㉠과 ㉡은 ㉮와 ㉯의 분산분석표의 처리항의 합이고 ㉢은 교적항의 합을 의미한다.

㉳ sewe와 wate의 2개 변수의 환경시설 보급상태 측정치를 동시에 고려할 때 도시규모에 따라 환경시설의 보급상태가 차이가 있는지를 검정한 결과이다.
Wilks' Lambda 값이 0.1286으로 유의수준 p-값 0.0001에서 가설이 기각된다. 따라서 도시규모에 따라 환경시설의 보급상태가 차이가 있다는 결론을 얻을 수 있다.

㉴ 독립변수 gumo의 집단별(l, m, s), 종속변수(sewe, wate)의 평균과 관련된 정보를 보여준다.
셰프의 동시신뢰구간의 결과에서 종속변수 sewe의 경우는 s-m으로 분석되어 중도시(m)와 소도시(s)간에는 하수도 보급률에 차이가 없으나 그 외 지역간에는 차이가 있다는 것을 보여주고 있다(*** 표시 쌍간에는 차이가 있음). wate에서는 대도시와 중도시(즉 l-m, m-l)간에는 상수도 보급률에 차이가 없으나 그 외 지역간에는 차이가 있는 것으로 나타나고 있다.

㉵ GLM에 의해 분석된 결과로 지금까지 설명한 방법에 의한 통계량과 거의 비슷하여 같은 결론을 내릴 수 있다.

2. 이원 다변량 분산분석

SAS에서 GLM을 이용하면 기본적으로 나타나는 분산분석 결과가 고정효과모형(Fixed effect model)이다.

SAS는 지정된 인자들을 디폴트로 모수인자로 간주한다(예 SAS 웹문서 example 30.8 참조)

예제 **중소도시와 읍부지역별 각종 자료가 다음 표와 같다. 중소도시(l)와 읍부지역(s) 그리고 인구밀도가 500명 이상 지역(a), 500명 미만 지역(b)으로 구분하여 독립변수 도시규모(gumo)와 인구밀도(densl)에 따라 환경시설의 보급상태가 차이가 있는지를 이원 다변량 분산분석법에 의해 검정해 보자.**

(단위 : 명/Km^2, %, 대, 천명)

지역	dens	incr	sewe	wate	tele	age	지역	dens	incr	sewe	wate	tele	age
부천	13884.99	5.23	78.88	96.07	37.60	25.4	성주	380.02	1.49	54.07	61.49	39.9	1.2
구미	1649.91	6.80	43.79	95.48	41.39	5.5	왜관	558.44	0.90	38.21	76.24	36.4	2.0
영주	1400.69	0.66	49.97	91.73	35.70	5.2	선산	316.41	2.38	45.83	70.55	54.10	1.7
영천	670.86	4.50	44.78	83.21	36.44	3.2	건천	157.56	-0.59	19.20	46.45	31.49	1.5
상주	477.68	0.60	39.82	75.24	40.01	4.2	외동	186.12	5.67	38.28	17.14	33.02	1.9
점촌	1043.66	-1.40	36.76	88.89	36.38	2.9	금호	272.30	-0.15	12.74	73.51	31.08	1.2
경산	1711.46	10.90	34.34	84.42	47.42	3.4	하양	495.04	0.0	17.93	56.56	91.53	1.6
경주	644.04	3.49	57.56	95.41	38.48	8.5	청도	178.66	-1.42	27.35	53.60	35.03	1.8
김천	1381.23	1.06	44.47	88.99	32.08	4.9	고령	239.77	-1.36	45.31	71.35	38.80	1.0
안동	1417.74	1.73	40.67	93.59	54.35	7.6	성주	380.02	1.49	54.07	61.49	39.91	1.1

프로그램명: KIMPE302.SAS

```
OPTIONS nonumber ls=70 nodate;
DATA kimpe302;
   INPUT gumo $ sido $ dens incr sewe wate tele age @@;
     IF 500<=dens THEN dens1='a';
     ELSE dens1='b';
CARDS;
l  부천 13884.99  5.23 78.88 96.07 37.60 25.4  s 성주 380.02  1.49 54.07 61.49 39.9  1.2
l  구미  1649.91  6.80 43.79 95.48 41.39  5.5  s 왜관 558.44  0.90 38.21 76.24 36.4  2.0
l  영주  1400.69  0.66 49.97 91.73 35.70  5.2  s 선산 316.41  2.38 45.83 70.55 54.10 1.7
l  영천   670.86  4.50 44.78 83.21 36.44  3.2  s 건천 157.56 -0.59 19.20 46.45 31.49 1.5
l  상주   477.68  0.60 39.82 75.24 40.01  4.2  s 외동 186.12  5.67 38.28 17.14 33.02 1.9
l  점촌  1043.66 -1.40 36.76 88.89 36.38  2.9  s 금호 272.30 -0.15 12.74 73.51 31.08 1.2
l  경산  1711.46 10.90 34.34 84.42 47.42  3.4  s 하양 495.04  0.0  17.93 56.56 91.53 1.6
l  경주   644.04  3.49 57.56 95.41 38.48  8.5  s 청도 178.66 -1.42 27.35 53.60 35.0  1.8
l  김천  1381.23  1.06 44.47 88.99 32.08  4.9  s 고령 239.77 -1.36 45.31 71.35 38.80 1.0
l  안동  1417.74  1.73 40.67 93.59 54.35  7.6  s 성주 380.02  1.49 54.07 61.49 39.91 1.1
RUN;
```

```
㉮ PROC ANOVA;
     CLASS gumo dens1;
     MODEL sewe wate=gumo dens1 gumo*dens1;
     MANOVA H=gumo dens1 gumo*dens1/PRINTE PRINTH;
     MEANS gumo dens1 gumo*dens1;
  RUN;
㉯ PROC GLM;
     CLASS gumo dens1;
     MODEL sewe wate=gumo dens1 gumo*dens1;
     MANOVA H=gumo dens1 gumo*dens1;
  RUN;
```

㉮ KIMPE301.SAS와 차이는 독립변수가 1개 추가된 것외에는 별 차이가 없다. ANOVA를 이용하면 독립변수 gumo, dens1과 그의 상호작용(gumo*dens1)에 따라 sewe, wate로 측정된 도시환경시설의 보급상태에 차이가 있는지를 검정할 수 있다.

㉯ 이원 다변량 분산분석을 GLM에 의해 실행하라는 명령문이다. GLM을 이용하면 ANOVA와 달리 종속변수 sewe, wate를 동시에 고려할 때 독립변수들과 그의 상호작용에 따라 도시환경 상태가 차이가 있는지를 검정할 수 있다.

분석결과: KIMPE302.OUT

```
    ㉮          Analysis of Variance Procedure
                  Class Level Information

                  Class    Levels    Values
                  GUMO       2        1 s
                  DENS1      2        a b
            Number of observations in data set = 20

    ㉯          Analysis of Variance Procedure
Dependent Variable: SEWE
Source             DF   Sum of Squares   F Value    Pr > F
Model               3     765.15743278      1.16    0.3550
Error              16    3512.71962222
Corrected Total    19    4277.87705500
          R-Square           C.V.             SEWE Mean
          0.178864         35.96240          41.2015000
                                  ㉠
Source           DF      Anova SS      F Value     Pr > F
```

```
GUMO              1     696.79012500        3.17       0.0938
DENS1             1     659.29644500        3.00       0.1023
GUMO*DENS1        1       0.00000000        0.00       1.0000
      ㉰          Analysis of Variance Procedure
Dependent Variable: WATE
Source                  DF   Sum of Squares      F Value    Pr > F
Model                    3      5196.80065056      10.66      0.0004
Error                   16      2598.99324444
Corrected Total         19      7795.79389500
        R-Square          C.V.            WATE Mean
        0.666616        17.20669          74.0705000
                                             ㉡
Source                DF        Anova SS     F Value    Pr > F
GUMO                   1     4640.58112500     28.57     0.0001
DENS1                  1     4701.71112500     28.94     0.0001
GUMO*DENS1             1        0.00000000      0.00     1.0000

      ㉱               E = Error SS&CP Matrix
                            SEWE              WATE
              SEWE      3512.7196222      475.86721111
              WATE      475.86721111      2598.9932444
      ㉲     Partial Correlation Coefficients from the Error SS&CP Matrix /Prob>|r|
                 DF = 16         SEWE       WATE
                  SEWE         1.000000    0.157493
                               0.0001      0.5461
                  WATE         0.157493    1.000000
                               0.5461      0.0001
      ㉳          H = Anova SS&CP Matrix for GUMO
                ㉢          SEWE              WATE
              SEWE       696.790125       1798.196625
              WATE      1798.196625       4640.581125

    ㉣     Characteristic Roots and Vectors of: E Inverse * H, where
      H = Anova SS&CP Matrix for GUMO    E = Error SS&CP Matrix

   Characteristic    Percent        Characteristic Vector  V'EV=1
      Root
                                          SEWE           WATE
     1.84212637     100.00            0.00299479      0.01876340
     0.00000000       0.00            0.01682117     -0.00651810
```

```
㉥        Manova Test Criteria and Exact F Statistics for
           the Hypothesis of no Overall GUMO Effect
   H = Anova SS&CP Matrix for GUMO    E = Error SS&CP Matrix
                      S=1     M=0     N=6.5
Statistic                 Value        F    Num DF  Den DF   Pr > F
Wilks' Lambda          0.35184924   13.8159     2       15     0.0004
Pillai's Trace         0.64815076   13.8159     2       15     0.0004
Hotelling-Lawley Trace 1.84212637   13.8159     2       15     0.0004
Roy's Greatest Root    1.84212637   13.8159     2       15     0.0004

   ㉳         H = Anova SS&CP Matrix for DENS1
              ㉥            SEWE              WATE
          SEWE         659.296445        1760.630975
          WATE        1760.630975        4701.711125

   ㉦  Characteristic Roots and Vectors of: E Inverse * H, where
   H = Anova SS&CP Matrix for DENS1    E = Error SS&CP Matrix
 Characteristic    Percent          Characteristic Vector   V'EV=1
      Root
                                        SEWE            WATE
     1.85931583      100.00          0.00280924       0.01883409
     0.00000000        0.00          0.01685315      -0.00631093

   ㉧    Manova Test Criteria and Exact F Statistics for
           the Hypothesis of no Overall DENS1 Effect
   H = Anova SS&CP Matrix for DENS1    E = Error SS&CP Matrix
                      S=1     M=0     N=6.5
Statistic                 Value          F  Num DF Den DF Pr>F
Wilks' Lambda          0.34973401   13.9449     2      15  0.0004
Pillai's Trace         0.65026599   13.9449     2      15  0.0004
Hotelling-Lawley Trace 1.85931583   13.9449     2      15  0.0004
Roy's Greatest Root    1.85931583   13.9449     2      15  0.0004

   ㉵       H = Anova SS&CP Matrix for GUMO*DENS1
              ㉨            SEWE              WATE
          SEWE       -590.9291372       -1590.528626
          WATE       -1590.528626       -4145.491599

 ㉩ Characteristic Roots and Vectors of: E Inverse * H, where
 H = Anova SS&CP Matrix for GUMO*DENS1    E = Error SS&CP Matrix
 Characteristic    Percent          Characteristic Vector   V'EV=1
```

```
      Root
                                   SEWE          WATE
          0           100.00        0.00000       0.00000
   ㉠      Manova Test Criteria and Exact F Statistics for
          the Hypothesis of no Overall GUMO*DENS1 Effect
   H = Anova SS&CP Matrix for GUMO*DENS1    E = Error SS&CP Matrix
                         S=1    M=-0.5    N=7
Statistic                 Value   F  Num DF Den DF  Pr>F
Wilks' Lambda             1       0     1      16  1.0000
Pillai's Trace            0       0     1      16  1.0000
Hotelling-Lawley Trace    0       0     1      16  1.0000
Roy's Greatest Root       0       0     1      16  1.0000

       ㉮          Analysis of Variance Procedure
 Level of      -----------SEWE------- ------------WATE-----------
 GUMO   N      Mean          SD            Mean          SD
 l      10   47.1040000   12.9741137    89.3030000    6.7041994
 s      10   35.2990000   15.1515980    58.8380000   17.4823599

 Level of    -----------SEWE--------- -----------WATE-----------
 DENS1   N     Mean          SD            Mean          SD
 a      10   46.9430000   13.0840701    89.4030000    6.4746567
 b      10   35.4600000   15.1944602    58.7380000   17.3742855

  Level of   Level of        -------------SEWE------------
  GUMO       DENS1        N      Mean            SD
     l          a         9    47.9133333     13.4907227
     l          b         1    39.8200000          .
     s          a         1    38.2100000          .
     s          b         9    34.9755556     16.0340373

  Level of   Level of        -------------WATE------------
   GUMO      DENS1        N      Mean            SD
     l          a         9    90.8655556      4.8059133
     l          b         1    75.2400000          .
     s          a         1    76.2400000          .
     s          b         9    56.9044444     17.3717401
      ㉯          TWO-WAY MANOVA: GLM
                General Linear Models Procedure
                    Class Level Information
                  Class      Levels      Values
```

GUMO	2	l s
DENS1	2	a b

Number of observations in data set = 20

Fixed effect model Analysis of Variance

㉮ General Linear Models Procedure

Dependent Variable: SEWE

Source	DF	Sum of Squares	F Value	㉠ Pr > F
Model	3	765.15743278	1.16	0.3550
Error	16	3512.71962222		
Corrected Total	19	4277.87705500		

R-Square	C.V.	SEWE Mean
0.178864	35.96240	41.2015000

Source	DF	Type I SS	F Value	Pr > F
GUMO	1	696.79012500	3.17	0.0938
DENS1	1	57.74334722	0.26	0.6151
GUMO*DENS1	1	10.62396056	0.05	㉡ 0.8287

Source	DF	Type III SS	F Value	Pr > F
GUMO	1	95.23702722	0.43	㉢ 0.5195
DENS1	1	57.74334722	0.26	㉣ 0.6151
GUMO*DENS1	1	10.62396056	0.05	0.8287

General Linear Models Procedure

Dependent Variable: WATE

Source	DF	Sum of Squares	F Value	Pr > F
Model	3	5196.80065056	10.66	0.0004
Error	16	2598.99324444		
Corrected Total	19	7795.79389500		

R-Square	C.V.	WATE Mean
0.666616	17.20669	74.0705000

Source	DF	Type I SS	F Value	Pr > F
GUMO	1	4640.58112500	28.57	0.0001
DENS1	1	550.02568056	3.39	0.0844
GUMO*DENS1	1	6.19384500	0.04	0.8476

Source	DF	Type III SS	F Value	Pr > F
GUMO	1	488.89568056	3.01	0.1020

DENS1	1	550.02568056	3.39	0.0844
GUMO*DENS1	1	6.19384500	0.04	0.8476

General Linear Models Procedure
Multivariate Analysis of Variance

Characteristic Roots and Vectors of: E Inverse * H, where
H = Type III SS&CP Matrix for GUMO   E = Error SS&CP Matrix

Characteristic Root	Percent	Characteristic Vector V'EV=1 SEWE	WATE
0.19762910	100.00	0.00374984	0.01845058
0.00000000	0.00	0.01666911	-0.00735711

Manova Test Criteria and Exact F Statistics for
the Hypothesis of no Overall GUMO Effect
H = Type III SS&CP Matrix for GUMO   E = Error SS&CP Matrix
S=1   M=0   N=6.5

Statistic	Value	F	Num DF	Den DF	Pr > F
Wilks' Lambda	0.83498305	1.48222	2	15	0.2586
Pillai's Trace	0.16501695	1.48222	2	15	0.2586
Hotelling-Lawley Trace	0.1976291	1.48222	2	15	0.2586
Roy's Greatest Root	0.1976291	1.48222	2	15	0.2586

Characteristic Roots and Vectors of: E Inverse * H, where
H = Type III SS&CP Matrix for DENS1   E = Error SS&CP Matrix

Characteristic Root	Percent	Characteristic Vector V'EV=1 SEWE	WATE
0.21481856	100.00	0.00208149	0.01908819
0.00000000	0.00	0.01695842	-0.00549471

Manova Test Criteria and Exact F Statistics for
the Hypothesis of no Overall DENS1 Effect
H = Type III SS&CP Matrix for DENS1   E = Error SS&CP Matrix
S=1   M=0   N=6.5

Statistic	Value	F	Num DF	Den DF	Pr > F
Wilks' Lambda	0.82316819	1.61114	2	15	0.2324
Pillai's Trace	0.17683181	1.61114	2	15	0.2324
Hotelling-Lawley Trace	0.21481856	1.61114	2	15	0.2324
Roy's Greatest Root	0.21481856	1.61114	2	15	0.2324

```
                General Linear Models Procedure
                Multivariate Analysis of Variance

    Characteristic Roots and Vectors of: E Inverse * H, where
  H = Type III SS&CP Matrix for GUMO*DENS1    E = Error SS&CP Matrix

   Characteristic   Percent        Characteristic Vector  V'EV=1
      Root
                                      SEWE          WATE
     0.00641230      100.00        -0.01354350    0.01443804
     0.00000000        0.00         0.01041605    0.01364163
         Manova Test Criteria and Exact F Statistics for
          the Hypothesis of no Overall GUMO*DENS1 Effect
  H = Type III SS&CP Matrix for GUMO*DENS1    E = Error SS&CP Matrix
                    S=1     M=0     N=6.5
Statistic                  Value        F      Num DF  Den DF  Pr > F
Wilks' Lambda            0.99362856   0.04809     2      15     0.9532
Pillai's Trace           0.00637144   0.04809     2      15     0.9532
Hotelling-Lawley Trace   0.0064123    0.04809     2      15     0.9532
Roy's Greatest Root      0.0064123    0.04809     2      15     0.9532
```

㉮ 분석에 사용된 독립변수 gumo, dens1이 각각 l, s 와 a, b의 2개 집단으로 분류된 것을 나타내고, 관측치의 수가 20개임을 보여주고 있다.

㉯ sewe에 대한 분산분석표이다. F값=1.16은 유의수준 0.355에서 귀무가설이 기각되지 않는다. 따라서 sewe로 측정된 도시환경의 상태는 gumo, dens1에 의해 차이가 나지 않는다는 결론을 얻고 있다. 구체적으로 ㉠에서 도시규모 gumo는 F값=3.17이며, 유의수준이 0.0938로 α=10%수준에서는 가설이 채택되어, 도시규모별로 도시환경의 상태가 차이가 있음을 의미하나, dens1, gumo와 dens1의 상호작용효과에 대한 F값은 각각 3.00, 0.00으로 유의하지 않다. 이는 도시환경의 보급상태가 dens1보다는 gumo에 의해 달라지며 gumo와 dens1의 상호작용 효과가 미치는 영향이 작다는 것을 나타낸다.

㉰ wate로 측정된 도시환경 상태를 분석한 분산분석표이다. F값은 10.66이며 유의수준이 0.0004로 귀무가설이 기각되어 gumo와 dens1에 의해 도시환경의 상태가 차이가 있다는 것을 보여준다. ㉠에서와 달리 ㉡에서 dens1의 F값이 28.94, 유의수준이 0.0001로 인구밀집도 dens1에 따라 상수시설 wate에 차이가 있음을 보여주고 있으나, 상호작용효과는 ㉮와 같이 유의하지 않게 나타나고 있다.

㉱ 다변량 분산분석의 오차자승합과 교적합의 행렬(Error SS & CP Matrix : E행렬)로 종속변수 sewe, wate의 변동중 독립변수들(gumo, dens1, gumo*dens1)에 의해 설명되지 않는 부분이다.

㉲ 독립변수들에 의해 조정된 종속변수들간의 편상관계수를 보여준다.

㉳ gumo에 의해 구분된 집단간의 교적행렬(H행렬)과 집단간 차이를 검정한 결과이다.
㉢은 gumo에 대한 H행렬, 종속변수 sewe, wate들의 변동 중 gumo에 의해 설명되는 부분을

보여준다.

㉣은 H행렬과 E행렬의 비율로 산출되는 Chacteristic, Characteristic Vector를 나타낸다.

㉤은 종속변수 sewe, wate를 동시에 고려할 때 gumo에 따라 도시환경의 상태가 차이가 있는지를 보여준다. Wilks' Lambda값이 0.3518, F값 13.81로 유의수준 0.0004에서 도시규모에 따라 도시환경에 차이가 없다는 가설이 기각된다.

㉳ dens1에 의해 구분된 집단간의 교적행렬(H행렬)을 나타낸다. 해석방법은 ㉲와 같다.

㉴ ㉨ gumo*dens1로 분류된 집단간의 교적행렬(H행렬)를 나타낸다. ㉩ H행렬과 E행렬의 비율로 계산된 Chacteristic, Characteristic Vector를 나타낸다. gumo와 dens1의 상호작용에 따라 도시환경 상태가 차이가 있는지를 보여주는데, ㉪에서 Wilks' Lambda 값이 1, F값=0으로 유의수준이 1.000로 상호작용이 도시환경에 영향을 미치지 않은 것임을 보여준다.

㉵ 독립변수 gumo, dens1, gumo*dens1의 각 집단별 종속변수 sewe, wate의 평균과 표준편차를 나타낸다. 여기서 gumo의 경우 wate로 측정된 도시환경 상태의 평균은 두 집단간에 각각 89.3(l집단), 58.8(s집단)로 ㉮와 ㉲의 결과를 고려하면 중소도시(l)가 읍부지역(s)보다 도시환경의 보급상태가 좋다는 결론을 얻을 수 있다.

㉶ GLM의 분석 결과이다. 앞의 ANOVA 사용의 경우와 비교하면 통계량에서는 약간 차이가 있으나 거의 비슷한 결론을 얻을 수 있다.

㉷ 이 부분이 GLM 이용시 디폴트로 만들어진 고정효과모형(Fixed effect model)의 분석결과이다.

㉠ 유의확률이 0.3550이므로 유의수준 5%(혹은 10%)에서 유의하지 않는 것으로 판단된다.

㉡ 두 요인(gumo, densl)이 복합적으로 작용하여 환경시설의 보존상태에 역할을 주는가를 파악하기 위한 상호작용의 검정 결과로 유의확률이 0.8287로 유의수준 5%보다 크므로 "두 요인은 상호작용이 없다"라고 할 수 있다. 그러므로 상호작용이 존재하지 않으므로 각각의 요인효과를 분해하여 분석하는 것이 가능하다.

㉢ 환경시설에 대한 gumo(도시규모) 효과는 유의확률이 0.5795이므로 유의수준 5%보다 크므로 도시규모에 따라 환경시설에 차이가 없다는 결론을 낼 수 있다. 이 결론은 앞의 ㉯에서 내린 값과 조금 차이가 있다.

㉣ densl(인구밀도) 효과도 앞의 유의확률이 유의수준 5%보다 커서 인구밀도에 따라 환경시설에 차이가 없는 것으로 나타나고 있다.

CHAPTER 13

회귀분석

제13장

회귀분석(Regression Analysis)

제1절 개념과 가정

1. 회귀분석이란

① 회귀분석 : 변수 상호간의 관계를 표본으로부터 추정하는 방법으로 특정변수(종속변수, 반응변수)가 다른변수(독립변수, 설명변수)에 의해 어떻게 설명 또는 예측되는지를 파악하는 통계적 분석방법이다.

② 회귀분석에 필요한 자료는 종속변수, 독립변수 모두 연속형 자료이다. 단 범주형 자료는 더미변수를 이용하면 사용이 가능하다.

③ 회귀모형은 독립변수의 수에 따라 구분되는데, 독립변수가 1개인 경우의 회귀모형을 단순회귀모형, 2개 이상인 경우를 중회귀모형이라 한다.

2. 회귀모형의 가정

$$y_i = \alpha + \beta x_i + u_i$$

① 독립변수 x는 비확률변수이며 어떤 주어진 값이다.

② u는 교란항(오차항)으로 확률변수이며 이는 서로 독립이며 $N(0, \sigma^2)$을 따른다.

③ 회귀모형의 가정

㉠ 시계열자료인 경우 u가 서로 독립이 아닌 경우가 많다. 이를 확인하기 위해 Durbin - Watson의 d통계량을 알아보아야 한다. 만약 자기상관이 존재하면 이를 제거해야 하는데 그 방법은 뒤에서 설명하겠다.

㉡ 오차항의 분산이 이분산인 경우가 많이 있는데 이때 이분산을 해결하기 위해 가중최소자승법(WLS : Weighted Least Square), 일반화최소자승법(GLS : Generalized Least Square) 등을 이용하면 된다.

㉢ 종속변수가 연속변수가 아닌 경우 즉 이산적(discrete)변수인 경우는 u가 정규분포를

따르지 않으므로 로짓-프로빗모형을 사용하여야 한다.

제2절 단순회귀모형(Simple Regression Model)

1. 개념

① 단순회귀모형은 독립변수가 1개인 모형을 말한다.

② 종속변수와 독립변수간의 함수관계는 선형이라 가정한다.

③ 설명변수를 독립변수 또는 원인변수(cause variable)라 하고, 피설명변수를 종속변수 또는 결과변수(effect variable)라 한다.

④ 일반적으로 회귀모형은 설명변수에 의해 100% 설명되지 않는다. 따라서 확률적 모형(stochastic model)이 된다. 그러면 $y_i = \alpha + \beta x_i + \mu_i$는 $y_i = \alpha + \beta x_i$가 된다.

2. 모형과 최소자승추정량

① 관측치 (x_1, y_1) (x_2, y_2) $(x_3, y_3), \ldots, (x_n, y_n)$에 대한 단순회귀모형(simple linear regression model)은 다음과 같다.

모집단 회귀모형	$y_i = \alpha + \beta x_i + u_i$

여기서 α, β : 회귀계수, y_i : 종속변수(반응변수), x_i : 독립변수(원인변수)

u_i : 서로 독립인 $N(0, \sigma^2)$ 확률변수

위 식은 x, y의 실제(모집단)관계이며 $E(y_i) = \alpha + \beta x_i$이다. 이때 α, β값의 추정이 불가능하다. 그러므로 x_i, y_i의 표본관측치로 α, β를 추정해야 한다.

② α의 추정량이 $\widehat{\alpha}$, β의 추정량 $\widehat{\beta}$이라 하면 다음 식이 얻어진다.

$$y_i = \widehat{\alpha} + \widehat{\beta} x_i + e_i$$

③ 종속변수의 실제값 y_i－추정치 $\widehat{y_i}$=잔차 e $_i$라 하는데 여기서 e_i를 오차항(residuals) 또는 회귀오차(regression error)라 한다. e_i는 u_i의 추정치란 의미이며, 이를 표본회귀선과 연결하면 다음과 같이 표본회귀모형이 얻어진다.

> ◈ 오차항이 발생하는 이유 ◈
>
> ① 방정식에 포함되어야 할 변수의 생략 :
> - 종속변수에 영향을 주는 설명변수는 무수함.
> - 질적인 변수 등
>
> ② 인간의 불규칙적인 행동 : 사정(기분)에 따라 소비형태가 달라짐.(전쟁, 투기, 기근)
> ③ 모델의 수학적 형태에 대한 불완전한 설정 : 체계(시스템)분석이 필요
> → 단일방정식을 설정하는 경우
> ④ 측정오차 : 자료수집, 처리→과정, 방법에 의한 오차
> ⑤ 총계오류 : 자료를 종합집계하는 과정에서 오류 발생

> 표본회귀선(추정회귀선) $\widehat{y_i} = \widehat{\alpha} + \widehat{\beta} x_i$

④ 회귀계수 α, β의 추정방법으로 최소자승법, 최우법 등이 있는데 여기서는 최소자승법을 중심으로 설명한다. 최소자승법에 의해 추정된 회귀계수를 최소자승추정량이라 한다.

㉠ $y_i = \widehat{\alpha} + \widehat{\beta} x_i + e_i$ 에서 Σe_i^2을 $\widehat{\alpha}$, $\widehat{\beta}$에 대해 편미분한 편도함수를 0으로 놓으면 최소자승추정량이 구해진다. 즉

$$\frac{\partial \Sigma e_i^2}{\partial \widehat{\alpha}} = -2\Sigma(y_i - \widehat{\alpha} - \widehat{\beta} x_i) = 0$$

$$\frac{\partial \Sigma e_i^2}{\partial \widehat{\beta}} = -2\Sigma x_i(y_i - \widehat{\alpha} - \widehat{\beta} x_i) = 0$$

위 식을 정리하면 다음과 같은 정규방정식(normal equation)이 얻어진다.

$$\Sigma y_i = n\widehat{\alpha} + \widehat{\beta}\Sigma x_i$$

$$\Sigma x_i y_i = \widehat{\alpha}\Sigma x_i + \widehat{\beta}\Sigma x_i^2$$

㉡ 위 방정식을 cramer 공식에 의해 $\widehat{\alpha}$, $\widehat{\beta}$에 대해 풀이한 회귀계수 $\widehat{\alpha}$, $\widehat{\beta}$의 최소자승추정량은 다음과 같다.

> 기울기 $\widehat{\beta} = \dfrac{n\Sigma x_i y_i - \Sigma x_i \Sigma y_i}{n\Sigma x_i^2 - (\Sigma x_i)^2}$
>
> 절 편 $\widehat{\alpha} = \bar{y} - \widehat{\beta}\bar{x}$

3. 최소자승법의 가정

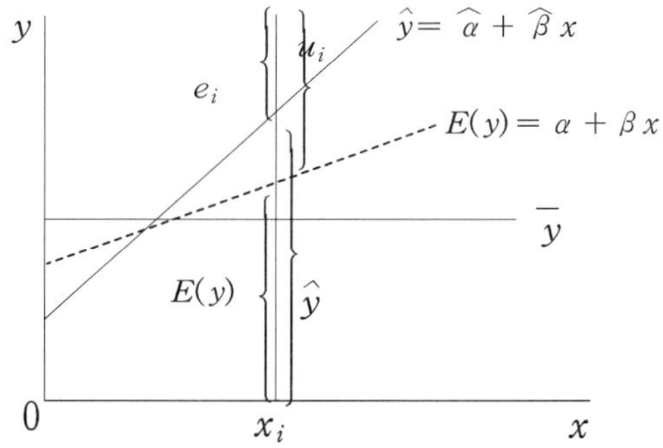

① 오차항 u_i의 평균이 0이다 : $E(u_i)=0$

② 오차항 u_i의 분산이 모든 i에 대해 일정하다 : $E(e_i)=\sigma_i^2$

③ 오차항 u_i는 다른 오차항 u_j와 서로 독립이다 : $E(u_i, u_j)=0$ 단, $i \neq j$

④ u_i와 설명변수 x_i는 서로 독립이다. : $E(u_i, x_j)=x_iE(u_i)=0$

⑤ u_i는 평균이 0이고 분산이 $VAR(u_i)$인 정규분포를 따른다. $u_i \sim N(0,\ \sigma_u^2)$

이상의 5가지 가정이 모두 만족되면 최소자승추정량은 BLUE(best linear unbisaed estimator)인 동시에 최우추정량(maximum likelihood estimator)이 된다.

4. 모형의 적합도 검정

추정된 표본회귀선이 주어진 자료를 잘 반영하는지를 확인해야 할 필요가 있다.

$$\sum(y_i-\bar{y})^2=\sum(y_i-\hat{y})^2+\sum(\hat{y}_i-\bar{y})^2$$

SST = SSE + SSR

단순회귀모형의 분산분석표

요 인	자승합(SS)	자유도(df)	평균자승합(MS)	F	$Prob>F$
회 귀 잔 차	SSR SSE	1 $n-2$	$MSR=SSR/1$ $MSE=SSE/n-2$	$F=\dfrac{MSR}{MSE}$	
계	SST	$n-1$			

여기서 df : 자유도(회귀자유도=독립변수의 수, 잔차자유도=자료수-추정계수의 수, 추정계수의 수=절편+독립변수의 수)

(1) F검정

종속변수와 독립변수간에 선형관계가 있는지를 검정(선형회귀의 유의성 검정)

H_0 : $\beta=0$ H_1 : $\beta\neq0$

검정통계량 $F=MSR/MSE\sim F_{(1,n-2)}$

p-값 > α 이면 귀무가설은 채택된다. 즉 독립변수와 종속변수간에는 선형관계가 없다는 것이다.

p-값 < α 이면 귀무가설은 기각된다. 즉 두 변수간에는 유의한 선형관계가 존재하므로 종속변수를 독립변수의 선형함수로 표현할 수 있게 된다.

(2) 결정계수(R^2)

$$R^2=\frac{SSR}{SST}=1-\frac{SSE}{SST}$$

결정계수는 총변동 중 회귀모형에 의해 설명되는 비율로 이 값이 클수록 모형의 적합도가 높은 것으로 평가한다.

$$\text{수정결정계수}\ (\overline{R^2})=1-\frac{(n-1)\Sigma SSE}{(n-2)\Sigma SST}$$

(3) 표준오차(또는 표준추정오차) S_e에 의한 적합도 판정

$$S_e=\sqrt{\Sigma e_i^2/(n-2)}=\sqrt{\Sigma(y_i-\hat{y})^2/(n-2)}$$

S_e값이 작을수록 대부분의 관측점들이 표본회귀선의 중심에 밀집하므로 회귀식이 적합하다고 판정하게 된다.

5. 회귀계수의 유의성 검정

추정된 회귀모형의 회귀계수가 모형을 잘 설명하고 있는지를 검정하기 위해 t-분포를 이용한다.

절편 : H_0 : $\alpha=0$ H_1 : $\alpha\neq0$

$t=\widehat{\alpha}/S_{\widehat{\alpha}}$ 단 $S_{\widehat{\alpha}}$: $\widehat{\alpha}$의 표준오차

$t_{\widehat{\alpha}}$값 > $t_{(n-2,\ \alpha/2)}$이면 귀무가설은 기각된다. 즉 절편값은 유의수준 α에서 통계적으로 의미가 있다.

기울기 : H_0 : $\beta=0$ H_1 : $\beta\neq0$

$t=\widehat{\beta}/S_{\widehat{\beta}}$ 단 $S_{\widehat{\beta}}$: $\widehat{\beta}$의 표준오차

$t_{\widehat{\beta}}$값 > $t_{(n-2,\ \beta/2)}$이면 귀무가설은 기각된다. 즉 독립변수는 종속변수에 영향을 미치는 중요한 변수이다.

제3절 중회귀모형(Mutilple Regression Model)

1. 개념

독립변수가 2개 이상인 모형을 중회귀모형이라 한다.

2. 모형과 추정량

편의상 다음과 같이 독립변수가 2개인 중회귀모형을 중심으로 설명하겠다.

$y_i=\beta_0+\beta_1x_{1i}+\beta_2x_{2i}+u_i$

여기서 i번째 관측점을 벡터형태로 표현하면 다음과 같다.

$$y_i=[1,\ x_{1i},\ x_{2i}]\begin{bmatrix}\beta_0\\ \beta_1\\ \beta_2\end{bmatrix}+u_i$$

이를 행렬로 표현하면

$$\begin{bmatrix}y_1\\ y_2\\ \vdots\\ y_n\end{bmatrix}=\begin{bmatrix}1 & x_{11} & x_{21}\\ 1 & x_{12} & x_{22}\\ \vdots & \vdots & \vdots\\ 1 & x_{1n} & x_{2n}\end{bmatrix}\begin{bmatrix}\beta_0\\ \beta_1\\ \vdots\\ \beta_2\end{bmatrix}+\begin{bmatrix}u_1\\ u_2\\ \vdots\\ u_n\end{bmatrix}$$

이때 $y=\begin{bmatrix} y_1 \\ y_2 \\ \vdots \\ y_n \end{bmatrix}$, $X=\begin{bmatrix} 1 & x_{11} & x_{21} \\ 1 & x_{12} & x_{22} \\ \vdots & \vdots & \vdots \\ 1 & x_{1n} & x_{2n} \end{bmatrix}$, $\beta=\begin{bmatrix} \beta_0 \\ \beta_1 \\ \vdots \\ \beta_2 \end{bmatrix}$, $u=\begin{bmatrix} u_1 \\ u_2 \\ \vdots \\ u_n \end{bmatrix}$ 라 하면

$$y_{n*1} = X_{n*3}\beta_{3*1} + u_{n*1}$$

처럼 표현할 수 있다. 이때 회귀계수 β의 최소자승추정량은 다음과 같다.

$$\widehat{\beta} = (x'x)^{-1}x'y$$

이 모델을 확장시켜 일반화시키면 독립변수의 수가 여러 개인 중회귀모형도 쉽게 해결할 수 있다.

3. 모형의 회귀진단

① 중회귀모형의 적합성에 관한 검정이나 회귀계수의 유의성 검정의 방법은 단순회귀모형과 동일하다.

② 이를 위하여 F-검정, 회귀계수들의 t-검정, MSE 및 $R^2(\overline{R^2})$ 등을 사용하여 모형의 적합성을 판단할 수 있다. 중회귀모형은 독립변수의 수가 증가하면 결정계수의 값이 증가되는 경향이 있으므로 결정계수 R^2를 조정해 주는 수정결정계수 $\overline{R^2}$를 이용해야 한다.

$$\overline{R^2} = 1 - \left(\frac{SSE/(n-p-1)}{SST/(n-1)}\right)$$

중회귀모형의 분산분석표

요 인	자승합(SS)	자유도(df)	평균자승합(MS)	F	$Prob > F$
회 귀 잔 차	SSR SSE	p $n-p-1$	$MSR=SSR/p$ $MSE=SSE/n-p-1$	$F=\frac{MSR}{MSE}$	
계	SST	$n-1$			

제4절 잔차분석(Residual Analysis)

① 앞에서 설명한 F값, 결정계수에 의해 모형의 적합성을 개략적으로 판단할 수 있으나 보다 정확하게 모형의 적합성을 판단하기 위해서는 잔차분석을 하는 것이 바람직하다.

② 이를 위해 회귀모형의 가정인 오차항의 독립성(independance), 정규성(normality), 등분산성(homoscedesticity), 다중공선성(multicollinearity) 등을 검토해 보면 되는데 대부분 잔차(표준화제외잔차)를 plotting해서 확인하게 된다.

③ 잔차분석에 사용되는 개념 및 통계량

㉠ 예측치(predicted value) : $\widehat{y_i} = \widehat{\alpha} + \widehat{\beta} x_i$

㉡ 잔차(residual) : $e_i = y_i - \widehat{y_i}$

㉢ 표준화잔차(studentized residual) : 잔차를 표준화한 것

$$t_i = \frac{e_i}{\widehat{\sigma}\sqrt{1-h_{ij}}}$$ 단, $h_{ij} = x(x'x)^{-1}$행렬의 대각원소, $\widehat{\sigma} = \sqrt{MSE}$

t_i는 근사적으로 t-분포를 따르게 된다.

㉣ 표준화제외잔차(studentized deleted residual) : i번째 자료를 제외한 잔차

$$t_{(-i)} = \frac{e_i}{\widehat{\sigma_{-i}}\sqrt{1-h_{ij}}}$$ 단, $\widehat{\sigma_{-i}}$: i번째 관측치 즉(x_i, y_i)를 제외한 관측치의 $\widehat{\sigma}$이다.

㉤ 잔차 e_i보다는 표준화잔차 t_i가 더 유용하며, 표준화잔차보다는 표준화제외잔차 $t_{(-i)}$가 더 유용하다. 특히 이상치(outlier)를 확인할 때는 표준화제외잔차를 이용해야 한다.

1. 독립성 검토

① 회귀모형의 가정 $Cov(u_i, u_j) = E(u_i, u_j) \neq 0$이 아닌 경우 즉 두 오차항이 서로 독립적이지 않을 때 자기상관이 존재한다.

② 자기상관은 시계열 및 횡단면자료에서 연속적인 관측치들간의 상관관계를 말한다.

③ 자기상관이 존재하면 회귀계수의 불편성과 일치성에는 영향이 없으나 효율성에는 영향을 주게된다. 즉 추정된 회귀계수의 표준오차가 실제보다 작게 되어 회귀계수의 유의성이 과대평가되는 오류를 범하게 된다.

④ 이를 검정하기 위한 통계량은 Durbin-Watson 통계량 d이다.

가설 : H_0 : $\rho = 0$(오차항이 자기상관되어 있지 않다)

H_1 : $\rho \neq 0$(오차항이 자기상관되어 있다)

$$\text{검정통계량} \qquad d = 2\left(1 - \frac{\sum_{i=2}^{n} e_t e_{t-1}}{\sum_{i=1}^{n} e_t^2}\right)$$

$d > 4 - d_l$이면 귀무가설은 기각된다(음의 자기상관이 존재)

$d < d_l$이면 귀무가설은 기각된다(양의 자기상관이 존재)

$d_u < d < 4 - d_l$이면 귀무가설은 채택된다(자기상관이 존재하지 않는다)

이외는 결론을 유보한다.

⑤ 만약 추정된 모형에 자기상관(독립성에 위배)이 존재하면 변수를 추가하거나, 모형을 변환하거나, 일반화최소자승법(GLS) 등에 의해 자기상관을 해결할 수 있다.

2. 정규성 검토

회귀식의 오차가 정규확률분포를 따르는지 여부를 검토하기 위하여, 첫째 잔차에 대한 정규확률산점도를 그리거나, 둘째 Kolmogorov 검정, Shapiro-Wilks검정을 수행하면 된다. 이는 SAS에서 UNIVARIATE문을 이용하면 된다.

3. 등분산성 검토

① 분석자료가 횡단면자료인 경우 잔차의 분산이 일정치 않고 종속 또는 독립변수의 크기에 따라 상이한 이분산성(heteroscedasticity)이 발생한다. 이는 회귀계수의 불편성과 일치성에는 영향이 없으나 효율성에는 영향을 주게 된다.

② 잔차의 이분산성을 확인하기 위해서는 잔차를 plotting하여 판단하면 된다.

③ 이분산성을 해결하기 위해서는 모형을 변환시키거나 가중최소자승법(WLS)를 적용하면 된다.

4. 다중공선성 검토

① 독립변수들간에 선형관계가 있을 때 다중공선성이 존재한다. 다중공선성은 독립변수들간 상관관계가 커서 종속변수에 미치는 각 독립변수의 영향을 구분하기 어려운 상황을 의미한다.

② 다중공선성의 검토방법

㉠ $(x'x)$행렬의 고유치(Eigen vaule)사용 : 고유치들의 값이 모두 양의 값이면 다중공선성이 없는 것으로 판단하고, 어떤 고유치가 1에 비해 매우 작으면 다중공선성 문제가 있다고 판정한다.

㉡ 상태지수(Condition number) : 이 값($\sqrt{\text{최대고유치/각 고유치}}$)이 크면 클수록 다중공선성이 있음을 나타낸다.

㉢ 분산확대인자(VIF : Variance Inflation Factor)

$VIF = (1 - R_k^2)^{-1}$ 단 R_k^2 : x_k와 나머지 독립변수사이의 결정계수

이 값이 10이상이면 다중공선성이 심각하다고 판단한다.

㉣ 분산할당(Variance proportion) : 각 독립변수에 대응하는 회귀계수의 분산에 대해 각 고유벡터 방향으로 할당된 비율로, 이 값이 크면 다중공선성 문제가 있다.

③ 다중공선성의 해결방법

㉠ 변수간 선형관계가 큰 변수를 제거한다.

㉡ 표본의 크기를 증가시킨다.

㉢ 시계열자료와 횡단면자료를 pooling한다.

㉣ 능형회귀, 인자분석, 주성분분석, 제한최소자승법 등을 이용한다.

5. 잔차분석의 예

예제 1 단순회귀분석에서 사용된 자료(kimpp121)를 이용하여 잔차분석의 예를 보자.

프로그램명 : KIMRE.SAS

```
DATA re;
  INFILE 'c:\kimpp121.dat';
  INPUT year livi inco;
RUN;

PROC REG;
  ㉮ MODEL livi=inco / p;
  ㉯ PLOT residual.*predicted.='+';
  RUN;
```

㉮ 예측값에 대한 잔차의 플롯을 생선하기 위하여 MODEL문에 p를 추가한다.
㉯ residual, predicted는 변수가 아니기 때문에 단어 뒤에 반드시 마침표(.)를 찍어주어야 한다.

분석결과 : KIMRE.OUT

㉮ The REG Procedure
Model: MODEL1
Dependent Variable: livi

Analysis of Variance

Source	DF	Sum of Squares	Mean Square	F Value	Pr > F
Model	1	380730156	380730156	1457.97	<.0001
Error	13	3394775	261137		
Corrected Total	14	384124931			

Root MSE	511.01523	R-Square	0.9912
Dependent Mean	8882.38000	Adj R-Sq	0.9905
Coeff Var	5.75313		

Parameter Estimates

Variable	DF	Parameter Estimate	Standard Error	t Value	Pr > |t|
Intercept	1	-967.64729	289.75095	-3.34	0.0053
inco	1	1.51374	0.03964	38.18	<.0001

Dependent Variable: livi

㉯ Output Statistics

Obs	Dep Var livi	Predicted Value	Residual
1	2693	2269	423.9237
2	3688	3083	604.6360
3	4465	3964	501.3952
4	5128	5169	-40.3880
5	5549	5499	49.7605
6	5736	6133	-397.0411
7	5995	6593	-598.0144
8	6535	6905	-369.3928
9	8129	8161	-32.2458
10	9437	9727	-290.3553
11	11026	11486	-460.3689
12	13105	13287	-181.9103
13	14506	14239	266.1464
14	16928	17504	-575.8786
15	20316	19216	1100

Sum of Residuals	0
Sum of Squared Residuals	3394775
Predicted Residual SS (PRESS)	5825808

㉮ 회귀분석의 결과를 보여주고 있다.
㉯ 종속변수(livi) 값, 예측치 그리고 잔차를 보여주고 있다.

㉰

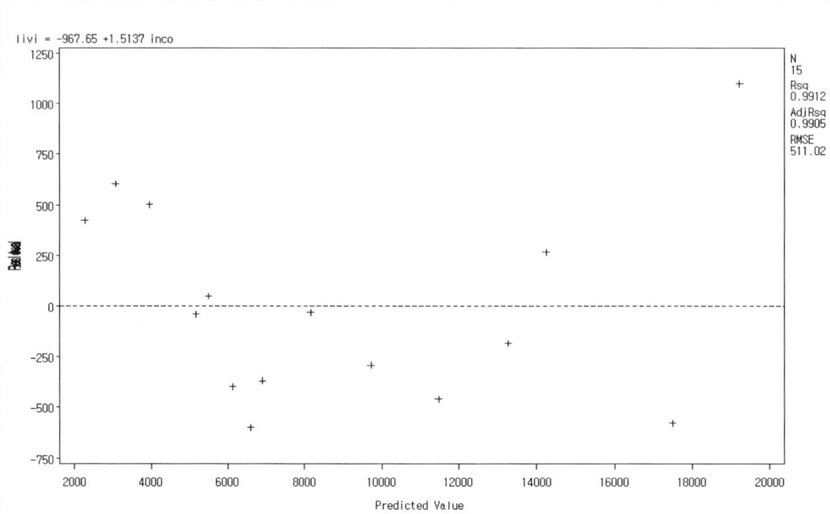

㉰ 종속변수와 예측치에 대한 PLOT를 보여주고 있다.

PLOT 결과 0(제로)을 중심으로 가로로 균등하게 분포하고 있으면 추정회귀모형이 적합함을 의미한다. 한편 0를 중심으로 가로로 분포되어 있으나 균등하게 분포되어 있지 않으면 자료를 수정해야 한다. 이 때 자료의 분포가 곡선형태이면 곡선회귀모형으로 추정해야 한다.

제5절 단순회귀모형의 예

SAS에서는 회귀모형을 분석하기 위해 PROC REG을 이용하면 된다. PROC MEANS를 이용하여 회귀계수를 구할 수도 있다.

예제 1 **다음은 1980년부터 1994년까지 한국의 농가호당 가계비(livi)와 농가소득(inco)에 관한 자료이다. 농가소득과 가계비의 관계를 분석해 보자.**

(단위: 천원/호)

연도	소득	가계비	연도	소득	가계비	연도	소득	가계비
1980	2693.1	2138.3	1985	5736.1	4690.9	1990	11025.8	8227.2
1981	3687.9	2676.1	1986	5995.0	4994.7	1991	13105.0	9416.8
1982	4465.2	3257.8	1987	6535.3	5200.6	1992	14505.5	10046.0
1983	5128.2	4053.7	1988	8129.0	6030.7	1993	16928.0	12202.6
1984	5549.1	4272.2	1989	9436.7	7065.1	1994	20315.8	13333.7

프로그램명: KIMPP121.SAS

```
OPTIONS nonumber ls=70 nodate;
DATA kimpp121;
  INPUT year inco livi @@;
CARDS;
1980  2693.1  2138.3  1988  8129.0  6030.7
1981  3687.9  2676.1  1989  9436.7  7065.1
1982  4465.2  3257.8  1990 11025.8  8227.2
1983  5128.2  4053.7  1991 13105.0  9416.8
1984  5549.1  4272.2  1992 14505.5 10046.0
1985  5736.1  4690.9  1993 16928.0 12202.6
1986  5995.0  4994.7  1994 20315.8 13333.7
1987  6535.3  5200.6
RUN;

㉮ PROC REG;
㉯   MODEL livi=inco/DW;
㉰   PLOT livi*inco;
  TITLE 'Regression Analysis of livi-inco';
  RUN;
```

㉮ PROC REG문 : 회귀분석 REG 작업을 명령하는 문장이다.

㉯ MODEL문 : 회귀분석에 필요한 모형을 지정한다. 선택사양으로 Durbin-Watson 통계량(DW)을 산출한다.

㉰ 종속변수 livi와 독립변수 inco를 이용한 산점도를 그린다. 이는 두 변수가 선형관계가 있는지를 확인하기 위한 것이다. 변수변환(예 log변환)에 의해 이를 수행할 수도 있다.

분석결과: KIMPP121.OUT

```
                    Regression Analysis of livi-inco
Model: MODEL1
Dependent Variable: LIVI

              ㉮              Analysis of Variance

                       Sum of          Mean                         ㉯
Source        DF      Squares         Square        F Value      Prob>F
Model          1   164687737.04   164687737.04    1457.973      0.0001
Error         13   1468435.9892   112956.61455
C Total       14   166156173.03
   Root MSE       336.09019    ㉰ R-square        0.9912
```

```
    Dep Mean       6507.09333       Adj R-sq          0.9905
    C.V.              5.16498

                         Parameter Estimates
                                                     ㉥
                        Parameter       Standard    T for H0:         ㉦
  Variable     DF        Estimate          Error  Parameter=0      Prob > |T|
  INTERCEP      1 ㉣  691.102245    175.30250727        3.942          0.0017
  INCO          1 ㉤    0.654778      0.01714824       38.183          0.0001

 Durbin-Watson D                   1.356
 (For Number of Obs.)                 15
 1st Order Autocorrelation         0.140

              ㉧          Regression Analysis of livi-inco
```

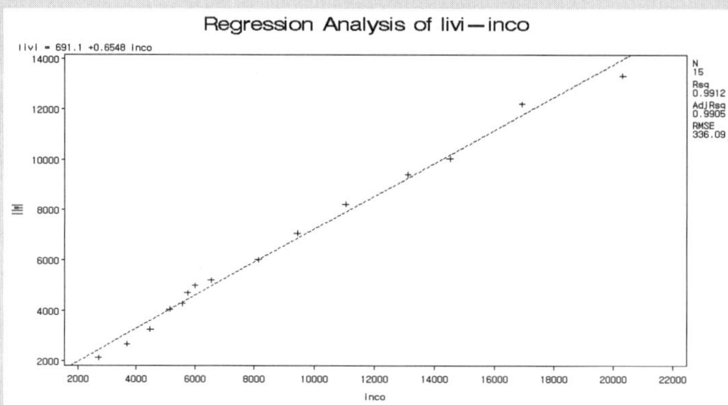

㉠ 단순회귀분석의 분산분석표를 보여준다.

㉡ F값의 유의수준 p-값을 나타낸다. p-값이 0.0001로 p-값 $< \alpha$ 이기 때문에 귀무가설은 기각된다. 따라서 두 변수간에는 선형관계가 성립함을 보여주고 있다.

㉢ 결정계수는 R^2=0.9912이며, 이는 종속변수의 총변동의 약 99%가 독립변수 inco에 의해 설명됨을 나타낸다. 중회귀모형인 경우는 수정결정계수 $\overline{R^2}$을 이용하는 것이 바람직하다.

㉣ 표본회귀선의 회귀계수인 절편값(INTERCEP) $\widehat{\alpha}$ =691.102임을 보여준다.

㉤ 회귀계수 $\widehat{\beta}$ 는 독립변수의 이름으로 출력된다. 그러므로 $\widehat{\beta}$ =0.6547임을 보여주고 있다. ㉣와 ㉤에서 얻어진 $\widehat{\alpha}$ =691.102, $\widehat{\beta}$ =0.6547을 최소자승추정량이라 한다. 따라서 추정된 표본회귀식은 $\widehat{Livi} = 691.102 + 0.6547 inco$가 된다. 이 회귀선의 의미는 inco가 1천원 증가하면 가계비 livi가 654원 증가됨을 나타낸다.

㉯ 추정된 회귀계수 $\hat{\alpha}$, $\hat{\beta}$의 유의성 검정을 위한 t-통계량으로 α에 대한 검정은 t값=3.942 $> t_{(n-2,\ \alpha/2)}$으로 귀무가설($H_0 : \alpha = 0$)이 기각된다. 즉 추정된 절편이 0이 아니라는 것이다. β에 대한 검정은 t-값=38.183 $> t_{(n-2,\ \alpha/2)}$으로 역시 귀무가설이 기각되어 독립변수는 종속변수에 영향을 미치는 중요한 변수임을 보여준다.

㉰ t-통계량에 대한 p-값을 나타낸다. 모든 회귀계수가 유의수준 α=0.01에서도 유의함을 보이고 있다.

㉱ 종속변수 inco와 독립변수 livi간의 산점도를 보여준다. 위의 산점도는 두 변수가 선형관계임을 보이고 있다. 이때 표시되는 A는 관측치가 1개, B는 관측치가 2개 겹친 것을 나타낸다.

제6절 중회귀모형의 예

예제 2 **1990~1994년간 한국의 소득(y), 상대물가지수율(x1) 및 민간소비지출(x2)이 다음과 같다고 하자. 이때 y에 대한 x1과 x2의 영향을 중회귀모형을 이용하여 분석해 보자.**

년도	y	x1	x2
1990	24	12	24
1991	30	10	21
1992	42	11	16
1993	32	21	23
1994	52	18	19

프로그램명 : KIMPP122.SAS

```
     OPTIONS nonumber ls=70 nodate;
     DATA P;
     INPUT id y x1 x2;
     CARDS;
     1 24 12 24
     2 30 10 21
     3 42 11 16
     4 32 21 23
     5 52 18 19
     RUN;
     PROC REG;
㉮    MODEL y==x1 x2/ALL;
     RUN;
```

㉮ 함수 $y_i = \beta_0 + \beta_1 x_{1i} + \beta_2 x_{2i} + u_i$에 대한 중회귀모형을 수행한다. 선택사양 ALL를 지정하면 회귀분석과 관련된 모든 결과가 출력된다. 최소자승법에 의해 계산되는 통계량이 어떻게 얻어지는지를 살펴보고자 이 선택사양을 지정했다.

분석결과 : KIMPP122.OUT

```
㉮      Model: MODEL1

              Model Crossproducts X'X X'Y Y'Y

      X'X            INTERCEP      X1      X2        Y
      INTERCEP ①           5      72     103  ②   180
      X1                   72    1130    1499      2658
      X2                  103    1499    2163      3602
      Y              ②   180    2658    3602  ③ 6968
```

㉮ $X'X$, $X'y$ 및 $y'y$의 계산 결과를 보여준다.

관측치를 행렬형태로 표현하면 다음과 같다.

$$y=\begin{bmatrix}24\\30\\42\\32\\52\end{bmatrix} \quad X=\begin{bmatrix}1&12&24\\1&10&21\\1&11&16\\1&21&23\\1&18&19\end{bmatrix} \quad \beta=\begin{bmatrix}\beta_0\\\beta_1\\\beta_2\end{bmatrix} \quad u=\begin{bmatrix}u_1\\u_2\\u_3\\u_4\\u_5\end{bmatrix}$$

$$X'=\begin{bmatrix}1&1&1&1&1\\12&10&11&21&18\\24&21&16&23&19\end{bmatrix} \quad y'=[\,24\ \ 30\ \ 42\ \ 32\ \ 52\,]$$ 이므로

$X'X$는 ①에서 $\begin{bmatrix}5&72&103\\72&1130&1499\\103&1499&2163\end{bmatrix}$ 이 된다.

여기서 n=5, $\sum x_{1i}=(12+10+11+21+18)=72$, $\sum x_{2i}=(24+21+16+23+19)=103$,

$\sum x_{1i}^2=(12^2+10^2+11^2+21^2+18^2)=1130$,

$\sum x_{1i}x_{2i}=(12*24+10*21+11*16+21*23+18*19)=1499$

$\sum x_{2i}x_{1i}=\sum x_{1i}x_{2i}$, $\sum x_{2i}^2=(24^2+21^2+16^2+23^2+19^2)=2163$

$X'y$는 ②에서 $\begin{bmatrix}180\\2658\\3602\end{bmatrix}$ 이 된다.

여기서 $\sum y_i=(1*24+1*30+1*42+1*32+1*52)=180$(상수항*종속변수)

$\sum x_{1i}y_i=(12*24+10*30+11*42+21*32+18*52)=2658$(첫째 독립변수*종속변수)

$\sum x_{2i}y_i=(24*24+21*30+16*42+23*32+19*52)=3602$(둘재 독립변수*종속변수)

$y'y$는 ③에서 [6968] 이 된다.

$$[\,24\ \ 30\ \ 42\ \ 32\ \ 52\,]\begin{bmatrix}24\\30\\42\\32\\52\end{bmatrix}=6968$$

㈏ X′X Inverse, Parameter Estimates, and SSE

	INTERCEP	X1	X2	Y
INTERCEP	10.984847641	-0.074591945	-0.471394351	81.044732884
X1	-0.074591945	0.0114756838	-0.004400869	1.2238872486
X2	-0.471394351	-0.004400869	0.0259595566	-3.042170353
Y	81.044732884	1.2238872486	-3.042170353	84.753384213

㈏ $(X'X)^{-1}$, 모수 추정치(회귀계수의 추정치) 및 오차자승합(SSE)를 보여준다.

$$(X'X)^{-1}=\begin{bmatrix}10.984847641 & -0.074591945 & -0.471394351\\ -0.074591945 & 0.0114756838 & -0.004400869\\ -0.471394351 & -0.004400869 & 0.0259595566\end{bmatrix}$$

회귀계수의 추정량 : β_0=81.044732884, β_1=1.2238872486, β_2=-3.042170353

오차자승합(SSE)= $\sum(y_i-\hat{y_i})^2=y'y-\beta'X'y$ = 6968-(81.044732884*180)+1.2238872486*2658-3.042170353*3602)=84.753384213

㈐ Dependent Variable: Y

Analysis of Variance

Source		DF		Sum of Squares		Mean Square		F Value		Prob>F
Model	ⓐ	2	ⓓ	403.24662	ⓖ	201.62331	ⓘ	4.758	ⓙ	0.1737
Error	ⓑ	2	ⓔ	84.75338	ⓗ	42.37669				
C Total	ⓒ	4	ⓕ	488.00000						

Root MSE	ⓚ	6.50974	ⓛ	R-square	0.8263
Dep Mean	ⓜ	36.00000	ⓝ	Adj R-sq	0.6527
C.V.	ⓞ	18.08261			

㈐ 분산분석표를 보여준다.

자유도 : 회귀 ⓐ : p(독립변수의 수), 오차 ⓑ : $n-p-1$, 전체 ⓒ : $n-1$

회귀자승합 ⓓ : $SSR=SST-SSE$ =488.000-84.75338=403.247 또는

$$SSR=\sum(\hat{y_i}-\overline{y_i})^2=\beta'(X'y)-n\,\overline{y}^2$$

$$= [\ 81.044733\ \ 1.223887\ \ -3.042170] \begin{bmatrix} 180 \\ 2658 \\ 3602 \end{bmatrix} - (5*36^2)$$

=6883.24725-(5*1296)=403.247

오차자승합 ⓔ : $SSE = \sum(y_i - \widehat{y_i})^2 = y'y - \beta'(X'y)$

$$= 6968 - [\ 81.044733\ \ 1.223887\ \ -3.042170] \begin{bmatrix} 180 \\ 2658 \\ 3602 \end{bmatrix}$$

=6968-6883.2475=84.753

총자승합 ⓕ : $SST = \sum(y_i - \overline{y})^2 = y'y - n\overline{y}^2 =\ 6968 - (5*36^2)\ =\ 488$

회귀자승평균 ⓖ : $MSR = \frac{SSR}{p}$ =403.24662/2=201.62331

오차자승평균 ⓗ : $MSE = \frac{SSE}{(n-p-1)}$ =84.75338/2=42.37669

F값 ⓘ : $\frac{MSR}{MSE}$ =201.62331/42.37669=4.758

유의확률 ⓙ : 모델의 검정에 사용(p-값이 0.10보다 작아야 모델이 유의함)

평균자승오차제곱근 ⓚ : RMSE $= \sqrt{MSE} = \sqrt{42.37669}$ =6.50974

결정계수 ⓛ : $R^2 = \frac{SSR}{SST}$ = 403.24662/408.000=0.8263

종속변수의 평균 ⓜ : $\overline{y}$= 36.000

수정결정계수 ⓝ : $\overline{R^2} = 1 - \frac{(n-1)\sum e_i^2}{(n-K)\sum y_i^2} = 1 - \frac{(n-1)SSE}{(n-K)SST}$

여기서 n-1는 SST의 자유도, $n-K$는 SSE의 자유도 이므로

=1-{(5-1)84.75338}/{(5-3)488.000}=0.6527

변이계수 ⓞ : C.V = RMSE/ $\overline{y}$ = $\frac{\sqrt{MSE}}{\overline{y}}$ $*100$=(6.50974/36.000)*100=18.08261

㉣ Parameter Estimates

Variable	DF	Parameter Estimate	Standard Error	T for H0: Parameter=0	Prob > |T|
INTERCEP	1	ⓟ 81.044733	ⓣ 21.57548392	ⓦ 3.756	㉮ 0.0641
X1	1	ⓠ 1.223887	ⓤ 0.69735322	ⓧ 1.755	㉯ 0.2213
X2	1	ⓢ -3.042170	ⓥ 1.04884705	ⓨ -2.900	㉰ 0.1000

㉣ 회귀계수, 표준오차, t값 및 변수별 유의성을 보여준다.

β_i추정량 : 상수항 회귀계수 ⓟ : 81.044733, x_1변수 회귀계수 ⓠ : 1.223887, x_2변수 회귀계수 ⓢ : -3.042170

추정량($\widehat{\beta}$)의 분산 : $Var(\widehat{\beta}) = \sigma^2(X'X)^{-1}$ 여기서 σ^2는 오차항의 분산이다.

오차자승합의 기대치는

$E(e'e)=\sigma^2(n-K)$ 이므로 오차항분산 σ^2의 불편추정량은

$\hat{\sigma}^2 = S_e^2 = \frac{e'e}{n-K} = \sum\frac{e_i^2}{n-K}$ 가 된다. 이를 정리하면 추정량 $\hat{b}$의 분산이 되고,

또한 추정량 $\hat{\beta}$ 의 표준오차 $S_{\hat{\beta}}$가 구해진다.

(1) 추정량 $\hat{\beta}$ 의 분산 : $S_e^{\,2} = \frac{e'e}{n-K} = \frac{\sum e_i^2}{(n-K)}$

$= \frac{1}{n-K}[m_{yy} - \hat{b}_1 m_{1y} - \hat{b}_2 m_{2y} - \ldots - \hat{b}_k m_{ky}]$

= {1/(5-3)}*{(6968-(81.044733*180)-(1.223887*2658)

-(-3.042170*3602))}

= 42.376377

$(X'X)^{-1}$의 대각항에 S_e^2을 곱하면 되고, 이는 모분산의 불편추정량이다.

$(X'X)^{-1}$의 대각외항에 S_e^2을 곱하면 되며, 이는 추정량 $\hat{\beta}$ 의 공분산이 되고 이것도 불편추정량이다.

$$\begin{bmatrix} S_{bo}^{\,2} \\ S_{bo}^{\,2} \\ S_{b2}^{\,2} \end{bmatrix} = 42.376377* \begin{bmatrix} 10.984847641 & 0 & 0 \\ 0 & 0.0114756838 & 0 \\ 0 & 0 & 0.0259595566 \end{bmatrix}$$

$$= \begin{bmatrix} 465.50150631 & 0 & 0 \\ 0 & 0.4863015194 & 0 \\ 0 & 0 & 1.100080136 \end{bmatrix}$$

여기서 대각외항이 0인 것은 오차항이 서로 독립이기 때문이다.

(2) 추정량 $\hat{\beta}$ 의 표준오차 : $S_{\hat{b}} = \sqrt{S_e^{\,2}(X'X)^{-1}} = \sqrt{\frac{e'e}{(n-K)}(X'X)^{-1}}$

- 표본분산 각 계수의 제곱근이 각 계수의 표준오차이다.

상수항 표준오차 ⓣ : $S_{\hat{\beta}_0} = \sqrt{465.49804} = 21.57548$

x_1변수 표준오차 ⓤ : $S_{\hat{\beta}_1} = \sqrt{0.4862979} = 0.69735$

x_2변수 표준오차 ⓥ : $S_{\hat{\beta}_2} = \sqrt{1.1000719} = 1.04884$

t-값 및 가설검정:

1) t-값과 각 추정량에 대한 가설검정

- 검정통계량 : t-통계량

- 가설 : H_0 : $\beta_0 = \beta_1 = \beta_2 = 0$

H_1 : $\beta_j \neq 0$(적어도 하나의 j에 대해 0이 아니다.)

임계치= $t_{(\alpha/2;\, n-K)} = t_{(0.90/2;\, 5-2)}$ =2.353

상수항 : t-값 ⓦ : $t_{\hat{\beta}_o}$= 상수항 추정량/ x_1변수표준오차

=81.04473/21.5754=3.756

가설검정 : 3.756>2.353이므로 H_o: 기각된다(β≠0이란 뜻 즉 두 변수가 선형관계란 의미, $t_{\hat{\beta}_o}$는 10% 유의수준에서 통계적으로 중요성을 가짐).

x_1변수 : t값 ⓧ : $t_{\hat{\beta}_1} = x_1$변수 추정량/ x_1변수 표준오차

=1.223887/0.69735=1.755

가설검정: 1.755<2.353이므로 H_o : 채택(β=0이란 뜻 즉 두 변수가 선형관계가 아니라는 의미, $t_{\hat{\beta}_1}$는 10% 유의수준에서 통계적으로 중요성이 없음. 즉 x_1변수는 종속변수에 영향을 미치지 않는 변수라는 뜻)

x_1변수: t값 ⓨ: $t_{\hat{\beta}_2}$ = x_2변수 추정량/ x_2변수 표준오차

=-3.04217/1.04884=-2.900

가설검정 : -2.900<-2.353이므로 H_o : 기각

(의미 : $t_{\hat{\beta}_2}$은 10% 유의수준에서 통계적으로 중요성을 가진다. 즉 $t_{\hat{\beta}_2}$변수는 종속변수에 영향을 미치는 변수라는 뜻)

2) 전체모형에 대한 가설검정

- 검정통계량 : F통계량
- F임계치(유의수준 10%에서): F분포표의 유의수준 10%에서 분자자유도 2, 분모자유도 2일 때 임계치 : 9.00

F율=4.758<9.00이므로 H_o : 채택된다. 즉 추정모델은 통계적으로 믿을 수 없다. 따라서 변수를 첨가 또는 제거하여 모델을 수정해야 한다.

추정량의 90%신뢰구간 : 임계치→ $t_{(\alpha/2;\, n-K)} = t_{(0.90/2;\, 5-2)} = 2.353$

$\hat{\beta}_0$의 90%신뢰구간 : 81.0447-2.353*21.5754≤ $\hat{\beta}_0$≤81.0447+2.353*21.5754

=30.2778≤ $\hat{\beta}_0$≤131.8116

(의미 : $\hat{\beta}_0$의 90%는 30.2778~131.8116사이에 존재한다는 뜻)

$\hat{\beta}_1$ 의 90%신뢰구간 : 1.2238-2.353*0.6973≤ $\hat{\beta}_1$≤1.2238+2.353*0.6973

=-0.4169≤ $\hat{\beta}_1$≤2.8645

(의미 : $\hat{\beta}_1$의 90%는 -0.4169~2.8645사이에 존재한다는 뜻)

$\hat{\beta}_2$의 90%신뢰구간 : -3.0421-2.353*1.0488≤ $\hat{\beta}_2$≤-3.0421+2.353*1.0488

=-5.5099≤ $\hat{\beta}_2$≤-0.5742

(의미 : $\hat{\beta}_2$의 90%는 -5.5099~-0.5742사이에 존재한다는 뜻)

유의수준 : 상수항 유의수준 ㉮ : 0.0641 (유의수준 10%에서 유의함)

x_1변수 유의수준 ㉯ : 0.2213(0.10이상이므로 유의하지 못함 따라서 이 변수는 모형에서 제외시켜야 한다.)

x_2변수 유의수준 ㉰ : 0.1000(유의수준 10%에서 유의함)

㉺

Variable	DF	Type I SS	Type II SS	Standardized Estimate	Squared Semi-partial Corr Type I
INTERCEP	1	6480.000000	597.937172	0.00000000	.
X1	1	46.738197	130.528169	0.53485918	0.09577499
X2	1	356.508418	356.508418	-0.88393886	0.73055004

Variable	DF	Squared Partial Corr Type I	Squared Semi-partial Corr Type II	Squared Partial Corr Type II	Tolerance
INTERCEP	1	.	.	.	.
X1	1	0.35544631	0.26747576	0.60631377	0.93498687
X2	1	0.80792948	0.73055004	0.80792948	0.93498687

Variable	DF	Variance Inflation
INTERCEP	1	0.00000000
X1	1	1.06953373
X2	1	1.06953373

㉺ 중회귀모델에서의 자승합 및 분산확대인자 등을 보여준다.

1) 중회귀모형에서의 자승합(SS)

$SSR(x_k \mid x_{1,} x_{2,} \cdots, x_{k-1})$: 독립변수가 $x_1, x_2, \cdots, x_k$ 인 경우 회귀자승합으로 자승합의 종류는 다음과 같다.

TYPE Ⅰ SS(=Sequential SS 즉 축차적 자승합) : 독립변수가 순서대로 모델에 추가될 때 발생하는 회귀자승합의 증가량을 말한다. 여기서는 변수의 순서가 중요하다.

$SSR(x_k \mid x_{1,} x_{2,} \cdots, x_{k-1})$

TYPE Ⅱ SS: 현재의 full model에서 지정된 변수를 제거할 때 발생하는 회귀자승합의 감소량으로 변수선택에 유용한 개념이다.

TYPE Ⅲ SS(Partial SS 즉 부분적 자승합) : $x_{1,} x_{2,} \cdots, x_{k-1,} x_{k+1,} \cdots, x_p$가 설명변수로 포함되어 있을 때 변수 x_k가 설명변수로 추가될 때 발생하는 회귀자승합의 증가량을 말한다.

p가 고정된 중회귀모형에서는 TYPE Ⅱ SS와 같다.

예 p가 3개인 중회귀모델에서 회귀자승합은 다음과 같다.

변수	TYPE Ⅰ	TYPE Ⅱ, TYPE Ⅲ
x_1	$SSR(x_1 \mid \beta_0)$	$SSR(x_1 \mid \beta_0, x_2, x_3)$

x_2	$SSR(x_2 \mid \beta_0, x_1)$	$SSR(x_2 \mid \beta_0, x_1, x_3)$
x_3	$SSR(x_3 \mid \beta_0, x_1, x_2)$	$SSR(x_3 \mid \beta_0, x_1, x_2)$

> $SS(x_1 \mid \beta_0)$: β_0가 있는 모델에서 x_1이 추가될 때 발생하는 회귀자승합의 증가량이다.
> $SSR(x_2 \mid \beta_0, x_1)$: β_0, x_1이 있는 모델에서 x_2가 추가될 때 발생하는 회귀자승합의 증가량이다

ANOVA SS : 주효과에 대한 자승합은 한 효과가 새로 추가될 때의 자승합의 증가량을 말한다. 위의 분석결과를 보면 자승합의 차이를 볼 수 있는데, 변수 x_1에 대한 자승합이 TYPE I SS=46.738197와 TYPE II SS=130.528169 값이 다른 반면 변수 x_2에 대한 자승합은 TYPE I SS=356.508418과 TYPE II SS=356.508418과 같다.

x_1에 의한 y효과는 유의확률이 0.1이하여서 영향이 없는 것으로 나타나고 있으며, x_2에 의한 y효과는 유의확률이 0.1이상이어서 영향이 있는 것으로 나타나고 있다.
Semi-partial : 반쪽 일과성을 의미한다.

㉶ ㉠ Covariance of Estimates

COVB	INTERCEP	X1	X2
INTERCEP	465.50150631	-3.160959876	-19.97613329
X1	-3.160959876	0.4863015194	-0.186494272
X2	-19.97613329	-0.186494272	1.100080136

㉡ Correlation of Estimates

CORRB	INTERCEP	X1	X2
INTERCEP	1.0000	-0.2101	-0.8828
X1	-0.2101	1.0000	-0.2550
X2	-0.8828	-0.2550	1.0000

㉢ Sequential Parameter Estimates

INTERCEP	X1	X2
36	0	0
25.802575107	0.7081545064	0
81.044732884	1.2238872486	-3.042170353

㉣ Consistent Covariance of Estimates

ACOV	INTERCEP	X1	X2
INTERCEP	171.00695578	-1.260984051	-7.078297871
X1	-1.260984051	0.2118380606	-0.05472851
X2	-7.078297871	-0.05472851	0.3508058786

㉤ Test of First and Second Moment Specification

DF: 4 Chisq Value: 15447.757106 Prob>Chisq: 0.0000

㉥ ㉠ 분산과 공분산행렬을 보여준다.

$$\begin{bmatrix} S_{bo}^{2} \\ S_{bo}^{2} \\ S_{b2}^{2} \end{bmatrix} = 42.376377* \begin{bmatrix} 10.984847641 & -0.074591945 & -0.471394351 \\ -0.074591945 & 0.0114756838 & -0.004400869 \\ -0.471394351 & -0.004400869 & 0.0259595566 \end{bmatrix}$$

$$= \begin{bmatrix} 465.50150631 & -3.160959876 & -19.97613329 \\ -3.160959876 & 0.4863015194 & -0.186494272 \\ -19.97613329 & -0.186494272 & 1.100080136 \end{bmatrix}$$

공분산 : 추정량 $\widehat{\beta}$ 간의 공분산은 $S_e^2*(X'X)^{-1}$이므로

42.376377*(-0.074591945)=-3.1609598

42.376377*(-0.471394351)=-19.976133

42.376377*(-0.004400869)=-0.1864942

㉡ 추정량의 상관계수를 보여준다.

x_1과 x_2의 상관계수 : -0.2550

㉢ 축차적 모수 추정량을 보여준다.

$\widehat{\beta}_0$=81.04473, $\widehat{\beta}_1$=1.223887, $\widehat{\beta}_2$=-3.042170

㉣ 모수의 분산의 동일성 여부를 보여준다.

가설: $H_0 : \omega_1 = \omega_2 = \omega_3 = \ldots = \omega_t = 1$

H_1 : H_0는 참이 아니다.

분산이 참(동질성)이면 H_0 : 채택(추정량이 일치성을 갖는다는 의미)

분산이 거짓(이질성)이면 H_0 : 기각(추정량은 일치성을 갖지 못함을 의미)

분산의 이질성이 없다면 다음 귀무가설 H_0이 채택된다.

즉 $H_0 : \alpha = 0 \ (1 \le j \le p)$, $\alpha_{jk} = 0 \ (1 \le j \le k \le p)$

ACOV : White의 추정행렬($T(X'X)^{-1}S(X'X)^{-1}$: T→관측치 수)을 의미한다.

㉤ 동질성의 검정결과를 보여준다.

자유도 $= \dfrac{p(p+3)}{2}$ 단 p : 설명변수의 수

자유도=(2*(2+3))/2=5, p-값=0.0000이므로 α=1.0%, α=5% 등에서 분산이 동질성이 있다는 귀무가설은 기각된다. 즉 분산의 이질성이 존재한다는 의미이다.

㉦ Obs	Dep Var ㉥ Y	Predict ㉦ Value	Std Err ㉧ Predict	Lower95% ㉨ Mean	Upper95% ㉩ Mean	Lower95% ㉪ Predict	Upper95% ㉫ Predict
1	24.0000	22.7193	5.200	0.3465	45.0921	-13.1286	58.5672
2	30.0000	29.3980	4.327	10.7804	48.0157	-4.2345	63.0305
3	42.0000	45.8328	5.616	21.6682	69.9974	8.8401	82.8254
4	32.0000	36.7764	5.485	13.1755	60.3774	0.1495	73.4034
5	52.0000	45.2735	4.443	26.1555	64.3914	11.3614	79.1855

Obs	㉲ Residual	㉳ Std Err Residual	(ㄱ)Student Residual	(ㄴ) -2-1-0 1 2	(ㄷ) Cook's D
1	1.2807	3.917	0.327	| | |	0.063
2	0.6020	4.864	0.124	| | |	0.004
3	-3.8328	3.292	-1.164	| **| |	1.315
4	-4.7764	3.506	-1.362	| **| |	1.515
5	6.7265	4.758	1.414	| |** |	0.581

Sum of Residuals -6.03961E-14 (ㄹ)
Sum of Squared Residuals(SSE) 84.7534 (ㅁ)
Predicted Resid SS (Press) 668.2229 (ㅂ)

㉾ ㉥ 종속변수 y의 실제관측치, ㉦ 종속변수y의 예측값(적합값), ㉧ 예측값의 예측표준오차($s(x_t'(X'X)^{-1}x_t)^{1/2}$), ㉨ 조건부 기대값인 $E(y \mid x)$의 기대치에 대한 90%신뢰구간의 하한, ㉩ 조건부 기대값인 $E(y \mid x)$의 기대치에 대한 90%신뢰구간의 상한, ㉪ 한 설명변수y의 미래 관측치에 대한 90% 신뢰구간 하한, ㉫ 한 설명변수y의 미래 관측치에 대한 90%신뢰구간의 상한, ㉬ 오차(잔차) $e_t = y_t - \widehat{y_t}$, ㉭ 오차의 표준오차($s(1-x_t'(X'X)^{-1}x_t)^{1/2}$)

(ㄱ) 표준화된 오차 : 잔차를 잔차의 표준오차로 나눈 것이다.

(ㄴ) 표준화된 오차의 산포도 PLOT로 이상치(outlier)를 나타낸다. 이 값이 클 경우 그에 해당하는 변수를 제외시키고 회귀분석을 실시해야 한다. 그러나 그 값이 작은 경우는 그대로 수용해도 된다.

(ㄷ) Cook's Distance : i번째 관측점이 제외되었을 때 예측값(적합값)에 미치는 영향을 측정하는 척도이다. 즉 i번째 관측치의 영향력을 측정하는 척도이다.

$$D_i = \frac{1}{m} r_i^2 \left(\frac{h_{ii}}{1-h_{ii}}\right)$$

D_i값으로 어떤 관측치의 영향력을 판단한다.

여기서 r_i : i번째 관측치의 표준화된 오차, m : 회귀모델에서 회귀계수의 수(상수항이 있는 회귀모델은 $m = p+1$), h_{ii} : $X(X'X)^{-1}X'$ 행렬의 i번째 원소이다.

유의수준 α=1%, α=5%, α=10%에 대해 D_i값이 $F_{(m, T-m; 1-\alpha)}$보다 크면 i번째 관측치는 영향력이 있다고 한다. 어떤 관측치가 영향력이 있다고 해서 그 관측치가 이상치라든가 좋지 않다는 것은 아니다.

(ㄹ) 오차의 합 : 정규방정식에 의해 0이어야 한다.

(ㅁ) 오차자승합(SSE)이다.

(ㅂ) 예측 오차자승합(PRESS): 각 관측치에서 그 관측치를 제외한 나머지(T-1)개의 관측치들의 회귀식에서 얻은 오차를 말한다. 이 값이 작을수록 좋은 예측을 할 수 있음을 의미한다.

1. PROC REG문의 일반형식

```
㉮   PROC REG DATA=SAS 자료세트 선택사양;
㉯     label MODEL 종속변수=설명변수/선택사양;
㉰     VAR 변수들;
㉱     FREQ 변수들;
㉲     WEIGHT 변수들;
㉳     OUTPUT OUT=SAS 자료세트 선택사양;
㉴     BY 변수들
```

㉮ 회귀분석을 실행하라는 명령어이다.

【선택사양】

OUTEST= : 분석의 결과인 모수의 추정량과 통계량이 저장된다.

SIMPLE : 각 변수의 기술통계량이 출력된다.

NOPRINT : 결과를 출력하지 않는다.

CORR : 상관계수행렬이 출력된다.

㉯ 회귀분석을 위한 모형을 설정한다. label은 여러개의 모형이 한 REG문내에 있을 때 필요한 선택사양이다.

【선택사양】

NOPRINT : 회귀결과를 출력하지 않는다.

NOINT : 절편이 없는 회귀모형을 분석한다.

ALL : 회귀분석에서 얻어지는 모든 통계량이 출력된다.(XPX STB, VIF, COVB, CORRB, P, R, CLM, CLI, DW 등)

DW : DW값만 출력한다.

SELECTION= : 최적모형을 얻기위한 방법을 지정한다.

FORWARD, BACKWARD, STEPWISE, RSQUARE 등이 이용된다.

SLENTRY(또는 SLE)=값 : 변수를 추가할 때 사용되는 기준으로, FORWARD, STEPWISE에서 사용된다. 디폴트는 FORWARD인 경우 0.5이고 STEPWISE인 경우는 0.15가 사용된다.

SLSTAY(또는 SLS)=값 : 변수를 모형에서 제거할 때 사용되는 기준으로, BACWARD 또는 STEPWISE인 경우에 사용되며, 디폴트는 BACWARD인 경우 0.10이 사용되고 STEPWISE인 경우는 0.15가 사용된다.

SELECT=n : 출력될 회귀계수의 최대 개수를 지정한다. RSQUARE법에서 사용된다.

START=n : 최적모형을 선택할 때 처음 n개의 설명변수를 포함한 모형에서 작업을 시작한다.

STOP=n : n개의 설명변수를 갖는 최적모형을 발견되면 수행작업이 중단된다.

XPX : $(X'X)$, $(X'Y)$, $(Y'Y)$행렬을 출력한다.

I : $(X'X)^{-1}$행렬과 모수 추정량을 출력한다.

SSI : 제1종 자승합을 출력한다.

STB : 표준화된 회귀계수를 출력한다.
COVB : 공분산행렬을 출력한다.
CORRB : 상관계수행렬을 출력한다.
COLLIN : 다중공선성을 분석한다.
COLLINOINT : 절편이 없는 다중공선성을분석한다.
P : 종속변수의 추정량을 출력한다.
R : 잔차를 출력한다.
CLM : 평균반응량의 95% 신뢰구간을 출력한다.
CLI : 하나의 반응량에 대한 95% 신뢰구간을 출력한다.
DW : Durbin-Watson 검정결과를 출력한다.
PARTIAL : 부분잔차의 그림표를 출력한다.
INFLUENCE : 영향치 결과를 출력한다.

㈐ MODEL문에는 지정되지 않았으나, 자승합행렬을 계산할 필요가 있을 때 지정한다.
㈑ 지정변수가 빈도수 형태일 때 사용한다. 지정하면 빈도수만큼 반복한 것으로 간주한다.
㈒ 가중최소자승법에 의한 회귀분석시 사용한다.
㈓ OUT=이름 : 출력결과가 저장된다.
P=이름 : 예측값, R=이름 : 잔차, L95M=이름 : 95% 신뢰구간 하한
U95M=이름 : 95% 신뢰구간 상한, STUDENT=이름 : 표준화된 잔차
㈔ 지정된 변수의 값별로 분석된다.

제7절 변수선택법(Variable Selection Method)

1. 변수선택의 방법

(1) RSQUARE(R^2)선택법

① 가능한 모든 조합에 대한 회귀분석을 수행하면 R^2와 Mallow의 C_p가 계산되는데, 이때 R^2값이 최대가 되는 모형을 선택하는 방법이다. 아울러 R^2이 크면서 Mallow의 C_p값이 $C_p = k+1$(단 k : 독립변수의 수)와 같거나 가장 근접한 C_p값을 갖는 모형을 선택한다.

② 독립변수의 수가 다른 모형들에 대한 변수선택에서는 R^2값만으로는 불충분하다. 이때 수정결정계수 $\overline{R}^2$가 사용된다.

(2) 전진선택방법(Forward Selection Method)

① 전체 독립변수들 중에서 가장 중요한 변수를 1개 선정하여 단순회귀모형을 분석하고, 그 다음 나머지 변수 중 1개를 추가로 선정하여 독립변수가 2개인 회귀모형을 분석하고 다시 독립변수 1개를 추가하는 방법으로 중요한 순으로 변수를 하나씩 증가시키면서 자료에 적합한 모형을 찾는 방법이다.

② 각 변수에 대한 p-값이 기준값(생략하면 0.50)이하이면 해당 변수는 선택되고 p-값 ≤ 기준값인 변수가 없으면 전진선택법은 중지된다.

(3) 후진선택방법(Backward Selection Method)

① 전진선택방법과 반대이다. 이 방법은 모든 독립변수를 포함한 완전회귀모형에서 중요하지 않은 것으로 판단되는 변수를 1개씩 제거하여 적합한 모형을 찾는 방법이다.

② 각 변수에 대한 p-값이 기준값(생략하면 0.1)보다 크면 해당 변수가 제거되고 p-값>기준값인 변수가 많으면 p-값이 큰 변수부터 제거된다.

(4) 단계식선택방법(Stepwise Selection Method)

① 전진선택방법과 후진선택방법을 보완하기 위한 방법으로 전진선택방법과 동일하게 새로이 첨가할 변수를 선정하고 선정된 후 회귀모형식에 있는 모든 독립변수들의 회귀계수를 검정하여 유의하지 못한 회귀계수에 대한 변수를 제거하고 다시 전단계로 되돌아가 분석을 실시하는 방법이다.

예로 처음에 X_a이 채택되었고 X_b와 X_c가 차례로 추가된 회귀모형이 있을 때, 이 단계에서 X_a, X_b, X_c의 회귀계수를 검정하여 검정결과가 유의하지 않을 경우(예 X_a) X_a를 제거하고 독립변수가 X_b, X_c인 회귀모형에서 새로이 추가할 변수를 찾는 과정을 계속하는 방법이다.

② 단계별 회귀계수를 계산하여 p-값<기준값(혹은 0.15)인 변수만 선택되고 p-값>기준값(혹은 0.15)인 변수는 제거된다.

(5) 수정결정계수(Adjusted R^2 : $\overline{R}^2$)

① $\overline{R}^2 = 1 - \dfrac{n-1}{n-k-1} \cdot \dfrac{SSE_R}{SST}$

SSE_R : 독립변수가 k개인 축소모형의 SSE

② MSE가 가장 작은 모형을 선택한다.

(6) 맬로우(Mallow)의 C_p통계량

① $C_p = \frac{SSE_k}{MSE} + 2(k+1) - n$

C_p : 총오차자승합(total squared error), n : 표본수, k : 완전모형에서 총독립변수의 수

SSE_k : 축소된 모형에서 잔차자승합, MSE : 완전모형에서 잔차자승평균

② $C_p \fallingdotseq k+1$인 k에 가까우면 축소된 모형은 적절한 모형이라 할 수 있다.

(7) Akaike Information Criterion

① $AIC = n\log \frac{SSE_R}{n} + 2(k+1)$

② AIC 값이 작을수록 적절한 모형이라 평가한다.

③ n이 매우 크면 C_p와 동일한 값을 갖게 된다.

2. 변수선택방법의 예

예제 3 1982년부터 1994년까지 한국의 GNP, 취업자수(empl), 건축허가면적(buil), 수출액(expo) 및 총투자액(inve)에 대한 자료가 다음과 같다. 여기서 GNP를 종속변수로 할 때 독립변수로 어떤 변수가 선정되는지를 empl, buil, expo, inve 등 4개 변수를 기준으로 최적모형을 얻는 과정을 보자.

년도	GNP	empl	buil	expo	inve	년도	GNP	empl	buil	expo	inve
1982	50724.6	14379	29798	21853.3	12555.1	1989	147941.6	17560	156881	62377.2	53506.4
1983	58985.8	14505	39692	24445.1	16357.1	1990	178262.1	18085	188959	65015.7	64687.5
1984	66408.2	14429	39563	29244.9	20111.0	1991	214539.9	18612	157846	71870.1	77510.9
1985	72849.8	14970	38217	30283.1	21886.6	1992	238704.6	18961	136847	76631.5	84436.4
1986	92909.3	15505	43543	34714.5	31494.2	1993	265517.9	19523	143280	82235.9	94010.1
1987	109726.5	16354	47982	47280.9	41437.1	1994	302867.0	19837	123045	96013.2	105659.1
1988	131371.3	16869	102431	60696.4	54566.5						

프로그램명: KIMPF111.SAS

```
OPTIONS nonumber ls=78 nodate;
DATA kimpf111;
   INPUT year GNP empl buil expo inve;
CARDS;
1982  50724.6 14379  29798 21853.3  12555.1
1983  58985.8 14505  39692 24445.1  16357.1
1984  66408.2 14429  39563 29244.9  20111.0
1985  72849.8 14970  38217 30283.1  21886.6
1986  92909.3 15505  43543 34714.5  31494.2
1987 109726.5 16354  47982 47280.9  41437.1
1988 131371.3 16869 102431 60696.4  54566.5
1989 147941.6 17560 156881 62377.2  53506.4
1990 178262.1 18085 188959 65015.7  64687.5
1991 214539.9 18612 157846 71870.1  77510.9
1992 238704.6 18961 136847 76631.5  84436.4
1993 265517.9 19523 143280 82235.9  94010.1
1994 302867.0 19837 123045 96013.2 105659.1
RUN;
㉮ PROC RSQUARE CP;
     E1: MODEL GNP= empl buil expo inve;
㉯   TITLE 'MODEL SELECTION METHOD: RSQUARE';
   RUN;
㉰ PROC STEPWISE;
     E2: MODEL GNP= empl buil expo inve/FORWARD BACKWARD
                    STEPWISE SLE=0.10  SLS=0.05;
     TITLE 'MODEL SELECTION METHODS: FORWARD BACKWARD
            STEPWISE';
   RUN;

㉱ PROC REG;
      E3: MODEL GNP= empl buil expo inve/SELECTION=ADJRSQ;
      TITLE 'MODEL SELECTION METHODS: ADJRSQ';
   RUN;
㉲ PROC REG;
      E4: MODEL GNP= empl buil expo inve/SELECTION=CP;
      TITLE 'MODEL SELECTION METHODS: CP';
   RUN;
```

㉮ 원자료를 사용하여 최적모형을 선정하기 위해 RSQUARE 방법을 사용한 것으로 독립변수 empl, buil, expo 그리고 inve의 모든 조합에 대한 결정계수 R^2와 Mallow의 C_p 통계량이 구해진다.

㉯ RSQUARE에 대한 제목(MODEL SELECTION METHOD: RSQUARE)을 나타낸다.

㉰ 원자료를 사용하여 최적모형 선정을 위한 변수선택법으로 FORWAR D, BACKWARD, STEPWISE 방법을 차례로 실행하며, 변수선택을 위한 유의수준을 각각 0.10(FORWARD), 0.05(BACKWARD)로 한 예 (FORWARD STEPWISE SLE=0.10 SLS=0.05)이다.

㉱ 원자료를 사용하여 최적모형 선정을 위한 변수선택법으로 수정결정계수(ADJSRQ)를 사용한 명령문이다.

㉲ 원자료를 사용하여 최적모형 선정을 위해 Mallow의 C_p를 사용한 변수선택법이다.

분석결과: KIMPF111.OUT

```
㉮          MODEL SELECTION METHOD: RSQUARE

      N = 13      Regression Models for Dependent Variable: GNP
     Number in    R-square        C(p) Variables in Model
      Model
㉠       1       0.98827661      3.40114   INVE
         1       0.96018714     33.11453   EMPL
         1       0.95447920     39.15245   EXPO
         1       0.60046019    413.63803   BUIL
     ----------------------------------------
㉡       2       0.99239406      1.04565   EXPO INVE
         2       0.98939367      4.21951   BUIL INVE
         2       0.98920707      4.41689   EMPL INVE
         2       0.97603649     18.34889   EMPL BUIL
         2       0.96323611     31.88929   EMPL EXPO
         2       0.95805911     37.36558   BUIL EXPO
     ----------------------------------------
㉢       3       0.99243444      3.00294   EMPL EXPO INVE
         3       0.99242729      3.01051   BUIL EXPO INVE
         3       0.98944855      6.16145   EMPL BUIL INVE
         3       0.97662769     19.72351   EMPL BUIL EXPO
     ----------------------------------------
㉣       4       0.99243722      5.00000   EMPL BUIL EXPO INVE
  --------------------------------------------------
```

㉮ 결정계수(RSQUARE)에 의한 분석 결과이다. 이는 변화되는 R^2의 값이 최대가 되는 모형을 선택하는 방법으로 Mallow의 C_p통계량의 값이 $k+1$에 가장 접근한 모형을 선택한다.

㉠ 변수의 수가 1개인 경우 inve, empl, expo, buil순으로 모형을 설명함을 보여준다.

㉡ 변수의 수가 2개인 경우 가능한 조합 6개중 expo와 inve 2개 변수가 모형을 가장 잘 설명함을 보여준다.

㉢ 변수의 수가 3개인 경우 expo, inve에 변수 empl이 추가된 변수조합이 모형을 가장 잘 설명함을 나타낸다.

㉣ 변수 4개 전부를 선택한 경우이다. RSQUARE 법을 기준으로 할 때는 C_p가 $k+1=5$이므로 변수의 수(k)가 4개인 경우가 적합한 것임을 보여준다.

```
㉯          MODEL SELECTION METHODS: FORWARD

       Forward Selection Procedure for Dependent Variable GNP

  ㉠ Step 1   Variable INVE Entered R-square = 0.98827661 C(p) =  3.40113934

              DF      Sum of Squares      Mean Square        F      Prob>F
Regression     1    84822323824.870   84822323824.870    927.30    0.0001
Error         11     1006200945.5004   91472813.227309
Total         12    85828524770.371
              Parameter         Standard         Type II
Variable       Estimate           Error      Sum of Squares      F      Prob>F
INTERCEP   8640.62729350    5304.51005019   242712435.35659    2.65    0.1316
INVE          2.68126243       0.08805018  84822323824.870   927.30    0.0001

Bounds on condition number:           1,            1
-----------------------------------------------------------------------------
 ㉡ Step 2   Variable EXPO Entered   R-square = 0.99239406 C(p) =  1.04565080

              DF      Sum of Squares        Mean Square        F      Prob>F
Regression     2     85175718506.613    42587859253.306   652.38     0.0001
Error         10     652806263.75820    65280626.375820
Total         12     85828524770.371

              Parameter          Standard          Type II
Variable       Estimate            Error       Sum of Squares      F     Prob>F
INTERCEP  32021.91633261   11003.04013050   552908868.47074    8.47    0.0156
EXPO         -1.68811347       0.72554405   353394681.74220    5.41    0.0423
INVE          3.98204786       0.56399867   3254176449.6946   49.85    0.0001

Bounds on condition number:      57.49146,       229.9659
-----------------------------------------------------------------------------
```

No other variable met the 0.1000 significance level for entry into the model.

Summary of Forward Selection Procedure for Dependent Variable GNP

Step	Variable Entered	Number In	Partial R**2	Model R**2	C(p)	F	Prob>F
1	INVE	1	0.9883	0.9883	3.4011	927.2955	0.0001
2	EXPO	2	0.0041	0.9924	1.0457	5.4135	0.0423

㉯ 전진선택법에 의해 분석된 결과이다. 이는 독립변수 중에서 종속변수에 대한 기여도가 가장 큰 변수의 순으로 회귀식에 포함되는데, 회귀식에 대한 기여도는 $p-$값>F값으로 판단하는데 프로그램에서 p-값을 0.10로 지정했으므로 이 값이하인 변수가 선택되고 그런 변수가 없으면 변수선택이 중지된다.

㉠ 첫번째 step에서 회귀식에 기여도가 가장 큰 변수가 inve이므로 이 변수가 채택되었다.

㉡ 두번째 step에서는 먼저 선택된 변수 inve와 그 다음으로 회귀식에 기여도가 높은 변수가 선택되는데 여기서는 변수 expo가 선택되었으며 그외 변수는 조건에 맞지 않기 때문에 제외되었다.

㉰ MODEL SELECTION METHODS: BACKWARD

Backward Elimination Procedure for Dependent Variable GNP

㉠ Step 0 All Variables Entered R-square = 0.99243722 C(p) = 5.00000000

	DF	Sum of Squares	Mean Square	F	Prob>F
Regression	4	85179422511.221	21294855627.805	262.45	0.0001
Error	8	649102259.14989	81137782.393736		
Total	12	85828524770.371			

Variable	Parameter Estimate	Standard Error	Type II Sum of Squares	F	Prob>F
INTERCEP	51111.45009508	193762.10915458	5645752.4594398	0.07	0.7986
EMPL	-1.48023071	14.44010544	852591.94367699	0.01	0.9209
BUIL	-0.00659701	0.12167030	238532.97518143	0.00	0.9581
EXPO	-1.60659730	0.90357446	256512955.02011	3.16	0.1133
INVE	4.02308743	0.98377495	1356908472.1554	16.72	0.0035

Bounds on condition number: 140.7343, 1379.605

㉡ Step 1 Variable BUIL Removed R-square = 0.99243444 C(p) = 3.00293985

	DF	Sum of Squares	Mean Square	F	Prob>F
Regression	3	85179183978.246	28393061326.082	393.53	0.0001
Error	9	649340792.12507	72148976.902785		
Total	12	85828524770.371			

Variable	Parameter Estimate	Standard Error	Type II Sum of Squares	F	Prob>F
INTERCEP	58876.27509220	123076.55708475	16510497.162099	0.23	0.6438
EMPL	-2.04937173	9.35092674	3465471.6331298	0.05	0.8314
EXPO	-1.61860471	0.82606766	277000490.42389	3.84	0.0817
INVE	4.05882506	0.68868490	2506049961.5112	34.73	0.0002

Bounds on condition number: 77.56083, 612.0069

㉢ Step 2 Variable EMPL Removed R-square = 0.99239406 C(p) = 1.04565080

	DF	Sum of Squares	Mean Square	F	Prob>F
Regression	2	85175718506.613	42587859253.306	652.38	0.0001
Error	10	652806263.75820	65280626.375820		
Total	12	85828524770.371			

Variable	Parameter Estimate	Standard Error	Type II Sum of Squares	F	Prob>F
INTERCEP	32021.91633261	11003.04013050	552908868.47076	8.47	0.0156
EXPO	-1.68811347	0.72554405	353394681.74220	5.41	0.0423
INVE	3.98204786	0.56399867	3254176449.6946	49.85	0.0001

Bounds on condition number: 57.49146, 229.9659

All variables left in the model are significant at the 0.0500 level.

Summary of Backward Elimination Procedure for Dependent Variable GNP

Step	Variable Removed	Number In	Partial R**2	Model R**2	C(p)	F	Prob>F
1	BUIL	3	0.0000	0.9924	3.0029	0.0029	0.9581
2	EMPL	2	0.0000	0.9924	1.0457	0.0480	0.8314

㉰ 후진선택법에 의해 분석된 결과를 보여준다. 이는 모든 독립변수를 포함한 회귀식을 분석하여 기여도가 작은 변수부터 제거하는 방법으로, 각 변수의 p-값이 프로그램에서 설정한 기준값 0.05보다 큰 변수가 제거되는데, p-값이 큰 변수부터 제거된다.

㉠ step 0은 모든 독립변수가 포함된 회귀식의 계산 결과이다. 여기서는 변수 buil의 p-값이 0.9581로 가장 커서 종속변수에 기여하지 못하는 것으로 나타났다. 따라서 step 1에서는 변수 buil를 제거한 상태에서 다시 회귀식을 계산한다.

㉡ 첫번째 step에서는 변수 empl의 p-값=0.8314로 회귀식에 영향을 주지 못하므로 이 변수가 제거되고 다시 회귀식을 계산한다.

㉢ 두번째 step에서는 변수 empl의 p-값이 가장 커서 이 변수가 제거되고 다시 회귀식을 계산한 결과이다.

따라서 후진선택법에 의해 선택된 변수는 step 2에서 처럼 변수 expo와 inve가 독립변수로 선택된다.

㉣ MODEL SELECTION METHODS: STEPWISE

Stepwise Procedure for Dependent Variable GNP

㉠ Step 1 Variable INVE Entered R-square = 0.98827661 C(p) = 3.40113934

	DF	Sum of Squares	Mean Square	F	Prob>F
Regression	1	84822323824.870	84822323824.870	927.30	0.0001
Error	11	1006200945.5004	91472813.227309		
Total	12	85828524770.371			

Variable	Parameter Estimate	Standard Error	Type II Sum of Squares	F	Prob>F
INTERCEP	8640.62729350	5304.51005019	242712435.35659	2.65	0.1316
INVE	2.68126243	0.08805018	84822323824.870	927.30	0.0001

Bounds on condition number: 1, 1

㉡ Step 2 Variable EXPO Entered R-square = 0.99239406 C(p) = 1.04565080

	DF	Sum of Squares	Mean Square	F	Prob>F
Regression	2	85175718506.613	42587859253.306	652.38	0.0001
Error	10	652806263.75820	65280626.375820		
Total	12	85828524770.371			

Variable	Parameter Estimate	Standard Error	Type II Sum of Squares	F	Prob>F
INTERCEP	32021.91633261	11003.04013050	552908868.47074	8.47	0.0156
EXPO	-1.68811347	0.72554405	353394681.74220	5.41	0.0423
INVE	3.98204786	0.56399867	3254176449.6946	49.85	0.0001

Bounds on condition number: 57.49146, 229.9659

All variables left in the model are significant at the 0.0500 level.
No other variable met the 0.1000 significance level for entry into the model.

Summary of Stepwise Procedure for Dependent Variable GNP

Step	Variable ㉢ Entered	Variable ㉣ Removed	Number In	Partial R**2	Model R**2	C(p)	F	Prob>F
1	INVE		1	0.9883	0.9883	3.4011	927.2955	0.0001
2	EXPO		2	0.0041	0.9924	1.0457	5.4135	0.0423

㉣ 단계식선택법에 의한 분석 결과를 보여주고 있다. 이는 회귀식에 가장 영향력이 큰 변수가 회귀식에 먼저 포함되고 영향력이 없는 변수를 동시에 선택과 제거하는 법으로 p-값에 의해 판정한다. 여기서는 변수제거의 기준값을 0.05로 한 경우이다.

㉠ step 1에서 회귀식에 영향력이 가장 큰 변수 inve가 선택되었다.

㉡ step 2에서는 expo가 p-값이 0.0423으로 기준값 0.05보다 작으므로 선택되었다.

㉢ 최종적으로 단계식선택법에 의해 선택된 변수는 expo와 inve이며, ㉣에서는 선택되었다가 제거된 변수가 없음을 보여준다.

```
㉮          MODEL SELECTION METHODS: ADJRSQ

N = 13      Regression Models for Dependent Variable: GNP

      Adjusted       R-square     In       Variables in Model
      R-square
      0.99087288   0.99239406    2    EXPO INVE
      0.98991259   0.99243444    3    EMPL EXPO INVE
      0.98990305   0.99242729    3    BUIL EXPO INVE
      0.98865583   0.99243722    4    EMPL BUIL EXPO INVE
      0.98727240   0.98939367    2    BUIL INVE
      0.98721085   0.98827661    1    INVE
      0.98704848   0.98920707    2    EMPL INVE
      0.98593140   0.98944855    3    EMPL BUIL INVE
      0.97124379   0.97603649    2    EMPL BUIL
      0.96883692   0.97662769    3    EMPL BUIL EXPO
      0.95656778   0.96018714    1    EMPL
      0.95588333   0.96323611    2    EMPL EXPO
      0.95034095   0.95447920    1    EXPO
      0.94967093   0.95805911    2    BUIL EXPO
      0.56413839   0.60046019    1    BUIL
     ---------------------------------------
```

㉮ 수정결정계수 $\overline{R}^2$에 의한 분석 결과이다. $\overline{R}^2$값이 가장 큰 경우가 0.99087로 모델에 포함된 변수의 수가 2개인 경우임을 보여주고 있다. 이 때 모형에 포함된 변수는 expo와 inve이다.

```
㉯            MODEL SELECTION METHODS: CP

      N = 13     Regression Models for Dependent Variable: GNP
        C(p)      R-square     In    Variables in Model
        1.04565   0.99239406    2    EXPO INVE
        3.00294   0.99243444    3    EMPL EXPO INVE
        3.01051   0.99242729    3    BUIL EXPO INVE
        3.40114   0.98827661    1    INVE
```

```
   4.21951   0.98939367   2   BUIL INVE
   4.41689   0.98920707   2   EMPL INVE
   5.00000   0.99243722   4   EMPL BUIL EXPO INVE
   6.16145   0.98944855   3   EMPL BUIL INVE
  18.34889   0.97603649   2   EMPL BUIL
  19.72351   0.97662769   3   EMPL BUIL EXPO
  31.88929   0.96323611   2   EMPL EXPO
  33.11453   0.96018714   1   EMPL
  37.36558   0.95805911   2   BUIL EXPO
  39.15245   0.95447920   1   EXPO
 413.63803   0.60046019   1   BUIL
-----------------------------------------
```

㈓ Mallow의 C_p에 의한 분석 결과이다. 이 값을 기준으로 하는 경우에는 C_p값이 5($k+1$)인 모형이 적합한 모형으로 평가되는데, 여기서는 모든 독립변수가 선택되므로 이 값 하나만 갖고 판정하는 것은 문제가 있다.

제8절 더미변수모형(Dummy Variable Model)

1. 더미변수란

① 독립변수 중에서 일부가 성질이 다른 경우에 사용한다.

② 성, 종교, 인종과 같이 계량화 할 수 없는 변수가 종속변수에 영향을 미치는 경우 이들 변수들을 회귀모형에 포함시키기 위해 이용하는 변수를 더미변수라 한다.

③ 더미변수의 값으로 0 또는 1를 임의로 부여한다. 값이 바뀌면 부호가 반대가 된다.

예 남자 : D = 1 → 여자 : D = 0, 여자 : D = 0 → 남자 : D = 1

④ 더미변수를 이용한 경우 : 적합성이 향상되고, R^2가 증가하며, 질적분석이 가능한 장점이 있다.

⑤ 지역별, 학력별, 년령별, 신분별, 직업별 등 여러 개의 더미변수를 모형에 도입할 수 있다.

$$Y_t = b_0 + b_1X_t + b_2D_{1t} + b_3D_{2t} + b_4D_{3t} + U_t$$

단 $D_{1t} = \begin{cases} 1 : \text{남자인 경우} \\ 0 : \text{여자인 경우} \end{cases}$

$$D_{2t}=\begin{cases}1 : \text{40세이상인 경우} \\ 0 : \text{40세미만인 경우}\end{cases}$$

$$D_{3t}=\begin{cases}1 : \text{서울지역인 경우} \\ 0 : \text{서울지역이아닌 경우}\end{cases}$$

⑥ 정성변수가 m개의 범주를 가지면 더미변수의 수는 m-1개만 모델에 도입한다.

예 분기별 소비함수 → 1년 4분기 중 3개 분기만 더미변수로 채택

2. 더미변수의 유형

(1) 절편이 상이하고 기울기 계수가 같은 경우

$$Y_t = b_0 + b_1X_t + b_2D_t + U_t$$

여기서 $D_t=1$: 남자, $D_t=0$: 여자, $D_t=1$, $D_t=0$을 대입하여 정리하면

남자 모형 : $Y_t = b_0 + b_1X_t + b_2 + U_t = (b_o + b_2) + b_1X_t + U_t,$

여자 모형 : $Y_t = b_0 + b_1X_t + U_t$

(2) 절편이 같고 기울기 계수 b1이 다른 경우

$Y_t = b_0 + b_1X_t + b_3X_tD_t + U_t$ 여기에 $D_t=1$, $D_t=0$을 대입하면

남자 모형 : $Y_t = b_0 + (b_1 + b_3)X_t + U_t$, 여자 모형 : $Y_t = b_0 + b_1X_t + U_t$

(3) 절편 b_0와 기울기 계수 b_1이 모두 상이한 경우

$Y_t = b_0 + b_1X_t + b_2D_t + b_3X_tD_t + U_t$, 여기에 $D_t=1$, $D_t=0$을 대입하면

남자 모형 : $Y_t = (b_0 + b_2) + (b_1 + b_3)X_t + U_t$, 여자 모형 : $Y_t = b_0 + b_1X_t + U_t$

(4) 분기별 더미변수를 이용한 예를 보자.

분기별 자료를 이용하여 얻어진 추정회귀식이 $\widehat{Y}_t = 10 + 0.04X_t + 2D_{1t} - 3D_{2t} + 4D_{3t}$ $(R^2=0.80)$이라면(단, D_{1t} : 2분기, D_{2t} : 3분기, D_{3t} : 4분기)

① 2분기 모형 : 추정회귀식에 $D_{1t}=1$, $D_{2t}=0$, $D_{3t}=0$ 대입하면

$$Y_t = 10 + 2*1 + 0.04X_t = 12 + 0.04X_t$$

② 1, 3, 4분기 모형 : 추정회귀식에 $D_{1t}=0,\ D_{2t}=0,\ D_{3t}=0$ 대입하면

$$Y_t = 10 + 0.04X_t + 2*0 - 3*0 + 4*0 = 10 + 0.04X_t$$

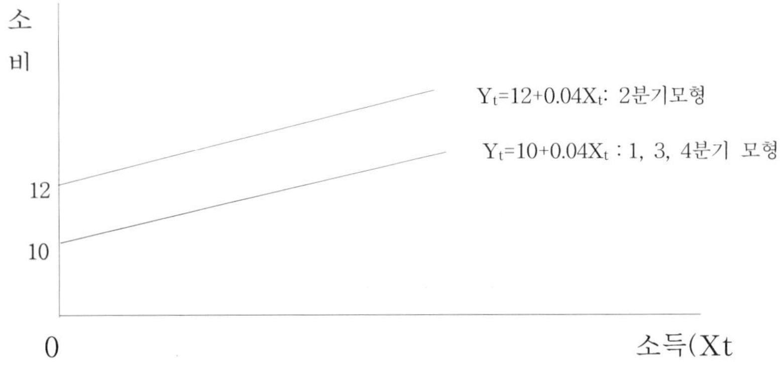

3. 더미변수 도입모형의 예

예제 1 1980부터 1992년까지 분기별(bun), 돼지도축두수(doc: 천두), 분기별 소득(rev: 천원), 생돈가격(pri: 천원) 그리고 사육마리수(say: 천두)에 대한 자료가 다음과 같다. 이를 이용하여 계절분석을 해보자.

year	bun	pri	doc	say	rev	n	year	bun	pri	doc	say	rev	n
1980	1	83.8	501.0	2356	100	1	1986	3	154.7	1249.0	3397	309	27
1980	2	93.1	501.0	2034	-70	2	1986	4	142.6	1416.9	3347	309	28
1980	3	94.7	501.0	1859	-73	3	1987	1	134.5	1401.8	3516	309	29
1980	4	95.6	501.0	1784	-73	4	1987	2	126.1	1432.6	4021	595	30
1981	1	125.0	473.0	1680	-73	5	1987	3	106.4	1708.6	4532	595	31
1981	2	154.7	385.8	1833	130	6	1987	4	94.4	1932.1	4281	595	32
1981	3	151.7	429.9	1999	130	7	1988	1	101.2	1925.0	4274	595	33
1981	4	145.1	543.5	1832	130	8	1988	2	113.3	1812.3	4607	1029	34
1982	1	142.5	556.6	1953	130	9	1988	3	108.9	1928.7	4994	1029	35
1982	2	147.2	547.5	2153	105	10	1988	4	105.6	2131.4	4852	1029	36
1982	3	140.8	632.7	2385	105	11	1989	1	105.7	2053.7	4932	1029	37
1982	4	142.8	713.4	2183	105	12	1989	2	94.8	2192.5	5372	841	38
1983	1	161.7	690.0	2571	105	13	1989	3	93.7	2416.8	5467	841	39
1983	2	139.8	759.1	3183	178	14	1989	4	83.5	2763.4	4801	841	40
1983	3	103.4	1051.0	3720	178	15	1990	1	109.6	2241.0	4303	841	41
1983	4	85.6	1219.9	3648	178	16	1990	2	151.5	2043.1	4251	500	42
1984	1	78.5	1110.9	3259	178	17	1990	3	150.7	2167.7	4566	500	43
1984	2	104.3	1159.8	3181	156	18	1990	4	140.4	2152.1	4528	500	44
1984	3	96.7	1255.3	3177	156	19	1991	1	164.9	2003.1	4487	500	45

```
1984 4 107.8 1333.0 2958  156 20     1991 2 169.9 2010.3 4636  837 46
1985 1 123.0 1147.0 2841  156 21     1991 3 175.4 2014.2 5069  837 47
1985 2 113.0 1288.0 2825   36 22     1991 4 123.7 2426.7 5046  837 48
1985 3 123.1 1289.9 3014   36 23     1992 1 111.3 2292.8 5062  837 49
1985 4 146.6 1244.9 2853   36 24     1992 2 132.2 2223.1 5273  907 50
1986 1 126.8 1215.8 2873   36 25     1992 3 133.6 2330.8 5664  907 51
1986 2 158.3 1213.9 2932  309 26     1992 4 104.5 2642.8 5664  907 52
```

시계열자료로 부터 계절요인을 제거할 필요가 있다. 계절요인을 제거하는 과정을 계절조정이라 하는데, 그 방법으로는 이동평균비율방법, 연환상대수법, 연간평균백분비방법 그리고 더미변수방법 등이 있다. 여기서 더미변수를 이용하는 방법을 보도록 한다.

분석프로그램 : KIMDUMMY.SAS

```
     OPTIONS nodate formchar='|----|+|---+=|-^<>*';
     DATA do;
       INFILE 'a:\jaryo\time.dat' FIRSTOBS=2;
       INPUT year bun pri doc say rev n;
㉮   IF bun=1 THEN d_1=1;
          ELSE d_1=0;
     IF bun=2 THEN d_2=1;
          ELSE d_2=0;
     IF bun=3 THEN d_3=1;
          ELSE d_3=0;
     TITLE1' seasonal analysis by dummy variables';
     PROC REG;
㉯     MODEL doc=rev d_1 d_2 d_3 /DW;
       OUTPUT OUT=do1 P=pdoc;
     RUN;

㉰   DATA do2;
        MERGE do do1;
㉱   PROC GPLOT DATA=do2;
㉲     PLOT doc*n pdoc*n/OVERLAY
       HMINOR=0 VMINOR=0;
     RUN;
```

㉮ 더미변수를 이용하는데 필요한 조건문을 나타낸다.

㉯ 분석모형 : $doc_t = b_0 + b_1 rev_t + b_2 D_{1t} + b_3 D_{2t} + b_4 D_{3t} + U_t$

여기서 b_2, b_3, b_4가 통계적으로 유의하면 각 분기에서 계절적 양상이 나타남을 의미하고, 그렇지 않으면 계절적 양상이 없을 의미한다.

단, $D_{1t}=\begin{cases} 1 : \text{2분기인 경우} \\ 0 : \text{그렇지 않은 경우(기타의 경우)} \end{cases}$, $D_{2t}=\begin{cases} 1 : \text{3분기인 경우} \\ 0 : \text{그렇지 않은 경우} \end{cases}$

$D_{3t}=\begin{cases} 1 : \text{4분기인 경우} \\ 0 : \text{그렇지 않은 경우} \end{cases}$

㉰ MERGE문을 이용하여 새로운 자료 do2를 생성한다.

㉱ do2에 포함되어 있는 변수를 기준으로 GPLOT를 그린다.

㉲ doc*n과 pdoc*n을 겹처(overlay) 그리게 된다.

분석결과: KIMDUMMY.OUT

seasonal analysis by dummy variables

Model: MODEL1
Dependent Variable: DOC

㉮ Analysis of Variance

Source	DF	Sum of Squares	Mean Square	F Value	Prob>F
Model	4	19332750.202	4833187.5505	43.609	0.0001
Error	47	5208989.2187	110829.55784		
C Total	51	24541739.421			

Root MSE	332.91074	R-square	0.7877
Dep Mean	1445.71923	Adj R-sq	0.7697
C.V.	23.02734		

seasonal analysis by dummy variables

㉯ Parameter Estimates

Variable	DF	Parameter Parameter Estimate	Standard Standard Error	T for H0: T for H0: Parameter=0	Prob > |T|
INTERCEP	1	901.318359	107.50307348	8.384	0.0001
REV	1	1.676389	0.12896845	12.998	0.0001
D_1	1	-158.196441	130.82353256	-1.209	0.2326
D_2	1	-265.933013	130.57833700	-2.037	0.0473
D_3	1	-157.346154	130.57833360	-1.205	0.2342

㉰ Durbin-Watson D 0.514
(For Number of Obs.) 52
1st Order Autocorrelation 0.722

㉮ 더미변수가 포함된 계절분석의 분산분석표로, 회귀자승합, 총자승합이 계산되어 있으며, 계산된 F 값과 각 변수의 유의수준이 나타나 있다. 1/4분기, 4/4분기 더미변수는 유의성이 없고, 3/4분기만 유의성이 있는 것으로 나타나 3/4분기에서 계절적 양상이 나타나고 있음을 보여주고 있다.

㉯ 각 변수에 대한 모수의 추정치, 표준오차, t값 및 유의성의 계산결과를 보여주고 있다.

2/4분기 추정모형 : $doc = 635.3853 + 1.6763rev$(∵ 901.318359+(−265.933013)≒635.3853)

1/4, 3/4, 4/4분기 추정모형 : $doc = 901.3183 + 1.6763rev$

2개 모형을 비교하면 절편의 값은 차이가 있으나, 기울기는 동일함을 알 수 있다.

㉰ 자기상관 검정에 필요한 DW값으로 자기상관이 존재함을 나타낸다.

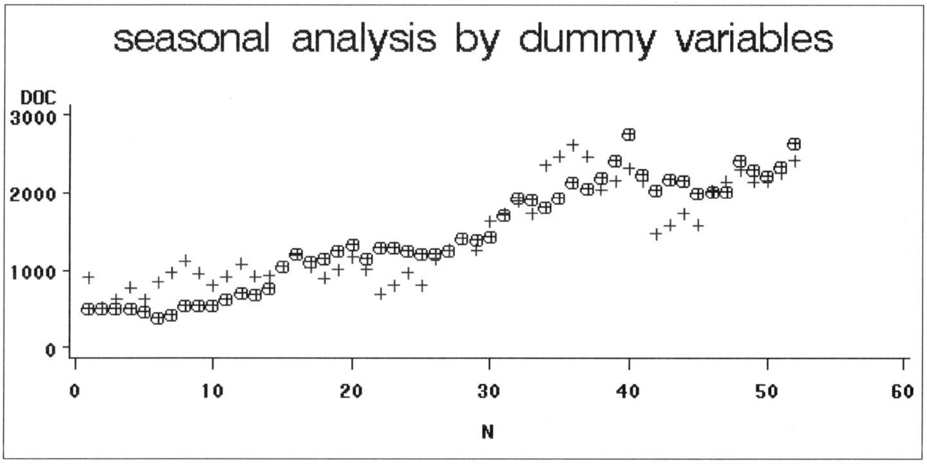

doc와 pdoc를 수직축에, n을 수평축으로 하는 GPLOT를 그린 결과이다. doc*n은 '⊕'로 표시되고, pdoc*n은 '+'로 표시되어 있다.

제9절 자기상관 제거방법

1. 자기상관이란

① 회귀모형에서 오차항이 서로 독립적이면 자기상관이 존재하지 않는다. 그러나 실제 제 변수는 오차항간에 자기상관 되는 경우가 많이 있다.

② 자기상관은 시간적으로나 공간적으로 연속적인 일련의 관측치들간의 상관관계($E(U_i, U_j) \neq 0$)를 말한다.

2. 자기상관의 발생원인

① 모형의 설정시 자기상관이 있는 변수가 생략되면 그 영향이 오차항 U에 반영되어 U값이 자기상관이 있게 된다.

② 모델의 수학적 형태 설정에 잘못이 있을 때, 예로 X, Y변수가 선형관계인데 비선형으로 모형을 분석하게 되면 자기상관이 발생한다.

③ 실제 오차항 U에 대한 설정오류가 있는 경우(예 전쟁, 태업, 파업) 그 영향이 지속적으로 나타나게 되면 자기상관이 발생하게 된다.

④ 모형에 시차(時差) $C_t = a + bY_t + C_{t-1} + U_t$ 가 존재하는 경우도 자기상관이 발생할 수 있다.

⑤ 시계열자료에서 자기상관이 주로 발생하게 된다.

3. 자기상관의 제거방법

① 회귀모형의 분석결과 자기상관이 존재하면 선형회귀모형의 모수의 추정량이 불편성과 일치성이 보장되더라도 효율성이 떨어진다.

② 자기상관이 존재한는 경우 자기상관을 제거하기 위해서는 회귀분석을 하기전에 자료의 추세가 처리되었는지를 확인해야 한다.

③ 자기상관이 존재한는 경우 효율적 추정량을 얻기 위해서 Cochrane-Orcutt 반복추정법 등 여러 가지 방법을 사용하게 된다.

원래 모형이 다음과 같다고 하자.

$$Y_t = \beta_0 + \beta_1 X_{1,t} + \cdots + \beta_k X_{k,t} + \varepsilon_t$$

위 식을 이용하여 회귀분석을 실시하여 추정회귀모형을 얻는다.

이렇게 구해진 회귀모형에 자기상관이 존재하면 이를 제거해야 하는데 이때 사용되는 방법으로는 다음과 같은 방법들이 있다.

㉠ Cochrane-Orcutt 반복추정법

㉡ Durbin-Watson d 통계량에 근거한 ρ이용법

㉢ Durbin의 2단추정법

㉣ Paris-Winston의 2단추정법(Yule-Walker=YW법)

㉤ Hildreth-Lu법

㉥ 일반화최소자승(GLS)법

ⓢ 최우추정(ML)법

ⓞ 가능일반화최소자승(FGLS)법

ⓙ 비조건부최소자승(ULS)법

ⓒ 조건부최소자승(CLS)법 등이 사용된다.

먼저 자기상관을 제거하기 위해 일반화된 차분($Y_t^* = Y_t - \rho Y_{t-1}$와 $X_{1,t}^* = X_{1,t} - \rho X_{1,t-1}$)형태를 적용한다.

$$Y_{t-1} - \rho Y_{t-1} = \beta_0(1-\rho) + \beta_1(X_{1,t} - \rho X_{1,t-1}) + \ldots$$
$$+ \beta_k(X_{k,t} - \rho X_{k,t-1}) + (u_t - \rho u_{t-1})$$

$$Y_t^* = \beta_0(1-\rho) + X_{1,t}^* + X_{2,t}^* + X_{k.t}^* + u_t$$

여기서 오차항 $u_t = \varepsilon_t + \rho\varepsilon_{t-1}$은 독립이다. 즉 더 이상 자기상관이 존재하지 않음을 의미한다. 이를 회귀분석할 때는 p는 보통 추정값 r_1(오차의 시차1의 표본자기상관계수)으로 대체 사용한다.

단, $r = \dfrac{\sum_{t=2}^{T} e_{t-1}e_t}{\sum_{t=1}^{T} e_t^2}$ $\quad |r| < 1$

@ 자기상관의 검정(Durbin-Watson검정)

검정통계량 : $d = \sum_{t=2}^{T}(e_t - e_{t-1})^2$

$H_0 : \rho = 0,\ H_1 : \rho \neq 0$	① $d < d_l$이거나 $4-d < d_l$: H_0 기각(자기상관이 존재)
	② $d > d_l$이고 $4-d > d_u$: H_0 채택(자기상관이 존재하지 않음)
	③ 두 경우가 아니면($d_l \leq d \leq d_u$) 결론을 못내림(미정영역임)
$H_0 : \rho = 0,\ H_1 : \rho > 0$ →	$d < d_l$: H_0 기각(양의 자기상관이 존재)
	$d > d_u$: H_0 채택(자기상관이 존재하지 않음)
	$d_l \leq d \leq d_u$: 결론 못 내림(미정영역임)
$H_0 : \rho = 0,\ H_1 : \rho < 0$ →	$d < 4 - d_u(= d_t^*)$: H_0 채택(자기상관이 존재하지 않음)
	$d > 4 - d_l(= d_u^*)$: H_0 기각(음의 자기상관이 존재)
	$4 - d_u(= d_l) \leq d \leq 4 - d_l(= d_u^*)$: 결론 못 내림(미정영역임)

① Durbin-Watson d통계량에 의한 ρ 이용법

$d \doteqdot 2(1-\hat{\rho})$ 또는 $\hat{\rho} \doteqdot 1-1/2$, 이 식은 소표본의 경우는 성립되지 않을 수도 있다. 소표본의 경우는 타일-내이거(Theil - Nager)의 식을 이용하면 된다.

$$\hat{\rho}=\frac{n^2(1-\frac{d}{2})+k^2}{n^2-k^2}$$

여기서 n : 관측치의 수, d : Durbin-Watson의 d통계량, k : 추정해야 할 계수(상수항 포함)

대표본인 경우는 위 2개 식이 일치하게 된다. 위 식들에 의해 $\hat{\rho}$이 추정되면 이를 이용하여 원자료를 변환하고 변환된 모형을 차분화된 모형에 OLS를 적용하여 추정한다. 이 방법에서는 첫번째 관측치 $(\sqrt{1-\rho^2})*Y_1$, $(\sqrt{1-\rho^2})*X_1$가 상실된다.

② Cochrane-Orcutt Iterative method(코크란-오컷 반복추정법)

자기상관계수 ρ의 추정을 점진적인 개략에 의해 계산하는 방법이다.

(제1단계) : 본래의 자료에 OLS를 적용하여 회귀계수의 추정량(예 $\hat{Y}_t=\hat{\beta}_0+\hat{\beta}_1X_{1,t}$)을 추정한다.

다음으로 추정된 회귀모형을 이용하여 1단계 오차항(예 $\varepsilon_t=Y_t-\hat{\beta}_0-\hat{\beta}_1X_{1,t}$)을 구한다.

이 오차항을 이용하여 ρ에 대한 1단계 추정량을 아래 식과 같이 구한다.

$$\hat{\rho}=\frac{\sum\varepsilon_t\ \varepsilon_{t-1}}{\sum\varepsilon_{t-1}^{\ 2}}\quad(t=1,2,3,\ldots,n)$$

(제2단계) : $\hat{\rho}$을 이용하여 원자료를 변환하고 아래와 같이 변환된 모형에 OLS를 적용한다.

$$Y_{t-1}-\hat{\rho}Y_{t-1}=\beta_0(1-\hat{\rho})+\beta_1(X_{1,t-}\hat{\rho}X_{1,t-1})+u^*$$

$$\text{단, } u^*=(\varepsilon_t-\hat{\rho}\varepsilon_{t-1})$$

여기서 구한 2단계 회귀계수의 추정량 ($\hat{\hat{\beta}}_0$, $\hat{\hat{\beta}}_1$)을 이용하여 2단계 오차항을 구한다.

$\hat{\varepsilon}_t\ =\ Y_t-\hat{\hat{\beta}}_0-\hat{\hat{\beta}}_1\ X_{1t}$, 이 오차항을 이용하여 ρ에 대한 2단계 추정량을 구한다.

$$\hat{\hat{\rho}}=\frac{\sum\hat{\hat{\varepsilon}}_t\ \hat{\hat{\varepsilon}}_{t-1}}{\sum\hat{\hat{\varepsilon}}_{t-1}^{\ 2}}\quad(t=1,2,3,\ldots,n)$$

이상과 같은 과정을 반복하여 ρ에 대한 추정치가 0에 수렴하거나 변화가 매우 작을 때까지 계속하고 회귀계수에 대한 추정치들에 대한 유의도 검정은 최종단계에서만 하면된다. 이 방법 역시 앞에서 설명한 바와 같이 차분과정에서 첫번째 관측치 ($(\sqrt{1-\rho^2})*Y_1$, $(\sqrt{1-\rho^2})*X_1$)가 상실된다.

③ Durbin의 2단계 추정법(Durbin two-step method)

Durbin은 1차자기회귀체계를 가정하여 계열상관의 문제를 해결하기 위하여 2단계 추정법을 제안하였다.

원래 모형이 $Y_t = \beta_0 + \beta_1 X_{1t} + \beta_2 X_{2t} + \ldots + \beta_k X_{kt} + \varepsilon_t$일 때,

$\varepsilon_t = f(\varepsilon_{t-1}, \varepsilon_{t-2}, \ldots)$로 단순화를 위해 $\varepsilon_t = \rho\varepsilon_{t-1} + u_t$라 하면

(제 1단계) : 위 식을 변환시키면 아래 식이 된다.

$$Y_{t-1} - \rho Y_{t-1} = \beta_0(1-\rho) + \beta_1(X_{1,t} - \rho X_{1,t-1}) + \beta_2(X_{2,t} - \rho X_{2,t-1}) + \ldots + \beta_k(X_{k,t} - \rho X_{k,t-1}) + (\varepsilon_t - \rho\varepsilon_{t-1})$$

여기서 $\beta_0(1-\rho) = a_0$, $\beta_1 = a_1$, $\beta_1\rho = a_2$, $\beta_2 = a_3$, $\beta_2\rho = a_4$라 하면 다음 식이 된다.

$$Y_t = a_0 + \rho Y_{t-1} + a_1 X_{1,t} - a_2 X_{1,t-1} + a_3 X_{2,t} - a_4 X_{2,t-1} + \ldots + u_t$$

위 식에 OLS를 적용하여 시차변수 Y_{t-1}의 계수인 ρ의 추정치 $\hat{\rho}$을 구한다.

(제 2단계) : 이 $\hat{\rho}$은 변환된 변수들의 값으로 이루어진 본래의 추정모형 즉 아래 식을 추정하면 된다.

$$Y^*_t = a_0 + a_1 X^*_{1,t} + a_2 X^*_{2,t} + \ldots + a_k X^*_{k,t} + u_t$$

더빈의 추정법은 표본이 소표본이든 대표본이든 보다 효율적이고 최적의 점근적 속성을 갖는 추정치를 제공한다. 이 방법 역시 차분 과정에서 첫 번째 관측치가 상실되므로 자유도가 아주 작은 경우에는 적합치 못하다.

④ 힐드레쓰-루 추정법(Hildreth-Lu method)

$\varepsilon_t = \rho\varepsilon_{t-1} + u_t$에서 -1과 +1사이에 있는 0.1단위 간격을 갖는 값(예 0.0, 0.1, 0.2, 0.3, 0.4, 0.5, 0.6, 0.7, 0.8, 0.9)을 선정하고, 선정된 ρ의 각 값에 대해 변환된 모델 즉 식(13.1, 13.2)을 추정한다.

그런 다음 오차자승합 $\sum e^2_t$을 최소화하는 ρ값을 갖는 모델을 선정하면 된다.

추정결과 $\rho = 0.3$인 경우에 오차자승합이 최소였다면 이번에는 ρ값을 더욱 작게하여 예를들면 0.31, 0.32, 0.33, 0.34, 0.35, 0.36, 0.37, 0.38, 0.39를 ρ값으로 선정하여 위 절차로 추정하여 오차자승합이 가장 작은 모델을 선정하면 된다.

⑤ Prais-Winsten 2단계 반복추정법

ρ의 Cochrance-Orcutt 추정량은 $S = \sum_{t=2}^{n}(\hat{\varepsilon_t} - \rho\ \hat{\varepsilon}_{t-1})^2$을 최소화하는 것이나, ρ의 Prais-Winsten 추정량은 첫번째 관측치 $(\sqrt{1-\rho^2}) * Y_1$, $(\sqrt{1-\rho^2}) * X_1$를 포함한 모형에서 $S = (1-\rho^2)\ \hat{\varepsilon}_1^{\,2} + \sum_{t=2}^{n}(\hat{\varepsilon_t} - \rho\ \hat{\varepsilon}_{t-1})^2$을 최소화시키는 ρ값이다.

$$\hat{\rho}=\frac{\sum_{t=2}^{n}\hat{\hat{\varepsilon}}_t\ \hat{\hat{\varepsilon}}_{t-1}}{\sum_{t=3}^{n}\hat{\hat{\varepsilon}}^2_{\ t-1}}$$

$\hat{\rho}$을 유도하여 이를 Prias-Winsten의 변환모델에 대입한 후 OLS를 적용하여 $\hat{\hat{\beta}}_0$, $\hat{\hat{\beta}}_1$이 일정한 값에 수렴할 때까지 반복하여 얻은 추정량을 P-W추정량이라 한다.

4. 자기상관의 제거 예

예제 1 1953년부터 1996년까지 우리나라의 소비와 소득에 관한 자료가 다음과 같다. 이를 이용하여 자기상관의 존재여부와 자기상관을 제거하는 방법에 대해 알아보자.

year	y	x	year	y	x
1953	39.9	43.0	1975	7188.3	7855.9
1954	55.1	58.2	1976	9162.3	10385.2
1955	98.4	102.6	1977	11272.9	13500.7
1956	140.6	136.6	1978	14865.2	18082.8
1957	164.9	174.3	1979	19419.1	23260.9
1958	168.6	176.1	1980	24828.3	30232.4
1959	177.4	181.0	1981	30631.3	37403.5
1960	207.4	202.9	1982	34119.6	42789.6
1961	245.8	245.2	1983	38258.5	50318.7
1962	294.3	291.0	1984	42593.9	57334.8
1963	404.5	421.3	1985	47131.4	62986.6
1964	592.6	617.8	1986	51209.4	73295.7
1965	671.5	673.0	1987	59030.9	85999.8
1966	810.8	853.7	1988	67963.3	101919.9
1967	1005.2	1022.4	1989	79424.0	117538.3
1968	1231.0	1279.3	1990	94772.2	142104.0
1969	1528.7	1681.1	1991	113161.8	170881.2
1970	2040.5	2138.4	1992	127491.6	189257.5
1971	2547.8	2676.3	1993	141353.7	210547.5
1972	3054.5	3322.3	1994	161688.2	242191.5
1973	3704.9	4201.0	1995	183349.7	277193.2
1974	5322.5	5867.3	1996	207712.2	304612.0

분석프로그램 : KIMAU1.SAS

```
   OPTIONS nodate ls=70 ps=60;
   DATA au;
    INFILE 'a:\jaryo\kimau.dat';
    INPUT year  x y;
    LABEL year='년도'  x=' 경상가처분소득' y='소비지출(경상)';
   ;
   TITLE3 'OLS estimate for incom';
㉮  PROC REG DATA=au;
     MODEL y=x/DW;
     OUTPUT OUT=au1 R=resid;

㉯  PROC TIMEPLOT DATA=au1;
     PLOT resid/JOINREF REF=0;
   RUN;

   TITLE3 'YW estimate of AUTOREG MODEL';
㉰  PROC AUTOREG DATA=au;
      MODEL y=x/NLAG=1 METHOD=YW;
      OUTPUT OUT=au2 R=resid;

   PROC TIMEPLOT DATA=au2;
      PLOT resid/JOINREF REF=0;
   RUN;

   TITLE3 'YW estimate of incom ORDER=2';
㉱  PROC AUTOREG DATA=au;
      MODEL y=x/NLAG=2 METHOD=YW;
   RUN;

   TITLE3 'ML estimate of incom with ITERATION';
㉲  PROC AUTOREG DATA=au;
      MODEL y=x/NLAG=1 METHOD=ML;
   RUN;

㉳  TITLE3 'ULS estimate of incom with ITERATION';
   PROC AUTOREG DATA=au;
      MODEL y=x/NLAG=1 METHOD=ULS;
   RUN;
```

㉮ OLS 방법을 이용한 회귀분석을 수행하게 된다.
㉯ au1에서 얻어진 잔차로 TIMEPLOT를 그린다. REF=0은 참조선인 수직축 RESID=0을 그리며, JOINREF은 관측치를 수직축과 수평으로 연결하라는 의미이다.
㉰ 시차가 1(NCAL=1)인 YW법에 의한 자기상관 제거를 위한 분석을 수행한다.
㉱ 시차가 2(NCAL=2)인 YW법에 의한 자기상관 제거를 위한 분석을 수행한다.
㉲ 시차가 1(NCAL=1)인 ML법에 의한 자기상관 제거를 위한 분석을 수행한다.
㉳ 시차가 1(NCAL=1)인 ULS법에 의한 자기상관 제거를 위한 분석을 수행한다.

```
      DATA au1;
        INFILE 'a:\jaryo\kimau.dat';
        INPUT year x y;
          xlag=lag(x); x1=x-0.749*xlag;
          ylag=lag(y); y1=y-0.749*ylag;
       ;
       TITLE3 'Cocharane-Orcutt estimate for incom';
㉴     PROC REG DATA=au1;
         MODEL y1=x1/DW;
       RUN;
```

㉴ 코크란-오컷 빈복추정법에 의한 자기상관 검정을 위한 분석을 수행한다.

분석결과 : KIMAU1.OUT

```
          ㉮          OLS estimate for incom

Model: MODEL1
Dependent Variable: Y             소비지출(경상)

           ①          Analysis of Variance

                        Sum of         Mean
Source          DF     Squares        Square      F Value        Prob>F
Model            1   129421403721  129421403721  36565.298       0.0001
Error           42   148657313.92  3539459.8552
C Total         43   129570061035

    Root MSE     1881.34522      R-square         0.9989
    Dep Mean    36162.15227      Adj R-sq         0.9988
    C.V.           5.20253

           ②          Parameter Estimates
```

Variable	DF	Parameter Estimate	Standard Error	T for H0: Parameter=0	Prob > |T|
INTERCEP	1	1314.388857	337.12486407	3.899	0.0003
X	1	0.667798	0.00349229	191.221	0.0001

Durbin-Watson D 0.430 ③
(For Number of Obs.) 44
1st Order Autocorrelation 0.749

② Parameter Estimates

Variable	DF	Parameter Estimate	Standard Error	T for H0: Parameter=0	Prob > |T|
INTERCEP	1	1314.388857	337.12486407	3.899	0.0003
X	1	0.667798	0.00349229	191.221	0.0001

Durbin-Watson D 0.430 ③
(For Number of Obs.) 44
1st Order Autocorrelation 0.749

㉮ OLS법에 의한 회귀분석의 결과를 나타낸다.

① OLS법에 의해 얻어진 분산분석표를 보여준다.

② F통계량으로 볼 때 추정모형이 유의적이다.

③ 자기상관의 판단기준인 DW통계치는 0.430으로 유의수준 α=0.05에서 d_l=1.35보다 작으므로 양의 자기상관이 존재한다.

④ 잔차들의 시계열 산포도를 보여주고 있는데, 시간의 흐름에 따라 잔차들의 절대값이 커짐을 보이고 있다.

```
Residual     min                                                   max
             -3073.711382       ④                          4338.9343238
            *----------------------------------------------------------*
-1303.20     |             R---------|                             |
-1298.15     |             R---------|                             |
-1284.50     |             R---------|                             |
-1265.01     |             R---------|                             |
-1265.89     |             R---------|                             |
-1263.39     |             R---------|                             |
-1257.86     |             R---------|                             |
-1242.49     |              R--------|                             |
-1232.33     |              R--------|                             |
-1214.42     |              R--------|                             |
-1191.23     |              R--------|                             |
-1134.35     |              R--------|                             |
-1092.32     |               R-------|                             |
```

```
-1073.69   |            R-------|                                |
 -991.95   |            R-------|                                |
 -937.70   |             R------|                                |
 -908.32   |             R------|                                |
 -701.91   |               R----|                                |
 -553.82   |                R---|                                |
 -478.51   |                R---|                                |
 -414.91   |                 R--|                                |
   89.94   |                    R                                |
  627.76   |                    |---R                            |
  912.70   |                    |------R                         |
  942.77   |                    |------R                         |
 1475.16   |                    |----------R                     |
 2571.13   |                    |------------------R             |
 3324.78   |                    |------------------------R       |
 4338.93   |                    |-------------------------------R|
 4230.41   |                    |-------------------------------R|
 3341.39   |                    |-------------------------R      |
 2991.46   |                    |----------------------R         |
 3754.70   |                    |-----------------------------R  |
  948.30   |                    |------R                         |
  286.03   |                    |-R                              |
-1412.98   |          R---------|                                |
 -382.21   |                 R--|                                |
-1438.93   |         R----------|                                |
-2266.69   |   R----------------|                                |
 -208.54   |                  R-|                                |
 -563.86   |                R---|                                |
-1361.15   |          R---------|                                |
-3073.71   |R-------------------|                                |
 2978.57   |                    |----------------------R         |
           *-----------------------------------------------------*
```

㈏ YW estimate of AUTOREG MODEL

Autoreg Procedure

Dependent Variable = Y 소비지출(경상)

① Ordinary Least Squares Estimates

SSE	1.4866E8	DFE	42
MSE	3539460	Root MSE	1881.345
SBC	793.8854	AIC	790.317
Reg Rsq	0.9989	Total Rsq	0.9989
Durbin-Watson	0.4301		

```
        ②              Autoreg Procedure
Variable      DF        B Value     Std Error    t Ratio  Approx Prob
Intercept      1    1314.388857       337.1      3.899       0.0003
X              1       0.667798     0.00349    191.221       0.0001

        ③        Estimates of Autocorrelations

                   Lag  Covariance  Correlation

                    0     3378575     1.000000
                    1     2531952     0.749414

                   Preliminary MSE =  1481095

             Estimates of the Autoregressive Parameters

            Lag     Coefficient       Std Error        t Ratio
              1    -0.74941401        0.103403         -7.248

      ④                   Yule-Walker Estimates
            SSE               58338484    DFE                41
            MSE                1422890    Root MSE     1192.849
            SBC               757.3375    AIC          751.9849
            Reg Rsq             0.9963    Total Rsq      0.9995
            Durbin-Watson  1.6090
```

㉯ 오차항의 시차가 1 즉 AR(1)모형을 2단계추정법 즉 Yule-Walker 추정법을 사용한 회귀모형의 결과이다.

① 2단계추정법의 1단계로 최소자승추정법을 이용하여 오차항의 자기상관계수를 추정한 결과를 보이고 있다.

여기서 SSE : 오차자승합, DFE : 오차의 자유도

MSE : 평균오차자승합, Root MSE : 평균오차자승의 제곱근

SBC : 베이지안정보판단기준(BIC), AIC : Akaike정보판단기준

Reg Rsq : 회귀결정계수(1-TSSE/TSST)=0.9989

Total Rsq : 총결정계수(1-SSE/SST)=0.9989

Durbin-Waston : DW통계량=0.4301

② 최소자승추정에 의한 최소자승추정값(1314.388, 0.6677), 추정값의 표준오차(Std Error), t값, 추정값의 모수가 0이라는 유의확률이 0.0001으로 유의함을 보이고 있다.

③ 자기상관계수의 추정부분이다. 시차(lag)가 1인 경우의 잔차들의 자기공분산값 (2531952), 자

기상관계수값(0.749)을 보여준다.

시차가 2이상인 경우는 NLAG=2 NLAG=3 NLAG=4, ... 으로 하면 된다.

④ 2단계추정법의 2단계추정을 수행한 결과이다. DW값이 1.609로 자기상관이 없는 것으로 나타나고 있다. 회귀결정계수가 총결정계수보다 커야 변환에 의한 효과가 있는 것으로 판단하는데, 여기서는 회귀결정계수값(0.9963)이 작으므로 변환에 의한 효과가 부정적인 것으로 나타났으나, SBC=757.337, AIC=751.984로 감소하여 오차항이 AR(1)모델을 갖는다는 가정하에서의 YW 추정값이 OLS추정값보다 좋다는 결론을 내릴 수 있다.

YW estimate of AUTOREG MODEL

⑤ Autoreg Procedure

Variable	DF	B Value	Std Error	t Ratio	Approx Prob
Intercept	1	1096.131336	788.0	1.391	0.1717
X	1	0.672761	0.00638	105.476	0.0001

⑤ YW 추정법에 의한 YW 추정값(1096.13, 0.6727), 추정값의 표준오차(Std Error), t값, 추정값의 모수가 0이라는 유의확률 $p-$값(0.0001)을 보여준다.

⑥ YW 추정법에 의한 잔차들의 시계열산포도를 보여주고 있는데 이것은 OLS 추정법에 의한 결과보다 많이 개선됨을 보여주고 있다.

```
RESID    min                                              max
         -2473.930756         ⑥                  4855.8730408
         *----------------------------------------------------*
-718.49  |           R-----|                                   |
-266.95  |               R-|                                   |
-257.25  |               R-|                                   |
-247.99  |               R-|                                   |
-263.53  |               R-|                                   |
-260.25  |               R-|                                   |
-256.61  |               R-|                                   |
-245.47  |               R-|                                   |
-246.97  |               R-|                                   |
-236.73  |               R-|                                   |
-227.45  |               R-|                                   |
-188.44  |               R-|                                   |
-188.57  |               R-|                                   |
-202.13  |               R-|                                   |
-134.52  |                R|                                   |
-142.18  |               R-|                                   |
-154.49  |               R-|                                   |
  29.13  |                 R                                   |
  21.57  |                 R                                   |
```

```
  -15.32     |                    R|                                    |
  -10.10     |                    R|                                    |
  442.07     |                     |--R                                 |
  597.88     |                     |---R                                |
  474.61     |                     |--R                                 |
  285.10     |                     |-R                                  |
  783.79     |                     |----R                               |
 1472.13     |                     |----------R                         |
 1389.09     |                     |---------R                          |
 1828.79     |                     |------------R                       |
  960.18     |                     |------R                             |
  135.16     |                     |R                                   |
  444.65     |                     |--R                                 |
 1468.18     |                     |----------R                         |
-1940.34     |     R---------------|                                    |
 -524.17     |               R---|                                      |
-1758.63     |      R-------------|                                     |
  527.09     |                     |---R                                |
-1365.94     |         R----------|                                     |
-1453.23     |         R----------|                                     |
 1241.08     |                     |--------R                           |
 -693.96     |              R-----|                                     |
-1302.85     |          R---------|                                     |
-2473.93     |R-------------------|                                     |
 4855.87     |                     |----------------------------------R|
             *------------------------------------------------------*
```

㉰ YW estimate of incom ORDER=2

① Yule-Walker Estimates

```
SSE              57168770    DFE              40
MSE               1429219    Root MSE     1195.5
SBC              760.3933    AIC        753.2566
Reg Rsq            0.9958    Total Rsq    0.9996
Durbin-Watson    1.4889
```

YW estimate of incom ORDER=2

② Autoreg Procedure

② Autoreg Procedure

```
Variable     DF        B Value    Std Error    t Ratio Approx Prob
```

```
Intercept     1   1314.388857        337.1      3.899        0.0003
X             1      0.667798      0.00349    191.221        0.0001

      ③       Estimates of Autocorrelations

               Lag  Covariance  Correlation

                0     3378575     1.000000
                1     2531952     0.749414

               Preliminary MSE =  1481095

         Estimates of the Autoregressive Parameters

        Lag    Coefficient       Std Error          t Ratio
          1    -0.74941401        0.103403           -7.248


     ④                  Yule-Walker Estimates
        SSE              58338484     DFE                41
        MSE               1422890     Root MSE     1192.849
        SBC              757.3375     AIC          751.9849
        Reg Rsq            0.9963     Total Rsq      0.9995
        Durbin-Watson    1.6090
```

㉰ 오차항의 시차가 2 즉 AR(2)모형을 2단계추정법 즉 Yule-Walker 추정법을 사용한 회귀모형의 결과이다.

① 2단계추정법의 2단계추정을 수행한 결과이다. 회귀결정계수값(0.9958)이 총결정계수(0.9996)보다 작으므로 변환에 의한 효과가 부정적인 것으로 나타났으며, SBC와 AIC도 감소하여 오차항이 AR(1)모델과 비슷한 결과를 보여주고 있다.

```
      ㉱          Maximum Likelihood Estimates

   ①    SSE              57932622    DFE                41
        MSE               1412991    Root MSE     1188.693
        SBC              757.1699    AIC          751.8173
        Reg Rsq            0.9956    Total Rsq      0.9996
        Durbin-Watson    1.6614

            ML estimate of incom with ITERATION
```

② Autoreg Procedure

Variable	DF	B Value	Std Error	t Ratio	Approx Prob
Intercept	1	1069.681694	908.6	1.177	0.2459
X	1	0.673279	0.00728	92.480	0.0001
A(1)	1	-0.786599	0.0991	-7.938	0.0001

③ Autoregressive parameters assumed given.

Variable	DF	B Value	Std Error	t Ratio	Approx Prob
Intercept	1	1069.681694	906.1	1.181	0.2446
X	1	0.673279	0.00700	96.198	0.0001

③ Autoregressive parameters assumed given.

Variable	DF	B Value	Std Error	t Ratio	Approx Prob
Intercept	1	1069.681694	906.1	1.181	0.2446
X	1	0.673279	0.00700	96.198	0.0001

㉣ 오차항의 시차가 1 즉 AR(1)모형을 최우추정법(ML)을 사용한 회귀모형의 예이다(METHOD=ML). SAS/ETS에서 최우추정법은 Gauss-Marquardt 알고리즘을 이용하여 대수우도함수를 최대로 하는 최우추정량을 구한다.

①, ②, ③ 최소자승추정값과 시차1인 YW 추정법에 의한 추정값을 Gauss-Marquart 알고리듬의 초기값으로 이용하여 최우추정법을 적용한 결과인데, 최우추정법은 모든 모수를 동시에 추정하므로 오차항 AR(1)의 회귀계수도 추정된다(②).

이 최우추정법에 의한 SSE(57932622), MSE(1412991), SBC(757.1699) 및 AIC(751.817)값은 시차 1의 YW의 이들 값보다 감소하였고, 총결정계수(0.9996)도 조금 증가하였다.

따라서 시차가 1인 경우 최우추정법이 YW 추정법 보다 좋은 것으로 판명되었다.

㉤ ULS estimate of incom with ITERATION

Unconditional Least Squares Estimates

①	SSE	57882619	DFE	41
	MSE	1411771	Root MSE	1188.18
	SBC	757.2115	AIC	751.8589
	Reg Rsq	0.9951	Total Rsq	0.9996
	Durbin-Watson	1.6838		

ULS estimate of incom with ITERATION

```
    ②                    Autoreg Procedure

  Variable      DF        B Value    Std Error    t Ratio Approx Prob
  Intercept      1    1055.932897        982.7      1.075      0.2889
  X              1       0.673543      0.00767     87.866      0.0001
  A(1)           1      -0.804921       0.0987     -8.151      0.0001

    ③         Autoregressive parameters assumed given.

  Variable      DF        B Value    Std Error    t Ratio Approx Prob
  Intercept      1    1055.932897        980.1      1.077      0.2876
  X              1       0.673543      0.00736     91.501      0.0001
```

㉤ 오차의 시차가 1인 AR(1)모형을 비조건부최소자승추정법(ULS)으로 추정한 회귀모델의 결과이다(METHOD=ULS).

비조건부최소자승추정법은 대수우도함수의 지수부분을 최소화하는 것으로 오차항이 m인 AR(m)모형의 경우 $(y-X\beta)^{-1}\Omega^{-1}(y-X\beta)$을 최소화하는 방법이다.

SAS/ETS에서 비조건부최소자승추정법은 Gauss-Marquart 알고리듬을 이용하여 대수우도함수의 지수부분을 최소로하는 추정량을 구한다.

①, ②, ③ YW 추정법에 의한 추정값을 초기값으로 이용하여 추정한 결과이다.

```
        ㉥        Cocharane-Orcutt estimate for incom

Model: MODEL1
Dependent Variable: Y1

                       Analysis of Variance

                        Sum of         Mean
Source          DF     Squares        Square      F Value       Prob>F
Model            1  14865636535   14865636535   10562.005       0.0001
Error           41  57706006.114  1407463.5638
C Total         42  14923342541

    Root MSE      1186.36570      R-square        0.9961
    Dep Mean     12904.91506      Adj R-sq        0.9960
    C.V.             9.19313

                       Parameter Estimates
```

Variable	DF	Parameter Estimate	Standard Error	T for H0: Parameter=0	Prob > |T|
INTERCEP	1	339.501052	218.35874744	1.555	0.1277
X1	1	0.671679	0.00653564	102.772	0.0001

Durbin-Watson D	1.630	①
(For Number of Obs.)	43	
1st Order Autocorrelation	-0.024	

㉳ 코크란-오컷의 반복추정법에 의한 분석결과이다.

① 앞의 ㉮의 OLS법을 적용한 결과 자기상관(ρ=0.749)이 존재하여 이를 제거하기 위하여 차분된 모형을 추정한 결과로 DW값이 1.630, ρ=-0.024로 자기상관이 없음을 보여주고 있다.

CHAPTER 14

범주형자료 분석

제14장

범주형자료 분석

제1절 분할표 분석

1. 분할표 분석이란

① 분할표 분석 : 분석에 사용되는 자료가 범주형 자료인 경우 변수간 연관성 유무를 측정하고 검증하는 통계기법이다.

㉠ 변수간 연관성이 있으면 연관성 측도를 이용하여 관련정도를 파악하면 된다.

㉡ 이 분석은 설문조사에서 얻은 자료분석에 주로 사용된다.

㉢ 단점 : 어떤 범주가 더 중요한 역할을 하는지 알 수 없다.

② SAS에서는 FREQ문을 이용해 분할표 분석을 한다. 변수의 수가 3개 이상인 경우는 FREQ문을 이용할 수 없다.

③ 따라서 범주형 변수들 사이의 관계를 선형모형으로 표현하여 변수간 관계를 설명하게 된다. 이 경우 SAS에서는 CATMOD, LOGIST, PROBIT 등을 이용하면 된다.

2. 동질성(독립성) 검증

① 범주의 수가 2개 이면 : 2개의 이항분포가 동일한지 검정.

범주의 수가 3개 이상 이면 : 다항분포가 동일한지 검정.

② 검정통계량 : 피어슨의 χ^2통계량(Pearson's χ^2-statistic), 우도비 χ^2통계량(Likelihood-ratio χ^2-statistic) 등

㉠ 피어슨의 χ^2통계량

ⓐ 변수들이 독립이란 귀무가설이 사실일 때 예상되는 기대도수와 관찰도수간 차이가 있는지 검증하는 통계량.

ⓑ 표본의 크기가 적당할 때 이용되는 통계량, 표본이 매우 크거나 작으면 Fisher 검

증을 이용하는 것이 타당하다.

$$검정통계량 \quad x^2 = \sum_i \sum_j \frac{(O_{ij} - M_{ij})^2}{M_{ij}}$$

단, O_{ij} : i행과 j열의 관찰도수, M_{ij} : i행과 j열의 기대도수

M_{ij}=(i행의 누계도수)*(j열의 누계도수)/총도수

ⓐ 변수들간 독립적이면 $O_{ij} = M_{ij}$가 된다. x^2통계량의 값이 클수록 귀무가설(변수간 독립적임)이 기각된다. 따라서 변수간에는 연관성이 존재한다.

ⓑ 이 통계량은 변수간의 연관성이 어느 정도인지에 대한 정보를 제공하지 않는다.

㉡ 우도비 x^2통계량

$$검정통계량 \quad G^2 = 2\sum_i \sum_j O_{ij} \cdot \log \frac{O_{ij}}{E_{ij}}$$

㉢ 연속성 수정 x^2통계량(Continuity-adjusted x^2-statistic)

범주형 자료는 이산형 자료이므로 계산된 통계량을 연속적 x^2분포와 대응시켜 확률을 계산하면 오차가 발생하게 되는데, 이를 보정해 연속성있게 할 때 사용되는 검정통계량이다.

3. 연관성 측도(Measures of association)

(1) 변수들간 연관성이 어느 정도인지에 대한 정보를 제공해 주는 측도

(2) 자료가 순위척도인 경우

① 범주형 자료가 순서형 자료(ordinal data)인 경우 이 순서형 자료의 분할표에서 순서가 같은 방향의 쌍(일치쌍)과 반대방향의 쌍(불일치쌍)의 수를 이용하여 연관성 측도를 계산한다.

② $-1 \leq$값≤ 1 : 0에 가까울수록 변수들간 연관성이 없음을 나타낸다.

㉠ 피어슨의 표본상관계수

㉡ 스피어만의 표본상관계수

㉢ 감마(Gammar, γ)= $\frac{p-u}{p+u}$ 단, p : 일치쌍, u : 불일치쌍

㉣ 켄달의 타우-b(Kendall's Tau-b)= $\frac{p-u}{\sqrt{(p+u+p_r)}\cdot\sqrt{(p+u+p_c)}}$

단, p_r : 행변수만 일치하는 쌍의 수, p_c : 열변수만 일치하는 쌍의 수

㉤ 스튜어트의 타우-c(Stuart's Tau-c)= $\frac{p-u}{[n^2(\min(r,c)-1)/(2\min(r,c))]}$

㉥ 소머즈의 D(Somer's D)

$\frac{p-u}{(p+u+p_r)}$: 행이 종속된 경우, $\frac{p-u}{(p+u+p_c)}$: 열이 종속된 경우

(3) 자료가 명목척도인 경우

① 파이계수(Phi coefficient)= $\sqrt{x^2/n}$ 단, $-1\leq \Phi \leq 1$

㉠ Φ가 1에 가까울수록 양의 연관성이 크고,

㉡ -1에 가까울수록 음의 연관성이 크다.

㉢ 0에 가까우면 연관성이 없음을 나타낸다.

② 분할계수(Contingency coefficient, C)= $\sqrt{x^2/(x^2+n)}$ 단, $o\leq C\leq 1$

C가 0에 가까울수록 연관성이 없고, 1에 가까울수록 연관성이 크다.

③ 크래머V(Crammer's V, V)= $\sqrt{\frac{x^2/n}{\min(r-1),(c-1)}}$ 단, $0\leq V\leq 1$

분할계수의 단점을 보완하기 위한 통계량이다.

4. 분할표 분석의 예

(1) PROC FREQ문의 일반형식

```
㉮ PROC FREQ 선택사양;
㉯   TABLES 변수들/선택사양;
㉰   WEIGHT 변수;
㉱   BY 변수들;
    RUN;
```

㉮ PROC FREQ문 : 분할표 작성을 위한 프로시져이다.

【선택사양】

㉠ ORDER=FREQ : 빈도수가 큰 범주부터 분할표가 작성된다.

㉡ ORDER=DATA : 자료 입력순서대로 분할표가 작성된다.

㉯ TABLES: 지정한 변수들간의 분할표를 작성한다.

【선택사양】

TABLES X*Y : X변수와 Y변수의 2차원 분할표 분석을 수행한다.

TABLES X*(Y Z) : X*Y, X*Z의 2차원 분할표 분석을 수행한다.

TABLES X*Y*Z : X*Y*Z의 3차원 분할표 분석을 수행한다.

TABLES (X Y)*(A B) : X*A, X*B, Y*A, Y*B의 2차원 분할표 분석을 수행한다.

TABLES X, Y*Z*MEAN : X변수를 행에, 열에 Y변수의 각 수준에 Z변수의 MEAN(평균값)을 표시한다.

【/뒤의 선택사양】

ALL : 각종 검증, 연관성 측도와 관련된 모든 통계량이 출력된다.

EXPENTED : 각 범주(칸)의 기대값이 출력된다.

DEVIATION : 관측도수와 기대도수의 차이를 출력한다.

CELLCHI2 : 각 범주의 x^2통계량이 출력된다.

MEANSURES : 연관성 측도관련 통계량과 그들의 점근적 표본오차가 출력된다.

NOFREQ : 관찰값을 출력하지 않는다.

NOPERCENT, NOCOL, NOROW, NOCUM, NOPRINT : 각 범주의 백분비, 열의 백분비, 행의 백분비, 누적백분율 분석결과를 출력하지 않는다.

㉰ WEIGHT 변수 : 도수로 사용할 변수를 지정한다.

㉱ BY 변수 : 지정된 변수 값에 따라 분석된다.

(2) 분할표 분석의 예

예제 우리나라의 도시특성과 소득계층에 대한 다음과 같은 자료가 있다. 이를 이용하여 분할표를 작성해 보자.

구 분		소득계층 (in)		계
		저소득(1)	고소득(2)	
도시특성(tc)	공업도시(1)	3	40	43
	상업도시(2)	3	11	14
	계	6	51	57

프로그램명: KIMFR1.SAS

```
OPTIONS nodate formchar='|----|+|---+=|-^<>*';
DATA kimfr1;
   INPUT tc in mum @@;
```

```
   LABEL tc='도시특성' in='소득계층';
CARDS;
1  3  3 1 4 40
2  3  3 2 4 11
RUN;

PROC FREQ DATA=kimfr1;
㉮  WEIGHT mum;
㉯  TABLES tc*in/CHISQ EXPECTED CELLCHI2 MEASURES;
   RUN;
```

㉮ 빈도수는 설문조사에서 응답한 응답자의 수(mum)이다.

㉯ 도시특성(tc : 1=공업도시, 2=상업도시)과 소득계층(in : 3=저소득, 4=고소득)간의 2변수로 2차원 분할표를 작성한다.

분석결과: KIMFR1.OUT

```
                TABLE OF TC BY IN

          TC(도시특성)      IN(소득계층)

          Frequency       |
          Expected        |
          Cell Chi-Square|
          Percent         |
          Row Pct         |
          Col Pct         |        3|        4|  Total
          ----------------+---------+---------+
               ㉮       1 |       3 |      40 |     43
               ㉯         | 4.5263  | 38.474  |
               ㉰         | 0.5147  | 0.0606  |
               ㉱         |   5.26  |  70.18  |  75.44
               ㉲         |   6.98  |  93.02  |
               ㉳         |  50.00  |  78.43  |
          ----------------+---------+---------+
                        2 |       3 |      11 |     14
                          | 1.4737  | 12.526  |
                          | 1.5808  |  0.186  |
                          |   5.26  |  19.30  |  24.56
                          |  21.43  |  78.57  |
                          |  50.00  |  21.57  |
          ----------------+---------+---------+
          Total                 6        51       57
                            10.53     89.47   100.00
```

STATISTICS FOR TABLE OF TC BY IN

	Statistic	DF	Value	Prob
㉖	Chi-Square	1	2.342	0.126
㉗	Likelihood Ratio Chi-Square	1	2.051	0.152
㉘	Continuity Adj. Chi-Square	1	1.059	0.303
㉙	Mantel-Haenszel Chi-Square	1	2.301	0.129
㉚	Fisher's Exact Test (Left)			0.151
	(Right)			0.973
	(2-Tail)			0.151
㉜	Phi Coefficient		-0.203	
㉝	Contingency Coefficient		0.199	
㉞	Cramer's V		-0.203	

㉠	Statistic	Value	ASE
	Gamma	-0.569	0.299
	Kendall's Tau-b	-0.203	0.153
	Stuart's Tau-c	-0.107	0.088
	Somers' D C|R	-0.145	0.116
	Somers' D R|C	-0.284	0.212
	Pearson Correlation	-0.203	0.153
	Spearman Correlation	-0.203	0.153
	Lambda Asymmetric C|R	0.000	0.000
	Lambda Asymmetric R|C	0.000	0.000
	Lambda Symmetric	0.000	0.000
	Uncertainty Coefficient C|R	0.053	0.076
	Uncertainty Coefficient R|C	0.032	0.047
	Uncertainty Coefficient Symmetric	0.040	0.058

Estimates of the Relative Risk (Row1/Row2)

Type of Study	Value	95% Confidence Bounds	
Case-Control	0.275	0.049	1.557
Cohort (Col1 Risk)	0.326	0.074	1.434
Cohort (Col2 Risk)	1.184	0.890	1.575

Sample Size = 57

㉮ 각 칸의 응답자(빈도) 수이다.

㉯ 기대도수이다. 예로 공업도시에 거주하는 사람이 저소득층일 것으로 예상하는 빈도수는 (43*6)/57 =4.5263이다.

㉰ 각 칸의 x^2값이다. 상업도시에서 소득계층이 저소득인 경우 x^2통계량은 $(3-1.4737)^2/1.4737=$ 1.5808 이다.

㉱ 각 칸의 백분비다. 예, 도시특성이 1이고, 소득계층이 4인 경우 백분비는 (40/57)*100=70.18이다.

㉲ 각 행의 백분비로, 2와 3인 경우 (3/14)×100=21.43%이다.

㉳ 각 열의 백분비이다. 1과 3인 경우 (3/6)×100=50.0%이다.

㉴ x^2통계량의 값(2.342)으로 분할표의 각 칸의 x^2값의 합이다.

x^2=2.342에 대응되는 $P-$값은 0.126으로 유의수준 0.05에서 귀무가설이 기각되지 않아 도시특성과 소득계층간에 연관성이 없음을 보여주고 있다.

㉵ 우도비 검정통계량의 값(2.051), ㉶ 연속성 수정 x^2통계량의 값(1.059), ㉷ Hantel-Haenszel 통계량의 값(2.301)을 나타낸다.

㉸ Fisher의 검정결과로 좌측검정(Left)의 경우 $P-$값이 0.151정도이고, 양측검정인 경우(2-Tail) $P-$값이 0.151로 x^2검정결과와 거의 동일한 결과를 보여주고 있다.

㉹ 파이계수(−0.203), ㉺ 분할계수(0.199), ㉻ 그래머 V값(−0.203)으로 이는 명목형자료에 의한 변수간 연관성의 정도를 측정하는 측도로 연관성이 없는 것을 보여주고 있다.

㉠ 순서형자료에 의한 변수간 연관성의 정도를 측정하는 측도 값과 그에 대한 표준오차(ASE)이다. 변수간 연관성은 음의 상관관계에 있으나 ASE와 비교할 때 각종 통계량의 절대값이 2*ASE보다 작아 (예 감마의 절대값 : 0.569<2*0.299=0.598) 유의하지 않음을 보여주고 있다. 즉 도시특성과 소득계층간에는 연관성이 없는 것으로 판단된다.

예제 앞의 〔예제〕를 FORMAT문을 이용해 분석하는 분할표 분석 절차는 다음과 같다.

분석프로그램: KIMFR11.SAS

```
OPTIONS nodate formchar='|----|+|---+=|-^<>*';
DATA kimfr11;
  INPUT tc in mum @@;
LABEL tc='도시특성' in='소득계층';
CARDS;
1  3  3 1 4 40
2  3  3 2 4 11
RUN;

㉮ PROC FORMAT;
    VALUE tcfmt 1='공업도시' 2='상업도시';
    VALUE infmt 3='저소득' 4='고소득';
    TITLE1 'FORMAT문을 이용한 분할표 분석';
```

```
PROC FREQ DATA=kimfr11;
  WEIGHT mum;
  TABLES tc*in/CHISQ EXPECTED CELLCHI2 MEASURES;
  FORMAT tc tcfmt. in infmt.;
RUN;
```

㉮ FORMAT문의 VALUE에서 도시특성과 소득계층별로 레벨명 1='공업도시' 2='상업도시', 3='저소득' 4='고소득'을 부여한 예이다. 첫째줄에 제목(FORMAT문을 이용한 분할표 분석)을 출력시킨다.

분석결과: KIMFR11.OUT

```
                    FORMAT문을 이용한 분할표 분석
                        TABLE OF TC BY IN

  ㉮          TC(도시특성)      IN(소득계층)
              Frequency        |
              Expected         |
              Cell Chi-Square  |
              Percent          |
              Row Pct          |
              Col Pct          |저소득  |고소득  |  Total
              -----------------+--------+--------+
              공업도시         |      3 |     40 |     43
                               | 4.5263 | 38.474 |
                               | 0.5147 | 0.0606 |
                               |   5.26 |  70.18 |  75.44
                               |   6.98 |  93.02 |
                               |  50.00 |  78.43 |
              -----------------+--------+--------+
              상업도시         |      3 |     11 |     14
                               | 1.4737 | 12.526 |
                               | 1.5808 |  0.186 |
                               |   5.26 |  19.30 |  24.56
                               |  21.43 |  78.57 |
                               |  50.00 |  21.57 |
              -----------------+--------+--------+
              Total                    6       51      57
                                   10.53    89.47  100.00
```

㉮ FORMAT문을 이용한 결과로 공업도시, 상업도시, 저소득, 고소득이란 레벨이 붙어져 분할표를 쉽게 이해할 수 있다. 그외 각종 통계량은 앞(KIMFR1.OUT)의 결과와 같다.

5. 복수응답(Multi response)의 분할표분석

① 흔히 어떤 현상을 확인하기 위하여 설문지 조사를 하게된다. 이때 복수응답을 요구하는 문항이 존재하게 되는데. 이 경우 분석목적과 설문지 작성이 일치해야 좋은 결과를 얻을 수 있다. 복수응답의 경우는 2가지 종류가 있는데 하나는 복수응답에서 순서가 중요하지 않은 경우이고 다른 하나는 순서가 매우 중요한 경우이다.

② 답변결과의 입력방법에는 첫째, 각 문항마다 1칸을 차지하게 하고 해당란에 표시되어 있으면 1, 그렇지 않으면 0을 입력하는 방법이다.

예 귀하께서는 우선순위에 관계없이 좋아하는 취미활동을 아래에서 3개만 골라 √를 하십시오.

① 등산 ② 수영 ③ 여행 ④ 영화감상 ⑤ 음악감상 ⑥ 기타

입력방법: ①, ③, ⑤번에 응답을 했다면 아래와 같이 입력한다.

조사문항	등산	수영	여행	영화감상	음악감상	기타
응답값	1	0	1	0	1	0

둘째, 3칸을 지정하여 답변문항의 번호를 직접입력하는 방법이다.

예

조사문항	1	2	3
응답값	1	3	5

(1) 선다식의 경우(순서가 불필요한 복수응답의 분석)

하나의 질문에 대해 다수의 보기 중에서 몇 개를 선택하는 경우에 사용되는 방법이다.

예제 **18명의 남녀를 표본으로 추출하여 ① 등산 ② 수영 ③ 여행 ④ 영화감상 ⑤ 음악감상 ⑥ 기타 중에서 좋아하는 취미 2개씩 선택한 결과가 다음과 같다. 이를 이용하여 어떤 취미활동을 가장 많이 좋아하는지를 분석해 보자(단, 맨앞의 숫자는 1=남자, 2=여자를 의미함).**

```
2 1 4  1 2 4  1 1 3  2 2 5  2 3 1  2 1 2
1 3 2  1 3 2  1 2 3  2 5 6  1 1 3  2 3 4
1 3 4  2 3 6  1 1 3  2 1 3  2 3 4  1 3 1
```

프로그램 : KIMMUL1.SAS

```
OPTIONS FORMCHAR='|----|+|---+=|-/\<>*';
TITLE1 '순서가 필요없는 복수응답자료의 분석방법';
DATA kimmul;
 INPUT sex x1 x2 @@;
```

```
 LABEL sex='성별' x1='응답1' x2='응답2';
CARDS;
2 1 4  1 2 4  1 1 3
1 3 2  1 3 2  1 2 3
1 3 4  2 3 6  1 1 3
2 2 5  2 3 1  2 1 2
2 5 6  1 1 3  2 3 4
2 1 3  2 3 4  1 3 1
RUN;

㉮  DATA kimmul1;
    SET kimmul;
     x=x1; OUTPUT;
     x=x2; OUTPUT;
    LABEL x='취미활동';
   RUN;

㉯  PROC PRINT DATA=kimmul1;
    VAR x1 x2 x;
    TITLE2 'x1과 x2를 아래위로 만든 결과';
   RUN;
㉰  PROC FORMAT;
     VALUE sexfmt 1='남자' 2='여자';
     VALUE xfmt 1='등산' 2='수영' 3='여행' 4='영화감상' 5='음악감상'
              6='기타';

㉱  PROC FREQ DATA=kimmul1;
    TABLES sex*x;
    FORMAT sex sexfmt. x xfmt.;
    RUN;
```

㉮ 자료세트 kimmul를 SET문에 의해 새로운 자료세트 kimmul2를 생성한다.
x1과 x2를 새로운 변수 x로 하여 x1과 x2를 아래위로 만든다.

㉯ 자료세트 kimmul1을 프린트한다.

㉰ FORMAT문에 의해 성별(sex)과 취미활동(x)별로 레벨명을 붙인 예이다.

㉱ 행란에 성별(sex), 열란에 취미활동(x)으로 하는 분할표가 만들어진다.

분석결과 : KIMMUL1.OUT

순서가 필요없는 복수응답자료의 분석방법

㉮ x1과 x2를 아래위로 만든 결과

OBS	X1	X2	X	OBS	X1	X2	X	OBS	X1	X2	X
1	1	4	1	13	3	4	3	25	5	6	5
2	1	4	4	14	3	4	4	26	5	6	6
3	2	4	2	15	3	6	3	27	1	3	1
4	2	4	4	16	3	6	6	28	1	3	3
5	1	3	1	17	1	3	1	29	3	4	3
6	1	3	3	18	1	3	3	30	3	4	4
7	3	2	3	19	2	5	2	31	1	3	1
8	3	2	2	20	2	5	5	32	1	3	3
9	3	2	3	21	3	1	3	33	3	4	3
10	3	2	2	22	3	1	1	34	3	4	4
11	2	3	2	23	1	2	1	35	3	1	3
12	2	3	3	24	1	2	2	36	3	1	1

㉮ x1과 x2를 x변수로 하여 아래위로 연결한 결과이다.

순서가 필요없는 복수응답자료의 분석방법

㉯ TABLE OF SEX BY X

```
SEX(성별)     X(취미활동)

Frequency|
Percent  |
Row Pct  |
Col Pct  |등산    |수영    |여행    |영화감상|음악감상|기타    |  Total
---------+--------+--------+--------+--------+--------+--------+
남자     |      4 |      4 |      8 |      2 |      0 |      0 |     18
         |  11.11 |  11.11 |  22.22 |   5.56 |   0.00 |   0.00 |  50.00
         |  22.22 |  22.22 |  44.44 |  11.11 |   0.00 |   0.00 |
         |  50.00 |  66.67 |  61.54 |  40.00 |   0.00 |   0.00 |
---------+--------+--------+--------+--------+--------+--------+
여자     |      4 |      2 |      5 |      3 |      2 |      2 |     18
         |  11.11 |   5.56 |  13.89 |   8.33 |   5.56 |   5.56 |  50.00
         |  22.22 |  11.11 |  27.78 |  16.67 |  11.11 |  11.11 |
         |  50.00 |  33.33 |  38.46 |  60.00 | 100.00 | 100.00 |
---------+--------+--------+--------+--------+--------+--------+
Total           8        6       13        5        2        2       36
            22.22    16.67    36.11    13.89     5.56     5.56   100.00
```

㉯ 18명의 응답결과를 분석한 내용으로 응답자 1인당 2개씩 답했기 때문에 총표본수는 36(18*2)이 된다. 취미활동 중 여행을 좋아하는 응답자가 전체의 36.11%로 가장 높았고, 그 다음이 등산(22.22%)으로 나타났다. 성별에 있어서는 남녀 모두 여행을 가장 선호하는 취미로 생각하고 있다.

(2) 서열식의 경우(순서가 필요한 복수응답의 분석)

하나의 질문에 대해 여러 개의 보기 중에서 우선순으로 서열을 선택하여 응답하게 할 때 사용되는 분석방법이다.

14명의 남녀를 표본으로 취미활동에 대한 선호도를 조사하는 설문조사가 있다고 하자.

예제 **주어진 아래 문항 중에서 좋아하는 순서에 의거 1순위부터 3순위까지 선택하십시오.**

① 독서 ② 여행 ③ 수영이라는 설문지가 있다고 하자. 이를 이용하여 어떤 취미활동순으로 선호하는지를 성별로 분석하는 절차는 다음과 같다(단, 맨앞의 숫자는 1=남자, 2=여자를 의미함).

```
1  1  2  3    2  1  2  3
1  2  1  3    2  3  1  2
1  3  2  1    2  2  1  3
2  2  3  1    2  3  2  1
1  1  3  2    2  1  3  2
1  3  2  1    2  1  2  3
1  3  2  1    1  3  2  1
```

프로그램: KIMMUL2.SAS

```
 TITLE1 '순서가 필요한 복수응답자료의 분석방법';
 DATA kimmu2;
  INPUT sex x1 x2 x3 @@;
LABEL sex='성별' x1='독서' x2='여행' x3='수영';
 CARDS;
 1 1 2 3 2 1 2 3 1 1 3 2 2 1 3 2
 1 2 1 3 2 3 1 2 1 3 2 1 2 1 2 3
 1 3 2 1 2 2 1 3 1 3 2 1 1 3 2 1
 2 2 3 1 2 3 2 1
 RUN;
㉮ DATA kimmu21;
   SET kimmu2;
    IF x1=1 THEN t1=1;
     IF x2=1 THEN t1=2;
```

```
      IF x3=1 THEN t1=3;
    LABEL t1='1순위 취미';
    IF x1=2 THEN t2=1;
     IF x2=2 THEN t2=2;
      IF x3=2 THEN t2=3;
    LABEL t2='2순위 취미';
    IF x1=3 THEN t3=1;
     IF x2=3 THEN t3=2;
      IF x3=3 THEN t3=3;
    LABEL t3='3순위 취미';

  PROC PRINT;
  RUN;

㉯ PROC FORMAT;
   VALUE sexfmt 1='남자' 2='여자';
   VALUE t1fmt 1='독서' 2='여행' 3='수영';
   VALUE t2fmt 1='독서' 2='여행' 3='수영';
   VALUE t3fmt 1='독서' 2='여행' 3='수영';

㉰ PROC FREQ DATA=kimmu21;
   TABLES sex*(t1 t2 t3);
   FORMAT sex sexfmt. t1 t1fmt. t2 t2fmt. t3 t3fmt
   RUN;
```

㉮ 조건문(IF문)에 의해 x1=1(1순위)이면 t1값이 1이 되고 x2=1이면 t1값이 2가 되며, x3=1이면 t1값이 3이 된다. x1=2(2순위)이면 t2값이 1이 되고 x3=3(3순위)이면 t3값이 3이 되어 새로운 SAS 자료세트 kimmu21이 생성된다.

㉯ FORMAT 문에 의해 성별(sex), 취미활동(t1, t2, t3)별로 레벨명을 붙인 예이다.

㉰ 행란에 성별(sex), 열란에 취미활동(t1, t2, t3)의 형태를 갖는 분활표가 우선순위(1순위=t1, 2순위=t2, 3순위=t3)별로 만들어 진다.

분석결과: KIMMUL2.OUT

순서가 필요한 복수응답자료의 분석방법

㉮

OBS	SEX	X1	X2	X3	T1	T2	T3
1	1	1	2	3	1	2	3
2	2	1	2	3	1	2	3
3	1	1	3	2	1	3	2
4	2	1	3	2	1	3	2

```
 5     1    2    1    3    2    1    3
 6     2    3    1    2    2    3    1
 7     1    3    2    1    3    2    1
 8     2    1    2    3    1    2    3
 9     1    3    2    1    3    2    1
10     2    2    1    3    2    1    3
11     1    3    2    1    3    2    1
12     1    3    2    1    3    2    1
13     2    2    3    1    3    1    2
14     2    3    2    1    3    2    1
```

순서가 필요한 복수응답자료의 분석방법

㉯

```
                  TABLE OF SEX BY T1

SEX(성별)      T1(1순위 취미)

  Frequency|
  Percent  |
  Row Pct  |
  Col Pct  |독서     |여행     |수영     |  Total
  ---------+--------+--------+--------+
  남자      |      2 |      1 |      4 |      7
           |  14.29 |   7.14 |  28.57 |  50.00
           |  28.57 |  14.29 |  57.14 |
           |  40.00 |  33.33 |  66.67 |
  ---------+--------+--------+--------+
  여자      |      3 |      2 |      2 |      7
           |  21.43 |  14.29 |  14.29 |  50.00
           |  42.86 |  28.57 |  28.57 |
           |  60.00 |  66.67 |  33.33 |
  ---------+--------+--------+--------+
  Total            5        3        6       14
               35.71    21.43    42.86   100.00
```

㉮ 우선순위(t1, t2, t3)별로 자료가 정리된 결과이다.

㉯ 1순위 취미활동(t1)에 대한 분할표 분석의 결과이다. 1순위 취미활동 중 가장 선호하는 것이 수영(42.86%)으로 나타나고 있다.

```
㉰                     TABLE OF SEX BY T2
    SEX(성별)     T2(2순위 취미)
    Frequency|
    Percent  |
    Row Pct  |
    Col Pct  |독서    |여행    |수영    |  Total
    ---------+--------+--------+--------+
    남자     |      1 |      5 |      1 |      7
             |   7.14 |  35.71 |   7.14 |  50.00
             |  14.29 |  71.43 |  14.29 |
             |  33.33 |  62.50 |  33.33 |
    ---------+--------+--------+--------+
    여자     |      2 |      3 |      2 |      7
             |  14.29 |  21.43 |  14.29 |  50.00
             |  28.57 |  42.86 |  28.57 |
             |  66.67 |  37.50 |  66.67 |
    ---------+--------+--------+--------+
    Total           3        8        3       14
                21.43    57.14    21.43   100.00
㉱                 TABLE OF SEX BY T3

    SEX(성별)     T3(3순위 취미)

    Frequency|
    Percent  |
    Row Pct  |
    Col Pct  |독서    |여행    |수영    |  Total
    ---------+--------+--------+--------+
    남자     |      4 |      1 |      2 |      7
             |  28.57 |   7.14 |  14.29 |  50.00
             |  57.14 |  14.29 |  28.57 |
             |  66.67 |  33.33 |  40.00 |
    ---------+--------+--------+--------+
    여자     |      2 |      2 |      3 |      7
             |  14.29 |  14.29 |  21.43 |  50.00
             |  28.57 |  28.57 |  42.86 |
             |  33.33 |  66.67 |  60.00 |
    ---------+--------+--------+--------+
    Total           6        3        5       14
                42.86    21.43    35.71   100.00
```

㉰ 2순위 취미활동(t2)에 대한 분할표 분석의 결과로 2순위 선호는 취미활동 중에서 여행(57.14%)을 가장 많이 선호하는 것으로 나타나고 있다.

㉱ 3순위 취미활동(t3)에 대한 분할표 분석의 결과로 3순위 선호하는 취미활동중에서 독서(42.86%)을 가장 많이 선호하는 것으로 분석되고 있다.

(3) 전체 중 일부를 선택하고 그 순서가 필요한 복수응답의 분석

예제 앞의 예 (2)에서 ① 독서, ② 여행, ③ 수영 중 좋아하는 순서대로 "2" 개만 선택하는 경우를 분석해 보자.

프로그램: KIMMUL3.SAS

```
㉮ OPTIONS nodate FORMCHAR='|----|+|---+=|-/\<>*';
   TITLE1 '순서가 필요한 복수응답자료의 분석방법(전체중 일부선택의 경우)';
   DATA kimmu3;
      INPUT sex x1 x2 x3 @@;
   LABEL sex='성별' x1='독서' x2='여행' x3='수영';
   CARDS;
   1 1 2 3 2 1 2 3 1 1 3 2 2 1 3 2
   1 2 1 3 2 3 1 2 1 3 2 1 2 1 2 3
   1 3 2 1 2 2 1 3 1 3 2 1 1 3 2 1
   2 2 3 1 2 3 2 1
   RUN;

   DATA kimmu31;
     SET kimmu3;
      IF x1=1 THEN t1=1;
       IF x2=1 THEN t1=2;
        IF x3=1 THEN t1=3;
          LABEL t1='1순위 취미';
      IF x1=2 THEN t2=1;
       IF x2=2 THEN t2=2;
        IF x3=2 THEN t2=3;
          LABEL t2='2순위 취미';

   PROC PRINT;
   RUN;

   PROC FORMAT;
     VALUE sexfmt 1='남자' 2='여자';
     VALUE t1fmt 1='독서' 2='여행' 3='수영';
     VALUE t2fmt 1='독서' 2='여행' 3='수영';
   PROC FREQ DATA=kimmu31;
     TABLES sex*(t1 t2);
     FORMAT sex sexfmt. t1 t1fmt. t2 t2fmt.;
   RUN;
```

㉮ 기본적으로는 KIMMUL2.SAS 프로그램과 같다. 다만 차이는 전체 3문항 중에서 2문항을 우선순위로 선택하기 위한 프로그램이다. 그 외 프로그램 절차는 동일하다. 이런 예는 실제로 설문조사시 많이 활용된다.

분석결과: KIMMUL3.OUT

```
㉮          순서가 필요한 복수응답자료의 분석방법(전체중 일부선택의 경우)
                    OBS    SEX    X1    X2    X3    T1    T2
                      1      1     1     2     3     1     2
                      2      2     1     2     3     1     2
                      3      1     1     3     2     1     3
                      4      2     1     3     2     1     3
                      5      1     2     1     3     2     1
                      6      2     3     1     2     2     3
                      7      1     3     2     1     3     2
                      8      2     1     2     3     1     2
                      9      1     3     2     1     3     2
                     10      2     2     1     3     2     1
                     11      1     3     2     1     3     2
                     12      1     3     2     1     3     2
                     13      2     2     3     1     3     1
                     14      2     3     2     1     3     2

        순서가 필요한 복수응답자료의 분석방법(전체중 일부선택의 경우)

㉯                          TABLE OF SEX BY T1

                 SEX(성별)     T1(1순위 취미)
                 Frequency|
                 Percent  |
                 Row Pct  |
                 Col Pct  |독서    |여행    |수영    |  Total
                 ---------+--------+--------+--------+
                 남자     |      2 |      1 |      4 |      7
                          |  14.29 |   7.14 |  28.57 |  50.00
                          |  28.57 |  14.29 |  57.14 |
                          |  40.00 |  33.33 |  66.67 |
                 ---------+--------+--------+--------+
                 여자     |      3 |      2 |      2 |      7
                          |  21.43 |  14.29 |  14.29 |  50.00
                          |  42.86 |  28.57 |  28.57 |
                          |  60.00 |  66.67 |  33.33 |
                 ---------+--------+--------+--------+
                 Total           5        3        6       14
                             35.71    21.43    42.86   100.00
```

㉯ 앞의 분석결과(KIMMUL2.OUT)와 동일하다. 다만 앞의 예에서는 조사문항 전체 즉 3순위(T1, T2, T3)까지 출력되나 여기서는 2순위(T1, T2)까지만 출력된다는 것이다.

1순위에 대한 분할표 분석결과는 KIMMUL2.OUT의 결과와 동일하다.

```
㉰                    TABLE OF SEX BY T2

          SEX(성별)     T2(2순위 취미)
          Frequency|
          Percent  |
          Row Pct  |
          Col Pct  |독서     |여행     |수영     |  Total
          ---------+--------+--------+--------+
          남자     |      1 |      5 |      1 |      7
                   |   7.14 |  35.71 |   7.14 |  50.00
                   |  14.29 |  71.43 |  14.29 |
                   |  33.33 |  62.50 |  33.33 |
          ---------+--------+--------+--------+
          여자     |      2 |      3 |      2 |      7
                   |  14.29 |  21.43 |  14.29 |  50.00
                   |  28.57 |  42.86 |  28.57 |
                   |  66.67 |  37.50 |  66.67 |
          ---------+--------+--------+--------+
          Total           3        8        3       14
                      21.43    57.14    21.43   100.00
```

㉰ 2순위에 대한 분할표 분석결과도 역시 KIMMUL2.OUT의 결과와 동일하다.

① 결과를 얻기 위해서는 앞의 분석프로그램 KIMMUL2.SAS의 분석결과에서 1순위 취미와 2순위 취미 분석결과를 이용할 수 도 있고, 분석프로그램 KIMMUL3.SAS를 이용해도 된다.

② KIMMUL2.OUT 나 KIMMUL3.OUT의 결과를 요약하면 다음 표와 같다.

	1순위 취미	2순위 취미	계
독 서	5(35.71)(2)	3(21.43)(1)	8(28.57)(3)
여 행	3(21.43)(1)	8(57.14)(5)	11(39.29)(6)
수 영	6(42.86)(4)	3(21.43)(1)	9(32.14)(5)
계	14(100.0)(7)	14(100.0)(7)	28(100.0)(14)

단 ( )안의 숫자는 남자의 경우임.

③ 취미활동 중 1순위 취미로는 수영(전체 14명 중 6명이 선호)으로 분석되었고, 2순위로는 14명 중 8명이 선호하는 여행(57.14%)으로 나타났다. 우선순위에 관계없이 가장 좋아하는 취미활동으로는 여행(39.29%)으로 분석되었다.

제2절 로그선형모형(Loglinear model)

1. 개념 및 모형

① 로그선형모형은 반응변수간의 관계를 분석할 때 사용한다.

② 분할표 분석의 독립성 검정에서 2변수(요인)간 서로 독립적이란 귀무가설하에서 각 칸의 기대도수의 추정량은 다음과 같다.

$$M_{ij} = \sum_i \sum_j x_i \cdot x_j / n$$

위 식의 양변에 log를 취해서 정리하면 아래와 같은 로그선형모형이 얻어 진다.

$$\log M_{ij} = u + u_{1(i)} + u_{2(j)}$$

여기서 u : 전체효과, $u_{1(i)}$: 특정변수의 i번째 범주효과, $u_{2(j)}$: 다른변수의 j번째 범주효과

$$\sum_i u_{1(i)} = \sum_j u_{2(j)} = 0, \qquad 자유도 = (r-1)(c-1)$$

③ 로그선형모형은 2변수간 서로 독립이면 각 변수의 주효과만 존재하고, 이 모형을 독립모형이라 한다. 만약 2변수의 교호작용이 존재하면 아래와 같은 포화모형(saturated model)이 얻어진다.

$$\log M_{ij} = u + u_{1(i)} + u_{2(j)} + u_{12(ij)}$$

여기서 $\sum_i u_{12(ij)} = \sum_j u_{12(ij)} = 0$, 자유도 $= 0$

④ 로그선형모형은 3변수 이상인 경우 변수간 연관성을 분석하는데 유용하게 사용된다. 이 경우 포화모형은 다음과 같다.

$$\log M_{ij} = u + u_{1(i)} + u_{2(j)} + u_{3(k)} + u_{12(ij)} + u_{13(ik)} + u_{23(jk)} + u_{123(ijk)}$$

⑤ SAS는 로그선형모형에서 위계적구조(hierarchical structure)를 가정하여 모형을 만든다. 위계적구조란 특정한 교호작용이 모형에 포함되면 그 하위 교호작용과 주효과가 모두 모형에 포함되는 것을 말한다. 만약 위계적구조가 아니면 SAS에서는 막대기호(|)를 사용할 수 없다.

예 3변수 교호작용 [A|B|C]이면 u, $u_{1(i)}$, $u_{2(j)}$, $u_{3(k)}$, $u_{12(ij)}$, $u_{13(ik)}$, $u_{23(jk)}$가 포함.
$\log M_{ij} = u + u_{1(i)} + u_{12(ij)}$이면 $u_{2(j)}$가 없으므로 위계적구조가 아님.

2. 모형선택의 방법

① 검정통계량 : 우도비 x^2통계량 G^2을 이용한다.

② 최적모형 선택방법 : 회귀분석시 변수선택에 사용되는 후진선택법, 전진선택법, 단계적 선택법이 사용된다.

③ 모든 효과를 모형에 포함시킨 후 중요하지 않는 효과를 1개씩 제거하는 후진선택법(BACKWARD)에 의해 최적모형을 선택하는 방법은 다음과 같다.

예 3변수(X, Y, Z)인 경우

SAS 표현식 : ① [X|Y] [X|Z] [Y|Z] → G^2통계량=A
② [X|Y] [Y|Z] → G^2통계량=B
③ [X|Z] → G^2통계량=C
④ [X Y Z]

- 모형①의 G^2통계량 A> α(0.01, 0.05 등)인 경우 모형①의 적합이 가능
- 유의수준 α에서 모형②로의 축소가 가능한지 검정 : 모형①과 ②의 G^2통계량의 차(B−A)를 이용한다.

  $B-A\langle x^2(df, \alpha)$ 단, df=모형②의 자유도−모형①의 자유도
  위 식이 만족되면 모형①에서 모형②로 축소가 가능함.(∵ B−A에 대한 유의성이 없으므로)
  만약
  $C-B\langle x^2(df, \alpha)$ 단, df=모형③의 자유도−모형②의 자유도이면 축소가 허용되지 않고 따라서 모형②가 최종모형으로 선택된다.
- 축소된 모형중에서 최종모형은 각 모형의 유의확률 〉α이면서 G^2통계량에 대한 유의확률이 가장 큰 모형을 선택한다.

(1) 로그선형모형의 예

① PROC CATMOD문의 일반형식

```
㉮   PROC CATMOD 선택사양;
       BY 변수;
㉯     DIRECT  변수들;
㉰     MODEL 반응효과=디자인효과/선택사양;
㉱     LOGLIN 효과;
㉲     POPULATION 변수;
㉳     RESPONSE 함수/선택사양;
㉴     WEIGHT  변수;
       RUN;
```

㉮ CATMOD문 : 로그선형분석을 수행하라는 명령어이다.
DATA=SAS 자료세트 : 이 옵션이 없으면 이 프로시져 직전에 작성된 SAS 자료세트를 사용한다.
ORDER=DATA : 반응파일의 변수순서가 DATA=SAS 자료세트에 있는 변수 순서대로 정해진다.
FORMAT : 포맷순으로, INTERNAL : 올림차순으로, 디폴트이면 INTERNAL이다.

㉯ 양적변수로 사용할 변수를 지정한다. 반드시 MODEL문보다 앞에 있어야 한다. 로지스틱 회귀분석에서 사용된다. 로지스틱 회귀분석을 수행하려면 LOGISTIC문을 사용하는 것이 좋다.

㉰ 적합시키고자 하는 모형을 지정한다.
- 반응효과 : 분할표의 열에 해당하는 반응범주를 나타내는 반응(종속)변수를 지정한다. 이는 변수들을 '*'로 연결한다. _f_는 반응변수와 공분산행렬이 직접 CATMOD문에서 읽어 들이는 형태인 경우에 사용한다.
- 디자인효과 : 모형에서 사용될 분산의 출처를 지정한다. 주효과나 교호작용과 같이 모형에서 적합시키고자 하는 항들을 의미한다. 이것에 의해 지정된 설명변수들은 부차모집단을 정의할 때 사용된다.

예 주효과 : MODEL R=X Y;
주효과와 교호작용 : MODEL= X Y X*Y;
로그선형모형 : MODEL= _RESPONSE_;
반응함수를 직접 읽는 경우 : MODEL _F_=_RESPONSE_;
_RESPONSE_는 로그선형모형을 적합시키기 위해 MODEL문에서 사용한다.

【선택사양】

COV(CORRB) : 모수 추정량의 공분산행렬(상관행렬)을 출력한다.
ADDCELL=n : 각 칸의 관측값이 0인 경우 log0을 방지하기 위해 각 칸에 n만큼 더한다. 일반적으로 0.5이며 일반화된 최소자승법의 경우만 사용한다.
AVERAGED : 모집단의 반응함수들이 설명변수 주효과들간에 평균으로 모형화한다.
FREQ : 모집단과 반응으로 구성되는 2차원 분할표 분석의 결과를 출력한다.
PROB : 모집단과 반응으로 구성되는 2차원 분할표의 각 칸의 확률 추정치를 출력한다.
ONEWAY : 분석에 사용된 각 변수에 대한 일원도수분포표를 출력한다.
ML : 최우법으로 모수를 추정한다. 일반로짓모형의 경우에 디폴트로 사용된다.
NOGLS : 일반화된(가중) 최소자승법으로 추정되는 것을 방지한다. ML이 지정된 경우에 지정한다.
WLS 또는 GLS : 모수의 디폴트 추정법으로 가중최소자승법에 의해 모수를 추정한다.
NODESIGN : 행렬X에 대한 디자인행렬을 출력하지 않는다.
PRED : 각 모집단의 반응함수의 관측값과 기대값을 출력한다.
PRED=FREQ|PROB : 분할표의 각 칸의 도수의 기대값 또는 확률의 기대값을 표준오차 및 잔차와 함께 출력한다.

㉱ 로그선형모형을 적합시킬 때 어떤 효과를 모형에 포함시킬 것인지를 지정한다. 이것이 사용되면 MODEL문에 반드시 _RESPONSE_란 키워드가 있어야 한다.

【선택사양】

TITLE='제목' : LOGLIN문에 의한 결과의 제목을 지정한다.

㉤ 부차모집단을 지정한다. 생략하면 디자인효과에서 지정된 설명변수들에 의해 부차모집단이 결정된다. POPULATION문이 필요한 이유는 ① MODEL문에서 자료를 디자인행렬로 입력하여 새로운 변수를 지정할 필요가 있을 때, ② 축소모형에서 모집단의 수가 전체모형과 같게 하고 싶을 때 사용한다.

㉥ 반응확률에 대한 함수를 지정한다. 지정된 반응함수가 모수의 선형함수로서 모형화된다. 디폴트면 일반로짓(generalied logists) 반응함수를 사용한다.

【선택사양】

CLOGIT|CLOGITS : 반응함수의 각 반응(종속)변수에 대한 주변확률의 누적로짓형태라는 것을 지정한다. 누적로짓함수는 반응함수가 서열척도일 때 사용할 수 있다.

JOINT : 반응함수가 결합확률이란 것을 지정한다. 마지막 반응확률을 제거하여 선형독립집합을 구성한다.

LOGIT|LOGITS : 반응함수가 각 반응(종속)변수 주변확률의 일반로짓이란 것을 지정한다.

㉦ 각 칸의 관측도수를 사용할 변수를 지정한다.

② 로그선형모형의 예

예제 1 **분할표 분석에서 FREQ문에 의해 분석한 자료인 KIMFR1.SAS를 CATMOD문을 이용하여 로그선형모형을 분석하는 절차는 다음과 같다.**

프로그램: KIMFR2.SAS

```
    OPTIONS nodate formchar='|----|+|---+=|-^<>*';
    DATA kimfr2;
      INPUT tc in mum @@;
      LABEL tc='도시특성' in='소득계층';
    CARDS;
    1  3  3 1 4 40
    2  3  3 2 4 11
    RUN;

    PROC CATMOD DATA=kimfr2;
      WEIGHT mum;
      MODEL tc*in=_RESPONSE_/ML NOGLS PRED=FREQ;
㉮    LOGLIN tc|in;
    RUN;
㉯    LOGLIN tc in;
    RUN;
```

㉮ [tc|in]에 의해 포화모형을 적합시킨다. 추정방법으로는 최우법(ML)을 사용한 예 이다.
㉯ tc와 in의 교호작용이 없는 포화모형보다 한 항이 축소된 모형을 적합시킨다.

분석결과 : KIMFR2.OUT

```
                              CATMOD PROCEDURE

          Response: TC*IN                    Response Levels (R)=     4
          Weight Variable: MUM               Populations     (S)=     1
          Data Set: KIMFR2                   Total Frequency (N)=    57
          Frequency Missing: 0               Observations  (Obs)=     4

                                       Sample
                              Sample    Size
                              ----------------
                                  1       57

                        ㉮    RESPONSE PROFILES

                              Response  TC  IN
                              ----------------
                                  1      1   3
                                  2      1   4
                                  3      2   3
                                  4      2   4
                              _RESPONSE_ MATRIX

                                  1        2        3
                          ------------------------------
                           1      1        1        1
                           2      1       -1       -1
                           3     -1        1       -1
                           4     -1       -1        1

                       MAXIMUM-LIKELIHOOD ANALYSIS

                 Sub        -2 Log    Convergence          Parameter Estimates
   Iteration  Iteration  Likelihood    Criterion        1          2          3
   ------------------------------------------------------------------------------
       0          0      158.03756       1.0000          0          0          0
       1          0      104.04856       0.3416     0.5088    -0.7895    -0.5088
       2          0      100.43394       0.0347     0.2608    -1.0347    -0.2608
       3          0      99.862847     0.005686     0.3186    -0.9765    -0.3186
       4          0      99.860445    0.0000241     0.3227    -0.9724    -0.3227
       5          0      99.860445    5.986E-10     0.3227    -0.9724    -0.3227
```

MAXIMUM-LIKELIHOOD ANALYSIS-OF-VARIANCE TABLE

	Source	DF	Chi-Square	Prob
	TC	1	2.13	0.1445
	IN	1	19.33	0.0000
	TC*IN	1	2.13	0.1445
㉯	LIKELIHOOD RATIO	0	.	.

㉮ 도시특성과 소득계층의 범주가 각각 2개 이므로 4개의 RESPONSE PROFILES를 갖고 4×3의 디자인 행렬을 보여준다. $-2Log$ Likelihood는 현재 모형이 어느 정도 유의한가를 보여준다.

㉯ 포화모형을 적합시켰으므로 우도비(Likelihood ratio)검정값이 99.860445인 G^2=0가 출력된다. Prob는 각 변수의 유의도를 나타낸다.

ANALYSIS OF MAXIMUM-LIKELIHOOD ESTIMATES

Effect	Parameter	Estimate	Standard Error	Chi-Square	Prob
TC	1	0.3227	0.2212	2.13	0.1445
IN	2	-0.9724	0.2212	19.33	0.0000
TC*IN	3	-0.3227	0.2212	2.13	0.1445

MAXIMUM-LIKELIHOOD PREDICTED VALUES FOR RESPONSE FUNCTIONS AND FREQUENCIES

				-------Observed-------		-------Predicted------		
Sample	TC	IN	Function Number	Function	Standard Error	Function	Standard Error	Residual
1			1	-1.299283	0.65133895	-1.299283	0.6513384	2.06575E-9
			2	1.29098418	0.34045424	1.29098418	0.34044598	2.06745E-9
			3	-1.299283	0.65133895	-1.299283	0.6513384	2.06575E-9
	1	3	F1	3	1.68585446	3	1.68586714	1.19238E-9
	1	4	F2	40	3.45395781	40	3.45392085	1.59664E-8
	2	3	F3	3	1.68585446	3	1.68586714	1.19238E-9
	2	4	F4	11	2.97946186	11	2.9793868	-1.8351E-8

RESPONSE MATRIX

	1	2
1	1	1
2	1	-1
3	-1	1
4	-1	-1

```
                     MAXIMUM-LIKELIHOOD ANALYSIS

                   Sub        -2 Log     Convergence    Parameter Estimates
    Iteration   Iteration   Likelihood    Criterion          1          2
    ---------------------------------------------------------------------------
        0           0        158.03756      1.0000           0          0
        1           0        103.98737      0.3420        0.5088    -0.7895
        2           0        101.96416      0.0195        0.5598    -1.0212
        3           0        101.91162     0.000515       0.5611    -1.0682
        4           0        101.91155     6.883E-7       0.5611    -1.0700
        5           0        101.91155    1.394E-12       0.5611    -1.0700

              MAXIMUM-LIKELIHOOD ANALYSIS-OF-VARIANCE TABLE

             Source                    DF   Chi-Square      Prob
             ----------------------------------------------------
             TC                         1        13.30    0.0003
             IN                         1        24.59    0.0000

   ㉰        LIKELIHOOD RATIO            1         2.05    0.1521

              ANALYSIS OF MAXIMUM-LIKELIHOOD ESTIMATES
                                                   Standard    Chi-
        Effect          Parameter   Estimate      Error      Square   Prob
        -------------------------------------------------------------------
        TC                      1     0.5611      0.1539      13.30  0.0003
        IN                      2    -1.0700      0.2158      24.59  0.0000

  MAXIMUM-LIKELIHOOD PREDICTED VALUES FOR RESPONSE FUNCTIONS AND FREQUENCIES

                               -------Observed-------  -------Predicted------
                   Function                Standard                Standard
 Sample   TC   IN   Number    Function       Error      Function      Error      Residual
 --------------------------------------------------------------------------------
   1                   1     -1.299283    0.65133895  -1.0179234  0.53005484  -0.2813596
        ㉱             2     1.29098418   0.34045424   1.12214279 0.30770828   0.1688414
                             -1.299283    0.65133895  -2.1400662  0.43159443   0.84078318
   ㉲     1    3      F1               3  1.68585446   4.52631579 1.78105871  -1.5263158
         1    4      F2              40  3.45395781   38.4736842 3.39265681   1.52631579
         2    3      F3               3  1.68585446   1.47368421 0.66398741   1.52631579
         2    4      F4              11  2.97946186   12.5263158 2.96290895  -1.5263158
```

㉰ 독립모형과 각 변수의 유의도를 나타낸다. tc와 in의 포화모형보다 한 항이 축소된 독립모형이다. 우도비(Likelihood ratio)검정값이 101.91155가 $x^2=2.05$로서 유의하지 않으므로 모형이 적합하다. 즉 G^2의 유의확률이 0.1521로 추정모형이 잘 적합됨을 보여주고 있다. 따라서 교호작용이 필요없으므로 2변수간에 연관성이 없다는 FREQ문을 이용한 분석결과와 동일하다.

이 적합성 검정통계량 G^2의 값 0.152는 FREQ문에 의한 G^2값과 동일함을 볼 수 있다.

㉱ 일반로짓(generalized logit)에 대한 관측치와 예측치이다. 함수식이 3개인 것은 모집단의 마지막

4번째가 기준이 되는 함수식으로 사용되었기 때문이다.

㉤ 각 모집단의 관측치, 예측치, 표준편차, 잔차를 나나탠다. F_1은 모집단1에 대한 관측치가 3개이며, 예측치가 4.5개라는 의미이다. F4는 모집단4에 대한 관측치가 11개이고, 예측치가 12.5개인 것을 보여주고 있다.

예제 2 **〔예제1〕보다 확장된 도시규모, 도시특성 및 소득계층간 관계인 3차원 분할표의 형태인 자료를 분석하는 절차는 다음과 같다.**

분석프로그램 : KIMFR3.SAS

```
OPTIONS nodate formchar='|----|+|---+=|-^<>*';
DATA kimfr3;
    INPUT si $ tc $ in $ mum @@;
    LABEL si='도시규모' tc='도시특성' in='소득계층';
CARDS;
indu large low 1 indu small low 6 indu large high 10 indu small high 15
comm large low 8 comm small low 12 comm large high 11 comm small high 14
   RUN;

   PROC CATMOD DATA=kimfr3;
     WEIGHT mum;
     MODEL si*tc*in=_RESPONSE_/ML NOGLS PRED=FREQ;
㉮    LOGLIN si|tc si|in tc|in;
   RUN;

㉯    LOGLIN si|tc si|in;
   RUN;

㉰    LOGLIN si|tc tc|in;
   RUN;

㉱    LOGLIN si|in tc|in;
   RUN;

㉲    LOGLIN si|tc;
   RUN;

㉳    LOGLIN si|in;
   RUN;

㉴    LOGLIN tc|in;
   RUN;

㉵    LOGLIN si tc in;
   RUN;
```

㉮ 포화모형[si|tc|in] 보다 한 항이 축소된 [si|tc] [si|in] [tc|in]을 적합시킨 모형의 결과를 출력한다.
㉯ [si|tc] [si|in], ㉰ [si|tc] [tc|in], ㉱ [si|in] [tc|in], ㉲ [si|tc], ㉳ [si|in], ㉴ [tc|in], ㉵ 독립모형 [si tc in]을 적합시킨 모형의 결과를 출력한다.

분석결과: KIMFR3.OUT

```
①                    RESPONSE PROFILES
              Response   SI     TC      IN
              ----------------------------
                  1     comm  large  high
                  2     comm  large  low
                  3     comm  small  high
                  4     comm  small  low
                  5     indu  large  high
                  6     indu  large  low
                  7     indu  small  high
                  8     indu  small  low

     MAXIMUM-LIKELIHOOD ANALYSIS-OF-VARIANCE TABLE
   Source                    DF   Chi-Square      Prob
   ---------------------------------------------------
   SI                         1         4.61    0.0318
   TC                         1         4.73    0.0297
   SI*TC                      1         0.80    0.3721
   IN                         1         8.78    0.0030
   SI*IN                      1         4.32    0.0378
   TC*IN                      1         0.86    0.3530

㉮ LIKELIHOOD RATIO           1         0.98    0.3213

     MAXIMUM-LIKELIHOOD ANALYSIS-OF-VARIANCE TABLE

   Source                    DF   Chi-Square      Prob
   ---------------------------------------------------
   SI                         1         4.41    0.0357
   TC                         1         4.02    0.0451
   SI*TC                      1         0.48    0.4871
   IN                         1         8.20    0.0042
   SI*IN                      1         4.04    0.0445

㉯ LIKELIHOOD RATIO          2         1.86    0.3937

     MAXIMUM-LIKELIHOOD ANALYSIS-OF-VARIANCE TABLE

   Source                    DF   Chi-Square      Prob
   ---------------------------------------------------
   SI                         1         2.52     0.1127
```

	Source	DF	Chi-Square	Prob
	TC	1	4.47	0.0344
	SI*TC	1	0.48	0.4871
	IN	1	7.05	0.0079
	TC*IN	1	0.55	0.4577
㉰	LIKELIHOOD RATIO	2	5.63	0.0600

① 도시규모, 도시특성 및 소득계층이 각각 범주의 수가 2개이므로 8개의 RESPONSE PROFILES를 갖게 된다.

㉮ 포화모형은 항상 $G^2=0$이므로 한 항이 축소된 모형인 3변수 교호작용[si|tc|in]만 없는 모형을 적합시킨 결과이다. 이 모형의 적합성 검정의 유의확률이 0.3213으로 적합이 되나, 이 모형에 포함된 [si|tc], [tc|in]의 유의확률이 각각 0.3721, 0.3530으로 모형에서 제외해야 하는 것으로 판단된다.

㉯ [si|tc] [si|in], ㉰ [si|tc] [tc|in]을 적합시킨 결과이다.

MAXIMUM-LIKELIHOOD ANALYSIS-OF-VARIANCE TABLE

	Source	DF	Chi-Square	Prob
	SI	1	4.04	0.0445
	IN	1	8.59	0.0034
	SI*IN	1	4.04	0.0445
	TC	1	4.15	0.0417
	TC*IN	1	0.55	0.4577
㉱	LIKELIHOOD RATIO	2	1.79	0.4082

MAXIMUM-LIKELIHOOD ANALYSIS-OF-VARIANCE TABLE

	Source	DF	Chi-Square	Prob
	SI	1	2.52	0.1127
	TC	1	4.02	0.0451
	SI*TC	1	0.48	0.4871
㉲	LIKELIHOOD RATIO	4	13.16	0.0105

MAXIMUM-LIKELIHOOD ANALYSIS-OF-VARIANCE TABLE

Source	DF	Chi-Square	Prob
SI	1	4.04	0.0445
IN	1	8.20	0.0042
SI*IN	1	4.04	0.0445

```
㉳      LIKELIHOOD RATIO            4          6.14    0.1893

          MAXIMUM-LIKELIHOOD ANALYSIS-OF-VARIANCE TABLE

        Source                   DF    Chi-Square       Prob
        ---------------------------------------------------
        TC                        1         4.15    0.0417
        IN                        1         7.05    0.0079
        TC*IN                     1         0.55    0.4577
㉴      LIKELIHOOD RATIO            4         8.32    0.0806

          MAXIMUM-LIKELIHOOD ANALYSIS-OF-VARIANCE TABLE

        Source                   DF    Chi-Square       Prob
        ---------------------------------------------------
        SI                        1         2.17    0.1404
        TC                        1         3.69    0.0547
        IN                        1         6.66    0.0099

㉵      LIKELIHOOD RATIO            4          6.67    0.1542
```

㉱ [si|in] [tc|in], ㉲ [si|tc], ㉳ [si|in], ㉴ [tc|in] 모형과 ㉵ 독립모형 [si tc in]을 적합시킨 결과이다. 위의 결과에 의하면 적합 가능한 모형들에 대한 검정결과 모형㉮, ㉯, ㉱, ㉳, ㉵는 유의수준 α=0.05에서 적합이 잘된 모형으로 판단되고, 그외 모형인 ㉰, ㉲, ㉴모형은 부적합한 결과를 보여주고 있다.

제3절 로지스틱 회귀모형(Logistic Regression Model)

1. 개념 및 모형

① 반응범주의 수가 2개이거나 순서형의 반응범주를 갖는 범주형자료들을 연속형의 설명변수들을 이용하여 설명할 때 사용되는 모형이다.

② 이항반응모형(binary response model)

확률변수 Y_1, Y_2, ..., Y_n이 0 또는 1의 값을 갖고, 설명변수가 X일 때 반응함수 Y_i가 1일 확률 $P_r(Y_1=1)=P_i$이면 선형로그모형(로지스틱 회귀모형)은 아래와 같다.

$$\log\left(\frac{P_i}{1-P_i}\right)=\beta_0+\beta_1X_{i1}+\beta_2X_{i2}+\cdot\cdot\cdot+\beta_kX_{ik}$$

여기서 $P_i = \dfrac{\exp(\beta_0 + \beta_1 X_{i1} + \beta_2 X_{i2} + \beta_k X_{ik})}{1 + \exp(\beta_0 + \beta_1 X_{i1} + \beta_2 X_{i2} + \beta_k X_{ik})}$

③ 연속형 반응모형(ordinal response model)

$$\log \frac{P_r(P_i > c)}{P_r(Y_i < c)} = \beta_0 + \beta_1 X_{i1} + \beta_2 X_{i2} + \cdot\cdot\cdot + \beta_k X_{ik}$$

2. 로지스틱 회귀분석의 예

(1) LOGISTIC문의 일반형식

```
㉮ PROC LOGISTIC 선택사양.;
㉯     MODEL 반응변수 = 설명변수들/선택사양;
㉰     By 변수들;
㉱     OUTPUT OUT = SAS자료세트 키워드=이름/ALPHA=값;
㉲     WECGHT 변수;
```

㉮ LOGISTIC문을 이용한 로지스틱 회귀분석을 수행한다.

【선택사양】

DATA=SAS 자료세트 : 분석할 SAS 자료세트를 지정한다.

OUT=SAS 자료세트 : 자료와 계산될 통계량을 저장할 SAS 자료세트를 지정한다.

OUTTEST=SAS 자료세트 : 모수 추정값과 선택사양으로 제시한 통계량이 저장될 SAS 자료세트를 지정한다.

NOPRINT : 결과를 출력하지 않는다.

NOSIMPLE : 기술통계량을 출력하지 않는다.

NOFIT : 모형을 출력하지 않고 기술통계량만 출력한다.

COVOUT : OUTEST=SAS 자료세트에 의해 지정된 장소에 추정된 공분산행렬을 출력한다.

ORDER=DATA|FORMATTED|INTERNAL : 출력할 때 반응변수들의 값을 배열하기 위한 방법을 지정한다.

- DATA : 자료 입력 순서대로 배열한다.
- FORMATTED : 외부에서 포맷이 지정한 순서대로 배열한다.
- INTERNAL : SAS 내부적으로 작은 값에서 큰값순으로 배열한다.

㉯ MODEL 반응변수=설명변수들 : 이항반응범주와 순서형 반응범주 모두 사용되며, 반응변수와 설명변수를 지정한다.

MODEL 성공회수/시도회수=설명변수들 : 이항반응범주에만 사용한다.

SELECTION=방법: 변수선택법을 지정한다.

BACKWARD(=B), FORWARD(=F), NONE(=N: 디폴트인 경우), STEPWISE(=S).
DETAILS : 변수선택법에 의해 추가 또는 제거되는 변수에 대한 통계량 표를 출력한다. NONE이면 무시된다.
INCLUDE=n : MODEL문의 처음 n개의 설명변수들을 모두 모형에 포함시킨다.
CATABLE : 최종모형의 분류표를 출력한다. 이항반응모형에만 사용한다.
NOINT : 절편이 없는 모형을 적합시킨다.
LINK : 추정할 모형의 형태를 지정한다.
- CLOGICAL : 반응변수가 순서형자료인 경우 누적로짓함수를 사용
- LOGIT : 반응변수가 명목척도인 경우로 디폴트 값이다.
- NORMIT : 정규분포를 가정한다.
SLSTAY(또는 SLS)=값 : BACKWARD, STEPWISE에서 제거되는 변수의 유의확률을 지정한다. 디폴트인 경우 BACKWARD는 0.1, STEPWISE는 0.15이다.
START=값 : STEPWISE에서 MODEL문에서 지정한 첫 n개의 설명변수는 포함시키고, 나머지 설명변수들을 중심으로 변수선택을 지정한다. 디폴트인 경우 0이다.
STOP=n : FORWARD, STEPWISE에서 최대 n개의 설명변수가 포함된 모형까지 변수선택을 수행한다.
INFLUENCE : 각 관측값의 모수 추정 및 예측값에 대한 영향정도와 통계량을 출력한다.
MAXITER=값 : 최대반복회수를 지정한다. 디폴트이면 25이다.

㉰ BY 변수들 : 지정한 변수들의 값에 따라 분석을 수행한다.
ID 변수 : INFLUENCE 선택사양이 있는 경우 각 관측값을 구분하는데 사용되는 변수를 지정한다.

㉱ OUTPUT OUT=SAS 자료세트 키워드=이름/ALPHA=값
OUT SAS 자료세트 : 분석결과가 저장될 SAS 자료세트를 지정한다.
키워드=이름 : 이름에 의해 지정된 통계량을 OUT=SAS 자료세트에 의해 지정된 자료명에 출력한다. 키워드로는 C, DFBETA, DIFCHISQ, PREDICTED, RESCHI, RESDEV, XBETA, UPPER 등이 있다. ALPHA=값 : 반응확률의 신뢰구간의 신뢰수준을 지정한다.

㉲ WEIGHT 변수 : 빈도에 관한 정보를 가지고 있는 변수를 지정한다.

(2) 로지스틱 회귀분석의 예

예제 1 **최근 1개월 동안 자가용을 이용한 시간과 버스를 이용한 시간에 대한 자료가 다음과 같다. 이 자료를 이용하여 갑이란 사람이 자가용을 이용할 것인지 아니면 버스를 이용할 것인지를 예측해 보자.**

91.3	40.3	버스	29.6	4.5	버스	4.4	52.8	버스	90.8	1.8	버스
85.2	50.9	버스	21.5	52.5	자가용	31.5	56.7	자가용	85.9	4.8	버스
74.6	20.5	버스	5.4	89.0	버스	80.0	27.4	버스	9.5	80.9	자가용
83.8	19.5	버스	8.5	90.5	자가용	43.7	94.9	자가용	22.8	95.7	자가용
24.8	42.2	버스	2.5	8.5	자가용	37.9	81.7	자가용	82.9	52.4	버스
90.4	63.5	버스									

분석프로그램: KIMLOG1.SAS

```
OPTIONS nodate formchar='|----|+|---+=|-^<>*';
DATA kimlog1;
  INPUT auto bus choice $ @@;
  LABEL auto='자가용이용시간'  bus='버스이용시간'
        choice='선택교통수단';
CARDS;
 91.3  40.3 버스 29.6  4.5 버스    4.4 52.8 버스
 85.2  50.9 버스 21.5 52.5 자가용 31.5 56.7 자가용
 74.6  20.5 버스  5.4 89.0 버스   80.0 27.4 버스
 83.8  19.5 버스  8.5 90.5 자가용 43.7 94.9 자가용
 24.8  42.2 버스  2.5  8.5 자가용 37.9 81.7 자가용
 90.8   1.8 버스  9.5 80.9 자가용 82.9 52.4 버스
 85.9   4.8 버스 22.8 95.7 자가용 90.4 63.5 버스
RUN;

㉮ PROC LOGISTIC DATA=kimlog1;
㉯   MODEL choice=auto bus/NOINT;
     TITLE1 'LOGISTIC문을 이용한 로지스틱 회귀분석';
RUN;
```

㉮ LOGISTIC문을 이용한 로지스틱 회귀분석을 실시한다.
㉯ 설명변수(auto, bus)가 2개인 절편이 없는(NOINT) 로지스틱 분석을 수행한다.

분석결과 : KIMLOG1.OUT

```
              LOGISTIC문을 이용한 로지스틱 회귀분석
                    The LOGISTIC Procedure

Data Set: WORK.KIMLOG1
Response Variable: CHOICE    선택교통수단
Response Levels: 2
Number of Observations: 21
Link Function: Logit

              ㉮        Response Profile
                 Ordered
                   Value  CHOICE       Count
                       1  버스            13
                       2  자가용           8
```

Model Fitting Information and Testing Global Null Hypothesis BETA=0

	Criterion	Without Covariates	With Covariates	Chi-Square for Covariates
㉯	AIC	29.112	20.741	.
	SC	29.112	22.830	.
	-2 LOG L	29.112	16.741	12.371 with 2 DF (p=0.0021)
㉰	Score	.	.	10.031 with 2 DF (p=0.0066)

Analysis of Maximum Likelihood Estimates

Variable	DF	Parameter Estimate	Standard Error	Wald Chi-Square	Pr > Chi-Square	Standardized Estimate	Odds Ratio	Variable Label
AUTO	1	0.0470	0.0205	5.2432	0.0220	0.897003	1.048	자가용이용시간
BUS	1	-0.0271	0.0132	4.2055	0.0403	-0.473677	0.973	버스이용시간

㉱ Association of Predicted Probabilities and Observed Responses

Concordant	= 87.5%	Somers' D	= 0.750
Discordant	= 12.5%	Gamma	= 0.750
Tied	= 0.0%	Tau-a	= 0.371
(104 pairs)		c	= 0.875

㉮ 반응변수에 대한 프로파일로, 반응함수 1이 버스이고 2가 자가용임을 보여준다.

㉯ 모형의 유의정도를 나타내는 아카이케정보기준(AIC) 값 및 쉬바르쯔기준(SC : Schwarz Criterion)값은 설명변수가 없는 모형(without covariates)보다 설명변수가 있는 모형(with covariates)의 값이 작아졌다. $-2LogL$값 역시 같은 방향성을 보이고 있으며, 설명변수들의 값이 모두 0이란 귀무가설하에서 x^2분포를 따르며, 유의확률이 $p=0.0021$이므로 적합시킨 로지스틱 회귀 모형은 유의하다.

㉰ Score 값은 각 설명변수의 종속변수에 대한 설명력을 나타내는데, Score 검정의 유의확률이 $p=0.0066$이므로 모형의 적합성에 문제가 없는 것으로 판단한다. 따라서 적합된 예측모형은 다음과 같다.

$$\log\left(\frac{P}{1-P}\right)=\underset{(\pm 0.0205)}{0.0470\,auto}-\underset{(\pm 0.0132)}{0.0271\,bus}$$

버스를 이용하는데 있어 자가용을 탄시간은 양의 영향을 미치며, 버스는 음의 영향을 미치는 것으로 예측된다.

관측치1이 자가용을 선택할 확률은 아래와 같이 추정된다. 관측치1의 예측로짓 값은 $E(the\ Logit)=0.0470\times2.5-0.027\times8.5=-0.11285$이다.

$$P(\text{자가용})=\text{EXP}(-E(the\ Logit))/(1+\text{EXP}(-E(the\ Logit)))$$
$$=\text{EXP}(0.11285)/(1+\text{EXP}(0.11285))=0.5267$$

$P(\text{버스}) = 1 - P(\text{자가용}) = 1 - 0.5267 = 0.4733$

㉣ 예측치와 관측치간의 통계량을 나타낸다. 현재 모형으로 관측치를 정확히 예측한 비율은 87.5%이며 12.5%는 관측치와 다른 결과가 나왔다. 소머즈 ′D, 감마, 타우-a, c 등은 서열통계량에 대한 상관관계를 나타낸다. 모두 비교적 높은 값이고 양(+)이기 때문에 예측이 잘 되었다고 할 수 있다.

예제 2 〔예제1〕을 CATMOD문을 이용해 로지스틱 회귀모형을 분석하는 절차는 다음과 같다.

프로그램: KIMLOG.SAS

```
OPTIONS nodate formchar='|----|+|---+=|-^<>*';
㉮ PROC CATMOD DATA=kimlog;
  DIRECT auto bus;
  MODEL choice=auto bus/NOITER ML NOGLS PRED=PROB NOINT;
  TITLE1 'CATMOD문을 이용한 로지스틱 회귀분석';
RUN;
```

㉮ CATMOD문을 이용해 로지스틱 모형을 분석하라는 명령이다. SAS 자료세트로 kimlog를 이용한다. 추정방법으로는 앞에서와 같이 최우법(ML)이 이용된 경우이다.

분석결과 : KIMLOG.OUT

```
                    CATMOD문을 이용한 로지스틱 회귀분석

                              CATMOD PROCEDURE

        Response: CHOICE                    Response Levels (R)=     2
        Weight Variable: None               Populations      (S)=    21
        Data Set: KIMLOG                    Total Frequency (N)=    21
        Frequency Missing: 0                Observations  (Obs)=    21

                    ㉮         POPULATION PROFILES
                                               Sample
                         Sample  AUTO  BUS       Size
                         ----------------------------
                            1     2.5   8.5        1
                            2     4.4  52.8        1
                            3     5.4    89        1
                            4     8.5  90.5        1
                            5     9.5  80.9        1
                            6    21.5  52.5        1
                            7    22.8  95.7        1
                            8    24.8  42.2        1
                            9    29.6   4.5        1
                           10    31.5  56.7        1
                           11    37.9  81.7        1
```

```
                12   43.7  94.9          1
                13   74.6  20.5          1
                14     80  27.4          1
                15   82.9  52.4          1
                16   83.8  19.5          1
                17   85.2  50.9          1
                18   85.9   4.8          1
                19   90.4  63.5          1
                20   90.8   1.8          1
                21   91.3  40.3          1

   ㉯            RESPONSE PROFILES

                  Response  CHOICE
                  ----------------
                      1    버스
                      2    자가용
```

㉮ 모집단에 대한 프로파일이고, ㉯ 반응변수에 대한 프로파일(1 : 버스, 2 : 자가용)이다.

```
                     MAXIMUM-LIKELIHOOD ANALYSIS

               Sub       -2 Log      Convergence    Parameter Estimates
Iteration  Iteration  Likelihood      Criterion         1           2
--------------------------------------------------------------------------
    0          0       29.112182       1.0000           0           0
    1          0       17.923639       0.3843        0.0282     -0.0185
    2          0       16.852194       0.0598        0.0406     -0.0246
    3          0       16.743755     0.006435        0.0460     -0.0268
    4          0       16.741394     0.000141        0.0470     -0.0271
    5          0       16.741392   9.4659E-8         0.0470     -0.0271
    6          0       16.741392   4.541E-14         0.0470     -0.0271

   ㉰        MAXIMUM-LIKELIHOOD ANALYSIS-OF-VARIANCE TABLE

          Source                     DF   Chi-Square      Prob
          --------------------------------------------------
          AUTO                        1         5.24    0.0220
          BUS                         1         4.21    0.0403
          LIKELIHOOD RATIO           19        16.74     0.6074

   ㉱          ANALYSIS OF MAXIMUM-LIKELIHOOD ESTIMATES
                                           Standard     Chi-
      Effect           Parameter  Estimate    Error    Square   Prob
      ---------------------------------------------------------------
      AUTO                     1    0.0470    0.0205     5.24  0.0220
      BUS                      2   -0.0271    0.0132     4.21  0.0403


                     CATMOD문을 이용한 로지스틱 회귀분석
MAXIMUM-LIKELIHOOD PREDICTED VALUES FOR RESPONSE FUNCTIONS AND PROBABILITIES
```

㉲ Sample	Function Number	-------Observed------- Function	Standard Error	-------Predicted------ Function	Standard Error	Residual
1	1	.	㉳ .	-0.1130299	0.0862171	.
	P1	0	㉴ 0	0.47177257	0.02148558	-0.4717726
	P2	1	㉵ 0	0.52822743	0.02148558	0.47177257
2	1	.	.	-1.2249258	0.64025216	.
	P1	1	0	0.22707077	0.11237042	0.77292923
	P2	0	0	0.77292923	0.11237042	-0.7729292
3	1	.	.	-2.1594764	1.1045057	.
	P1	1	0	0.10344901	0.10243993	0.89655099
	P2	0	0	0.89655099	0.10243993	-0.896551
	(중간생략)					
20	1	.	.	4.21657786	1.8466877	.
	P1	1	0	0.98546534	0.02645085	0.01453466
	P2	0	0	0.01453466	0.02645085	-0.0145347
21	1	.	.	3.19617729	1.56104555	.
	P1	1	㉶ 0	0.96069017	0.05895221	0.03930983
	P2	0	0	0.03930983	0.05895221	-0.0393098

㉰ 예측결과에 대한 분산분석표인데, 이 모형의 검정통계량의 유의확률이 0.6074로 적합하다.

㉱ 이 방법에 의한 결과도 앞의 KIMLOG1.OUT와 같다. 즉 예측모형은 아래와 같다.

$$\log\left(\frac{P}{1-P}\right) = 0.0470\,auto - 0.0271\,bus$$
$$(\pm 0.0205) \quad (\pm 0.0132)$$

㉲ 표본 1부터 21까지를 의미한다.

㉳ 표본1의 예측로짓 값 0.0470(2.5)-0.0271(8.5)≒-0.11302이다. 앞의 KIMLOG1.OUT에서 계산된 값 0.11285와 차이가 발생한 것은 소수점이하 절삭 때문이다.

㉴ 표본1이 버스를 선택할 확률 0.4718, ㉵ 표본1이 자가용을 선택할 확률 0.5282를 보여 준다.

- 표본1이 자가용을 선택할 확률은 다음과 같다.

$$P(2=\text{자가용}) = \frac{\text{EXP}(0.11302)}{1+\text{EXP}(0.11302)} = 0.5282$$

그리고 버스를 선택할 확률은 다음과 같다.

$$P(1=\text{버스}) = 1 - P(\text{자가용}) = 0.4718$$

㉶ 표본21이 버스를 선택할 확률 0.9606과 자가용을 선택할 확률 0.0393을 보여주고 있다.

지금까지는 프로그램 방법에 의한 로지스틱 회귀모형을 분석하는 방법을 설명한 것이나 이렇게 복잡한 과정을 거치지 않고 제6장에서와 같이 메뉴방식에 의해서 동일한 결과를 쉽게 얻을 수 있다.

CHAPTER 15

주성분분석

제15장

주성분분석(Principal Component Analysis)

제1절 개념, 목적 및 이용

1. 주성분분석이란

여러 개($p \geq 2$)의 양적변수(quantitative variable)들 사이의 공분산행렬과 상관행렬을 이용하여 이 변수들의 선형결합으로 표시되는 주성분(principal component)을 찾고, 이중에서 중요한 $m(\leq p)$개의 주성분으로 전체변동의 대부분을 설명하고자 하는 다변량분석법이다.

2. 주성분이란

다변량자료의 변수를 (선형, 직교)변환하여 서로 상관관계가 없도록 얻어진 변수이다(원자료가 상관관계가 있어도 주성분 값은 상관관계가 없음).

x_1과 x_2는 상관관계가 크다. 따라서 상관관계가 없도록 회전, 즉 상관관계가 큰 A를 B(평균을 중심)로 회전시킨 것을 주성분이라 한다.

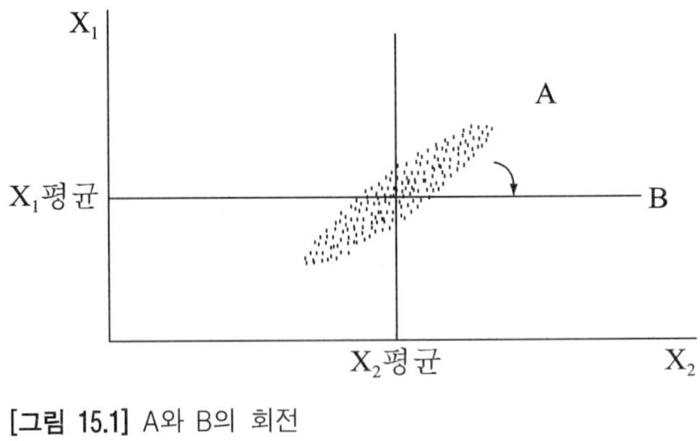

[그림 15.1] A와 B의 회전

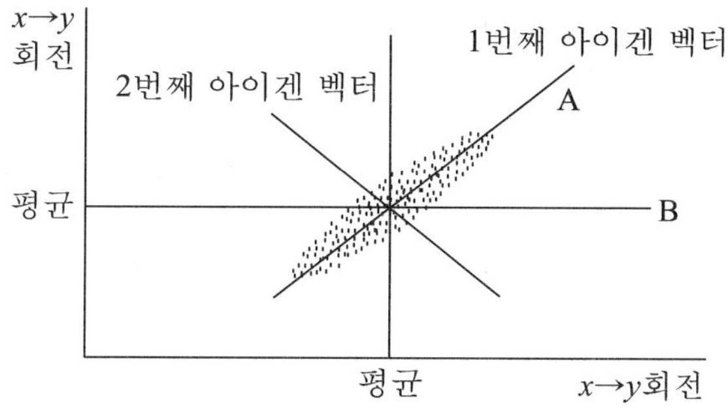

[그림15.2] x → y의 회전

A를 B로 회전시킨 것은 B를 A로 회전시킨 것과 같은 의미이므로 B를 A로 이동시켜 얻는 상관계수는 상관관계가 없는 변수값이 된다.

3. 목적

다변량자료의 차원(p : 변수의 수)을 축소하여 다른 분석에 이용하기 위해서이다(최초의 p개 변수 → m개로 축소).

4. 용도

다변량자료의 단순화(다른 분석을 위한 사전분석)시켜 다른 분석에 이용한다.

5 사용되는 통계량

공분산행렬이나 상관행렬을 이용한다.

주성분분석법 : ① 공분산행렬을 이용하는 방법, ② 상관행렬을 이용하는 방법

㉠ ①과 ②의 차이점 : 가) 각 변수의 단위가 같을 때→ 공분산행렬법 이용

나) 각 변수의 단위가 상이할 때→ 상관행렬법 이용 (이유 : 변수단위가 상이하면 주성분 값이 다르기 때문)

㉡ 상관행렬을 이용하면 변수를 표준화시키므로 변수단위가 무시되나, 공분산행렬을 이용하면 변수를 표준화시키지 않고 원자료를 기준으로 계산되므로 변수의 단위가 그대로 있게 된다.

6. 배경

다변량자료는 항상 어떤 직교변환에 의해 다음 성질을 갖는 변수에 관한 자료로 변환시킨다.

① 새로운 변수간에는 상관관계가 없다.

② 새로운 변수의 분산의 총합은 원래 변수의 분산의 총합과 같다.

7. 주성분분석 결과의 사용

① 회귀분석에 포함시킬 설명변수의 수를 결정할 때

② 군집분석의 입력변수

③ 인자분석에서 인자수를 구할 때

④ 주성분들의 산점도(scatter diagram)

Q-Q plot를 이용 정규성 검정 및 이상치 탐색에 이용한다.

제2절 이론적 배경

1. 공분산행렬을 이용한 주성분분석법

(1) 주성분 계산

$$\text{자료행렬}=\begin{bmatrix} x_1 \\ x_2 \\ \cdot \\ \cdot \\ \cdot \\ x_p \end{bmatrix} \xrightarrow{\text{직교변환}} \begin{bmatrix} y_1 \\ y_2 \\ \cdot \\ \cdot \\ \cdot \\ y_p \end{bmatrix}$$

$$y_1 = \ell_{11}x_1 + \ell_{12}x_2 + \ldots + \ell_{1p}x_p$$

$$y_2 = \ell_{21}x_1 + \ell_{22}x_2 + \ldots + \ell_{2p}x_p$$

$$\vdots$$

$$y_p = \ell_{p1}x_1 + \ell_{p2}x_2 + \ldots + \ell_{pp}x_p$$

여기서 y_1 : 첫번째 주성분, y_p : p번째 주성분

$$\begin{bmatrix} \ell_{i1} \\ \ell_{i2} \\ \cdot \\ \cdot \\ \cdot \\ \ell_{ip} \end{bmatrix}$$: i번째 고유벡타(아이겐 벡타)

λ_i : i번째 고유값(eigen values)

$\lambda_1 \geq \lambda_2 \geq \cdot\cdot\cdot \lambda_p \geq 0$: Σ의 고유값

최초변수(x_i)의 공분산행렬, 축소후 새로운 변수(y_i)의 공분산행렬

$$x= \begin{bmatrix} \sigma_{11} & \sigma_{12} & \cdot\cdot\cdot & \sigma_{1p} \\ \sigma_{21} & \sigma_{22} & \cdot\cdot\cdot & \sigma_{2p} \\ \cdot & \cdot & \cdot\cdot\cdot\cdot & \cdot \\ \cdot & \cdot & \cdot\cdot\cdot\cdot & \cdot \\ \cdot & \cdot & \cdot\cdot\cdot\cdot & \cdot \\ \sigma_{p1} & \sigma_{p2} & \cdot\cdot\cdot & \sigma_{pp} \end{bmatrix} \qquad y= \begin{bmatrix} \lambda_1 & 0 & \cdot\cdot\cdot & 0 \\ 0 & \lambda_2 & \cdot\cdot\cdot & 0 \\ \cdot & \cdot & \cdot\cdot\cdot\cdot & \cdot \\ \cdot & \cdot & \cdot\cdot\cdot\cdot & \cdot \\ \cdot & \cdot & \cdot\cdot\cdot\cdot & \cdot \\ 0 & 0 & \cdot\cdot\cdot & \lambda_p \end{bmatrix}$$

x행렬→ 대각원소이외 모든 원소가 0이면 산포도는 평균을 중심으로 분포한다.

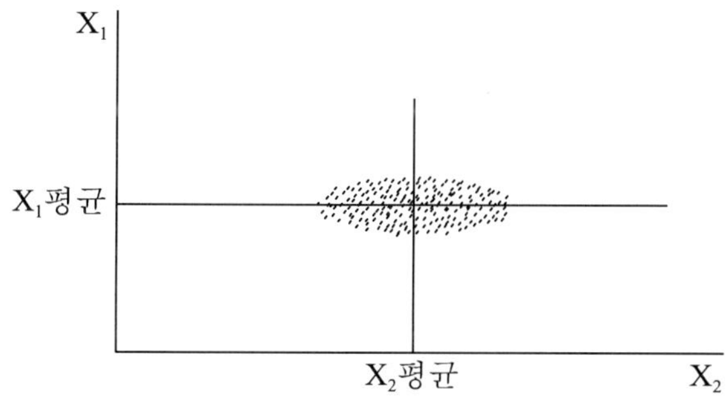

[그림15.3] x_1과 x_2의 산포도

(2) 주성분의 성질

x_i : 변수간 서로 상관관계가 있음

$$Var(x_i) = \sigma_i^2$$

y_i : 변수간 서로 상관관계가 없음.

$$Var(y_i) = \lambda_i^2 (\text{고유값})$$

$$\lambda_1 + \lambda_2 + \cdot\cdot\cdot + \lambda_p = \sigma_1^2 + \sigma_2^2 + \cdot\cdot\cdot + \sigma_p^2$$

공분산행렬만 있으면 주성분분석이 된다(예 참조).

(3) 주성분 개수(m)의 선택기준

㉠ 누적공헌도

$$\frac{\lambda_i}{\lambda_1 + \lambda_2 + \cdots + \lambda_p}$$: 전체변동중에서 i번째 주성분이 설명하는 변동의 비율

누적공헌도 $\frac{\lambda_1 + \lambda_2 + \cdots + \lambda_m}{\lambda_1 + \lambda_2 + \cdots + \lambda_p}$: 전체변동($\lambda_1 + \lambda_2 + \cdots + \lambda_p$)에 대한 m개의 주성분에 의해 설명되는 변동의 비율.

누적공헌도가 1에 가까우면서 되도록 작은 m개를 선택해야 한다(m개수는 보통 3개를 선택, 특별한 경우에 4개도 선택함).

㉡ 고유값(λ)의 크기

① $\lambda_i \geq \overline{\lambda}$, ② $\lambda_i \geq 0.7\overline{\lambda}$

㉢ 도형(Scree plot)을 이용하는 방법 : 고유값을 크기순으로 나열한 후 j번째부터 감소추세가 완만해지면 주성분(m)의 개수는 $m=j-1$이 된다.

주성분의 개수는 누적공헌도, 고유값의 크기, Scree plot를 종합하여 결정하는 것이 타당하다.

2. 상관행렬을 이용한 주성분분석법

(1) 변수의 표준화

주성분분석은 척도(scale)에 따라 결과가 다를 수 있다. 따라서 표준화시킨 자료를 분석에 이용한다(표준화된 변수는 단위가 없음).

$$\text{Var}(x_i) = 1$$

$$\lambda_1 + \lambda_2 + \cdots + \lambda_p = \text{p}$$ (고유값의 합은 변수의 수(p)와 같음)

(2) 주성분 계산

계산과정은 공분산행렬법과 같다.

(3) 주성분 개수(m)의 선택기준

공분산행렬법과 같다(고유값 크기 : λ>1.0, λ>0.7).

공분산행렬방법과 상관행렬방법에 의한 결과가 같으면 공분산행렬방법을 이용하는 것이 더 유효하다. 그 이유는 각 변수의 단위가 그대로 있기 때문이다.

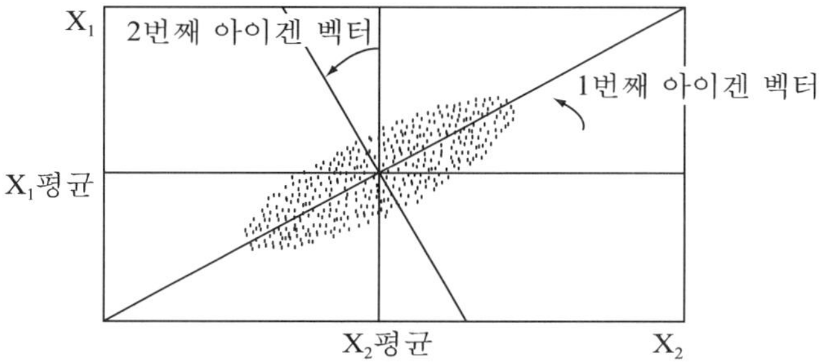

[그림 15.4] 아이겐 벡터의 회전

(4) 주성분 점수 : 각 관측값에서의 주성분값

$$
\begin{aligned}
y_1 &= \ell_{11}x_1 + \ell_{12}x_2 + \ldots + \ell_{1p}x_p \\
y_2 &= \ell_{21}x_1 + \ell_{22}x_2 + \ldots + \ell_{2p}x_p \\
&\vdots \\
y_p &= \ell_{p1}x_1 + \ell_{p2}x_2 + \ldots + \ell_{pp}x_p
\end{aligned}
$$

여기서 y_1 : 첫번째 주성분, y_p : p번째 주성분

관측값 : $\begin{bmatrix} x_1 \\ x_2 \\ \cdot \\ \cdot \\ \cdot \\ x_p \end{bmatrix}$

【주성분분석시 유의사항】

① 상관행렬 또는 공분산행렬에 의한 결과가 차이가 있을 때 변수를 여러 방법에 의해 조정해야 한다.

② 이상치(outlier)가 주성분에 큰 영향을 줄 수 있다.

제3절 PROC PRINCOMP문 일반형식

㉮ PROC PRINCOMP DATA=SAS 자료세트명 선택사항;
㉯ VAR 변수들;
㉰ PARTIAL 변수들;
㉱ WEIGHT 변수들;
㉲ FREQ 변수들;
㉳ BY 변수들;

㉮ PROC PRINCOMP문 : 주성분 분석을 수행할 것을 명령하는 문장이다.

【선택사양】

DATA=SAS 자료세트명 : 사용할 자료명을 지정한다. SAS 자료세트에서 상용되는 선택사항은 다음과 같다.

① 보통의 SAS 자료세트명

② 자료세트명(TYPE=CORR) : 이미 생성된 CORR(상관행렬) 형태를 이용

③ 자료세트명(TYPE=챒) : 이미 생성된 COV(공분산행렬) 형태를 이용

예
```
PROC CORR DATA=a1 COV OUT=CORROUT;
PROC PRINCOMP DATA=CORROUT (TYPE=COV);
```

a1이란 자료세트의 공분산행렬를 사용하여 분석하게 된다.

OUT=SAS 자료세트명 : 원래의 자료와 주성분점수가 저장된 자료명을 지정한다.

OUTSTAT=SAS 자료세트명 : 평균, 표준편차, 상관계수, 고유치, 고유벡터 등 각종 통계량이 저장될 자료명을 지정한다.

COV : 공분산행렬에 의해 주성분을 계산한다. 디폴트이면 상관행렬에 의해 주성분이 계산된다.

N=n : 추출될 주성분의 수를 지정한다.

NOPRINT : 결과를 출력하지 않는다.

PREFIX=이름 : 디폴트이면 주성분이름이 PRIN1, PRIN2, PRIN3,...,순으로 지정된다. 분석결과를 원하는 이름으로 변경하고자 할 때 사용한다.

예 PREFIX=pro이면 pro1, pro2,...,로 주성분 변수의 이름이 변경된다.

㉯ VAR문 : 분석에 사용할 변수명을 지정한다. 디폴트이면 모든 숫자변수가 사용된다.

㉰ PARTIAL문 : 부분상관계수를 분석하고자 하는 변수를 지정한다.

㉱ WEIGHT문 : 관측치들 중 가중치를 줄 변수를 지정한다.

㉲ FREQ문 : 변수가 다른변수의 빈도수로서 입력되었을 때 빈도수만큼 반복된 것으로 계산한다.

㉳ BY문 : 지정된 변수에 따라 주성분분석을 분류하여 수행한다.

예제 **한국의 시 · 도별 취업률(gtem), 실업률(gune), 인구증감률(gtop), grp증감률(ggrp), 전력증감률(gele), 저축률(gsave), 수출률(gexp), 재정증감률(gtfi) 등의 변수를 갖고(자료세트 : hh01.dat) 주성분분석을 수행해보자. 이 결과를 제7장에서 얻어진 결과와 비교해 보라.**

1. 상관행렬에 의한 주성분분석

프로그램명: PRINCO1.SAS

```
  /* PRINCO1.SAS  :  PRINCIPAL COMPONENT ANALYSIS OF hh01.DAT*/
① DATA princo1;
   ⓐ TITLE 'THE RATE OF REGIONAL ECONOMIC GROWTH BY SI-DO';
   ⓑ INFILE 'a:\jaryo\hh01.dat';
  ⓒ INPUT sido $ gtem gune gtop ggrp gele gsav gexp gtfi;
   ⓓ LABEL GTEM='EMPLOYMENT GROWTH' GUNE='UNEMPLOYMENT
       GROWTH'
```

```
        GTOP='POPULATION GROWTH' GGRP='G.R.P. GROWTH'
        GELE='ELECTRIC CON. GROWTH' GSAV='SAVING GROWTH'
        GEXP='EXPORT GROWTH' GTFI='FINANCIAL GROWTH';

② PROC PRINCOMP ⓐ OUT=CRIMCOMP ⓑ OUTSTAT=CRIMOUT;
③ PROC PRINT ⓐ DATA=CRIMOUT;
④ PROC SORT ⓐ DATA=CRIMCOMP;
  ⓑ BY PRIN1;
⑤ PROC PRINT;
  ⓐ ID SIDO;
  ⓑ VAR PRIN1 PRIN2 PRIN3 gtem gune gtop ggrp gele gsav gexp gtfi;
  ⓒ TITLE2 'SI-DD LISTED IN THE RATE OF EXPORT GROWTH ';
  ⓓ TITLE3 'AS DETERMINED BY THE FIRST PRINCIPAL COMPONENT';
⑥ PROC SORT;
  ⓐ BY PRIN2;
⑦ PROC PRINT;
  ⓐ ID SIDO;
  ⓑ VAR PRIN1 PRIN2 PRIN3 gtem gune gtop ggrp gele gsav gexp gtfi;
  ⓒ TITLE2 'SI-DD LISTED IN THE RATE OF POPULATION GROWTH ';
  ⓓ TITLE3 'AS DETERMINED BY THE SECOND PRINCIPAL COMPONENT';
⑧ PROC SORT;
  ⓐ BY PRIN3;
⑨ PROC PRINT;
  ⓐ ID SIDO;
  ⓑ VAR PRIN1 PRIN2 PRIN3 gtem gune gtop ggrp gele gsav gexp gtfi;
  ⓒ TITLE2 'SI-DD LISTED IN THE RATE OF UNEMPLOYMENT GROWTH ';
  ⓓ TITLE3 'AS DETERMINED BY THE THIRD PRINCIPAL COMPONENT';
```

① 분석하고자 하는 자료를 DATA에 기억시킨다. ⓐ 분석하고자 하는 과제의 제목명이다. ⓑ hh01.dat라는 자료파일이 princo1에 기억되고 이를 SAS 프로그램 내부로 읽어들인다. ⓒ 변수명을 자료입력 순서대로 입력한다. ⓓ 변수명에 구체적으로 레벨을 붙인다.

② 주성분 분석을 위한 프로시져로 COV option이 사용되지 않았으므로 상관행렬을 이용한 주성분 분석을 수행한다. ⓐ 원자료와 이에 해당되는 주성분점수들이 CRIMCOMP에 기억되고 ⓑ 각종 통계량, 고유값, 고유벡터들이 CRIMOUT에 기억된다.

③ CRIMOUT에 기억된 각종 통계량, 고유값 및 고유벡터 등이 프린트된다. ⓐ OUTSTAT=CRIMOUT를 DATA=CRIMOUT로 받음을 의미한다.

④ OUT=CRIMCOMP에 기억된 원자료와 주성분 점수를 ⓐ DATA=CRIMCOMP로 받고, ⓑ 첫번째 주성분(PRIN1)을 크기 순서대로 배열하라는 것이다.

⑤ ④의 결과를 프린트한다. ⓐ SIDO별로 프린트, ⓑ 프린트할 변수명을 지정, ⓒ 프린트할 내용의 제목을 입력, ⓓ 첫번째 주성분(PRIN1)을 크기순으로 프린트 한다는 제목명이다.

⑥, ⑦, ⑧, ⑨는 ④~⑤내용과 같다. 차이는 ⑥, ⑦은 두번째 주성분(PRIN2) ⑧, ⑨은 세번째 주성분(PRIN3)에 대해 SORT하라는 내용이다.

```
ⓖ PROC PLOT;
  ⓐ PLOT PRIN2*PRIN1=SIDO;
  ⓑ TITLE2 'PLOT OF THE FIRST TWO PRINCIPAL
           COMPONENTS';
  ⓒ PLOT PRIN3*PRIN1=SIDO;
  ⓑ TITLE2 'PLOT OF THE FIRST THREE PRINCIPAL
           COMPONENTS';
  ⓓ PLOT PRIN3*PRIN2=SIDO;
  ⓑ TITLE2 'PLOT OF THE SECOND THREE PRINCIPAL
           COMPONENTS';
ⓘ PROC PLOT;
  ⓗ PLOT PRIN2*PRIN1 PRIN3*PRIN1 PRIN3*PRIN2;
ⓙ RUN;
```

ⓖ 산점도(PLOT)를 그린다. ⓐ SIDO별 첫번째 주성분(PRIN1)과 두번째 주성분(PRIN2)의 산점도를 그린다. ⓑ ⓐ의 내용에 대한 제목명이다.

ⓘ ⓖ와 같은 내용이다.

ⓙ 지금 까지 수행된 것이 종결됨을 의미한다.

분석결과 : PRINCO1.OUT

```
          THE RATE OF REGIONAL ECONOMIC GROWTH BY SI-DO
                      Principal Component Analysis
     13 Observations
      8 Variables
                          Simple Statistics
  ㉮       GTEM          GUNE           GTOP          GGRP
Mean   10.25415385   -0.40007692   -1.257461538   15.22700000
Std    15.12859993   50.86906067    3.118476327    5.13370061

           GELE          GSAV           GEXP          GTFI
Mean   31.65261538   111.6569231   45.1936154     36.34353846
Std    58.19829199   293.1327724   114.8231775    19.00752078

     ㉯ Correlation Matrix

                  GTEM       GUNE       GTOP      GGRP
       GTEM      1.0000     -.0582     0.2140    0.0225
```

GUNE	-.0582	1.0000	0.0604	0.3997
GTOP	0.2140	0.0604	1.0000	0.3958
GGRP	0.0225	0.3997	0.3958	1.0000
GELE	-.2153	-.2508	0.2017	-.0954
GSAV	-.1066	0.0412	-.3243	-.0391
GEXP	-.6284	0.1205	0.2813	0.4203
GTFI	-.4103	0.2107	0.3560	-.0425
GTEM	-.2153	-.1066	-.6284	-.4103
GUNE	-.2508	0.0412	0.1205	0.2107
GTOP	0.2017	-.3243	0.2813	0.3560
GGRP	-.0954	-.0391	0.4203	-.0425
GELE	1.0000	-.0956	-.0435	-.0534
GSAV	-.0956	1.0000	0.2101	-.0899
GEXP	-.0435	0.2101	1.0000	0.6635
GTFI	-.0534	-.0899	0.6635	1.0000

㉮ 원변수(8개)에 대한 평균과 표준편차가 계산되어 있다.

㉯ 표준화된 변수의 상관행렬 값이 계산되어 있음을 알 수 있다.

GTFI와 GEXP의 상관계수는 0.6635로 상관관계가 높고, GEXP와 GTEM의 상관계수는 -0.6284로 부(-)의 높은 상관관계를 보이고 있다.

Eigenvalues of the Correlation Matrix

	② Eigenvalue	③ Difference	④ Proportion	⑤ Cumulative
① PRIN1	2.37873	0.758328	0.297341	0.29734
PRIN2	1.62040	0.175395	0.202550	0.49989
PRIN3	1.44500	0.477689	0.180626	0.68052
PRIN4	0.96732	0.186891	0.120915	0.80143
PRIN5	0.78042	0.162924	0.097553	0.89898
PRIN6	0.61750	0.467124	0.077188	0.97617
PRIN7	0.15038	0.110130	0.018797	0.99497
PRIN8	0.04025	.	0.005031	1.00000

① 변수가 회전되었으므로 각 주성분(PRIN1~PRIN8)은 상관관계가 없다.

② 고유값의 합(PRIN1=2.37873에서 PRUN8=0.04025까지)은 공분산행렬의 대각원소의 합과 같다(변수의 개수=P와 같다).

③ Difference는 고유값에서 각 주성분간의 차이(예 2.37873−1.62040=.758328) Difference값이 갑자기 작아지는 것부터 제외한다(PRIN3은 0.477689인데 PRIN4는 0.186891이므로 PRIN3까지만 채택한다는 뜻).④ 전체변동(P=8)에 대한 각 주성분의 비율을 나타낸다(PRIN1의 경우 : 2.37873/8=0.297341→ PRIN1만 선택하면 전체변동의 약 29.73%만 설명한다는 뜻).

⑤ ④의 결과를 누계적으로 합계한 전체변동에 대한 누적비율이다.

ⓐ $\lambda \geq 1.0$ (고유값이 1보다 큰 것)을 선택하면 : 주성분은 3개(PRIN1, PRIN2, PRIN3)가 얻어지고, 3개 주성분이 전체변동의 68.05%를 설명하고, 나머지 주성분의 기여도는 31.95% (100%-68.05%=31.95%)이다.

ⓑ $\lambda \geq 0.7$을 선택하면 : 주성분은 5개(PRIN1, PRIN2, PRIN3, PRIN4, PRIN5)가 얻어져 전체변동의 89.9%를 설명하고, 나머지 주성분으로는 약 10.1% 밖에 설명하지 못한다.

ⓒ 68.05%을 선택하면 원래변수 8개중 3개의 새로운 변수(PRIN1, PRIN2, PRIN3)만으로 8개 변수를 설명할 수 있다는 뜻이다.

THE RATE OF REGIONAL ECONOMIC GROWTH BY SI-DO
Principal Component Analysis
① Eigenvectors

	② PRIN1	③ PRIN2	④ PRIN3	⑤ PRIN4
GTEM	-.382580	0.508657	0.118947	-.072716
GUNE	0.250580	0.225459	0.486570	-.096101
GTOP	0.288318	0.536277	-.335376	0.052926
GGRP	0.315204	0.436982	0.267223	0.504549
GELE	-.005036	-.077270	-.610169	0.526194
GSAV	0.018737	-.411276	0.407479	0.431917
GEXP	0.596077	-.166957	0.012577	0.115050
GTFI	0.502669	-.094324	-.163442	-.501435

	⑥ PRIN5	⑦ PRIN6	⑧ PRIN7	⑨ PRIN8
GTEM	0.399168	0.259965	0.494347	0.322752
GUNE	-.580478	0.493975	-.104207	0.220381
GTOP	0.327246	0.239104	-.587823	-.064856
GGRP	-.066354	-.362479	0.305253	-.393373
GELE	-.318448	0.386267	0.291910	0.094845
GSAV	0.461221	0.469229	-.090832	-.191724
GEXP	0.241971	-.218693	0.112191	0.696031
GTFI	0.139764	0.287474	0.447213	-.397620

① 고유벡터 : 각 주성분의 방향성을 알려준다(8개의 새로운 축이 만들어짐).

$y_p = \iota_{p1}x_1 + \iota_{p2}x_2 + \ldots + \iota_{pp}x_p$에서→ y_p는 주성분점수(PRIN1, PRIN2, PRIN3,..., PRIN8)를, ι_p는 각 변수의 값(예 GTEM의 경우 PRIN1의 값=-0.382580), xp는 각 변수(GTEM, GUNE, GTOP, GGRP, GELE, GSAV, GEXP, GTFI)이다.

② 첫번째 주성분 : PRIN1(=y1)=-0.38250GTEM(=x1) + 0.250580GUNE(=x2) + 0.288318GTOP (=x3) + 0.315204GGRP(=x4) - 0.005036GELE(=x5) + 0.018737GSAV(=x6) + 0.596077GEXP (=x7) + 0.502669GTFI(=x8)

그러므로 첫번째 주성분(PRIN1)의 고유벡터는 수출증가율에 큰 값이 적재(load)되어 있으므로 PRIN1은 수출관계를 측정하는 변수라 할 수 있다.

③ 두번째 주성분 : PRIN1(=y2) = 0.508657GTEM(=x1) + 0.225459GUNE(=x2) + 0.536277GTOP(=x3) +

0.436982GGRP(=x4) - 0.077270GELE(=x5) - 0.411276GSAV(=x6) - 0.166957GEXP(=x7) - 0.094324GTFI(=x8)

그러므로 두번째 주성분(PRIN2)의 고유벡터는 인구증감률과 취업성장률에 큰 값이 적재(load)되어 있으므로 PRIN2은 인구관계를 측정하는 변수라 할 수 있다.

④ 세번째 주성분 : PRIN1(=y3) = 0.118947GTEM(=x1) + 0.486570GUNE(=x2) - 0.335376GTOP (=x3) + 0.267223GGRP(=x4) - 0.610169GELE(=x5) + 0.407479GSAV(=x6) + 0.012577GEXP(=x7) - 0.163442GTFI(=x8)

그러므로 세번째 주성분(PRIN3)의 고유벡터는 실업성장률과 저축성장률에 큰 값이 적재(load)되어 있으므로 PRIN3은 실업관계를 측정하는 변수라 할 수 있다.

⑤~⑨ : ②와 ④같이 정리하면 된다.

* PRIN1~PRIN8로 변수가 8개이므로 8차원이란 뜻이다(예 PRIN1→8차원중 첫 번째축임)

THE RATE OF REGIONAL ECONOMIC GROWTH BY SI-DO

㉰	OBS	_TYPE_	_NAME_	GTEM	GUNE	GTOP	GGRP
ⓐ	1	MEAN		10.2542	-0.4001	-1.2575	15.2270
ⓑ	2	STD		15.1286	50.8691	3.1185	5.1337
ⓒ	3	N		13.0000	13.0000	13.0000	13.0000
ⓓ	4	CORR	GTEM	1.0000	-0.0582	0.2140	0.0225
ⓔ	5	CORR	GUNE	-0.0582	1.0000	0.0604	0.3997
ⓕ	6	CORR	GTOP	0.2140	0.0604	1.0000	0.3958
ⓖ	7	CORR	GGRP	0.02248	0.39973	0.39581	1.00000
ⓗ	8	CORR	GELE	-0.21526	-0.25080	0.20169	-0.09536
ⓘ	9	CORR	GSAV	-0.10662	0.04117	-0.32430	-0.03907
ⓙ	10	CORR	GEXP	-0.62835	0.12054	0.28129	0.42027
ⓚ	11	CORR	GTFI	-0.41025	0.21070	0.35596	-0.04250
ⓛ	12	EIGENVAL		2.37873	1.62040	1.44500	0.96732

㉰ OUTSTAT=CRIMOUT에 기억된 각종 통계량(평균, 표준편차, 상관계수, 관측치수), 고유값, 고유벡터 등이 출력되어 있다.

ⓐ : 변수의 평균, ⓑ : 변수의 표준편차, ⓒ : 관측치수, ⓓ~ⓚ: 변수간 상관계수

ⓛ : 고유값, ⓜ~ⓣ : 변수별 주성분점수(GTEM의 첫번째 주성분점수(PRIN1)는 -0.38258, 두번째 주성분 점수는 0.50866 등).

㉱	OBS	_TYPE_	_NAME_	GTEM	GUNE	GTOP	GGRP	GELE
ⓜ	13	SCORE	PRIN1	-0.38258	0.25058	0.28832	0.31520	-0.00504
ⓝ	14	SCORE	PRIN2	0.50866	0.22546	0.53628	0.43698	-0.07727
ⓞ	15	SCORE	PRIN3	0.11895	0.48657	-0.33538	0.26722	-0.61017
ⓟ	16	SCORE	PRIN4	-0.07272	-0.09610	0.05293	0.50455	0.52619
ⓠ	17	SCORE	PRIN5	0.39917	-0.58048	0.32725	-0.06635	-0.31845
ⓡ	18	SCORE	PRIN6	0.25996	0.49397	0.23910	-0.36248	0.38627

	OBS	_TYPE_	_NAME_					
ⓢ	19	SCORE	PRIN7	0.49435	-0.10421	-0.58782	0.30525	0.29191
ⓣ	20	SCORE	PRIN8	0.32275	0.22038	-0.06486	-0.39337	0.09485

OBS	GSAV	GEXP	GTFI
13	0.01874	0.59608	0.50267
14	-0.41128	-0.16696	-0.09432
15	0.40748	0.01258	-0.16344
16	0.43192	0.11505	-0.50143
17	0.46122	0.24197	0.13976
18	0.46923	-0.21869	0.28747
19	-0.09083	0.11219	0.44721
20	-0.19172	0.69603	-0.39762

㉴ THE RATE OF REGIONAL ECONOMIC GROWTH BY SI-DO
SI-DD LISTED IN THE RATE OF EXPORT GROWTH
AS DETERMINED BY THE FIRST PRINCIPAL COMPONENT

SIDO		PRIN1	PRIN2	PRIN3	GTEM	GUNE	GTOP
chejudo	ⓐ	-1.37036	-1.06460	-1.70985	9.874	-99.300	-0.450
pusan	ⓑ	-1.12968	1.05737	0.72023	19.430	-2.360	-1.540
cheonnam	ⓒ	-0.88281	-0.98127	0.04440	3.583	-17.100	-4.790
kangwon	ⓓ	-0.77330	-1.01456	0.46281	5.201	-21.800	-6.430
chungnam	ⓔ	-0.47733	1.52972	-0.00361	41.860	2.915	1.158
seoul	ⓕ	-0.46975	1.77568	0.51326	25.960	-7.140	0.482
chungbuk	ⓖ	-0.36580	-0.271833	-2.74599	3.496	-39.500	0.491
taegu	ⓗ	-0.16493	-0.55846	-0.31591	9.470	-22.100	-2.600
cheonbuk	ⓘ	-0.10371	-0.59032	0.59757	-2.610	40.620	-4.050
kyeongbu	ⓙ	0.07412	-2.209853	1.99702	5.364	6.574	-4.720
incheon	ⓚ	0.10217	1.88479	0.00252	23.050	10.810	3.643
kyeongna	ⓛ	0.79162	0.69052	1.03638	9.126	127.500	-0.620
kyeonggi	ⓜ	4.76975	-0.24720	-0.59884	-20.500	15.680	3.079

SIDO	GGRP	GELE	GSAV	GEXP	GTFI
chejudo	3.981	27.070	26.65	-14.300	37.740
pusan	20.140	12.390	22.64	3.744	0.636
cheonnam	11.650	21.520	25.27	12.200	27.000
kangwon	14.500	7.666	35.20	20.610	30.960
chungnam	14.080	6.668	30.47	10.260	49.090
seoul	23.160	11.530	21.03	1.377	19.110
chungbuk	13.890	223.900	39.52	2.794	29.450
taegu	11.580	12.440	28.21	15.640	52.500
cheonbuk	14.290	16.940	25.51	0.202	33.410
kyeongbu	14.490	11.200	1087.00	120.400	29.800
incheon	19.340	13.830	37.86	-1.860	33.030
kyeongna	14.290	15.400	28.69	5.250	49.310
kyeonggi	22.560	30.930	43.49	411.200	80.430

㉲ 첫번째 주성분점수(PRIN1)를 크기순으로 배열한 것이다. PRIN1을 기준으로 할 때 : 경기(ⓜ: PRIN1 4.76975)와 경남(① : PRIN1 0.79162)과 같이 공장이 많이 분포하고 있는 지역에서는 수출성장률이 높음을 나타내고 있으나, 반대로 제주(PRIN1 −1.37036), 부산(PRIN1 −1.12968), 전남(PRIN1 −0.88281), 강원(PRIN1 −0.77330) 및 충남(PRIN1 −0.47733)등 인구가 감소하는 농촌지역이 포함된 지역에서는 수출성장률이 낮음을 나타내고 있다(부산지역은 면밀한 검토가 필요).

THE RATE OF REGIONAL ECONOMIC GROWTH BY SI-DO
SI-DD LISTED IN THE RATE OF POPULATION GROWTH
㉳ AS DETERMINED BY THE SECOND PRINCIPAL COMPONENT

SIDO	PRIN1	PRIN2	PRIN3	GTEM	GUNE	GTOP	GGRP	GELE
kyeongbu	0.07412	-2.20985	1.99702	5.364	6.574	-4.720	14.490	11.200
chejudo	-1.37036	-1.06460	-1.70985	9.874	-99.300	-0.450	3.981	27.070
kangwon	-0.77330	-1.01456	0.46281	5.201	-21.800	-6.430	14.500	7.666
cheonnam	-0.88281	-0.98127	0.04440	3.583	-17.100	-4.790	11.650	21.520
cheonbuk	-0.10371	-0.59032	0.597573	-2.610	40.620	-4.050	14.290	16.940
taegu	-0.16493	-0.55846	-0.31591	9.470	-22.100	-2.600	11.580	12.440
chungbuk	-0.36580	-0.27183	-2.74599	3.496	-39.500	0.491	13.890	223.900
kyeonggi	4.76975	-0.24720	-0.59884	-20.500	15.680	3.079	22.560	30.930
kyeongna	0.79162	0.69052	1.03638	9.126	127.500	-0.620	14.290	15.400
pusan	-1.12968	1.05737	0.72023	19.430	-2.360	-1.540	20.140	12.390
chungnam	-0.47733	1.52972	-0.00361	41.860	2.915	1.158	14.080	6.668
seoul	-0.46975	1.77568	0.51326	25.960	-7.140	0.482	23.160	11.530
incheon	0.10217	1.88479	0.00252	23.050	10.810	3.643	19.340	13.830

SIDO	GSAV	GEXP	GTFI
kyeongbu	1087.00	120.400	29.800
chejudo	26.65	-14.300	37.740
kangwon	35.20	20.610	30.960
cheonnam	25.27	12.200	27.000
cheonbuk	25.51	0.202	33.410
taegu	28.21	15.640	52.500
chungbuk	39.52	2.794	29.450
kyeonggi	43.49	411.200	80.430
kyeongna	28.69	5.250	49.310
pusan	22.64	3.744	0.636
chungnam	30.47	10.260	49.090
seoul	21.03	1.377	19.110
incheon	37.86	-1.860	33.030

㉳ 두번째 주성분점수(PRIN2)를 크기순으로 배열한 것이다.

PRIN2를 기준으로 할 때 : 인천(PRIN2 1.88479), 서울(PRIN2 1.775680), 충남(PRIN2

1.52972), 부산(PRIN2 1.05767)과 같이 교육, 문화, 복지, 도시하부구조 등 생활편익시설이 발달한 대도시지역에서는 인구증감률이 높게 나타나고 있으나, 반대로 경북(PRIN2 −2.20985), 제주(PRIN2 −1.06460), 강원(PRIN2 −1.01456), 전남(PRIN2 −0.98127) 및 전북 등 인구가 급격히 감소하는 농어촌지역에서는 인구증감률이 낮음을 보여주고 있다.

THE RATE OF REGIONAL ECONOMIC GROWTH BY SI-DO
SI-DD LISTED IN THE RATE OF UNEMPLOYMENT GROWTH
㈔ AS DETERMINED BY THE THIRD PRINCIPAL COMPONENT

SIDO	PRIN1	PRIN2	PRIN3	GTEM	GUNE	GTOP	GGRP
chungbuk	-0.36580	-0.27183	-2.74599	3.496	-39.500	0.491	13.890
chejudo	-1.37036	-1.06460	-1.70985	9.874	-99.300	-0.450	3.981
kyeonggi	4.76975	-0.24720	-0.59884	-20.500	15.680	3.079	22.560
taegu	-0.16493	-0.55846	-0.31591	9.470	-22.100	-2.600	11.580
chungnam	-0.47733	1.52972	-0.00361	41.860	2.915	1.158	14.080
incheon	0.10217	1.88479	0.00252	23.050	10.810	3.643	19.340
cheonnam	-0.88281	-0.98127	0.04440	3.583	-17.100	-4.790	11.650
kangwon	-0.77330	-1.01456	0.46281	5.201	-21.800	-6.430	14.500
seoul	-0.46975	1.77568	0.51326	25.960	-7.140	0.482	23.160
cheonbuk	-0.10371	-0.59032	0.59757	-2.610	40.620	-4.050	14.290
pusan	-1.12968	1.05737	0.72023	19.430	-2.360	-1.540	20.140
kyeongna	0.79162	0.69052	1.03638	9.126	127.500	-0.620	14.290
kyeongbu	0.07412	-2.20985	1.99702	5.364	6.574	-4.720	14.490

SIDO	GELE	GSAV	GEXP	GTFI
chungbuk	223.900	39.52	2.794	29.450
chejudo	27.070	26.65	-14.300	37.740
kyeonggi	30.930	43.49	411.200	80.430
taegu	12.440	28.21	15.640	52.500
chungnam	6.668	30.47	10.260	49.090
incheon	13.830	37.86	-1.860	33.030
cheonnam	21.520	25.27	12.200	27.000
kangwon	7.666	35.20	20.610	30.960
seoul	11.530	21.03	1.377	19.110
cheonbuk	16.940	25.51	0.202	33.410
pusan	12.390	22.64	3.744	0.636
kyeongna	15.400	28.69	5.250	49.310
kyeongbu	11.200	1087.00	120.400	29.800

㈔ 세번째 주성분 점수(PRIN3)를 크기순으로 배열한 것이다.

PRIN3를 기준으로 할 때 : 경북(PRIN3 1.99702), 경남(PRIN3 1.03638), 부산(PRIN3 0.72023)과 같이 지역내 산업이 섬유, 신발, 합판 등 사양산업이 많이 분포하고 있는 지역에서는 실업률이 높게 나타나고 있으나, 반대로 전북(PRIN3 −2.74599), 제주(PRIN3 −1.70985), 경기(PRIN3 −

0.59884) 등 농촌인구가 급격히 감소하여 경제활동인구가 매우 작은 지역과 수도권 산업집중 및 관광자원이 잘 개발된 지역에서는 실업률이 낮게 나타나고 있다.

PLOT OF THE SECOND THREE PRINCIPAL COMPONENTS

㉮ Plot of PRIN2*PRIN1. Symbol is value of SIDO.

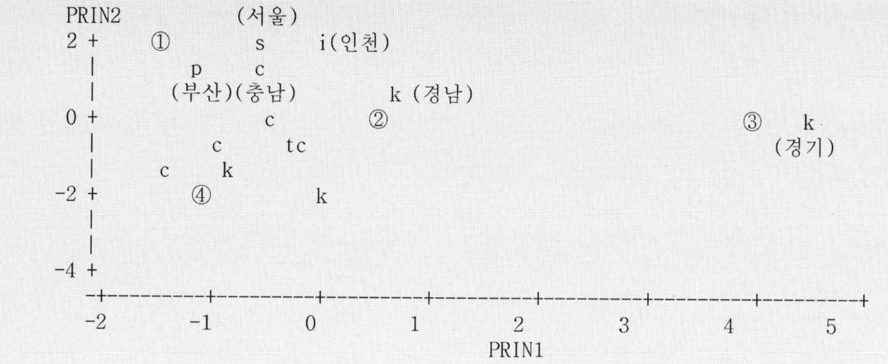

㉮ 첫번째 주성분 점수(PRIN1)와 두번째 주성분 점수(PRIN2)의 2차원 산점도(PLOT)이다.
①에 속하는 지역은 PRIN2가 높은 지역.
②에 속하는 지역은 PRIN1이 높은 지역.
③ "이상치"일 가능성이 존재한다. 그러므로 이상치의 여부를 검토해야 한다.
④에 속하는 지역은 인구증감률이 낮고, 수출성장률도 낮은 지역을 의미한다.

㉯ Plot of PRIN3*PRIN1. Symbol is value of SIDO.

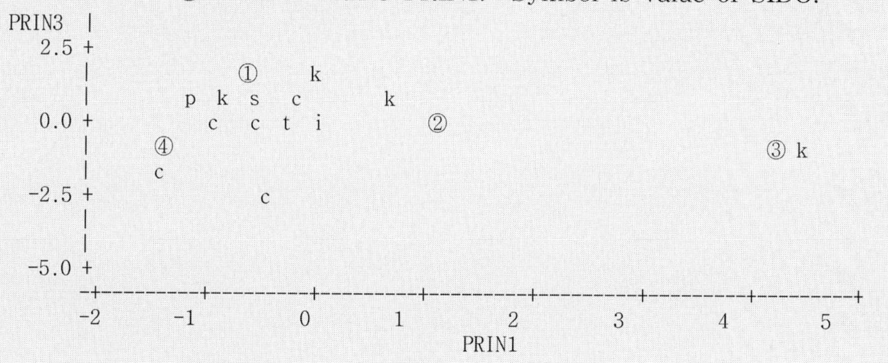

㉯ 첫번째 주성분 점수(PRIN1)와 세번째 주성분 점수(PRIN3)의 산점도(PLOT)이다.
①에 속하는 지역은 PRIN3이 높은 지역.
②에 속하는 지역은 PRIN1이 높은 지역.
③ "이상치"일 가능성이 존재한다. 그러므로 이상치의 여부를 검토해야 한다.
④에 속하는 지역은 인구증감률이 낮고, 실업률도 낮은 지역을 의미한다.

㉫ Plot of PRIN3*PRIN2. Symbol is value of SIDO.

```
PRIN3 |
  2.5 +
      |        ③ k                    ①
      |                           k      c                 k    p         s
  0.0 +                            c     t                             c    i
      |                                       k                  ②
      |                          c      ④
 -2.5 +                                      c
      |
      |
 -5.0 +
     -+--------------+--------------+--------------+--------------+--------------+
     -3             -2             -1              0              1              2
                                          PRIN2
```

㉫ 두번째 주성분 점수(PRIN2)와 세번째 주성분 점수(PRIN3)의 산점도(PLOT)이다.

①에 속하는 지역은 PRIN3이 높은 지역.

②에 속하는 지역은 PRIN2가 높은 지역.

③ "이상치"일 가능성이 존재한다. 그러므로 이상치의 여부를 검토해야 한다.

④에 속하는 지역은 수출증감률이 낮고, 실업률도 낮은 지역을 의미한다.

CHAPTER 16

인자분석

제16장

인자분석(Factor Analysis)

제1절 개념, 목적 및 이용

1. 배경

20세기초 Pearson, Spearman 등에 의해 지능(Intelligence)의 개념을 정의·측정하면서 시작된 분석방법이다.

2. 목적

① p개의 관측 가능한 양적변수들 사이의 공분산 관계를 설명할 수 있는 m(≤p)개의 인자(설명변수 : 관측이 안되는 가상적 변수)를 찾는 분석법이다.
즉 여러개의 변수에서 비슷한 특성을 가진(상관관계가 높은) 변수들끼리 모아 몇개의 집단으로 나눈 후 각 집단을 대표할 수 있는 새로운 변수를 찾는 방법이다.

② 인자분석은 주성분분석의 역산과정이다.

③ 주성분분석 : p개에서 m개를 선택(소수의 y를 찾는 것 : $p > m$개를 찾음)하는 분석이다.

$$\begin{array}{ccc} x_1 & & y_1 \\ \cdot & & \cdot \\ \cdot & \longrightarrow & y_0 \\ \cdot & & \cdot \\ x_p & & y_m \end{array}$$

④ 인자분석 : 주어진 x를 설명해 주는 어떤 인자가 있는지를 찾는 것이다.

$$\begin{array}{ccc} y_1 & & x_1 \\ \cdot & & \cdot \\ \cdot & \longrightarrow & x_0 \\ \cdot & & \cdot \\ y_m & & x_p \end{array}$$

→ $m < p$이므로 완전한 역산은 불가능하다. 이는 주성분분석에서 채택된 m개 변수로 원래의 p개 변수를 설명할 수 없음을 의미한다. 따라서 오차항(유일인자 : unit factor)이 도입되게 된다

⑤ 목적 : ① 자료의 요약, ② 변수의 구조파악, ③ 불필요한 변수 제거, ④ 측정도구의 타당성 검증, ⑤ 추가적 분석에 요인점수의 이용 등이다.

3. 사용되는 통계량

(1) 공분산행렬

(2) 상관행렬

입력자료가 상관행렬이나 공분산행렬로 되어 있으면 인자점수를 구할 수 없다. 왜냐하면 원자료가 없기 때문이다.

4. 인자점수의 이용

인자분석에서 얻어진 인자점수(Factor score)를
① 회귀분석의 설명변수
② 군집분석의 입력변수
③ 판별분석의 입력변수 등으로 이용한다.

5. 분석절차

변수선정 → 척도의 형태(자료형태) 결정 → 표본수 결정(변수 수의 4~5배) → 자료입력 → 자료 표준화 → 변수간 상관관계 계산 → 요인추출 모델의 결정 → 요인추출(요인수 결정) → 요인적재 산출 → 요인회전 → 요인해석 → 요인점수 산출 → 요인점수의 타 분석법 활용.

제2절 이론적 배경

1. 인자모형

$x' = (x_1, x_2, \cdot\cdot\cdot, x_p)$의 평균$\mu$, 공분산행렬$\Sigma$인 다변량정규분포인 확률벡터이면 인자모형(Factor model)은

① x를 적은 개수 m(≤p)의 관측 불가능한 공통인자(Common factor)

→ $F_1,\ F_2, \cdot\cdot\cdot\cdot,\ F_m$

② 유일인자=특정인자(Specific factor)→ $\varepsilon_1, \varepsilon_2, \cdot\cdot\cdot, \varepsilon_m$: ①과 ②를 선형식으로 나타낸 모형이다.

$$\begin{aligned}
x_1 - \mu_1 &= L_{11}F_1 + L_{12}F_2 + \cdot\cdot\cdot + L_{1m}F + \varepsilon_1 \\
x_2 - \mu_2 &= L_{21}F_1 + L_{22}F_2 + \cdot\cdot\cdot + L_{2m}F + \varepsilon_2 \\
&\vdots \\
x_p - \mu_p &= L_{p1}F_1 + L_{p2}F_2 + \cdot\cdot\cdot + L_{pm}F + \varepsilon_p
\end{aligned}$$

여기서 F_j(공통인자): 2개 이상의 변수를 설명하는데 공통으로 사용되므로 공통인자라 한다(단, $j=1,2,\ldots,m$)

ε_i(유일인자=특정인자=오차항) : 변수들 사이의 인과관계를 설명하는데 기여 하지 않고 유일하게 i번째 변수만 설명하는데 사용되므로 유일인자라 한다(단 i : 1, 2, ..., p).

L_{ij}(인자적재 : Factor loading) : i번째 변수와 j번째 공통인자와의 상관관계(상관계수)를 나타내는 값.

$L_{ij} = Cov(x_i, y_j)$→ i번째 변수에 대한 j번째 공통인자의 중요도를 나타낸다.

$$(L_{ij}(\text{인자분석}) = \lambda_j L_{ij}(\text{주성분분석}))$$

인자적재 값들의 행렬 : 인자행렬(Factor matrix)=인자패턴이라 한다.

L_{11} : 첫번재 인자(F_1)가 x_1에 미치는 영향을 나타낸다. L_{11}이 크면 F_1이 x_1을 설명하는데 매우 중요한 인자라는 뜻이다(L_{11}만큼 중요함).

$$F = \begin{bmatrix} F_1 \\ F_2 \\ \cdot \\ \cdot \\ \cdot \\ F_m \end{bmatrix} \qquad \varepsilon = \begin{bmatrix} \varepsilon_1 \\ \varepsilon_2 \\ \cdot \\ \cdot \\ \cdot \\ \varepsilon_p \end{bmatrix} \qquad L = \begin{bmatrix} L_{11} & L_{12} & \cdot\cdot\cdot & L_{1m} \\ L_{21} & L_{22} & \cdot\cdot\cdot & L_{2m} \\ \cdot & \cdot & & \cdot \\ \cdot & \cdot & & \cdot \\ \cdot & \cdot & & \cdot \\ L_{p1} & L_{p2} & \cdot\cdot\cdot & L_{pm} \end{bmatrix}$$

이면→ 인자모형 : $x - \mu = L \cdot F + \varepsilon$

가정 : ① 주어진 다변량자료의 분산과 공분산 : $Var(x_i) = \sigma_i^2$, $Cov(x_i, x_j) = \sigma_{ij}$

② 인자의 분산과 공분산 : $Var(F_i) = 1$, $Cov(F_i, F_j) = 0$(F_i와 F_j가 독립적임 (상관관계가 없음을 의미)).

$$Var(\varepsilon_i) = \psi_i,\ Cov(\varepsilon_i, \varepsilon_j) = 0$$

풀어야 할 방정식 :

$$\sigma_i^2 = L_{i1}^2 + L_{i2}^2 + \cdots L_{im}^2 + \psi_i$$
$$\sigma_{ij} = L_{i1}L_{j1} + L_{i2}L_{j2} + \cdots + L_{im}L_{jm} + \psi_{jm}$$

→ L_{ij}와 ε_i의 값을 구해야 한다.

m이 크면 자유도가 -(부)가 된다. 따라서 자유도가 -(부)가 나오지 않도록 m개수를 크게 하면 않된다(보통 m≤4: m개수를 작게 하는 것이 좋음).

$$h_i^2 = L_{i1}^2 + L_{i2}^2 + \cdots + L_{im}^2$$

→ 공통성(Commulality)=공통분산인자(공통인자들의 i번째 변수에 대한 공헌도)

$\sigma_i^2 = h_i^2 + \psi_i$ (ψ_i: 특정분산)

$L_{1j}^2 + L_{2j}^2 + \cdots + L_{pj}^2$: j번째 인자의 전체에 대해 미치는 공헌도.

$Cov(x_i, F_j) = L_{ij}$: x_i와 F_j의 상관관계.

2. 인자추출방법

인자모형에서 인자추출방법에는 주성분분석법, 주인자분석법(Principal Factor Analysis), 최우인자분석법(Maximum Likelihood Factor Analysis) 등이 있다.

(1) 주성분분석법

ψ_i없이 분석하는 방법으로 주성분분석에서 구한 m개의 주성분을 이용하여 공분산행렬을 근사시키는 방법이다. 주성분분석에서 구한 m개의 주성분을 표준화시켜 공통인자로 삼고, 이에 따른 인자행렬과 추정분산을 구하는 방법이다.

즉,

$$\Sigma = [\sqrt{\lambda_1}e_1, \sqrt{\lambda_2}e_2, \cdots, \sqrt{\lambda_m}e_m] \begin{bmatrix} \sqrt{\lambda_1}e_1' \\ \sqrt{\lambda_2}e_2' \\ \vdots \\ \sqrt{\lambda_m}e_m' \end{bmatrix} + \begin{bmatrix} \phi_1 & 0 & \cdots & 0 \\ 0 & \phi_1 & \cdots & 0 \\ \vdots & & \ddots & \vdots \\ 0 & 0 & \cdots & \phi_p \end{bmatrix}$$

j번째 인자의 인자적재(L_{ij}) = $\sqrt{\lambda_j}$*j번째 주성분계수($\sqrt{\lambda_j}L_{ji}$)

① Σ대신에 표본공분산행렬S와 표본상관행렬 R를 사용→ 주성분해(Principal component solution)라 한다.

② 주성분분석에 의해서 구한 인자적재 : 공통인자의 개수가 변하여도 고유벡터의 직교성 때문에 변하지 않는다.

③ p개의 주성분 전체를 이용하면 $\Sigma = LL'$가 되어 Σ를 완전히 재현하게 된다(이유 : 오차항이 없어지기 때문). 그러므로 이때는 자료의 요약을 달성하지 못하게 된다. 따라서 공분산행렬을 근사시키는데 사용할 주성분의 개수 m의 선택이 필요하다.

SAS : 인자분석에 의해 주성분분석을 수행할 수 있다.

예 PROC FACTOR METHOD=PRIN PRIORS=ONE;

METHOD= 를 지정하지 않으면 주성분분석을 수행한다.

PRIORS=ONE : 인자분석에서 주성분분석을 위해 METHOD를 지정하지 않으면 반드시 PRIORS=를 지정하지 않거나, 지정하더라도 사전 공통인자 값을 1로 해야한다(즉 PRIORS=ONE).

(2) 주인자분석법

공통성의 사전추정값(즉 추정분산의 사전추정값)을 준 후 인자행렬을 구하는 방법이다(주성분분석은 사전추정값이 1인 주인자분석법과 동일함).

$\sigma_i^2 = L_{i1}^2 + L_{i2}^2 + \cdot\cdot\cdot L_{im}^2 + \psi_i$, 여기서 $\psi_i = 0$이면 1이 된다.

이는 주성분분석법과 같은 원리이며, 표본상관행렬 R에서 대각원소를 1대신에 공통인자분산의 사전추정값 $\widehat{h_i}$으로 대체한 후 이를 LL'로 근사시킨다. 즉 축소된 상관행렬(reduced correlation coefficient:SMC)을 R^*라 하면

$R^* \fallingdotseq LL'$을 만족시키는 인자행렬 L^*를 구한다. 따라서 공통성 h_i^2 와 특정분산 $\psi_i = 1 - h_i^2$의 사전추정값(priors estimate)의 선택이 중요하다.

주인자분석법은 변수 x_i와 $(p-1)$개의 다른 변수들과의 다중상관계수의 자승(Squared multiple correlation coefficient : SMC)을 h_i^2의 사전추정값으로 사용한다.

$(h_i^{*2} = 1 - \psi_i^* = 1 - 1/r_{ij})$ → 사전추정값을 이용하여 인자행렬의 추정값 $\hat{L}$를 구한 후 $\hat{L}$를 이용하여 공통성을 다시 추정한다.

(3) 최우인자분석법(Maximum Likelihood Factor Analysis)

다변량 정규분포 가정하에서의 추정법으로 한번에 풀 수 있는 방법이 아니고, 반복하는 방법이다.

㉠ 가정 : 관측이 불가능한 가상적 변수인 공통인자 F와 유일인자 ε들의 결합분포가 정규분포이면 $X - \mu = L \cdot F + \varepsilon$이 된다.

여기서 X : 다변량 정규분포이므로 이를 이용 최대우도추정법으로 L과 Ψ를 추정한다.

㉡ 최우인자분석법의 장점 : 카이제곱(x_i^2검정) 가능, 단점 : 공통성이 반복적으로 추정되므로 시간이 많이 소요.

㉢ 최우인자분석법의 문제 : HEYWOOD의 발생

$\sigma_i^2 = L_{i1}^2 + L_{i2}^2 + \cdot\cdot\cdot L_{im}^2 + \psi_i$의 값이 1보다 커지는 현상 : HEYWOOD가 발생하면 특정분산의 값이 음수가 되어 부적절하게 되므로 1보다 크면 않된다.

㉣ HEYWOOD : 초기추정값(예 SMC)이 부적절 할 때, 공통인자의 개수가 아주 많거나 작을 때 그리고 자료가 부적합할 때 발생한다.

- 해결책
  ① HEYWOOD option을 사용하여 각 변수별 초기 추정값을 1로 지정하고 반복과정을 계속한다.
  ② HEYWOOD option을 사용하지 않을 경우 HEYWOOD가 발생하면 반복을 중지하고 인자개수는 0으로 규정한다.

3. 공통인자의 개수(m)의 선택기준

(1) 고유값의 크기

① 공분산행렬을 이용하는 경우 : $\lambda_i \geq \overline{\lambda}$, $\lambda_i \geq 0.7\overline{\lambda}$

② 상관행렬을 이용하는 경우 : $\lambda_i \geq 1.0$, $\lambda_i \geq 0.7$

③ 주인자분석법을 이용하는 경우 : 축소된 상관행렬(reduced correlation matrix)의 고유값 중 양(+)에 해당하는 인자를 선택한다.

(2) 전체변동에 대한 공헌도(주성분분석의 경우와 같음)

① 누적공헌도

$$\frac{\lambda_i}{\lambda_1 + \lambda_2 + \cdot\cdot\cdot + \lambda_p}$$: 전체변동 중에서 i번째 주성분이 설명하는 변동의 비율.

누적공헌도가 1에 가까우면서 되도록 작은 m개를 선택해야 한다(m개수는 보통 3개를 선택, 특별한 경우에 4개도 선택함).

② 도형(Scree plot)이용하는 방법 : 고유값을 크기 순으로 나열한 후 j번째부터 감소추세가 완만해지면 주성분(m)의 개수는 $m=j-1$이 된다.

(3) 최우인자분석의 경우

① 카이제곱(x_i^2) 검정 : 보유할 공통인자의 개수가 m개이면 충분하다는 가설

$Ho : \Sigma_{(p*p)} = L_{(p*m)}L'_{(m*p)} + \Psi_{(P*P)}$

H_1 : 더 많은 공통인자가 필요하다.

축차적(Sequential)으로 검정 → $\Pr ob > x_i^2 =$ 값 : 10% 이상이면 채택(즉 H_0로 설정된 개수면 충분함을 의미함), 10% 이하이면 H_1채택(즉 인자개수(m)가 더 필요함을 의미함).

② AIC(Akaike's Information Criterion) : Akaike에 의한 판정기준으로 이 값이 가장 작을 때의 공통인자의 개수를 선택한다.

SBC(Schwarz's Bayesion Criterion) : Schwarz에 의한 기준으로 이 값이 가장 작을 때의 공통인자의 개수를 선택한다.

(4) 주성분분석법에 의한 주성분점수(FACTOR1 등)와 인자분석에 의한 인자(FACTOR1 등)를 PLOT하여 마지막으로 일치되는 PLOT을 기준으로 공통인자의 개수를 결정한다.

공통인자의 개수는 누적공헌도, AIC 및 SBC 값, 고유값의 크기, Scree plot, Plot를 종합하여 결정하는 것이 타당하다.

4. 인자회전(Factor Rotation)

(1) 개념 및 목적

인자추출법에 의해 얻은 인자들이 뚜렷한 의미를 갖지 못하는 경우 최초의 해를 명확히 하기 위한 과정을 인자회전이라 한다.

변수들의 인자적재가 어느 특정요인에 높게 걸리지 않고(x축, y축으로 접근) 분산되어 있을 때 변수가 어느 인자에 속하는지 판단하기 힘들 때이다. 한 인자에 높게 적재되게 하고 다른 요인에 낮게 적재되도록 하기 위하여 인자를 회전시키게 된다.

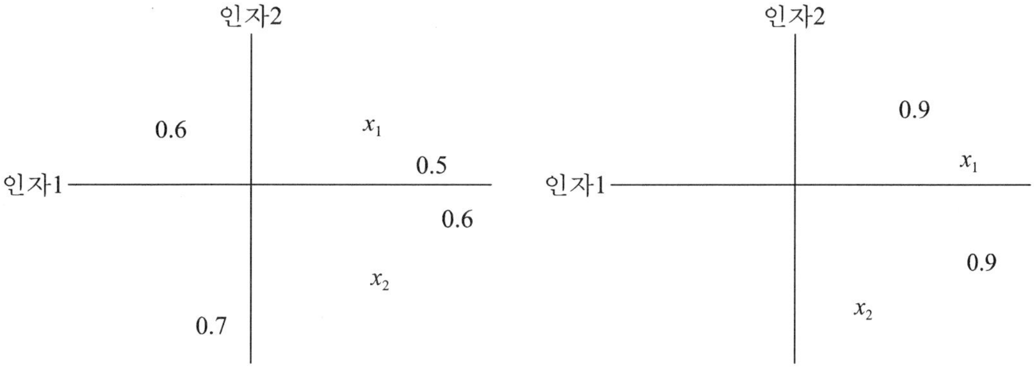

[그림 16.1] 회전 전과 회전 후 적재인자 패턴

(회전전) : x_1과 x_2의 적재가 인자1과 인자2에 대해 별 차이가 없음(인자 구조파악 불명확)

(직교회전후) : x_1는 인자1에 높게 적재 되고 x_2는 인자2에 높게 적재됨.

$T_{(m*m)}$이 직교행렬이면 $T'T = TT' = I$

$LL' + \Psi = LTT'L' = \Psi = LL' + \Psi$

$L^* = LT$: 회전된 인자행렬, L : 인자적재행렬, T : 직교행렬

(2) 회전방법

① 직각회전(Orthogonal rotation) 방식 : 인자축의 각도를 직각을 유지하면서 회전시키는 방식이다(인자간에는 상호 독립적= 상관관계가 없음).

종류 : VARIMAX법, QUARTIMAX법, EQUAMAX법 등

② 사각회전(Oblique rotation) 방식 : 직교회전 했을 때 인자가 명확하게 나타나지 않을 경우 사각회전을 하게 된다. 이 방식은 인자가 완전히 독립적이지 못한 경우(상관관계가 존재하는 경우)가 있는데, 이때는 비직각회전 즉 사각회전법을 많이 이용한다. 이 방식에서는 다중공선성이 발생하게 된다.

종류 : PROMAX법(직교회전에 의해 초기 인자행렬을 회전한 후 다시 사각회전함).

③ 요인점수를 군집분석 등 타 분석법에 이용할 경우는 요인점수간 상관관계가 없는(다중공선성이 없는) 직각회전방식을 이용하는 것이 좋다.

5. 인자점수(Factor Scores)

인자가 추출되면 사례별로 변수들이 선형결합되어 이루어진 점수를 말한다.

(1) 인자점수 추정방법

① 가중최소자승법(Weighted Least Squares Method)

$$X - \mu = L \cdot F + \varepsilon$$

여기서 Var(ε)=$\Psi \neq$I이므로 가중최소자승법에 의해 F의 추정량 $\hat{f}$을 계산

$$\hat{f} = (L'\Psi^{-1}L)^{-1}L'\Psi^{-1}(x-\mu)$$

② 회귀방법(Regression Method)

X와 F의 결합분포를 이용하여 F의 추정량($\hat{f}$)을 계산

$\hat{f} = E[F/x] = L'\Sigma^{-1}(X-\mu) = L'(LL'+\Psi)^{-1}(X-\mu)$

$Cov[F/x] = I - L'\Sigma^{-1}L = I - L'(LL'+\Psi)^{-1}L$

(2) SAS의 인자점수 계산법

① FACTOR 절차를 이용하는 법(PROC FACTOR).

② SCORE 절차를 이용하는법(PROC SCORE).

```
PROC FACTOR DATA=bb SCORE OUTSTAT=ss;
PROC SCORE DATA=bb SCORE=ss OUT=hh;
```

→ FACTOR 절차에서 OUTSTAT=option에 의해 인자점수계수가 저장된 자료세트를 만든 후 SCORE 절차에서는 원자료가 저장된 자료세트(DATA=option)을 동시에 이용하여 이들의 선형결합에 의하여 인자점수가 기억된 자료세트(OUT=hh)를 얻게 되는데 이를 출력하면 된다(PROC PRINT DATA=hh(OBS=option).

제3절 인자분석의 예

1. 공통인자의 개수(m) 선택방법

(1) 고유값의 조건이용

고유값>1.0, 고유값>0.7 등의 조건을 이용하여 공통인자의 개수(m)을 선택한다.

(2) AIC 및 SBC에 의한 m의 선택

㉠ NFACT=1, NFACT=2, NFACT=3, NFACT=4 등으로 인자의 개수를 입력하여

AIC 및 SBC의 값이 가장 작은 인자수를 찾는다.

프로그램명: KIMPR01.SAS

```
/*  PRINCIPAL COMPONENT ANALYSIS OF AA DATA  */
    DATA aa;
① ⓐ TITLE 'THE RATE OF REGIONAL ECONOMIC GROWTH BY SI-DO';
  ⓑ INFILE 'a:\jaryo\hh01.dat';
  ⓒ INPUT sido $ gtem gune gtop ggrp gele gsav gexp gtfi;
  ⓓ LABEL GTEM='EMPLOYMENT GROWTH' GUNE='UNEMPLOYMENT GROWTH'
      GTOP='POPULATION GROWTH' GGRP='G.R.P. GROWTH'
      GELE='ELECTRIC CON. GROWTH' GSAV='SAVING GROWTH'
      GEXP='EXPORT GROWTH' GTFI='FINANCIAL GROWTH';

② PROC FACTOR DATA=aa METHOD=ML HEYWOOD NFACT=1;
    TITLE3 'MAXIMUM LIKELIHOOD FACTOR ANALYSIS WITH ONE FACTOR';
③ PROC FACTOR DATA=aa METHOD=ML HEYWOOD NFACT=2;
    TITLE3 'MAXIMUM LIKELIHOOD FACTOR ANALYSIS WITH TWO FACTOR';
④ PROC FACTOR DATA=aa METHOD=ML HEYWOOD NFACT=3;
    TITLE3 'MAXIMUM LIKELIHOOD FACTOR ANALYSIS WITH THREE FACTOR';
⑤ PROC FACTOR DATA=aa METHOD=ML HEYWOOD NFACT=4;
    TITLE3 'MAXIMUM LIKELIHOOD FACTOR ANALYSIS WITH FORE FACTOR';
⑥ RUN;
```

②, ③, ④ 및 ⑤에서 계산된 AIC와 SBC의 값을 확인하여 값이 가장 작은 NFACT=를 찾아 인자수를 결정한다.

분석결과: KIMPR01.OUT

```
            THE RATE OF REGIONAL ECONOMIC GROWTH BY SI-DO
        MAXIMUM LIKELIHOOD FACTOR ANALYSIS WITH ONE FACTOR
                Initial Factor Method: Maximum Likelihood
             Prior Communality Estimates: SMC
            GTEM          GUNE       GTOP       GGRP
            0.790065      0.572103   0.658151   0.806014
            GELE          GSAV       GEXP       GTFI
            0.414966      0.502388   0.919701   0.827800

Initial Factor Method: Maximum Likelihood
    Preliminary Eigenvalues:  Total = 29.1602866  Average = 3.64503582
                          1           2          3          4
        Eigenvalue    17.716448   5.568127   3.510217   1.852966
        Difference    12.148321   2.057910   1.657251   0.517128
        Proportion     0.6076     0.1909     0.1204     0.0635
        Cumulative     0.6076     0.7985     0.9189     0.9824
```

```
                 5          6          7          8
Eigenvalue    1.335837   0.412520  -0.474990  -0.760840
Difference    0.923317   0.887510   0.285850
Proportion    0.0458     0.0141    -0.0163    -0.0261
Cumulative    1.0282     1.0424     1.0261     1.0000

1 factors will be retained by the NFACTOR criterion.

Initial Factor Method: Maximum Likelihood
  Iter Criterion   Ridge  Change   Communalities
   1   4.45881     0.000  0.15818  0.67439   0.45593   0.53126   0.64783
                                   0.32573   0.39695   1.00000   0.71224
   2   2.73234     0.000  0.47121  0.39482   0.01453   0.07913   0.17662
                                   0.00189   0.04416   1.00000   0.44018

                 Unable to improve criterion.
                 Try a different 'PRIORS' statement.

Initial Factor Method: Maximum Likelihood
   Significance tests based on 13 observations:
     Test of H0: No common factors.
          vs HA: At least one common factor.
     Chi-square = 35.302   df = 28   Prob>chi**2 = 0.1612
     Test of H0: 1 Factors are sufficient.
          vs HA: More factors are needed.
     Chi-square = 21.403   df = 20   Prob>chi**2 = 0.3737
ⓐ  Akaike's Information Criterion = 67.520482802
ⓑ  Schwarz's Bayesian Criterion = 38.27983626
ⓒ  Tucker and Lewis's Reliability Coefficient = 0.730936752

Initial Factor Method: Maximum Likelihood
                 Squared Canonical Correlations
                          FACTOR1
                          1.000000

        Eigenvalues of the Weighted Reduced Correlation Matrix:
                      Total = 0   Average = 0
             1      2        3        4        5         6         7         8
Eigenvalue   .  1.002876 0.640185 0.298219 0.033210 -0.275689 -0.801510 -0.897291
Difference   .  0.36269  0.341966 0.265009 0.308899  0.525820  0.095781

Initial Factor Method: Maximum Likelihood
                        Factor Pattern
                    FACTOR1
          GTEM     -0.62835   EMPLOYMENT GROWTH
          GUNE      0.12054   UNEMPLOYMENT GROWTH
          GTOP      0.28129   POPULATION GROWTH
          GGRP      0.42027   G.R.P. GROWTH
          GELE     -0.04348   ELECTRIC CON. GROWTH
          GSAV      0.21013   SAVING GROWTH
```

GEXP	1.00000	EXPORT GROWTH
GTFI	0.66346	FINANCIAL GROWTH

Initial Factor Method: Maximum Likelihood

Variance explained by each factor

	FACTOR1
Weighted	1.801967
Unweighted	2.151330

Initial Factor Method: Maximum Likelihood

Final Communality Estimates and Variable Weights

Total Communality: Weighted = 1.801967 Unweighted = 2.151330

	GTEM	GUNE	GTOP	GGRP
Communality	0.394824	0.014530	0.079127	0.176624
Weight	1.652412	1.014745	1.085926	1.214512
	GELE	GSAV	GEXP	GTFI
Communality	0.001891	0.044156	1.000000	0.440178
Weight	1.001894	1.046196	.	1.786282

THE RATE OF REGIONAL ECONOMIC GROWTH BY SI-DO
MAXIMUM LIKELIHOOD FACTOR ANALYSIS WITH TWO FACTOR

Initial Factor Method: Maximum Likelihood

Prior Communality Estimates: SMC

GTEM	GUNE	GTOP	GGRP
0.790065	0.572103	0.658151	0.806014
GELE	GSAV	GEXP	GTFI
0.414966	0.502388	0.919701	0.827800

Initial Factor Method: Maximum Likelihood

Preliminary Eigenvalues: Total = 29.1602866 Average = 3.64503582

	1	2	3	4
Eigenvalue	17.716448	5.568127	3.510217	1.852966
Difference	12.148321	2.057910	1.657251	0.517128
Proportion	0.6076	0.1909	0.1204	0.0635
Cumulative	0.6076	0.7985	0.9189	0.9824

	5	6	7	8
Eigenvalue	1.335837	0.412520	-0.474990	-0.760840
Difference	0.923317	0.887510	0.285850	
Proportion	0.0458	0.0141	-0.0163	-0.0261
Cumulative	1.0282	1.0424	1.0261	1.0000

2 factors will be retained by the NFACTOR criterion.

Initial Factor Method: Maximum Likelihood

Iter	Criterion	Ridge	Change	Communalities			
1	2.45397	0.000	0.18783	0.66062	0.38519	0.47602	0.83648
				0.25701	0.31456	1.00000	0.64991

```
 2    2.10044    0.000  0.16352   0.58619  0.27204  0.35301  1.00000
                                  0.16764  0.22023  1.00000  0.58704
 3    2.00069    0.000  0.18030   0.49455  0.16251  0.17272  1.00000
                                  0.00911  0.06386  1.00000  0.56558

                    Unable to improve criterion.
                 Try a different 'PRIORS' statement.

Initial Factor Method: Maximum Likelihood
      Significance tests based on 13 observations:

        Test of H0: No common factors.
            vs HA: At least one common factor.

        Chi-square = 35.302   df = 28   Prob>chi**2 = 0.1612

        Test of H0: 2 Factors are sufficient.
            vs HA: More factors are needed.
        Chi-square = 14.338   df = 13   Prob>chi**2 = 0.3505

  ⓓ  Akaike's Information Criterion = 72.008919759
  ⓔ  Schwarz's Bayesian Criterion = 42.50137749
  ⓕ  Tucker and Lewis's Reliability Coefficient = 0.6052637947
Initial Factor Method: Maximum Likelihood
                     Squared Canonical Correlations
                          FACTOR1    FACTOR2
                          1.000000   1.000000

         Eigenvalues of the Weighted Reduced Correlation Matrix:
                       Total = 0   Average = 0

                        1         2          3          4
         Eigenvalue     .         .       1.010695   0.481750
         Difference     .         .       0.528945   0.180924
                        5         6          7          8
          Eigenvalue 0.300825 -0.230554 -0.731835  -0.830881
          Difference 0.531380  0.501281  0.099046

Initial Factor Method: Maximum Likelihood
                        Factor Pattern
                   FACTOR1    FACTOR2
          GTEM    -0.56442    0.41951      EMPLOYMENT GROWTH
          GUNE     0.18513    0.35811      UNEMPLOYMENT GROWTH
          GTOP     0.32987    0.25278      POPULATION GROWTH
          GGRP     0.57057    0.82125      G.R.P. GROWTH
          GELE    -0.05749   -0.07617      ELECTRIC CON. GROWTH
          GSAV     0.18275   -0.17455      SAVING GROWTH
          GEXP     0.98499   -0.17259      EXPORT GROWTH
          GTFI     0.59238   -0.46331      FINANCIAL GROWT
```

```
Initial Factor Method: Maximum Likelihood
                    Variance explained by each factor
                                FACTOR1    FACTOR2
                  Weighted      1.649516   1.111078
                  Unweighted    2.145039   1.323294

Initial Factor Method: Maximum Likelihood
            Final Communality Estimates and Variable Weights
    Total Communality: Weighted = 2.760594    Unweighted = 3.468334

                    GTEM        GUNE        GTOP        GGRP
    Communality     0.494555    0.162515    0.172716    1.000000
    Weight          1.978453    1.194051    1.208775        .

                    GELE        GSAV        GEXP        GTFI
    Communality     0.009107    0.063864    1.000000    0.565577
    Weight          1.009190    1.068221        .       2.301904
     THE RATE OF REGIONAL ECONOMIC GROWTH BY SI-DO
  MAXIMUM LIKELIHOOD FACTOR ANALYSIS WITH THREE FACTOR
Initial Factor Method: Maximum Likelihood
                 Prior Communality Estimates: SMC

                 GTEM       GUNE       GTOP       GGRP
                 0.790065   0.572103   0.658151   0.806014
                 GELE       GSAV       GEXP       GTFI
                 0.414966   0.502388   0.919701   0.827800

Initial Factor Method: Maximum Likelihood
    Preliminary Eigenvalues:  Total = 29.1602866   Average = 3.64503582
                       1           2          3          4
    Eigenvalue     17.716448   5.568127   3.510217   1.852966
    Difference     12.148321   2.057910   1.657251   0.517128
    Proportion      0.6076     0.1909     0.1204     0.0635
    Cumulative      0.6076     0.7985     0.9189     0.9824
                       5           6          7          8
    Eigenvalue      1.335837   0.412520  -0.474990  -0.760840
    Difference      0.923317   0.887510   0.285850
    Proportion      0.0458     0.0141    -0.0163    -0.0261
    Cumulative      1.0282     1.0424     1.0261     1.0000

    3 factors will be retained by the NFACTOR criterion.
Initial Factor Method: Maximum Likelihood
  Iter Criterion   Ridge   Change    Communalities
    1   1.55442    0.000   0.19399   0.68872  0.39361  0.71872  1.00000
                                     0.27414  0.39749  0.94530  0.71747
    2   1.38796    0.000   0.11575   0.61535  0.34160  0.83447  1.00000
                                     0.21751  0.33684  1.00000  0.66304
    3   1.29206    0.000   0.16553   0.58699  0.26121  1.00000  1.00000
```

```
                                    0.13458  0.25689  1.00000  0.65138
   4    1.28030     0.000  0.08863  0.59917  0.17257  1.00000  1.00000
                                    0.07868  0.20398  1.00000  0.65877

                    Unable to improve criterion.

Initial Factor Method: Maximum Likelihood
                  Try a different 'PRIORS' statement.
Initial Factor Method: Maximum Likelihood

       Significance tests based on 13 observations:

          Test of H0: No common factors.
              vs HA: At least one common factor.

          Chi-square = 35.302   df = 28   Prob>chi**2 = 0.1612

          Test of H0: 3 Factors are sufficient.
              vs HA: More factors are needed.

          Chi-square = 8.322   df = 7   Prob>chi**2 = 0.3051
   ⓖ    Akaike's Information Criterion = 74.643857097
   ⓗ    Schwarz's Bayesian Criterion = 45.513694232
   ⓘ    Tucker and Lewis's Reliability Coefficient = 0.275859567

Initial Factor Method: Maximum Likelihood
                     Squared Canonical Correlations
                    FACTOR1       FACTOR2       FACTOR3
                    1.000000      1.000000      1.000000

           Eigenvalues of the Weighted Reduced Correlation Matrix:
                      Total = 0   Average = 0

                        1            2          3          4
          Eigenvalue    .            .          .        0.766760
          Difference    .            .          .        0.192575
                        5            6          7          8
          Eigenvalue  0.574185   -0.051467  -0.500352  -0.789125
          Difference  0.625652    0.448885   0.288773
Initial Factor Method: Maximum Likelihood

                          Factor Pattern
              FACTOR1  FACTOR2  FACTOR3
      GTEM    0.71894  -0.15861  -0.23902   EMPLOYMENT GROWTH
      GUNE    0.10880  -0.15064   0.37154   UNEMPLOYMENT GROWTH
      GTOP    0.56801   0.76404   0.30595   POPULATION GROWTH
      GGRP    0.32249  -0.09867   0.94142   G.R.P. GROWTH
      GELE    0.12700   0.21838  -0.12191   ELECTRIC CON. GROWTH
      GSAV   -0.41782  -0.14830   0.08608   SAVING GROWTH
      GEXP   -0.53792   0.49475   0.68254   EXPORT GROWTH
```

```
GTFI        -0.39161      0.69232   0.16157      FINANCIAL GROWTH

Initial Factor Method: Maximum Likelihood

                      Variance explained by each factor

                          FACTOR1  FACTOR2  FACTOR3
               Weighted     1.990073   1.574249   0.411313
               Unweighted 1.588765   1.435118   1.689290

Initial Factor Method: Maximum Likelihood
            Final Communality Estimates and Variable Weights
     Total Communality: Weighted = 3.975635    Unweighted = 4.713174

                        GTEM        GUNE     GTOP        GGRP
       Communality    0.599171  0.172573    1.000000    1.000000
       Weight         2.494827  1.208565        .           .
                        GELE        GSAV     GEXP        GTFI
       Communality    0.078679  0.203979    1.000000    0.658772
       Weight         1.085398  1.256248        .       2.930595

     THE RATE OF REGIONAL ECONOMIC GROWTH BY SI-DO
  MAXIMUM LIKELIHOOD FACTOR ANALYSIS WITH FORE FACTOR
Initial Factor Method: Maximum Likelihood

                 Prior Communality Estimates: SMC
                      GTEM        GUNE        GTOP        GGRP
                    0.790065    0.572103    0.658151    0.806014
                      GELE        GSAV        GEXP        GTFI
                    0.414966    0.502388    0.919701    0.827800
Initial Factor Method: Maximum Likelihood
    Preliminary Eigenvalues:  Total = 29.1602866   Average = 3.64503582

                              1            2           3           4
        Eigenvalue        17.716448    5.568127    3.510217    1.852966
        Difference        12.148321    2.057910    1.657251    0.517128
        Proportion           0.6076      0.1909      0.1204      0.0635
        Cumulative           0.6076      0.7985      0.9189      0.9824

                              5            6           7           8
        Eigenvalue         1.335837    0.412520   -0.474990   -0.760840
        Difference         0.923317    0.887510    0.285850
        Proportion           0.0458      0.0141     -0.0163     -0.0261
        Cumulative           1.0282      1.0424      1.0261      1.0000
        4 factors will be retained by the NFACTOR criterion.
Initial Factor Method: Maximum Likelihood
   Iter Criterion    Ridge   Change    Communalities
     1    1.03956    0.000  0.17220   0.68657  0.45945  0.80911  0.67024
                                      0.38533  0.36757  0.96948  1.00000
```

```
  2   0.97697    0.000  0.05717   0.65267  0.45805  0.86628  0.65300
                                  0.36764  0.34271  1.00000  1.00000
  3   0.86932    0.000  0.13372   0.62416  0.42219  1.00000  0.72966
                                  0.29984  0.29016  1.00000  1.00000
  4   0.77886    0.000  0.15304   0.61860  0.42952  1.00000  0.88271
                                  0.23038  0.25180  1.00000  1.00000
  5   0.74112    0.000  0.10393   0.60016  0.41113  1.00000  0.98664
                                  0.16121  0.26220  1.00000  1.00000
  6   0.73806    0.000  0.01336   0.59933  0.40267  1.00000  1.00000
                                  0.15684  0.26316  1.00000  1.00000
  7   0.73600    0.000  0.02939   0.60031  0.43206  1.00000  1.00000
                                  0.13220  0.28354  1.00000  1.00000

                  Unable to improve criterion.
               Try a different 'PRIORS' statement.

Initial Factor Method: Maximum Likelihood
      Significance tests based on 13 observations:
        Test of H0: No common factors.
            vs HA: At least one common factor.
        Chi-square = 35.302    df = 28    Prob>chi**2 = 0.1612
       Test of H0: 4 Factors are sufficient.
            vs HA: More factors are needed.
        Chi-square = 4.293    df = 2    Prob>chi**2 = 0.1169
  ⓙ  Akaike's Information Criterion = 77.567944313

  ⓚ  Schwarz's Bayesian Criterion = 48.388111233

  ⓛ  Tucker and Lewis's Reliability Coefficient = -3.396887071

Initial Factor Method: Maximum Likelihood
                   Squared Canonical Correlations
              FACTOR1  FACTOR2   FACTOR3  FACTOR4
               1.000000  1.000000   1.000000   1.000000
         Eigenvalues of the Weighted Reduced Correlation Matrix:
                      Total = 0   Average = 0
                          1          2          3          4
         Eigenvalue       .          .          .          .
         Difference       .          .          .          .
                          5          6          7          8
         Eigenvalue    0.669354   0.206571   -0.158571  -0.717354
         Difference    0.462783   0.365142   0.558783
Initial Factor Method: Maximum Likelihood
                          Factor Pattern
             FACTOR1   FACTOR2   FACTOR3  FACTOR4
     GTEM   -0.50322   0.17141  -0.33157  0.45580  EMPLOYMENT GROWTH
     GUNE    0.23334   0.60601  -0.09871  0.02483  UNEMPLOYMENT GROWTH
     GTOP   -0.03668   0.17697   0.58672  0.78937  POPULATION GROWTH
```

```
GGRP    -0.19026    0.82253    0.52915   -0.08512   G.R.P. GROWTH
GELE    -0.15454   -0.22535    0.14523    0.19090   ELECTRIC CON. GROWTH
GSAV     0.01867   -0.18636    0.14589   -0.47662   SAVING GROWTH
GEXP     0.56945    0.11624    0.78215   -0.22461   EXPORT GROWTH
GTFI     0.91912    0.02408    0.26018    0.29487   FINANCIAL GROWTH

Initial Factor Method: Maximum Likelihood
                 Variance explained by each factor
                   FACTOR1  FACTOR2  FACTOR3  FACTOR4
         Weighted     0.757442  0.827151   0.346234   0.879952
         Unweighted  1.538506  1.204117   1.465756   1.239730

Initial Factor Method: Maximum Likelihood
          Final Communality Estimates and Variable Weights

   Total Communality: Weighted = 2.810778    Unweighted = 5.448109

                    GTEM       GUNE       GTOP      GGRP
      Communality   0.600310   0.432061   1.000000  1.000000
      Weight        2.501941   1.760752       .         .
                    GELE       GSAV       GEXP      GTFI
      Communality   0.132202   0.283536   1.000000  1.000000
      Weight        1.152342   1.395744       .
```

① ⓐ, ⓓ, ⓔ, ⓙ에서 AIC값을 기준으로 하면 NFACT=1→67.52, NFACT=2→72.00, NFACT=3→74.64, NFACT=4→77.56이므로 AIC값이 가장 작을 때는 NFAC T=1일 때이므로 공통인자의 개수(m)는 1로 판단된다.

② ⓑ, ⓔ, ⓗ, ⓚ에서 SBC값을 기준으로 하면 NFACT=1→38.27, NFACT=2→42.50, NFACT=3→45.51, NFACT=4→48.38이므로 SBC값이 가장 작을 때는 역시 NFACT=1일 때 이므로 공통인자의 개수는 1로 판단된다.

③ 따라서 AIC 및 SBC값을 기준으로 할 때는 공통인자의 개수가 1개가 적당한 것으로 판단된다.

(3) 주성분점수(FACTOR=값)와 인자점수(FACTOR=값)를 PLOT하여 m을 선택

인자분석(FACTOR) 절차에서는 주성분점수가 FACTOR로 출력되고, 주성분절차에서는 PRIN으로 출력된다.

프로그램명: KIMPR02.SAS

```
/*  PRINCIPAL COMPONENT ANALYSIS OF AA DATA  */
    DATA aa;
ⓐ TITLE 'THE RATE OF REGIONAL ECONOMIC GROWTH BY SI-DO';
ⓑ INFILE 'a:\jaryo\hh01.dat';
```

```
  ⓒ INPUT sido $ gtem gune gtop ggrp gele gsav gexp gtfi;
  ⓓ LABEL GTEM='EMPLOYMENT GROWTH' GUNE='UNEMPLOYMENT
                GROWTH'
          GTOP='POPULATION GROWTH' GGRP='G.R.P. GROWTH'
          GELE='ELECTRIC CON. GROWTH' GSAV='SAVING GROWTH'
          GEXP='EXPORT GROWTH' GTFI='FINANCIAL GROWTH';
① PROC FACTOR DATA=aa OUT=bb METHOD=PRIN NFACT=4;
    VAR gtem gune gtop ggrp gele gsav gexp gtfi;
② PROC FACTOR DATA=aa OUT=pp METHOD=ML PRIORS=SMC HEYWOOD
        NFACT=4 ROTATE=VARIMAX;
    VAR gtem gune gtop ggrp gele gsav gexp gtfi;
③ DATA new1;
    SET bb;
    pf1=FACTOR1; pf2=FACTOR2; pf3=FACTOR3; pf4=FACTOR4;
④ DATA new2;
    SET pp;
    mf1=FACTOR1; mf2=FACTOR2; mf3=FACTOR3; mf4=FACTOR4;
⑤ DATA new;
    MERGE new1(IN=sido) new2(IN=sido);
⑥ PROC PLOT DATA=new;
    PLOT pf1*mf1 pf2*mf2 pf3*mf3 pf4*mf4;
⑦ RUN;
```

①, ③ 주성분분석법에 의해 계산된 주성분점수 (FACTOR=값)가 기억된 자료세트 = bb에서 FACTOR 1은 pf1으로, FACTOR 2는 pf2로, FACTOR 3는 pf3으로, FACTOR 4는 pf4로 하는 새로운 자료세트 new1를 만든다.

②, ④ 최우인자분석법에 의해 계산된 인자(FACTOR=값)가 기억된 자료세트 = pp에서 FACTOR1을 mf1으로, FACTOR2를 mf2로, FACTOR3을 mf3으로, FACTOR4는 mf4로 하는 새로운 자료세트 new2를 만든다.

⑤ new1과 new2라는 SAS 자료세트로부터 대응하는 관측치를 연결하여 새로운 자료세트 new를 창조한다.

⑥ pf와 mf의 2차원 PLOT를 보고 이들이 정의 관계가 마지막으로 성립되는 곳에서 공통인자의 개수(m)를 정한다.

분석결과 : KIMPRO2.OUT

```
        THE RATE OF REGIONAL ECONOMIC GROWTH BY SI-DO
Initial Factor Method: Principal Components
                 Prior Communality Estimates: ONE
    Eigenvalues of the Correlation Matrix:  Total = 8  Average = 1
                            1         2         3         4
        Eigenvalue      2.378728  1.620400  1.445005  0.967316
        Difference      0.758328  0.175395  0.477689  0.186891
        Proportion        0.2973    0.2026    0.1806    0.1209
        Cumulative        0.2973    0.4999    0.6805    0.8014

                            5         6         7         8
        Eigenvalue      0.780425  0.617501  0.150377  0.040248
        Difference      0.162924  0.467124  0.110130
        Proportion        0.0976    0.0772    0.0188    0.0050
        Cumulative        0.8990    0.9762    0.9950    1.0000

          THE RATE OF REGIONAL ECONOMIC GROWTH BY SI-DO
Initial Factor Method: Principal Components
        4 factors will be retained by the NFACTOR criterion.
                          Factor Pattern
         FACTOR1   FACTOR2   FACTOR3   FACTOR4
   GTEM -0.59006   0.64749   0.14298  -0.07152    EMPLOYMENT GROWTH
   GUNE  0.38647   0.28700   0.58490  -0.09452    UNEMPLOYMENT GROWTH
   GTOP  0.44468   0.68265  -0.40315   0.05205    POPULATION GROWTH
   GGRP  0.48614   0.55626   0.32122   0.49624    G.R.P. GROWTH
   GELE -0.00777  -0.09836  -0.73347   0.51752    ELECTRIC CON. GROWTH
   GSAV  0.02890  -0.52353   0.48982   0.42480    SAVING GROWTH
   GEXP  0.91934  -0.21253   0.01512   0.11315    EXPORT GROWTH
   GTFI  0.77527  -0.12007  -0.19647  -0.49317    FINANCIAL GROWTH

         THE RATE OF REGIONAL ECONOMIC GROWTH BY SI-DO
Initial Factor Method: Principal Components
                   Variance explained by each factor
                   FACTOR1   FACTOR2   FACTOR3   FACTOR4
                  2.378728  1.620400  1.445005  0.967316
             Final Communality Estimates: Total = 6.411450
                   GTEM      GUNE      GTOP      GGRP
                  0.792977  0.582768  0.828992  0.895190
                   GELE      GSAV      GEXP      GTFI
                  0.815550  0.695305  0.903382  0.897285
      THE RATE OF REGIONAL ECONOMIC GROWTH BY SI-DO
Initial Factor Method: Principal Components
                Scoring Coefficients Estimated by Regression
    Squared Multiple Correlations of the Variables with each Factor

                          FACTOR1   FACTOR2   FACTOR3   FACTOR4
                         1.000000  1.000000  1.000000  1.000000
```

```
      THE RATE OF REGIONAL ECONOMIC GROWTH BY SI-DO
 Initial Factor Method: Principal Components
                          Standardized Scoring Coefficients
           FACTOR  1 FACTOR2   FACTOR3  FACTOR4
  GTEM    -0.24806   0.39959   0.09895  -0.07393     EMPLOYMENT GROWTH
  GUNE     0.16247   0.17712   0.40477  -0.09771     UNEMPLOYMENT GROWTH
  GTOP     0.18694   0.42129  -0.27900   0.05381     POPULATION GROWTH
  GGRP     0.20437   0.34328   0.22230   0.51300     G.R.P. GROWTH
  GELE    -0.00327  -0.06070  -0.50759   0.53501     ELECTRIC CON. GROWTH
  GSAV     0.01215  -0.32309   0.33898   0.43915     SAVING GROWTH
  GEXP     0.38648  -0.13116   0.01046   0.11698     EXPORT GROWTH
  GTFI     0.32592  -0.07410  -0.13597  -0.50984     FINANCIAL GROWTH

     THE RATE OF REGIONAL ECONOMIC GROWTH BY SI-DO
 Initial Factor Method: Maximum Likelihood
                         Prior Communality Estimates: SMC
                         GTEM       GUNE       GTOP       GGRP
                         0.790065   0.572103   0.658151   0.806014
                         GELE       GSAV       GEXP       GTFI
                         0.414966   0.502388   0.919701   0.827800

      Preliminary Eigenvalues:  Total = 29.1602866   Average = 3.64503582

                                 1          2          3          4
            Eigenvalue   17.716448   5.568127   3.510217   1.852966
            Difference   12.148321   2.057910   1.657251   0.517128
            Proportion      0.6076     0.1909     0.1204     0.0635
            Cumulative      0.6076     0.7985     0.9189     0.9824

                                 5          6          7          8
            Eigenvalue    1.335837   0.412520  -0.474990  -0.760840
            Difference    0.923317   0.887510   0.285850
            Proportion      0.0458     0.0141    -0.0163    -0.0261
            Cumulative      1.0282     1.0424     1.0261     1.0000

            4 factors will be retained by the NFACTOR criterion.
      Iter Criterion    Ridge   Change    Communalities
        1   1.03956     0.000  0.17220    0.68657 0.45945 0.80911 0.67024
                                          0.38533 0.36757 0.96948 1.00000
        2   0.97697     0.000  0.05717    0.65267 0.45805 0.86628 0.65300
                                          0.36764 0.34271 1.00000 1.00000
        3   0.86932     0.000  0.13372    0.62416 0.42219 1.00000 0.72966
                                          0.29984 0.29016 1.00000 1.00000
        4   0.77886     0.000  0.15304    0.61860 0.42952 1.00000 0.88271
                                          0.23038 0.25180 1.00000 1.00000
        5   0.74112     0.000  0.10393    0.60016 0.41113 1.00000 0.98664
                                          0.16121 0.26220 1.00000 1.00000
        6   0.73806     0.000  0.01336    0.59933 0.40267 1.00000 1.00000
                                          0.15684 0.26316 1.00000 1.00000
```

```
     7   0.73600     0.000  0.02939    0.60031 0.43206 1.00000 1.00000
                                       0.13220 0.28354 1.00000 1.00000

                      Unable to improve criterion.

      THE RATE OF REGIONAL ECONOMIC GROWTH BY SI-DO
 Initial Factor Method: Maximum Likelihood
                    Try a different 'PRIORS' statement.

             THE RATE OF REGIONAL ECONOMIC GROWTH BY SI-DO
 Initial Factor Method: Maximum Likelihood
        Significance tests based on 13 observations:
          Test of H0: No common factors.
               vs HA: At least one common factor.
          Chi-square = 35.302    df = 28   Prob>chi**2 = 0.1612
          Test of H0: 4 Factors are sufficient.
               vs HA: More factors are needed.
          Chi-square = 4.293    df = 2   Prob>chi**2 = 0.1169
        Akaike's Information Criterion = 77.567944313

        Schwarz's Bayesian Criterion = 48.388111233

        Tucker and Lewis's Reliability Coefficient = -3.396887071

             THE RATE OF REGIONAL ECONOMIC GROWTH BY SI-DO
 Initial Factor Method: Maximum Likelihood
                      Squared Canonical Correlations
              FACTOR1        FACTOR2        FACTOR3        FACTOR4
              1.000000       1.000000       1.000000       1.000000
        Eigenvalues of the Weighted Reduced Correlation Matrix:
                          Total = 0  Average = 0

                            1          2          3          4
           Eigenvalue       .          .          .          .
           Difference       .          .          .          .
                            5          6          7          8
           Eigenvalue     0.669354  0.206571 -0.158571 -0.717354
           Difference     0.462783  0.365142  0.558783
       THE RATE OF REGIONAL ECONOMIC GROWTH BY SI-DO
 Initial Factor Method: Maximum Likelihood
                                Factor Pattern
          FACTOR1   FACTOR2   FACTOR3   FACTOR4
 GTEM   -0.50322   0.17141  -0.33157   0.45580    EMPLOYMENT GROWTH
 GUNE    0.23334   0.60601  -0.09871   0.02483    UNEMPLOYMENT GROWTH
 GTOP   -0.03668   0.17697   0.58672   0.78937    POPULATION GROWTH
 GGRP   -0.19026   0.82253   0.52915  -0.08512    G.R.P. GROWTH
```

```
GELE   -0.15454  -0.22535   0.14523   0.19090    ELECTRIC CON. GROWTH
GSAV    0.01867  -0.18636   0.14589  -0.47662    SAVING GROWTH
GEXP    0.56945   0.11624   0.78215  -0.22461    EXPORT GROWTH
GTFI    0.91912   0.02408   0.26018   0.29487    FINANCIAL GROWTH

   THE RATE OF REGIONAL ECONOMIC GROWTH BY SI-DO
Initial Factor Method: Maximum Likelihood
                       Variance explained by each factor
                     FACTOR1    FACTOR2    FACTOR3   FACTOR4
        Weighted     0.757442   0.827151   0.346234  0.879952
        Unweighted   1.538506   1.204117   1.465756  1.239730

              Final Communality Estimates and Variable Weights
        Total Communality: Weighted = 2.810778   Unweighted = 5.448109
                          GTEM       GUNE       GTOP      GGRP
             Communality  0.600310  0.432061  1.000000  1.000000
             Weight       2.501941  1.760752   .          .
                          GELE       GSAV       GEXP      GTFI
             Communality  0.132202  0.283536  1.000000  1.000000
             Weight       1.152342  1.395744   .          .

          THE RATE OF REGIONAL ECONOMIC GROWTH BY SI-DO
Rotation Method: Varimax
                      Orthogonal Transformation Matrix
                            1          2          3          4
                   1     0.86650   -0.30089   -0.02775    0.39733
                   2    -0.07149    0.66438    0.30162    0.68009
                   3     0.46506    0.68204   -0.23315   -0.51399
                   4     0.16670   -0.05380    0.92406   -0.33974
      THE RATE OF REGIONAL ECONOMIC GROWTH BY SI-DO
Rotation Method: Varimax
                 Rotated Factor Pattern
           FACTOR1   FACTOR2   FACTOR3   FACTOR4
 GTEM     -0.52651   0.01462   0.56417  -0.06780    EMPLOYMENT GROWTH
 GUNE      0.11710   0.26376   0.22226   0.54716    UNEMPLOYMENT GROWTH
 GTOP      0.36001   0.48631   0.64703  -0.46396    POPULATION GROWTH
 GGRP      0.00823   0.96920   0.05134   0.24073    G.R.P. GROWTH
 GELE     -0.01843  -0.01444   0.07887  -0.35417    ELECTRIC CON. GROWTH
 GSAV      0.01790  -0.00429  -0.53118  -0.03238    SAVING GROWTH
 GEXP      0.81142   0.45143  -0.37065  -0.02040    EXPORT GROWTH
 GTFI      0.96485  -0.09897   0.19358   0.14767    FINANCIAL GROWTH
Rotation Method: Varimax
                       Variance explained by each factor
                    FACTOR1   FACTOR2    FACTOR3    FACTOR4
       Weighted     0.718562  0.123292   1.284283   0.684642
       Unweighted   2.010598  1.459433   1.252187   0.725891
```

```
               Final Communality Estimates and Variable Weights
          Total Communality: Weighted = 2.810778    Unweighted = 5.448109

                                GTEM      GUNE      GTOP      GGRP
                Communality   0.600310  0.432061  1.000000  1.000000
                Weight        2.501941  1.760752   .         .
                                GELE      GSAV      GEXP      GTFI
                Communality   0.132202  0.283536  1.000000  1.000000
                Weight        1.152342  1.395744   .         .

Rotation Method: Varimax
                Scoring Coefficients Estimated by Regression
        Squared Multiple Correlations of the Variables with each Factor
              FACTOR1      FACTOR2       FACTOR3      FACTOR4
              1.000000     1.000000      1.000000     1.000000

Rotation Method: Varimax
           Standardized Scoring Coefficients
          FACTOR1   FACTOR2   FACTOR3   FACTOR4
 GTEM   -0.00000  -0.00000  -0.00000  -0.00000     EMPLOYMENT GROWTH
 GUNE   -0.00000   0.00000  -0.00000  -0.00000     UNEMPLOYMENT GROWTH
 GTOP    0.08366   0.24128   0.53692  -1.08877     POPULATION GROWTH
 GGRP   -0.18678   0.72045   0.40401   1.17364     G.R.P. GROWTH
 GELE   -0.00000   0.00000  -0.00000  -0.00000     ELECTRIC CON. GROWTH
 GSAV    0.00000   0.00000   0.00000   0.00000     SAVING GROWTH
 GEXP    0.44884   0.32709  -1.25842  -1.06385     EXPORT GROWTH
 GTFI    0.62934  -0.37125   0.85453   1.29092     FINANCIAL GROWTH
```

```
               THE RATE OF REGIONAL ECONOMIC GROWTH BY SI-DO
         ①  Plot of PF1*MF1.  Legend: A = 1 obs, B = 2 obs, etc.
PF1 |
  4 +
    |                                                         A
    |
  2 +
    |
    |                             A
  0 +        A      C  A   A A
    |   A         AA    A
    |
 -2 +
    |
  --+---------+---------+---------+---------+---------+--
   -2        -1         0         1         2         3
                          MF1
```

① 주성분분석에 의한 주성분 점수(PF1)와 인자분석에 의한 인자(MF1)의 산점도(PLOT)를 보면 PF1과 MF1이 일치(PF1과 MF1는 정의 선형관계를 가짐)함을 알 수 있다.

```
              THE RATE OF REGIONAL ECONOMIC GROWTH BY SI-DO
        ②  Plot of PF2*MF2.  Legend: A = 1 obs, B = 2 obs, etc.
PF2 |
  2 +
    |                                                        A
    |                                A                                 A
    |                                                              A
    |                              A
  0 +                                                                     A
    |                   A          A      A
    |     A                    A   A
    |
    |                                     A
 -2 +
   -+---------+---------+---------+---------+---------+---------+---------+---------+
  -2.0      -1.5      -1.0      -0.5       0.0       0.5       1.0       1.5       2.0
                                           MF2
```

② 주성분분석에 의한 주성분 점수(PF2)와 인자분석에 의한 인자(MF2)의 산점도(PLOT)를 보면 PF2와 MF2가 일치한다고 할 수 없다(PF2와 MF2는 정의 선형관계를 가진다고 할 수 없음). 따라서 PF2와 MF2는 불일치한다고 할 수 있다.

```
              THE RATE OF REGIONAL ECONOMIC GROWTH BY SI-DO
        ③  Plot of PF3*MF3.  Legend: A = 1 obs, B = 2 obs, etc.
PF3 |
  2 +
    |    A
    |                    A A            A              A        A
  0 +                    A                            A             A     A
    |                        A
    |                                     A
 -2 +                                             A
    |
    |
 -4 +
    |
   -+---------+---------+---------+---------+---------+---------+---------+---------+
  -2.0      -1.5      -1.0      -0.5       0.0       0.5       1.0       1.5       2.0
                                           MF3
```

③ 주성분분석에 의한 주성분점수(PF3)와 인자분석에 의한 인자(MF3)의 산점도(PLOT)를 보면 PF3와 MF3이 일치한다고 할 수 없다(MF3축에 대해 수평선에 가까움) 따라서 PF3와 MF3는 불일치 한다고 할 수 있다.

```
              THE RATE OF REGIONAL ECONOMIC GROWTH BY SI-DO
        ④  Plot of PF4*MF4.  Legend: A = 1 obs, B = 2 obs, etc.
PF4 |
  2 +                              A
    |                                            A
    |                                 A
    |                                                    A
    |
  0 +                                   A    A
    |                                              A              A      A
    |                                              A          A
    |            A                                                A
    |
 -2 +
   --+---------------+---------------+---------------+---------------+---------------+--
     -3             -2              -1               0               1               2
                                         MF4
```

④ 주성분분석에 의한 주성분점수(PF4)와 인자분석에 의한 인자(MF4)의 산점도(PLOT)를 보면 PF4와 MF4가 일치한다고 할 수 없다(PF4와 MF4는 부(-)의 선형관계를 가짐). 따라서 PF4와 MF4는 불일치한다.

이상을 종합할 때 산점도(PLOT)를 기준으로 할 때도 역시 공통인자의 개수(m)는 1개로 판단된다.

2. 인자분석의 예

공통인자의 개수가 정해지면 인자분석(추정법은 분석자가 선택)을 실시한다.

프로그램명: KIMPR03.SAS

```
  /* PRINCIPAL COMPONENT ANALYSIS OF AA DATA  */
 DATA aa;
     TITLE 'THE RATE OF REGIONAL ECONOMIC GROWTH BY SI-DO';
     INFILE 'a:₩jaryo₩hh01.dat';
     INPUT sido $ gtem gune gtop ggrp gele gsav gexp gtfi;
     LABEL GTEM='EMPLOYMENT GROWTH' GUNE='UNEMPLOYMENT
                    GROWTH'
           GTOP='POPULATION GROWTH' GGRP='G.R.P. GROWTH'
           GELE='ELECTRIC CON. GROWTH' GSAV='SAVING GROWTH'
           GEXP='EXPORT GROWTH' GTFI='FINANCIAL GROWTH';
① PROC CORR DATA=aa OUT=bb;
    title2 '** correlation matrix **';
② PROC FACTOR DATA=aa NFACT=3 METHOD=PRIN PRIORS=ONE;
    title2 '** principal component analysis with 3pc **';
③ PROC FACTOR DATA=bb PRIORS=SMC MSA NFACT=3 SCREE RESIDUALS PLOT;
    VAR gtem gune gtop ggrp gele gsav gexp gtfi;
    title2 '** principal axis method without iteration **'; title3 '** 3factors **';
④ PROC FACTOR DATA=bb OUTSTAT=cc PRIORS=SMC MSA NFACT=2
     METHOD=PRINIT ROTATE=VARIMAX HEYWOOD SCREE RESIDUALS
     PLOT SCORE;
    VAR gtem gune gtop ggrp gele gsav gexp gtfi;
    title2 '** principal axis method with iteration **';
⑤ PROC SCORE DATA=aa ⓐ SCORE=cc OUT=ff;
⑥ PROC PRINT DATA=ff(obs=13);
   title2 '** FACTOR SCORES of principal axis with iteration and VARIMAX **';
⑦ PROC FACTOR DATA=cc OUTSTAT=dd ROTATE=PROMAX;
    title2 '** principal axis solution with PROMAX rotation **';
⑧ PROC SCORE DATA=aa ⓑ SCORE=dd OUT=gg;
⑨ PROC PRINT DATA=gg(obs=13);
    title2 '** FACTOR SCORES of principal axis with PROMAX **';
⑩ PROC FACTOR DATA=bb OUTSTAT=ee METHOD=ML ROTATE=VARIMAX NFACT=3 PREPLOT
    HEYWOOD PRIORS=SMC  MSA SCREE RESIDUALS PLOT SCORE;
    VAR gtem gune gtop ggrp gele gsav gexp gtfi;
```

```
    title2 '** maximun likelihood solution **';
⑪ PROC SCORE DATA=aa ⓒ SCORE=ee OUT=hh;
⑫ PROC PRINT DATA=hh(obs=13);
    title2 '** FACTOR SCORES of maximun likelihood with VARIMAX **';
⑬ RUN;
```

① 주성분분석, 인자분석을 위해 상관행렬을 이용한 경우이다(만약 공분산행렬을 이용할려면 : PROC COV DATA=aa OUT=bb).
DATA=aa : 분석에 사용될 데이타지정, OUT=bb : 원래의 자료세트와 상관행렬의 값이 기억될 장소를 지정. title뒤 숫자는 제목이 인쇄되는 행의 위치를 의미한다.

② 인자수가 3개인 주성분분석을 수행한다. PRIORS=ONE를 지정해도 되고, 지정하지 않아도 된다(그외는 반복없는 주인자분석을 수행).

③ 반복없는 주인자분석을 수행한다. 분석방법이 지정되지 않으면 반복없는 주인자분석이 수행된다.
PRIORS=SMC : 사전 공통인자 추정값으로 SMC는 각 변수별로 다른 변수들과의 다중상관계수의 제곱을 의미한다.

【선택사양】

METHOD= : 추정법을 지정(PRIN : 주성분분석법, PRINIT : 반복적 주인자분 석법, ML : 최우인자분석법, ULS : 가중값을 사용하지 않는(weighted)추정법, ALPHA : 알파인자추정법, METHOD=문을 지정하지 않으면 주성분분석법을 수행한다.

PRIORS=문을 지정하지 않으면 사전 공통인자 추정값으로 PRIN : ONE, PRINIT : ONE, ML : SMC, ULS : SMC가 사용된다.

MSA : 각 변수쌍 사이의 편상관계수와 Kaiser의 measure of sampling adequacy를 출력한다. 이 값이 0.8이상이면 변수의 수가 충분함을 의미하고, 0.5이하이면 변수의 수가 더 필요함을 의미한다.

SCREE : 고유값의 SCREE PLOT를 그린다.

VAR : 인자분석의 대상이 되는 변수를 입력한다.

④ 반복적 주인자분석(PRINIT)을 수행한다(반복회수를 지정하지 않으면 30번 반복한다).
OUTSTAT=cc : 평균, 표준편차, 표본수, 상관계수, 공통인자분산, prior, 고유값, 인자점수 등의 분석결과 값이 기억되는 장소를 지정한다.
PRINIT일 때 PRIORS문이 사용되지 않으면 공통성의 추정값으로 ONE이 사용된다.
ROTATE : 회전방법이 지정되지 않으면 ROTATE=NONE이 되어 인자회전을 하지 않게된다.
HEYWOOD : 각 변수별로 공통성의 추정값을 1로 고정하고 반복과정을 계속하기 위한 것이다.
SCORE : 인자점수계수를 출력한다. 회전되지 않는 경우를 제외하고 각 인자와 변수들 사이의 SMC를 출력한다(SIDO별로 인자점수를 구하기 위해서는 반드시 SCORE이 지정되어 있어야함).
VAR 변수 : 인자분석의 대상변수를 지정한다.

⑤ OUT=ff : ⓐ의 결과를 기억시킨다.

⑥ 직교회전된 주인자분석법에 의한 인자점수를 프린트한다.
obs=값 : SIDO(관측치)의 개수를 입력한다. SIDO(관측치)별 인자점수가 출력된다.

⑦ 사각회전된 주인자분석을 수행한다(직교회전후에도 인자가 명확히 구분되지 않을 때 사각회전을 함).

⑧ OUT=gg: ⓑ의 결과를 기억시킨다.

⑨ 사각회전된 주인자분석법에 의한 인자점수를 프린트한다.
⑩ 최우인자분석을 수행한다. PREPLOT : 회전전의 벡터패턴을 그린다. PLOT : 회전후의 벡터패턴을 그린다.
⑪ OUT=hh: ⓒ의 결과를 기억시킨다.
⑫ 직교회전된 최우인자분석법에 의한 인자점수를 프린트한다.

분석결과: KIMPR03.OUT

```
      THE RATE OF REGIONAL ECONOMIC GROWTH BY SI-DO
  ㉮                        Simple Statistics
  Variable      N      Mean   Std Dev        Sum        Min        Max
  GTEM         13   10.2542   15.1286      133.3   -20.5000    41.8600
  GUNE         13   -0.4001   50.8691    -5.2010   -99.3000      127.5
  GTOP         13   -1.2575    3.1185   -16.3470    -6.4300     3.6430
  GGRP         13   15.2270    5.1337      198.0     3.9810    23.1600
  GELE         13   31.6526   58.1983      411.5     6.6680      223.9

  GSAV         13     111.7     293.1     1451.5    21.0300     1087.0
  GEXP         13   45.1936     114.8      587.5   -14.3000      411.2
  GTFI         13   36.3435   19.0075      472.5     0.6360    80.4300

    ㉯                    ** correlation matrix **
                          Correlation Analysis
 Pearson Correlation Coefficients / Prob > |R| under Ho: Rho=0 / N = 13
                 GTEM           GUNE           GTOP           GGRP
  GTEM        1.00000       -0.05824        0.21405        0.02248
  GUNE       -0.05824        1.00000        0.06038        0.39973
  GTOP        0.21405        0.06038        1.00000        0.39581
  GGRP        0.02248        0.39973        0.39581        1.00000
  GELE       -0.21526       -0.25080        0.20169       -0.09536
  GSAV       -0.10662        0.04117       -0.32430       -0.03907
  GEXP       -0.62835        0.12054        0.28129        0.42027
  GTFI       -0.41025        0.21070        0.35596       -0.04250
                 GELE           GSAV           GEXP           GTFI
  GTEM       -0.21526       -0.10662       -0.62835       -0.41025
  GUNE       -0.25080        0.04117        0.12054        0.21070
  GTOP        0.20169       -0.32430        0.28129        0.35596
  GGRP       -0.09536       -0.03907        0.42027       -0.04250
  GELE        1.00000       -0.09558       -0.04348       -0.05339
  GSAV       -0.09558        1.00000        0.21013       -0.08991
  GEXP       -0.04348        0.21013        1.00000        0.66346
  GTFI       -0.05339       -0.08991        0.66346        1.00000
```

㉮ 인자분석을 위해 선정된 8개 변수의 평균, 표준편차, 최소값, 최대값 등 기술통계량의 계산 결과이다.
㉯ 인자분석은 변수간 상관관계가 높은 몇 개의 인자(집단)를 추출하는 과정으로 변수간 상관관계를 분석하는 것이 인자분석의 첫단계이다. ㉯는 특정 변수간 상관계수행렬이다.

```
㉰ Initial Factor Method: Principal Components
                Prior Communality Estimates: ONE
   Eigenvalues of the Correlation Matrix:  Total = 8  Average = 1
       ①                1          2          3          4
    Eigenvalue        2.3787     1.6204     1.4450     0.9673
    Difference        0.7583     0.1754     0.4777     0.1869
    Proportion        0.2973     0.2026     0.1806     0.1209
    Cumulative        0.2973     0.4999     0.6805     0.8014
                        5          6          7          8
    Eigenvalue        0.7804     0.6175     0.1504     0.0402
    Difference        0.1629     0.4671     0.1101
    Proportion        0.0976     0.0772     0.0188     0.0050
    Cumulative        0.8990     0.9762     0.9950     1.0000

       3 factors will be retained by the NFACTOR criterion.

                 ②           Factor Pattern

                     FACTOR1   FACTOR2   FACTOR3
              GTEM  -0.59006   0.64749   0.14298
              GUNE   0.38647   0.28700   0.58490
              GTOP   0.44468   0.68265  -0.40315
              GGRP   0.48614   0.55626   0.32122
              GELE  -0.00777  -0.09836  -0.73347
              GSAV   0.02890  -0.52353   0.48982
              GEXP   0.91934  -0.21253   0.01512
              GTFI   0.77527  -0.12007  -0.19647

             Variance explained by each factor

               FACTOR1    FACTOR2    FACTOR3
               2.378728   1.620400   1.445005

 ③ Final Communality Estimates: Total = 5.444133
   GTEM     GUNE     GTOP     GGRP     GELE     GSAV     GEXP     GTFI
   0.787863 0.573834 0.826282 0.648940 0.547719 0.514850  0.890578 0.654066
```

㉰ 인자를 추출하기 위해 주성분분석법을 이용한 경우이다. Prior Coummunality Estimates : ONE은 반복하지 않을 때 오차가 없다는 즉 h_i^2이 1이란 의미이다.

① 인자 1, 인자 2, 인자 3의 고유치가 각각 2.378, 1.620, 1.445로서 전체분산의 29.7%, 20.3%, 18.1%를 설명하고 있다. 이는 전체분산의 68.1% 이상이 3개 인자에 의해 설명되고 있음을 나타내고 있다. 또한 조건에 의해 3개 인자가 채택되고 있음을 보여주고 있다.

② 각 인자와 변수들의 상관관계를 나타내는 계수인 인자적재의 값을 보여주는 각 변수별 인자적재행렬이다. 이는 각 인자에 포함될 변수들을 결정하는데 이용한다. 예로 GTEM은 인자적재값이 가장 큰(0.64749) FACTOR 2에 포함되고 GUNE는 그 값이 0.58490으로 FACTOR3에 포함된다. 그러나 GSAV는 FACTOR 2에는 −0.52353, FACTOR 3은 0.48982로 어느

인자에 포함되는지 결정하기 어렵다. 이때 이를 명확하게 하기 위하여 인자를 회전시켜 구해진 새로운 인자적재 값으로 판단하게 된다.

FACTOR 1=2.378728은 8개 변수의 FACTOR 1 값을 제곱하여 합하면 된다. 즉 $2.378728 = (-0.59006)^2 + (0.38647)^2 + \ldots + (0.77527)^2$이다.

③ FACTOR 1~FACTOR 3의 합으로 3개 인자에 의한 인자공헌도는 Total Coummunality Estimates=5.4441을 분석에 사용된 변수의 수 8로 나눈 5.4441/8≒68.1%를 설명함을 나타낸다. 따라서 설명되지 않은 부분인 8−5.4441≒2.5559를 유일인자라 한다. 한편 GTEM의 값 0.787863은 FACTOR 1~FACTOR 3이 GTEM을 설명하는 부분이 78.7%란 뜻이다.

㉣ Initial Factor Method: Principal Factors

① Partial Correlations Controlling all other Variables

	GTEM	GUNE	GTOP	GGRP
GTEM	1.00000	-0.42365	0.56098	0.45750
GUNE	-0.42365	1.00000	0.00501	0.71228
GTOP	0.56098	0.00501	1.00000	0.14913
GGRP	0.45750	0.71228	0.14913	1.00000
GELE	-0.56308	-0.29715	0.50697	0.13273
GSAV	0.49570	0.42245	-0.34411	-0.48687
GEXP	-0.75645	-0.63226	0.25233	0.79515
GTFI	0.30652	0.63152	0.21770	-0.79739

	GELE	GSAV	GEXP	GTFI
GTEM	-0.56308	0.49570	-0.75645	0.30652
GUNE	-0.29715	0.42245	-0.63226	0.63152
GTOP	0.50697	-0.34411	0.25233	0.21770
GGRP	0.13273	-0.48687	0.79515	-0.79739
GELE	1.00000	0.23759	-0.36553	0.04647
GSAV	0.23759	1.00000	0.66057	-0.49264
GEXP	-0.36553	0.66057	1.00000	0.76746
GTFI	0.04647	-0.49264	0.76746	1.00000

② Kaiser's Measure of Sampling Adequacy: Over-all MSA = 0.23598779

GTEM	GUNE	GTOP	GGRP	GELE	GSAV	GEXP	GTFI
0.257608	0.142147	0.403840	0.182829	0.165424	0.106785	0.289411	0.282755

Prior Communality Estimates: SMC

GTEM	GUNE	GTOP	GGRP	GELE	GSAV	GEXP	GTFI
0.790065	0.572103	0.658151	0.806014	0.414966	0.502388	0.919701	0.827800

㉣ 인자를 추출하기 위해 반복없는 주인자분석법을 이용한 결과이다.

① 다른 변수들은 일정하다고 가정하고 계산된 부분상관계수행렬을 보여준다.

② MSA는 총상관계수에 대한 부분상관계수의 상대적 비율로 일반적으로 0.5이하이면 분석에 포함되는 변수가 더 필요하다고 판단한다.

한편 사전공통성의 추정치로 SMC(다중상관계수의 제곱)를 사용한 것인데 이 값과 공통성의 최종 추정치(Final Coummunality Estimates)와 비교하여 차이가 있는지를 확인해 보자.

```
③     Eigenvalues of the Reduced Correlation Matrix:
       Total = 5.49118758   Average = 0.68639845
                        1          2          3          4
Eigenvalue          2.2073     1.3312     1.0063     0.6390
Difference          0.8760     0.3249     0.3673     0.2306

Proportion          0.4020     0.2424     0.1833     0.1164
Cumulative          0.4020     0.6444     0.8277     0.9440
                        5          6          7          8
Eigenvalue          0.4084     0.1912    -0.1221    -0.1701
Difference          0.2172     0.3133     0.0480
Proportion          0.0744     0.0348    -0.0222    -0.0310
Cumulative          1.0184     1.0532     1.0310     1.0000
              ④         Factor Pattern
                      FACTOR1    FACTOR2    FACTOR3
              GTEM   -0.58195    0.59637    0.00066
              GUNE    0.30930    0.29013    0.44338
              GTOP    0.37839    0.58507   -0.44552
              GGRP    0.44180    0.62550    0.34062
              GELE   -0.00128   -0.10713   -0.45043
              GSAV    0.03721   -0.33163    0.46104
              GEXP    0.93268   -0.14487    0.07328
              GTFI    0.75054   -0.12402   -0.27278

               Variance explained by each factor
               FACTOR1       FACTOR2        FACTOR3
               2.207272      1.331222       1.006325

          Final Communality Estimates: Total = 4.544819
   GTEM     GUNE     GTOP     GGRP     GELE     GSAV     GEXP     GTFI
 0.694323 0.376425 0.683975 0.702455 0.214371 0.323923 0.896245 0.653102

⑤  Root Mean Square Off-diagonal Residuals: Over-all = 0.09387596

   GTEM     GUNE     GTOP     GGRP     GELE     GSAV     GEXP     GTFI
 0.096068 0.091267 0.051885 0.104554 0.110444 0.073981 0.078568 0.124399
```

③ 주인자분석법에 의한 고유치는 인자 1이 2.207, 인자 2가 1.3312, 인자 3이 1.0063으로 각각 전체 분산의 40.2%, 24.2%, 18.3%가 이들 인자에 의해 설명되어 전체분산의 설명은 82.7%로 매우 높게 나타나고 있다.

④ 주인자분석법에 의해 얻어진 각 변수별 인자적재 값을 보여주고 있다. GEXP는 인자적재 값이 가장 큰 FACTOR 1에 포함되나 GTEM은 FACTOR 1과 FACTOR 2의 인자적재 값이 각각 −0.59195, 0.59637로 어느 인자에 포함되는지 결정하기 어렵다. 그러므로 인자회전이 필요하다.

⑤ 최종적으로 선택된 인자들이 원래의 변수들에 의한 변동을 잘 설명하는지를 나타내는 기준으로 잔차상관행렬의 비대각선(Off-diagonal) 원소의 값이 0에 가까워야 한다. 이 값이 0.0938로 선택된 인자들이 변동을 잘 설명하고 있음을 알 수 있다.

㉮ Initial Factor Method: Iterated Principal Factor Analysis

① Partial Correlations Controlling all other Variables

	GTEM	GUNE	GTOP	GGRP
GTEM	1.00000	-0.42365	0.56098	0.45750
GUNE	-0.42365	1.00000	0.00501	0.71228
GTOP	0.56098	0.00501	1.00000	0.14913
GGRP	0.45750	0.71228	0.14913	1.00000
GELE	-0.56308	-0.29715	0.50697	0.13273
GSAV	0.49570	0.42245	-0.34411	-0.48687
GEXP	-0.75645	-0.63226	0.25233	0.79515
GTFI	0.30652	0.63152	0.21770	-0.79739

	GELE	GSAV	GEXP	GTFI
GTEM	-0.56308	0.49570	-0.75645	0.30652
GUNE	-0.29715	0.42245	-0.63226	0.63152
GTOP	0.50697	-0.34411	0.25233	0.21770
GGRP	0.13273	-0.48687	0.79515	-0.79739
GELE	1.00000	0.23759	-0.36553	0.04647
GSAV	0.23759	1.00000	0.66057	-0.49264
GEXP	-0.36553	0.66057	1.00000	0.76746
GTFI	0.04647	-0.49264	0.76746	1.00000

② Kaiser's Measure of Sampling Adequacy: Over-all MSA = 0.23598779

GTEM	GUNE	GTOP	GGRP	GELE	GSAV	GEXP	GTFI
0.257608	0.142147	0.403840	0.182829	0.165424	0.106785	0.289411	0.282755

Prior Communality Estimates: SMC

GTEM	GUNE	GTOP	GGRP	GELE	GSAV	GEXP	GTFI
0.790065	0.572103	0.658151	0.806014	0.414966	0.502388	0.919701	0.827800

㉮ 반복적 주인자분석법에 의해 인자가 추출되는 과정을 보여주고 있다.

① ㉱의 ①과 같이 해석하면 된다. ② MSA가 0.2359로 0.5이하이므로 분석을 위해 변수가 더 필요함을 알 수 있다.

② ㉱의 ③과 같은 결과를 얻고 있음을 보여주고 있다.

③ Preliminary Eigenvalues: Total = 5.49118758 Average = 0.68639845

	1	2	3	4
Eigenvalue	2.2073	1.3312	1.0063	0.6390
Difference	0.8760	0.3249	0.3673	0.2306
Proportion	0.4020	0.2424	0.1833	0.1164
Cumulative	0.4020	0.6444	0.8277	0.9440

	5	6	7	8
Eigenvalue	0.4084	0.1912	-0.1221	-0.1701
Difference	0.2172	0.3133	0.0480	
Proportion	0.0744	0.0348	-0.0222	-0.0310

```
    Cumulative          1.0184       1.0532       1.0310       1.0000

  Iter Change      Communalities
    1   0.403487   0.69432 0.17984 0.48549 0.58643 0.01148 0.11137 0.89088 0.57869
    2   0.101373   0.68012 0.11200 0.46382 0.48506 0.00537 0.07174 0.91960 0.47754
    3   0.065794   0.68004 0.09922 0.48068 0.41927 0.00425 0.07569 0.95413 0.43583
    (23번까지 생략)
    24  0.000689   0.51921 0.05138 1.00000 0.18775 0.00404 0.11871 1.00000 0.41992
                 Convergence criterion satisfied.
        ④     Eigenvalues of the Reduced Correlation Matrix:
               Total = 3.30158984  Average = 0.41269873
                            1            2            3            4
    Eigenvalue          2.0801       1.2843       0.6138       0.2212
    Difference          0.7958       0.6705       0.3925       0.1295
    Proportion          0.6300       0.3890       0.1859       0.0670
    Cumulative          0.6300       1.0190       1.2049       1.2719

                            5            6            7            8
    Eigenvalue          0.0918      -0.1097      -0.3638      -0.5161
    Difference          0.2015       0.2541       0.1523
    Proportion          0.0278      -0.0332      -0.1102      -0.1563
    Cumulative          1.2997       1.2665       1.1563       1.0000
```

③ 1회 반복에서 Coummunalities의 0.69432는 첫 번째 변수 gtem에 대해서 69.43% 설명한다는 의미이다.

④ 고유치가 1이상인 인자는 2개로 이들 인자가 전체분산의 101.9%를 설명하고 있는 것으로 나타나고 있다.

```
                       ⑤       Factor Pattern
                               FACTOR1   FACTOR2
                    GTEM      -0.50464   0.51434
                    GUNE       0.22233   0.04416
                    GTOP       0.51021   0.87440
                    GELE       0.02089   0.06002
                    GSAV       0.01585  -0.34417
                    GEXP       0.98702  -0.25349
                    GTFI       0.64622  -0.04823
                    GELE       0.02089   0.06002
                    GSAV       0.01585  -0.34417
                    GEXP       0.98702  -0.25349
                    GTFI       0.64622  -0.04823
                                    GGRP       0.35101   0.25405
    Variance explained by each factor
                        FACTOR1      FACTOR2
                        2.080107     1.284269
```

```
                Final Communality Estimates: Total = 3.364376

   GTEM     GUNE     GTOP     GGRP     GELE     GSAV     GEXP     GTFI
 0.519210 0.051382 1.024901 0.187750 0.004038 0.118707 1.038467 0.419922
 ⑥ Rotation Method: Varimax

          ㉠   Orthogonal Transformation Matrix
                               1          2
                    1      0.97114    0.23853
                    2     -0.23853    0.97114
          ㉡            Rotated Factor Pattern
                          FACTOR1    FACTOR2
              GTEM       -0.61276    0.37913
              GUNE        0.20538    0.09592
              GTOP        0.28692    0.97087
              GGRP        0.28028    0.33045
              GELE        0.00597    0.06327
              GSAV        0.09749   -0.33046
              GEXP        1.01900   -0.01074
              GTFI        0.63907    0.10730
```

⑤ 반복적 주인자분석에 의한 각 변수별 인자패턴이다. 이들에 대한 해석은 타 분석법과 같다.

⑥ 인자추출을 위해 Varimax법을 사용한 결과이다.

㉠ $T=\begin{bmatrix} \cos\phi & \sin\phi \\ -\sin\phi & \cos\phi \end{bmatrix}=\begin{bmatrix} 0.97114 & 0.23853 \\ -0.23853 & 0.97114 \end{bmatrix}$이므로 이는 시계방향으로 회전하여 새로운 Plot를 그린다. ㉡ 회전 후의 각 변수별 인자패턴이다. 회전 전과 비교하면 뚜렷히 구분됨을 알 수 있다.

```
               Variance explained by each factor
                        FACTOR1       FACTOR2
                        2.034828      1.329548

         Final Communality Estimates: Total = 3.364376

   GTEM      GUNE      GTOP      GGRP      GELE      GSAV      GEXP      GTFI
 0.519210  0.051382  1.024901  0.187750  0.004038  0.118707  1.038467  0.419922

          Scoring Coefficients Estimated by Regression

             ⑦  Standardized Scoring Coefficients
                          FACTOR1    FACTOR2
              GTEM        0.90199   -0.46778
              GUNE        0.82036   -0.01577
              GTOP       -0.09334    1.42615
              GGRP       -1.39343    0.03839
```

```
            GELE       0.29396  -0.34487
            GSAV      -0.66823   0.18270
            GEXP       3.11493  -0.68323
            GTFI      -1.30074  -0.13599

     ⑧    *FACTOR SCORES of principal axis with iteration and VARIMAX*
OBS   SIDO           GTEM        GUNE      GTOP     GGRP      GELE
  1   seoul        25.960      -7.140     0.482   23.160    11.530
  2   pusan        19.430      -2.360    -1.540   20.140    12.390
  3   taegu         9.470     -22.100    -2.600   11.580    12.440
  4   incheon      23.050      10.810     3.643   19.340    13.830
  5   kyeonggi    -20.500      15.680     3.079   22.560    30.930
  6   kangwon       5.201     -21.800    -6.430   14.500     7.666
  7   chungbuk      3.496     -39.500     0.491   13.890   223.900
  8   chungnam     41.860       2.915     1.158   14.080     6.668
  9   cheonbuk     -2.610      40.620    -4.050   14.290    16.940
 10   cheonnam      3.583     -17.100    -4.790   11.650    21.520
 11   kyeongbu      5.364       6.574    -4.720   14.490    11.200
 12   kyeongna      9.126     127.500    -0.620   14.290    15.400
 13   chejudo       9.874     -99.300    -0.450    3.981    27.070
```

⑦ 인자점수 계산에 필요한 표준화된 인자점수계수를 계산한 결과이다.

⑧ ⑦의 표준화된 인자점수계수, ㉮의 평균, 표준편차 그리고 원자료를 이용하여 계산된 인자점수를 보여준다. 인자점수는 각 변수의 표준화 인자점수계수에 표준화된 변수값을 곱한 후 합하면 된다.

```
OBS     GSAV      GEXP      GTFI     FACTOR1    FACTOR2
  1    21.03     1.377    19.110   -1.28196    0.81806
  2    22.64     3.744     0.636    0.61515    0.18520
  3    28.21    15.640    52.500   -1.18080   -0.48817
  4    37.86    -1.860    33.030   -1.29088    2.23604
  5    43.49   411.200    80.430    3.36936    0.45246
  6    35.20    20.610    30.960   -0.53960   -1.92880
  7    39.52     2.794    29.450   -0.26591    0.12815
  8    30.47    10.260    49.090    0.41580    0.33191
  9    25.51     0.202    33.410   -0.66526   -0.57687
 10    25.27    12.200    27.000    0.29967   -1.16144
 11  1087.00   120.400    29.800    0.28586   -1.11156

 12    28.69     5.250    49.310    0.36673    0.46924
 13    26.65   -14.300    37.740   -0.12816    0.64579

 ⑨ Rotation Method: Promax
    ㉠      Rotated Factor Pattern (Std Reg Coefs)
                       FACTOR1   FACTOR2
            GTEM      -0.65553   0.37253
            GUNE       0.19402   0.09926
```

```
            GTOP        0.17461   0.97974
            GGRP        0.24178   0.33600
            GELE       -0.00133   0.06367
            GSAV        0.13542  -0.33077
            GEXP        1.01871   0.00335
            GTFI        0.62575   0.11672

      ㉡    Standardized Scoring Coefficients
                        FACTOR1   FACTOR2
            GTEM        0.90836  -0.36128
            GUNE        0.82050   0.07838
            GTOP       -0.11303   1.40605
            GGRP       -1.39383  -0.12162
            GELE        0.29869  -0.30889
            GSAV       -0.67069   0.10488
            GEXP        3.12407  -0.32160
            GTFI       -1.29874  -0.28423
```

예로 Seoul의 인자점수 -1.28196은

인자점수=0.90199×{(25.960−10.2542)/15.1286}+0.82306×{(−7.140−(−0.4001))/50.8691}−0.09334×{(0.482−(−1.2575))/3.1185}+ · · · −1.30074×{(19.110−36.3435)/19.0075}=−1.28196이 된다.

⑨ 인자추출을 위해 Promax법을 이용한 결과이다. ㉠ Promax 회전 후 인자패턴을 보여준다. ㉡ Promax 회전 후의 표준화된 인자점수계수를 보여준다.

```
   ㉢        ** FACTOR SCORES of principal axis with PROMAX **

OBS   SIDO          GTEM      GUNE      GTOP      GGRP      GELE
  1   seoul        25.960    -7.140     0.482    23.160    11.530
  2   pusan        19.430    -2.360    -1.540    20.140    12.390
  3   taegu         9.470   -22.100    -2.600    11.580    12.440
  4   incheon      23.050    10.810     3.643    19.340    13.830
  5   kyeonggi    -20.500    15.680     3.079    22.560    30.930
  6   kangwon       5.201   -21.800    -6.430    14.500     7.666
  7   chungbuk      3.496   -39.500     0.491    13.890   223.900
  8   chungnam     41.860     2.915     1.158    14.080     6.668
  9   cheonbuk     -2.610    40.620    -4.050    14.290    16.940
 10   cheonnam      3.583   -17.100    -4.790    11.650    21.520
 11   kyeongbu      5.364     6.574    -4.720    14.490    11.200
 12   kyeongna      9.126   127.500    -0.620    14.290    15.400
 13   chejudo       9.874   -99.300    -0.450     3.981    27.070
OBS     GSAV        GEXP     GTFI      FACTOR1     FACTOR2
  1     21.03       1.377   19.110    -1.29313     0.66570
  2     22.64       3.744    0.636     0.61254     0.25450
  3     28.21      15.640   52.500    -1.17395    -0.62033
  4     37.86      -1.860   33.030    -1.32164     2.07330
```

```
 5     43.49    411.200   80.430    3.36279    0.83577
 6     35.20     20.610   30.960   -0.51291   -1.97795
 7     39.52      2.794   29.450   -0.26766    0.09681
 8     30.47     10.260   49.090    0.41118    0.37739
 9     25.51      0.202   33.410   -0.65723   -0.64934
10     25.27     12.200   27.000    0.31569   -1.11942
11   1087.00    120.400   29.800    0.30119   -1.07146
12     28.69      5.250   49.310    0.36021    0.50819
13     26.65    -14.300   37.740   -0.13707    0.62683
```

㉢ Promax 회전 후의 인자점수의 계산 결과이다.

```
㉥ Initial Factor Method: Maximum Likelihood

   ① Partial Correlations Controlling all other Variables

               GTEM      GUNE      GTOP      GGRP
     GTEM   1.00000  -0.42365   0.56098   0.45750
     GUNE  -0.42365   1.00000   0.00501   0.71228
     GTOP   0.56098   0.00501   1.00000   0.14913
     GGRP   0.45750   0.71228   0.14913   1.00000
     GELE  -0.56308  -0.29715   0.50697   0.13273
     GSAV   0.49570   0.42245  -0.34411  -0.48687
     GEXP  -0.75645  -0.63226   0.25233   0.79515
     GTFI   0.30652   0.63152   0.21770  -0.79739

               GELE      GSAV      GEXP      GTFI
     GTEM  -0.56308   0.49570  -0.75645   0.30652
     GUNE  -0.29715   0.42245  -0.63226   0.63152
     GTOP   0.50697  -0.34411   0.25233   0.21770
     GGRP   0.13273  -0.48687   0.79515  -0.79739
     GELE   1.00000   0.23759  -0.36553   0.04647
     GSAV   0.23759   1.00000   0.66057  -0.49264
     GEXP  -0.36553   0.66057   1.00000   0.76746
     GTFI   0.04647  -0.49264   0.76746   1.00000

② Kaiser's Measure of Sampling Adequacy: Over-all MSA = 0.23598779
   GTEM      GUNE      GTOP      GGRP      GELE      GSAV      GEXP      GTFI
   0.257608  0.142147  0.403840  0.182829  0.165424  0.106785  0.289411  0.282755
              Prior Communality Estimates: SMC

   GTEM      GUNE      GTOP      GGRP      GELE      GSAV      GEXP      GTFI
   0.790065  0.572103  0.658151  0.806014  0.414966  0.502388  0.919701  0.827800
```

㉥ 최우인자분석법에 의해 인자를 추출한 결과이다.

① 다른 모든 변수들은 일정하다고 가정한 후 부분상관계수행렬이다.

② MSA=0.2359로 변수가 더 필요함을 알 수 있다.

```
③ Preliminary Eigenvalues:  Total = 29.1602866  Average = 3.64503582

                        1          2          3          4
    Eigenvalue      17.7164     5.5681     3.5102     1.8530
    Difference      12.1483     2.0579     1.6573     0.5171
    Proportion       0.6076     0.1909     0.1204     0.0635
    Cumulative       0.6076     0.7985     0.9189     0.9824
                        5          6          7          8
    Eigenvalue       1.3358     0.4125    -0.4750    -0.7608
    Difference       0.9233     0.8875     0.2859
    Proportion       0.0458     0.0141    -0.0163    -0.0261
    Cumulative       1.0282     1.0424     1.0261     1.0000
Iter Criterion Ridge Change Communalities
  1  1.55442  0.000 0.19399  0.68872 0.39361 0.71872 1.00000 0.27414 0.39749 0.94530 0.71747
  2  1.38796  0.000 0.11575  0.61535 0.34160 0.83447 1.00000 0.21751 0.33684 1.00000 0.66304
  3  1.29206  0.000 0.16553  0.58699 0.26121 1.00000 1.00000 0.13458 0.25689 1.00000 0.65138
  (이하 생략)
  5  1.28030  0.031 0.00000  0.59917 0.17257 1.00000 1.00000 0.07868 0.20398 1.00000 0.65877

                 Convergence criterion satisfied.

  ④ Significance tests based on 13 observations:
    Test of H0: No common factors.

         vs HA: At least one common factor.
    Chi-square = 35.302    df = 28   Prob>chi**2 = 0.1612

    Test of H0: 3 Factors are sufficient.
         vs HA: More factors are needed.
    Chi-square = 8.322    df = 7   Prob>chi**2 = 0.3051
```

③ 각 인자의 전체분산에 대한 설명 정도를 보여준다.

④ 유의확률이 0.3051이므로 H_0이 채택된다. 즉 인자의 수가 3개이면 충분하다는 가설이 채택된다.

```
  Chi-square without Bartlett's correction = 15.363560397
  Akaike's Information Criterion = 1.3635603971
  Schwarz's Bayesian Criterion = -2.591085105
  Tucker and Lewis's Reliability Coefficient = 0.275859567

                ⑤          Factor Pattern
                        FACTOR1   FACTOR2   FACTOR3
            GTEM        0.76749  -0.05315   0.08542
            GUNE        0.04060   0.41080   0.04658
            GTOP        0.17052   0.01842   0.98518
            GGRP        0.05158   0.92537   0.37554
            GELE        0.07721  -0.18642   0.19485
            GSAV       -0.35148   0.08693  -0.26997
            GEXP       -0.84329   0.32855   0.42534
```

```
              GTFI       -0.62702  -0.20319   0.47364
                Variance explained by each factor
                        FACTOR1    FACTOR2     FACTOR3
             Weighted    2.785405   0.379203    0.811026
             Unweighted  1.856226   1.219773    1.637175

         Final Communality Estimates and Variable Weights

 Total Communality: Weighted = 3.975635   Unweighted = 4.713174
                    GTEM       GUNE       GTOP       GGRP
     Communality   0.599171  0.172573  1.000000  1.000000
     Weight        2.494827  1.208565      .         .
                    GELE       GSAV       GEXP       GTFI
     Communality   0.078679  0.203979  1.000000  0.658772
     Weight        1.085398  1.256248      .      2.930595
```

⑤ 최우인자분석법에 의한 각 변수의 인자패턴의 계산결과이다.

```
   Prerotation Method: Varimax

                ⑥         Rotated Factor Pattern
                         FACTOR1   FACTOR2   FACTOR3
              GTEM       -0.66893   0.04529   0.38685
              GUNE       -0.01990   0.41213  -0.04826
              GTOP        0.23810   0.26734   0.93372
              GGRP        0.10005   0.98826   0.11544
              GELE        0.00787  -0.12651   0.25022
              GSAV        0.21372  -0.01473  -0.39760
              GEXP        0.94197   0.33393  -0.03455
              GTFI        0.76486  -0.14710   0.22831

                Variance explained by each factor
                        FACTOR1     FACTOR2        FACTOR3
             Weighted    2.888692    0.291451      0.795492
             Unweighted  2.032607    1.369404      1.311163

           ⑦      Standardized Scoring Coefficients
                         FACTOR1   FACTOR2   FACTOR3
              GTEM       -0.00000  -0.00000   0.00000
              GUNE       -0.00000   0.00000   0.00000
              GTOP        0.08808  -0.13594   1.08745
              GGRP       -0.38898   1.07565  -0.20879
              GELE       -0.00000  -0.00000   0.00000
              GSAV        0.00000   0.00000  -0.00000
              GEXP        1.08066  -0.07989  -0.25270
              GTFI        0.00000   0.00000  -0.00000
```

```
Rotation Method: Promax
            ⑧ Rotated Factor Pattern (Std Reg Coefs)
                        FACTOR1   FACTOR2   FACTOR3
            GTEM       -0.72559   0.04827   0.40475
            GUNE       -0.06381   0.44274  -0.09611
            GTOP        0.12058   0.07915   0.94611
            GGRP       -0.02479   1.00224   0.01048
            GELE       -0.00158  -0.18015   0.27593
            GSAV        0.25858   0.03557  -0.41613
            GEXP        0.92545   0.25298  -0.07997
            GTFI        0.77537  -0.28049   0.24985
```

⑥ Varimax 회전 후의 각 변수별 인자패턴이다.
⑦ 표준화된 인자점수계수이다.
⑧ Promax 회전 후의 각 변수별 인자패턴이다.

```
          ⑨ Standardized Scoring Coefficients

                    FACTOR1   FACTOR2   FACTOR3
          GTEM      0.00000   0.00000   0.00000
          GUNE      0.00000   0.00000   0.00000
          GTOP      0.09274  -0.00864   1.04586
          GGRP     -0.27517   0.99146  -0.04788
          GELE      0.00000   0.00000   0.00000
          GSAV     -0.00000  -0.00000  -0.00000
          GEXP      1.06110   0.02769  -0.13755
          GTFI     -0.00000  -0.00000  -0.00000
      ⑩  ** FACTOR SCORES of maximun likelihood factor analysis **
      OBS  SIDO        GTEM       GUNE     GTOP    GGRP      GELE      GSAV
      1    seoul      25.960     -7.140    0.482   23.160    11.530    21.03
      2    pusan      19.430     -2.360   -1.540   20.140    12.390    22.64
      3    taegu       9.470    -22.100   -2.600   11.580    12.440    28.21
      4    incheon    23.050     10.810    3.643   19.340    13.830    37.86
      5    kyeonggi  -20.500     15.680    3.079   22.560    30.930    43.49
      6    kangwon     5.201    -21.800   -6.430   14.500     7.666    35.20
      7    chungbuk    3.496    -39.500    0.491   13.890   223.900    39.52
      8    chungnam   41.860      2.915    1.158   14.080     6.668    30.47
      9    cheonbuk   -2.610     40.620   -4.050   14.290    16.940    25.51
      10   cheonnam    3.583    -17.100   -4.790   11.650    21.520    25.27
      11   kyeongbu    5.364      6.574   -4.720   14.490    11.200  1087.00
      12   kyeongna    9.126    127.500   -0.620   14.290    15.400    28.69
      13   chejudo     9.874    -99.300   -0.450    3.981    27.070    26.65
      OBS    GEXP     GTFI       FACTOR1     FACTOR2     FACTOR3
       1     1.377   19.110     -0.77840     1.51670     0.56188
       2     3.744    0.636     -0.65478     0.93963    -0.09092
       3    15.640   52.500     -0.11756    -0.70775    -0.38084
       4    -1.860   33.030     -0.50955     0.76942     1.66150
       5   411.200   80.430      3.11825     1.49245     0.94751
       6    20.610   30.960     -0.34204    -0.13200    -1.69851
       7     2.794   29.450     -0.26816    -0.27328     0.64965
```

8	10.260	49.090	-0.18952	-0.23663	0.86263
9	0.202	33.410	-0.44860	-0.18408	-0.87391
10	12.200	27.000	-0.21823	-0.68899	-1.11184
11	120.400	29.800	0.63153	-0.11461	-1.24447
12	5.250	49.310	-0.29995	-0.19236	0.27038
13	-14.300	37.740	0.07701	-2.18850	0.44695

⑨ Promax 회전 후의 표준화된 인자점수 계수이다.

⑩ 최우인자분석법에 의한 시·도별 인자점수를 보여준다.

CHAPTER 17

군집분석

제17장

군집분석(Cluster Analysis)

제1절 군집분석이란

① 관측대상이 지니고 있는 다양한 특성의 유사성을 바탕으로 동질적인 군집으로 결합하거나 여러 대상들을 몇 개의 동질적인 군집으로 구분하는 통계적 기법이다.

② 표본을 몇 개의 소규모 집단으로 분류하는 것이 군집분석의 목적이다.

③ 군집분석은 변수들이 아닌 개체(object)를 기준으로 군집을 분류한다.

④ 군집분석에서 만들어진 군집은 계층적(hierarchical) 또는 비연결(disjoint)형태의 군집이다.

⑤ 군집분석에 이용되는 변수는 숫자형 변수이어야 한다.

⑥ 군집분석은 사전적 정보를 갖고 분석하지 않는다. 그러나 판별분석은 군집이 구분된 상태에서 집단구분의 유의한 변수를 설정하는 분석법이다.

제2절 군집분석의 과정

① 군집분석에 사용할 변수를 선정한다. 사용자가 분석목적에 맞는 변수를 선정하여 최상의 결과를 얻을 수 있도록 한다.

② 변수선정이 완료되면 이들을 대상으로 유사성을 측정한다. 즉 유사성행렬(similarity matrix)을 구한다. 유사성은 각 개체들이 지닌 특성에 대한 관측치를 거리(distance)로 측정한 것이며, 유클리디안 거리(Euclidean distance), 유클리디안 자승거리(Squared Euclidean distance), 도시-블럭 거리(City-block distance) 등이 사용된다.

$$\text{유클리디안 거리 : } D(A,\ B) = \sqrt{\sum_{j=1}^{p}(X_{Aj} - X_{Bj})}$$

$D(A,\ B)$: 대상A와 B사이의 거리, X_{ij} : 대상 i의 변수 j의 좌표, p : 변수의 수

③ 유사성행렬에 의해 군집을 분류한다. 군집화의 방법으로 가까운 개체끼리 차례로 결합하거나 멀리 떨어진 개체를 차례로 분리해 순차적으로 군집화하는 계층적 방법과 한 번 분

리된 개체도 재분류되는 비계층적 방법이 사용된다. 그러나 계층적 방법에서는 한 번 결합된 개체는 다시 분리되지 않는다.

제3절 계층적 군집분석

군집추출의 방법에는 평균연결법, 단일연결법, 완전연결법, 워드(WARD)의 최소분산법 등이 이용된다.

① 단일연결법(single linkage method)

가장 높은 상관계수를 이용한다. 군집간의 거리를 최단거리로 정의하고, 군집간 거리가 작은 것부터 군집에 포함시키는 방법이다.

[그림A]에서 a와 b간 거리가 0.8로 가장 가까우므로 먼저 군집화되고 다음에 d가 군집에 포함된다.

② 완전연결법(complete linkage method)

㉠ 가장 낮은 상관계수를 이용한다. 단일연결법과 반대로 군집간 거리가 가장 먼 것부터 정의하고, 최장거리가 작은 것부터 포함시키는 방법이다.

㉡ [그림B]에서 a와 b간 거리가 가장 가까우므로 먼저 결합되고, 이 군집에 d는 a와의 거리가 1.8로 가장 멀고, c는 a와의 거리가 1.6으로 가장 멀다. 따라서 c가 a와 b군집에 편입된다.

③ 평균연결법(average linkage method)

㉠ 평균상관계수를 이용한다. 두 군집간의 개체들 사이의 거리의 평균으로 군집간 거리를 정의하고, 군집간 거리가 작은 것부터 포함시키는 방법이다.

㉡ [그림C]에서 a와 b가 먼저 1단계 군집화되고, c의 평균거리가 (1.6+1.4)/2=1.5이고, d의 평균거리는 (1.8+1.3)/2=1.55이므로 c가 a와 b의 군집에 포함된다.

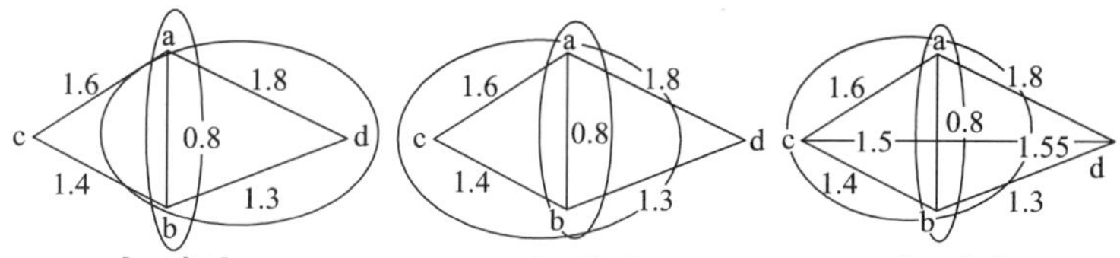

[그림A] [그림B] [그림C]

④ 워드(WARD)방법

㉠ 각 병합단계에서 잔차자승합(ESS)의 증분을 최소화하도록 군집들을 포함시키는 방법이다.

$$D(C_1,\ C_2) = E(C_1,\ C_2)$$

여기서 C_i : i번째 군집, $E(C_1,\ C_2)$: 군집 C_1과 C_2가 병합할 때 ESS 의 증분

⑤ 이외에도 센트로이드방법(Centroid method), 메디안연결법, 중심연결법 등이 있다.

제4절 비연결 군집분석

① 최적분리 군집분석이라고도 한다.
② 관측치들을 군집화하기 위해 주어진 판정기준을 최소화하는 최적분리기법을 사용한다.
③ PROC FASTCLUS는 관측치의 양이 많을 때 사용한다.
④ 유클리디안 거리에 근거하여 군집분석을 실행한다.
⑤ 비연결 군집 추출방법으로는 K-means algorithm이 주로 사용된다.

제5절 군집수의 결정

㉠ 개체들을 몇 개 군집으로 분류된 것을 군집수라 한다. 군집수를 결정하는 방법으로는 주로 덴드로그램(수형도)가 이용된다.
㉡ 군집의 수는 R^2, SPR^2, *CCC*, *Plot* 등을 이용하여 결정하게 된다.

제6절 군집분석의 예

1. PROC CLUSTER 문의 일반형식

```
㉮ PROC CLUSTER DATA=SAS 자료세트 선택사양 :
㉯     VAR 변수들;
㉰     ID   변수들;
㉱     COPY 변수들;
㉲     FREQ 변수들;
㉳      BY  변수들;
```

㉮ 군집분석을 수행시키는 명령어이다. 표본의 수가 100개 이하인 경우에 사용된다.

【선택사양】

① 자료에 관한 사양

OUTTREE=SAS 자료세트 : 덴드로그램을 그리기 위한 TREE 프로시저에 사용할 자료세트를 지정한다.

OUTSTAT=SAS자료세트 : 군집분석의 모든 결과가 지정된 파일에 저장된다.

② 군집방법에 관한 사양: METHOD=군집추출방법

AVERAGE : 평균연결법으로 군집화한다.

CENTROID : 중심연결법으로 군집화한다.

COMPLETE : 완전연결법으로 군집화한다.

EML : 최우법으로 군집화한다.

SINGLE : 단일연결법으로 군집화한다.

WARD : 워드법으로 군집화한다.

MEDIAN : 중위수법으로 군집화한다.

③ 통계량 계산 사양

CCC : 군집기준, 기대 R^2를 출력한다.

NOID : 군집화 과정을 생략한다.

PSEDO : 수도 F통계량, t^2통계량을 출력한다. AVERAGE, CENTROID, WARD에서 유효하다.

RMSSTD : 각 군집에서 평균자승표준편차제곱근을 출력한다. AVERAGE, CENTROID, WARD에서 유효하다.

PRINT=n : 출력할 군집화 과정을 지정한다. n=0이면 군집화은 생략된다.

RSQUARE : R^2와 부분 R^2 값을 출력한다.

NOPRINT : 결과를 출력하지 않는다.

SIMPLE : 기술통계량을 출력한다.

STD : 군집분석에 사용될 변수를 표준화한다.

㉯ VAR문 : 분석될 변수를 지정한다.

㉰ ID문 : 군집화 과정에서 지정된 변수가 출력된다.

㉱ COPY문 : OUTTREE에 지정된 자료로 변수들이 복사된다.

㉲ FREQ문 : 한 변수가 다른변수의 빈도수로 관찰되었을 때 지정된 변수가 빈도수만큼 반복된 것처럼 계산된다.

㉳ BY문 : 지정된 변수 값으로 분류해서 군집분석을 수행한다.

2. PROC TREE문의 일반형식

```
㉮ PROC TREE DATA=SAS 자료세트 선택사양;
㉯     NAME 변수;
㉰     PARENT 변수;
       ID 변수;
```

```
㉱    HEIGHT 변수;
㉲    COPY 변수들;
      BY  변수들;
```

㉮ 덴드로그램을 그리라는 명령이다.

【선택사양】

DATA=SAS 자료세트 : 분석에 사용할 자료세트를 지정하는데, PROC CLUSTER문의 OUTTREE=에 지정된 자료세트를 이용한다.

OUT=SAS자료세트 : 출력 SAS 자료세트를 지정한다.

LEVEL=n : 상호배반적인 군집의 수를 지정한다.

HORIZONTAL : 수평 덴드로그램을 그린다. 디폴트이면 수직 덴드로그램을 그린다.

㉯ NAME문 : 각 관측치를 나타내는 노드의 기호를 지정한다.

㉰ PARENT문 : 나무구조의 노드를 나타내는 기호를 지정한다.

㉱ HEIGHT문 : 각 노드의 높이를 정하는 변수를 지정한다. 디폴트는 군집의 수인 _ NCL_이다.

㉲ COPY문 : OUT=SAS 자료세트에 복사될 변수를 지정하여 군집분석의 결과를 다른 변수들에 대해 추가적인 분석을 할 때 지정한다.

3PROC FASTCLUS문의 일반형식

```
㉮ PROC FASTCLUS DATA=SAS 자료세트 선택사양;
㉯    VAR 변수들;
㉰    ID 변수;
```

㉮ 표본수가 매우 클 때(100~100,000) 사용하는 방법이다.

OUT=SAS자료세트 : 원자료와 CLUSTER란 변수, DISTANCE란 새로운 변수가 저장될 SAS 자료세트를 지정한다. 덴드로그램을 그릴 때 이용한다.

㉯ VAR문 : 군집분석을 하고 싶은 변수를 지정한다. 디폴트는 SAS 자료세트내의 모든 숫자형 변수가 사용된다.

㉰ ID문 : 관측치들의 구분에 사용될 변수를 지정한다.

제7절 군집분석의 예

예제 다음은 강원도 어느 군(郡) 종합개발계획 수립시 수집한 자료의 일부분이다. 자료의 내용은 읍·면 단위 12개 변수를 기준으로 대상지역이 몇 개의 경제유형으로 구분되는지를 판단하기 위한 것으로, 변수별 관측치는 다음과 같다. 이를 이용하여 군집분석을 해보자.

```
X1   X2   X3   X4   X5    X6   X7   X8   X9  X10   X11  X12
1.32 29.1 1489  837 5536  84.6 69.6 0.27 18.5 0.36 100.0 68.9
1.16 46.5 1607 2356 4090  87.1 64.9 0.57 27.6 0.65  91.7 73.6
1.24 81.9 1654 5132 1285 105.9  9.2 0.09  1.7 0.55  85.5 77.6
1.45 72.0 1710 5478 818  105.5 23.7  0.0  0.6 0.52  31.3 75.9
2.16 85.4 1609 4916 1239 103.1 18.8 0.22  1.8 0.57  60.0 74.0
1.76 24.2 1661 4294 1815  99.6 11.8 0.16  2.7 0.88  19.5 71.5
1.83  7.4 1570 4982 1018 104.4 15.5  0.0  2.2 0.69  17.2 75.1
1.95  8.3 1687 4940 1105 107.2  0.6  0.0  2.5 0.32  33.3 73.7
1.92  6.9 1746 5125  857 103.0 26.5  0.0  1.8 0.53  22.7 69.6
1.57 17.7 1485 4297 1835 104.6 21.8  0.0  3.2 0.50  44.0 68.4
0.90 22.1 1472 4551 1514 103.6 13.2  0.0  2.4 0.50  53.8 72.1
1.28 25.7 1656 3208 3028  89.8 29.1 0.15  4.1 0.67  82.9 65.7
1.04 44.1 1467 2593 3896  91.0  6.2  0.0  2.4 0.44  96.4 75.3
```

프로그램명 : KIMCP1.SAS

```
   OPTIONS nodate ps=60 formchar='|----|+|---+=|-^<>*';
   DATA kimcp1;
      INFILE 'a:₩jaryo₩kimc1.dat';
      INPUT x1 - x12;
   RUN;

㉮ PROC CLUSTER DATA=kimcp1 OUT=aa SIMPLE METHOD=COMPLETE
   CCC RSQ TREE=TREE1;
   VAR x1 - x12;
㉯ TITLE1 '원자료를 이용한 지역경제유형 구분을 위한 군집분석';

㉰ PROC TREE DATA=aa HORIZONTAL;
   COPY x1 - x12;
   RUN;
㉱ PROC TREE DATA=aa NOPRINT OUT=cc NCL=2;
    COPY x1 - x12;
㉲ PROC PRINT DATA=cc;
    TITLE1 '각 군집에 해당하는 소속대상의 결정';
   RUN;
㉳ PROC FACTOR OUTSTAT=pxout
      PRIORS=SMC NFACT=3 METHOD=prinit heywood scree
      plot score;
      VAR x1 - x12;
      TITLE1 '인자분석 결과';

   PROC SCORE DATA=kimcp1 SCORE=pxout OUT=pxscore;
      VAR x1 - x12;

㉴ PROC CLUSTER DATA=pxscore SIMPLE METHOD=COMPLETE
㉵   CCC  RSQ TREE=TREE1;
     VAR FACTOR1 FACTOR2 FACTOR3;
```

```
    TITLE1 '인자분석 결과에 의한 지역경제유형 구분을 위한 군집분석';
㉶  PROC TREE HORIZONTAL;
    RUN;
```

㉮ kimcp1 자료의 모든 변수(x1−x12) 즉 원자료(kimc1.dat)를 이용한 군집분석을 수행한다. 군집추출방법으로 완전연결법을 이용한 경우이다. CCC는 군집의 수를 결정하기 위한 군집기준 값과 R^2통계량(RSQ)의 값을 출력한다.

㉯ 제목을 붙인 예이다.

㉰ ㉮에서 얻어진 자료 aa를 이용하여 수평 덴드로그램을 그린다. COPY는 군집분석의 결과를 다른 분석에 이용하고자 할 때 사용한다.

㉱ ㉮에서 저장된 aa파일을 이용하여 덴드로그램을 그린다. 총군집의 수가 2개로 하고(NCL=2), 결과는 출력하지 않고, 분석결과를 OUT=에 cc로 저장한다.

㉲ ㉱에서 저장된 cc를 프린트한다.

㉳ 인자수가 3개인 인자분석의 결과를 pxout 파일에 저장한다. 그외는 인자분석을 참조하면 된다.

㉴ 인자분석에서 얻어진 인자점수를 다음 분석을 위해 pxscore란 파일에 저장한다.

㉵ 인자분석에서 얻은 인자점수를 이용한 군집분석을 수행한다. 분석방법과 선택사양은 ㉮와 같다.

㉶ pxscore파일을 이용하여 수평 덴드로그램을 그린다.

분석결과: KIMCP1.OUT

```
㉮              원자료를 이용한 지역경제유형 구분을 위한 군집분석

                     Complete Linkage Cluster Analysis

              ㉯        Simple Statistics

               Mean        Std Dev        Skewness        Kurtosis      Bimodality
  X1           1.51           0.39            0.14           -1.14            0.37
  X2          36.25          27.80            0.81           -0.68            0.51
  (중간생략)
  X11         56.79          31.18            0.14           -1.73            0.46
  X12         72.42           3.45           -0.48           -0.50            0.36

       ㉰          Eigenvalues of the Covariance Matrix

             Eigenvalue     Difference     Proportion     Cumulative
       1        4180231        4169936       0.995834        0.99583
       2          10295           3721       0.002452        0.99829
       3           6574           6274       0.001566        0.99985
       4            299            108       0.000071        0.99992
       5            191             82       0.000046        0.99997
```

```
      (중간생략)
      11            0           0       0.000000        1.00000
      12            0           .       0.000000        1.00000

         Root-Mean-Square Total-Sample Standard Deviation = 591.4472
         Mean Distance Between Observations               = 2245.519

                                                                        Norm  T
     ㉣                                                                  Max   i
     NCL -Clusters Joined-     FREQ  SPRSQ      RSQ       ERSQ      CCC   Dist  e
①   12 OB7       OB8           2  0.000233  0.999767      .          .    0.068288
②   11 OB6       OB10          2  0.000319  0.999447      .          .    0.079865
     10 OB3       OB5           2  0.000512  0.998935      .          .    0.101134
③    9 CL12      OB9           3  0.001097  0.997838      .          .    0.140847
      8 OB2       OB13          2  0.001167  0.996672      .          .    0.152673
      7 CL11      OB11          3  0.002286  0.994386      .          .    0.195931
④    6 CL10      CL9           5  0.001946  0.992440      .          .    0.206974
      5 CL6       OB4           6  0.004885  0.987554      .          .    0.316256
      4 CL8       OB12          3  0.019642  0.967912      .          .    0.607116
      3 CL5       CL7           9  0.038612  0.929300      .          .    0.701712
      2 OB1       CL4           4  0.104643  0.824657  0.794111   0.5391  1.538926
⑤    1 CL2       CL3          13  0.824657  0.000000  0.000000   0.0000  2.949180
```

㉮ 원자료를 이용하여 완전연결법에 의해 분석된 군집분석의 결과이다.

㉯ 평균, 표준편차, 첨도 등 기술통계량을 보여준다.

㉰ 군집분석에 사용된 12개 변수의 공분산행렬의 고유값과 관측치간 거리의 척도를 보여준다.

㉱ 군집형성의 과정을 보여주고 있다.

① 관측치 7(OB7)과 관측치 8(OB8)이 병합되어 최초의 군집이 만들어져 총군집수(NCL)는 12개임을 나타낸다.

② 관측치 6(OB6)과 10(OB10)이 병합되어 추가적인 군집이 형성되어 총군집수는 11개임을 보여준다.

③ ①에서 형성된 군집(CL12)과 관측치 9(OB9)가 병합되어 또 하나의 군집이 형성되며 총군집수가 9개임을 나타낸다.

④ 두 군집(CL10, CL9)이 병합되어 총군집수는 6개임을 보여주고 있다.

⑤ 모든 대상들을 포함하는 1개의 총군집수가 형성됨을 보여주고 있다.

```
        ㉤    Complete Linkage Cluster Analysis

                 Maximum Distance Between Clusters
           3   2.8  2.6  2.4  2.2   2   1.8  1.6  1.4  1.2   1   0.8  0.6  0.4  0.2   0
           +----+----+----+----+----+----+----+----+----+----+----+----+----+----+
       OB1  XXXXXXXXXXXXXXXXXXXXXXXXXXXXXXXX..................................
            XXXXXXXXXXXXXXXXXXXXXXXXXXXXXXXX
            XXXXXXXXXXXXXXXXXXXXXXXXXXXXXXXX
  N    OB2  XXXXXXXXXXXXXXXXXXXXXXXXXXXXXXXXXXXXXXXXXXXXXXXXXXXXXXXXXXXXXX....
  a         XXXXXXXXXXXXXXXXXXXXXXXXXXXXXXXXXXXXXXXXXXXXXXXXXXXXXXXXXXXXXX  [군집1]
  m         XXXXXXXXXXXXXXXXXXXXXXXXXXXXXXXXXXXXXXXXXXXXXXXXXXXXXXXXXXXXXX
  e   OB13  XXXXXXXXXXXXXXXXXXXXXXXXXXXXXXXXXXXXXXXXXXXXXXXXXXXXXXXXXXXXXX....
            XXXXXXXXXXXXXXXXXXXXXXXXXXXXXXXXXXXXXXXXXXXXXXXXXXXXX
  o         XXXXXXXXXXXXXXXXXXXXXXXXXXXXXXXXXXXXXXXXXXXXXXXXXXXXX
  f   OB12  XXXXXXXXXXXXXXXXXXXXXXXXXXXXXXXXXXXXXXXXXXXXXXXXXXXXX.............
            X
  O         X   ⑥
  b    OB3  XXXXXXXXXXXXXXXXXXXXXXXXXXXXXXXXXXXXXXXXXXXXXXXXXXXXXXXXXXXXXXX...
  s         XXXXXXXXXXXXXXXXXXXXXXXXXXXXXXXXXXXXXXXXXXXXXXXXXXXXXXXXXXXXXXX
  e         XXXXXXXXXXXXXXXXXXXXXXXXXXXXXXXXXXXXXXXXXXXXXXXXXXXXXXXXXXXXXXX
  r    OB5  XXXXXXXXXXXXXXXXXXXXXXXXXXXXXXXXXXXXXXXXXXXXXXXXXXXXXXXXXXXXXXX...
  v         XXXXXXXXXXXXXXXXXXXXXXXXXXXXXXXXXXXXXXXXXXXXXXXXXXXXXXXXXXXXXX
  a         XXXXXXXXXXXXXXXXXXXXXXXXXXXXXXXXXXXXXXXXXXXXXXXXXXXXXXXXXXXXXX  [군집2]
  t    OB7  XXXXXXXXXXXXXXXXXXXXXXXXXXXXXXXXXXXXXXXXXXXXXXXXXXXXXXXXXXXXXXXX..
  i         XXXXXXXXXXXXXXXXXXXXXXXXXXXXXXXXXXXXXXXXXXXXXXXXXXXXXXXXXXXXXXXX
  o         XXXXXXXXXXXXXXXXXXXXXXXXXXXXXXXXXXXXXXXXXXXXXXXXXXXXXXXXXXXXXXXX
  n    OB8  XXXXXXXXXXXXXXXXXXXXXXXXXXXXXXXXXXXXXXXXXXXXXXXXXXXXXXXXXXXXXXXX..
            XXXXXXXXXXXXXXXXXXXXXXXXXXXXXXXXXXXXXXXXXXXXXXXXXXXXXXXXXXXXXX

  o         XXXXXXXXXXXXXXXXXXXXXXXXXXXXXXXXXXXXXXXXXXXXXXXXXXXXXXXXXXXXXX
  r    OB9  XXXXXXXXXXXXXXXXXXXXXXXXXXXXXXXXXXXXXXXXXXXXXXXXXXXXXXXXXXXXXX....
            XXXXXXXXXXXXXXXXXXXXXXXXXXXXXXXXXXXXXXXXXXXXXXXXXXXXXXXXXXX
  C         XXXXXXXXXXXXXXXXXXXXXXXXXXXXXXXXXXXXXXXXXXXXXXXXXXXXXXXXXXX
  l    OB4  XXXXXXXXXXXXXXXXXXXXXXXXXXXXXXXXXXXXXXXXXXXXXXXXXXXXXXXXXXX.......
  u         XXXXXXXXXXXXXXXXXXXXXXXXXXXXXXXXXXXXXXXXXXXXXXXXXX
  s         XXXXXXXXXXXXXXXXXXXXXXXXXXXXXXXXXXXXXXXXXXXXXXXXXX
  t    OB6  XXXXXXXXXXXXXXXXXXXXXXXXXXXXXXXXXXXXXXXXXXXXXXXXXXXXXXXXXXXXXXXX..
  e         XXXXXXXXXXXXXXXXXXXXXXXXXXXXXXXXXXXXXXXXXXXXXXXXXXXXXXXXXXXXXXXX
  r         XXXXXXXXXXXXXXXXXXXXXXXXXXXXXXXXXXXXXXXXXXXXXXXXXXXXXXXXXXXXXXXX
      OB10  XXXXXXXXXXXXXXXXXXXXXXXXXXXXXXXXXXXXXXXXXXXXXXXXXXXXXXXXXXXXXXXX..
            XXXXXXXXXXXXXXXXXXXXXXXXXXXXXXXXXXXXXXXXXXXXXXXXXXXXXXXXXXXXX
            XXXXXXXXXXXXXXXXXXXXXXXXXXXXXXXXXXXXXXXXXXXXXXXXXXXXXXXXXXXXX
      OB11  XXXXXXXXXXXXXXXXXXXXXXXXXXXXXXXXXXXXXXXXXXXXXXXXXXXXXXXXXXXXX.....
```

㉮ 완전연결법에 의한 수평 덴드로그램이다.

⑥ 이를 기준으로 2개의 군집(군집1, 군집2)이 만들어졌음을 알 수 있다. 군집1에는 관측치 1, 2, 12, 13, 군집2에는 관측치 3, 5, 7, 8, 4, 6, 10, 11이 포함되어 있다.

㉯ 각 군집에 해당하는 소속대상의 결정

OBS	_NAME_	X1	X2	X3	X4	X5	X6	X7	X8	X9	X10	X11	X12	㉰ CLUSTER	㉱ CLUSNAME
㉲ 1	OB7	1.83	7.4	1570	4982	1018	104.4	15.5	0.00	2.2	0.69	17.2	75.1	1	CL3
2	OB8	1.95	8.3	1687	4940	1105	107.2	0.6	0.00	2.5	0.32	33.3	73.7	1	CL3
3	OB6	1.76	24.2	1661	4294	1815	99.6	11.8	0.16	2.7	0.88	19.5	71.5	1	CL3
4	OB10	1.57	17.7	1485	4297	1835	104.6	21.8	0.00	3.2	0.50	44.0	68.4	1	CL3
5	OB3	1.24	81.9	1654	5132	1285	105.9	9.2	0.09	1.7	0.55	85.5	77.6	1	CL3
6	OB5	2.16	85.4	1609	4916	1239	103.1	18.8	0.22	1.8	0.57	60.0	74.0	1	CL3
7	OB9	1.92	6.9	1746	5125	857	103.0	26.5	0.00	1.8	0.53	22.7	69.6	1	CL3
8	OB2	1.16	46.5	1607	2356	4090	87.1	64.9	0.57	27.6	0.65	91.7	73.6	2	CL2
9	OB13	1.04	44.1	1467	2593	3896	91.0	6.2	0.00	2.4	0.44	96.4	75.3	2	CL2
10	OB11	0.90	22.1	1472	4551	1514	103.6	13.2	0.00	2.4	0.50	53.8	72.1	1	CL3
11	OB4	1.45	72.0	1710	5478	818	105.5	23.7	0.00	0.6	0.52	31.3	75.9	1	CL3
12	OB12	1.28	25.7	1656	3208	3028	89.8	29.1	0.15	4.1	0.67	82.9	65.7	2	CL2
13	OB1	1.32	29.1	1489	837	5536	84.6	69.6	0.27	18.5	0.36	100.0	68.9	2	CL2

㉳ 인자분석 결과

Initial Factor Method: Iterated Principal Factor Analysis

	1	2	3	4	5	6
Eigenvalue	6.5424	1.7777	1.4383	0.9122	0.4978	0.3688
Difference	4.7647	0.3394	0.5261	0.4144	0.1289	0.0855
Proportion	0.5454	0.1482	0.1199	0.0760	0.0415	0.0307
Cumulative	0.5454	0.6935	0.8134	0.8895	0.9310	0.9617

2 factors will be retained by the NFACTOR criterion.

Initial Factor Method: Iterated Principal Factor Analysis

Eigenvalues of the Reduced Correlation Matrix: Total = 8.73497594 Average = 0.72791466

	1	2	3	4	5	6
Eigenvalue	5.8543	1.4851	1.4083	0.2831	0.2097	0.0923
Difference	4.3693	0.0768	1.1252	0.0735	0.1173	0.0631
Proportion	0.6702	0.1700	0.1612	0.0324	0.0240	0.0106
Cumulative	0.6702	0.8402	1.0015	1.0339	1.0579	1.0684

(이하생략)

㉯ 13개의 관측대상이 어느 군집에 포함되는지를 보여주고 있다.

㉰ 1은 군집1, 2는 군집2를 나타낸다.

㉱ 군집형성의 과정에서 설정된 군집명을 나타낸다.

㉶ 관측치 7(OB7)이 군집1에 포함되고, 군집형성 과정에서 CL3이라는 이름이 주어짐을 의미한다.
㉷ 인자분석의 결과를 보여주고 있다. 인자수가 3개로 판단된다. 이를 이용하여 군집분석을 수행한 것이 ㉸이다.

㉸ 인자분석 결과에 의한 지역경제유형 구분을 위한 군집분석

Complete Linkage Cluster Analysis

Simple Statistics

	Mean	Std Dev	Skewness	Kurtosis	Bimodality
FACTOR1	0.0000	3.3732	-0.0237	-0.6424	0.3046
FACTOR2	0.0000	16.1414	0.3552	0.4998	0.2544
FACTOR3	0.0000	35.7826	0.5025	0.8624	0.2615

Eigenvalues of the Covariance Matrix

	Eigenvalue	Difference	Proportion	Cumulative
1	1550.17	1549.04	0.998616	0.99862
2	1.13	0.12	0.000729	0.99935
3	1.02	.	0.000655	1.00000

Root-Mean-Square Total-Sample Standard Deviation = 22.74728
Mean Distance Between Observations = 44.71396

NCL	-Clusters	Joined-	FREQ	SPRSQ	RSQ	ERSQ	CCC	Norm Max Dist	Tie
12	OB2	OB5	2	0.000170	0.999830	.	.	0.056344	
11	OB3	OB11	2	0.000270	0.999560	.	.	0.070883	
10	OB4	OB8	2	0.000457	0.999103	.	.	0.092259	
9	CL12	CL11	4	0.000926	0.998177	.	.	0.123075	
8	OB6	OB13	2	0.001387	0.996791	.	.	0.160744	
7	OB7	OB12	2	0.001928	0.994863	.	.	0.189524	
6	OB1	OB10	2	0.002265	0.992598	.	.	0.205453	
5	CL6	CL9	6	0.011046	0.981552	.	.	0.432612	
4	CL10	CL7	4	0.016460	0.965093	.	.	0.529896	
3	CL5	CL8	8	0.042879	0.922214	.	.	0.874118	
2	CL3	CL4	12	0.477263	0.444951	0.796130	-3.3520	2.042740	
1	CL2	OB9	13	0.444951	0.000000	0.000000	0.0000	3.268906	

㉸ 인자분석의 결과로 얻어진 인자 FACTOR 1, FACTOR 2, FACTOR 3이란 3개의 새로운 변수를 이용한 군집분석의 결과이다. 이하 해석방법은 앞에서 설명한 것과 같다. 독자께서 의미를 해석해 보기 바란다.

인자분석 결과에 의한 지역경제유형 구분을 위한 군집분석

```
㉯                Complete Linkage Cluster Analysis

                       Maximum Distance Between Clusters

          3.25  3   2.75   2.5  2.25    2   1.75   1.5  1.25    1   0.75   0.5  0.25    0
          +-----+-----+-----+-----+-----+-----+-----+-----+-----+-----+-----+-----+-----+
      OB1 XXXXXXXXXXXXXXXXXXXXXXXXXXXXXXXXXXXXXXXXXXXXXXXXXXXXXXXXXXXXXXXXXXXXXXXXXX.....
          XXXXXXXXXXXXXXXXXXXXXXXXXXXXXXXXXXXXXXXXXXXXXXXXXXXXXXXXXXXXXXXXXXXXXXXXXX
          XXXXXXXXXXXXXXXXXXXXXXXXXXXXXXXXXXXXXXXXXXXXXXXXXXXXXXXXXXXXXXXXXXXXXXXXXX
N    OB10 XXXXXXXXXXXXXXXXXXXXXXXXXXXXXXXXXXXXXXXXXXXXXXXXXXXXXXXXXXXXXXXXXXXXXXXXXX.....
a         XXXXXXXXXXXXXXXXXXXXXXXXXXXXXXXXXXXXXXXXXXXXXXXXXXXXXXXXXXXXXXXXXXXX
m         XXXXXXXXXXXXXXXXXXXXXXXXXXXXXXXXXXXXXXXXXXXXXXXXXXXXXXXXXXXXXXXXXXXX
e     OB2 XXXXXXXXXXXXXXXXXXXXXXXXXXXXXXXXXXXXXXXXXXXXXXXXXXXXXXXXXXXXXXXXXXXXXXXXXXXXXX.
          XXXXXXXXXXXXXXXXXXXXXXXXXXXXXXXXXXXXXXXXXXXXXXXXXXXXXXXXXXXXXXXXXXXXXXXXXXXXXX
o         XXXXXXXXXXXXXXXXXXXXXXXXXXXXXXXXXXXXXXXXXXXXXXXXXXXXXXXXXXXXXXXXXXXXXXXXXXXXXX
f     OB5 XXXXXXXXXXXXXXXXXXXXXXXXXXXXXXXXXXXXXXXXXXXXXXXXXXXXXXXXXXXXXXXXXXXXXXXXXXXXXX.
          XXXXXXXXXXXXXXXXXXXXXXXXXXXXXXXXXXXXXXXXXXXXXXXXXXXXXXXXXXXXXXXXXXXXXXXXXXXX
O         XXXXXXXXXXXXXXXXXXXXXXXXXXXXXXXXXXXXXXXXXXXXXXXXXXXXXXXXXXXXXXXXXXXXXXXXXXXX
b     OB3 XXXXXXXXXXXXXXXXXXXXXXXXXXXXXXXXXXXXXXXXXXXXXXXXXXXXXXXXXXXXXXXXXXXXXXXXXXXXX..
          XXXXXXXXXXXXXXXXXXXXXXXXXXXXXX
o         XXXXXXXXXXXXXXXXXXXXXXXXXXXXXX
r     OB4 XXXXXXXXXXXXXXXXXXXXXXXXXXXXXXXXXXXXXXXXXXXXXXXXXXXXXXXXXXXXXXXXXXXXXXXXXXXXX..
          XXXXXXXXXXXXXXXXXXXXXXXXXXXXXXXXXXXXXXXXXXXXXXXXXXXXXXXXXXXXXXXXXXXXXXXXXXXXX
C         XXXXXXXXXXXXXXXXXXXXXXXXXXXXXXXXXXXXXXXXXXXXXXXXXXXXXXXXXXXXXXXXXXXXXXXXXXXXX
l     OB8 XXXXXXXXXXXXXXXXXXXXXXXXXXXXXXXXXXXXXXXXXXXXXXXXXXXXXXXXXXXXXXXXXXXXXXXXXXXXX..
u         XXXXXXXXXXXXXXXXXXXXXXXXXXXXXXXXXXXXXXXXXXXXXXXXXXXXXXXXXXXXXXXXXX
s         XXXXXXXXXXXXXXXXXXXXXXXXXXXXXXXXXXXXXXXXXXXXXXXXXXXXXXXXXXXXXXXXXX
t     OB7 XXXXXXXXXXXXXXXXXXXXXXXXXXXXXXXXXXXXXXXXXXXXXXXXXXXXXXXXXXXXXXXXXXXXXXXXXX.....
e         XXXXXXXXXXXXXXXXXXXXXXXXXXXXXXXXXXXXXXXXXXXXXXXXXXXXXXXXXXXXXXXXXXXXXXXXXX
r         XXXXXXXXXXXXXXXXXXXXXXXXXXXXXXXXXXXXXXXXXXXXXXXXXXXXXXXXXXXXXXXXXXXXXXXXXX
     OB12 XXXXXXXXXXXXXXXXXXXXXXXXXXXXXXXXXXXXXXXXXXXXXXXXXXXXXXXXXXXXXXXXXXXXXXXXXX.....
          X
          X
      OB9 X..............................................................................
```

㉯ 수평 덴드로그램이 3개의 군집으로 구분되어 있음을 볼 수 있다.

CHAPTER 18

경로분석

제18장

경로분석(Path Analysis)

제1절 경로분석의 개념

변수들간의 인과관계는 원인과 결과가 하나인 경우는 단순상관계수나 단순회귀를 사용할 수 있으며, 2개 이상의 원인과 하나의 결과로 구성되는 경우는 중회귀분석을 이용할 수 있다.

경로분석은 2개 이상의 원인과 결과에 의해 구성되는 다변량 상황에서 각 변수들간의 인과관계를 밝히는 다변량 통계기법으로 다중회귀의 확장기법에 해당한다. 즉 이는 변수들의 집합들 사이에 가정된 인과관계를 바탕으로 각 변수에 대한 직접적 영향, 간접적 영향의 규모나 중요성을 추정, 검증하는 것이다.

경로분석을 실시하려면 연구자는 이에 대한 충분한 지식이 있어야 한다. 왜냐하면 연구자가 직접 인과관계모형을 설계하여야 하기 때문이다.

제2절 경로다이어그램과 용어

1. 경로다이어그램의 가정과 분석기법

경로분석의 가정은 각 내생변수의 교란은 각 내생변수의 원인과는 관련되어 있지 않다는 것이다.

경로분석은 일반적으로 구조방정식모형을 사용하며, 경로다이어그램(경로도표)을 사용한다. 분석 전에 변수를 선정하여 변수들간 관계를 가정적으로 인과관계를 그린 것을 입력경로다이어그램(IPD)이라 하고, 실제로 통계분석을 실시하여 결과가 산출된 것을 산출다이어그램(OPD)이라 한다. 그러므로 IPD는 변수간 경로계수가 표시되지 않으나 OPD는 통계분석에 의해 변수간 구체적인 경로계수가 출력된다.

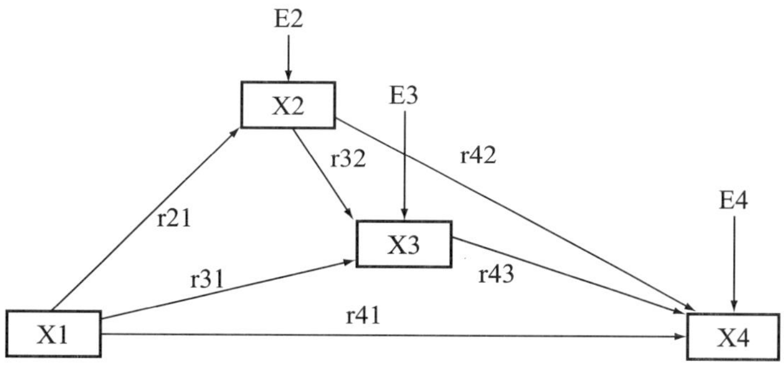

[그림 18-1] 경로다이어그램 예

경로다이어그램은 연구하고자 하는 모형의 외생변수와 내생변수의 관계를 그림으로 표현되나 수치로 나타내지는 않으나 변수들간의 인과관계에 대한 경향성을 쉽게 이해할 수 있게 한다. 경로다이어그램에서 r_{ij} 는 i와 j간의 경로계수(path coefficient)를 나타낸다.

2. 경로분석의 사용 변수와 용어

(1) 변수

① 내생변수와 외생변수

내생변수(endogenous variable)는 경로모형내에서 설명되어 지는 변수이다. 즉 경로모형에 포함된 다른 변수들로부터 영향을 받는 변수로 최소한 한 개의 단두화살촉입력(→)을 받는다. 내생변수는 보통 "Y"로 표시된다. 이는 성격상으로 회귀모형의 종속변수에 해당되나 동일하지는 않다. [그림 18.1]에서 내생변수는 X2, X3, X4이다.

외생변수(exogenous variable)는 경로모형의 내생변수에 영향을 주는 변수이다, 즉 경로모형에 포함된 변수들로부터 영향을 받지 않은 변수를 말하며, 경로다이어그램에서 단두화살촉입력을 받지 않은 변수를 의미한다.

② 명시변수와 잠재변수

명시변수(manifest variable) 혹은 관측변수(observed variable)는 구체적인 숫자로 측정될 수 있는 변수로, 외생변수일 수도 있고 내생변수일 수도 있다. 이 변수는 다이어그램에서 □ 부호와 알파벳 X, Y를 사용한다. 이 변수는 연구자가 조사하려는 질문항목에 해당된다고 볼 수 있다.

예 정부가 추진하고 있는 행정정보화 사업이 행정서비스 개선에 도움이 된다고 생각하십니까? 이 질문항목이 관측변수이다.

잠재변수(latent variable) 혹은 미관측변수(unobserved variable)는 구체적인 관측 숫자를 갖지 않는 변수를 말한다. 잠재변수도 외생변수나 내생변수일 수 있다. 이 변수는 다이어그램에서 ○ 부호와 알파벳 ζ(zai)를 사용한다. 그러나 교란변수(disturbance variable)는 원으로 둘러싸지 않는다.

예 정부가 추진하고 있는 행정정보화 사업이 행정서비스 개선에 도움이 된다고 생각하십니까? 이 질문에 대한 밖으로 나타나지 않은 영상(image)이 잠재변수이다.

예 LINEQS 명령문에서 잠재변수를 사용하려면 이름은 반드시 접두어 F(factor를 의미)로 시작해야 하며, 잠재변수의 길이는 접두어를 포함해서 8자 이내이어야 한다.

③ 표준화변수

표준화변수(standardized variable)는 평균이 0이고 분산이 1인 변수를 말한다. 분산이 1이면 표준편차도 1인이 된다.

④ 잔차변수

㉠ 잔차변수(residual variable)는 오차변수(error variable)와 교란변수(disturbance variable)로 구분된다.

㉡ 오차변수는 명시 내생변수에 대한 잔차(residuals)를 말한다. 각 명시내생변수는 각 한 개의 오차를 갖는다. PROC CALS의 LINEQS 명령문에서 오차변수는 'E′ 또는 'e′로 시작한다. 오차변수는 측정오차나 측정오류가 아니고 모형 밖에서 발생하는 원인에 해당한다.

㉢ 교란변수는 잠재내생변수를 위한 잔차(residuals)를 말한다. 각 잠재내생변수는 그에 관련된 각 한 개의 교란을 갖는다. LINEQS 명령문에서 교란변수는 'D′ 또는 'e′로 시작한다.

(2) 인과관계 화살표

단두화살촉(→) : 직선의 한 개의 머리를 가진 화살표를 의미하며, 한쪽으로 영향을 주는 것을 나타낸다.

쌍두화살표(↔) : 변수들간 상호영향을 주고받는 경우에 이 화살표를 사용한다.

(3) 경로모형

① 순환모형(recursive model)

이는 되풀이모형, 반복모형이라고도 한다. 한쪽으로만 영향을 주는 인과관계 흐름을 갖는 인과관계모형이다. 다시 말해 환류 루프(feedback loop)가 존재하지 않으며, 상호작용 효과, 역작용 효과(reciprocal effects)가 발생하지 않는 모형이다.

② 비순환모형(nonrecursive model)

이 모형은 환류 루프(feedback loop)가 존재하지 않으며, 상호작용 효과, 역작용 효과(reciprocal effects)가 발생하는 인과관계모형이다. 이 모형에서는 한 변수가 원인변수이면서 결과변수가 될 수 있다.

(4) 경로계수(path coefficient)

① 경로계수

㉠ 이는 한 변수에서 다른 변수를 예측하는 표준화회귀계수를 말한다. 이는 r_{ij}로 표현되며 i는 영향을 받는 변수, j는 영향을 미치는 변수이다. [그림 18.1]에서 X4과 X1변수간 경로계수는 r_{41}이 된다.

㉡ 각 내생변수는 한 개의 방정식을 갖게 된다. 만약 내생변수가 4개이면 4개의 방정식을 갖게 된다. [그림 18.1]에서 내생변수가 X2, X3, X4 즉 3개이므로 다음과 같은 3개의 방정식을 갖게 된다.

예
$$X2 = r_{21}X1 + E2$$
$$X3 = r_{31}X1 + r_{32}X2 + E3$$
$$X4 = r_{41}X1 + r_{42}X2 + r_{43}X3 + E4$$

② 구조계수(structural coefficient)

이는 일종의 회귀계수를 말한다. 다른 변수가 일정할 때 원인변수가 한 단위 변화할 때 기대된 효과변수(effect variable)의 변화량을 측정한 것이다. 원인변수(설명변수에 해당)는 영향을 주는 변수이고, 효과변수(종속변수에 해당)는 영향을 받는 변수이다.

(5) 방정식

경로다이어그램을 통하여 각 변수들간에 존재하는 인과관계를 가정하는 방정식을 설정하게 된다.

① 구조방정식

구조계수를 산출하는데 필요한 방정식을 말한다. 방정식의 우변이 원인변수 항으로 되어 있을 때 이를 구조방정식이라 한다. 이때 사용되는 모수를 구조형 모수라 한다.

$$\text{효과변수} = \Sigma(\text{구조계수} \times \text{원인변수} + \text{교란})$$

② 경로분석방정식

경로계수를 산출하는데 필요한 방정식이다. 표준경로방정식을 말한다.

$$\text{효과변수} = \Sigma(\text{경로계수} \times \text{원인변수} + \text{경로} \times \text{교란})$$

(6) 효과

① 직접효과와 간접효과

직접효과(direct effect[DE]) : 한 변수에서 다른 변수까지 직접적으로 영향을 미치는 효과로서 경로계수를 의미한다. [그림 18.1]에서 r_{41}은 직접효과이다.

간접효과(indirect effect[IE]) : 한 개 또는 2개 이상의 중간변수들을 통한 경로 효과를 말한다. [그림 18.1]에서 r_{31}, r_{43}, r_{21}, r_{42}는 간접효과이다. X1은 X4에 대해 직접효과뿐만 아니라 간접효과도 가지고 있음을 보이고 있다.

> 두 변수간에 직접효과가 있다하여 이들 변수간에 인과관계가 성립하는 것은 아니다. 따라서 효과란 인과관계의 개념과 상이하다.

② 허위효과와 분석되지 않은 효과

㉠ 허위효과(spurious effect[SE]) : 첫 번째 변수와 두 번째 변수 모두에게 공통의 원인이 되는 변수 효과를 말한다. [그림 18.1]에서 r_{21}, r_{43}은 허위효과이다.

㉡ 분석되지 않은 효과(unanalyzed effect[UE]): 상관원인 때문에 발생하는 분석이 되지 않은 효과를 말한다. r_{43}, r_{21}에서 발생하는 r_{43}, r_{21}, u_{13} 효과는 분석에 포함되지 않은 요소 때문에 발생한 효과로 이를 분석되지 않은 효과라 한다. 그러므로 설명되지 않은 분산이 존재하게 된다.

③ 총효과와 총비인과효과

㉠ 총효과(total effect[TE]) : 변수들간에 발생한 총 직접효과와 총 간접효과를 합한 효과를 말한다.

㉡ 총 비인과 효과(total noncausal effect[TNE]) : 총 허위효과와 총 분석되지 않은 효과를 합한 효과이다.

제3절 경로분석의 실행순서

일반적으로 경로분석은 다음과 같은 과정을 통하여 결과를 얻게 된다.

1. 문제정의

연구자가 연구하려고 하는 과제에 대한 현상을 이해하고 문제점을 도출하고 이 문제에 대한 정의를 하여야 한다.

다음 예를 이용하여 경로분석이 이루어지는 과정을 보자.

예제 A 시(市)는 지역경제발전의 속도가 시청내 직원들 중 고등교육을 받은 사람이 많을수록 빠른 반면 공무원협의회의 역할이 강할수록 늦어진다고 주장하는 반면, B 시(市)는 고등교육과 노동조합이 지역경제발전에 영향을 주지 않고 구성원들의 경제발전에 대한 의지가 강할수록 발전속도가 빠르다고 주장한다.

이 문제는 지역경제발전은 고등교육, 공무원협의회, 구성원의지에 의해 영향을 받게 된다고 정의할 수 있다.

2. 변수선정 및 모형 설계

문제가 정의되면 그 문제를 해결하기 위한 변수를 선정하고, 변수를 기준으로 경로다이어그램을 작성하고 모형을 설정한다.

예제의 연구를 위하여 선정된 변수는 지역경제발전(REDE), 고등교육(HIED), 공무원협의회(PUAS), 구성원의지(WILL)이다. 이 4개 변수를 이용하여 모형을 설정하면 된다.

연구자가 변수들을 상황에 맞게 배열하여 경로다이어그램을 작성하여 모형을 설정하면 된다.

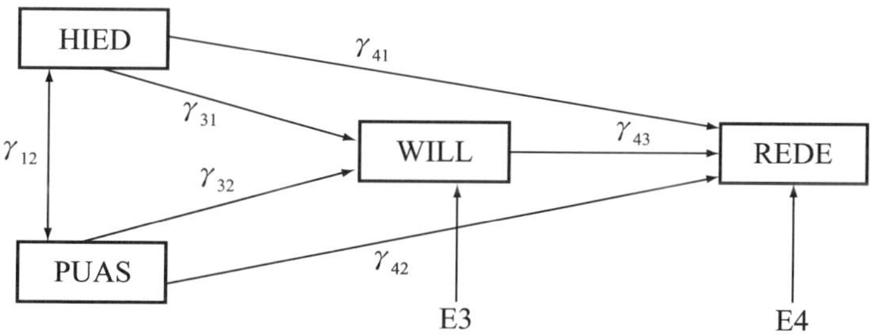

[그림 18-2] 지역경제발전 요인분석 경로다이어그램

[그림 18.2]에서 구성원의지(WILL)은 변수 HIED와 변수 PUAS의 상관관계를 조정하고 있다. 그래서 [그림 18.2]와 같은 모형을 조정모형(mediatorial model)이라 한다. 이를 이용하여 연립방정식을 작성하면 다음과 같다.

$$WILL = r_{31}HIED + r_{32}PUAS + E3$$
$$REDE = r_{41}HIED + r_{42}PUAS + r_{43}WILL + E4$$

일반적으로 SAS 시스템에서 경로분석을 위한 기본모형은 다음과 같다.

```
PROC REG [data=자료세트명] CORR;
  VAR 변수들 이름;
  MODEL 종속변수(들)=독립변수(들) / STB;
  MTEST / PRINT;
RUN;
```

3. 조사표 작성 및 조사

모형에 기초하여 조사표(설문지)를 작성하고, 조사를 시행한다. 일반적으로 조사방법에는 면접조사, 전화조사, 우편조사 등이 있다.

> **【주의할 점】**
> 조사표의 질문항목이 다중회귀분석이 가능하도록 만들어져야 한다.
>
> **예** 귀하께서는 지역경제발전이 시청 구성원들의 의지가 강할수록 발전속도가 빠르다고 생각하십니까?
> ① 전혀 그렇지 않다　② 그렇지 않다　③ 반반이다
> ④ 그렇다　⑤ 매우 그렇다

예제 문제를 해결하기 위하여 양 시청 직원들 중에서 각각 10명을 무작위로 추출하여 주어진 조사표에 의해 조사를 실시한다.

4. 경로분석의 실행과 조정

SAS 시스템에서 경로분석은 PROC REG 명령문과 PROC CALIS 명령문을 통하여 실행할 수 있다.

실행이 완료되면 분석결과를 바탕으로 하여 앞에서 설정한 모형을 검증하고, 만약 분석결과에 문제가 있다면 초기 설정한 경로분석 모형을 수정하여야 한다. 경로분석에 대한 검증은 경로분석 실시 전에 할 수도 있다.

5. 분할표 작성

모형에서 설정된 변수간의 효과(직접효과, 간접효과, 총효과)의 분할표를 아래와 같은 형태로 작성한다.

내생변수	외생변수	상관계수	직접효과	간접효과	총효과

제4절 경로분석의 예

SAS 시스템을 이용하여 경로분석을 하는 방법은 일반적으로 다음과 같은 방법들이 많이 활용되고 있다.

앞의 지역경제발전에 관한 내용을 이용하여 경로분석을 하는 과정을 보자.

1. PROC REG 명령문을 이용한 방법

프로그램명 : PATH001.SAS

```
OPTIONS NODATE=1 PAGENO=1 LS=90;
    TITLE 'PROC REG을 이용한 경로분석';
  DATA path;
      INPUT id $ rede hied puas will @@;
     LABEL id='피조사자번호' rede='지역경제발전속도' hied='고등교육'
     puas='공무원협의회' will='구성원의지';
CARDS;
a1 1 3 2 5 a2 4 4 3 4 a3 4 5 3 2 a4 4 4 2 2  a5 4 5 3 2
a6 4 3 4 5 a7 2 5 3 4 a8 5 4 2 2 a9 5 5 3 3 a10 5 5 5 5
b1 1 3 2 5 b2 5 4 3 2 b3 4 3 3 3 b4 3 3 2 2  b5 3 4 5 5
b6 1 3 4 5 b7 2 1 3 4 b8 4 5 3 2 b9 5 3 3 4 b10 3 3 2 5
PROC REG CORR;
㉮  VAR rede hied puas will;
㉯  MODEL rede=hied puas will / STB;
㉰    MTEST / PRINT;
㉱  MODEL will=hied puas / STB;
㉲    MTEST / PRINT;
RUN;
```

㉮ 경로분석에 사용할 변수들을 지정한다.

㉯ rede가 내생변수이고, 외생변수가 hied, puas, will인 방정식이며, ㉱ 내생변수가 will이고 외생변수가 hied, puas인 방정식이다. SAS 시스템은 첫 번째 MODEL은 MODEL 1로, 두 번째 MODEL은 MODEL 2로 분석결과를 출력한다.

㉰, ㉲ 여기서는 각 방정식에 잔차의 각 방정식에 잔차가 하나이기 때문에 그 하나에 대해서만 출력한다.

【선택사양】

PROC REG 명령문에서 사용되는 옵션은 다음과 같다.

- CORR : 자료세트에 있는 변수들의 상관행렬을 산출한다.
- VAR 변수들 : 이들 변수를 이용하여 다중회귀분석을 실시한다.
- MODEL : 등호(=) 왼쪽은 종속변수를, 오른쪽은 효과변수를 입력한다.
- / STB : 표준화회귀계수 벡터를 산출한다.
- MTEST / PRINT : ANOVA 테이블에 보고된 MODEL F 검증의 가설과 동일한 가설을 제공한다. PROC REG의 F통계량은 절편이 하나뿐일 때 이 절편을 제외한 모든 모수들이 모두 0과 같다는 귀무가설을 검증하기 위한 것이다.
  MTEST 명령문은 종속변수들의 다변량 검증과 다변량 F 통계량, 잔차의 정방(square) 및 교차곱(cross product)들의 합계행렬을 산출하기 위한 것인데, 이 명령문은 반드시 MODEL 명령문 다음에 위치하여야 한다.
  / PRINT : 잔차의 정방 및 교차곱들의 합계 행렬을 출력하라는 옵션이다.

분석결과: PATH001.OUT

PROC REG을 이용한 경로분석
The REG Procedure
㉮ Correlation

Variable	Label	hied	puas	will	rede
hied	고등교육	1.0000	0.2144	-0.3829	0.4674
puas	공무원협의회	0.2144	1.0000	0.3920	0.1645
will	구성원의지	-0.3829	0.3920	1.0000	-0.5144
rede	지역경제발전속도	0.4674	0.1645	-0.5144	1.0000

㉮ 변수들에 대한 상관관계 행렬을 보이고 있다. 이 행렬은 변수들간에 상호 영향을 미치는 것을 파악하기 위한 계수이다. 고등교육(hied)과 공무원협의회(puas)간의 상관계수는 0.2144인데, 이들 사이를 연결하는 쌍두화살표에 이 값(즉 r_{12}=0.2144)을 입력하면 된다.

PROC REG을 이용한 경로분석
The REG Procedure
㉮ Model: MODEL1

Dependent Variable: rede 지역경제발전속도
Analysis of Variance

Source	DF	Sum of Squares	Mean Square	F Value	Pr > F
Model	3	16.30589	5.43530	4.21	0.0225
Error	16	20.64411	1.29026		
Corrected Total	19	36.95000			

Root MSE	1.13589	㉯ R-Square	0.4413
Dependent Mean	3.45000	Adj R-Sq	0.3365
Coeff Var	32.92448		

			Parameter Estimates				㉮
			㉰ Parameter	Standard			
㉱	Standardized						
Variable	Label	DF	Estimate	Error	t Value	Pr > |t|	Estimate
Intercept	Intercept	1	3.24000	1.48440	2.18	0.0443	0
hied	고등교육	1	0.21098	0.29186	0.72	0.4802	0.16187
puas	공무원협의회	1	0.55150	0.34170	1.61	0.1261	0.36291
will	구성원의지	1	-0.62977	0.25175	-2.50	0.0236	-0.59471

㉮ 첫 번째(MODEL rede=hied puas will)의 분산분석과 모수 추정치들의 산출 결과를 보이고 있다.

㉯ 잔차에서 종속변수까지의 계수를 산출하는데 이용한다. 이는 $\sqrt{1-R^2}$로 산출된다. 여기서 $\sqrt{1-0.4413}$=0.7475가 된다. 그러므로 E4의 값이 0.7475이다.

㉰ Parameter Estimate는 분석모형을 위한 베타계수(beta coefficient)를 제공하며, 절편과 기울기를 보이고 있다.

㉱ "각 개별 모수가 0와 같다"는 귀무가설을 보이고 있다.

㉲ Standardized Estimate는 Standardized Variable Estimate의 약자로 표준화회귀계수(standardized regression coefficients)이다. 이것이 경로계수(path coefficient)이다. 고등교육(hird)과 지역경제발전속도(rede)사이의 단두화살표에 입력할 경로계수(r_{41})가 0.36291이고, 구성원의지(will)와 지역경제발전속도(rede)사이의 단두화살표에 입력할 경로계수(r_{43})가 -0.59471이며, 공무원협의회(puas)와 지역경제발전속도(rede)사이의 단두화살표에 입력할 경로계수(r_{42})가 0.36291이다.

PROC REG을 이용한 경로분석
The REG Procedure
㉮ Model: MODEL1
Multivariate Test 1
Error Matrix (E) ㉯
20.644107921
Hypothesis Matrix (H) ㉰
16.305892079

Multivariate Statistics and Exact F Statistics
S=1 M=0.5 N=7

Statistic	Value	F Value	Num DF	Den DF	Pr > F
Wilks' Lambda	0.55870387	4.21	3	16	0.0225
Pillai's Trace	0.44129613	4.21	3	16	0.0225
Hotelling-Lawley Trace	0.78985695	4.21	3	16	0.0225
Roy's Greatest Root	0.78985695	4.21	3	16	0.0225

㉮ MODEL 1에 대한 잔차(Error) 행렬, 가설 행렬, 다변량 통계량 등을 보이고 있다.

㉯ 부호 "E"는 잔차행렬(Error Matrix)을 말하는데, 이는 잔차(residual)의 정방(square)들 및 교차합들의 합계들의 행렬을 말한다.

㉰ 부호 "H"는 가설행렬(Hypothesis Matrix)로 정병들 및 교차합들의 합계들의 행렬을 말한다. 이 분석모형에는 잔차가 한 개이므로 한 개의 값만 행렬란에 표시된다.

> 만약 잔차가 2개이고 이들 잔차에 대한 E 행렬이 $\begin{pmatrix} a & c \\ c & d \end{pmatrix}$처럼 출력되면, 종속변수에 대한 잔차들 간의 상관관계 값은 $\frac{c}{\sqrt{a \times b}}$이 된다.

```
                         PROC REG을 이용한 경로분석
                             The REG Procedure
                   ㉮          Model: MODEL2
                    Dependent Variable: will 구성원의지
                           Analysis of Variance
                                Sum of           Mean
     Source              DF     Squares          Square    F Value    Pr > F
     Model                2     12.59262         6.29631    5.26      0.0167
     Error               17     20.35738         1.19749
     Corrected Total     19     32.95000

          Root MSE              1.09430  ㉯R-Square       0.3822
          Dependent Mean        3.55000    Adj R-Sq       0.3095
          Coeff Var            30.82536

                          Parameter Estimates                              ㉰
                          Parameter    Standard                   Standardized
Variable  Label        DF  Estimate      Error    t Value   Pr > |t|   Estimate
Intercept Intercept    1   3.66973     1.11931    3.28      0.0044     0
hied          고등교육    1  -0.60241     0.24023   -2.51      0.0226    -0.48943
puas      공무원협의회 1   0.71310     0.28009    2.55      0.0209     0.49692
```

㉮ 구성원의지(will)를 내생변수로 한 방정식의 분산분석과 모수 추정치를 보이고 있다.

㉯ 잔차에서 종속변수까지의 계수를 산출하는데 이용한다. 여기서 $\sqrt{1-0.3822}$=0.7860이 된다. 그러므로 E3의 값이 0.7860이다.

㉰ Standardized Estimate는 경로계수(path coefficient)이다. 고등교육(hird)과 지역경제발전속도(rede)사이의 경로계수(r_{31})가 -0.48943이고, 공무원협의회(puas)와 지역경제발전속도(rede)사이의 경로계수(r_{32})가 0.49692이다.

```
                    PROC REG을 이용한 경로분석
                      The REG Procedure
             ㉮          Model: MODEL2
                     Multivariate Test 2
                      Error Matrix (E)
                        20.357379518
                    Hypothesis Matrix (H)
                        12.592620482
          Multivariate Statistics and Exact F Statistics
                    S=1      M=0      N=7.5
Statistic                  Value       F Value   Num DF    Den DF   Pr > F
Wilks' Lambda            0.61782639      5.26       2        17     0.0167
Pillai's Trace           0.38217361      5.26       2        17     0.0167
Hotelling-Lawley Trace   0.61857767      5.26       2        17     0.0167
Roy's Greatest Root      0.61857767      5.26       2        17     0.0167
```

㉮ 앞의 내용을 참조하여 해석하면 된다.

지금까지의 분석결과를 기준으로 처음 설정한 경로다이어그램에 경로계수를 입력하면 [그림 18.3]이 완성된다.

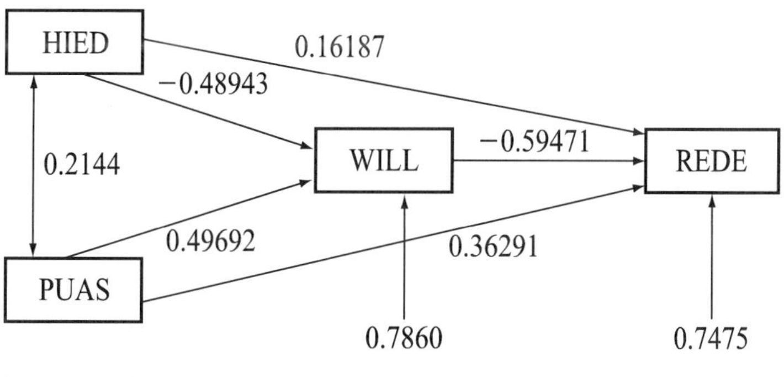

[그림 18-3] PROC REG 문을 이용한 경로다이어그램 결과

고등교육(hied)이 지역경제발전 속도(rede)에 미치는 직접효과는 0.16187이나 간접효과는 0.29107([-0.48943]×[-0.59471])로 나타나 직접효과 보다 간접효과가 지역경제발전 속도에 미치는 영향이 큰 것으로 분석되었으며, 고등교육에 의한 총효과는 0.45294(즉, 0.16187 +0.29107)이다.

한편 공무원협의회(puas)가 지역경제발전 속도에 미치는 효과는 직접효과가 0.36291이고, 간접효과가 -0.29552(즉, 0.49692×[-0.59471])로 공무원협의회가 지역경제발전 속도에 미치는 총효과는 0.06739(0.36291-0.29552)이다.

결론적으로 지역경제발전의 속도(rede)는 공무원협의회(puas)보다 고등교육 정도(hied)에 의해 크게 영향을 받는 것으로 나타나고 있음을 알 수 있고, 고등교육 정도보다는 공무원협의회 활동이 구성원의 의지에 더 큰 영향을 미치는 것을 알 수 있다. 한편 공무원협의회(puas)는 구성원의 의지(will)에 미치는 영향이 지역경제발전 속도(rede)에 미치는 영향보다 크다는 것을 알 수 있다.

그러나 이는 표본의 크기, 변수의 선택 등에 따라 상이한 결과를 얻을 수 있음을 알아야 한다.

2. PROC CALIS 명령문을 이용한 방법

일반적으로 SAS 시스템에서 PROC CALIS 명령문의 기본모형은 다음과 같다.

```
PROC CALIS [옵션];
   LINEQS 모형 방정식;
   STD 분산패턴;
   COV 공분산 패턴;
 RUN;
```

【선택사양】

PROC CALIS 명령문에서 사용되는 옵션은 다음과 같다.

① PROC CALIS 명령문: 이 명령문 옵션으로 COV, CORR, SE 또는 STDERR, RESIDUAL 등을 사용한다.
- COV : 공분산 행렬 산출
- CORR : 공분산과 상관행렬 산출
- SE 또는 STDERR : 가중되지 않은 최소자승 혹은 대각 가중최소자승이 아닌 다른 추정법이 사용된 경우 근사 표준오차를 출력
- RESIDUAL : 관측공분산행렬과 예측공분산행렬간의 차이를 산출

② LINEQS 명령문 : 선형방정식을 산출하는데, 각 내생변수에 대한 방정식을 표시한다. 각 방정식 뒤에는 반드시 콤마(,)를 입력해야 한다. 최종방정식 뒤에는 세미콜론(;)를 입력한다.
예 X1=0.123 F1 + E1, X2=0.345 F1 + E2, F1=r1 (0.4) F2 + D1;

③ STD 명령문 : 각 외생변수의 분산을 위한 이름을 생성한다. 여기서 STD는 표준편차가 아니고 단지 분산을 위한 이름만 지정한다.

④ COV 명령문 : 외생변수들간 공분산에 대한 이름을 생성하기 위한 것이다. 각 이름 뒤에 콤마(,)를 입력하여 구분하고, 최종 이름 뒤에는 세미콜론(;)을 입력한다.
예 COV E1 E3 E4=CO4 (0.2), E2=CO5 (0.2);

PROC CALIS 명령문을 이용한 경로분석의 예를 보자. 예제는 앞에서 사용한 자료세트를 이용한다.

프로그램명 : PATH002.SAS

```
OPTIONS NODATE PAGENO=1 LS=90;
 TITLE 'PROC REG을 이용한 경로분석';
DATA path;
   INPUT id $ rede hied puas will @@;
   LABEL id='피조사자번호' rede='지역경제발전속도' hied='고등교육'
      puas='공무원협의회' will='구성원의지';
CARDS;
a1 1 3 2 5 a2 4 4 3 4 a3 4 5 3 2 a4 4 4 2 2  a5 4 5 3 2
a6 4 3 4 5 a7 2 5 3 4 a8 5 4 2 2 a9 5 5 3 3 a10 5 5 5 5
b1 1 3 2 5 b2 5 4 3 2 b3 4 3 3 3 b4 3 3 2 2  b5 3 4 5 5
b6 1 3 4 5 b7 2 1 3 4 b8 4 5 3 2 b9 5 3 3 4 b10 3 3 2 5
;
RUN;
PROC CALIS COV CORR RESIDUAL;
  VAR rede hied puas will;
  LINEQS  will=r31 hied+r32 puas+E3, rede=r41 hied+r42 puas+r43 will+E4;
  STD hied=ST_hie, puas=ST_pua, E3=ST_E3, E4=ST_E4;
  COV hied puas=CO_hp;
RUN;
```

분석결과 : PATH002.OUT

```
                          PROC CALIS를 이용한 경로분석

       ㉮                       The CALIS Procedure
              Covariance Structure Analysis: Pattern and Initial Values

                              LINEQS Model Statement
                           Matrix      Rows    Columns     ------Matrix Type-------
       Term 1          1    _SEL_         4          6     SELECTION
                       2    _BETA_        6          6     EQSBETA          IMINUSINV
                       3    _GAMMA_       6          4     EQSGAMMA
                       4    _PHI_         4          4     SYMMETRIC

                             The 2 Endogenous Variables
          Manifest         rede  will
```

```
Latent
                        The 4 Exogenous Variables
Manifest          hied  puas
Latent
Error             E3    E4
```

㉮ Peter Bentler의 EQS 프로그램에서 사용된 행렬 표기법의 용어로 경로모형을 보여주고 있다. 즉 LINES 명령문에 사용된 행렬과 그 형태에 관한 정보를 보이고 있다. Term1 은 Model Terms가 1이란 의미이다. 이 행렬 Terms에 구체적인 모형이 제시되어 있다.
PHI 행렬 형태는 SYMMETRIC 형태이며, 이는 외생변수들을 위한 공분산 행렬이다.
GAMMA 행렬은 형태가 EQSGAMMA 형태로 이는 모형에 포함되어 있는 모든 6개 변수들과 4개의 외생변수들 사이의 경로계수에 관련된 행렬임을 알려준다.
BETA 행렬은 EASBETA 형태의 행렬로 이는 변수들간 경로계수를 위한 행렬이다.
SEL 모형은 변수선택에 관한 행렬이다.
행렬 Terms 다음의 2개의 명시내생변수(manifest endogenous variable)로 rede와 will이 사용되었음을 보여준다. 잠재내생변수는 사용하지 않았음을 보여주고 있다. 그리고 4개의 외생변수가 사용되었고 그 중 명시내생변수는 hied와 puas 2개이며, 잔차오류가 2개로서 E3과 E4임을 보여준다.

```
                         PROC CALIS를 이용한 경로분석

     ㉮                      The CALIS Procedure
              Covariance Structure Analysis: Pattern and Initial Values
                   Manifest Variable Equations with Initial Estimates
rede    =       .*will   +      .*hied   +       .*puas   +  1.0000 E4
                r43             r41              r42
will    =       .*hied   +      .*puas   +  1.0000 E3
                r31             r32

           ㉯          Variances of Exogenous Variables

                       Variable Parameter      Estimate
                       hied     ST_hie                .
                       puas     ST_pua                .
                       E3       ST_E3                 .
                       E4       ST_E4                 .

            ㉰      Covariances Among Exogenous Variables

                       Var1 Var2 Parameter     Estimate
                       hied puas CO_hp                .
```

㉮ 연구자가 입력한 초기 값으로 명시변수의 방정식들을 설정한 것을 보여준다.

부호 '*'는 Bentler 표기법으로 추전된 계수(estimated coefficients)를 의미한다. 초기값으로 구체적인 경로계수를 입력하지 않았으므로 부재값(.)으로 표시되어 있으며, 경로계수 대산에 초기값 r43, r41 r42 r31 r32 등이 출력되어 있다. 오차계수는 초기값으로 1.0000이 각각 입력되어 있음을 알 수 있다.

㉯ 외생변수들의 분산과 그 모수 이름과 추정치가 나타나 있으나 초기 값을 입력하지 않았기 때문에 추정치가 모두 부재값(.)으로 나타나고 있다.

㉰ 외생변수들간의 공분산이 출력되어 있고 역시 부재값(.)이 나타나 있다.

```
                         PROC CALIS를 이용한 경로분석

              ㉮                  The CALIS Procedure
            Covariance Structure Analysis: Maximum Likelihood Estimation
                Observations         20    Model Terms              1
                Variables             4    Model Matrices           4
                Informations         10    Parameters              10

                            Variable                   Mean        Std Dev
                 rede       지역경제발전속도             3.45000     1.39454
                 hied       고등교육                    3.75000     1.06992
                 puas       공무원협의회                 3.00000     0.91766
                 will       구성원의지                   3.55000     1.31689

                                       Covariances
                              rede          hied            puas              will
 rede   지역경제발전속도    1.944736842   0.697368421   0.2105263158   -0.944736842
 hied   고등교육           0.697368421   1.144736842   0.2105263158   -0.539473684
 puas   공무원협의회        0.210526316   0.210526316   0.8421052632    0.473684211
 will   구성원의지        -0.944736842  -0.539473684   0.4736842105    1.734210526

                   Determinant       1.070636     Ln       0.068252

              ㉯        Set Covariances of Exogenous Manifest Variables
                                       hied   puas

 NOTE: Some initial estimates computed by two-stage LS method.
 NOTE: Some initial estimates computed by McDonald's method.
```

㉮ 기술통계량과 공분산 구조분석의 산출결과와 공분산 행렬을 보여준다.

Informations 10은 관측된 공분산에 있는 유일 통계량의 개수가 10개란 의미이다. 10개 가운데 4개가 분산에 관한 것이고 6개는 공분산에 관한 정보를 제공한다.

Parameter 10은 알려지지 않은 개수로 설명되어져야 할 개수가 10개란 의미이다. 즉 알려지지 않은 10개 속에 10개 방정식이 존재하게 됨을 의미한다. 그러므로 10개의 통계량을 설명하는데 사용되어야 할 10개의 Paramter가 존재하기 위해 여기서 채택된 모형은 통계적으로 완전히 적합하다는 판단을 할 수 있다.

공분산 행렬에 자료가 입력되었다면 명시변수들의 평균은 0으로 가정되어 그 값이 0으로 출력되었을 것이다.

㉯ 이에 관련된 섹션에 있는 자료는 무시하고 넘어간다. 이는 일종의 SAS 버그(bug)에 해당한다.

```
                    PROC CALIS를 이용한 경로분석

                        The CALIS Procedure
    ㉮     Covariance Structure Analysis: Maximum Likelihood Estimation

                     Vector of Initial Estimates

                Parameter       Estimate    Type
            1   r43             -0.62977    Matrix Entry: _BETA_[1:2]
            2   r41              0.21098    Matrix Entry: _GAMMA_[1:1]
            3   r42              0.55150    Matrix Entry: _GAMMA_[1:2]
            4   r31             -0.60241    Matrix Entry: _GAMMA_[2:1]
            5   r32              0.71310    Matrix Entry: _GAMMA_[2:2]
            6   ST_hie           1.14474    Matrix Entry: _PHI_[1:1]
            7   CO_hp            0.21053    Matrix Entry: _PHI_[2:1]
            8   ST_pua           0.84211    Matrix Entry: _PHI_[2:2]
            9   ST_E3            1.07144    Matrix Entry: _PHI_[3:3]
           10   ST_E4            1.08653    Matrix Entry: _PHI_[4:4]
```

㉮ 초기 추정치의 벡터를 보여준다. 이들은 2SLS 방법에 의해 출력된다.

여기서는 초기값을 구체적으로 입력하지 않았기 때문에 SAS 시스템이 자동으로 계산한다.

```
                    PROC CALIS를 이용한 경로분석

                        The CALIS Procedure
    ㉮     Covariance Structure Analysis: Maximum Likelihood Estimation

                  Levenberg-Marquardt Optimization

                   Scaling Update of More (1978)

              Parameter Estimates                   10
              Functions (Observations)              10

                        Optimization Start
Active Constraints                     0  Objective Function              0
Max Abs Gradient Element    3.119449E-16  Radius                          1
```

```
                          Optimization Results
Iterations                          0  Function Calls                        2
Jacobian Calls                      1  Active Constraints                    0
Objective Function                  0  Max Abs Gradient Element   3.119449E-16
Lambda                              0  Actual Over Pred Change               0
Radius                              1

ABSGCONV convergence criterion satisfied.

                        Predicted Model Matrix

                          rede          hied          puas          will
rede   지역경제발전속도    1.944736842   0.697368421  0.2105263158  -0.944736842
hied   고등교육            0.697368421   1.144736842  0.2105263158  -0.539473684
puas   공무원협의회        0.210526316   0.210526316  0.8421052632   0.473684211
will   구성원의지         -0.944736842  -0.539473684  0.4736842105   1.734210526

             Determinant      1.070636     Ln      0.068252
```

㉮ Levenberg_Marquardt의 최적화, 초적화의 결과, 수렴(convergence), 예측모형행렬(Predicted Model Matrix) 등에 과한 정보를 보여준다.

Levenberg_Marquardt의 최적화는 최적알고리즘(optimization algorithm)에 관한 정보를 PROC CALIS가 출력한 것으로 이 부분은 무시하면 된다.

ABSGCONV convergence criterion satisfied은 수렴기준(convergence criterion)이 적합한지를 평가하는 기준이다. 이는 분석과정에 문제가 발생했다면 PROC CALIS가 수리적 해결책을 수렴하여 수립하여 그 문제를 해결하기 때문에 Optimization Results 정보를 신뢰해도 좋다는 의미를 나타낸다. 'Algorithm failed to converge' 등 메시지나 오류 메시지가 출력되면 출력된 Optimization Results를 신뢰하면 않된다.

```
                    PROC CALIS를 이용한 경로분석

      ㉮                   The CALIS Procedure
         Covariance Structure Analysis: Maximum Likelihood Estimation
         Fit Function                                         0.0000
         Goodness of Fit Index (GFI)                          1.0000
         GFI Adjusted for Degrees of Freedom (AGFI)                .
         Root Mean Square Residual (RMR)                      0.0000
         Parsimonious GFI (Mulaik, 1989)                      0.0000
         Chi-Square                                           0.0000
         Chi-Square DF                                             0
```

```
Pr > Chi-Square                                         <.0001
Independence Model Chi-Square                           21.104
Independence Model Chi-Square DF                             6
RMSEA Estimate                                          0.0000
RMSEA 90% Lower Confidence Limit                             .
RMSEA 90% Upper Confidence Limit                             .
ECVI Estimate                                           1.4286
ECVI 90% Lower Confidence Limit                              .
ECVI 90% Upper Confidence Limit                              .
Probability of Close Fit                                     .
Bentler's Comparative Fit Index                         1.0000
Normal Theory Reweighted LS Chi-Square                  0.0000
Akaike's Information Criterion                          0.0000
Bozdogan's (1987) CAIC                                  0.0000
Schwarz's Bayesian Criterion                            0.0000
McDonald's (1989) Centrality                            1.0000
Bentler & Bonett's (1980) Non-normed Index                   .
Bentler & Bonett's (1980) NFI                           1.0000
James, Mulaik, & Brett (1982) Parsimonious NFI          0.0000
Z-Test of Wilson & Hilferty (1931)                           .
Bollen (1986) Normed Index Rho1                              .
Bollen (1988) Non-normed Index Delta2                   1.0000
Hoelter's (1983) Critical N                                  .
```

㉮ 공분산 구조분석의 최적 가능 추정치를 보여준다. 여기에서 경로모형이 자료에 얼마나 잘 적합한가를 알려준다.

x^2(Chi-Square)는 유의성에 관한 정보를 보여준다. 자유도(DF)와 x^2값이 모두 0이기 때문에 p값이 <0.0001로 출력되었음을 보여준다. 즉 p값=0이다. 이 의미는 DF=0일 때 x^2값의 크기에 관계없이 p값은 0이 된다는 것에 합치한다. 여기서 본 연구의 모형은 자료에 잘 적합한다. 경로모형이 자료에 적합하다면 경로모형의 자유도(DF)에 상응한 x^2값은 작아야 하며, p값은 높아야 한다.

> x^2값이 작고, 유의하지 않은 p값(non-significant p-value)을 가지면 모형과 자료간에 중대한 차이가 없다는 것을 의미하므로 귀무가설을 기각할 수 없으므로 설정된 경로모형은 자료에 적합하다라고 통계적인 의사결정을 할 수 있다.
>
> 예를 들면, x^2값=12.342이며, 자유도(DF)=6이고, p값인 Pr>Chi-Square=0.1542일 때, 이는 낮은 x^2값에 유의하지 않은 p값을 갖고 있으므로 설정된 경로모형이 자료에 적합하다라고 통계적인 의사결정을 할 수 있다.

그러나 x^2값은 표본의 크기(크기가 크면 x^2값이 커짐), 변수의 분포상태(외도와 첨도가 클 때 x^2값이 커짐), 변수의 수(변수가 많고 복잡할 때 x^2값이 커짐) 등에 영향을 받는다.

Goodness of Fit Index(GFI)=1인 것은 경로모형이 자료에 완벽하게 적합함을 의미한다. GFI는

0에서 1사이의 값을 갖는데, 이면 전혀 적합하지 않고 1이면 완벽하게 적합함을 나타낸다. GFI=1 이란 자료가 모형에 의해 100% 설명됨을 의미한다. 일반적으로 0.9(90%) 이상일 때 모형이 자료에 완벽하게 적합하다고 말한다. 이 값 역시 표본의 크기에 영향을 받게 된다.

Bentler & Bonett's NFI 값은 일반적으로 0.9~0.95 사이에 있을 때 모형을 수용할 수 있다. 0.95이상이면 양호하다고 말한다. 이는 많은 모수들이 모형에 첨가될 때 값이 커지는 문제가 있다.

RMSEA 즉 Root Mean Error of Approximation 값은 GFI와 반대로 값이 낮을수록 좋다. 이는 x^2값이 자유도보다 작으면 0이 된다. 일반적으로 RMSEA값이 0.05 또는 0.08이하이면 모형이 자료에 적합하다고 할 수 있다. 그러나 값이 0.10이상이면 모형은 자료에 적합하지 않다.

```
                    PROC CALIS를 이용한 경로분석

    ㉮                   The CALIS Procedure
        Covariance Structure Analysis: Maximum Likelihood Estimation

                        Raw Residual Matrix
                           rede         hied         puas        will
rede  지역경제발전속도        0            0            0           0
hied  고등교육               0            0            0           0
puas  공무원협의회            0            0            0           0
will  구성원의지             0            0            0           0
        Average Absolute Residual                          0
        Average Off-diagonal Absolute Residual             0
                    PROC CALIS를 이용한 경로분석
    ㉯                  The CALIS Procedure
         Covariance Structure Analysis: Maximum Likelihood Estimation

              Asymptotically Standardized Residual Matrix

                           rede         hied         puas        will
rede  지역경제발전속도        0            0            0           0
hied  고등교육               0            0            0           0
puas  공무원협의회            0            0            0           0
will  구성원의지             0            0            0           0

        Average Standardized Residual                     0
        Average Off-diagonal Standardized Residual        0
```

㉮ 잔차행렬을 보여준다. 이 잔차행렬은 관측된 공분산 행렬과 예측된 공분산 행렬간의 차이이다. 잔차 값이 크면 모형이 부적합할 가능성이 높다는 것을 의미한다. 그러므로 경로모형이 자료에 완벽하게 적합하다면 모든 잔차(residuals)가 0이 되어야 한다.

㉯ 점근적인 표준화 잔차(asymptotically standardized residual) 행렬을 보여준다.

공분산 행렬의 잔차들이 어떤 요소들이 설정된 경로모형에 의해 잘 예측되고, 어떤 요소들이 잘 예측되지 않는지에 관한 정보를 부여 주는데, 잔차 값이 가장 큰 변수가 행렬의 가장 위쪽에 출력된다.

부분적으로 잔차들이 문제가 있으나 전체적으로 모형의 적합성이 매우 높다면 문제가 심각하다고는 할 수 없다. 문제는 변수를 측정하는 측정도구에 따라서 잔차가 크거나 작거나 하는 것은 상대적일 수 있다. 이 문제를 해결하기 위하여 PTOC CALIS는 측정도구를 감안한 표준화 잔차들의 추정치를 출력하여 준다. 본 예에서 경로모형이 자료에 잘 적합하고 있기 때문에 모든 요소들의 값이 0으로 나타나고 있다.

```
                         PROC CALIS를 이용한 경로분석

    ㉮                          The CALIS Procedure
              Covariance Structure Analysis: Maximum Likelihood Estimation

                      Manifest Variable Equations with Estimates

   rede     =  -0.6298*will    +  0.2110*hied     + 0.5515*puas        +  1.0000 E4
   Std Err      0.2310 r43        0.2678 r41        0.3136 r42
㉯ t Value     -2.7260            0.7877            1.7588
      will =  -0.6024*hied    +  0.7131*puas     + 1.0000 E3
   Std Err      0.2272 r31        0.2649 r32
   t Value     -2.6510            2.6916

                       Variances of Exogenous Variables

                                                    Standard
              Variable Parameter      Estimate         Error     t Value
              hied     ST_hie          1.14474       0.37140        3.08
              puas     ST_pua          0.84211       0.27322        3.08
              E3       ST_E3           1.07144       0.34762        3.08
              E4       ST_E4           1.08653       0.35252        3.08

                     Covariances Among Exogenous Variables

                                                      Standard
              Var1 Var2 Parameter       Estimate         Error     t Value

              hied puas CO_hp            0.21053       0.23037        0.91
```

㉮ 표준화되지 않은 추정치를 사용하여 생성한 명시변수 방정식을 보여준다. 즉 표준화가 안된 모수 추정치의 경로계수를 대입하여 생성한 방정식을 보여주고 있다. 즉 표준화가 안된 모수 추정치 경로계수를 대입하여 생성한 방정식을 보이고 있다. 또한 외생변수들간의 분산 추정치와 공분산 추정치, 표준오차, *t*값 등을 보이고 있다.

㉯ 일반적으로 *t*값이 2보다 크면 통계적으로 0으로부터 유의하게 이탈하고 있다고 할 수 있다. rede와 will이 서로 부정적으로 회귀되어 있음을 보이고 있다.

hied와 puas가 rede에 긍정적인 효과를 가지며, puas는 will에 긍정적인 효과를 갖는 것으로 분석되었다.

표준화 없이 변수를 측정하는 것은 자의적인 것이 될 수 있다. 그러므로 표준화된 척도로 변수를 측정하는 방법을 채택하는 것이 바람직하다.

```
                         PROC CALIS를 이용한 경로분석

    ㉮                         The CALIS Procedure
            Covariance Structure Analysis: Maximum Likelihood Estimation

               Manifest Variable Equations with Standardized Estimates

rede     =  -0.5947*will    +  0.1619*hied    +  0.3629*puas    +  0.7475 E4
                   r43               r41                r42
will     =  -0.4894*hied    +  0.4969*puas    +  0.7860 E3
                   r31               r32
                          Squared Multiple Correlations
                                      Error          Total
                  Variable           Variance       Variance     R-Square
             1    rede               1.08653        1.94474       0.4413
             2    will               1.07144        1.73421       0.3822

                    Correlations Among Exogenous Variables

                       Var1 Var2 Parameter        Estimate
                       hied puas CO_hp            0.21442
```

㉮ 변수측정을 바람직하게 하기 위하여 SAS 시스템에서는 PROC CALIS 명령문을 사용한다. 왜냐하면 PROC CALIS문은 표준화 방정식을 산출하기 때문이다.

㉮는 표준화된(standardized) 추정치를 대입하여 명시변수 방정식을 생성한 표준회귀방정식을 보여주고 있다. hied와 puas 변수간의 상관관계를 보여준다.

표준화 방정식의 결과를 통해 보면, 고등교육(hied)이 지역경제발전 속도에 미치는 영향이 구성원의 의지(will)보다 더 큼을 알 수 있다. 한편 공무원협의회(puas)는 구성원의 의지(will)에 미치는 영향이 지역경제발전 속도(rede)에 미치는 영향보다 더 크다는 것을 알 수 있다.

㉮의 추정된 방정식을 이용하여 경로다이어그램을 작성하면 [그림 18.4]와 같고, 이는 앞에서 실행한 PROC REG 명령문의 결과와 같음을 알 수 있다.

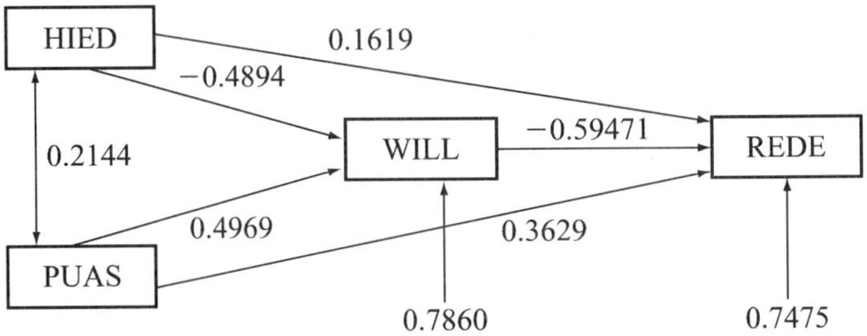

[그림 18-4] PROC CALIS 문을 이용한 경로다이어그램 결과

3. 공분산 행렬을 이용한 경로분석

원시자료(raw data)가 없고 공분산 행렬자료만 있는 경우, 이 공분산 행렬 자료를 이용하여 경로분석을 할 수 있다.

이때 주의할 점은 공분산 대칭인 좌표 값들을 부재값을 나타내는 '.'을 반드시 입력하여야 한다. 그리고 자료형식이 공분산 형태임을 알려야 한다. 즉 TYPE = COV, _TYPE_ = 'COV'명령문을 입력하여 분석에 사용되는 자료가 상관관계 행렬이 아니라 공분산 행렬 자료임을 SAS 시스템이 알게 해야 한다.

```
OPTIONS NODATE PAGENO=1 LS=90;
TITLE 'PROC REG을 이용한 경로분석';
DATA path;
   INPUT id $ rede hied puas will @
   LABEL id='피조사자번호' rede='지역경제발전속도' hied='고등교육'
         puas='공무원협의회' will='구성원의지';
 CARDS;
 rede        1.944736842      .              .              .
 hied        0.697368421     1.144736842     .              .
 puas        0.210526316     0.210526316    0.8421052632
 will       -0.944736842    -0.539473684    0.4736842105    1.734210526
 ;
 RUN;

 PROC CALIS 명령문 사용 절차 이용할 것.
```

CHAPTER 19

선형계획법

제19장

선형계획법(Linear Programming : LP)

제1절 개념

선형계획법(linear programming: LP)은 경영과학에서 널리 사용되는 기법 중의 하나인데, 이는 하나의 목표달성을 위하여 한정된 자원의 최적분배를 다루는 계량적 분석기법이다.

선형(linear)이란 문제에 포함된 변수들의 관계가 수학적으로 일차함수 관계가 있음을 의미하며, 계획법(programming)은 컴퓨터 프로그램을 의미하기보다는 문제를 모형화하고 이를 해결하는데 일련의 수학적 절차를 사용함을 의미한다.

선형계획법은 기업 활동에 필요한 희소한 자원(자금, 노동력, 원자재, 시간 등)을 최적화하는 기법으로써 모형을 작성하기가 쉽고 목표 달성에 효과적으로 기여하기 때문에 정부, 공공기관, 기업체 등 산업체에서 조직 내의 의사결정 문제를 해결하기 위해서 널리 사용되고 있는 기법이다.

선형계획법을 효과적으로 활용하기 위해서는 첫째, 의사결정과 관련된 정보를 사전에 정확히 알고 있어야 하며, 둘째, 선형계획법의 기본가정의 이해와 수립절차를 이해하고 있어야 하며, 마지막으로 수리적 계산이나 컴퓨터에 의해 얻은 결과를 정확히 이해하고 활용할 수 있어야 한다.

선형계획법의 대표적인 예는 첫째, 자원배분에 관한 것으로 제한된 자원을 보다 효율적으로 사용함으로써 최대의 이익을 산출하고자 하는 문제이며, 둘째, 수송문제에 관련된 것으로 생산지와 공급지간의 수송에 있어서 최소 비용으로 운송하는 방법을 찾는 문제이며, 셋째, 식단문제에 관한 것으로 필수적으로 섭취해야 할 영양분을 최소의 비용으로 섭취할 수 있는 방법을 강구하는 문제 등이 있다.

선형계획법이 사용되는 분야는 다음과 같다.

부문별	적 용 분 야
산업	입지선정, 생산계획, 재고관리, 일정계획, 제품계획 등
농업	토지이용, 수매계획, 축산, 장비사용계획 등
수자원	저수지계획 · 설계 · 운용, 수질관리, 강유역개발관리 등
에너지	투자계획, 기술선택, 시설용량계획 등
도시계획	도시수자원, 토지자원관리, 지역사회개발, 쓰레기수거 등

제2절 선형계획법의 기본과정

1. 목표의 계량성과 단일성

선형계획법의 목적은 구체적인 수치로 명확하게 표현될 수 있어야 하며, 단일목적을 추구하여야 하며, 최대화 혹은 최소화시키는 최적화모형이다. 만약 다수의 목적을 분석할 때에는 목표계획법(goal programming)으로 분석해야 한다.

2. 비례성(proportionality)

모형을 구성하는 모든 변수들의 관계가 수학적으로 선형함수(linear function), 즉 일차함수로 표시되어야 한다. 따라서 각 의사결정 변수의 값이 한 단위 증가할 때마다 목적함수, 제약조건식이 그 계수만큼 비례하여 변동하게 된다.

그러나 이 가정을 현실문제에 적용할 때에는 보통 대량구매에 따른 가격할인이나 근로자의 학습효과에 의한 단위당 작업요소시간의 감소, 규모의 경제와 같은 경우를 다룰 수가 없다. 이러한 경우 비선형계획법(nonlinear programming)을 사용하여 분석해야만 한다.

3. 분할성(divisibility)

분할성이란 의사결정변수들의 값이 정수뿐만 아니라 소수나 분수도 될 수 있다는 것을 의미한다. 이를 현실문제에 적용할 때에는 사람의 수나 완성된 제품 수 등이 불가피하게 소수값을 갖게 되어 비현실적인 최적 해에 도달할 수가 있다. 이 경우 정수의 해만을 찾아내는 정수계획법(integer programming)을 사용한다.

4. 가합성(additivity)

목적함수나 제약조건식이 각 항의 합으로만 이루어진다. 그러나 이 조건 때문에 대체재 관계에 있는 제품들에 의한 대체효과(substitution effect)에 따른 이익의 손실이나, 한 생산과정에 각기 다른 속성을 가진 제품들을 생산하는 경우와 같은 현실문제에 적용하기 어렵다. 이 경우에도 비선형계획법을 사용하여야 한다.

5. 확실성(certainty)

확실성은 의사결정과 관련된 모든 매개변수의 값이 확실하다는 것을 의미한다. 이는 문제의 상황이 변하지 않는 정적인 상태에 있다는 것을 가정하고 있다. 예로 제품의 한 단위당 이익, 제품별 각 공정 작업소요시간 등이 사전에 확정적으로 잘 알려져 있으며, 변하지 않는다는 것이다. 그러나 매개변수의 값은 미래 상황을 추정한 것이므로 어느 정도 불확실성을 포함하고 있어 현실세계에 적용하는데 제약이 있다. 이처럼 매개변수의 변화가 최적해에 미치는 영향을 분석하는 기법으로 민감도분석이 있다.

6) 비부성(nonnegativity)

비부성이란 원칙적으로 모든 의사결정변수의 값은 음수의 값을 가지지 않는다는 조건을 의미한다.

제3절 선형계획모형의 작성 절차

1. 문제의 이해

분석하고자 하는 문제가 무엇인지를 충분히 이해하여야 하며, 이를 위해서는 주어진 정보를 표로 작성하여 분석하는 것이 유용하다.

2. 의사결정변수의 결정

의사결정자가 의사결정을 해야 하는 것이 나타내는 것으로 모형에서 가장 먼저 정의하여야 한다. 의사결정변수는 활동수준, 생산하고자 하는 양 등을 나타내는 변수로써 일반적으로 χ_1 , χ_2 , χ_3 와 같이 나타낸다.

3. 목적함수의 수립

의사결정변수가 결정한 다음 무엇을 달성해야 하는지를 나타내는 목적함수(objective function)의 수립해야 한다. 즉, 이익최대화, 비용최소화하는 목적을 나타내는 것이 목적함수이다. 일반적으로 목적함수는 하나의 목적을 최적화(optimization)하기 위해서 각 의사결정변수(χ_j)와 그 공헌계수(c_j)를 곱한 것의 합으로 나타낼 수 있다.

4. 제약조건식의 작성

목적함수가 설전되면 최적화를 달성하기 위하여 의사결정에 관련된 일련의 제약조건식

(constraints)들을 작성해야 한다. 이 제약조건식은 제한된 자원량 혹은 최소필요량 등을 나타내며 의사결정변수들의 실행 가능값의 범위를 제한한다. 제약조건식은 각 의사결정변수(χ_j) 한 단위에 소요되는 번째 자원의 소모량 a_{ij}와 의사결정변수를 곱한 것의 합으로 각 자원에 대한 총 소모량을 정의하며, 제한된 자원량을 b_i로 정의하여 등식 혹은 부등식으로 표현한다.

5. 비음(비부호)조건

마지막 단계로 문제에 명시적으로 나타나 있지는 않지만 의사결정변수가 음수 값을 취하지 않도록 비음조건(nonnegativity constraints)을 반드시 추가하여야 한다.

제4절 LP모형의 일반형식

[목적함수] $\quad Max. \quad Z = c_1 x_1 + c_2 x_2 + \ldots\ldots c_n x_n$

$s.t. \quad a_{11} x_1 + a_{12} x_2 + \ldots\ldots + a_{1n} x_n \leq b_1$

[제약식] $\quad a_{21} x_1 + a_{22} x_2 + \ldots\ldots + a_{2n} x_n \leq b_2$

......

$a_{m1} x_1 + a_{m2} x_2 + \ldots\ldots + a_{mn} x_n \leq b_n$

[부호제약식] $\quad x_1, x_2, \ldots\ldots, x_n \geq 0$

여기서 $x_1, x_2, \ldots\ldots, x_n$는 결정변수, $c_1, c_2, \ldots\ldots, c_n$는 목적함수의 계수, $b_1, b_2, \ldots\ldots, b_n$는 우변(right hand side : RHS)을 의미한다.

1. 선형계획법의 예

(1) 수송비관련문제

수송문제와 관련된 선형계획법은 각 생산지와 공급지간의 수송활동에 있어서 최소비용으로 물품을 운송할 수 있는 방법을 찾고자 하는 문제이다.

예로, 생산지가 S_1, S_2, …,S_m에서는 각각 s_1, s_2, …,s_m 만큼 물품을 공급할 수 있으며, 수요지 D_1, D_2, …,D_n에서는 각각 d_1, d_2, …,d_n만큼의 물품을 필요로 할 때, 생산지 S_i에서 수요지 D_j로 상품 하나를 수송하는데 드는 비용을 c_{ij}라고 하면, 수요를 충족시키면서 가장 적은 비용으로 수송할 수 있는 방법을 어떻게 구하는가?

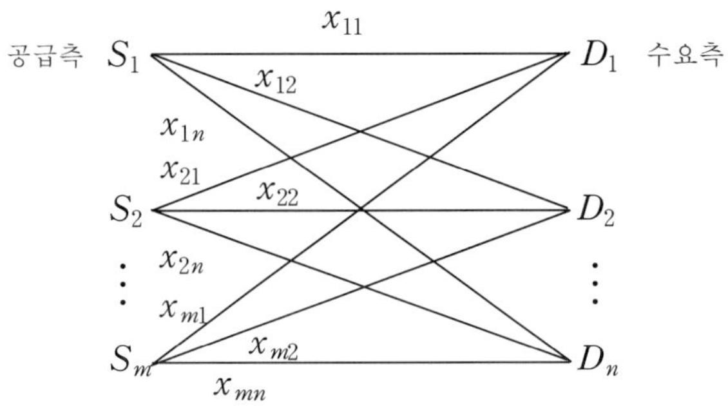

목적함수와 제약식은 다음과 같다.

$$
\begin{aligned}
Min \quad & c_{11}x_{11} + c_{12}x_{12} + \cdots + c_{1n}x_{1n} \\
& + c_{21}x_{21} + c_{22}x_{22} + \cdots + c_{2n}x_{2n} \\
& \ldots \\
& + c_{m1}x_{m1} + c_{m2}x_{m2} + \cdots + c_{mm}x_{mn} \\
s.t. \quad & x_{11} + x_{12} + \cdots + x_{1n} \le s_1 \\
& \ldots \\
& x_{m1} + x_{m2} + \cdots + x_{mn} \le s_m \\
& x_{11} + x_{21} + \ldots + x_{m1} \ge d_1 \\
& \ldots \\
& x_{1n} + x_{2n} + \cdots + x - mn \ge d_n \\
& x_{ij} \ge 0, \ \forall_{i,j} (\text{단 } x_{ij}\text{: 수송량})
\end{aligned}
$$

예제1 **A건설회사는 아파트를 시공할 아파트 부지에 성토가 필요하여 몇 개의 야산으로부터 흙을 수송해야 한다면, 이 때 A건설회사는 야산을 3지역(갑, 을, 병) 확보해두고 있으며 이들 야산으로부터 각각 7, 3, 12톤의 흙을 파낼 수 있다고 하자. 그런데 아파트 건축 예정지 4곳(A, B, C, D)은 각각 9, 3, 5, 2톤의 성토가 필요하다면, 각 야산에서 각 아파트 예정지까지의 수송비를 계산하여라. 톤당 수송비용은 다음 표와 같다.**

흙 단위(톤)당 수송비 (단위 : 원)

아파트부지 / 야산	A	B	C	D
갑	15,000	17,000	11,000	7,000
을	8,000	0	5,000	12,000
병	8,000	20,000	14,000	17,000

여기서 야산 i에서 아파트 건설부지 j로의 수송량을 x_{ij}톤이라고 하면 선형계획모형은 다음과 같

이 표현된다. 총 수송비용은 단위당 수송비와 수송량과의 곱이므로 목적함수는 다음과 같다.

$$\begin{aligned} Min\ \ & 15,000x_{11}+17,000x_{12}+11,000x_{13}+7,000x_{14} \\ & 8,000x_{21} \qquad\qquad\qquad +5,000x_{23}+12,000x_{24} \\ & 8,000x_{31}+20,000x_{32}+14,000x_{33}+17,000x_{34} \end{aligned}$$

공급능력의 제약에서 각 야산에서 수송되는 양은 그 야산의 생산능력을 벗어날 수 없으므로 갑 야산의 경우 $x_{11}+x_{12}+x_{13}+x_{14}\leq 7$으로 표현되며, 을, 병 야산에서도 마찬가지이다. 이를 정리하면 다음 방정식이 된다.

$$\begin{aligned} s.t.\ \ & x_{11}+x_{12}+x_{13}+x_{14}\leq 4 \\ & x_{21}+x_{22}+x_{23}+x_{24}\leq 6 \\ & x_{31}+x_{32}+x_{33}+x_{34}\leq 12 \end{aligned}$$

수요지(아파트 건설 현장)의 수요량 충족 제약에서 각 현장의 수요량을 만족시키기 위한 제약조건은 갑 현장의 경우, 9톤의 성토가 필요하므로 $x_{11}+x_{21}+x_{31}\geq 9$로 쓸 수 있으며, B, C, D 현장도 마찬가지이다. 이를 정리하면 다음 방정식이 된다.

$$\begin{aligned} & x_{11}+x_{21}+x_{31}\geq 9 \\ & x_{12}+x_{22}+x_{32}\geq 6 \\ & x_{13}+x_{23}+x_{33}\geq 3 \\ & x_{14}+x_{24}+x_{34}\geq 5 \end{aligned}$$

따라서 최종적으로 수송계획문제의 모형은 다음과 같다.

$$\begin{aligned} Min\ \ & 15,000x_{11}+17,000x_{12}+11,000x_{13}+7,000x_{14} \\ & 8,000x_{21} \qquad\qquad\qquad +5,000x_{23}+12,000x_{24} \\ & 8,000x_{31}+20,000x_{32}+14,000x_{33}+17,000x_{34} \\ s.t.\ \ & x_{11}+x_{12}+x_{13}+x_{14}\leq 4 \\ & x_{21}+x_{22}+x_{23}+x_{24}\leq 6 \\ & x_{31}+x_{32}+x_{33}+x_{34}\leq 12 \\ & x_{11}+x_{21}+x_{31}\geq 9 \\ & x_{12}+x_{22}+x_{32}\geq 6 \\ & x_{13}+x_{23}+x_{33}\geq 3 \\ & x_{14}+x_{24}+x_{34}\geq 5 \\ & x_{ij}\geq 0,\ \forall_{ij} \end{aligned}$$

분석프로그램명 : KIMLI2.SAS

```
  DATA r;
㉮  INPUT obj $ x11 x12 x13 x14 x21 x22 x23 x24 x31 x32 x33 x34 _TYPE_ $ _RHS_;
  DATALINES;
㉯ obj 15000 17000 11000 7000 8000    0  5000   12000 8000 20000 14000 17000 min  . /**목적함수**/
㉰  xp1   1   1   1   1   0   0   0   0   0   0   0   0  LE  4  /**갑야산 생산**/
㉱  xp2   0   0   0   0   1   1   1   1   0   0   0   0  LE  6  /**을야산 생산**/
㉲  xp3   0   0   0   0   0   0   0   0   0   0   0   0  LE 12  /**병야산 생산**/
㉳  Ap1   1   0   0   0   1   0   0   0   1   0   0   0  GE  9  /**A아파트현장 수요**/
㉴  Ap2   0   1   0   0   0   1   0   0   0   1   0   0  GE  6  /**B아파트현장 수요**/
㉵  Ap3   0   0   1   0   0   0   1   0   0   0   1   0  GE  3  /**C아파트현장 수요**/
㉶  Ap4   0   0   0   1   0   0   0   1   0   0   0   1  GE  5  /**D아파트현장 수요**/
    ;
㉷ PROC LP;

  RUN;
```

㉮ RHS는 모든 식의 우변 값을 의미한다.

㉯ 목적함수의 계수를 순서대로 입력하며, Min는 수송비의 극소치를 산출하라는 의미이다.

㉰~㉲는 공급제약식의 계수, 그리고 LE는 '작거나 같다' 는 부등호(비교연산자)를 나타내며, ㉳~㉶는 수요제약식의 계수, 그리고 GE는 '크거나 같다' 는 부등호를 나타낸다.

㉷ 선형계획법을 수행하라는 명령어이다.

분석결과 : KIMLI2.OUT

```
         ㉮                    The LP Procedure

                              Problem Summary

                     Objective Function        Min _OBS1_
                     Rhs Variable                   _RHS_
                     Type Variable                 _TYPE_
                     Problem Density (%)            20.30

                     Variables                     Number
                     Non-negative                      12
                     Slack                              3
                     Surplus                            4
                     Total                             19

                     Constraints                   Number


                     LE                                 3
                     GE                                 4
                     Objective                          1
                     Total                              8
```

㉮ 변수 형태, 변수의 수, 제약식 수 등을 보여준다.

㉯ Solution Summary

Terminated Successfully

Objective Value	159000
Phase 1 Iterations	6
Phase 2 Iterations	4
Phase 3 Iterations	0
Integer Iterations	0
Integer Solutions	0
Initial Basic Feasible Variables	5
Time Used (seconds)	0
Number of Inversions	3
Epsilon	1E-8
Infinity	1.797693E308
Maximum Phase 1 Iterations	100
Maximum Phase 2 Iterations	100
Maximum Phase 3 Iterations	99999999
Maximum Integer Iterations	100
Time Limit (seconds)	120

㉯ 최소수송비가 159,000원임을 보여주고 있다.

㉰ Variable Summary

Col	Variable Name	Status	Type	Price	Activity	Reduced Cost
1	x11		NON-NEG	15000	0	17000
2	x12		NON-NEG	17000	0	18000
3	x13		NON-NEG	11000	0	7000
4	x14	BASIC	NON-NEG	7000	4	0
5	x21		NON-NEG	8000	0	9000
6	x22	BASIC	NON-NEG	0	6	0
7	x23	DEGEN	NON-NEG	5000	0	0
8	x24		NON-NEG	12000	0	4000
9	x31	BASIC	NON-NEG	8000	9	0
10	x32		NON-NEG	20000	0	11000
11	x33	BASIC	NON-NEG	14000	3	0
12	x34	BASIC	NON-NEG	17000	1	0
13	_OBS2_		SLACK	0	0	10000
14	_OBS3_		SLACK	0	0	9000
15	_OBS4_	BASIC	SLACK	0	12	0
16	_OBS5_		SURPLUS	0	0	8000
17	_OBS6_		SURPLUS	0	0	9000
18	_OBS7_		SURPLUS	0	0	14000
19	_OBS8_		SURPLUS	0	0	17000

㉰ 갑 야산에서 D 현장으로 4톤, 을 야산에서 B 현장으로 6톤, 병 야산에서 A 현장으로 9톤, 병 야산에서 C 현장으로 3톤, 그리고 D 현장으로 1톤을 수송하면 수송비가 최소화됨을 보여주고 있다.

```
                         Constraint Summary

                 Constraint              S/S                      Dual
             Row Name        Type        Col     Rhs  Activity  Activity
     ㉱        1 _OBS1_      OBJECTVE     .        0    159000         .
               2 _OBS2_      LE          13        4         4    -10000
               3 _OBS3_      LE          14        6         6     -9000
               4 _OBS4_      LE          15       12         0         0
               5 _OBS5_      GE          16        9         9      8000
               6 _OBS6_      GE          17        6         6      9000
               7 _OBS7_      GE          18        3         3     14000
               8 _OBS8_      GE          19        5         5     17000
```

㉱ ㉰처럼 흙을 수송하면 수송비는 최소화되고 최소수송비는 159,000원이 된다.

예제2 **컴퓨터를 생산하는 기업에서 노트북 컴퓨터와 데스크 탑 컴퓨터의 2 종류를 생산한다고 하자. 2 종류의 컴퓨터 생산에 필요한 생산요소로서의 노동과 자본이 다음과 같이 소요된다고 한다.**

컴퓨터 1대 생산에 소요되는 투입원료

구분	노트북()	데스크 탑()
노동(: 명)	10	20
자본(: 만원)	40	10

여기서 1일 최대수요량이 노트북이 2대, 데스크 탑이 3대이며, 판매이익은 각각 3백만원/대, 2백만원/대 이라 하고, 1일 사용가능한 원료량이 각각 100명, 2백만원이라 할 때, 1일 최대수요량을 초과하지 않으면서 판매이익을 최대화하는 노트북 및 데스크 탑 컴퓨터의 일일생산량을 구하라.

이 문제를 분석하기 위한 선형계획모형의 절차를 보면 다음과 같다.

첫째, x_1은 노트북 컴퓨터 일일생산량, x_2는 데스크 탑 컴퓨터 일일생산량이다.

둘째, 판매이익이 노트북은 3백만원/대, 데스크 탑은 2백만원/대 이므로 목적함수는 $Max \quad Z = 300x_1 + 200x_2$이 된다.

셋째, 원료량에 대한 제약조건으로 노동의 경우 x_1(노트북) 생산에 10명, x_2(데스크 탑)

생산에 20명을 소요되고 그 합이 1일 사용가능량 100명 이하이어야 함으로 노동의 총소요량은 $10x_1 + 20x_2 \leq 100$이 된다.

한편 자본의 경우 x_1생산에 40만원, x_2생산에 10만원을 소요되고 그 합이 1일 사용가능량 200만원 이하이어야 함으로 자본(K)의 총소요량은 $40x_1 + 10x_2 \leq 200$이 된다.

넷째, 수요에 대한 제약조건으로 각각의 생산량은 수요를 초과하면 안 되므로 $x_1 \leq 2, x_2 \leq 3$이 된다.

다섯째, 부호제약조건으로 각각의 생산량이 —(부)가 될 수 없으므로 $x_1, x_2 \geq 0$이 된다.

그러므로 분석하고자 하는 선형계획모형은 다음과 같다.

$$\begin{aligned}
Max \quad & Z = 300x_1 + 200x_2 \\
s.t. \quad & 10x_1 + 20x_2 \leq 100 \\
& 40x_1 + 10x_2 \leq 200 \\
& x_1 \leq 2 \\
& x_2 \leq 3 \\
& x_1, x_2 \geq 0
\end{aligned}$$

1) 그래프를 이용한 방법

위의 선형계획모형을 그래프로 해를 구하는 방법을 보면, 제약식과 부호조건식을 그래프로 표시하면 되는데, 이 문제에서 문제의 '실행가능영역'은 제약식 및 부호제약식을 만족하는 부분으로 그림과 같다. 실행가능영역(사각형 OABC)으로 최적해는 이 영역에 포함되는 점 중 목적함수 값을 최대로 만드는 점 $(x_1^*, \ x_2^*)$이다.

만약 구하고자 하는 '해'가 유일한인 경우는 실행가능영역 내의 각 점을 대입하여 목적함수를 가장 크게 하는 점을 선택하면 된다. (예, C점은 $x_1 = 0$, $x_2 = 3$이므로 목적함수는 $Z = 300x_1 + 200x_2$이므로 $Z = 300(0) + 200(3) = 600$이 된다.

그러나 구하고자 하는 해의 수가 여러 개인 경우는 이 방법으로는 불가능하다. 이 경우 목적함수를 x_1에 대해 정리하면 최적해를 구할 수 있다. 여기서는 $x_1 = \frac{200}{300}x_2 + \frac{1}{300}z$로 정리되고 이를 이용하여 구하면 된다.

① 과 같은 목적식은 실행가능영역을 통과하지 않으므로 ①선상의 모든 점은 해가 아니다. 목적함수를 ①에서 좌측방향으로 이동하면 실행가능영역과 만나는 점(여기서 목적식 ②의 B점)에서 절편 값은 4가 되고 목적함수 값은 300×4=1200이 된다. ②보다 좌측으로 이동하면 절편 값이 작아지고 목적함수의 값도 감소하게 된다. 따라서 여기서는 목적함수를 최대로 하는 값은 1200($Z = 300(2) + 200(3) = 1200$처럼 목적식의 계산식으로도 계산 할 수 있음)

이 된다.

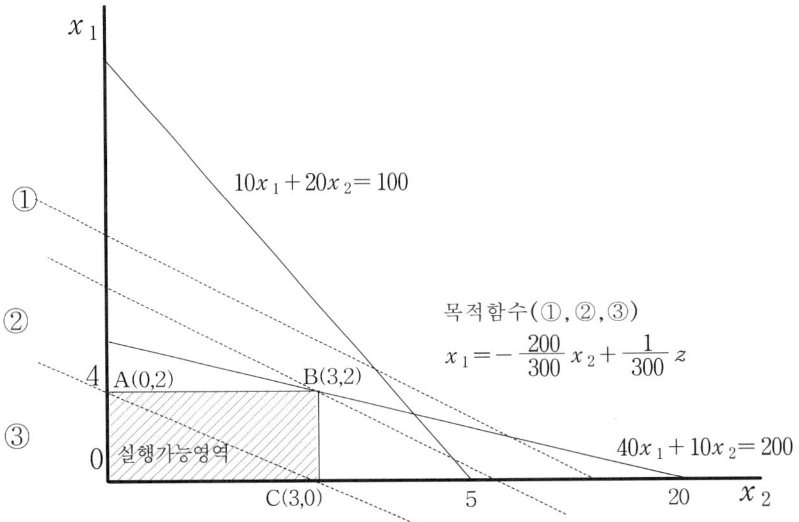

그래프를 이용한 선형계획법의 해 계산

(2) 통계패케지(SAS)를 이용한 방법

분석프로그램명 : KIMLI4.SAS

```
     DATA li;
     INPUT va $ x1 x2 _TYPE_ $ _RHS_;
     DATALINES;
㉮   obj  300  200  max   .
     pr1   10   20  LE  100
     pr2   30   10  LE  200
     pr3    1    0  LE    2
     pr4    0    1  LE    3

㉯   PROC LP;
     RUN;
```

㉮ 목적함수의 계수를 순서대로 입력하며, Max는 극대치를 산출하라는 의미이고,_RHS_는 각 방정식의 우변 값을 나타낸다. 제약식의 계수를 차례로 입력한다. 그리고 LE는 '작거나 같다' 는 부등호(비교연산자)를 나타낸다.

㉯ 선형계획법을 수행하라는 명령어이다.

분석결과 : KIMLI4.OUT

```
                    Problem Summary

㉮              Objective Function      Max _OBS1_
                Rhs Variable                 _RHS_
                Type Variable               _TYPE_
                Problem Density (%)          41.67

                Variables                   Number

                Non-negative                     2
                Slack                            4
                Total                            6

                Constraints                 Number
                LE                               4
                Objective                        1
                Total                            5
```

㉮ 변수 형태, 변수의 수, 제약식 형태 등을 보여준다.

```
                        Solution Summary

                     Terminated Successfully

㉯      Objective Value                                  1200
        Phase 1 Iterations                                  0
        Phase 2 Iterations                                  2
        Phase 3 Iterations                                  0
        Integer Iterations                                  0
        Integer Solutions                                   0
        Initial Basic Feasible Variables                    6
        Time Used (seconds)                                 0
        Number of Inversions                                2

        Epsilon                                          1E-8
        Infinity                                1.797693E308
        Maximum Phase 1 Iterations                        100
        Maximum Phase 2 Iterations                        100
        Maximum Phase 3 Iterations                   99999999
        Maximum Integer Iterations                        100
        Time Limit (seconds)                              120
```

㉯ 목적함수의 최대값이 1200만원임을 보이고 있다.

```
         Variable                                              Reduced
   ㉰    Col Name      Status Type       Price   Activity        Cost
          1 x1        BASIC  NON-NEG     300          2           0
          2 x2        BASIC  NON-NEG     200          3           0
          3 _OBS2_    BASIC  SLACK         0         20           0
          4 _OBS3_    BASIC  SLACK         0        110           0
          5 _OBS4_           SLACK         0          0        -300
          6 _OBS5_           SLACK         0          0        -200

                           Constraint Summary

         Constraint              S/S                          Dual
      Row Name         Type      Col        Rhs   Activity  Activity
        1 _OBS1_       OBJECTVE    .          0       1200         .
        2 _OBS2_       LE          3        100         80         0
        3 _OBS3_       LE          4        200         90         0
        4 _OBS4_       LE          5          2          2       300
        5 _OBS5_       LE          6          3          3       200
```

㉰ 1일 노트북 컴퓨터 생산량()이 2대, 데스크 탑 컴퓨터 생산량()이 3대임을 보이고 있다. 즉 1일에 각각 2대, 3대를 생산하면 목적함수의 값이 1200만원으로 최대값이 된다.

예제3 **시멘트 공장에서 공정별(PR1, PR2, PR3), 생산된 제품별(A, B, C) 소요시간과 가동시간이 다음과 같고, 그리고 각 공정의 1일 가동시간은 30분, 20분, 10분이며, 각 제품의 단위당 이익은 각각 12백만원, 8백만원, 10백만원 일 때 1일 이익극대화를 선형계획법을 이용하여 결정하여라.**

시멘트공장의 공정별 소요시간(단위 : 분)

공정 \ 제품	A	B	C
PR1	7	5	4
PR2	4	7	2
PR3	5	0	6

여기서 의사결정변수은 x_1은 제품 A의 1일 생산량, x_2는 제품 B의 1일 생산량, x_3은 제품 C의 1일 생산량이라 하자.

이를 이용하여 선형계획모형을 설정하면 다음과 같다.

$Max.\ Z = 12x_1 + 8x_2 + 10x_3$ (총이익(OBJ)극대화)

$s.t.\quad 7x_1 + 5x_2 + 4x_3 \le 30$ (공정 1(PR1)의 가동시간)

$4x_1+7x_2+2x_3\leq 20$ (공정 2(PR2)의 가동시간)

$5x_1+6x_3\leq 10$ (공정 3(PR3)의 가동시간)

$x_1, x_2, x_3>0$ (비부호조건)

분석프로그램명 : KIMLI1.SAS

```
    DATA li;
      INPUT va $ x1 x2 x3 _TYPE_ $ _RHS_;
    DATALINES;
㉮  obj 12  8  10 max  . /**목적함수**/
 ㉯  pr1  7  5  4 LE  30 /**공정1가동시간**/
 ㉰  pr2  4  7  2 LE  20 /**공정2가동시간**/
 ㉱  pr3  5  0  6 LE  10 /**공정3가동시간**/
      ;
㉲  PROC LP;
    RUN;
```

㉮ 목적함수의 계수를 순서대로 입력하며, Max는 극대치를 산출하라는 의미이고, ㉯~㉱는 제약식의 계수, 그리고 LE는 '작거나 같다' 는 부등호(비교연산자)를 나타낸다.

_RHS_는 각 방정식의 우변 값을 나타낸다.

㉲ 선형계획법을 수행하라는 명령어이다.

분석결과 : KIMLI1.OUT

```
                    The LP Procedure
    ㉮
                    Problem Summary

          Objective Function      Max _OBS1_
          Rhs Variable                 _RHS_
          Type Variable               _TYPE_
          Problem Density (%)          61.11

          Variables                   Number
          Non-negative                     3
          Slack                            3
          Total                            6

          Constraints                 Number
          LE                               3
          Objective                        1
          Total                            4
```

㉮ 변수 형태, 변수의 수, 제약식 형태 등을 보여준다.

```
                    Solution Summary

㉯                   Terminated Successfully
        Objective Value                       37.714285714
        Phase 1 Iterations                               0
        Phase 2 Iterations                               2
        Phase 3 Iterations                               0
        Integer Iterations                               0
        Integer Solutions                                0
        Initial Basic Feasible Variables                 5
        Time Used (seconds)                              0
        Number of Inversions                             2

        Epsilon                                       1E-8
        Infinity                              1.797693E308
        Maximum Phase 1 Iterations                     100
        Maximum Phase 2 Iterations                     100
        Maximum Phase 3 Iterations                99999999
        Maximum Integer Iterations                     100
        Time Limit (seconds)                           120
```

㉯ 목적함수의 극대치(37.714), 반복회수 등을 보여준다.

```
                    The LP Procedure

㉰                   Variable Summary
       Variable                                       Reduced
   Col Name      Status Type      Price  Activity       Cost
     1 x1        BASIC  NON-NEG      12         2          0
     2 x2        BASIC  NON-NEG       8 1.7142857          0
     3 x3               NON-NEG      10         0       -1.2
     4 _OBS2_    BASIC  SLACK         0 7.4285714          0
     5 _OBS3_           SLACK         0         0  -1.142857
     6 _OBS4_           SLACK         0         0  -1.485714

                    Constraint Summary

      Constraint            S/S                        Dual
  Row Name         Type     Col      Rhs   Activity   Activity

    1 _OBS1_       OBJECTVE  .         0  37.714286          .
    2 _OBS2_       LE        4        30  22.571429          0
    3 _OBS3_       LE        5        20         20  1.1428571
    4 _OBS4_       LE        6        10         10  1.4857143
```

㉰ 선형계획법에 의한 분석결과의 요약을 보여준다.

선형계획법을 이용하면 공장1은 2분, 공정2는 1.71분이 소요되면 총이익이 극대화되고 이때 이윤극대화 값은 37.7백만원임을 보여주고 있다.

CHAPTER 20

목표계획법

제20장

목표계획법(Goal Programming : GP)

제1절 개념

목표계획법은 의사결정을 위한 한 방법으로 목적함수를 최소화한다는 측면에서는 선형계획법과 같다. 선형계획법은 수익최대 또는 비용최소란 단일목표로 하여 분석하는 방법이나 목표계획법은 복수의 목표를 갖질 때 의사결정을 결정하기 위한 한 방법이다.

목표계획법의 특징은 여러 종류의 계획목표에 대한 해를 동시에 구할 수 있으며, 목표의 중요도에 따라 우선순위와 가중치를 부여하며, 연산방식은 선형계획법과 대등소이하며, 여러 종류의 목표의 문제를 해결한다는 측면에서 단일목표만 다루는 선형계획법과 구별된다.

제2절 목표계획법의 형식

목표계획법은 아래에서 표현된 것과 같이 목표제약식, 기술적 제약식 그리고 비부호조건 등의 제약조건하에서 목적식을 최소화하는 각 활동변수 의 값을 구하는 방법이다.

[목적식] $Z = \min[\, t_1 w_1(\ d_1^-,\ d_1^+, \ldots, t_m w_m)(\ d_m^-,\ d_m^+)]$

[목표 제약식] $G_i = \sum G_{ij} x_i - d_i^+ + d_i^-$

[기술적 제약식] $B_i = \sum a_{ij} x_j + \lambda_i$

[비부호조건] $x_j,\ d_i^+,\ d_i^-, \lambda_i \geq 0$

여기서 t_i는 절대순위계수로 번째 목표에 부여된 우선순위
w_i는 가중계수로 번째 목표의 편차변수에 주어진 가중치
d_i^+는 초과편차변수로 번째 목표요구수준을 초과하는 편차지수
d_i^-는 부족(미달)편차변수로 번째 목표요구수준을 미달하는 편차지수
G_i는 목표치로 의사결정자에 의하여 설정된 목표치(번째 목표의 요구수준)
c_{ij}는 목표제약에 따른 기술계수로 번째 목표제약에 대한 활동변수의 기술계수
B_i는 기술적 제약량으로 번째 자원의 보유량
a_{ij}는 기술제약에 따른 기술계수로 번째 기술적 제약에 대한 활동변수의 기술계수

로 이는 i활동단위에 대한 자원의 소요량

x_j는 활동변수로 생산활동을 포함한 실질활동의 가동수준

λ_i는 조정변수로 유휴활동의 가동수준이다.

위 식에서 알 수 있듯이 목적식에는 선형계획법과 달리 활동변수 x_j가 포함되지 않는다. 즉 목적식은 설정된 목표에 대해 우선순위에 따라 부여된 절대우선순위 t_j 및 목표마다의 편차계수 d_i^+, d_i^- 그리고 그 상대적 중요도를 나타내는 가중변수 w_j가 사용되며, 이들의 합인 Z를 최소화하는 것이 목표계획법의 목적이다.

제약함수는 목표제약과 기술적 제약으로 구분하고 목표제약은 자의적이나 의사결정자가 목표하는 목표치이고 기술적 제약은 대상 지역의 생산자원의 이용 가능량으로 설정된다.

제3절 목표계획법의 예

예제 **어느 시골의 농부가 쌀과 사과를 생산한다고 하자. 이 농부는 200kg의 쌀을 생산하는데 30시간 그리고 200kg의 사과를 생산하는데 45시간을 영농활동 시간으로 사용한다. 쌀과 사과생산으로 kg당 1달러의 수익을 얻을 때, 이 농부가 1주일에 50시간 일을 한다고 가정할 때 목표계획법을 사용하여 아래 목적을 순서대로 달성하여라.**

1) 1주일에 6,000달러의 소득을 얻고자 한다.
2) 농부는 1주일에 50시간외 초과영농활동을 하지 않는다.
3) 1주일에 적어도 사과를 2000kg를 생산하고자 한다.

분석프로그램명 : KIMLI3.SAS

```
DATA r;
  INPUT _id_ $ x1 x2 n1 n2 n3 t1 t2 t3 _TYPE_ $ _RHS_;
DATALINES;
inco  .   .   .   .   .   1   .   .  min    1
over  .   .   .   1   .   .   .   .  min    2
prod  .   .   .   .   1   .   .   .  min    3
inco 200 200  .   1   .   .  -1   .   EQ 6000
over 30  45   1   .   .  -1   .   .   EQ   50
prod  .   1   .   .   1   .   .  -1   EQ   10
;
㉮ PROC LP GOALPROGRAM;
  RUN;
```

㉮ 목표계획법(GP)을 수행하라는 명령어이다.

분석결과 : KIMLI3.OUT

```
                        The LP Procedure

                        Problem Summary

                Objective Function      Min inco
                Rhs Variable               _RHS_
                Type Variable             _TYPE_
                Problem Density (%)        45.83

                Variables                 Number
                Non-negative                   8
                Total                          8

                Constraints               Number
                EQ                             3
                Objective                      3
                Total                          6

                        Solution Summary

                    Terminated Successfully

     ㉮     Objective Value                                  0

            Phase 1 Iterations                               2
            Phase 2 Iterations                               0
            Phase 3 Iterations                               0
            Integer Iterations                               0
            Integer Solutions                                0
            Initial Basic Feasible Variables                 5
            Time Used (seconds)                              0
            Number of Inversions                             2

            Epsilon                                       1E-8
            Infinity                              1.797693E308
            Maximum Phase 1 Iterations                     100
            Maximum Phase 2 Iterations                     100
            Maximum Phase 3 Iterations                99999999
            Maximum Integer Iterations                     100
            Time Limit (seconds)                           120
```

㉮ 첫번째 질문에 대한 분석결과로 목표치(Objective Value)가 0이기 때문에 소득 6000달러 목표를 달성할 수 있다.

Variable Summary

Col	Variable Name	Status	Type	Price	Activity	Reduced Cost
1	x1	ALTER	NON-NEG	0	0	0
2	x2	ALTER	NON-NEG	0	0	0
3	n1	BASIC	NON-NEG	0	50	0
4	n2	BASIC	NON-NEG	0	6000	0
5	n3	BASIC	NON-NEG	0	10	0
6	t1		NON-NEG	1	0	1
7	t2	ALTER	NON-NEG	0	0	0
8	t3	ALTER	NON-NEG	0	0	0

Constraint Summary

Row	Constraint Name	Type	S/S Col	Rhs	Activity	Dual Activity
1	inco	OBJECTVE	.	0	0	.
2	over	FREE_OBJ	.	0	6000	.
3	prod	FREE_OBJ	.	0	10	.
4	inco	EQ	.	6000	6000	0
5	over	EQ	.	50	50	0
6	prod	EQ	.	10	10	0

The LP Procedure

Problem Summary

Objective Function	Min over
Rhs Variable	_RHS_
Type Variable	_TYPE_
Problem Density (%)	45.83

Variables	Number
Non-negative	8
Total	8

Constraints	Number
EQ	3
Objective	3
Total	6

```
                         Solution Summary

                      Terminated Successfully

㉯           Objective Value                       5666.6666667

             Phase 1 Iterations                               0
             Phase 2 Iterations                               2
             Phase 3 Iterations                               0
             Integer Iterations                               0
             Integer Solutions                                0
             Initial Basic Feasible Variables                 5
             Time Used (seconds)                              0
             Number of Inversions                             4

             Epsilon                                       1E-8
             Infinity                              1.797693E308
             Maximum Phase 1 Iterations                     100
             Maximum Phase 2 Iterations                     100
             Maximum Phase 3 Iterations                99999999
             Maximum Integer Iterations                     100
             Time Limit (seconds)                           120
```

㉯ 이것 역시 목표치가 0가 아니기(nonzero) 때문에 만족하지 못한다. 즉 정규시간외 영농할동(over)이 5666.66으로 0가 아니기 때문에 목표에 미달하고 있다.

```
                         Variable Summary

          Variable                                        Reduced
      Col Name      Status Type       Price  Activity       Cost
        1 x1        BASIC  NON-NEG        0 1.6666667          0
        2 x2               NON-NEG        0         0        100
        3 n1               NON-NEG        0         0  6.6666667
        4 n2        BASIC  NON-NEG        1 5666.6667          0
        5 n3        BASIC  NON-NEG        0        10          0
        6 t1        DEGEN  NON-NEG        0         0          0
        7 t2               NON-NEG        0         0          1
        8 t3        ALTER  NON-NEG        0         0          0

                        Constraint Summary

         Constraint              S/S                       Dual
     Row Name        Type        Col       Rhs  Activity  Activity
       1 inco        FIXEDOBJ     .          0         0         .
       2 over        OBJECTVE     .          0 5666.6667         .
       3 prod        FREE_OBJ     .          0        10         .
       4 inco        EQ           .       6000      6000         1
       5 over        EQ           .         50        50 -6.666667
       6 prod        EQ           .         10        10         0
```

```
The LP Procedure

Problem Summary

Objective Function        Min prod
Rhs Variable                 _RHS_
Type Variable               _TYPE_
Problem Density (%)          45.83

Variables                   Number
Non-negative                     8
Total                            8

Constraints                 Number
EQ                               3
Objective                        3
Total                            6

Solution Summary

Terminated Successfully

㉰  Objective Value                                  10

   Phase 1 Iterations                                0
   Phase 2 Iterations                                1
   Phase 3 Iterations                                0
   Integer Iterations                                0
   Integer Solutions                                 0
   Initial Basic Feasible Variables                  5
   Time Used (seconds)                               0
   Number of Inversions                              6

   Epsilon                                        1E-8
   Infinity                               1.797693E308
   Maximum Phase 1 Iterations                      100
   Maximum Phase 2 Iterations                      100
   Maximum Phase 3 Iterations                 99999999
   Maximum Integer Iterations                      100
   Time Limit (seconds)                            120
```

㉰ 이것 역시 목표치가 0가 아니기(nonzero) 때문에 만족하지 못한다. 즉 1주일에 사과 2,000kg 생산(prod)이 10.0으로 0(zero)이 아니기 때문에 목표에 미달하고 있다.

이상의 결과를 종합할 때 소득목표는 달성하였으나 정규시간외 영농활동과 주당 생산량 목표는 달성할 수 없다는 결과를 얻었다.

Variable Summary

Col	Variable Name	Status	Type	Price	Activity	Reduced Cost
1	x1	BASIC	NON-NEG	0	1.6666667	0
2	x2	DEGEN	NON-NEG	0	0	0
3	n1		NON-NEG	0	0	0.0666667
4	n2	BASIC	NON-NEG	0	5666.6667	0
5	n3	BASIC	NON-NEG	1	10	0
6	t1	DEGEN	NON-NEG	0	0	0
7	t2		NON-NEG	0	0	0.01
8	t3		NON-NEG	0	0	1

Constraint Summary

Row	Constraint Name	Type	S/S Col	Rhs	Activity	Dual Activity
1	inco	FIXEDOBJ	.	0	0	.
2	over	FIXEDOBJ	.	0	5666.6667	.
3	prod	OBJECTVE	.	0	10	.
4	inco	EQ	.	6000	6000	0.01
5	over	EQ	.	50	50	-0.066667
6	prod	EQ	.	10	10	1

CHAPTER

부 록

[부록 1] 표준정규분포표

Z	0	0.01	0.02	0.03	0.04	0.05	0.06	0.07	0.08	0.09
0.0	0.5000	0.5040	0.5080	0.5120	0.5160	0.5199	0.5239	0.5279	0.5319	0.5359
0.1	0.5398	0.5438	0.5478	0.5517	0.5557	0.5596	0.5636	0.5675	0.5714	0.5753
0.2	0.5793	0.5832	0.5871	0.5910	0.5948	0.5987	0.6026	0.6064	0.6103	0.6141
0.3	0.6179	0.6217	0.6255	0.6293	0.6331	0.6368	0.6406	0.6443	0.6480	0.6517
0.4	0.6554	0.6591	0.6628	0.6664	0.6700	0.6736	0.6772	0.6808	0.6844	0.6879
0.5	0.6915	0.6950	0.6985	0.7019	0.7054	0.7088	0.7123	0.7157	0.7190	0.7224
0.6	0.7257	0.7291	0.7324	0.7357	0.7389	0.7422	0.7454	0.7486	0.7517	0.7549
0.7	0.7580	0.7611	0.7642	0.7673	0.7704	0.7734	0.7764	0.7794	0.7823	0.7852
0.8	0.7881	0.7910	0.7939	0.7967	0.7995	0.8023	0.8051	0.8078	0.8106	0.8133
0.9	0.8159	0.8186	0.8212	0.8238	0.8264	0.8289	0.8315	0.8340	0.8365	0.8389
1.0	0.8413	0.8438	0.8461	0.8485	0.8508	0.8531	0.8554	0.8577	0.8599	0.8621
1.1	0.8643	0.8665	0.8686	0.8708	0.8729	0.8749	0.8770	0.8790	0.8810	0.8830
1.2	0.8849	0.8869	0.8888	0.8907	0.8925	0.8944	0.8962	0.8980	0.8997	0.9015
1.3	0.9032	0.9049	0.9066	0.9082	0.9099	0.9115	0.9131	0.9147	0.9162	0.9177
1.4	0.9192	0.9207	0.9222	0.9236	0.9251	0.9265	0.9279	0.9292	0.9306	0.9319
1.5	0.9332	0.9345	0.9357	0.9370	0.9382	0.9394	0.9406	0.9418	0.9429	0.9441
1.6	0.9452	0.9463	0.9474	0.9484	0.9495	0.9505	0.9515	0.9525	0.9535	0.9545
1.7	0.9554	0.9564	0.9573	0.9582	0.9591	0.9599	0.9608	0.9616	0.9625	0.9633
1.8	0.9641	0.9649	0.9656	0.9664	0.9671	0.9678	0.9686	0.9693	0.9699	0.9706
1.9	0.9713	0.9719	0.9726	0.9732	0.9738	0.9744	0.9750	0.9756	0.9761	0.9767
2.0	0.9772	0.9778	0.9783	0.9788	0.9793	0.9798	0.9803	0.9808	0.9812	0.9817
2.1	0.9821	0.9826	0.9830	0.9834	0.9838	0.9842	0.9846	0.9850	0.9854	0.9857
2.2	0.9861	0.9864	0.9868	0.9871	0.9875	0.9878	0.9881	0.9884	0.9887	0.9890
2.3	0.9893	0.9896	0.9898	0.9901	0.9904	0.9906	0.9909	0.9911	0.9913	0.9916
2.4	0.9918	0.9920	0.9922	0.9925	0.9927	0.9929	0.9931	0.9932	0.9934	0.9936
2.5	0.9938	0.9940	0.9941	0.9943	0.9945	0.9946	0.9948	0.9949	0.9951	0.9952
2.6	0.9953	0.9955	0.9956	0.9957	0.9959	0.9960	0.9961	0.9962	0.9963	0.9964
2.7	0.9965	0.9966	0.9967	0.9968	0.9969	0.9970	0.9971	0.9972	0.9973	0.9974
2.8	0.9974	0.9975	0.9976	0.9977	0.9977	0.9978	0.9979	0.9979	0.9980	0.9981
2.9	0.9981	0.9982	0.9982	0.9983	0.9984	0.9984	0.9985	0.9985	0.9986	0.9986
3.0	0.9987	0.9987	0.9987	0.9988	0.9988	0.9989	0.9989	0.9989	0.9990	0.9990
3.1	0.9990	0.9991	0.9991	0.9991	0.9992	0.9992	0.9992	0.9992	0.9993	0.9993
3.2	0.9993	0.9993	0.9994	0.9994	0.9994	0.9994	0.9994	0.9995	0.9995	0.9995
3.3	0.9995	0.9995	0.9995	0.9996	0.9996	0.9996	0.9996	0.9996	0.9996	0.9997
3.4	0.9997	0.9997	0.9997	0.9997	0.9997	0.9997	0.9997	0.9997	0.9997	0.9998
3.5	0.9998	0.9998	0.9998	0.9998	0.9998	0.9998	0.9998	0.9998	0.9998	0.9998
3.6	0.9998	0.9998	0.9999	0.9999	0.9999	0.9999	0.9999	0.9999	0.9999	0.9999
3.7	0.9999	0.9999	0.9999	0.9999	0.9999	0.9999	0.9999	0.9999	0.9999	0.9999
3.8	0.9999	0.9999	0.9999	0.9999	0.9999	0.9999	0.9999	0.9999	0.9999	0.9999
3.9	1.0000	1.0000	1.0000	1.0000	1.0000	1.0000	1.0000	1.0000	1.0000	1.0000
4.0	1.0000	1.0000	1.0000	1.0000	1.0000	1.0000	1.0000	1.0000	1.0000	1.0000

[부록 2] t분포의 임계치(t_α)

$P(t \le t_\alpha) = 1 - \alpha,\ P(t \ge t_\alpha) = \alpha$

ν	α							
	0.0005	0.005	0.01	0.02	0.025	0.05	0.1	0.15
1	636.619	63.657	31.821	15.895	12.706	6.314	3.078	1.963
2	31.599	9.925	6.965	4.849	4.303	2.920	1.886	1.386
3	12.924	5.841	4.541	3.482	3.182	2.353	1.638	1.250
4	8.610	4.604	3.747	2.999	2.776	2.132	1.533	1.190
5	6.869	4.032	3.365	2.757	2.571	2.015	1.476	1.156
6	5.959	3.707	3.143	2.612	2.447	1.943	1.440	1.134
7	5.408	3.499	2.998	2.517	2.365	1.895	1.415	1.119
8	5.041	3.355	2.896	2.449	2.306	1.860	1.397	1.108
9	4.781	3.250	2.821	2.398	2.262	1.833	1.383	1.100
10	4.587	3.169	2.764	2.359	2.228	1.812	1.372	1.093
11	4.437	3.106	2.718	2.328	2.201	1.796	1.363	1.088
12	4.318	3.055	2.681	2.303	2.179	1.782	1.356	1.083
13	4.221	3.012	2.650	2.282	2.160	1.771	1.350	1.079
14	4.140	2.977	2.624	2.264	2.145	1.761	1.345	1.076
15	4.073	2.947	2.602	2.249	2.131	1.753	1.341	1.074
16	4.015	2.921	2.583	2.235	2.120	1.746	1.337	1.071
17	3.965	2.898	2.567	2.224	2.110	1.740	1.333	1.069
18	3.922	2.878	2.552	2.214	2.101	1.734	1.330	1.067
19	3.883	2.861	2.539	2.205	2.093	1.729	1.328	1.066
20	3.850	2.845	2.528	2.197	2.086	1.725	1.325	1.064
21	3.819	2.831	2.518	2.189	2.080	1.721	1.323	1.063
22	3.792	2.819	2.508	2.183	2.074	1.717	1.321	1.061
23	3.768	2.807	2.500	2.177	2.069	1.714	1.319	1.060
24	3.745	2.797	2.492	2.172	2.064	1.711	1.318	1.059
25	3.725	2.787	2.485	2.167	2.060	1.708	1.316	1.058
26	3.707	2.779	2.479	2.162	2.056	1.706	1.315	1.058
27	3.690	2.771	2.473	2.158	2.052	1.703	1.314	1.057
28	3.674	2.763	2.467	2.154	2.048	1.701	1.313	1.056
29	3.659	2.756	2.462	2.150	2.045	1.699	1.311	1.055
30	3.646	2.750	2.457	2.147	2.042	1.697	1.310	1.055
40	3.551	2.704	2.423	2.123	2.021	1.684	1.303	1.050
50	3.496	2.678	2.403	2.109	2.009	1.676	1.299	1.047
60	3.460	2.660	2.390	2.099	2.000	1.671	1.296	1.045

[부록 3] x^2분포의 임계치(x_α^2)

$P(x^2 \leq x_\alpha^2) = 1 - \alpha$

n	1-α									
	0.005	0.01	0.025	0.05	0.1	0.9	0.95	0.975	0.99	0.995
1	7.88	6.63	5.02	3.84	2.71	0.02	0.00	0.00	0.00	0.00
2	10.60	9.21	7.38	5.99	4.61	0.21	0.10	0.05	0.02	0.01
3	12.84	11.34	9.35	7.81	6.25	0.58	0.35	0.22	0.11	0.07
4	14.86	13.28	11.14	9.49	7.78	1.06	0.71	0.48	0.30	0.21
5	16.75	15.09	12.83	11.07	9.24	1.61	1.15	0.83	0.55	0.41
6	18.55	16.81	14.45	12.59	10.64	2.20	1.64	1.24	0.87	0.68
7	20.28	18.48	16.01	14.07	12.02	2.83	2.17	1.69	1.24	0.99
8	21.95	20.09	17.53	15.51	13.36	3.49	2.73	2.18	1.65	1.34
9	23.59	21.67	19.02	16.92	14.68	4.17	3.33	2.70	2.09	1.73
10	25.19	23.21	20.48	18.31	15.99	4.87	3.94	3.25	2.56	2.16
11	26.76	24.72	21.92	19.68	17.28	5.58	4.57	3.82	3.05	2.60
12	28.30	26.22	23.34	21.03	18.55	6.30	5.23	4.40	3.57	3.07
13	29.82	27.69	24.74	22.36	19.81	7.04	5.89	5.01	4.11	3.57
14	31.32	29.14	26.12	23.68	21.06	7.79	6.57	5.63	4.66	4.07
15	32.80	30.58	27.49	25.00	22.31	8.55	7.26	6.26	5.23	4.60
16	34.27	32.00	28.85	26.30	23.54	9.31	7.96	6.91	5.81	5.14
17	35.72	33.41	30.19	27.59	24.77	10.09	8.67	7.56	6.41	5.70
18	37.16	34.81	31.53	28.87	25.99	10.86	9.39	8.23	7.01	6.26
19	38.58	36.19	32.85	30.14	27.20	11.65	10.12	8.91	7.63	6.84
20	40.00	37.57	34.17	31.41	28.41	12.44	10.85	9.59	8.26	7.43
21	41.40	38.93	35.48	32.67	29.62	13.24	11.59	10.28	8.90	8.03
22	42.80	40.29	36.78	33.92	30.81	14.04	12.34	10.98	9.54	8.64
23	44.18	41.64	38.08	35.17	32.01	14.85	13.09	11.69	10.20	9.26
24	45.56	42.98	39.36	36.42	33.20	15.66	13.85	12.40	10.86	9.89
25	46.93	44.31	40.65	37.65	34.38	16.47	14.61	13.12	11.52	10.52
26	48.29	45.64	41.92	38.89	35.56	17.29	15.38	13.84	12.20	11.16
27	49.64	46.96	43.19	40.11	36.74	18.11	16.15	14.57	12.88	11.81
28	50.99	48.28	44.46	41.34	37.92	18.94	16.93	15.31	13.56	12.46
29	52.34	49.59	45.72	42.56	39.09	19.77	17.71	16.05	14.26	13.12
30	53.67	50.89	46.98	43.77	40.26	20.60	18.49	16.79	14.95	13.79
40	66.77	63.69	59.34	55.76	51.81	29.05	26.51	24.43	22.16	20.71
50	79.49	76.15	71.42	67.50	63.17	37.69	34.76	32.36	29.71	27.99
60	91.95	88.38	83.30	79.08	74.40	46.46	43.19	40.48	37.48	35.53
70	104.21	100.43	95.02	90.53	85.53	55.33	51.74	48.76	45.44	43.28
80	116.32	112.33	106.63	101.88	96.58	64.28	60.39	57.15	53.54	51.17
90	128.30	124.12	118.14	113.15	107.57	73.29	69.13	65.65	61.75	59.20
100	140.17	135.81	129.56	124.34	118.50	82.36	77.93	74.22	70.06	67.33

[부록 4] F분포의 임계치(F_{α})

$$P(F(df_1, df_2; \alpha)) = 1 - \alpha$$

** 유의수준(α)=0.05인 경우

DF2	DF1											
	1	2	3	4	5	6	7	8	9	10	11	12
1	161.45	199.50	215.71	224.58	230.16	233.99	236.77	238.88	240.54	241.88	242.98	243.91
2	18.51	19.00	19.16	19.25	19.30	19.33	19.35	19.37	19.38	19.40	19.40	19.41
3	10.13	9.55	9.28	9.12	9.01	8.94	8.89	8.85	8.81	8.79	8.76	8.74
4	7.71	6.94	6.59	6.39	6.26	6.16	6.09	6.04	6.00	5.96	5.94	5.91
5	6.61	5.79	5.41	5.19	5.05	4.95	4.88	4.82	4.77	4.74	4.70	4.68
6	5.99	5.14	4.76	4.53	4.39	4.28	4.21	4.15	4.10	4.06	4.03	4.00
7	5.59	4.74	4.35	4.12	3.97	3.87	3.79	3.73	3.68	3.64	3.60	3.57
8	5.32	4.46	4.07	3.84	3.69	3.58	3.50	3.44	3.39	3.35	3.31	3.28
9	5.12	4.26	3.86	3.63	3.48	3.37	3.29	3.23	3.18	3.14	3.10	3.07
10	4.96	4.10	3.71	3.48	3.33	3.22	3.14	3.07	3.02	2.98	2.94	2.91
11	4.84	3.98	3.59	3.36	3.20	3.09	3.01	2.95	2.90	2.85	2.82	2.79
12	4.75	3.89	3.49	3.26	3.11	3.00	2.91	2.85	2.80	2.75	2.72	2.69
13	4.67	3.81	3.41	3.18	3.03	2.92	2.83	2.77	2.71	2.67	2.63	2.60
14	4.60	3.74	3.34	3.11	2.96	2.85	2.76	2.70	2.65	2.60	2.57	2.53
15	4.54	3.68	3.29	3.06	2.90	2.79	2.71	2.64	2.59	2.54	2.51	2.48
16	4.49	3.63	3.24	3.01	2.85	2.74	2.66	2.59	2.54	2.49	2.46	2.42
17	4.45	3.59	3.20	2.96	2.81	2.70	2.61	2.55	2.49	2.45	2.41	2.38
18	4.41	3.55	3.16	2.93	2.77	2.66	2.58	2.51	2.46	2.41	2.37	2.34
19	4.38	3.52	3.13	2.90	2.74	2.63	2.54	2.48	2.42	2.38	2.34	2.31
20	4.35	3.49	3.10	2.87	2.71	2.60	2.51	2.45	2.39	2.35	2.31	2.28
21	4.32	3.47	3.07	2.84	2.68	2.57	2.49	2.42	2.37	2.32	2.28	2.25
22	4.30	3.44	3.05	2.82	2.66	2.55	2.46	2.40	2.34	2.30	2.26	2.23
23	4.28	3.42	3.03	2.80	2.64	2.53	2.44	2.37	2.32	2.27	2.24	2.20
24	4.26	3.40	3.01	2.78	2.62	2.51	2.42	2.36	2.30	2.25	2.22	2.18
25	4.24	3.39	2.99	2.76	2.60	2.49	2.40	2.34	2.28	2.24	2.20	2.16
26	4.23	3.37	2.98	2.74	2.59	2.47	2.39	2.32	2.27	2.22	2.18	2.15
27	4.21	3.35	2.96	2.73	2.57	2.46	2.37	2.31	2.25	2.20	2.17	2.13
28	4.20	3.34	2.95	2.71	2.56	2.45	2.36	2.29	2.24	2.19	2.15	2.12
29	4.18	3.33	2.93	2.70	2.55	2.43	2.35	2.28	2.22	2.18	2.14	2.10
30	4.17	3.32	2.92	2.69	2.53	2.42	2.33	2.27	2.21	2.16	2.13	2.09
40	4.08	3.23	2.84	2.61	2.45	2.34	2.25	2.18	2.12	2.08	2.04	2.00
50	4.03	3.18	2.79	2.56	2.40	2.29	2.20	2.13	2.07	2.03	1.99	1.95
60	4.00	3.15	2.76	2.53	2.37	2.25	2.17	2.10	2.04	1.99	1.95	1.92
120	3.92	3.07	2.68	2.45	2.29	2.18	2.09	2.02	1.96	1.91	1.87	1.83

** 유의수준(α)=0.01인 경우

DF2	DF1											
	1	2	c3	4	5	6	7	8	9	10	11	12
1	4052.2	4999.5	5403.4	5624.6	5763.6	5859.0	5928.4	5981.1	6022.5	6055.8	6083.3	6106.3
2	98.50	99.00	99.17	99.25	99.30	99.33	99.36	99.37	99.39	99.40	99.41	99.42
3	34.12	30.82	29.46	28.71	28.24	27.91	27.67	27.49	27.35	27.23	27.13	27.05
4	21.20	18.00	16.69	15.98	15.52	15.21	14.98	14.80	14.66	14.55	14.45	14.37
5	16.26	13.27	12.06	11.39	10.97	10.67	10.46	10.29	10.16	10.05	9.96	9.89
6	13.75	10.92	9.78	9.15	8.75	8.47	8.26	8.10	7.98	7.87	7.79	7.72
7	12.25	9.55	8.45	7.85	7.46	7.19	6.99	6.84	6.72	6.62	6.54	6.47
8	11.26	8.65	7.59	7.01	6.63	6.37	6.18	6.03	5.91	5.81	5.73	5.67
9	10.56	8.02	6.99	6.42	6.06	5.80	5.61	5.47	5.35	5.26	5.18	5.11
10	10.04	7.56	6.55	5.99	5.64	5.39	5.20	5.06	4.94	4.85	4.77	4.71
11	9.65	7.21	6.22	5.67	5.32	5.07	4.89	4.74	4.63	4.54	4.46	4.40
12	9.33	6.93	5.95	5.41	5.06	4.82	4.64	4.50	4.39	4.30	4.22	4.16
13	9.07	6.70	5.74	5.21	4.86	4.62	4.44	4.30	4.19	4.10	4.02	3.96
14	8.86	6.51	5.56	5.04	4.69	4.46	4.28	4.14	4.03	3.94	3.86	3.80
15	8.68	6.36	5.42	4.89	4.56	4.32	4.14	4.00	3.89	3.80	3.73	3.67
16	8.53	6.23	5.29	4.77	4.44	4.20	4.03	3.89	3.78	3.69	3.62	3.55
17	8.40	6.11	5.18	4.67	4.34	4.10	3.93	3.79	3.68	3.59	3.52	3.46
18	8.29	6.01	5.09	4.58	4.25	4.01	3.84	3.71	3.60	3.51	3.43	3.37
19	8.18	5.93	5.01	4.50	4.17	3.94	3.77	3.63	3.52	3.43	3.36	3.30
20	8.10	5.85	4.94	4.43	4.10	3.87	3.70	3.56	3.46	3.37	3.29	3.23
21	8.02	5.78	4.87	4.37	4.04	3.81	3.64	3.51	3.40	3.31	3.24	3.17
22	7.95	5.72	4.82	4.31	3.99	3.76	3.59	3.45	3.35	3.26	3.18	3.12
23	7.88	5.66	4.76	4.26	3.94	3.71	3.54	3.41	3.30	3.21	3.14	3.07
24	7.82	5.61	4.72	4.22	3.90	3.67	3.50	3.36	3.26	3.17	3.09	3.03
25	7.77	5.57	4.68	4.18	3.85	3.63	3.46	3.32	3.22	3.13	3.06	2.99
26	7.72	5.53	4.64	4.14	3.82	3.59	3.42	3.29	3.18	3.09	3.02	2.96
27	7.68	5.49	4.60	4.11	3.78	3.56	3.39	3.26	3.15	3.06	2.99	2.93
28	7.64	5.45	4.57	4.07	3.75	3.53	3.36	3.23	3.12	3.03	2.96	2.90
29	7.60	5.42	4.54	4.04	3.73	3.50	3.33	3.20	3.09	3.00	2.93	2.87
30	7.56	5.39	4.51	4.02	3.70	3.47	3.30	3.17	3.07	2.98	2.91	2.84
40	7.31	5.18	4.31	3.83	3.51	3.29	3.12	2.99	2.89	2.80	2.73	2.66
50	7.17	5.06	4.20	3.72	3.41	3.19	3.02	2.89	2.78	2.70	2.63	2.56
60	7.08	4.98	4.13	3.65	3.34	3.12	2.95	2.82	2.72	2.63	2.56	2.50
120	6.85	4.79	3.95	3.48	3.17	2.96	2.79	2.66	2.56	2.47	2.40	2.34

[부록 5] 상관계수 r의 Z_r변환표

(단, $Z_r = \frac{1}{2} \log_e \frac{1+r}{1-r}$)

r	Z_r	r	Z_r	r	Z_r
.00	.000	–	–	–	–
.01	.010	.36	.377	.71	.887
.02	.020	.37	.388	.72	.908
.03	.030	.38	.400	.73	.929
.04	.040	.39	.412	.74	.950
.05	.050	.40	.424	.75	.973
.06	.060	.41	.436	.76	.996
.07	.070	.42	.448	.77	.1020
.08	.080	.43	.460	.78	.1045
.09	.090	.44	.472	.79	.1071
.10	.100	.45	.485	.80	.1099
.11	.110	.46	.497	.81	.1127
.12	.121	.47	.510	.82	.1157
.13	.131	.48	.523	.83	.1188
.14	.141	.49	.536	.84	.1221
.15	.151	.50	.549	.85	.1256
.16	.161	.51	.563	.86	.1293
.17	.172	.52	.576	.87	.1333
.18	.182	.53	.590	.88	.1376
.19	.192	.54	.604	.89	.1422
.20	.203	.55	.618	.90	.1472
.21	.213	.56	.633	.91	.1528
.22	.224	.57	.648	.92	.1589
.23	.234	.58	.662	.93	.1658
.24	.245	.59	.678	.94	.1738
.25	.255	.60	.693	.95	.1832
.26	.266	.61	.709	.96	.1946
.27	.277	.62	.725	.97	.2092
.28	.288	.63	.741	.98	.2298
.29	.299	.64	.758	.99	.2647
.30	.310	.65	.775		
.31	.321	.66	.793		
.32	.332	.67	.811		
.33	.343	.68	.829		
.34	.354	.69	.848		
.35	.365	.70	.867		

참 고 문 헌

· 김기영, SAS 입문 및 기초통계처리, 자유아카데미, 1988.
· 김기영외, SAS 주성분분석, 자유아카데미, 1986.
· ———, SAS 군집분석, 자유아카데미, 1990.
· ———, SAS 인자분석, 자유아카데미, 1990.
· 김관영외, 다변량통계해석법, 자유아카데미, 1991.
· 김종섭, 지역경제의 성장요인에 관한 계량적 분석, 박사학위논문, 1992.
· 김진기외, 알기쉬운 SAS활용법, 혜지원, 1995.
· 김충련, SAS라는 통계상자, 데이터리서치, 1994.
· ———, 기초통계분석을 위한 SAS 강좌, 데이터리서치, 1994.
· 박성현, 현대실험계획법, 민영사, 1992.
· ———, 회귀분석, 민영사, 1981.
· 박창순외, SAS를 이용한 통계자료분석, 중앙대학교 출판부, 1995.
· 성내경, SAS 시스템과 SAS언어, 자유아카데미, 1995.
· 송문섭외, SAS를 이용한 통계자료분석, 자유아카데미, 1997.
· 안재영외, 인터넷을 이용한 통계분석, 2000.
· 이경의, SAS 응용기법, 대은출판사, 1996.
· 이성희외, Win SAS V8, 교우사, 2002.
· 이종원, 경제경영통계학, 박영사, 1995.
· 이종원외, SAS를 이용한 통계분석, 박영사, 1995.
· 장지인외, SAS/PC를 이용한 통계자료분석, 법문사, 1993.
· 조인호, SAS 강좌와 통계컨설팅, 제일경제연구소, 1993.
· ———, SAS 연습과 활용, 성안당, 1996.
· 천대윤, 종합 SAS 통계분석, 교우사, 2002.
· 한상태외, SAS-윈도우즈의 길잡이, 자유아카데미, 1996.
· 허명회, SAS 분산분석, 자유아카데미, 1986.
· 허명회외, SAS 범주형 데이터분석, 자유아카데미, 1989.
· 홍종선, SAS와 통계자료분석, 탐진, 1996.
· SAS메뉴얼

SAS Introductory Guide, Version 6, Third Edition, Cary, NC, USA: SAS Institute Inc., 1989.

SAS Language, Version 6, First Edition, Cary, NC, USA: SAS Institute Inc., 1989

SAS Procedures: Usage, Version 6, First Edition, Cary, NC, USA: SAS Institute Inc., 1989.

SAS/ACCESS, Version 6, First Edition, Cary , NC, USA: SAS Institute Inc., 1995.

SAS/ASSIST, Version 6, First Edition, Cary , NC, USA: SAS Institute Inc., 1994.

SAS Companion for the Microsoft Windows Environment, Version 6, First Edition, Cary, NC, USA: SAS Institute Inc., 1993.

SAS/CONNECT, Version 6, Second Edition, Cary, NC, USA: SAS Institute Inc., 1994.

SAS/FSP, Version 6, First Edition, Cary, NC, USA: SAS Institute Inc., 1995.

SAS/GRAPH Volume 1, Version 6, First Edition, Cary, NC, USA: SAS Institute Inc., 1996.

SAS/GRAPH Volume 2, Version 6, First Edition, Cary, NC, USA: SAS Institute Inc., 1996.

SAS/IML, Version 6, First Edition, Cary , NC, USA: SAS Institute Inc., 1995.

SAS/INSIGHT, Version 6, Third Edition, Cary , NC, USA: SAS Institute Inc., 1996.

SAS/STAT User's Guide, Version 6, Fourth Edition, Volume1, Cary, NC, USA: SAS Institute Inc., 1989.

SAS/STAT User's Guide, Version 6, Foyrth Edition, Volume2, Cary, NC, USA: SAS Institute Inc., 1989.

- Conover, W.J., *Practical Nonparametric Statistical*, 2nd Edition, New York, John Wiley & Sons, 1976.
- Draper, N.and Smith, H., *Applied Regression Analysis*, John Wiley & Son, Inc., 1981.
- Everitt, B.S., *Cluster Analysis*, 2nd Edition, London, Heineman Educational Books Ltd., 1980.
- Fienberg, S.E., *The Analysis of Cross-Classified Categorical Data*, 2nd Edition, Cambridge, MA: The MIT Press, 1980.
- Gorsuch, R.L., *Factor Analysis*, 2nd Edition, Hillsdale, NJ: Lawrence Erlbaum Associates, 1983.
- Johnson, R.A. and Wichern, D.W., *Applied Multivariate Statistical Analysis*, 3td Edition, New Jersey, Prentice Hall, Englewood Cliffis, 1992.
- Morrison, D.F., *Multivariate Statistical Methods*, 2nd, New York, McGrow-Hill Book Co., 1976.

찾아보기

ㅇ

ㅈ

ㅊ

ㅋ·ㅌ·ㅍ

ㅎ

김 종 섭

충북대학교 졸업
충북대학교 대학원 졸업(경제학 박사)
미국 Florida State University 객원교수
농어촌진흥공사 농어촌연구원
충북대학교, 상주대학교 강사
고등고시 출제위원
현) 강원대학교 지역경제학과 교수
강원대학교 국토문제연구소 소장
중국 연변대학교 겸임교수

· 저서 및 논문
정보화와 한국경제의 성장(공저)
현대생활과 경제(공저)
지역경제의 성장요인에 관한 계량적 분석(논문)
Growth of Regional Economy and Income Inequality 등 다수

<개정2판> **통계분석의 이해**

2003년 2월 28일 초판1쇄 발행
2008년 1월 15일 개정2판 1쇄 발행

저 자 김 종 섭
펴낸이 임 순 재
펴낸곳 **한올출판사**
등록 제11-403호
121-849
주 소 서울시 마포구 성산동 133-3 한올빌딩 3층
전 화 (02)376-4298(대표)
팩 스 (02)302-8073
홈페이지 www.hanol.co.kr
e-메 일 hanol@hanol.co.kr
정 가 **28,000 원**(CD 포함)

▪ISBN 978-89-8325-940-0